공무원 · 군무원 **9·7급**

국어
비문학
독해

오·독·오·독

SD에듀
(주)시대고시기획

"공무원 · 군무원 시험의 40%가 비문학"

기출문제를 풀어본 수험생들은 알겠지만, 최근 공무원 · 군무원 시험에서는 비문학의 비중이 40% 이상으로 늘었습니다. 문법이나 한자, 어휘 등의 문제 비중은 줄어들고, 비문학에 좀 더 힘이 실리고 있습니다. 왜 그럴까요?

그것은 바로 '문해력' 때문입니다. 현재 여러 분야에서 문해력은 중요한 키워드가 되고 있으며, 실제로 문해력이 뛰어난 사람이 조직에 잘 적응하고 업무에서 더 좋은 성과를 내는 것으로 나타나고 있습니다. 그러므로 공무원 · 군무원 시험에서 비문학 문제가 많아지고 지문의 길이가 길어지는 것은 이런 최근 경향을 반영한 것이라 볼 수 있습니다.

"긴 지문, 내용 추론 문제의 압박"

정해진 시간 안에 긴 지문을 읽고 〈보기〉의 내용을 활용해 정답을 추론하는 것은 생각보다 큰 부담으로 느껴질 것입니다. 주어진 시간을 잘 분배하여 모든 문제를 정확하고 빠르게 풀어야 하는 시험인 만큼 '실수하면 안 된다'는 압박이 크기 때문입니다. 그러나 역설적이게도, 이러한 출제 경향이 비문학 고득점을 가능하게 합니다.

"지문만 잘 읽으면 정답률이 쑥쑥 올라갑니다"

2023년 국가직 공무원 시험을 기준으로 보면, 과년도 기출문제에 비해 비문학 지문의 길이도 줄어들고 추론의 난도도 낮아졌습니다. 이것은 지문만 잘 읽으면 정답을 맞출 확률이 높아진다는 것을 의미합니다.

긴 지문을 만나더라도 겁먹지 말고 일단 눈앞의 지문을 읽으세요. 실제로 긴 지문에 지레 부담을 느껴 풀지 않고 넘기던 수험생도 막상 지문을 함께 읽으면 "생각보다 쉽네?"라고 말합니다. "저는 난독증이 있는지 긴 지문만 보면 내용이 아무리 쉬워도 잘 읽히지 않는데 어떻게 하면 좋을까요?"라고 질문하는 분도 있습니다. 방법은 특별한 것이 없습니다.

짧은 지문부터 시작하여 조금씩 지문의 길이를 늘려가며 읽는 연습을 하는 것이 어려움을 극복하는 길입니다.

"장문만 공부하면 될까요?"

그렇지는 않습니다. 아무리 난도가 낮아졌다 하더라도 기존의 문제 유형들이 전부 사라진 것이 아니기 때문에 적어도 최신 3개년의 출제 경향을 파악하며 문제 유형에 익숙해져야 합니다. 아무리 최신 출제 경향이 반영된다 하더라도 기존의 문제 유형을 전부 뒤집어 엎을 수는 없습니다. 이 점을 유념하면서 매일 비문학 문제를 푸는 훈련을 반복하면 좋습니다.

"그럼, 기출문제만 풀어봐도 될까요?"

이 또한 정답이라고 할 수는 없습니다. 공무원·군무원 시험 문제는 점점 수능처럼 지문이 길어지고 한 번 더 생각하게 만드는 문제들이 출제되고 있습니다. 기출문제 뿐만 아니라 수능형 문제들을 함께 풀어보는 것이 최신 경향을 따라가는 데 큰 도움이 될 것입니다.

"모든 고민을 담아 만들었습니다."

▶ 매일 문제를 풀더라도 좀 더 많은 양을 풀고 싶다.

▶ 최신 트렌드를 반영한 문제를 풀고 싶다.

▶ 장문 읽는 연습도 필요하다.

▶ 기존의 문제 유형도 놓치지 않고 학습하고 싶다.

▶ 부족한 어휘력도 키우고 싶다.

이 모든 수험생들의 고민을 최대한 이 도서에 녹여내고자 열심히 만들었습니다. 이 한 권이 정답이 될 수는 없겠지만, 여러분의 수험 생활에 조금이나마 도움이 되었으면 하는 바람입니다.

수험생 여러분의 빛나는 미래를 응원합니다.

저자 장한임

이 책의 구성과 특징

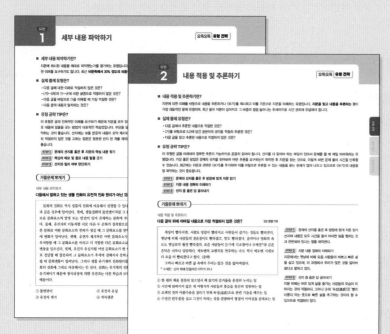

오독오독 유형 전략

▶ 비문학 독해에는 어떤 유형들이 있고, 유형별로 출제되는 문제 스타일은 무엇인지 빠르게 파악할 수 있도록 독해 전략을 수록하였습니다.

▶ 비문학 대표유형을 분석하여 문제 해결 전략 3STEP을 제시하였습니다. 유형별 해결 전략을 알면 어떤 지문을 만나더라도 자신있게 풀 수 있습니다.

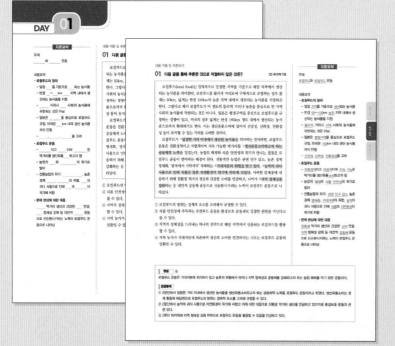

오독오독 실전 공략

▶ 30일간 매일 5개의 독해 지문을 풀어볼 수 있도록 최신 기출문제를 엄선하여 수록하였습니다. 앞에서 학습한 유형별 전략을 실전 문제 풀이에 적용해 보세요.

▶ 지문요약 부분의 빈칸을 채워보며 지문분석 방법을 익힐 수 있습니다.

STRUCTURES

SD에듀

제1회 **실전모의고사**

제2회 **실전모의고사**

실전모의고사 5회분

앞에서 충분한 비문학 독해 연습을 하였다면 이제는 실력을 점검해 볼 차례입니다. 실전모의고사 5회분을 통해 부족한 부분이 무엇인지 확인해 보세요.

제1회 **실전모의고사 정답 및 해설**

제2회 **실전모의고사 정답 및 해설**

정답 및 해설

정확하고 상세한 정답해설과 오답분석으로 혼자서도 학습이 가능합니다.

이 책의 차례

CONTENTS

합격의 공식 Formula of pass | SD에듀 www.sdedu.co.kr

Daily Check

DAY 01(/)		DAY 02(/)		DAY 03(/)		DAY 04(/)		DAY 05(/)	
01	O , X	01	O , X	01	O , X	01	O , X	01	O , X
02	O , X	02	O , X	02	O , X	02	O , X	02	O , X
03	O , X	03	O , X	03	O , X	03	O , X	03	O , X
04	O , X	04	O , X	04	O , X	04	O , X	04	O , X
05	O , X	05	O , X	05	O , X	05	O , X	05	O , X

DAY 06(/)		DAY 07(/)		DAY 08(/)		DAY 09(/)		DAY 10(/)	
01	O , X	01	O , X	01	O , X	01	O , X	01	O , X
02	O , X	02	O , X	02	O , X	02	O , X	02	O , X
03	O , X	03	O , X	03	O , X	03	O , X	03	O , X
04	O , X	04	O , X	04	O , X	04	O , X	04	O , X
05	O , X	05	O , X	05	O , X	05	O , X	05	O , X

DAY 11(/)		DAY 12(/)		DAY 13(/)		DAY 14(/)		DAY 15(/)	
01	O , X	01	O , X	01	O , X	01	O , X	01	O , X
02	O , X	02	O , X	02	O , X	02	O , X	02	O , X
03	O , X	03	O , X	03	O , X	03	O , X	03	O , X
04	O , X	04	O , X	04	O , X	04	O , X	04	O , X
05	O , X	05	O , X	05	O , X	05	O , X	05	O , X

DAY 16(/)		DAY 17(/)		DAY 18(/)		DAY 19(/)		DAY 20(/)	
01	O , X	01	O , X	01	O , X	01	O , X	01	O , X
02	O , X	02	O , X	02	O , X	02	O , X	02	O , X
03	O , X	03	O , X	03	O , X	03	O , X	03	O , X
04	O , X	04	O , X	04	O , X	04	O , X	04	O , X
05	O , X	05	O , X	05	O , X	05	O , X	05	O , X

DAY 21(/)		DAY 22(/)		DAY 23(/)		DAY 24(/)		DAY 25(/)	
01	O , X	01	O , X	01	O , X	01	O , X	01	O , X
02	O , X	02	O , X	02	O , X	02	O , X	02	O , X
03	O , X	03	O , X	03	O , X	03	O , X	03	O , X
04	O , X	04	O , X	04	O , X	04	O , X	04	O , X
05	O , X	05	O , X	05	O , X	05	O , X	05	O , X

DAY 26(/)		DAY 27(/)		DAY 28(/)		DAY 29(/)		DAY 30(/)	
01	O , X	01	O , X	01	O , X	01	O , X	01	O , X
02	O , X	02	O , X	02	O , X	02	O , X	02	O , X
03	O , X	03	O , X	03	O , X	03	O , X	03	O , X
04	O , X	04	O , X	04	O , X	04	O , X	04	O , X
05	O , X	05	O , X	05	O , X	05	O , X	05	O , X

• 국어 비문학 독해 •

오독오독
유형 전략

세부 내용 파악하기

✖ 세부 내용 파악하기란?

지문에 제시된 내용을 제대로 파악했는가를 평가하는 유형입니다. **내용 이해, 일치·불일치**가 가장 대표적인 문제 유형이며 지문의 특정 부분에 대한 이해를 요구하기도 합니다. 최근 **비문학에서 30% 정도의 비중**으로 출제되는 만큼 유형에 익숙해지는 훈련이 필요합니다.

✖ 실제 출제 유형은?

- 다음 글에 대한 이해로 적절하지 않은 것은?
- (가)~(라)의 ㉠~㉣에 대한 설명으로 적절하지 않은 것은?
- 다음 글을 바탕으로 ㉠을 이해할 때 가장 적절한 것은?
- 다음 글의 내용과 일치하는 것은?

✖ 유형 공략 TIP은?

이 유형은 글의 전체적인 이해를 요구하기 때문에 지문을 모두 읽어야 한다는 부담을 느끼며 접근하는 경우가 많습니다. 단락별 핵심어 파악이나 주요 내용에 밑줄을 긋는 방법이 대표적인 학습법입니다. 부담을 덜고 빠르게 공략하기 위해서는 선지를 먼저 읽은 다음, 지문에서 다루는 내용을 파악하는 것이 좋습니다. 선지에는 보통 본문의 내용이 요약 제시되어 있어 지문을 다 읽지 않아도 내용을 쉽게 파악할 수 있는 경우가 많습니다. 특히 적절하지 않은 것을 고르는 질문은 잘못된 선지 한 개를 제외한 나머지가 옳은 내용이므로 지문이 무슨 내용인지 파악하기 어려울 때 활용하면 좋습니다.

> **STEP 1** 문제의 선지를 훑은 후 지문의 핵심 내용 찾기
> **STEP 2** 핵심어 메모 및 중요 내용 밑줄 긋기
> **STEP 3** 선지와 일치 여부 판단하기

기출문제 뽀개기

세부 내용 파악하기

다음에서 말하고 있는 생물 진화의 유전적 진화 원리가 아닌 것은? 22 서울시 9급 2월

문화의 진화도 역시 생물의 진화에 비유해서 설명할 수 있다. 문화변동은 다음과 같은 경우에 일어난다. 첫째, 생물진화의 돌연변이처럼 그 문화체계 안에서 새로운 문화요소의 발명 또는 발견이 있어 존재하는 문화에 추가됨으로써 일어난다. 둘째, 유전자의 이동처럼 서로 다른 두 문화가 접촉함으로써 한 문화에서 다른 문화로 어떤 문화요소의 전파가 생길 때 그 문화요소를 받아들인 사회의 문화에 변화가 일어난다. 셋째, 유전자 제거처럼 어떤 문화요소가 그 사회의 환경에 부적합할 때 그 문화요소를 버리고 더 적합한 다른 문화요소로 대치시킬 때 문화변동을 일으킨다. 넷째, 유전자 유실처럼 어떤 문화요소가 한 세대에서 다음 세대로 전달될 때 잘못되어 그 문화요소가 후세에 전해지지 못하고 단절되거나 소멸될 때 문화변동이 일어난다. 그러나 생물 유기체의 진화원리를 너무 지나치게 문화의 진화에 그대로 비유해서는 안 된다. 문화는 유기체의 진화와 유사하지만 초유기체이기 때문에 생식과정에 의한 유전과는 다른 학습과 모방에 의해 진화되기 때문이다.

① 돌연변이　　　　　　② 유전자 유실
③ 유전자 제거　　　　　④ 적자생존

STEP 1 문제의 선지를 훑은 후 지문의 핵심 내용 찾기
선지에 제시된 네 가지를 지문에서 언급하고 있는지 파악한다. 지문에서는 문화의 진화와 관련된 설명을 하고 있으므로 문제에서 요구한 '생물 진화'에 초점을 맞춘다.

STEP 2 핵심어 메모 및 중요 내용 밑줄 긋기
지문은 첫째부터 넷째까지 눈에 잘 보이게 내용을 나누어 놓았으므로 핵심어인 돌연변이, 유전자의 이동, 유전자 제거, 유전자 유실, 생식과정에 의한 유전 등에 밑줄을 긋는다.

STEP 3 선지 ①~④와 일치 여부 판단하기
문제에서 생물 진화의 유전적 진화 원리가 아닌 것을 물었으므로, **STEP 2**에서 밑줄 그은 다섯 가지 중 언급하지 않은 내용인 ④ '적자생존'을 고르면 된다.

어휘

적자생존: 환경에 적응하는 생물만이 살아남고, 그렇지 못한 것은 도태되어 멸망하는 현상

✤ 내용 적용 및 추론하기란?

지문에 대한 이해를 바탕으로 내용을 추론하거나 〈보기〉를 제시하고 이를 기준으로 지문을 이해하는 유형입니다. **지문을 읽고 내용을 추론하는 것이** 가장 대표적인 문제 유형이며, 최근 들어 지문이 길어지고 그 비중이 점점 늘어나는 추세이므로 시간 관리에 유념해야 합니다.

✤ 실제 출제 유형은?

- 다음 글에서 추론한 내용으로 적절한 것은?
- (가)를 바탕으로 (나)에 담긴 글쓴이의 생각을 적절히 추론한 것은?
- 다음 글을 읽고 추론한 내용으로 적절하지 않은 것은?

✤ 유형 공략 TIP은?

이 유형은 글을 이해해야 정확한 추론이 가능하므로 꼼꼼히 읽어야 합니다. 선지를 다 읽어야 하는 부담이 있어서 문제를 풀 때 제일 어려워하는 유형입니다. 가장 좋은 방법은 문제의 선지를 읽어보며 어떤 추론을 요구하는지 파악한 후 지문을 읽는 것으로, 이렇게 하면 문제 풀이 시간을 단축할 수 있습니다. 최근에는 지문과 관련된 〈보기〉를 추가하여 이를 바탕으로 추론할 수 있는 내용을 묻는 문제가 많이 나오고 있으므로 〈보기〉의 내용을 잘 파악하는 것이 중요합니다.

STEP 1 문제의 선지를 훑은 후 방향에 맞게 지문 읽기

STEP 2 지문 내용 정확히 이해하기

STEP 3 선지 중 옳은 답 골라내기

〔 **기출문제 뽀개기** 〕

내용 적용 및 추론하기

다음 글의 뒤에 이어질 내용으로 가장 적절하지 않은 것은? **20 경찰 1차**

> 　세상이 빨라지면, 사람도 덩달아 빨라지고 사람들이 즐기는 것들도 빨라진다. 옛날에 비해 사람들의 걸음걸이도 빨라졌고, 말도 빨라졌다. 음악이나 영화의 속도도 옛날보다 훨씬 빨라졌다. 요즘 사람들이 듣기에 시조창이나 수제천*과 같은 음악은 너무나 답답하다. 베토벤의 교향곡을 연주하는 속도 역시 베토벤 시대보다 요즘 더 빨라졌다고 한다. (중략)
> 　그러나 빠르고 바쁜 삶 속에서 우리는 많은 것을 잃어버렸다.
>
> * 수제천: 신라 때에 만들어진 아악의 하나

① 한 권의 책을 천천히 읽으면서 책 읽기의 즐거움을 온전히 누리는 일
② 시간에 얽매이지 않은 채 여행지의 사람들과 풍습을 충분히 경험하는 일
③ 오래된 것의 아름다움을 살리기 위해 속성(速成)으로 관련 기술을 배우는 일
④ 수년간 완두콩을 심고 그것이 자라는 것을 관찰하여 형질이 이어짐을 살펴보는 일

STEP 1 문제의 선지를 훑은 후 방향에 맞게 지문 읽기

선지의 내용은 모두 시간을 들여 어떠한 일을 행하는 것과 관련되어 있다는 점을 파악한다.

STEP 2 지문 내용 정확히 이해하기

지문에서는 옛날에 비해 요즘 사람들이 바쁘고 빠른 삶을 살고 있으며, 이 과정에서 우리가 많은 것을 잃어버렸다고 말하고 있다.

STEP 3 선지 중 옳은 답 골라내기

지문 뒤에는 여유 있게 삶을 즐기는 사람들의 모습이 이어지는 것이 적절하다. 그러나 ③의 '속성(速成)'은 '빨리 이룬다.'라는 뜻으로 빠른 삶을 추구하는 것이라 할 수 있으므로 적절하지 않다.

글의 제목·주제·중심 내용 파악하기

오독오독 유형 전략

✖ 글의 제목·주제·중심 내용 파악하기란?

크게 봤을 때 지문에 제시된 내용의 중심 내용을 파악하는 유형입니다. 제목과 주제, 중심 내용을 파악하는 문제는 매년 꾸준히 출제되고 있습니다. **자주 언급되는 핵심어를 찾고**, 지문의 처음 부분이나 끝부분에 주로 제시되는 중심 문장을 통해 빠르게 내용의 핵심을 짚어내는 것이 중요합니다.

✖ 실제 출제 유형은?

- 다음 글의 시사점으로 적절하지 않은 것은?
- 다음 글의 주제로 가장 적절한 것은?
- ㉠에 들어갈 주장으로 가장 적절한 것은?
- 다음 글의 필자가 궁극적으로 강조하는 내용으로 가장 적절한 것은?

✖ 유형 공략 TIP은?

처음이나 마지막 부분에 글의 핵심이 제시되는 경우가 많습니다. 따라서 글의 처음과 마지막 부분을 먼저 읽어 핵심을 찾아본 후, 답이 나오면 빠르게 체크하고 다음 문제로 넘어가는 것이 좋습니다. 지문 전체를 읽어야 하는 경우, 예시로 제시된 부분은 빠르게 읽어 넘기고 주장이나 중심 내용에 해당하는 부분을 확인합니다. 이후 중심 내용이나 주제에 해당하는 선지를 골라냅니다.

STEP 1 지문의 처음 부분이나 끝부분 확인하기
STEP 2 중심 내용 파악하기
STEP 3 선지에서 제목 · 주제 · 중심 내용 찾기

기출문제 뽀개기

글의 제목 파악하기

다음 글의 제목으로 적절한 것은?　　　　　　　　　21 국회직 8급

　　철로 옆으로 이사를 가면 처음 며칠 밤은 기차가 지나갈 때마다 잠에서 깨지만 시간이 흘러 기차 소리에 친숙해지면 그러지 않는다. 왜 그럴까? 귀에서 포착한 소리 정보가 뇌에 전달되는 과정에서 물리학적인 음파의 속성은 서서히 의미를 가진 정보로 바뀐다. 이 과정에서 감정을 담당하는 변연계에도 정보가 전달되어 모든 소리는 의식적이든 무의식적이든 감정을 유발한다. 또 소리 정보 전달 과정은 기억중추에도 연결되어 있어서 현재 들리는 모든 소리는 기억된 소리와 비교된다. 친숙하며 해가 없는 것으로 기억되어 있는 소리는 우리의 의식에 거의 도달하지 않는다. 그래서 이미 익숙해진 기차 소음은 뇌에 전달은 되지만 의미 없는 자극으로 무시된다. 동물들은 생존하려면 자기에게 중요한 소리를 들을 수 있어야 한다. 특히 즉각적인 반응을 보여야 하는 경우에는 더욱 그렇다. 그래서 동물들은 자신의 천적이나 먹이 또는 짝짓기 상대방이 내는 소리는 매우 잘 듣는다. 사람도 같은 방식으로 반응한다. 아무리 시끄러운 소리에도 잠에서 깨지 않는 사람이라도 자기 아기의 울음소리에는 금방 깬다. 이는 인간이 소리를 듣는다는 것은 외부의 소리가 귀에 전달되는 것을 그대로 듣는 수동적인 과정이 아니라 소리가 뇌에서 재해석되는 과정임을 의미한다. 자기 집을 청소할 때 들리는 청소기의 소음은 견디지만 옆집 청소기 소음은 참기 어려운 것도 그 때문이다.

① 소리의 선택적 지각
② 소리 자극의 이동 경로
③ 소리의 감정 유발 기능
④ 인간의 뇌와 소리와의 관계
⑤ 동물과 인간의 소리 인식 과정 비교

STEP 1 지문의 처음 부분이나 끝부분 확인하기
지문의 처음 부분에서는 기차 소리에 익숙해지면 잠이 깨지 않는 예시를 보여주고 있고, 끝부분에서는 소리가 뇌에서 재해석됨을 설명하고 있다.

STEP 2 중심 내용 파악하기
친숙하고 해가 없는 것으로 기억되어 있는 소리는 의식에 거의 도달하지 않으며 의미 없는 자극으로 무시된다. 따라서 소리를 듣는다는 것은 소리가 뇌에서 재해석되는 과정이다.

STEP 3 선지에서 중심 내용 찾기
결국 인간은 외부의 소리를 뇌에서 재해석하면서 소리를 선택적으로 지각한다는 것이므로 이 지문의 제목은 ①의 '소리의 선택적 지각'이 적절하다.

글의 흐름 파악하기

✹ 글의 흐름 파악하기란?

글의 통일성이나 논증 구조 등을 파악하는 문제 유형입니다. 시험마다 빠지지 않고 단골로 출제되며 **문장 삽입, 빈칸에 들어갈 접속 부사 찾기**가 대표적입니다. 지문의 흐름상 어색한 부분과 빠져야 할 부분 등을 파악해야 하므로 전체적인 관점에서 지문을 읽는 것이 중요합니다.

✹ 실제 출제 유형은?

- 다음 글에서 〈보기〉가 들어가기에 가장 적절한 것은?
- (가)~(라)에 들어갈 말로 가장 적절한 것은?
- 글의 통일성을 고려할 때 (가)에 들어갈 말로 가장 적절한 것은?
- 다음 문장이 들어가기에 가장 적절한 곳을 ⊙~⊜에서 고르면?

✹ 유형 공략 TIP은?

문장 삽입 위치를 찾는 문제에서 〈보기〉가 있다면 〈보기〉의 내용을 먼저 파악하는 것이 좋습니다. 그 후, 전체 내용을 훑으며 〈보기〉와 관련성이 깊은 부분을 찾고, 앞뒤 문맥을 살핍니다. 접속 부사를 넣는 문제 역시 순서를 나열하는 문제와 동일하게 지문을 살피는 것이 좋습니다.

STEP 1 〈보기〉 파악하기	**STEP 1** 지문 전체 읽어보기
STEP 2 전체 내용을 훑으며 관련된 부분 찾기 또는	**STEP 2** 문장 앞, 뒤를 읽어보며 대등, 인과, 역접 등 연결 방식 확인하기
STEP 3 〈보기〉를 넣어서 자연스러운지 확인하기	**STEP 3** 선지의 접속 부사를 빈칸에 넣고 확인하기

기출문제 뽀개기

글의 흐름 파악하기

(가)~(라)에 들어갈 말로 가장 적절한 것은?

21 지방직 9급

정철, 윤선도, 황진이, 이황, 이조년 그리고 무명씨. 우리말로 시조나 가사를 썼던 이들이다. 황진이는 말할 것도 없고 무명씨도 대부분 양반이 아니었겠지만 정철, 윤선도, 이황은 양반 중에 양반이었다. ⬚(가)⬚ 그들이 우리말로 작품을 썼던 걸 보면 양반들도 한글 쓰는 것을 즐겨 했다는 것을 부정할 수는 없다. ⬚(나)⬚ 허균이나 김만중은 한글로 소설까지 쓰지 않았던가. ⬚(다)⬚ 이들이 특별한 취향을 가진 소수의 양반이었다면 이야기는 달라진다. 우리말로 된 문학 작품을 만들겠다는 생각을 가진 특별한 양반들을 제외하고 대다수 양반들은 한문을 썼기 때문에 한글을 모를 수도 있었기 때문이다. 실학자 박지원이 당시 양반 사회를 풍자한 작품 「호질」은 한문으로 쓰여 있다. ⬚(라)⬚ 한 가지 분명한 것은 양반 대부분이 한글을 이해하지 못하는 상황이었다면 정철도 이황도 윤선도도 한글로 작품을 쓰지는 않았을 것이란 사실이다.

	(가)	(나)	(다)	(라)
①	그런데	게다가	그렇지만	그러나
②	그런데	그리고	그래서	또는
③	그리고	그러나	하지만	즉
④	그래서	더구나	따라서	하지만

STEP 1 지문 전체 읽어보기

우리말로 시조나 가사를 썼던 이들 중 몇몇은 양반 중의 양반이었고, 대다수 양반들은 한문을 썼으므로 양반들 중에서도 한글을 이해하지 못하는 상황이었다면 한글로 작품을 쓰지 않았을 것이라는 내용이다.

STEP 2 문장 앞, 뒤를 읽어보며 연결 방식 확인하기

(가)의 앞부분에서 시조나 가사를 쓴 작가들의 대부분이 양반이 아니었다고 언급하지만 (가)의 뒤쪽에서 양반들이 한글 쓰는 것을 즐겼다는 내용이 나오므로 역접의 접속 부사가 이어지는 것이 적절하다. (나)는 앞 문장을 보강하는 접속 부사가 적당하며, (다)와 (라)는 각각 앞 내용과 상반되게 이어지고 있으므로 역접의 접속 부사가 오는 것이 적절하다.

STEP 3 선지의 접속 부사를 빈칸에 넣고 확인하기

역접–부연–역접–역접의 순서로 접속 부사가 들어간 ①을 (가)~(라)에 넣어 글이 자연스러운지 확인한다.

글의 전개·서술 방식 파악하기

✖ 글의 전개·서술 방식 파악하기란?

문제 수가 많아지면 반드시 출제되는 유형 중 하나입니다. 기본적으로 **정의, 인과, 분류, 분석, 예시 등의 개념을 명확히 알고 있어야** 풀기 쉽습니다. 특히 제시된 지문과 유사한 방식의 내용 전개 · 서술 방식이 사용된 선지를 찾는 문제가 출제되어 난도를 높이는 경우가 있으니 꼭 짚고 넘어가야 합니다.

✖ 실제 출제 유형은?

- 다음 글의 설명 방식으로 적절한 것은?
- 다음 글의 전개 방식은?
- 다음을 설명한 방식으로 적절한 것은?

✖ 유형 공략 TIP은?

서술 방식을 파악하는 문제는 '~의 개념은 ~이다.', '~는 ~라는 뜻이다.'라는 표현이 나오면 '정의', '가령', '예를 들어' 등의 표지가 나오면 '예시'라고 할 수 있습니다. '정의'와 '예시'는 자주 출제되는 서술 방식이므로 반드시 숙지하고 있어야 합니다. 난도는 하~중상 정도로 출제되며 최근 지문의 길이가 점점 길어지는 추세이므로, 각 서술 방식의 특징을 지문에서 빠르게 찾아 답을 확인하는 훈련이 필요합니다.

> **STEP 1** 선지의 전개 · 서술 방식 파악하기
> **STEP 2** 지문을 꼼꼼하게 읽기
> **STEP 3** 찾아낸 전개 · 서술 방식이 선지에 있는지 확인하기

기출문제 뽀개기

글의 서술 방식 파악하기

㉠을 설명한 방식으로 적절한 것은?

21 지방직 7급

담배가 해로운데도 ㉠ 담배를 피우는 이유는 무엇일까? 첫째, 담배 피우는 모습이 멋있고 어른스럽다고 생각하는 것이다. 요즘은 담배를 마약과 같이 부정적으로 보는 시각이 크지만 과거에는 담배에 대해 긍정적인 인식이 있었다.

둘째, 담배를 피우면 정신이 안정되어 집중이 잘된다고 생각하는 점도 있다. 이것은 담배를 피움으로써 니코틴 금단 증상이 해소되기 때문인 것으로, 담배를 안 피우는 사람에 비해 더 안정되거나 집중이 잘되는 것은 아니다.

셋째, 담배를 피우는 이유는 니코틴 의존에도 있다. 체내에 니코틴이 없어지면 여러 가지 금단 증상으로 불안하고 초조해지는 등 고통스럽고, 이 고통 때문에 담배를 끊기 어렵다.

넷째, 담배를 피우는 이유에는 습관도 있다. 주위에 재떨이, 라이터, 꽁초 등이 눈에 보이면 자기도 모르게 담배에 손이 가고, 식후나 술을 마실 때도 습관적으로 담배 생각이 나서 피우게 된다.

① 정의
② 분석
③ 서사
④ 비교

> **STEP 1** 선지의 서술 방식 확인하기
> - 정의: 어떤 말이나 사물의 뜻을 명백히 밝혀 규정하는 방법
> - 분석: 하나의 대상을 자세히 설명하는 방법
> - 서사: 시간의 흐름에 맞게 내용을 전개하는 방법
> - 비교: 둘 이상의 대상의 공통점이나 유사점을 중심으로 설명하는 방법
>
> **STEP 2** 지문을 꼼꼼하게 읽기
> 담배를 피우는 이유에 대해 첫째부터 넷째까지 나누어 그 이유를 들고 있는 두괄식의 분석 구조임을 확인한다.
>
> **STEP 3** 찾아낸 서술 방식이 선지에 있는지 확인하기
> ②에 '분석'이 있음을 확인한다.

어휘 및 문맥적 의미 파악하기

✖ 어휘 및 문맥적 의미 파악하기란?

어휘 및 문맥적 의미를 파악하는 유형은 지문의 내용을 이해하는 능력과 어휘력이 필요합니다. 특히, 어휘의 경우 단순히 뜻을 찾는 것이 아니라 **문장에 들어갈 적절한 어휘를 찾는 것**이기 때문에 비슷한 뜻을 가진 어휘들이라도 어떤 상황에서 사용되는지 확실히 구별해서 쓸 줄 알아야 합니다.

✖ 실제 출제 유형은?

- 다음 밑줄 친 부분의 의미를 풀어 쓴 것으로 적절한 것은?
- 다음 글의 (   ) 안에 들어갈 말로 적절하지 않은 것은?
- 다음 중 ㉠~㉢에 알맞은 말을 순서대로 나열한 것은?
- 문맥적 의미가 유사한 것끼리 올바르게 묶은 것은?

✖ 유형 공략 TIP은?

문장의 앞뒤 맥락을 살펴 가장 적절한 답을 찾는 문제입니다. 선지의 어휘를 모두 넣어서 자연스럽게 연결되는 것을 찾는 것이 좋고, 지문의 일부만 읽는 것보다 전체를 읽으며 내용과 관련된 단어를 골라내는 것이 중요합니다. 단순히 어휘의 뜻을 물어보는 문제가 아니라, 지문의 맥락상 의미를 물어보는 문제이기 때문에 반드시 지문을 읽어야 합니다.

> **STEP 1** 지문 전체를 읽으며 내용 파악하기
> **STEP 2** 빈칸(밑줄)에 적절한 어휘 뜻 확인하기
> **STEP 3** 선지의 예시와 비교하며 적절한 답 찾기

(기출문제 뽀개기)

어휘 및 문맥적 의미 파악하기

ⓐ와 문맥상 의미가 가장 가까운 것은?

21 고3 6월

> 　　이 때문에 그는 군주를 경계하는 적절한 방법을 ⓐ 찾고자 재이론(災異論)을 고수하였다. 그는 재이에 대한 개별적 대응 대신 군주에게 허물과 잘못이 쌓이면 이에 하늘이 감응하여 변칙적인 자연 현상이 일어날 것이라는 전반적 대응설을 제시하고, 재이를 군주의 심성 수양 문제로 귀결시키며 재이론의 역사적 수명을 연장하였다.

① 모두가 만족하는 대책을 찾으려 머리를 맞대었다.
② 모르는 단어가 나오면 국어사전을 찾아서 확인해라.
③ 건강을 위해 친환경 농산물을 찾는 사람이 많아졌다.
④ 아직 완전하지는 않지만 서서히 건강을 찾는 중이다.
⑤ 선생은 독립을 다시 찾는 것을 일생의 사명으로 여겼다.

> **STEP 1** 지문 전체를 읽으며 내용 파악하기
>
> 지문에서 그는 군주를 경계하는 적절한 방법을 알아내고자 재이론을 고수하였고, 전반적 대응설을 제시한 후 재이를 군주의 심성 수양 문제로 귀결시키고 있다.
>
> **STEP 2** 빈칸(밑줄)에 적절한 어휘 뜻 확인하기
>
> ⓐ의 '찾다'는 '모르는 것을 알아내고 밝혀내려 애쓰다. 또는 그것을 알아내고 밝혀내다.'의 뜻임을 확인한다.
>
> **STEP 3** 선지의 예시와 비교하며 적절한 답 찾기
>
> ①의 '찾다'는 지문과 같은 '알아내고 밝혀내려 애쓰다.'의 의미이다.
> ②의 '찾다'는 '모르는 것을 알아내기 위해 책 따위를 뒤지다.'의 의미이므로 적절하지 않다.
> ③의 '찾다'는 '어떤 것을 구하다.'의 의미이므로 적절하지 않다.
> ④의 '찾다'는 '원상태를 회복하다.'의 의미이므로 적절하지 않다.
> ⑤의 '찾다'는 '잃거나 빼앗긴 것을 돌려받아 가지게 되다.'의 의미이므로 적절하지 않다.

글의 전개 순서 파악하기

✱ 글의 전개 순서 파악하기란?

지문이 매끄럽게 이어지도록 나열하는 것이 핵심입니다. 특히 각 문단의 앞쪽에 제시되는 표지 '오히려', '한편', '그러나', '그리고', '그러므로', '예를 들면', '가령' 등을 적절히 활용하는 것이 중요합니다. 머리말을 제시한 후 이어질 내용을 나열하는 경우도 있고, 머리말 없이 전체 지문을 재배열하는 경우도 있습니다. 응집성과 맥락 파악에 신경써야 하는 문제 유형입니다.

✱ 실제 출제 유형은?

• 다음 글의 전개 순서로 가장 자연스러운 것은?
• 다음 글에 이어질 순서로 적절한 것은?
• 글의 순서가 적절하게 나열된 것은?

✱ 유형 공략 TIP은?

순서를 나열하는 지문의 경우 보통 도입부에서 문제를 제기하고 그와 관련된 예시, 반론 등이 뒤따라서 오므로 이를 중점적으로 살핍니다. 나열할 순서에서 제일 처음에 올 문단과 제일 마지막에 올 문단을 찾고, 이후 가운데 들어갈 문단을 배열하는 것이 팁입니다.

STEP 1 지문 전체의 중심 내용 파악하기
STEP 2 문단별 내용 정리하고 배열하기
STEP 3 배열 후 한 번 더 읽고 확인하기

(기출문제 뽀개기)

내용 전개 순서 파악하기

다음 글의 전개 순서로 가장 자연스러운 것은?

20 경찰 1차

(가) 여러 통각이 뇌에서 동시에 수용되면 어떻게 될까? 이런 경우 뇌는 어떤 자극에 더 신경을 쓸지 결정을 내린다. 만약 두통에 시달리는 상태에서 손가락이 베였다면 두통은 순간 잊힌다. 베인 통증이 두통보다 더 강하기 때문에 뇌는 더 심각한 통증을 극복하는 데에만 신경을 쓰게 된다.

(나) 통증은 몸 어딘가에 이상이 있음을 알리는 신호이다. 이상이 있으면 신체의 해당 부위는 이 소식을 전달하고 뇌는 그 통증 발생지가 어디인지 분석하게 된다.

(다) 실생활에서는 이러한 '통증 인지'를 속이는 방법을 많이 사용한다. 예를 들어 간호사들이 주사를 놓기 전에 엉덩이를 찰싹 때리는 것도 그에 해당한다. 그러면 뇌는, 우선 찰싹 맞아서 생긴 통증에 신경을 쓴다.

① (가) – (나) – (다)
② (나) – (가) – (다)
③ (나) – (다) – (가)
④ (가) – (다) – (나)

STEP 1 지문 전체의 중심 내용 파악하기
지문은 통증의 개념과 뇌에서의 통증 인지, 그리고 통증 인지에 대한 예시를 서술하는 글이다.

STEP 2 문단별 내용 정리하고 배열하기
먼저 통증의 개념과 뇌의 통증 발생지 분석에 대해 언급한 후(나), 뇌의 '통증 인지'에 대해 설명하고(가) 이에 대한 예를 들고 있음(다)을 확인한다.

STEP 3 배열 후 한 번 더 읽고 확인하기
(나) – (가) – (다)의 순서로 배열 후 한 번 더 확인하고 ②를 선택한다.

통합형

✖ 통합형이란?

비문학 지문과 문법, 비문학 지문과 작문, 비문학 지문과 논리적 오류 등을 합친 복합적 문제 유형입니다. 비문학의 난도가 올라가면서 점점 지문이 길어지고, 까다롭게 출제되는 경향이 있습니다. 따라서 단순히 비문학만 공부하는 것이 아니라, 문법이나 화법, 작문, 논리 등을 모두 골고루 숙지해야 하는 유형입니다. 난도도 하~상까지 골고루 출제되기 때문에 좀 더 신경써야 하는 유형입니다.

✖ 실제 출제 유형은?

- 다음 글의 고쳐 쓸 부분을 지적한 것으로 가장 적절하지 않은 것은?
- 다음 글에서 (　　)에 들어갈 말로 가장 적절한 것은?
- 글의 통일성을 고려할 때 ㉠에 들어갈 문장으로 가장 적절한 것은?

✖ 유형 공략 TIP은?

통일성을 물어보는 경우가 가장 흔하므로 통일성을 집중적으로 공략하고, 문법, 화법과 작문 등을 꼼꼼하게 살펴야 합니다. 결국은 지문의 내용을 이해해야 선지도 고를 수 있는 문제이기 때문에 지문을 잘 이해하는 데 집중해야 하며, 문제 유형에 따라 적절하게 대응할 필요가 있습니다.

STEP 1 문제에서 요구하는 내용 파악하기

STEP 2 지문을 읽으며 필요한 내용 확인하기

STEP 3 선지와 지문을 비교하며 답 고르기

기출문제 뽀개기

통합형

다음 글의 ㉠~㉣에 대한 고쳐쓰기 방안으로 적절하지 않은 것은? `20 지방직 9급`

　　현재 리셋 증후군이 인터넷 중독의 한 유형으로 ㉠ 꼽혀지고 있다. 리셋 증후군 환자들은 현실에서 잘못을 하더라도 버튼만 누르면 해결될 수 있다고 생각해서 아무런 죄의식이나 책임감 없이 행동한다. ㉡ '리셋 증후군'이라는 말은 1990년 일본에서 처음 생겨났는데, 국내에선 1990년대 말부터 쓰이기 시작했다. 리셋 증후군 환자들은 현실과 가상을 구분하지 못하여 게임에서 실행했던 일을 현실에서 저지르고 뒤늦게 후회하는 경우가 많다. 특히, 이러한 특성을 지닌 청소년들은 무슨 일이든지 쉽게 포기하고 책임감 없는 행동을 하며, 마음에 들지 않는 사람이 있으면 ㉢ 막다른 골목으로 몰 듯 관계를 쉽게 끊기도 한다.

　　리셋 증후군은 행동 양상이 명확히 나타나지 않는 편이라 쉽게 판별하기 어렵고 진단도 쉽지 않다. ㉣ 이와 같이 예방을 위해 지속적으로 주위 사람들과 대화를 나누고, 현실과 인터넷 공간을 구분하는 능력을 길러야 한다.

① 불필요한 이중 피동 표현으로 어법에 맞게 ㉠을 '꼽고'로 수정한다.
② 글의 맥락상 자연스럽지 않으므로 ㉡은 첫 번째 문장 뒤로 옮긴다.
③ 앞뒤 문맥을 고려할 때 ㉢은 '칼로 무를 자르듯'으로 수정한다.
④ 앞 문장과의 연결을 고려하여 ㉣을 '그러므로'로 수정한다.

STEP 1 문제에서 요구하는 내용 파악하기

이 문제는 고쳐 쓰기 방안에 대해 적절하지 않은 것을 찾는 것으로, '비문학 지문+문법'의 통합형 문제임을 확인한다.

STEP 2 지문을 읽으며 필요한 내용 확인하기

㉠은 '꼽- + -히- + -어지다'의 불필요한 이중 피동 표현으로 문맥상 '꼽고'보다는 '꼽히고'로 고치는 것이 자연스럽다.

㉡은 리셋 증후군이 처음 생겨난 시기에 대한 설명이므로 첫 번째 문장 뒤로 옮기는 것이 매끄럽다.

㉢의 '막다른 골목으로 몰 듯'은 '도망갈 곳 없이 절박한 상황으로 몰아가다.'라는 의미이므로 문맥상 적절하지 않고, 관계를 한 번에 끊어낸다는 의미의 '칼로 무를 자르듯'으로 수정하는 것이 적절하다.

㉣의 앞 문장에서 리셋 증후군은 판별도 어렵고 진단도 쉽지 않다고 설명하고, 뒤에는 이에 대한 적절한 예방을 위한 노력이 따라오고 있으므로 인과의 접속 부사 '그러므로'로 수정하는 것이 적절하다.

STEP 3 선지와 지문을 비교하며 답 고르기

STEP 2의 내용을 참고하여 ①이 적절하지 않음을 확인한다.

• 국어 비문학 독해 •

오독오독
실전 공략

내용 적용 및 추론하기

지문요약

주제

_____와 _____ 운동

내용요약

- **로컬푸드의 정의**
  - 일정 ____을 기준으로 ____되는 농식품
  - 반경 __~__km ____ 지역 내에서 생산되는 농식품을 지칭
  - ____ 거리나 ____ 사회의 농식품에 국한되는 것은 아님
  - 일본은 _____을 중심으로 로컬푸드 규정. 미국은 ___km 내의 생산 농식품까지 인정
  - ____, ____, ____을 고려
- **로컬푸드 운동**
  - ____이고 ____이며 _____한 먹거리를 생산유통____하고자 함
  - 농업의 ___와 _____의 위기로 발아
  - 전통농업의 위기: _____, 농촌 경제 ____, _____의 위협, ___의 과다 사용으로 인해 ___과 ____이 위기에 처함
- **문제 현상에 대한 대응**

  _____ 먹거리 생산과 건강한 ___ 연결, ___ 정체성 강화 등 대안적 _____ 운동으로 선순환시키려는 노력이 로컬푸드 운동으로 나타남

---

01 다음 글을 통해 추론한 것으로 적절하지 않은 것은?

20 국가직 7급

로컬푸드(local food)는 일차적으로 일정한 지역을 기준으로 해당 지역에서 생산되는 농식품을 의미한다. 로컬푸드를 물리적 거리로써 구체적으로 규정하는 경우 좁게는 50km, 넓게는 반경 100km의 농촌 지역 내에서 생산되는 농식품을 지칭하곤 한다. 그렇다고 해서 로컬푸드가 이 정도의 물리적 거리나 농촌을 중심으로 한 지역 사회의 농식품에 국한되는 것은 아니다. 일본은 행정구역을 중심으로 로컬푸드를 규정하는 경향이 있고, 미국의 경우 넓게는 반경 160km 정도 내에서 생산되는 농식품으로까지 확대하기도 한다. 이는 생산유통소비에 있어서 건강성, 신뢰성, 친환경성 등이 유지될 수 있는 거리를 고려한 것이다.

로컬푸드가 일정한 거리 이내에서 생산된 농식품을 의미하는 것이라면, 로컬푸드 운동은 친환경적이고 자립적이며 지속 가능한 먹거리를 생산유통소비하고자 하는 공동체적 노력을 일컫는다. 농업의 해체와 식품 안전성의 위기가 만나는 접점은 로컬푸드 운동이 발아하는 배경이 된다. 전통적인 농업은 관련 인구 감소, 농촌 경제 영세화, '종자에서 식탁까지' 지배하는 거대자본의 위협을 받고 있다. 농약의 과다 사용으로 인해 식품은 물론 자연환경이 위기에 처하게 되었다. 이러한 문제점에 대응하기 위해 친환경 먹거리 생산과 건강한 소비를 연결하고, 나아가 지역 정체성을 강화하는 등 대안적 공동체 운동으로 선순환시키려는 노력이 로컬푸드 운동으로 나타났다.

① 로컬푸드의 범위는 경제적 요소를 고려해서 규정될 수 있다.

② 식품 안전성에 주목하는 로컬푸드 운동은 환경보호 운동과도 밀접한 관련을 지닌다고 볼 수 있다.

③ 지역적 정체성을 드러내는 하나의 전략으로 해당 지역에서 산출되는 로컬푸드를 활용할 수 있다.

④ 지역 농가가 거대자본에 의존하여 생산과 소비를 연결하려는 시도는 로컬푸드 운동의 일환일 수 있다.

01 다음 글을 통해 추론한 것으로 적절하지 않은 것은?

20 국가직 7급

로컬푸드(local food)는 일차적으로 일정한 지역을 기준으로 해당 지역에서 생산되는 농식품을 의미한다. 로컬푸드를 물리적 거리로써 구체적으로 규정하는 경우 좁게는 50km, 넓게는 반경 100km의 농촌 지역 내에서 생산되는 농식품을 지칭하곤 한다. 그렇다고 해서 로컬푸드가 이 정도의 물리적 거리나 농촌을 중심으로 한 지역 사회의 식품에 국한되는 것은 아니다. 일본은 행정구역을 중심으로 로컬푸드를 규정하는 경향이 있고, 미국의 경우 넓게는 반경 160km 정도 내에서 생산되는 농식품으로까지 확대하기도 한다. 이는 생산유통소비에 있어서 건강성, 신뢰성, 친환경성 등이 유지될 수 있는 거리를 고려한 것이다.

로컬푸드가 ①일정한 거리 이내에서 생산된 농식품을 의미하는 것이라면, 로컬푸드 운동은 친환경적이고 자립적이며 지속 가능한 먹거리를 ①생산유통소비하고자 하는 공동체적 노력을 일컫는다. 농업의 해체와 식품 안전성의 위기가 만나는 접점은 로컬푸드 운동이 발아하는 배경이 된다. 전통적인 농업은 관련 인구 감소, 농촌 경제 영세화, '종자에서 식탁까지' 지배하는 ④거대자본의 위협을 받고 있다. ②농약의 과다 사용으로 인해 식품은 물론 자연환경이 위기에 처하게 되었다. 이러한 문제점에 대응하기 위해 친환경 먹거리 생산과 건강한 소비를 연결하고, 나아가 ③지역 정체성을 강화하는 등 대안적 공동체 운동으로 선순환시키려는 노력이 로컬푸드 운동으로 나타났다.

① 로컬푸드의 범위는 경제적 요소를 고려해서 규정될 수 있다.
② 식품 안전성에 주목하는 로컬푸드 운동은 환경보호 운동과도 밀접한 관련을 지닌다고 볼 수 있다.
③ 지역적 정체성을 드러내는 하나의 전략으로 해당 지역에서 산출되는 로컬푸드를 활용할 수 있다.
④ 지역 농가가 거대자본에 의존하여 생산과 소비를 연결하려는 시도는 로컬푸드 운동의 일환일 수 있다.

지문요약

주제

로컬푸드와 로컬푸드 운동

내용요약

• **로컬푸드의 정의**
  - 일정 지역을 기준으로 생산되는 농식품
  - 반경 50~100km 농촌 지역 내에서 생산되는 농식품을 지칭
  - 물리적 거리나 지역 사회의 식품에 국한되는 것은 아님
  - 일본은 행정구역을 중심으로 로컬푸드 규정. 미국은 160km 내의 생산 농식품까지 인정
  - 건강성, 신뢰성, 친환경성을 고려

• **로컬푸드 운동**
  - 친환경적이고 자립적이며 지속 가능한 먹거리를 생산유통소비하고자 함
  - 농업의 해체와 식품 안전성의 위기로 발아
  - 전통농업의 위기: 관련 인구 감소, 농촌 경제 영세화, 거대자본의 위협, 농약의 과다 사용으로 인해 식품과 자연환경이 위기에 처함

• **문제 현상에 대한 대응**
  친환경 먹거리 생산과 건강한 소비 연결, 지역 정체성 강화 등 대안적 공동체 운동으로 선순환시키려는 노력이 로컬푸드 운동으로 나타남

정답 ④

로컬푸드 운동은 거대자본에 의지하지 않고 농촌의 위협에서 벗어나 지역 정체성과 공동체를 강화하고자 하는 농업 해체를 막기 위한 운동이다.

오답분석

① 2문단에서 일정한 거리 이내에서 생산된 농식품을 생산유통소비하고자 하는 공동체적 노력을 로컬푸드 운동이라고 하였다. 생산유통소비는 경제 활동에 해당하므로 로컬푸드의 범위는 경제적 요소를 고려해 규정할 수 있다.
② 2문단에서 농약의 과다 사용으로 자연환경이 위기에 처했고 이에 대한 대응으로 친환경 먹거리 생산을 언급하고 있으므로 환경보호 운동과 관련 있다.
③ 2문단 마지막에 지역 정체성 강화 전략으로 로컬푸드 운동을 활용할 수 있음을 언급하고 있다.

지문요약

주제

세계 각국 ___들의 환경보호 조치와 딜레마

내용요약

- **환경오염 문제의 실태**

  ___오염, 수질오염, ___와 독성 화학 물질의 확산, 동식물의 ___ 위기

- **자원의 투자**

  인간의 _____, ___ 및 원시지역에서의 _____으로 인한 해로운 결과 감소 목적

  – (가) 오염 규제 노력의 실패: ___ 낭비, 문제 ___

  – (나) 오염 규제 조치의 성과: 대기오염 ___ 노력으로 수많은 조기 ___ 및 ___ 예방 효과

  – (다) 오염 규제 조치의 딜레마: _____ 대기 오염원 ___ 시 기존 오염원의 수명이 _____ 단기적 오염 ___

02 다음 중 (가)~(다)를 문맥에 맞는 순서대로 나열한 것은?

최근 수십 년간 세계 각국의 정부들은 공격적인 환경보호 조치들을 취해왔다. 대기오염과 수질오염, 살충제와 독성 화학 물질의 확산, 동식물의 멸종 위기 등을 우려한 각국의 정부들은 인간의 건강을 증진하고 인간 활동이 야생 및 원시 지역에서 만들어 낸 해로운 결과를 줄이기 위해 상당한 자원을 투자해 왔다.

(가) 그러나 이러한 규제 노력 가운데는 막대한 비용을 헛되이 낭비한 것들도 상당수에 달하며, 그중 일부는 해결하고자 했던 문제를 오히려 악화시키기도 했다.

(나) 이 중 많은 조치들이 커다란 성과를 거두었다. 이를테면 대기오염을 줄이려는 노력으로 수십만 명의 조기 사망과 수백만 가지의 질병을 예방할 수 있었다.

(다) 예를 들어, 새로운 대기 오염원을 공격적으로 통제할 경우, 기존의 오래된 오염원의 수명이 길어져서 적어도 단기적으로는 대기오염을 가중시킬 수 있다.

① (나) → (가) → (다)

② (나) → (다) → (가)

③ (다) → (가) → (나)

④ (다) → (나) → (가)

02 다음 중 (가)~(다)를 문맥에 맞는 순서대로 나열한 것은?

22 군무원 9급

> 최근 수십 년간 세계 각국의 정부들은 공격적인 환경보호 조치들을 취해왔다. 대기오염과 수질오염, 살충제와 독성 화학 물질의 확산, 동식물의 멸종 위기 등을 우려한 각국의 정부들은 인간의 건강을 증진하고 인간 활동이 야생 및 원시 지역에서 만들어 낸 해로운 결과를 줄이기 위해 상당한 자원을 투자해 왔다.
>
> (가) 그러나 이러한 규제 노력 가운데는 막대한 비용을 헛되이 낭비한 것들도 상당수에 달하며, 그중 일부는 해결하고자 했던 문제를 오히려 악화시키기도 했다.
>
> (나) 이 중 많은 조치들이 커다란 성과를 거두었다. 이를테면 대기오염을 줄이려는 노력으로 수십만 명의 조기 사망과 수백만 가지의 질병을 예방할 수 있었다.
>
> (다) 예를 들어, 새로운 대기 오염원을 공격적으로 통제할 경우, 기존의 오래된 오염원의 수명이 길어져서 적어도 단기적으로는 대기오염을 가중시킬 수 있다.

① (나) → (가) → (다)
② (나) → (다) → (가)
③ (다) → (가) → (나)
④ (다) → (나) → (가)

지문요약

주제

세계 각국 정부들의 환경보호 조치와 딜레마

내용요약

- **환경오염 문제의 실태**

  대기오염, 수질오염, 살충제와 독성 화학 물질의 확산, 동식물의 멸종 위기

- **자원의 투자**

  인간의 건강증진, 야생 및 원시지역에서의 인간 활동으로 인한 해로운 결과 감소 목적

  – (가) 오염 규제 노력의 실패: 비용 낭비, 문제 악화

  – (나) 오염 규제 조치의 성과: 대기오염 감소 노력으로 수많은 조기 사망 및 질병 예방 효과

  – (다) 오염 규제 조치의 딜레마: 새로운 대기 오염원 통제 시 기존 오염원의 수명이 길어져 단기적 오염 가중

정답 ①

도입부에서 세계 각국의 정부들이 취한 공격적인 환경보호 조치와 인간의 건강 증진, 야생 및 원시 지역에서의 해로운 결과 감소를 위해 상당한 자원을 투자해 왔음을 언급하고 있다. 따라서 이 뒤에는 자원 투자의 긍정적 결과에 대해 설명한 다음 자원 투자의 부정적인 측면과 그 예가 이어지는 것이 자연스럽다.

(가)에서는 비용을 투자했지만 투자 비용을 낭비하거나 오염 문제가 악화된 것을 언급하고 있다. 또, '그러나'라는 역접 연결부사로 시작하고 있어 바로 앞에는 자원 투자에 대한 긍정적인 내용이 나와야 한다. (나)에서는 자원 투자의 성과에 대한 예시를 말하고 있으므로 투자와 관련된 내용이 언급된 도입부 바로 뒤에 이어지는 것이 자연스럽다. (다)는 자원 투자의 부정적 측면에 대한 예시이므로 (가) 뒤에 연결해야 한다.

지문요약

주제

_____와 복지 사업 관련 데이터를 활용한 _____ 기반의 복지 _____ 제작을 통한 취약 지역 지원 방안

내용요약

• **복지 공감 지도**

－ _____을 활용하여 복지 기관의 _____과 수급자 현황을 ___에 확인할 수 있도록 구현

－ 복지 기관의 _____ 대응이 가능하고 ___의 복지 기관 _____를 선정할 수 있음

• **○○시의 계획**

복지 기관과 _____ 일부 수급자에게 복지 혜택이 집중됨을 확인하고 복지 기관 방문이 어려운 _____를 위해 복지 셔틀버스 _____ 등 ____ 복지 서비스를 제공할 계획을 세움

03 다음 글에 대한 이해로 적절하지 않은 것은?

22 국가직 9급

국가정보자원관리원과 ○○시는 빅데이터 기반의 맞춤형 복지 서비스 분석 사업을 수행했다. 국가정보자원관리원은 자체 확보한 공공 데이터와 ○○시로부터 받은 복지 사업 관련 데이터를 활용하여 '복지 공감 지도'를 제작하고, 복지 기관 접근성 분석을 통해 취약 지역 지원 방안을 제시했다.

복지 공감 지도는 공간 분석 시스템을 활용하여 ○○시에 소재한 복지 기관들의 다양한 지원 항목과 이를 필요로 하는 복지 대상자, 독거노인, 장애인 등의 수급자 현황을 한눈에 확인할 수 있도록 구현한 것이다. 이 지도를 활용하면 복지 혜택이 필요한 지역과 수급자를 빨리 찾아낼 수 있으며, 생필품 지원이나 방문 상담 등 복지 기관의 맞춤형 대응이 가능하고, 최적의 복지 기관 설립 위치를 선정할 수 있다.

이 사업을 통해 ○○시는 그동안 복지 기관으로부터 도보로 약 15분 내 위치한 수급자에게 복지 혜택이 집중되고 있는 것도 확인했다. 이에 교통이나 건강 등의 문제로 복지 기관 방문이 어려운 수급자를 위해 맞춤형 복지 서비스가 절실하게 필요한 상황임을 발견하고, 복지 셔틀버스 노선을 4개 증설할 계획을 수립했다.

① 빅데이터를 활용하여 복지 사각지대를 줄이는 방안을 마련할 수 있다.

② 복지 기관과 수급자 거주지 사이의 거리는 복지 혜택의 정도에 영향을 준다.

③ 복지 기관 접근성 분석 결과는 복지 셔틀버스 노선 증설의 근거가 된다.

④ 복지 공감 지도로 복지 혜택에 대한 수급자들의 개별 만족도를 파악할 수 있다.

03 다음 글에 대한 이해로 적절하지 않은 것은?

22 국가직 9급

국가정보자원관리원과 ○○시는 ①빅데이터 기반의 맞춤형 복지 서비스 분석 사업을 수행했다. 국가정보자원관리원은 자체 확보한 ①공공 데이터와 ○○시로부터 받은 복지 사업 관련 데이터를 활용하여 '복지 공감 지도'를 제작하고, ①복지 기관 접근성 분석을 통해 취약 지역 지원 방안을 제시했다.

복지 공감 지도는 공간 분석 시스템을 활용하여 ○○시에 소재한 복지 기관들의 다양한 지원 항목과 이를 필요로 하는 복지 대상자, 독거노인, 장애인 등의 수급자 현황을 한눈에 확인할 수 있도록 구현한 것이다. 이 지도를 활용하면 복지 혜택이 필요한 지역과 수급자를 빨리 찾아낼 수 있으며, 생필품 지원이나 방문 상담 등 복지 기관의 맞춤형 대응이 가능하고, 최적의 복지 기관 설립 위치를 선정할 수 있다.

이 사업을 통해 ○○시는 그동안 복지 기관으로부터 ②도보로 약 15분 내 위치한 수급자에게 복지 혜택이 집중되고 있는 것도 확인했다. 이에 ②③교통이나 건강 등의 문제로 복지 기관 방문이 어려운 수급자를 위해 맞춤형 복지 서비스가 절실하게 필요한 상황임을 발견하고, ③복지 셔틀버스 노선을 4개 증설할 계획을 수립했다.

① 빅데이터를 활용하여 복지 사각지대를 줄이는 방안을 마련할 수 있다.
② 복지 기관과 수급자 거주지 사이의 거리는 복지 혜택의 정도에 영향을 준다.
③ 복지 기관 접근성 분석 결과는 복지 셔틀버스 노선 증설의 근거가 된다.
④ 복지 공감 지도로 복지 혜택에 대한 수급자들의 개별 만족도를 파악할 수 있다.

지문요약

주제

공공 데이터와 복지 사업 관련 데이터를 활용한 빅데이터 기반의 복지 공감 지도 제작을 통한 취약 지역 지원 방안

내용요약

- **복지 공감 지도**
  - 공간 분석 시스템을 활용하여 복지 기관의 지원항목과 수급자 현황을 한눈에 확인할 수 있도록 구현
  - 복지 기관의 맞춤형 대응이 가능하고 최적의 복지 기관 설립 위치를 선정할 수 있음
- **○○시의 계획**

  복지 기관과 가까운 일부 수급자에게 복지 혜택이 집중됨을 확인하고 복지 기관 방문이 어려운 수급자를 위해 복지 셔틀버스 노선 증설 등 맞춤형 복지 서비스를 제공할 계획을 세움

정답 ④

지문에서 복지 공감 지도로 혜택을 받기 어려운 수급자에게 맞춤형 복지 서비스를 제공할 수 있다고 하였으나 개별 만족도와 관련해서는 언급하고 있지 않다.

오답분석

① 1문단에서 빅데이터 기반의 복지 공감 지도를 제작해 접근성이 취약한 지역에 대한 지원 방안을 제시했다고 언급하였다.
②·③ 3문단에서 복지 기관과 가까운 수급자에게 복지 혜택이 집중됨을 확인하고 이를 바탕으로 맞춤형 복지 서비스를 제공하기 위해 셔틀버스 노선 증설 계획이 있음을 언급하였다.

내용요약

- _____ 관점에서 봤을 때 인류는 우주의 _____에서 생겨난 _____ 산물이며 그 존엄성 역시 다른 동물과 ____ 지을 수 없음
- 자연은 모든 존재의 터전이고 원리이며 _____ 의미임
- 인간은 자연을 배워야 하며, 감사와 ____ 의 대상으로써 자연을 대해야 함

- **우주적인 관점**

  인류는 종교에서 주장하는 것과 달리 자연의 _____ 산물이며, 다른 동물의 _____ 과 차등 지을 수 없음

- **자연의 특징**

  - 아름답고 ____로우며 모든 생성의 ____ 이자 젖줄이고 신선하고 ____ 함
  - 모든 것들의 ____이자 그것들 자체이며, 때로는 ____, 거처, 일터, 휴식처, ____ 가 되어 줌
  - 모든 존재의 ____인 동시에 원리이며 _____ 의미이고 아름다움의 표상
  - 진리이자 ____, ____이며 길이고 ____ 와 보존의 대상

04 이 글의 구성 방식으로 가장 적절한 것은?

인류는 우주의 중심이 아니라 가장자리에 있으며, 인류의 기적 같은 진화는 유대, 기독교, 이슬람이 전제하고 있는 바와 같이 초월자의 선택에 의해 결정됐거나 힌두, 불교가 주장하고 있는 것과는 달리 자연의 우연한 산물이다. 우주적인 관점에서 볼 때 인류의 가치는 동물의 가치와 근원적으로 차별되지 않으며, 그의 존엄성은 다른 동물의 존엄성과 근본적으로 차등 지을 수 없다. 자연은 한없이 아름답고 자비롭다. 미국 원주민이 대지를 '어머니'라고 부르는 것으로 알 수 있듯이 자연은 모든 생성의 원천이자 젖줄이다. 그것은 대자연, 즉 산천초목이 보면 볼수록 느끼면 느낄수록 생각하면 생각할수록 신선하고 풍요하기 때문이다. 자연은 무한히 조용하면서도 생기에 넘치고, 무한히 소박하면서도 환상적으로 아름답고 장엄하고 거룩한 모든 것들의 모체이자 그것들 자체이다. 자연은 영혼을 가진 인류를 비롯한 유인원, 그 밖의 수많은 종류의 식물과 동물들 및 신비롭고 거룩한 모든 생명체의 고향이자 거처이며, 일터이자 휴식처이고, 행복의 둥지이며, 영혼을 가진 인간이 태어났던 땅이기 때문이다. 자연은 모든 존재의 터전인 동시에 그 원리이며 그러한 것들의 궁극적 의미이기도 하다. 자연은 생명 그 자체의 활기, 존재 자체의 아름다움의 표상이다. 또한 그것은 인간이 배워야 할 진리이며 모든 행동의 도덕적 및 실용적 규범이며 지침이며 길이다. 자연은 정복과 활용이 아니라 감사와 보존의 대상이다.

① 두괄식
② 양괄식
③ 미괄식
④ 중괄식

04 이 글의 구성 방식으로 가장 적절한 것은? 　22 군무원 9급

인류는 우주의 중심이 아니라 가장자리에 있으며, 인류의 기적 같은 진화는 유대, 기독교, 이슬람이 전제하고 있는 바와 같이 초월자의 선택에 의해 결정됐거나 힌두, 불교가 주장하고 있는 것과는 달리 자연의 우연한 산물이다. 우주적인 관점에서 볼 때 인류의 가치는 동물의 가치와 근원적으로 차별되지 않으며, 그의 존엄성은 다른 동물의 존엄성과 근본적으로 차등 지을 수 없다. 자연은 한없이 아름답고 자비롭다. 미국 원주민이 대지를 '어머니'라고 부르는 것으로 알 수 있듯이 자연은 모든 생성의 원천이자 젖줄이다. 그것은 대자연, 즉 산천초목이 보면 볼수록 느끼면 느낄수록 생각하면 생각할수록 신선하고 풍요하기 때문이다. 자연은 무한히 조용하면서도 생기에 넘치고, 무한히 소박하면서도 환상적으로 아름답고 장엄하고 거룩한 모든 것들의 모체이자 그것들 자체이다. 자연은 영혼을 가진 인류를 비롯한 유인원, 그 밖의 수많은 종류의 식물과 동물들 및 신비롭고 거룩한 모든 생명체의 고향이자 거처이며, 일터이자 휴식처이고, 행복의 둥지이며, 영혼을 가진 인간이 태어났던 땅이기 때문이다. 자연은 모든 존재의 터전인 동시에 그 원리이며 그러한 것들의 궁극적 의미이기도 하다. 자연은 생명 그 자체의 활기, 존재 자체의 아름다움의 표상이다. 또한 ③그것은 인간이 배워야 할 진리이며 모든 행동의 도덕적 및 실용적 규범이며 지침이며 길이다. 자연은 정복과 활용이 아니라 감사와 보존의 대상이다.

① 두괄식

② 양괄식

③ 미괄식

④ 중괄식

정답　③

지문의 핵심어는 인간이 아니라 자연이므로 자연과 관련된 내용을 중심으로 파악해야 한다. 지문은 자연에 대해 예찬적 태도를 보이며, 마지막에 인류가 자연에 보여야 할 마음가짐을 설명하고 있으므로 중심 내용은 마지막 부분에 집중되어 있다고 볼 수 있다.

오답분석

① 두괄식은 중심 내용이 글의 제일 앞에 제시되는 것이다. 지문의 앞부분에서는 우주 가장자리 존재로서 인류를 언급하고 있으므로 적절하지 않다.

② 양괄식은 중심 내용이 글의 앞, 뒤에 배치되는 것이다. 지문의 앞에서는 인류를, 뒤에서는 자연을 다루고 있으므로 적절하지 않다.

④ 중괄식은 중심 내용이 글의 중간에 다뤄지는 것이다. 지문의 중간 부분에서는 자연을 다루고 있지만, 예찬적 태도를 나열하고 있으므로 중심 내용으로 보기에 적절하지 않다.

지문요약

내용요약

독일 통일은 ___의 ___에 대한 '흡수 통일'이 아닌 동독 주민들의 _____ 참여를 통한 통일

• 1문단

독일의 통일 과정에서 동독 주민들의 ___을 고려할 때, '흡수 통일'이라는 용어는 ___의 여지를 주는 용어

• 2문단

- 1989년 동독에서 _____ 의혹으로 인한 내부 혼란과 더불어 체제에 ___을 느낀 동독 주민들이 서독으로 탈출
- 이후 ___·개방을 주장하는 시위가 일며 내부개혁에서 _____로 그 양상이 변화했으며 그 분위기 속에서 1990년 _____가 실시됨

• 3문단

- 선거운동에서 서독과 ___하는 동독 정당들이 생겨났고, 점진적 통일을 주장했던 동독 _____이 우세
- 실제 선거에서는 서독 _____의 지원을 받으며 급속한 통일을 주장하던 _____이 승리하고 1990년 10월 3일에 동서독 통일을 이룸

• 4문단

- 독일 통일은 그 과정에서 동독 주민들이 _____으로 참여한 것으로, 흡수 통일이라는 단어는 동독 주민들을 ___한다는 오해를 받을 수 있음
- 통일 과정의 온전한 이해를 위해서 ___ 주민들의 활동에 주목해야 함

05 다음 글의 핵심 논지로 가장 적절한 것은?

독일 통일을 지칭하는 '흡수 통일'이라는 용어는 동독이 일방적으로 서독에 흡수되었다는 인상을 준다. 그러나 통일 과정에서 동독 주민들이 보여준 행동을 고려하면 흡수 통일은 오해의 여지를 주는 용어일 수 있다.

1989년 동독에서는 지방선거 부정 의혹을 둘러싼 내부 혼란이 발생했다. 그 과정에서 체제에 환멸을 느낀 많은 동독 주민들이 서독으로 탈출했고, 동독 곳곳에서 개혁과 개방을 주장하는 시위의 물결이 일어나기 시작했다. 초기 시위에서 동독 주민들은 여행·신앙·언론의 자유를 중심에 둔 내부 개혁을 주장했지만 이후 "우리는 하나의 민족이다!"라는 구호와 함께 동독과 서독의 통일을 요구하기 시작했다. 그렇게 변화하는 사회적 분위기 속에서 1990년 3월 18일에 동독 최초이자 최후의 자유 총선거가 실시되었다.

동독 자유총선거를 위한 선거운동 과정에서 서독과 협력하는 동독 정당들이 생겨났고, 이들 정당의 선거운동에 서독 정당과 정치인들이 적극적으로 유세 지원을 하기도 했다. 초반에는 서독 사민당의 지원을 받으며 점진적 통일을 주장하던 동독 사민당이 우세했지만, 실제 선거에서는 서독 기민당의 지원을 받으며 급속한 통일을 주장하던 독일동맹이 승리하게 되었다. 동독 주민들이 자유총선거에서 독일동맹을 선택한 것은 그들 스스로 급속한 통일을 지지한 것이라고 할 수 있다. 이후 동독은 서독과 1990년 5월 18일에 「통화·경제·사회보장동맹의 창설에 관한 조약」을, 1990년 8월 31일에 「통일조약」을 체결했고, 마침내 1990년 10월 3일에 동서독 통일을 이루게 되었다.

이처럼 독일 통일의 과정에서 동독 주민들의 주체적인 참여를 확인할 수 있다. 독일 통일을 단순히 흡수 통일이라고 부른다면, 통일 과정에서 중요한 역할을 담당했던 동독 주민들을 배제한다는 오해를 불러일으킬 수 있다. 독일 통일의 과정을 온전히 이해하기 위해서는 동독 주민들의 활동에도 주목할 필요가 있다.

① 자유총선거에서 동독 주민들은 점진적 통일보다 급속한 통일을 지지하는 모습을 보여주었다.

② 독일 통일은 동독이 일방적으로 서독에 흡수되었다는 점에서 흔히 흡수 통일이라고 부른다.

③ 독일 통일은 분단국가가 합의된 절차를 거쳐 통일을 이루었다는 점에서 의의가 있다.

④ 독일 통일 전부터 서독의 정당은 물론 개인도 동독의 선거에 개입할 수 있었다.

⑤ 독일 통일의 과정에서 동독 주민들의 주체적 참여가 큰 역할을 하였다.

05 다음 글의 핵심 논지로 가장 적절한 것은?

22 국가직 7급 언어논리

독일 통일을 지칭하는 '흡수 통일'이라는 용어는 동독이 일방적으로 서독에 흡수되었다는 인상을 준다. 그러나 ②통일 과정에서 동독 주민들이 보여준 행동을 고려하면 흡수 통일은 오해의 여지를 주는 용어일 수 있다.

1989년 동독에서는 지방선거 부정 의혹을 둘러싼 내부 혼란이 발생했다. 그 과정에서 체제에 환멸을 느낀 많은 동독 주민들이 서독으로 탈출했고, 동독 곳곳에서 개혁과 개방을 주장하는 시위의 물결이 일어나기 시작했다. 초기 시위에서 동독 주민들은 여행·신앙·언론의 자유를 중심에 둔 내부 개혁을 주장했지만 이후 "우리는 하나의 민족이다!"라는 구호와 함께 동독과 서독의 통일을 요구하기 시작했다. 그렇게 변화하는 사회적 분위기 속에서 1990년 3월 18일에 동독 최초이자 최후의 자유 총선거가 실시되었다.

동독 자유총선거를 위한 ④선거운동 과정에서 서독과 협력하는 동독 정당들이 생겨났고, 이들 정당의 선거운동에 서독 정당과 정치인들이 적극적으로 유세 지원을 하기도 했다. 초반에는 서독 사민당의 지원을 받으며 점진적 통일을 주장하던 동독 사민당이 우세했지만, 실제 선거에서는 서독 기민당의 지원을 받으며 급속한 통일을 주장하던 독일동맹이 승리하게 되었다. ①동독 주민들이 자유총선거에서 독일동맹을 선택한 것은 그들 스스로 급속한 통일을 지지한 것이라고 할 수 있다. 이후 동독은 서독과 1990년 5월 18일에 ③「통화·경제·사회보장동맹의 창설에 관한 조약」을, 1990년 8월 31일에 「통일조약」을 체결했고, 마침내 1990년 10월 3일에 동서독 통일을 이루게 되었다.

이처럼 ⑤독일 통일의 과정에서 동독 주민들의 주체적인 참여를 확인할 수 있다. 독일 통일을 단순히 흡수 통일이라고 부른다면, 통일 과정에서 중요한 역할을 담당했던 동독 주민들을 배제한다는 오해를 불러일으킬 수 있다. ⑤독일 통일의 과정을 온전히 이해하기 위해서는 동독 주민들의 활동에도 주목할 필요가 있다.

① 자유총선거에서 동독 주민들은 점진적 통일보다 급속한 통일을 지지하는 모습을 보여 주었다.
② 독일 통일은 동독이 일방적으로 서독에 흡수되었다는 점에서 흔히 흡수 통일이라고 부른다.
③ 독일 통일은 분단국가가 합의된 절차를 거쳐 통일을 이루었다는 점에서 의의가 있다.
④ 독일 통일 전부터 서독의 정당은 물론 개인도 동독의 선거에 개입할 수 있었다.
⑤ 독일 통일의 과정에서 동독 주민들의 주체적 참여가 큰 역할을 하였다.

지문요약

내용요약

독일 통일은 서독의 동독에 대한 '흡수 통일'이 아닌 동독 주민들의 주체적 참여를 통한 통일

• 1문단
독일의 통일 과정에서 동독 주민들의 행동을 고려할 때, '흡수 통일'이라는 용어는 오해의 여지를 주는 용어

• 2문단
– 1989년 동독에서 부정선거 의혹으로 인한 내부 혼란과 더불어 체제에 환멸을 느낀 동독 주민들이 서독으로 탈출
– 이후 개혁·개방을 주장하는 시위가 일며 내부개혁에서 통일요구로 그 양상이 변화했으며 그 분위기 속에서 1990년 자유총선거가 실시됨

• 3문단
– 선거운동에서 서독과 협력하는 동독 정당들이 생겨났고, 점진적 통일을 주장했던 동독 사민당이 우세
– 실제 선거에서는 서독 기민당의 지원을 받으며 급속한 통일을 주장하던 독일동맹이 승리하고 1990년 10월 3일에 동서독 통일을 이룸

• 4문단
– 독일 통일은 그 과정에서 동독 주민들이 주체적으로 참여한 것으로, 흡수 통일이라는 단어는 동독 주민들을 배제한다는 오해를 받을 수 있음
– 통일 과정의 온전한 이해를 위해서 동독 주민들의 활동에 주목해야 함

지문의 핵심은 독일 통일 과정에서 동독의 주민들이 주체적으로 참여하였고, 이것이 통일에 큰 영향을 미쳤다는 것이다. 또한 4문단에서 독일의 통일 과정을 온전히 이해하기 위해서는 동독 주민들의 활동에 주목할 필요가 있다고 언급하였으므로 핵심 논지로 가장 적절한 것은 ⑤이다.

오답분석

① 3문단 세 번째 문장에서 주민들이 독일동맹을 선택한 것이 급속한 통일을 지지한 것이라 언급하고 있지만, 이것이 핵심 내용이라고 볼 수는 없다.

② 1문단에서 흡수 통일은 오해의 여지를 주는 용어라고 하였으므로 지문의 전체적인 내용과 반대된다.

③ 3문단에서 동독과 서독이 조약 2가지를 체결하는 합의된 절차 과정을 보여주고 있지만, 이것이 핵심 내용이라고 볼 수는 없다.

④ 3문단 첫 번째 문장에서 서독의 정당들이 동독의 자유총선거 선거 과정에 개입하였다고 언급하고 있지만, 이것이 핵심 내용이라고 볼 수는 없다.

지문요약

주제

서희의 ___ 담판

내용요약

송나라가 ___을 치러갈 때 서희가 ___ 적 상황을 잘 파악하여 _____과 담판을 짓고 _____를 확보

• 1문단
  - 송 태종이 거란을 치러가며 고려에 ___을 요청하나 응하지 않음
  - 거란은 송에 ___할 기회를 보는 한편 고려를 압박하고자 함

• 2문단
  - _____ 하류에서 독자적 세력을 일구던 _____을 ___이 몰아내고 ___를 침략
  - ___는 소손녕의 심계를 파악하며 병력 동원을 하지 않겠다는 언질을 주면 소손녕이 철군할 것이라 말함

• 3문단
  - _____의 속내를 파악한 서희가 ___자리에서 강동 6주를 조건으로 ___과 국교를 맺고 송을 ___적으로 돕지 않겠다고 함
  - 소손녕이 요구를 수용하고 ___가 강동 6주를 차지하게 됨

세부 내용 파악하기

01 다음 글의 내용과 부합하는 것은?

22 국가직 7급 언어논리

979년 송 태종은 거란을 공격하러 가는 길에 고려에 원병을 요청했다. 거란은 고려가 참전할 수도 있다는 염려에서 크게 동요했다. 하지만 고려는 송 태종의 요청에 응하지 않았다. 이후 거란은 송에 보복할 기회를 엿보는 한편, 송과 다시 싸우기 전에 고려를 압박해 앞으로도 송을 군사적으로 돕지 않겠다는 약속을 받아내고자 했다.

당시 거란과 고려 사이에는 압록강이 있었는데, 그 하류 유역에는 여진족이 살고 있었다. 이 여진족은 발해의 지배를 받았지만, 발해가 거란에 의해 멸망한 후에는 어느 나라에도 속하지 않은 채 독자적 세력을 이루고 있었다. 거란은 이 여진족이 사는 땅을 여러 차례 침범해 대군을 고려로 보내는 데 적합한 길을 확보했다. 이후 993년에 거란 장수 소손녕은 군사를 이끌고 고려에 들어와 몇 개의 성을 공격했다. 이때 소손녕은 "고구려 옛 땅은 거란의 것인데 고려가 감히 그 영역을 차지하고 있으니 군사를 일으켜 그 땅을 찾아가고자 한다."라는 내용의 서신을 보냈다. 이 서신이 오자 고려 국왕 성종과 대다수 대신은 "옛 고구려의 영토에 해당하는 땅을 모두 내놓아야 군대를 거두겠다는 뜻이 아니냐?"라며 놀랐다. 하지만 서희는 소손녕이 보낸 서신의 내용은 핑계일 뿐이라고 주장했다. 그는 고려가 병력을 동원해 거란을 치는 일이 없도록 하겠다는 언질을 주면 소손녕이 철군할 것이라고 말했다. 이렇게 논의가 이어지고 있을 때 안융진에 있는 고려군이 소손녕과 싸워 이겼다는 보고가 들어왔다.

패배한 소손녕은 진군을 멈추고 협상을 원한다는 서신을 보내왔다. 이 서신을 받은 성종은 서희를 보내 협상하게 했다. 소손녕은 서희가 오자 "실은 고려가 송과 친하고 우리와는 소원하게 지내고 있어 침입하게 되었다."라고 했다. 이에 서희는 압록강 하류의 여진족 땅을 고려가 지배할 수 있게 묵인해 준다면, 거란과 국교를 맺을 뿐 아니라 거란과 송이 싸울 때 송을 군사적으로 돕지 않겠다는 뜻을 내비쳤다. 이 말을 들은 소손녕은 서희의 요구를 수용하기로 하고 퇴각했다. 이후 고려는 북쪽 국경 너머로 병력을 보내 압록강 하류의 여진족 땅까지 밀고 들어가 영토를 넓혔으며, 그 지역에 강동 6주를 두었다.

① 거란은 압록강 유역에 살던 여진족이 고려의 백성이라고 주장하였다.

② 여진족은 발해의 지배에서 벗어나기 위해 거란과 함께 고려를 공격하였다.

③ 소손녕은 압록강 유역의 여진족 땅을 빼앗아 강동 6주를 둔 후 그곳을 고려에 넘겼다.

④ 고려는 압록강 하류 유역에 있는 여진족의 땅으로 세력을 확대한 거란을 공격하고자 송 태종과 군사동맹을 맺었다.

⑤ 서희는 고려가 거란에 군사적 적대 행위를 하지 않겠다고 약속하면 소손녕이 군대를 이끌고 돌아갈 것이라고 보았다.

01 다음 글의 내용과 부합하는 것은?

22 국가직 7급 언어논리

979년 송 태종은 거란을 공격하러 가는 길에 고려에 원병을 요청했다. 거란은 고려가 참전할 수도 있다는 염려에서 크게 동요했다. 하지만 고려는 송 태종의 요청에 응하지 않았다. 이후 거란은 송에 보복할 기회를 엿보는 한편, 송과 다시 싸우기 전에 고려를 압박해 앞으로도 송을 군사적으로 돕지 않겠다는 약속을 받아내고자 했다.

당시 거란과 고려 사이에는 압록강이 있었는데, 그 하류 유역에는 여진족이 살고 있었다. ①②이 여진족은 발해의 지배를 받았었지만, 발해가 거란에 의해 멸망한 후에는 어느 나라에도 속하지 않은 채 독자적 세력을 이루고 있었다. 거란은 이 여진족이 사는 땅을 여러 차례 침범해 대군을 고려로 보내는 데 적합한 길을 확보했다. 이후 993년에 거란 장수 소손녕은 군사를 이끌고 고려에 들어와 몇 개의 성을 공격했다. 이때 소손녕은 "고구려 옛 땅은 거란의 것인데 고려가 감히 그 영역을 차지하고 있으니 군사를 일으켜 그 땅을 찾아가고자 한다."라는 내용의 서신을 보냈다. 이 서신이 오자 고려 국왕 성종과 대다수 대신은 "옛 고구려의 영토에 해당하는 땅을 모두 내놓아야 군대를 거두겠다는 뜻이 아니냐?"라며 놀랐다. 하지만 서희는 소손녕이 보낸 서신의 내용은 핑계일 뿐이라고 주장했다. 그는 고려가 병력을 동원해 거란을 치는 일이 없도록 하겠다는 언질을 주면 소손녕이 철군할 것이라고 말했다. 이렇게 논의가 이어지고 있을 때 안융진에 있는 고려군이 소손녕과 싸워 이겼다는 보고가 들어왔다.

패배한 소손녕은 진군을 멈추고 협상을 원한다는 서신을 보내왔다. 이 서신을 받은 성종은 서희를 보내 협상하게 했다. 소손녕은 서희가 오자 "실은 고려가 송과 친하고 우리와는 소원하게 지내고 있어 침입하게 되었다."라고 했다. 이에 ④서희는 압록강 하류의 여진족 땅을 고려가 지배할 수 있게 묵인해 준다면, 거란과 국교를 맺을 뿐 아니라 거란과 송이 싸울 때 송을 군사적으로 돕지 않겠다는 뜻을 내비쳤다. 이 말을 들은 소손녕은 서희의 요구를 수용하기로 하고 퇴각했다. 이후 ③고려는 북쪽 국경 너머로 병력을 보내 압록강 하류의 여진족 땅까지 밀고 들어가 영토를 넓혔으며, 그 지역에 강동 6주를 두었다.

① 거란은 압록강 유역에 살던 여진족이 고려의 백성이라고 주장하였다.
② 여진족은 발해의 지배에서 벗어나기 위해 거란과 함께 고려를 공격하였다.
③ 소손녕은 압록강 유역의 여진족 땅을 빼앗아 강동 6주를 둔 후 그곳을 고려에 넘겼다.
④ 고려는 압록강 하류 유역에 있는 여진족의 땅으로 세력을 확대한 거란을 공격하고자 송 태종과 군사동맹을 맺었다.
⑤ 서희는 고려가 거란에 군사적 적대 행위를 하지 않겠다고 약속하면 소손녕이 군대를 이끌고 돌아갈 것이라고 보았다.

지문요약

주제

서희의 외교 담판

내용요약

송나라가 거란을 치러갈 때 서희가 외교적 상황을 잘 파악하여 소손녕과 담판을 짓고 강동 6주를 확보

- 1문단
  - 송 태종이 거란을 치러가며 고려에 원병을 요청하나 응하지 않음
  - 거란은 송에 보복할 기회를 보는 한편 고려를 압박하고자 함
- 2문단
  - 압록강 하류에서 독자적 세력을 일구던 여진족을 거란이 몰아내고 고려를 침략
  - 서희는 소손녕의 심계를 파악하며 병력 동원을 하지 않겠다는 언질을 주면 소손녕이 철군할 것이라 말함
- 3문단
  - 소손녕의 속내를 파악한 서희가 협상 자리에서 강동 6주를 조건으로 거란과 국교를 맺고 송을 군사적으로 돕지 않겠다고 함
  - 소손녕이 요구를 수용하고 고려가 강동 6주를 차지하게 됨

2문단에서 소손녕은 고려가 참전하지 못하도록 압박하기 위해 고려에 들어와 몇 개의 성을 공격한 후 옛 고구려 영토를 되찾겠다는 서신을 보냈다. 서희는 서신의 의도를 간파하고 고려가 거란을 치기 위해 병력을 동원하는 일이 없도록 하겠다는 언질을 소손녕에게 보내자고 말했다.

오답분석

① 2문단에서 여진족은 발해의 지배를 받다가 발해가 멸망한 후 독자적인 세력을 이루고 있었으며, 거란이 여진족을 친 이유는 고려로 가는 길을 확보하기 위해서라고 하였다. 지문에서 여진족이 고려의 백성이라고 언급한 적은 없다.

② 2문단에서 여진족은 압록강 하류 유역에 독자적 세력을 이루어 살고 있었다고 했지만, 거란과 동맹을 맺고 고려를 공격했다는 언급은 없다.

③ 3문단 마지막 부분에서 압록강 하류까지 영토를 넓히고 강동 6주를 둔 것은 고려이지 소손녕이 한 일은 아님을 알 수 있다.

④ 3문단에서 소손녕과 서희는 외교 담판을 지으며 각자 원하는 결과를 얻게 되었음을 알 수 있다. 소손녕이 고려에게 원하는 것은 거란과 송나라가 싸울 때 고려가 송을 군사적으로 돕지 않는 것이었고, 서희가 소손녕에게 원한 것은 여진족이 세력을 이루고 있던 압록강 하류 지역에 대한 실질적 지배였다.

지문요약

주제

샤를 푸리에의 ______를 기반한 유토피아

내용요약

- **샤를 푸리에의 ______**
  - 상부상조를 기반한 공동체 '________'를 만듦
  - ________의 종말과 함께 가족도 종말을 맞을 것이라 예언
  - 사회적 _____의 이상
  - 사적 ___을 소유할 수 없음
  - 10년마다 똑같이 생긴 집을 바꿔 가며 삶
  - 그의 유토피아의 가족은 ___ 그 자체로 볼 수 있음

어휘 및 문맥적 의미 파악하기

02 ㉠~㉦을 문맥적 의미가 유사한 것끼리 올바르게 묶은 것은? **21 지역인재 9급**

> 한때 ㉠ 가족의 종말을 예견하는 목소리가 유행했었다. 19세기 초에 샤를 푸리에는 상부상조에 기반한 공동체인 '팔랑스테르'를 만들었고, 그 뒤를 계승한 실험이 유럽 곳곳에서 이루어졌다. 또한 엥겔스는 사유 재산의 종말과 함께 가족 역시 종말을 맞을 것이라고 예언했다. 어쩌면 유토피아에 대해 꿈꾸는 일은 근본적으로 ㉡ 가족의 개념에 배치될 수밖에 없는지도 모른다. 토머스 모어의 '유토피아'는 예외적으로 기존의 가부장제 ㉢ 가족을 사회 구성의 핵심 요소로 제안했지만, 섬 전체가 '한 ㉣ 가족, 한 가정'을 이루어야 한다는 사회적 단일체의 이상에 대한 강조를 잊지 않았다. 이러한 ㉤ 가족은 사적 재산을 소유할 수 없으며, 똑같이 생긴 집을 10년마다 바꿔 가며 살아야 한다. 유토피아의 가족은 사회의 거센 바람을 피하는 둥지가 아니라 사회 그 자체이며, 그런 의미에서 더 이상 ㉥ 가족이 아닌 ㉦ 가족인 것이다.

① ㉠, ㉡, ㉥ / ㉢, ㉣, ㉤, ㉦
② ㉠, ㉡, ㉢, ㉥ / ㉣, ㉤, ㉦
③ ㉠, ㉣, ㉤, ㉦ / ㉡, ㉢, ㉥
④ ㉠, ㉣, ㉦ / ㉡, ㉢, ㉤, ㉥

02 ㈀~㈅을 문맥적 의미가 유사한 것끼리 올바르게 묶은 것은?

21 지역인재 9급

한때 ㉠ 가족의 종말을 예견하는 목소리가 유행했었다. 19세기 초에 샤를 푸리에 는 상부상조에 기반한 공동체인 '팔랑스테르'를 만들었고, 그 뒤를 계승한 실험이 유 럽 곳곳에서 이루어졌다. 또한 엥겔스는 사유 재산의 종말과 함께 가족 역시 종말을 맞을 것이라고 예언했다. 어쩌면 유토피아에 대해 꿈꾸는 일은 근본적으로 ㉡ 가족 의 개념에 배치될 수밖에 없는지도 모른다. 토머스 모어의 '유토피아'는 예외적으로 기존의 가부장제 ㉢ 가족을 사회 구성의 핵심 요소로 제안했지만, 섬 전체가 '한 ㉣ 가족, 한 가정'을 이루어야 한다는 사회적 단일체의 이상에 대한 강조를 잊지 않 았다. 이러한 ㉤ 가족은 사적 재산을 소유할 수 없으며, 똑같이 생긴 집을 10년마다 바꿔 가며 살아야 한다. 유토피아의 가족은 사회의 거센 바람을 피하는 둥지가 아니 라 사회 그 자체이며, 그런 의미에서 더 이상 ㉥ 가족이 아닌 ㉦ 가족인 것이다.

① ㉠, ㉡, ㉥ / ㉢, ㉣, ㉤, ㉦
② ㉠, ㉡, ㉢, ㉥ / ㉣, ㉤, ㉦
③ ㉠, ㉣, ㉤, ㉦ / ㉡, ㉢, ㉥
④ ㉠, ㉣, ㉦ / ㉡, ㉢, ㉤, ㉥

지문요약

주제

샤를 푸리에의 상부상조를 기반한 유토피아

내용요약

• 샤를 푸리에의 유토피아

– 상부상조를 기반한 공동체 '팔랑스테르' 를 만듦

– 사유 재산의 종말과 함께 가족도 종말 을 맞을 것이라 예언

– 사회적 단일체의 이상

– 사적 재산을 소유할 수 없음

– 10년마다 똑같이 생긴 집을 바꿔 가며 삶

– 그의 유토피아의 가족은 사회 그 자체 로 볼 수 있음

정답 ②

이 지문에서 '가족'은 두 가지 개념으로 나뉜다. 첫 번째는 '주로 부부를 중심으로 한, 친족 관계에 있는 사람들의 집단. 또는 그 구성원'이라는 사전 적 의미의 가족으로, 기존의 가부장제 가족을 뜻한다. 두 번째는 샤를 푸리에가 주장한 '상부상조에 기반한 공동체'의 개념으로 존재하는 가족인데, 이때의 가족은 '팔랑스테르'에 속하는 집단을 의미하는 개념이다. 이를 기준으로 ㉠~㉦을 나누어 보면, 첫 번째 의미로서의 가족은 ㉠, ㉡, ㉢, ㉥ 이고, 두 번째 의미로서의 가족은 ㉣, ㉤, ㉦이다.

내용요약

· 일반적인 성격에 대한 논의 시작 방식
  – _____의 네 가지 기질 분류
  – _____에 대한 고대의 개념

· 프랜시스 골턴
  – 논문 「_____」의 저자
  – 찰스 다윈의 사촌
  – 초기 진화론자: ___가 인간에게도 영
    향을 끼쳤다고 주장
  – _____ 시대적 편견을 가짐
  – _____ 이론으로 인간을 설명할 수
    있게 될 것이라 함

글의 흐름 파악하기

03 아래 글의 (㉠)과 (㉡)에 들어갈 가장 적절한 접속어로 옳은 것은?

21 군무원 9급

히포크라테스가 분류한 네 가지 기질이나 성격유형에 대한 고대의 개념으로 성격에 대한 논의를 시작하는 것이 일반적인 방식이지만, 나는 여기에서 1884년 『포트 나이트리 리뷰』에 실렸던 프랜시스 골턴 경의 논문 「성격의 측정」으로 이야기를 시작하겠다.

찰스 다윈의 사촌이었던 골턴은 초기 진화론자로서 진화가 인간에게도 영향을 끼쳤다고 주장한 사람이다. (㉠) 그의 관념은 빅토리아 시대적 편견을 가지고 있었고, (㉡) 그의 주장이 오늘날에는 설득력이 떨어진다. 그럼에도 불구하고 결국에는 자연 선택 이론이 인간을 설명하는 지배적인 학설이 될 것이라는 그의 직관은 옳았다.

	㉠	㉡
①	그래서	그리하여
②	그리고	그래서
③	그러나	따라서
④	그런데	그리고

03 아래 글의 (㉠)과 (㉡)에 들어갈 가장 적절한 접속어로 옳은 것은?

21 군무원 9급

> 히포크라테스가 분류한 네 가지 기질이나 성격유형에 대한 고대의 개념으로 성격에 대한 논의를 시작하는 것이 일반적인 방식이지만, 나는 여기에서 1884년 『포트나이트리 리뷰』에 실렸던 프랜시스 골턴 경의 논문 「성격의 측정」으로 이야기를 시작하겠다.
> 찰스 다윈의 사촌이었던 골턴은 초기 진화론자로서 진화가 인간에게도 영향을 끼쳤다고 주장한 사람이다(파격적). (㉠) 그의 관념은 빅토리아 시대적 편견을 가지고 있었고(보수적), (㉡) 그의 주장이 오늘날에는 설득력이 떨어진다(그로 인한 결과). 그럼에도 불구하고 결국에는 자연 선택 이론이 인간을 설명하는 지배적인 학설이 될 것이라는 그의 직관은 옳았다.

	㉠	㉡
①	그래서	그리하여
②	그리고	그래서
③	그러나	따라서
④	그런데	그리고

내용요약
• 일반적인 성격에 대한 논의 시작 방식
 – 히포크라테스의 네 가지 기질 분류
 – 성격유형에 대한 고대의 개념
• 프랜시스 골턴
 – 논문 「성격의 측정」의 저자
 – 찰스 다윈의 사촌
 – 초기 진화론자: 진화가 인간에게도 영향을 끼쳤다고 주장
 – 빅토리아 시대적 편견을 가짐
 – 자연 선택 이론으로 인간을 설명할 수 있게 될 것이라 함

정답 ③

㉠ 골턴은 진화가 인간에게도 영향을 끼쳤다고 주장하는 사람이었지만, 빅토리아 시대적 편견을 가진 사람이라는 부정적인 평가를 받고 있으므로 역접의 접속어 '그러나'가 와야 한다.
㉡ 골턴은 빅토리아 시대적 편견을 가진 사람이라는 부정적인 평가를 받고 있으므로 주장의 설득력이 떨어진다는 문장과 자연스럽게 연결하기 위해 인과적 접속어 '따라서'가 오는 것이 적절하다.

지문요약

내용요약

- A국의 _____ 추진 방안 조건
  - 공정한 _____ 과 교육의 _____ 을 고려한 방안
  - _____ 있는 설문 조사에서 가장 많은 국민이 ___ 하는 방안
  - 정부의 기존 _____ 만으로 실행될 수 있는 방안
  - 가계의 _____ 을 줄일 수 있는 방안

- **국민 2,000명을 대상으로 한 설문 조사 결과**
  - 300명: 대학교 _____ 도입
  - 400명: 고등학교 자체 평가 확대
  - 600명: 대입 _____ 및 수시 축소
  - 700명: _____ 강화

- **고교 평준화 강화 방안 추진**
  - 대학교 평준화 도입은 정부의 기존 교육 재정만으로 _____
  - 가계 교육 부담 ___ 가능
  - 공정한 _____ 을 이룰 수 있는 방안

04 다음 글의 ㉠을 이끌어내기 위해 추가해야 할 전제로 가장 적절한 것은?

20 국가직 7급 언어논리(모의)

A국에서는 교육 제도 개선을 추진하고 있다. 이와 관련하여 현재 거론되고 있는 방안 중 다음 네 조건을 모두 충족시키는 방안이 있다면, 정부는 그 방안을 추진해야 한다. 첫째, 공정한 기회 균등과 교육의 수월성을 함께 이룩할 수 있는 방안이어야 한다. 둘째, 신뢰할 수 있는 설문 조사에서 가장 많은 국민이 선호하는 방안으로 선택한 것이어야 한다. 셋째, 정부의 기존 교육 재정만으로 실행될 수 있는 방안이어야 한다. 넷째, 가계의 교육 부담을 줄일 수 있는 방안이어야 한다.

현재 거론되고 있는 방안들 중 선호하는 것에 대하여 국민 2,000명을 대상으로 한 설문 조사 결과, 300명이 대학교 평준화 도입을 꼽았고, 400명이 고등학교 자체 평가 확대를 꼽았으며, 600명이 대입 정시 확대와 수시 축소를 꼽았고, 700명이 고교 평준화 강화를 꼽았다. 이 설문 조사는 표본을 치우치지 않게 잡아 신뢰할 수 있다.

현재 거론된 방안들 가운데 정부의 기존 교육 재정만으로 실행될 수 없는 것은 대학교 평준화 도입 방안뿐이다. 대입 정시 확대와 수시 축소 방안은 가계의 교육 부담을 감소시키지 못하지만 다른 방안들은 그렇지 않다. 고교 평준화 강화방안은 공정한 기회 균등을 이룰 수 있는 방안임이 분명하다. 따라서 ㉠ 정부는 고교 평준화 강화 방안을 추진해야 한다.

① 고교 평준화 강화는 가장 많은 국민이 선호하는 방안이다.
② 고교 평준화 강화는 교육의 수월성을 이룩할 수 있는 방안이다.
③ 고교 평준화 강화는 가계의 교육 부담을 줄일 수 있는 방안이다.
④ 고교 평준화 강화는 정부의 기존 교육 재정만으로도 실행될 수 있는 방안이다.
⑤ 정부가 고교 평준화 강화 방안을 추진하지 않아도 된다면, 그 방안은 공정한 기회 균등과 교육의 수월성을 함께 이룩할 수 없는 방안이다.

내용 적용 및 추론하기

04 다음 글의 ㉠을 이끌어내기 위해 추가해야 할 전제로 가장 적절한 것은?

20 국가직 7급 언어논리(모의)

A국에서는 교육 제도 개선을 추진하고 있다. 이와 관련하여 현재 거론되고 있는 방안 중 다음 네 조건을 모두 충족시키는 방안이 있다면, 정부는 그 방안을 추진해야 한다. 첫째, ②⑤공정한 기회 균등과 교육의 수월성을 함께 이룩할 수 있는 방안이어야 한다. 둘째, 신뢰할 수 있는 설문 조사에서 가장 많은 국민이 선호하는 방안으로 선택한 것이어야 한다. 셋째, 정부의 기존 교육 재정만으로 실행될 수 있는 방안이어야 한다. 넷째, 가계의 교육 부담을 줄일 수 있는 방안이어야 한다.

현재 거론되고 있는 방안들 중 선호하는 것에 대하여 국민 2,000명을 대상으로 한 설문 조사 결과, 300명이 대학교 평준화 도입을 꼽았고, 400명이 고등학교 자체 평가 확대를 꼽았으며, 600명이 대입 정시 확대와 수시 축소를 꼽았고, ①700명이 고교 평준화 강화를 꼽았다. 이 설문 조사는 표본을 치우치지 않게 잡아 신뢰할 수 있다.

현재 거론된 방안들 가운데 ④정부의 기존 교육 재정만으로 실행될 수 없는 것은 대학교 평준화 도입 방안뿐이다. 대입 정시 확대와 수시 축소 방안은 ③가계의 교육 부담을 감소시키지 못하지만 다른 방안들은 그렇지 않다. 고교 평준화 강화방안은 ②⑤공정한 기회 균등을 이룰 수 있는 방안임이 분명하다. 따라서 ㉠ 정부는 고교 평준화 강화 방안을 추진해야 한다.

① 고교 평준화 강화는 가장 많은 국민이 선호하는 방안이다.
② 고교 평준화 강화는 교육의 수월성을 이룩할 수 있는 방안이다.
③ 고교 평준화 강화는 가계의 교육 부담을 줄일 수 있는 방안이다.
④ 고교 평준화 강화는 정부의 기존 교육 재정만으로도 실행될 수 있는 방안이다.
⑤ 정부가 고교 평준화 강화 방안을 추진하지 않아도 된다면, 그 방안은 공정한 기회 균등과 교육의 수월성을 함께 이룩할 수 없는 방안이다.

정답 ②

A국의 교육 제도 개선 추진을 위해서는 4가지 조건을 모두 충족시키는 방안이 필요하다. 고교 평준화 강화 방안은 신뢰성 있는 설문 조사에서 가장 많은 선택을 받았고(두 번째 조건), 정부의 기존 교육 재정만으로 실행이 가능하며(세 번째 조건), 가계의 교육 부담을 감소시킬 수 있는 정책(네 번째 조건)이라고 언급하고 있다. 또, 첫 번째 조건 중 공정한 기회 균등에 대해서도 언급하고 있으므로 추가해야 할 전제 조건은 '교육의 수월성'이다.

지문요약

내용요약
- A국의 교육 제도 개선 추진 방안 조건
  - 공정한 기회 균등과 교육의 수월성을 고려한 방안
  - 신뢰성 있는 설문 조사에서 가장 많은 국민이 선호하는 방안
  - 정부의 기존 교육 재정만으로 실행될 수 있는 방안
  - 가계의 교육 부담을 줄일 수 있는 방안
- 국민 2,000명을 대상으로 한 설문 조사 결과
  - 300명: 대학교 평준화 도입
  - 400명: 고등학교 자체 평가 확대
  - 600명: 대입 정시 확대 및 수시 축소
  - 700명: 고교 평준화 강화
- 고교 평준화 강화 방안 추진
  - 대학교 평준화 도입은 정부의 기존 교육 재정만으로 불가능
  - 가계 교육 부담 감소 가능
  - 공정한 기회 균등을 이룰 수 있는 방안

오독오독 실전 공략 | 33

주제

건장한 _____의 몸을 표준으로 삼아 이루어지는 기존의 의학적 연구

내용요약

• 1문단

– 화학 물질의 신체 내부 변화 연구: 여성 _____과 화학 물질의 _____이 고려되지 않음

– 자동차 충돌 사고 시뮬레이션: 여성 및 _____ 연령대 남성의 _____ 특성이 고려되지 않음

• 2문단

– ____ 연령대 성인 남성의 몸을 기준으로 한 사고방식은 여러 문제를 낳고 있음

– 가장 _____으로 일할 수 있는 사무실 온도: 21℃

– 선호하는 사무실 온도 연구: 남성 평균 __℃, 여성 평균 __℃

• 3문단

– 적정 사무실 ____ 연구는 1960년대 측정된 것으로 기준은 몸무게 __kg인 __세 성인 남성임

– 여성이나 다른 연령대 남성들의 _____ 및 체내 __ 생산의 양도 차이가 있으므로 ____하는 사무실 온도도 달라질 수밖에 없으나 고려되지 않음

글의 중심 내용 파악하기

05 다음 글의 시사점으로 적절하지 않은 것은? 20 국가직 9급

> 기존의 의학적 연구는 건장한 성인 남성의 몸을 표준으로 삼아 이루어지는 경우가 많았다. 예를 들어 농약과 같은 화학 물질이 몸에 들어와 어떠한 변화를 일으키는지 검토한 연구에서 생리 주기에 따라 변화하는 여성 호르몬이 그 물질과 어떤 상호 작용을 일으킬 수 있는지는 고려되지 않았다. 자동차 충돌 사고를 인체 공학적으로 시뮬레이션할 때도 특정 연령대 남성의 몸이 연구 대상으로 사용되었고, 여성의 신체 특성이나 다양한 연령대 남성의 신체적 특성은 고려되지 않았다.
>
> 특정 연령대 성인 남성의 몸을 표준화된 인체로 여겼던 사고방식은 여러 문제점을 낳고 있다. 예를 들어 대사율, 피부와 조직 두께 등을 감안한, 사람이 가장 효과적으로 일할 수 있는 사무실 온도는 21℃로 알려져 있다. 그런데 한 연구에서 남성과 여성 직장인에게 각각 선호하는 사무실 온도를 조사한 결과는 남성은 평균 22℃, 여성은 평균 25℃였다. 남성은 기존의 적정 실내 온도에 가까운 답을 했고, 여성은 더 따뜻한 사무실에서 일하기를 원했다.
>
> 이러한 차이의 이유는 무엇일까? 현재 적정 사무실 온도로 알려진 21℃는 1960년대 측정된 자료를 바탕으로 하는데, 당시 몸무게 70kg인 40세 성인 남성을 기준으로 측정된 것이다. 이러한 '표준화된 신체'를 가진 남성의 대사율은 여성이나 다른 연령대 남성들의 대사율과 다르고, 당연히 체내 열 생산의 양도 차이가 있다.

① 표준으로 삼은 대상이 나머지 대상의 특성까지 대표하지 못하므로 앞으로 의학적 연구를 하려면 하나의 표준을 정하기보다 가능한 한 다양한 대상을 선정해서 하는 것이 바람직하다.

② 현재 우리가 알고 있는 의학지식 중에는 특정 표준 대상만을 연구한 결과인 것이 있으므로 앞으로 이런 의학 지식을 활용하려면 연구한 대상을 살펴봐서 그대로 활용할지를 결정하는 것이 바람직하다.

③ 성별이나 연령대 등에 따라 신체 조건이 같지 않으므로 근무 환경을 조성할 때 근무자들의 성별이나 연령대를 고려하는 것이 바람직하다

④ 기존의 사무실 적정 실내 온도가 조사된 것보다 낮게 설정되어 있으므로 향후에 모든 공공 기관의 사무실 온도를 조정할 때 현재보다 설정 온도를 일률적으로 높이는 것이 바람직하다.

05 다음 글의 시사점으로 적절하지 않은 것은?

②기존의 의학적 연구는 건장한 성인 남성의 몸을 표준으로 삼아 이루어지는 경우가 많았다. 예를 들어 농약과 같은 화학 물질이 몸에 들어와 어떠한 변화를 일으키는지 검토한 연구에서 생리 주기에 따라 변화하는 여성 호르몬이 그 물질과 어떤 상호 작용을 일으킬 수 있는지는 고려되지 않았다. 자동차 충돌 사고를 인체 공학적으로 시뮬레이션할 때도 ①③특정 연령대 남성의 몸이 연구 대상으로 사용되었고, 여성의 신체 특성이나 다양한 연령대 남성의 신체적 특성은 고려되지 않았다.

특정 연령대 성인 남성의 몸을 표준화된 인체로 여겼던 사고방식은 여러 문제점을 낳고 있다. 예를 들어 대사율, 피부와 조직 두께 등을 감안한, 사람이 가장 효과적으로 일할 수 있는 사무실 온도는 21℃로 알려져 있다. 그런데 한 연구에서 남성과 여성 직장인에게 각각 선호하는 사무실 온도를 조사한 결과는 남성은 평균 22℃, 여성은 평균 25℃였다. 남성은 기존의 적정 실내 온도에 가까운 답을 했고, 여성은 더 따뜻한 사무실에서 일하기를 원했다.

이러한 차이의 이유는 무엇일까? 현재 적정 사무실 온도로 알려진 21℃는 1960년대 측정된 자료를 바탕으로 하는데, 당시 몸무게 70kg인 40세 성인 남성을 기준으로 측정된 것이다. 이러한 ①③'표준화된 신체'를 가진 남성의 대사율은 여성이나 다른 연령대 남성들의 대사율과 다르고, 당연히 체내 열 생산의 양도 차이가 있다.

① 표준으로 삼은 대상이 나머지 대상의 특성까지 대표하지 못하므로 앞으로 의학적 연구를 하려면 하나의 표준을 정하기보다 가능한 한 다양한 대상을 선정해서 하는 것이 바람직하다.

② 현재 우리가 알고 있는 의학지식 중에는 특정 표준 대상만을 연구한 결과인 것이 있으므로 앞으로 이런 의학 지식을 활용하려면 연구한 대상을 살펴봐서 그대로 활용할지를 결정하는 것이 바람직하다.

③ 성별이나 연령대 등에 따라 신체 조건이 같지 않으므로 근무 환경을 조성할 때 근무자들의 성별이나 연령대를 고려하는 것이 바람직하다.

④ 기존의 사무실 적정 실내 온도가 조사된 것보다 낮게 설정되어 있으므로 향후에 모든 공공 기관의 사무실 온도를 조정할 때 현재보다 설정 온도를 일률적으로 높이는 것이 바람직하다.

주제

건장한 성인 남성의 몸을 표준으로 삼아 이루어지는 기존의 의학적 연구

내용요약

• 1문단
– 화학 물질의 신체 내부 변화 연구: 여성 호르몬과 화학 물질의 상호 작용이 고려되지 않음
– 자동차 충돌 사고 시뮬레이션: 여성 및 다양한 연령대 남성의 신체적 특성이 고려되지 않음

• 2문단
– 특정 연령대 성인 남성의 몸을 기준으로 한 사고방식은 여러 문제를 낳고 있음
– 가장 효과적으로 일할 수 있는 사무실 온도: 21℃
– 선호하는 사무실 온도 연구: 남성 평균 22℃, 여성 평균 25℃

• 3문단
– 적정 사무실 온도 연구는 1960년대 측정된 것으로 기준은 몸무게 70kg인 40세 성인 남성임
– 여성이나 다른 연령대 남성들의 대사율 및 체내 열 생산의 양도 차이가 있으므로 선호하는 사무실 온도도 달라질 수밖에 없으나 고려되지 않음

지문의 중심 내용은 기존의 의학적 연구들이 특정 대상을 중심으로 이루어졌으므로 가능한 다양한 대상을 선정해서 표준을 정하는 것이 바람직하다는 것이다. 또 2문단과 3문단에서 언급한 사무실 적정 실내 온도 연구 사례는 특정 대상을 표준기준으로 삼은 근무 환경 조성 사례이므로 ④에서 사무실 적정 실내 온도를 일률적으로 높이자는 내용은 전체적인 맥락을 이해하지 못한 것이다.

오답분석

① 1문단에서 건강한 성인 남성의 몸은 전체를 대표하는 표준이 될 수 없음을 언급하고 있다. 3문단에서도 '표준화된 신체'를 가진 남성은 여성이나 다른 연령대 남성들과 대사율 및 체내 열 생산의 양에 차이가 있음을 언급하고 있으므로, 앞으로의 연구는 가능한 한 다양한 대상을 선정해서 하는 것이 바람직하다.

② 특정 표준 대상을 연구한 의학 지식의 결과가 전체를 대표하는 표준이 될 수 없으므로 연구 대상에 맞게 의학 지식을 활용하는 것이 바람직하다.

③ 1 · 3문단에서 '표준화된 신체'를 가진 남성의 대사율은 여성이나 다른 연령대 남성들의 대사율과 다르고, 당연히 체내 열 생산의 양에도 차이가 있다. 따라서 근무 환경을 조성할 때는 성별이나 연령대를 고려하는 것이 바람직하다.

지문요약

주제

___을 유지하기 위한 운동 생활 ___

내용요약

· **건강 유지를 위한 운동 ___**

– 무리한 운동은 오히려 _____

– 자신의 _____을 고려하여 부담이 지나치지 않게 해야 함

· **건강 유지를 위한 운동 ___ 과 빈도**

– 가끔 오랜 시간 운동하는 것보다 짧더라도 자주 _____으로 하는 것이 효과적

– 매일 _____ 운동하며 ___ 습관으로 정착시키는 것이 가장 바람직

---

01 다음 글을 요약한 것으로 가장 적절한 것은?

20 군무원 9급

> 요즘 들어 사람들은 건강에 대한 많은 관심을 보이고 있다. 특히 운동을 통한 건강 유지에 대한 관심이 각별하다고 할 수 있다. 부지런히 뛰고 땀을 흠뻑 흘린 뒤에 느끼는 개운함을 좋아한다. 그렇지만 무조건 신체를 움직인다고 해서 다 운동이 되는 것은 아니다. 무리하게 움직이면 오히려 역효과를 가져온다. 그러므로 운동의 강도를 결정할 때는 자신의 신체 조건을 우선적으로 고려해야 한다. 자신의 체력에 비추어 신체 기능을 충분히 자극할 수는 있어야 하지만 부담이 지나치지 않게 해야 한다. 운동의 시간과 빈도는 개인의 생활양식에 의해 많은 영향을 받게 되지만, 일반적으로는 일주일에 한 번씩 오랜 운동 시간을 하는 것보다는 운동 시간이 짧더라도 빈도를 높여서 규칙적으로 움직이는 것이 운동의 효과를 높이는 데 효과적이다. 가장 바람직한 것은 매일 일정량의 운동을 실천하여 운동을 하나의 생활 습관으로 정착시키는 것이다.

① 운동의 효과는 운동의 빈도를 높일수록 좋다고 할 수 있으므로 가급적 쉬지 말고 부지런히 운동을 하는 것이 좋다.

② 운동의 효과를 높이기 위해서는 무리한 운동보다는 신체에 적절한 자극이 가해지는 운동을 생활 습관으로 정착시켜야 한다.

③ 신체를 무조건 움직인다고 해서 운동이 되는 것이 아니므로 자신의 신체 조건을 우선적으로 고려하여 운동의 강도를 결정한다.

④ 매일 일정량의 운동을 통해 운동을 생활 습관으로 정착시키기 위해서는 운동의 긍정적인 측면과 부정적인 측면을 모두 고려해야 한다.

01 다음 글을 요약한 것으로 가장 적절한 것은?

20 군무원 9급

요즘 들어 사람들은 건강에 대한 많은 관심을 보이고 있다. 특히 운동을 통한 건강 유지에 대한 관심이 각별하다고 할 수 있다. 부지런히 뛰고 땀을 흠뻑 흘린 뒤에 느끼는 개운함을 좋아한다. 그렇지만 무조건 신체를 움직인다고 해서 다 운동이 되는 것은 아니다. 무리하게 움직이면 오히려 역효과를 가져온다. 그러므로 운동의 강도를 결정할 때는 자신의 신체 조건을 우선적으로 고려해야 한다. ②③자신의 체력에 비추어 신체 기능을 충분히 자극할 수는 있어야 하지만 부담이 지나치지 않게 해야 한다. 운동의 시간과 빈도는 개인의 생활양식에 의해 많은 영향을 받게 되지만, 일반적으로는 ①일주일에 한 번씩 오랜 운동 시간을 하는 것보다는 운동 시간이 짧더라도 빈도를 높여서 규칙적으로 움직이는 것이 운동의 효과를 높이는 데 효과적이다. 가장 바람직한 것은 ②④매일 일정량의 운동을 실천하여 운동을 하나의 생활 습관으로 정착시키는 것이다.

① 운동의 효과는 운동의 빈도를 높일수록 좋다고 할 수 있으므로 가급적 쉬지 말고 부지런히 운동을 하는 것이 좋다.

② 운동의 효과를 높이기 위해서는 무리한 운동보다는 신체에 적절한 자극이 가해지는 운동을 생활 습관으로 정착시켜야 한다.

③ 신체를 무조건 움직인다고 해서 운동이 되는 것이 아니므로 자신의 신체 조건을 우선적으로 고려하여 운동의 강도를 결정한다.

④ 매일 일정량의 운동을 통해 운동을 생활 습관으로 정착시키기 위해서는 운동의 긍정적인 측면과 부정적인 측면을 모두 고려해야 한다.

지문요약

주제

건강을 유지하기 위한 운동 생활 습관

내용요약

· 건강 유지를 위한 운동 강도
  - 무리한 운동은 오히려 역효과
  - 자신의 신체 조건을 고려하여 부담이 지나치지 않게 해야 함
· 건강 유지를 위한 운동 시간과 빈도
  - 가끔 오랜 시간 운동하는 것보다 짧더라도 자주 규칙적으로 하는 것이 효과적
  - 매일 일정량 운동하며 생활 습관으로 정착시키는 것이 가장 바람직

정답 ②

지문은 건강 유지를 위한 운동 생활 습관을 두 가지 측면에서 정리하고 있다. 첫 번째는 신체 부담이 지나치지 않은 운동 강도를 설정하는 것, 두 번째는 매일 일정량 운동하며 생활 습관으로 정착시키는 것이다. 따라서 이 두 가지를 고려하여 요약한 ②가 가장 적절하다.

오답분석

① 운동의 빈도는 높이는 것이 좋기는 하지만 규칙적으로 움직이는 것이 운동 효과를 높이는 데 효과적이라고 하였으므로, 쉬지 않고 운동하는 것이 좋다는 설명은 적절하지 않다.

③ 자신의 신체 조건을 고려해서 운동 강도를 결정하고 일정량의 운동을 꾸준히 하는 것이 가장 효과적이라는 내용을 추가해야 한다.

④ 지문에서 매일 일정량의 운동을 하며 운동 습관을 잡고, 신체 조건을 고려하여 운동 강도를 정하는 것이 제일 좋다고 언급하고 있지만 운동의 긍정적인 측면과 부정적인 측면에 대한 언급은 없다.

빛 공해의 _____ 와 _____

내용요약

• **빛 공해의 정의**

인공 _____ 의 빛이 인간의 생활을 _____ 하거나 _____ 에 피해를 주는 상태

• **빛 공해의 문제점**

- _____ 부족 초래: 수면 부족과 _____ 저하 유발

- ___ 피해: _____ 의 생산량 저하, 생태계 ___

글의 서술 방식 파악하기

02 다음 글의 설명 방식으로 적절하지 않은 것은?

21 국가직 9급

> 빛 공해란 인공조명의 과도한 빛이나 조명 영역 밖으로 누출되는 빛이 인간의 건강하고 쾌적한 생활을 방해하거나 환경에 피해를 주는 상태를 말한다. 국제 과학 저널인 사이언스 어드밴스의 '전 세계 빛 공해 지도'에 따르면, 우리나라는 빛 공해가 심각한 국가이다. 빛 공해는 멜라토닌 부족을 초래해 인간에게 수면 부족과 면역력 저하 등의 문제를 유발하고, 농작물의 생산량 저하, 생태계 교란 등의 문제를 일으킨다.

① 빛 공해의 정의를 제시하고 있다.

② 빛 공해의 주요 요인인 인공조명의 누출 원인을 제시하고 있다.

③ 자료를 인용하여 빛 공해가 심각한 국가로 우리나라를 제시하고 있다.

④ 사례를 들어 빛 공해의 악영향을 제시하고 있다.

02 다음 글의 설명 방식으로 적절하지 않은 것은?

> ①빛 공해란 인공조명의 과도한 빛이나 조명 영역 밖으로 누출되는 빛이 인간의 건강하고 쾌적한 생활을 방해하거나 환경에 피해를 주는 상태를 말한다. ③국제 과학 저널인 사이언스 어드밴스의 '전 세계 빛 공해 지도'에 따르면, 우리나라는 빛 공해가 심각한 국가이다. ④빛 공해는 멜라토닌 부족을 초래해 인간에게 수면 부족과 면역력 저하 등의 문제를 유발하고, 농작물의 생산량 저하, 생태계 교란 등의 문제를 일으킨다.

① 빛 공해의 정의를 제시하고 있다.

② 빛 공해의 주요 요인인 인공조명의 누출 원인을 제시하고 있다.

③ 자료를 인용하여 빛 공해가 심각한 국가로 우리나라를 제시하고 있다.

④ 사례를 들어 빛 공해의 악영향을 제시하고 있다.

지문요약

주제

빛 공해의 정의와 문제점

내용요약

- **빛 공해의 정의**

  인공 조명의 빛이 인간의 생활을 방해하거나 환경에 피해를 주는 상태

- **빛 공해의 문제점**

  – 멜라토닌 부족 초래: 수면 부족과 면역력 저하 유발

  – 환경 피해: 농작물의 생산량 저하, 생태계 교란

정답 ②

지문에서 빛 공해의 주요 요인으로 인공조명을 언급하고 있지만, 누출 원인에 대해서는 언급하고 있지 않다.

오답분석

① 첫 번째 문장에서 빛 공해에 대한 정의를 내리고 있다.

③ 두 번째 문장에서 국제 과학 저널을 인용하며 우리나라 빛 공해의 심각성을 지적하고 있다.

④ 마지막 문장에서 인간에게 미치는 영향과 환경 피해에 대해 언급하고 있다.

지문요약

주제

___를 조직하고 ___하는 데 ___이 되는 말과 글의 중요성

내용요약

· **(마) 문단**

사회: 개인의 생활을 ___ · 보존하기 위해 여러 사람이 뜻을 통하고 힘을 이어 서로 ___하는 단체

· **(다) 문단**

말과 글의 ___: 뜻이 통하지 못하고 이어지지 않아 사회의 모습을 갖출 수 없음

· **(나) 문단**

___과 ___의 중요성: 사회 조직의 ___, 인민 ___과 작동을 가능하게 하는 ___과 같음

· **(가) 문단**

기관의 정비: 기관을 ___ · 정련하고 다스려야 사회를 ___하고 발달하게 함

· **(라) 문단**

녹슬고 ___ 기관: 사회가 유지될 수 없고 ___하게 됨

---

03 **다음 글의 전개 순서로 가장 자연스러운 것은?**   **22 국가직 9급**

> (가) 이 기관을 잘 수리하여 정련하면 그 작동도 원활하게 될 것이요, 수리하지 아니하여 노둔해지면 그 작동도 막혀 버릴 것이니 이런 기관을 다스리지 아니하고야 어찌 그 사회를 고쳐하여 발달케 하리오.
>
> (나) 이러므로 말과 글은 한 사회가 조직되는 근본이요, 사회 경영의 목표와 지향을 발표하여 그 인민을 통합시키고 작동하게 하는 기관과 같다.
>
> (다) 말과 글이 없으면 어찌 그 뜻을 서로 통할 수 있으며, 그 뜻을 서로 통하지 못하면 어찌 그 인민들이 서로 이어져 번듯한 사회의 모습을 갖출 수 있으리오.
>
> (라) 그뿐 아니라 그 기관은 점점 녹슬고 상하여 필경은 쓸 수 없는 지경에 이를 것이니 그 사회가 어찌 유지될 수 있으리오. 반드시 패망을 면하지 못할지라.
>
> (마) 사회는 여러 사람이 그 뜻을 서로 통하고 그 힘을 서로 이어서 개인의 생활을 경영하고 보존하는 데에 서로 의지하는 인연의 한 단체라.
>
> – 주시경, 「대한국어문법 발문」 –

① (마) – (가) – (다) – (나) – (라)

② (마) – (가) – (라) – (다) – (나)

③ (마) – (다) – (가) – (라) – (나)

④ (마) – (다) – (나) – (가) – (라)

03 다음 글의 전개 순서로 가장 자연스러운 것은? **22 국가직 9급**

(가) 이 기관을 잘 수리하여 정련하면 그 작동도 원활하게 될 것이요, 수리하지 아니 하여 노둔해지면 그 작동도 막혀 버릴 것이니 이런 기관을 다스리지 아니하고 야 어찌 그 사회를 고취하여 발달케 하리오.

(나) 이러므로 말과 글은 한 사회가 조직되는 근본이요, 사회 경영의 목표와 지향을 발표하여 그 인민을 통합시키고 작동하게 하는 기관과 같다.

(다) 말과 글이 없으면 어찌 그 뜻을 서로 통할 수 있으며, 그 뜻을 서로 통하지 못하 면 어찌 그 인민들이 서로 이어져 번듯한 사회의 모습을 갖출 수 있으리오.

(라) 그뿐 아니라 그 기관은 점점 녹슬고 상하여 필경은 쓸 수 없는 지경에 이를 것 이니 그 사회가 어찌 유지될 수 있으리오. 반드시 패망을 면하지 못할지라.

(마) 사회는 여러 사람이 그 뜻을 서로 통하고 그 힘을 서로 이어서 개인의 생활을 경영하고 보존하는 데에 서로 의지하는 인연의 한 단체라.

– 주시경, 「대한국어문법 발문」 –

① (마) – (가) – (다) – (나) – (라)
② (마) – (가) – (라) – (다) – (나)
③ (마) – (다) – (가) – (라) – (나)
④ (마) – (다) – (나) – (가) – (라)

정답 ④
말과 글이 사회를 유지하는 데 중요한 역할을 함을 강조하는 내용의 글이다. 먼저, 사회에 대한 정의와 역할에 대해 언급한 후(마), 말과 글이 부재했을 때 번듯한 사회 모습을 갖추기 힘듦을 설명하며(다), 말과 글을 사회 유지에 꼭 필요한 기관에 비유한다(나). 그 기관을 잘 수리하여 정련해야 사회를 고취하여 발달할 수 있음을 강조하고(가) 기관이 잘 작동하지 않았을 때의 모습을 보여주는 것(라)으로 매끄럽게 글을 연결할 수 있다. 따라서 글의 순서는 (마) – (다) – (나) – (가) – (라)가 적절하다.

지문요약

주제

___의 ___ 방식

내용요약

- **조합형**
  - 한글의 모든 자모에 ___의 코드를 할당. ___하여 글자를 구현
  - 초성 19개, 중성 __개, 종성 28개의 조합으로 ___자 표현 가능

- **____**
  - 이미 만들어진 글자에 코드를 할당. 글자를 불러오는 방식
  - 초기 완성형에서는 ____개의 글자만을 코드에 반영
  - ____ 2.0: 조합형 11,172자를 모두 포함하며, 각각의 자모 또한 포함하여 조합까지 가능

04 다음 글을 통해 추론한 생각으로 적절하지 않은 것은? 　20 국가직 7급

> 영문자와 달리 한글은 여러 가지 자모를 조합하여 글자를 만들기 때문에 다양한 인코딩(encoding)을 생각할 수 있으며 그만큼 그동안 많은 논의가 있었다. 한글의 코딩 방식, 다시 말해 컴퓨터에서의 한글 구현 방식은 크게 '조합형'과 '완성형'으로 구분할 수 있다. 조합형은 한글의 모든 자모(ㄱ, ㄴ, ㅏ, ㅓ…)에다 일련의 코드를 할당하고, 이를 불러와 조합하여 글자를 구현하는 방식임에 반해, 완성형은 이미 만들어진 글자(가, 각, 간, 갈…) 자체에다 각각의 코드를 할당하여 그 글자를 불러오는 방식이다.
>
> 　조합형으로는 한글의 구성 원리에 따라 19개의 초성, 21개의 중성, 그리고 28개의 종성을 조합하여 나올 수 있는 11,172자를 표현할 수 있다. 초기 완성형에서는 실제로 우리가 주로 사용하는 2,350개의 글자만을 코드에 반영하여 사용하였기 때문에 자주 사용하지 않는 '뜀', '햏', '뷁'과 같은 글자는 쓸 수 없었다. 이를 보완하기 위해 '확장 완성형'이 나왔고 이어서 '유니코드 2.0'이 개발되었다. 유니코드 2.0은 조합형에서 구현할 수 있는 11,172자 모두를 포함하고 있으며, 각각의 자모 또한 포함하여 조합까지 할 수 있다.

① '뜀', '햏', '뷁'과 같은 글자를 쓰려면 조합형 방식을 사용할 수밖에 없겠군.

② 유니코드 2.0을 사용하면 조합형 방식을 사용해 만들 수 있는 글자를 모두 표현할 수 있겠군.

③ 한글과 달리 영문자를 인코딩할 때에는 완성형 방식의 한계에 대해 고민할 필요가 없겠군.

④ 컴퓨터로 글자를 입력하기 전에 이미 컴퓨터에는 한글 자모나 글자 각각에 코드가 할당되어 있겠군.

04 다음 글을 통해 추론한 생각으로 적절하지 않은 것은?

③영문자와 달리 한글은 여러 가지 자모를 조합하여 글자를 만들기 때문에 다양한 인코딩(encoding)을 생각할 수 있으며 그만큼 그동안 많은 논의가 있었다. 한글의 코딩 방식, 다시 말해 컴퓨터에서의 한글 구현 방식은 크게 '조합형'과 '완성형'으로 구분할 수 있다. ④조합형은 한글의 모든 자모(ㄱ, ㄴ, ㅏ, ㅓ…)에다 일련의 코드를 할당하고, 이를 불러와 조합하여 글자를 구현하는 방식임에 반해, ④완성형은 이미 만들어진 글자(가, 각, 간, 갈…) 자체에다 각각의 코드를 할당하여 그 글자를 불러오는 방식이다.

조합형으로는 한글의 구성 원리에 따라 19개의 초성, 21개의 중성, 그리고 28개의 종성을 조합하여 나올 수 있는 11,172자를 표현할 수 있다. 초기 완성형에서는 실제로 우리가 주로 사용하는 2,350개의 글자만을 코드에 반영하여 사용하였기 때문에 자주 사용하지 않는 ①'뜀', '헿', '뷁'과 같은 글자는 쓸 수 없었다. 이를 보완하기 위해 '확장 완성형'이 나왔고 이어서 '유니코드 2.0'이 개발되었다. ②유니코드 2.0은 조합형에서 구현할 수 있는 11,172자 모두를 포함하고 있으며, 각각의 자모 또한 포함하여 조합까지 할 수 있다.

① '뜀', '헿', '뷁'과 같은 글자를 쓰려면 조합형 방식을 사용할 수밖에 없겠군.
② 유니코드 2.0을 사용하면 조합형 방식을 사용해 만들 수 있는 글자를 모두 표현할 수 있겠군.
③ 한글과 달리 영문자를 인코딩할 때에는 완성형 방식의 한계에 대해 고민할 필요가 없겠군.
④ 컴퓨터로 글자를 입력하기 전에 이미 컴퓨터에는 한글 자모나 글자 각각에 코드가 할당되어 있겠군.

주제

한글의 코딩 방식

내용요약

• 조합형
 – 한글의 모든 자모에 일련의 코드를 할당. 조합하여 글자를 구현
 – 초성 19개, 중성 21개, 종성 28개의 조합으로 11,172자 표현 가능

• 완성형
 – 이미 만들어진 글자에 코드를 할당, 글자를 불러오는 방식
 – 초기 완성형에서는 2,350개의 글자만을 코드에 반영
 – 유니코드 2.0: 조합형 11,172자를 모두 포함하며, 각각의 자모 또한 포함하여 조합까지 가능

정답 ①

'뜀', '헿', '뷁'의 글자는 초기 완성형에서는 쓸 수 없었으나 '확장 완성형'이 나오고 '유니코드 2.0'이 개발되면서 구현 가능해졌다. 따라서 조합형 방식을 사용할 수밖에 없다는 내용은 적절하지 않다.

오답분석

② 2문단 마지막 문장에서 유니코드 2.0은 조합형에서 구현할 수 있는 11,172자를 모두 포함하고 있다고 하였다.
③ 1문단 첫 번째 문장에서 영문자와 달리 한글은 여러 자모를 조합하여 글자를 만들기 때문에 다양한 인코딩을 생각할 수 있다고 하였다. 이를 통해 영문자인 알파벳은 조합형이나 완성형을 구분할 필요가 없다는 것을 추론할 수 있다.
④ 1문단 세 번째 문장에서 조합형은 한글의 모든 자모에 일련의 코드를 할당하고 있고, 완성형은 이미 만들어진 글자에 각각의 코드를 할당한다고 하였다.

주제

청과 조선에 대한 _____를 보여주는 이덕무의 ____과 이중적 태도

내용요약

• 이덕무의 「____」
 – 청의 현실을 ____ 태도로 기록
 – 청 문물의 ___을 도외시하지 않음: _____에 관심
 – 청과 조선의 현실적 ___와 가치를 ___: 청과 조선은 구분되지만 ___적이지는 않다고 봄

• 이덕무의 _____ 태도
 – 중국인들의 외양이 만주족처럼 변화된 것을 보고 ___해 함
 – ___에 대한 의리 중시
 – 자신이 제시한 ___ 태도에서 벗어나는 모습을 보임

어휘 및 문맥적 의미 파악하기

05 평등견 에 대한 이해로 가장 적절한 것은?

21 수능

이덕무는 「입연기」를 저술하면서 청의 현실을 객관적 태도로 기록하고자 하였다. 잘 정비된 마을의 모습을 기술하며 그는 황제의 행차에 대비하여 이루어진 일련의 조치가 민생과 무관하다고 지적하였다. 하지만 청 문물의 효용을 도외시하지 않고 박제가와 마찬가지로 물질적 삶을 중시하는 이용후생에 관심을 보였다. 스스로 평등견 이라 불렸던 인식 태도를 바탕으로 그는 당시 청에 대한 찬반의 이분법에서 벗어나 청과 조선의 현실적 차이뿐만 아니라 양쪽 모두의 가치를 인정하였다. 이런 시각에서 그는 청과 조선은 구분되지만 서로 배타적이지 않다고 보았다. 즉 청을 배우는 것과 조선 사람이 조선 풍토에 맞게 살아가는 것은 서로 모순되지 않는다는 것이다. 하지만 그는 중국인들의 외양이 만주족처럼 변화된 것을 보고 비통한 감정을 토로하며 중화의 중심이라 여겼던 명에 대한 의리를 중시하는 등 자신이 제시한 인식 태도에서 벗어나는 모습을 보이기도 하였다.

① 조선의 풍토를 기준으로 삼아 청의 제도를 개선하자는 인식 태도이다.
② 조선의 고유한 삶의 방식을 청의 방식에 따라 개혁해야 한다는 인식 태도이다.
③ 청과 조선의 가치를 평등하게 인정하고 풍토로 인한 차이를 해소하려는 인식 태도이다.
④ 중국인의 외양이 변화된 모습을 명에 대한 의리 문제와 관련지어 파악하려는 인식 태도이다.
⑤ 청에 대한 배타적 태도를 지양하고 청과 구분되는 조선의 독자성을 유지하자는 인식 태도이다.

05 평등견 에 대한 이해로 가장 적절한 것은?

21 수능

이덕무는 「입연기」를 저술하면서 청의 현실을 객관적 태도로 기록하고자 하였다. 잘 정비된 마을의 모습을 기술하며 그는 황제의 행차에 대비하여 이루어진 일련의 조치가 민생과 무관하다고 지적하였다. 하지만 ①청 문물의 효용을 도외시하지 않고 박제가와 마찬가지로 물질적 삶을 중시하는 이용후생에 관심을 보였다. 스스로 평등견 이라 불렀던 인식 태도를 바탕으로 그는 당시 ②⑤청에 대한 찬반의 이분법에서 벗어나 청과 조선의 현실적 차이뿐만 아니라 양쪽 모두의 가치를 인정하였다. 이런 시각에서 그는 ⑤청과 조선은 구분되지만 서로 배타적이지 않다고 보았다. ①⑤즉 청을 배우는 것과 조선 사람이 조선 풍토에 맞게 살아가는 것은 서로 모순되지 않는다는 것이다. 하지만 그는 중국인들의 ④외양이 만주족처럼 변화된 것을 보고 비통한 감정을 토로하며 중화의 중심이라 여겼던 명에 대한 의리를 중시하는 등 자신이 제시한 인식 태도에서 벗어나는 모습을 보이기도 하였다.

① 조선의 풍토를 기준으로 삼아 청의 제도를 개선하자는 인식 태도이다.
② 조선의 고유한 삶의 방식을 청의 방식에 따라 개혁해야 한다는 인식 태도이다.
③ 청과 조선의 가치를 평등하게 인정하고 풍토로 인한 차이를 해소하려는 인식 태도이다.
④ 중국인의 외양이 변화된 모습을 명에 대한 의리 문제와 관련지어 파악하려는 인식 태도이다.
⑤ 청에 대한 배타적 태도를 지양하고 청과 구분되는 조선의 독자성을 유지하자는 인식 태도이다.

지문요약

주제
청과 조선에 대한 인식 태도를 보여주는 이덕무의 평등견과 이중적 태도

내용요약
- 이덕무의 「입연기」
  - 청의 현실을 객관적 태도로 기록
  - 청 문물의 효용을 도외시하지 않음: 이용후생에 관심
  - 청과 조선의 현실적 차이와 가치를 인정: 청과 조선은 구분되지만 배타적이지는 않다고 봄
- 이덕무의 이중적 태도
  - 중국인들의 외양이 만주족처럼 변화된 것을 보고 비통해 함
  - 명에 대한 의리 중시
  - 자신이 제시한 인식 태도에서 벗어나는 모습을 보임

정답 ⑤
이덕무는 청과 조선의 현실적 차이와 양쪽 모두의 가치를 인정하고, 서로 구분되지만 배타적이지는 않다는 태도를 지녔다. 그러므로 평등견은 이러한 인식을 모두 아우르는 태도라고 할 수 있다.

오답분석
① 이덕무는 청의 이용후생에 관심이 많았고 청을 배우는 것과 조선 사람이 조선 풍토에 맞게 살아가는 것은 모순되지 않다고 하였다. 하지만 이것이 조선을 기준 삼아 청을 개선하자는 인식 태도라고 할 수는 없다.
② 이덕무는 청과 조선의 현실적 차이와 양쪽 모두의 가치를 인정하고 있다. 무조건 청의 방식에 따라 개혁해야 한다는 태도는 평등견과는 거리가 멀다.
③ 평등견은 청과 조선의 가치와 차이를 인정하는 것은 맞지만, 풍토로 인한 차이를 해소하고자 한 것은 아니었다.
④ 평등견은 청과 조선의 차이와 가치를 인정하고 구분되지만 배타적이지 않은 태도를 지니는 것을 의미한다고 볼 수 있다. 따라서 중국인의 외양 변화를 명에 대한 의리 문제와 연관 짓는 것은 평등견의 인식 태도와 거리가 멀다.

지문요약

주제

_____ 사설의 특징

내용요약

• 판소리 사설은 운문과 _____이 혼합되어 있음

• 여러 _____의 청중들을 상대로 함

• 언어의 _____가 다채로움

• 기품 있는 _____ 취미의 대목도 있고 익살 스럽고 노골적인 _____ · 속어가 있음

• 굿가락과 _____가 나란히 나옴

• _____가 판소리 사설 속에 많이 삽입 되어 있음

어휘 및 문맥적 의미 파악하기

01 괄호 안에 들어갈 말로 가장 적절한 것은?　　　20 국가직 7급

> 판소리 사설은 운문과 산문이 혼합되어 있을 뿐 아니라 여러 계층의 청중들을 상대로 하여 (　　　)으로 발달한 까닭에 언어의 층위가 매우 다채롭다. 그 속에는 기품 있는 한문 취미의 대목이 있는가 하면 극도로 익살스럽고 노골적인 욕설 · 속어가 들어 있으며, 무당의 고사나 굿거리 가락이 유식한 한시구와 나란히 나오기도 한다. 이 밖에 민요, 무가, 잡가 등 각종 민간 가요가 판소리 사설 속에 많이 삽입되었다.

① 골계적(滑稽的)

② 연행적(演行的)

③ 우화적(寓話的)

④ 적층적(積層的)

01 괄호 안에 들어갈 말로 가장 적절한 것은?

20 국가직 7급

> 판소리 사설은 운문과 산문이 혼합되어 있을 뿐 아니라 ⓐ여러 계층의 청중들을 상대로 하여 (   )으로 발달한 까닭에 ⓐ언어의 층위가 매우 다채롭다. 그 속에는 기품 있는 한문 취미의 대목이 있는가 하면 극도로 익살스럽고 노골적인 욕설·속어가 들어 있으며, 무당의 고사나 굿거리 가락이 유식한 한시구와 나란히 나오기도 한다. 이 밖에 민요, 무가, 잡가 등 각종 민간 가요가 판소리 사설 속에 많이 삽입되었다.

① 골계적(滑稽的)

② 연행적(演行的)

③ 우화적(寓話的)

④ 적층적(積層的)

지문요약

주제

판소리 사설의 특징

내용요약

• 판소리 사설은 운문과 산문이 혼합되어 있음

• 여러 계층의 청중들을 상대로 함

• 언어의 층위가 다채로움

• 기품 있는 한문 취미의 대목도 있고 익살스럽고 노골적인 욕설·속어가 있음

• 굿가락과 한시구가 나란히 나옴

• 민간 가요가 판소리 사설 속에 많이 삽입되어 있음

정답 ④

괄호 앞부분에서 판소리 사설은 운문과 산문이 혼합되어 있으며, 여러 계층의 청중들을 상대로 하여 발달하였다고 말하고 있다. 또 괄호 뒷부분에도 언어의 층위가 매우 다채롭다고 언급하고 있으므로 괄호 안에는 다양한 계층의 사람들과 언어가 축적되어 있음을 나타내는 단어가 들어가야 한다. 따라서 괄호에는 여러 계층이 쌓여 만들어졌다는 의미의 '적층적(積層的)'이 들어가는 것이 적절하다.

오답분석

① '골계적(滑稽的)'은 웃음을 유발하면서도 그 안에 비판과 교훈을 담는 것을 의미한다. 보통 판소리계 사설이나 판소리에 많이 쓰이지만, 지문에서 주된 내용으로 설명하고 있지는 않다.

② '연행적(演行的)'은 배우가 연기를 하거나 연출하는 것을 의미하므로 적절하지 않다.

③ '우화적(寓話的)'은 주제를 직접 드러내지 않고 의인화된 동물이나 사물을 등장시켜 풍자와 교훈을 드러내는 것이므로 적절하지 않다.

지문요약

주제

_____을 바탕으로 한 ___의 미학에서의 절대정신과 ___

내용요약

• _____의 논리적 구조인 정립-_____-종합은 _____ 논증의 구조를 따르는 체계

• 헤겔은 ___의 대상인 _____ 역시 절대정신의 한 형태로 보고 이를 변증법적 체계 안에서 다루고자 함

• ___ 형식의 차이에 따라 다음과 같이 정리

예술		철학
↓	↓	↓
	표상	
↓	↓	↓
		완숙단계

• 헤겔은 최고의 ___에 의거하는 ___ 정신으로 철학을 꼽으며 예술이 ___ 정신으로 기능할 수 있었던 것은 머나먼 ___로 한정된다고 말함

02 이 글에서 알 수 있는 헤겔의 생각으로 적절하지 않은 것은?

22 수능

정립-반정립-종합, 변증법의 논리적 구조를 일컫는 말이다. 변증법에 따라 철학적 논증을 수행한 인물로는 단연 헤겔이 거명된다. 변증법은 대등한 위상을 지니는 세 범주의 병렬이 아니라, 대립적인 두 범주가 조화로운 통일을 이루어 가는 수렴적 상향성을 구조적 특징으로 한다. 헤겔에게서 변증법은 논증의 방식임을 넘어, 논증 대상 자체의 존재 방식이기도 하다. 즉 세계의 근원적 질서인 '이념'의 내적 구조도, 이념이 시·공간적 현실로서 드러나는 방식도 변증법적이기에, 이념과 현실은 하나의 체계를 이루며, 이 두 차원의 원리를 밝히는 철학적 논증도 변증법적 체계성을 지녀야 한다.

헤겔은 미학도 철저히 변증법적으로 구성된 체계 안에서 다루고자 한다. 그에게서 미학의 대상인 예술은 종교, 철학과 마찬가지로 '절대정신'의 한 형태이다. 절대정신은 절대적 진리인 '이념'을 인식하는 인간 정신의 영역을 가리킨다. 예술·종교·철학은 절대적 진리를 동일한 내용으로 하며, 다만 인식 형식의 차이에 따라 구분된다. 절대정신의 세 형태에 각각 대응하는 형식은 직관·표상·사유이다. '직관'은 주어진 물질적 대상을 감각적으로 지각하는 지성이고, '표상'은 물질적 대상의 유무와 무관하게 내면에서 심상을 떠올리는 지성이며, '사유'는 대상을 개념을 통해 파악하는 순수한 논리적 지성이다. 이에 세 형태는 각각 '직관하는 절대정신', '표상하는 절대정신', '사유하는 절대정신'으로 규정된다. 헤겔에 따르면 직관의 외면성과 표상의 내면성은 사유에서 종합되고, 이에 맞춰 예술의 객관성과 종교의 주관성은 철학에서 종합된다.

형식 간의 차이로 인해 내용의 인식 수준에는 중대한 차이가 발생한다. 헤겔에게서 절대정신의 내용인 절대적 진리는 본질적으로 논리적이고 이성적인 것이다. 이러한 내용을 예술은 직관하고 종교는 표상하며 철학은 사유하기에, 이 세 형태 간에는 단계적 등급이 매겨진다. 즉 예술은 초보 단계의, 종교는 성장단계의, 철학은 완숙단계의 절대정신이다. 이에 따라 예술-종교-철학 순의 진행에서 명실상부한 절대정신은 최고의 지성에 의거하는 것, 즉 철학뿐이며, 예술이 절대정신으로 기능할 수 있는 것은 인류의 보편적 지성이 미발달된 머나먼 과거로 한정된다.

① 절대정신의 내용은 본질적으로 논리적이고 이성적인 것이다.
② 변증법은 철학적 논증의 방법이자 논증 대상의 존재 방식이다.
③ 절대정신의 세 가지 형태는 지성의 세 가지 형식이 인식하는 대상이다.
④ 세계의 근원적 질서와 시·공간적 현실은 하나의 변증법적 체계를 이룬다.
⑤ 예술·종교·철학 간에는 인식 내용의 동일성과 인식 형식의 상이성이 존재한다.

02 이 글에서 알 수 있는 헤겔의 생각으로 적절하지 않은 것은?

22 수능

정립−반정립−종합, 변증법의 논리적 구조를 일컫는 말이다. 변증법에 따라 철학적 논증을 수행한 인물로는 단연 헤겔이 거명된다. 변증법은 대등한 위상을 지니는 세 범주의 병렬이 아니라, 대립적인 두 범주가 조화로운 통일을 이루어 가는 수렴적 상향성을 구조적 특징으로 한다. 헤겔에게서 ②변증법은 논증의 방식임을 넘어, 논증 대상 자체의 존재 방식이기도 하다. 즉 ④세계의 근원적 질서인 '이념'의 내적 구조도, 이념이 시·공간적 현실로서 드러나는 방식도 변증법적이기에, 이념과 현실은 하나의 체계를 이루며, 이 두 차원의 원리를 밝히는 철학적 논증도 변증법적 체계성을 지녀야 한다.

헤겔은 미학도 철저히 변증법적으로 구성된 체계 안에서 다루고자 한다. 그에게서 미학의 대상인 예술은 종교, 철학과 마찬가지로 '절대정신'의 한 형태이다. 절대정신은 절대적 진리인 '이념'을 인식하는 인간 정신의 영역을 가리킨다. ③⑤예술·종교·철학은 절대적 진리를 동일한 내용으로 하며, 다만 인식 형식의 차이에 따라 구분된다. 절대정신의 세 형태에 각각 대응하는 형식은 직관·표상·사유이다. '직관'은 주어진 물질적 대상을 감각적으로 지각하는 지성이고, '표상'은 물질적 대상의 유무와 무관하게 내면에서 심상을 떠올리는 지성이며, '사유'는 대상을 개념을 통해 파악하는 순수한 논리적 지성이다. 이에 세 형태는 각각 '직관하는 절대정신', '표상하는 절대정신', '사유하는 절대정신'으로 규정된다. 헤겔에 따르면 직관의 외면성과 표상의 내면성은 사유에서 종합되고, 이에 맞춰 예술의 객관성과 종교의 주관성은 철학에서 종합된다.

형식 간의 차이로 인해 내용의 인식 수준에는 중대한 차이가 발생한다. 헤겔에게서 절대정신의 내용인 ①절대적 진리는 본질적으로 논리적이고 이성적인 것이다. 이러한 내용을 예술은 직관하고 종교는 표상하며 철학은 사유하기에, 이 세 형태 간에는 단계적 등급이 매겨진다. 즉 예술은 초보 단계의, 종교는 성장단계의, 철학은 완숙단계의 절대정신이다. 이에 따라 예술−종교−철학 순의 진행에서 명실상부한 절대정신은 최고의 지성에 의거하는 것, 즉 철학뿐이며, 예술이 절대정신으로 기능할 수 있는 것은 인류의 보편적 지성이 미발달된 머나먼 과거로 한정된다.

① 절대정신의 내용은 본질적으로 논리적이고 이성적인 것이다.
② 변증법은 철학적 논증의 방법이자 논증 대상의 존재 방식이다.
③ 절대정신의 세 가지 형태는 지성의 세 가지 형식이 인식하는 대상이다.
④ 세계의 근원적 질서와 시·공간적 현실은 하나의 변증법적 체계를 이룬다.
⑤ 예술·종교·철학 간에는 인식 내용의 동일성과 인식 형식의 상이성이 존재한다.

오독오독 실전 공략 | 51

주제
변증법을 바탕으로 한 헤겔의 미학에서의 절대정신과 예술

내용요약
• 변증법의 논리적 구조인 정립−반정립−종합은 철학적 논증의 구조를 따르는 체계
• 헤겔은 미학의 대상인 예술 역시 절대정신의 한 형태로 보고 이를 변증법적 체계 안에서 다루고자 함
• 인식 형식의 차이에 따라 다음과 같이 정리

예술	종교	철학
↓	↓	↓
직관	표상	사유
↓	↓	↓
초보단계	성장단계	완숙단계

• 헤겔은 최고의 지성에 의거하는 절대정신으로 철학을 꼽으며 예술이 절대정신으로 기능할 수 있었던 것은 머나먼 과거로 한정된다고 말함

2문단에서 절대정신의 세 가지 형태는 예술·종교·철학이라 하였다. 이 셋은 절대적 진리를 동일한 내용으로 하며, 다만 절대적 진리를 인식하는 형식의 차이에 따라 직관·표상·사유로 구분된다. 즉, 예술·종교·철학의 형태가 직관·표상·사유의 형식으로 구분될 뿐이지 직관·표상·사유가 예술·종교·철학인 것은 아니다.

오답분석

① 3문단에서 절대적 진리는 본질적으로 논리적이고 이성적인 것이라고 하였다.

② 1문단에서 헤겔은 변증법이 세계의 근원적 질서인 '이념'의 내적 구조와 이념이 시·공간적 현실로서 드러나는 방식이라 말하고, 이념과 현실은 하나의 체계를 이루는 논증의 방식임을 넘어 논증 대상 자체의 존재 방식이라고 하였다.

④ 1문단에서 세계의 근원적 질서인 이념의 내적 구조와 이념이 시·공간적 현실로서 드러나는 방식이 모두 변증법적이며, 이념과 현실이 하나의 체계를 이룬다고 하였다.

⑤ 2문단에서 예술·종교·철학은 절대적 진리를 동일한 내용으로 하며, 다만 인식 형식의 차이에 따라 구분된다고 하였다.

주제

수학 용어의 _____ 활용

내용요약

• **수학의 방정식**

문자를 포함하는 ___에서 ___의 값에 따라 등식이 참이 되기도 하고 거짓이 되기도 하는 경우

• **통합 방정식**

___에 따라 ___이 성공하거나 실패할 수 있음

• **차수와 함께 거론되는 방정식**

– ___와 ___에 따라 구분

– _____를 구하기 어려운 경우 5차 방정식 이상으로 표현

글의 제목 파악하기

03 다음 중 아래 글의 제목으로 가장 옳은 것은?

22 군무원 9급

방정식이라는 단어는 '정치권의 통합 방정식', '경영에서의 성공 방정식', '영화의 흥행 방정식' 등 다양한 분야에서 애용된다. 수학의 방정식은 문자를 포함하는 등식에서 문자의 값에 따라 등식이 참이 되기도 하고 거짓이 되기도 하는 경우를 말한다. 통합 방정식의 경우, 통합을 하는 데 여러 변수가 있고 변수에 따라 통합이 성공하거나 실패할 수 있으므로 방정식이라는 표현은 대체로 적절하다.

그런데 방정식은 '변수가 많은 고차 방정식', '국내 · 국제 · 남북 관계의 3차 방정식'이란 표현에서 보듯이 차수와 함께 거론되기도 한다. 엄밀하게 따지면 변수의 개수와 방정식의 차수는 무관하다. 변수가 1개라도 고차 방정식이 될 수 있고 변수가 많아도 1차 방정식이 될 수 있다. 따라서 상황에 영향을 미치는 변수의 개수에 따라 m원 방정식으로, 상황의 복잡도에 따라 n차 방정식으로 구분할 필요가 있다. 또 4차 방정식까지는 근의 공식, 즉 일반해가 존재하므로 해를 구할 수 없을 정도의 난맥상이라면 5차 방정식 이상이라는 표현이 안전하다.

① 수학 용어의 올바른 활용

② 실생활에서의 수학 공식의 적용

③ 방정식의 정의와 구성 요소

④ 수학 용어의 추상성과 엄밀성

03 다음 중 아래 글의 제목으로 가장 옳은 것은?

22 군무원 9급

방정식이라는 단어는 ①'정치권의 통합 방정식', '경영에서의 성공 방정식', '영화의 흥행 방정식' 등 다양한 분야에서 애용된다. ③수학의 방정식은 문자를 포함하는 등식에서 문자의 값에 따라 등식이 참이 되기도 하고 거짓이 되기도 하는 경우를 말한다. 통합 방정식의 경우, 통합을 하는 데 여러 변수가 있고 변수에 따라 통합이 성공하거나 실패할 수 있으므로 방정식이라는 표현은 대체로 적절하다.

그런데 방정식은 ①'변수가 많은 고차 방정식', '국내·국제·남북 관계의 3차 방정식'이란 표현에서 보듯이 차수와 함께 거론되기도 한다. ④엄밀하게 따지면 변수의 개수와 방정식의 차수는 무관하다. 변수가 1개라도 고차 방정식이 될 수 있고 변수가 많아도 1차 방정식이 될 수 있다. 따라서 상황에 영향을 미치는 변수의 개수에 따라 m원 방정식으로, 상황의 복잡도에 따라 n차 방정식으로 구분할 필요가 있다. 또 4차 방정식까지는 근의 공식, 즉 일반해가 존재하므로 ①해를 구할 수 없을 정도의 난맥상이라면 5차 방정식 이상이라는 표현이 안전하다.

① 수학 용어의 올바른 활용
② 실생활에서의 수학 공식의 적용
③ 방정식의 정의와 구성 요소
④ 수학 용어의 추상성과 엄밀성

지문요약

주제
수학 용어의 올바른 활용

내용요약
• 수학의 방정식
  문자를 포함하는 등식에서 문자의 값에 따라 등식이 참이 되기도 하고 거짓이 되기도 하는 경우

• 통합 방정식
  변수에 따라 통합이 성공하거나 실패할 수 있음

• 차수와 함께 거론되는 방정식
  – 변수와 상황에 따라 구분
  – 일반해를 구하기 어려운 경우 5차 방정식 이상으로 표현

정답 ①

지문은 방정식이 다양한 분야에서 쓰이고 있음을 보여준다. 또한, 변수와 상황의 복잡도에 따라 달라지는 방정식을 구분해야 하고 해를 구할 수 없을 정도의 난맥상이라면 5차 방정식 이상으로 표현해야 한다고 설명하고 있으므로 제목으로 '수학 용어의 올바른 활용'이 적절하다.

오답분석

② 지문에서는 실생활에서 수학 공식을 적용하는 것이 아닌 수학 용어의 활용에 대해 다루고 있고 공식을 적용하는 사례는 언급하고 있지 않다.

③ 방정식의 정의에 대해서는 1문단에서 다루고 있고 2문단에서는 상황과 변수에 따른 방정식의 표현에 대해 다루고 있다. 방정식의 구성 요소는 언급하고 있지 않다.

④ 방정식의 엄밀성에 대해서는 2문단에서 언급하고 있지만, 추상성에 대해서는 언급하고 있지 않다.

주제

청소년기 _____ 식사 습관 형성의 필요성

내용요약

• **1문단**

청소년기의 _____ 체격은 과거에 비해 월등히 좋아졌으나 영양 _____ 문제가 더 심해짐

• **2 · 3문단**

청소년기의 올바른 식사 습관

– _____으로 식사하는 습관: 세 끼 챙기기, _____ 거르지 않기

– 균형 있는 _____ 섭취: 편식하지 않는 습관, _____ 섭취하기

• **5문단**

올바른 식습관 형성의 효과

– _____을 지켜 줌

– 삶의 ____과 _____를 높여 줌

04 다음 글의 고쳐 쓸 부분을 지적한 것으로 가장 적절하지 않은 것은? 20 경찰 1차

요즈음 청소년들의 외적인 체격은 과거에 비해 월등히 좋아졌으나, 그에 비해 영양 상태는 균형을 갖추지 못해 문제가 되고 있다. ㉠ 이러한 식습관은 청소년의 영양 불균형 문제를 더 심화한다. 어른들 못지않게 바쁜 요즘 청소년들의 건강을 위해서는 올바른 식습관이 필수적이다.

우선 규칙적으로 식사하는 습관을 지니도록 한다. 세 끼를 제때 챙겨 먹되, 특히 아침 식사를 거르지 않도록 한다. ㉡ 한 전문 조사 기관의 자료를 보면 직장인들의 24.1퍼센트는 아예 아침을 먹지 않는다고 한다. 아침 식사를 하면 집중력이 좋아질 뿐만 아니라 공복감을 줄여 점심에 폭식을 하지 않게 되고 간식도 적게 먹게 된다.

또한, 영양소를 균형 있게 섭취하도록 한다. 패스트푸드 등은 고열량, 저영양 식품으로 영양 불균형을 초래하고 비만을 유발한다. 따라서 ㉢ 편식 않는 습관과 고루 섭취하는 균형 있는 식사를 해야 한다.

㉣ 마지막으로 꾸준한 운동이 필요하다. 심폐 지구력과 근력을 키우는 운동을 30분에서 1시간 정도 주 3회 이상 꾸준히 하도록 한다. 꾸준한 운동은 여드름 예방에 효과적이기 때문에 피부가 고와지는 데 도움을 준다.

평소 생활 속에서 올바른 식습관을 지닐 수 있도록 노력하고, 즐겁고 긍정적인 생각을 하면서 식사해야 한다. 이러한 올바른 식습관은 우리의 건강을 지켜 주고 삶의 행복과 만족도를 높여준다.

① ㉠ '이러한 식습관'이 지시하는 내용을 구체적으로 서술해야 한다.

② ㉡ 청소년의 식습관에 관한 자료로서 직장인의 조사 결과는 맞지 않다.

③ ㉢ '편식 않는 습관'이 어색하므로 '편식을 하지 않는 습관'으로 고친다.

④ ㉣ 문단 전체가 통일성을 해치므로 삭제하거나 글의 주제에 맞게 고친다.

04 다음 글의 고쳐 쓸 부분을 지적한 것으로 가장 적절하지 않은 것은? **20 경찰 1차**

요즈음 청소년들의 외적인 체격은 과거에 비해 월등히 좋아졌으나, 그에 비해 영양 상태는 균형을 갖추지 못해 문제가 되고 있다. ㉠ ① 이러한 식습관 은 청소년의 영양 불균형 문제를 더 심화한다. 어른들 못지않게 바쁜 요즘 청소년들의 건강을 위해서는 올바른 식습관이 필수적이다.

우선 규칙적으로 식사하는 습관을 지니도록 한다. 세 끼를 제때 챙겨 먹되, 특히 아침 식사를 거르지 않도록 한다. ㉡ 한 전문 조사 기관의 자료를 보면 ② 직장인 들의 24.1퍼센트는 아예 아침을 먹지 않는다고 한다. 아침 식사를 하면 집중력이 좋아질 뿐만 아니라 공복감을 줄여 점심에 폭식을 하지 않게 되고 간식도 적게 먹게 된다.

또한, 영양소를 균형 있게 섭취하도록 한다. 패스트푸드 등은 고열량, 저영양 식품으로 영양 불균형을 초래하고 비만을 유발한다. 따라서 ㉢ ③ 편식 않는 습관 과 고루 섭취하는 균형 있는 식사를 해야 한다.

④ ㉣ 마지막으로 꾸준한 운동이 필요하다. 심폐 지구력과 근력을 키우는 운동을 30분에서 1시간 정도 주 3회 이상 꾸준히 하도록 한다. 꾸준한 운동은 여드름 예방에 효과적이기 때문에 피부가 고와지는 데 도움을 준다.

평소 생활 속에서 올바른 식습관을 지닐 수 있도록 노력하고, 즐겁고 긍정적인 생각을 하면서 식사해야 한다. 이러한 올바른 식습관은 우리의 건강을 지켜 주고 삶의 행복과 만족도를 높여준다.

① ㉠ '이러한 식습관'이 지시하는 내용을 구체적으로 서술해야 한다.
② ㉡ 청소년의 식습관에 관한 자료로서 직장인의 조사 결과는 맞지 않다.
③ ㉢ '편식 않는 습관'이 어색하므로 '편식을 하지 않는 습관'으로 고친다.
④ ㉣ 문단 전체가 통일성을 해치므로 삭제하거나 글의 주제에 맞게 고친다.

주제
청소년기 올바른 식사 습관 형성의 필요성

내용요약

• 1문단
청소년기의 외적인 체격은 과거에 비해 월등히 좋아졌으나 영양 불균형 문제가 더 심해짐

• 2 · 3문단
청소년기의 올바른 식사 습관
  - 규칙적으로 식사하는 습관: 세 끼 챙기기, 아침 식사 거르지 않기
  - 균형 있는 영양소 섭취: 편식하지 않는 습관, 골고루 섭취하기

• 5문단
올바른 식습관 형성의 효과
  - 건강을 지켜 줌
  - 삶의 행복과 만족도를 높여 줌

* 4문단은 통일성을 해치는 문단이므로 제외

정답 ③

㉢은 '편식 않는 습관'을 '편식을 하지 않는 습관'으로 고치는 것 이외에도 문장의 호응을 고려해 적절한 서술어를 추가해 주어야 한다. ㉢은 '편식 않는 습관을 해야 한다.'와 '고루 섭취하는 균형 있는 식사를 해야 한다.'는 두 문장이 이어진 문장으로 전체 서술어인 '해야 한다'는 '편식하지 않는 습관'과 '균형 있는 식사' 모두와 호응하지 않는다. 따라서 문맥상 '기르다'라는 서술어를 추가해 '편식하지 않는 습관을 기르고, 고루 섭취하는 균형 있는 식사를 해야 한다.'로 고치는 것이 적절하다.

오답분석
① ㉠의 앞부분에는 요즘 청소년들이 체격은 좋아졌으나 영양 상태가 균형을 갖추지 못하고 있다고 지적하고 있다. 이것은 식습관과 관련된 설명이 아니므로 '이러한 식습관'과 관련된 설명을 추가하거나 '영양 불균형 문제'를 초래하는 예를 들어주는 것이 적절하다.
② 지문은 청소년기의 올바른 식사 습관 형성과 관련된 내용이므로 직장인에 대한 통계자료를 제시하는 것은 적절하지 않다. 따라서 ㉡을 청소년기의 아침 식사와 관련된 통계자료로 수정하거나 삭제하는 것이 적절하다.
④ 지문은 청소년기의 올바른 식사 습관 형성과 관련된 내용이므로 ㉣을 삭제하거나 올바른 식사 습관을 형성했을 때의 장점을 추가하는 것이 적절하다.

주제

서양식 난방 방식과 우리의 전통 난방 방식에 대한 ___와 ___

내용요약

• _____
  저녁에는 부모님의 잠자리를 봐 드리고 아침에는 ___을 드린다는 내용의 효 관련 한자성어

• **전통 ___ 방식**
  바닥 온돌의 ____이 ___의 방식으로 방 전체의 ___를 데우는 방식

• _____ 난방 방식
  – 복사열을 이용해 ___와 ___ 공기를 데우는 방식
  – 바닥이 차가우므로 _____ 공기가 내려오지 않고 ___만 데움

글의 흐름 파악하기

05 글의 통일성을 고려할 때 (가)에 들어갈 말로 가장 적절한 것은?   21 지방직 9급

혼정신성(昏定晨省)이란 저녁에는 부모님의 잠자리를 봐 드리고 아침에는 문안을 드린다는 뜻으로 자식이 아침저녁으로 부모의 안부를 물어 살핌을 뜻하는 말로 '예기(禮記)'의 '곡례편(曲禮篇)'에 나오는 말이다. 아랫목 요에 손을 넣어 방 안 온도를 살피면서 부모님께 문안을 드리던 우리의 옛 전통은 온돌을 통한 난방 방식과 관련 깊다. 온돌을 통한 난방 방식은 방바닥에 깔려 있는 돌이 열기로 인해 뜨거워지고, 뜨거워진 돌의 열기로 방바닥이 뜨거워지면 방 전체에 복사열이 전달되는 방법이다. 방바닥 쪽의 차가운 공기는 온돌에 의해 따뜻하게 데워지므로 위로 올라가고, 위로 올라간 공기가 다시 식으면 아래로 내려와 다시 데워져 위로 올라가는 대류 현상으로 인해 결국 방 전체가 따뜻해진다. 벽난로를 통한 서양식의 난방 방식은 복사열을 이용하여 상체와 위쪽 공기를 데우는 방식인데, 대류 현상으로 바닥 바로 위 공기까지는 따뜻해지지 않는다. 그 이유는 ⎡ (가) ⎤.

① 벽난로에 의한 난방은 방바닥의 따뜻한 공기가 위로 올라가 식으면 복사열로 위쪽의 공기만을 따뜻하게 하기 때문이다.

② 벽난로에 의한 난방이 복사열에 의한 난방에서 대류 현상으로 인한 난방이라는 순서로 이루어졌기 때문이다.

③ 대류 현상을 통한 난방 방식은 상체와 위쪽의 공기만 따뜻하게 하기 때문이다.

④ 상체와 위쪽의 따뜻한 공기는 차가운 바닥으로 내려오지 않기 때문이다.

05 글의 통일성을 고려할 때 (가)에 들어갈 말로 가장 적절한 것은? 21 지방직 9급

혼정신성(昏定晨省)이란 저녁에는 부모님의 잠자리를 봐 드리고 아침에는 문안을 드린다는 뜻으로 자식이 아침저녁으로 부모의 안부를 물어 살핌을 뜻하는 말로 '예기(禮記)'의 '곡례편(曲禮篇)'에 나오는 말이다. 아랫목 요에 손을 넣어 방 안 온도를 살피면서 부모님께 문안을 드리던 우리의 옛 전통은 온돌을 통한 난방 방식과 관련 깊다. 온돌을 통한 난방 방식은 방바닥에 깔려 있는 돌이 열기로 인해 뜨거워지고, 뜨거워진 돌의 열기로 방바닥이 뜨거워지면 방 전체에 복사열이 전달되는 방법이다. ③방바닥 쪽의 차가운 공기는 온돌에 의해 따뜻하게 데워지므로 위로 올라가고, 위로 올라간 공기가 다시 식으면 아래로 내려와 다시 데워져 위로 올라가는 대류 현상으로 인해 결국 방 전체가 따뜻해진다. ①②벽난로를 통한 서양식의 난방 방식은 복사열을 이용하여 ④상체와 위쪽 공기를 데우는 방식인데, 대류 현상으로 바닥 바로 위 공기까지는 따뜻해지지 않는다. 그 이유는 (가) .

① 벽난로에 의한 난방은 방바닥의 따뜻한 공기가 위로 올라가 식으면 복사열로 위쪽의 공기만을 따뜻하게 하기 때문이다.

② 벽난로에 의한 난방이 복사열에 의한 난방에서 대류 현상으로 인한 난방이라는 순서로 이루어졌기 때문이다.

③ 대류 현상을 통한 난방 방식은 상체와 위쪽의 공기만 따뜻하게 하기 때문이다.

④ 상체와 위쪽의 따뜻한 공기는 차가운 바닥으로 내려오지 않기 때문이다.

----- 지문요약

주제

서양식 난방 방식과 우리의 전통 난방 방식에 대한 비교와 대조

내용요약

• 혼정신성

　저녁에는 부모님의 잠자리를 봐 드리고 아침에는 문안을 드린다는 내용의 효 관련 한자성어

• 전통 난방 방식

　바닥 온돌의 복사열이 대류의 방식으로 방 전체의 공기를 데우는 방식

• 서양식 난방 방식

　– 복사열을 이용해 상체와 위쪽 공기를 데우는 방식

　– 바닥이 차가우므로 따뜻한 공기가 내려오지 않고 위쪽만 데움

정답 ④

온돌을 통한 전통 난방은 방바닥이 뜨거워지면 바닥의 차가운 공기가 따뜻하게 데워져 위로 올라가고 위로 올라간 공기가 식으면 다시 아래로 내려오는 식의 대류가 일어나 방 전체에 복사열을 전달하는 방식이다. 서양식 난방 방식은 상체와 위쪽의 공기만 데우므로 상대적으로 무거운 차가운 공기는 그대로 바닥 바로 위에 있게 된다. 따라서 (가)에는 이 내용을 다룬 ④가 들어가는 것이 적절하다.

오답분석

① 벽난로를 이용한 난방은 바닥을 따뜻하게 하지 않으므로 방바닥의 따뜻한 공기가 위로 올라간다는 설명은 적절하지 않다.

② 벽난로에 의한 난방이 복사열에 의한 난방은 맞지만 대류 현상이 일어나지는 않는다.

③ 대류 현상을 통한 난방 방식은 우리의 전통 난방 방식이다. 온돌로 인해 바닥의 데워진 공기가 위로 올라갔다가 식으면서 다시 아래로 내려오는 대류 현상을 이용해 방 전체에 복사열을 전달하여 따뜻해진다. 상체와 위쪽 공기만 따뜻하게 하는 것은 서양식 난방 방식이다.

지문요약

주제

_____에 대한 두 입장

내용요약

- **극단적 _____적 입장**

  어린이들이 세상이나 언어에 대해 백지
  상태로 나오고 ___에 의해 서서히 ____
  된다고 주장

- **_____의 입장**

  - 어린이들이 ___적 지식과 경향, 생물
    학적 ____를 갖고 세상에 나온다는
    _____적 주장을 함
  - 상호 작용과 ___를 통해 언어를 배운
    다고 주장

내용 적용 및 추론하기

01 〈보기〉의 관점에서 ㉠을 비판한 것으로 적절한 것은?

22 국회직 8급

> 원칙적으로 사람들은 제1 언어 습득 연구에 대한 양극단 중 하나의 입장을 취할
> 수 있을 것이다. ㉠ 극단적 행동주의자적 입장은 어린이들이 백지 상태, 즉 세상이
> 나 언어에 대해 아무런 전제된 개념을 갖지 않은 깨끗한 서판을 갖고 세상에 나오
> 며, 따라서 어린이들은 환경에 의해 형성되고 다양하게 강화된 예정표에 따라 서서
> 히 조건화된다고 주장하였다. 또 반대쪽 극단에 있는 구성주의의 입장은 어린이들이
> 매우 구체적인 내재적 지식과 경향, 생물학적 일정표를 갖고 세상에 나온다는 인지
> 주의적 주장을 할 뿐만 아니라 주로 상호 작용과 담화를 통해 언어 기능을 배운다고
> 주장한다. 이 두 입장은 연속선상의 양극단을 나타내며, 그사이에는 다양한 입장들
> 이 있을 수 있다.

―――――――― 〈보 기〉 ――――――――

> 생득론자는 언어 습득이 생득적으로 결정되며, 우리는 주변의 언어에 대해 체계
> 적으로 인식할 수 있도록 되어 있어서 결과적으로 언어의 내재화된 체계를 구축하는
> 유전적 능력을 타고난다고 주장한다.

① 언어 습득에 대한 연구에서 실제적 언어 사용의 양상이 무시될 가능성이 크다.

② 아동의 언어 습득을 관장하는 유전자의 실체가 확인될 때까지는 행동주의는 불완전한
가설일 뿐이다.

③ 아동은 단순히 문법적으로 정확한 문장을 만드는 방법을 배우는 것이 아니라 의사소
통 방법을 배우는 것이다.

④ 아동의 언어 습득은 특정 언어공동체의 일원이 되는 핵심 과정인데, 행동주의는 공동
체 구성원들과의 상호 작용이 차지하는 중요성을 간과하고 있다.

⑤ 아동의 언어 습득이 외적 자극인 환경에 의해 전적으로 형성된다고 보는 행동주의 모
델은 배우거나 들어본 적 없는 표현을 만들어 내는 어린이 언어의 창조성을 설명하지
못한다.

01 〈보기〉의 관점에서 ㉠을 비판한 것으로 적절한 것은?

원칙적으로 사람들은 제1 언어 습득 연구에 대한 양극단 중 하나의 입장을 취할 수 있을 것이다. ㉠ 극단적 행동주의자적 입장은 어린이들이 백지 상태, 즉 ②세상이나 언어에 대해 아무런 전제된 개념을 갖지 않은 깨끗한 서판을 갖고 세상에 나오며, 따라서 ①③어린이들은 환경에 의해 형성되고 다양하게 강화된 예정표에 따라 서서히 조건화된다고 주장하였다. 또 반대쪽 극단에 있는 구성주의의 입장은 ②⑤어린이들이 매우 구체적인 내재적 지식과 경향, 생물학적 일정표를 갖고 세상에 나온다는 인지주의적 주장을 할 뿐만 아니라 주로 ④상호 작용과 담화를 통해 언어 기능을 배운다고 주장한다. 이 두 입장은 연속선상의 양극단을 나타내며, 그 사이에는 다양한 입장들이 있을 수 있다.

---- 〈보 기〉 ----

생득론자는 언어 습득이 생득적으로 결정되며, 우리는 주변의 언어에 대해 체계적으로 인식할 수 있도록 되어 있어서 결과적으로 언어의 내재화된 체계를 구축하는 유전적 능력을 타고난다고 주장한다.

① 언어 습득에 대한 연구에서 실제적 언어 사용의 양상이 무시될 가능성이 크다.
② 아동의 언어 습득을 관장하는 유전자의 실체가 확인될 때까지는 행동주의는 불완전한 가설일 뿐이다.
③ 아동은 단순히 문법적으로 정확한 문장을 만드는 방법을 배우는 것이 아니라 의사소통 방법을 배우는 것이다.
④ 아동의 언어 습득은 특정 언어공동체의 일원이 되는 핵심 과정인데, 행동주의는 공동체 구성원들과의 상호 작용이 차지하는 중요성을 간과하고 있다.
⑤ 아동의 언어 습득이 외적 자극인 환경에 의해 전적으로 형성된다고 보는 행동주의 모델은 배우거나 들어본 적 없는 표현을 만들어 내는 어린이 언어의 창조성을 설명하지 못한다.

주제
언어 습득에 대한 두 입장

내용요약
· **극단적 행동주의자적 입장**
어린이들이 세상이나 언어에 대해 백지 상태로 나오고 환경에 의해 서서히 조건화된다고 주장
· **구성주의의 입장**
 - 어린이들이 내재적 지식과 경향, 생물학적 일정표를 갖고 세상에 나온다는 인지주의적 주장을 함
 - 상호 작용과 담화를 통해 언어를 배운다고 주장

정답 ⑤

생득론자들의 주장은 어린이들이 내재적 지식과 경향, 생물학적 일정표를 갖고 세상에 나온다는 인지주의적 입장과 가까우므로, 환경에 의해 형성되고 다양하게 강화된 예정표에 따라 서서히 조건화된다는 극단적 행동주의자적 입장을 비판할 것이다. 어린이 언어의 창조성은 아이들이 기존에 들어본 적 없는 표현을 만들어 내는 것이므로 행동주의자들의 입장에서 이를 설명할 수 없다.

오답분석
① 실제적 언어 사용의 양상이 무시될 가능성이 크다는 것은 행동주의자들의 입장에서 생득론자를 비판할 때 쓸 수 있는 말이다.
② 아동의 언어 습득을 관장하는 유전자의 실체를 확인할 때까지는 두 입장 모두 불완전한 가설이다.
③ 아이들이 의사소통 방법을 배우는 것은 환경에 의해 형성되고 다양하게 강화된 예정표에 따라 서서히 조건화된다는 행동주의자적 입장이다.
④ 행동주의자들의 입장은 백지 상태의 아이들이 특정 공동체의 일원이 되어 상호 작용하는 것을 배우며 서서히 조건화된다고 보는 입장이므로 적절하지 않다.

주제

언어의 _____과 국제 통용어 역할

내용요약

• 언어의 _____

  언어는 살아 있는 _____와 같아서 ___

  한 후 변화·발달하고 ___함

• 피진과 크리올

  비교적 근래에 형성되었으며, 고대 언어

  의 ___ 과정을 유추할 수 있음

  – 피진(pidgin): _____의 편의를 위해

    급조된 언어

  – 크리올(creole): 피진에서 파생된 _____

    언어

• 링구아 프랑카(lingua franca)

  글로벌 의사소통의 ___ 역할을 하는 언어

  – 과거 서양에서는 _____나 _____,

    동양에서는 ___가 그 역할을 함

  – 현재는 영어가 _____로 사용됨

내용 적용 및 추론하기

02 다음 글에서 추론한 내용으로 가장 적절한 것은?   20 지방직 7급

> 현재 약 7,000개의 언어가 있지만, 그 본질은 다르지 않다. 인간이 언어를 가지게
> 된 것이 대략 6만 년 전인데, 그동안 많은 언어가 분기하고 사멸하였다. 오늘날의
> 모든 언어는 나름대로 특별한 역사를 갖는다. 언어는 살아 있는 생명체와 같아서 지
> 금 이 시간에도 변화는 계속되고 있다. 개별 언어들은 발음과 규칙, 그리고 의미의
> 세밀한 변화를 현재 진행형으로 겪고 있다. 또한 '피진(pidgin)'과 같이 의사소통의
> 편의를 위해 급조된 언어도 있는데, 이 언어를 사용하는 집단의 후대는 자연스럽게
> '크리올(creole)'과 같은 새로운 언어를 탄생시키기도 한다. 피진과 크리올은 비교적
> 근래에 형성된 것이므로 그 변화의 역사적 과정을 살필 수 있다. 이를 통해 고대의
> 언어들이 명멸하는 과정도 이와 유사했을 것이라고 짐작할 수 있다.
>
> 언어 중에는 영어와 같이 국제적으로 세력을 얻어 글로벌 시대에 의사소통의 가
> 교 역할을 하는 언어도 있다. 이러한 언어들을 '링구아 프랑카(lingua franca)'라고
> 부른다. 과거에 서양에서는 그리스어나 라틴어가, 동양에서는 한자가 그 역할을 수
> 행하기도 했다. 그러나 지금과 같은 글로벌 사회에서는 미디어나 교통수단의 발달에
> 힘입어 현재의 국제 통용어로 사용되는 영어가 과거의 국제 통용어들보다 훨씬 많은
> 힘을 발휘하고 있다.

① 교류와 소통이 증가하면 언어의 분기와 사멸의 속도가 빨라질 것이다.

② 그리스어나 라틴어는 서양의 다른 언어보다 발음, 규칙, 의미가 쉽게 변하지 않는다.

③ 국제사회에서 영향력이 강한 나라가 등장하면 그 나라의 언어가 링구아 프랑카가 될

　수 있다.

④ '어리다'의 의미가 '어리석다'에서 '나이가 적다'로 변화한 것은 피진에서 크리올로 변화

　한 사례이다.

02 다음 글에서 추론한 내용으로 가장 적절한 것은?

20 지방직 7급

현재 약 7,000개의 언어가 있지만, 그 본질은 다르지 않다. 인간이 언어를 가지게 된 것이 대략 6만 년 전인데, ①그동안 많은 언어가 분기하고 사멸하였다. 오늘날의 모든 언어는 나름대로 특별한 역사를 갖는다. ④언어는 살아 있는 생명체와 같아서 지금 이 시간에도 변화는 계속되고 있다. 개별 언어들은 발음과 규칙, 그리고 의미의 세밀한 변화를 현재 진행형으로 겪고 있다. 또한 '피진(pidgin)'과 같이 의사소통의 편의를 위해 급조된 언어도 있는데, 이 언어를 사용하는 집단의 후대는 자연스럽게 '크리올(creole)'과 같은 새로운 언어를 탄생시키기도 한다. 피진과 크리올은 비교적 근래에 형성된 것이므로 그 변화의 역사적 과정을 살필 수 있다. 이를 통해 고대의 언어들이 명멸하는 과정도 이와 유사했을 것이라고 짐작할 수 있다.

언어 중에는 ③영어와 같이 국제적으로 세력을 얻어 글로벌 시대에 의사소통의 가교 역할을 하는 언어도 있다. 이러한 언어들을 '링구아 프랑카(lingua franca)'라고 부른다. 과거에 서양에서는 그리스어나 라틴어가, 동양에서는 한자가 그 역할을 수행하기도 했다. 그러나 지금과 같은 글로벌 사회에서는 미디어나 교통수단의 발달에 힘입어 현재의 국제 통용어로 사용되는 영어가 과거의 국제 통용어들보다 훨씬 많은 힘을 발휘하고 있다.

① 교류와 소통이 증가하면 언어의 분기와 사멸의 속도가 빨라질 것이다.
② 그리스어나 라틴어는 서양의 다른 언어보다 발음, 규칙, 의미가 쉽게 변하지 않는다.
③ 국제사회에서 영향력이 강한 나라가 등장하면 그 나라의 언어가 링구아 프랑카가 될 수 있다.
④ '어리다'의 의미가 '어리석다'에서 '나이가 적다'로 변화한 것은 피진에서 크리올로 변화한 사례이다.

지문요약

주제
언어의 역사성과 국제 통용어 역할

내용요약
- 언어의 역사성
  언어는 살아 있는 생명체와 같아서 분기한 후 변화·발달하고 사멸함
- 피진과 크리올
  비교적 근래에 형성되었으며, 고대 언어의 명멸 과정을 유추할 수 있음
  – 피진(pidgin): 의사소통의 편의를 위해 급조된 언어
  – 크리올(creole): 피진에서 파생된 새로운 언어
- 링구아 프랑카(lingua franca)
  글로벌 의사소통의 가교 역할을 하는 언어
  – 과거 서양에서는 그리스어나 라틴어, 동양에서는 한자가 그 역할을 함
  – 현재는 영어가 국제 통용어로 사용됨

정답 ③

2문단에서 영어가 국제적 세력을 얻어 글로벌 시대에 의사소통의 가교 역할을 하며 링구아 프랑카로 사용되고 있음을 확인할 수 있다. 이를 통해 영향력이 강한 나라의 언어가 링구아 프랑카가 될 가능성이 높다고 추론할 수 있다.

오답분석

① 언어는 분기와 사멸을 반복하고 변화를 겪는다고 하였지만, 그 속도에 대해 언급하지는 않았다.
② 그리스어나 라틴어가 서양의 다른 언어보다 발음, 규칙, 의미가 쉽게 변하였는지는 알 수 없다.
④ 1문단에서 언어는 변화를 계속한다고 언급하고 있고 ④의 '어리다' 역시 의미 변화를 겪은 사례이지만, 피진으로 발생하여 크리올이 된 것인지는 알 수 없다.

주제

_____의 정의와 _____으로의 전환

내용요약

• **파놉티콘(panopticon)**

- 주변으로 죄수들의 방을 빙 둘러서 배치한 후 ____하는 시스템

- 권력자가 ____를 통제

• **시놉티콘(synopticon)**

- 다수가 ____의 _____를 동시에 감시할 수 있는 시스템

- _____ 시대가 오면서 _____ 네티즌의 활동을 통해 권력자들을 감시할 수 있음

03 ㉠~㉣의 고쳐 쓰기로 적절하지 않은 것은?

파놉티콘(panopticon)은 원형 평면의 중심에 감시탑을 설치해 놓고, 주변으로 빙 둘러서 죄수들의 방이 배치된 감시 시스템이다. 감시탑의 내부는 어둡게 되어 있는 반면 죄수들의 방은 밝아 교도관은 죄수를 볼 수 있지만, 죄수는 교도관을 바라볼 수 없다. 죄수가 잘못했을 때 교도관은 잘 보이는 곳에서 처벌을 가한다. 그렇게 수차례의 처벌이 있게 되면 죄수들은 실제로 교도관이 자리에 ㉠ 있을 때조차도 언제 처벌을 받을지 모르는 공포감에 의해서 스스로를 감시하게 된다. 이렇게 권력자에 의한 정보 독점 아래 ㉡ 다수가 통제된다는 점에서 파놉티콘의 디자인은 과거 사회 구조와 본질적으로 같았다.

현대사회는 다수가 소수의 권력자를 동시에 감시할 수 있는 시놉티콘(synopticon)의 시대가 되었다. 시놉티콘에 가장 크게 기여한 것은 인터넷의 ㉢ 동시성이다. 권력자에 대한 비판을 신변 노출 없이 자유롭게 표현할 수 있게 되었기 때문이다. 정보화 시대가 오면서 언론과 통신이 발달했고, ㉣ 특정인이 정보를 수용하고 생산하게 되었다. 그로 인해 사회에서 일어나는 일에 대한 비판적 인식 교류와 부정적 현실 고발 등 네티즌의 활동으로 권력자들을 감시하는 전환이 일어났다.

① ㉠을 '없을'로 고친다.

② ㉡을 '소수'로 고친다.

③ ㉢을 '익명성'으로 고친다.

④ ㉣을 '누구나가'로 고친다.

03 ⊙～ⓔ의 고쳐 쓰기로 적절하지 않은 것은?

지문요약

주제

파놉티콘의 정의와 시놉티콘으로의 전환

파놉티콘(panopticon)은 ①원형 평면의 중심에 감시탑을 설치해 놓고, 주변으로 빙 둘러서 죄수들의 방이 배치된 감시 시스템이다. 감시탑의 내부는 어둡게 되어 있는 반면 죄수들의 방은 밝아 교도관은 죄수를 볼 수 있지만, 죄수는 교도관을 바라볼 수 없다. 죄수가 잘못했을 때 교도관은 잘 보이는 곳에서 처벌을 가한다. 그렇게 수차례의 처벌이 있게 되면 죄수들은 실제로 교도관이 자리에 ⊙ 있을 때조차도 언제 처벌을 받을지 모르는 공포감에 의해서 스스로를 감시하게 된다. 이렇게 ②권력자에 의한 정보 독점 아래 ⓒ 다수가 통제된다는 점에서 파놉티콘의 디자인은 과거 사회 구조와 본질적으로 같았다.

현대사회는 다수가 소수의 권력자를 동시에 감시할 수 있는 시놉티콘(synopticon)의 시대가 되었다. 시놉티콘에 가장 크게 기여한 것은 인터넷의 ⓒ 동시성이다. ③권력자에 대한 비판을 신변 노출 없이 자유롭게 표현할 수 있게 되었기 때문이다. ④정보화 시대가 오면서 언론과 통신이 발달했고, ⓔ 특정인이 정보를 수용하고 생산하게 되었다. 그로 인해 사회에서 일어나는 일에 대한 비판적 인식 교류와 부정적 현실 고발 등 ④네티즌의 활동으로 권력자들을 감시하는 전환이 일어났다.

내용요약

- **파놉티콘(panopticon)**
  - 주변으로 죄수들의 방을 빙 둘러서 배치한 후 감시하는 시스템
  - 권력자가 다수를 통제
- **시놉티콘(synopticon)**
  - 다수가 소수의 권력자를 동시에 감시할 수 있는 시스템
  - 정보화 시대가 오면서 인터넷 네티즌의 활동을 통해 권력자들을 감시할 수 있음

① ⊙을 '없을'로 고친다.

② ⓒ을 '소수'로 고친다.

③ ⓒ을 '익명성'으로 고친다.

④ ⓔ을 '누구나가'로 고친다.

정답 ②

파놉티콘은 정보를 독점한 소수의 권력자가 다수를 통제하는 시스템이다. 따라서 ⓒ을 '소수'로 고칠 필요가 없다.

오답분석

① 파놉티콘 구조에서는 죄수가 교도관을 바라볼 수 없다. 죄수가 잘못했을 때 수차례 처벌하게 되면 교도관이 자리에 없더라도 처벌에 대한 공포 감에 스스로 감시하게 되므로 ⊙을 '없을'로 고치는 것이 적절하다.

③ ⓒ 다음 문장에서 '권력자에 대한 비판을 신변 노출 없이 자유롭게 표현'할 수 있게 되었다고 부연 설명하고 있으므로 ⓒ을 '익명성'으로 고치는 것이 적절하다.

④ 정보화 시대가 오면서 언론과 통신이 발달했고, 특정인이 아닌 네티즌 누구나가 정보를 수용하고 생산하며 권력자들을 감시하게 되었으므로 ⓔ 을 '누구나가'로 고치는 것이 적절하다.

지문요약

주제

군락의 _____ 을 높이기 위한 개미의 _____
제도 경영방식

내용요약

- _____ 적 관점에서 신기한 개미의 분업사회
  - 평생 알만 낳는 일에 전념하는 _____
  - _____ 과 관련한 모든 제반 업무를 담당
    하는 _____
  - 일개미의 _____ 한 행동: _____ 적
    관점에서 자기의 _____ 를 후세에 남기
    고자 새끼를 낳아 키우는 것은 당연하
    나 일개미는 이를 ___ 함

04 〈보기〉의 빈칸에 들어갈 단어로 가장 옳은 것은?

─〈보 기〉─

 군락의 생산성을 높이기 위해 개미가 채택한 경영방식은 철저한 분업제도이다.
개미사회가 성취한 분업 중에서 사회학적으로 볼 때 가장 신기한 것은 이른바
( ) 분업이다. 여왕개미는 평생 오로지 알을 낳는 일에만 전념하고 일개미들은
그런 여왕을 도와 군락의 ( )에 필요한 모든 제반 업무를 담당한다. 자신의 유전
자를 보다 많이 후세에 남기고자 하는 것이 궁극적인 삶의 의미라는 진화학적 관점
에서 볼 때, 자기 스스로 자식을 낳아 키우기를 포기하고 평생토록 여왕을 보좌하는
일개미들의 행동처럼 불가사의한 일도 그리 많지 않다.

① 경제(經濟)
② 번식(繁殖)
③ 국방(國防)
④ 교육(敎育)

04 〈보기〉의 빈칸에 들어갈 단어로 가장 옳은 것은?

22 서울시 9급

― 〈 보 기 〉 ―

군락의 생산성을 높이기 위해 개미가 채택한 경영방식은 철저한 분업제도이다. 개미사회가 성취한 분업 중에서 사회학적으로 볼 때 가장 신기한 것은 이른바 (   ) 분업이다. ②여왕개미는 평생 오로지 알을 낳는 일에만 전념하고 일개미들은 그런 여왕을 도와 군락의 (   )에 필요한 모든 제반 업무를 담당한다. 자신의 유전자를 보다 많이 후세에 남기고자 하는 것이 궁극적인 삶의 의미라는 진화학적 관점에서 볼 때, 자기 스스로 자식을 낳아 키우기를 포기하고 평생토록 여왕을 보좌하는 일개미들의 행동처럼 불가사의한 일도 그리 많지 않다.

① 경제(經濟)
② 번식(繁殖)
③ 국방(國防)
④ 교육(教育)

지문요약

주제

군락의 생산성을 높이기 위한 개미의 분업 제도 경영방식

내용요약

- 사회학적 관점에서 신기한 개미의 분업사회
  - 평생 알만 낳는 일에 전념하는 여왕개미
  - 번식과 관련한 모든 제반 업무를 담당하는 일개미
  - 일개미의 불가사의한 행동: 진화학적 관점에서 자기의 유전자를 후세에 남기고자 새끼를 낳아 키우는 것은 당연하나 일개미는 이를 포기함

정답 ②

첫 번째 괄호 뒤에 이어지는 문장에서는 여왕개미와 일개미의 분업에 대해 자세히 설명하고 있다. 특히 여왕개미는 평생 알을 낳고 일개미는 여왕개미를 도와 모든 제반 업무를 담당한다. 따라서 개미사회는 여왕개미의 알 생산을 중심으로 돌아가는 사회라고 볼 수 있으므로 괄호에는 '번식(繁殖)'이 들어가는 것이 적절하다.

지문요약

주제

크리스퍼의 _____ 편집 기술의 정의와 ___
적 · _____ 교란

내용요약

- **크리스퍼의 _____ 편집 기술**
  - 원하는 ___의 유전체를 편집할 수 있
    는 기술
  - ___ 유전자 역시 편집이 가능
- **윤리적 논란**
  - ___을 대상으로 하는 실험
  - 인간배아실험: _____ 법률이 존재
    하지 않음
  - 우생학: ___ 목적이 아닌 자식의 유전
    적 ___을 증강하려는 시도 가능
- **생태계 교란**
  - 30개가 넘는 종의 _____이 가능
    하고 그 수가 계속 늘고 있음
  - _____의 생태계 교란은 계속 논란이
    진행되고 있음

05 다음 중 글에 대한 이해로 옳지 않은 것은?

2015년 5월 미국 국립과학아카데미는 인간 유전체 편집과 관련해 중요한 발의를 했다. 중국 과학자들이 인간배아 유전자 편집에 관한 논문을 발표한 직후이다. 논란의 주인공이 된 기술은 크리스퍼, 즉 저렴한 가격으로 간단하게 원하는 생물의 유전체를 편집할 수 있는 기술이다.

크리스퍼는 생물학이 사회에 던져온 몇 가지 윤리적 논란들의 연장선상에 서 있다. 그 하나는 인간을 대상으로 하는 실험의 문제다. 우생학, 시험관 아기, 배아줄기세포로 이어온 윤리적 논란은 크리스퍼에도 재현될 것이다. 인간배아실험에 관한 초국가적 법률이 존재하지 않는 상황에서, 중국의 과학자들이 인간배아 유전자의 편집을 시도했다는 것은 당연한 수순이다. 크리스퍼는 소비자 우생학의 문제도 야기한다. 치명적인 유전적 질환의 치료 목적이 아니라, 자식의 유전적 자원을 증강하려는 의도로 크리스퍼 기술을 사용하는 특권층이 탄생할 수 있다. 인류는 자식을 위해 좋은 형질을 향상시키고, 나쁜 형질을 제거하는 일을 계속할 것이다.

크리스퍼가 초래할 더 큰 문제는 생태계 교란이다. 이미 30개가 넘는 종의 유전자 편집이 가능하다고 보고되었고, 그 숫자는 계속 늘고 있다. 생명공학의 생태계 교란은 유전자 조작 농산물을 중심으로 선진국에서는 오래된 논란이고, 크리스퍼는 이 논란에 기름을 부을 예정이다.

① 유전체 편집이 사회적으로 끼치는 영향력은 막대하다.
② 크리스퍼 기술의 사용에 대한 국제적 협약이 필요하다.
③ 과학기술이 생태계의 균형을 깨뜨리는 한 원인이다.
④ 생명과학의 발달이 국가 간의 관계를 악화시킬 수 있다.
⑤ 생명공학 문제의 해결에는 특권층의 결단이 요구된다.

05 다음 중 글에 대한 이해로 옳지 않은 것은?

21 국회직 9급

2015년 5월 미국 국립과학아카데미는 인간 유전체 편집과 관련해 중요한 발의를 했다. 중국 과학자들이 인간배아 유전자 편집에 관한 논문을 발표한 직후이다. 논란의 주인공이 된 기술은 크리스퍼, 즉 저렴한 가격으로 간단하게 원하는 생물의 유전체를 편집할 수 있는 기술이다.

①크리스퍼는 생물학이 사회에 던져온 몇 가지 윤리적 논란들의 연장선상에 서 있다. 그 하나는 인간을 대상으로 하는 실험의 문제다. 우생학, 시험관 아기, 배아줄기세포로 이어온 윤리적 논란은 크리스퍼에도 재현될 것이다. ②④인간배아실험에 관한 초국가적 법률이 존재하지 않는 상황에서, 중국의 과학자들이 인간배아 유전자의 편집을 시도했다는 것은 당연한 수순이다. 크리스퍼는 소비자 우생학의 문제도 야기한다. 치명적인 유전적 질환의 치료 목적이 아니라, ⑤자식의 유전적 자원을 증강하려는 의도로 크리스퍼 기술을 사용하는 특권층이 탄생할 수 있다. 인류는 자식을 위해 좋은 형질을 향상시키고, 나쁜 형질을 제거하는 일을 계속할 것이다.

①크리스퍼가 초래할 더 큰 문제는 생태계 교란이다. 이미 30개가 넘는 종의 유전자 편집이 가능하다고 보고되었고, 그 숫자는 계속 늘고 있다. ③④생명공학의 생태계 교란은 유전자 조작 농산물을 중심으로 선진국에서는 오래된 논란이고, 크리스퍼는 이 논란에 기름을 부을 예정이다.

① 유전체 편집이 사회적으로 끼치는 영향력은 막대하다.
② 크리스퍼 기술의 사용에 대한 국제적 협약이 필요하다.
③ 과학기술이 생태계의 균형을 깨뜨리는 한 원인이다.
④ 생명과학의 발달이 국가 간의 관계를 악화시킬 수 있다.
⑤ 생명공학 문제의 해결에는 특권층의 결단이 요구된다.

지문요약

주제
크리스퍼의 유전자 편집 기술의 정의와 윤리적 · 생태계 교란

내용요약
- 크리스퍼의 유전자 편집 기술
  - 원하는 생물의 유전체를 편집할 수 있는 기술
  - 인간 유전자 역시 편집이 가능
- 윤리적 논란
  - 인간을 대상으로 하는 실험
  - 인간배아실험: 초국가적 법률이 존재하지 않음
  - 우생학: 치료 목적이 아닌 자식의 유전적 자원을 증강하려는 시도 가능
- 생태계 교란
  - 30개가 넘는 종의 유전자 편집이 가능하고 그 수가 계속 늘고 있음
  - 생명공학의 생태계 교란은 계속 논란이 진행되고 있음

정답 ⑤

2문단에서 자식의 유전적 자원을 증강하려는 의도로 크리스퍼 기술을 사용하는 특권층이 탄생할 수 있으며, 이러한 유전자 조작의 문제는 계속 이어질 것이라고 했지만 특권층이 결단을 내릴 것을 요구하고 있지는 않다.

오답분석
① 유전체 편집은 윤리적 논란을 야기하고 생태계 교란을 일으키고 있음을 2문단과 3문단에서 확인할 수 있다.
② 2문단에서 인간배아실험에 관한 초국가적 법률이 존재하지 않기 때문에 중국 과학자들이 인간 배아 유전자 편집을 시도했다고 하였으므로 국제적 협약이 필요함을 알 수 있다.
③ 3문단에서 생태계 교란은 이미 선진국에서는 오래된 논란임을 언급하고 있다.
④ 2문단에서 초국가적 법률이 존재하지 않는 상황에서 자식의 유전적 자원을 증강하려는 의도로 크리스퍼 기술을 사용하는 유전자 특권층이 발생할 수 있다고 언급하였으며, 3문단에서 생태계 교란이 논란이 되고 있다고 하였으므로 생명과학의 발달이 부정적인 국가 관계를 초래할 수도 있음을 알 수 있다.

DAY 06

지문요약

주제

_____ 시간을 생성하는 시간 ___의 필요성

내용요약

• 시간 ___를 잠식한 __의 시간
  – ___ 때, 잠잘 때도 _의 시간을 데리고 감
  – 긴장의 ___도 ____의 재충전에 기여하는 일의 ___일 뿐임
  – 느리게 살기도 ____된 일의 시간이 낳은 결과

• 시간 ___의 필요성
  – 느리게 살기로 시간의 ___와 ___을 극복할 수 없음
  – 다른 시간, ____ 시간을 생성하는 시간 ___이 필요

어휘 및 문맥적 의미 파악하기

01 다음 글에서 ㉠, ㉡에 들어갈 알맞은 말은? 　　20 군무원 7급

일의 시간은 오늘날 시간 전체를 잠식해 버렸다. 우리는 휴가 때뿐만 아니라 잠잘 때에도 일의 시간을 데리고 간다. 지쳐 버린 성과 주체는 마비되는 것처럼 그렇게 잠이 든다. 긴장의 이완 역시 노동력의 재충전에 기여한다는 점에서 일의 한 양태에 지나지 않는다. 이른바 (㉠)도, 다른 시간을 만들어내지도 못한다. 그것 역시 가속화된 일의 시간이 낳은 결과일 뿐이다. 일반적으로 받아들여지고 있는 견해와는 달리, (㉡)는 오늘날 당면한 시간의 위기, 시간의 질병을 극복할 수 없다. 오늘날 필요한 것은 다른 시간, 일의 시간이 아닌 새로운 시간을 생성하는 시간 혁명이다.

	㉠	㉡
①	빠르게 살기	빠르게 살기
②	느리게 살기	느리게 살기
③	빠르게 살기	느리게 살기
④	느리게 살기	빠르게 살기

01 다음 글에서 ㉠, ㉡에 들어갈 알맞은 말은?

20 군무원 7급

일의 시간은 오늘날 시간 전체를 잠식해 버렸다. 우리는 휴가 때뿐만 아니라 잠잘 때에도 일의 시간을 데리고 간다. 지쳐 버린 성과 주체는 마비되는 것처럼 그렇게 잠이 든다. 긴장의 이완 역시 노동력의 재충전에 기여한다는 점에서 일의 한 양태에 지나지 않는다. 이른바 (㉠)도, ②다른 시간을 만들어내지도 못한다. 그것 역시 가속화된 일의 시간이 낳은 결과일 뿐이다. 일반적으로 받아들여지고 있는 견해와는 달리, (㉡)는 ②오늘날 당면한 시간의 위기, 시간의 질병을 극복할 수 없다. 오늘날 필요한 것은 다른 시간, 일의 시간이 아닌 새로운 시간을 생성하는 시간 혁명이다.

	㉠	㉡
①	빠르게 살기	빠르게 살기
②	느리게 살기	느리게 살기
③	빠르게 살기	느리게 살기
④	느리게 살기	빠르게 살기

주제

새로운 시간을 생성하는 시간 혁명의 필요성

내용요약

- **시간 전체를 잠식한 일의 시간**
  - 휴가 때, 잠잘 때도 일의 시간을 데리고 감
  - 긴장의 이완도 노동력의 재충전에 기여하는 일의 양태일 뿐임
  - 느리게 살기도 가속화된 일의 시간이 낳은 결과
- **시간 혁명의 필요성**
  - 느리게 살기로 시간의 위기와 질병을 극복할 수 없음
  - 다른 시간, 새로운 시간을 생성하는 시간 혁명이 필요

정답 ②

사람들은 일과 휴식을 분리하지 못하고 휴가 때뿐만 아니라 잠잘 때도 일을 생각한다. 그러다 보니 긴장의 이완 역시 휴식이 아니라 단순히 노동력의 재충전 시간이 될 뿐이다. 느리게 살기 역시 다른 시간을 만들어내지 못하기 때문에 결국 일을 조금 느리게 하는 것뿐이다. 느리게 사는 것은 시간의 위기와 질병을 극복할 수 없으므로 글쓴이는 다른 시간, 새로운 시간을 생성하는 시간 혁명이 필요하다고 주장하고 있다. 따라서 ㉠과 ㉡ 모두 '느리게 살기'가 들어가는 것이 적절하다.

지문요약

주제

___와 _____ 맥락에서 파악해야 하는 ___ 현상

내용요약

• 혐오 현상의 _____

　– 혐오 현상의 ___와 사회적 배경 파악
　　의 필요성

　– 혐오나 특정 ___에 집착하지 말고 전
　　체를 봐야 함

　– _____으로 형성된 감정이므로 혐오 현
　　상 그 자체에 ___되지 말아야 함

02 다음 글의 주제로 가장 적절한 것은?

　　예전에 '혐오'는 대중에게 관심을 끄는 말이 아니었지만, 요즘에는 익숙하게 듣는 말이 되었다. 이는 과거에 혐오가 존재하지 않았다는 말이 아니다. 단지 최근 몇 년 사이에 이 문제가 폭발하듯 가시화되었다는 뜻이다. 혐오 현상은 외계에서 뚝 떨어진 괴물이 만들어 낸 것이 아니라, 거기엔 자체의 역사와 사회적 배경이 반드시 선행한다.

　　이 문제를 바라볼 때 주의 사항이 있다. 혐오나 증오라는 특정 감정에 집착해선 안 된다는 것이다. 혐오가 주제인데 거기에 집중하지 말라니, 얼핏 이율배반처럼 들리지만 이는 매우 중요한 포인트다. 왜 혐오가 나쁘냐고 물어보면 많은 사람들은 이렇게 답한다. "나쁜 감정이니까 나쁘다.", "약자와 소수자를 차별하게 만드니까 나쁘다." 이 대답들은 분명 선량한 마음에서 나온 것이다. 하지만 문제의 성격을 오인하게 만들 수 있다. 혐오나 증오라는 감정에 집중할수록 우린 '달을 가리키는 손가락만 바라보는' 잘못을 범하기 쉬워진다.

　　인과관계를 혼동하면 곤란하다. 우리가 문제시하고 있는 각종 혐오는 자연 발생한 게 아니라 사회적으로 형성된 감정이다. 사회문제의 기원이나 원인이 아니라, 발현이며 결과다. 더 정확히 말하자면 혐오는 증상이다. 증상을 관찰하는 일은 중요하지만 거기에만 매몰되면 곤란하다. 우리는 혐오나 증오 그 자체를 사회악으로 지목해 도덕적으로 지탄하는 데서 그치지 말아야 한다.

① 혐오 현상에는 인과관계가 존재하지 않는다.
② 혐오 현상은 선량한 마음으로 바라보아야 한다.
③ 혐오 현상을 만들어 내는 근본 원인을 찾아야 한다.
④ 혐오라는 감정에 집중할수록 사회문제는 잘 보인다.

02 다음 글의 주제로 가장 적절한 것은?

22 지방직 9급

> 예전에 '혐오'는 대중에게 관심을 끄는 말이 아니었지만, 요즘에는 익숙하게 듣는 말이 되었다. 이는 과거에 혐오가 존재하지 않았다는 말이 아니다. 단지 최근 몇 년 사이에 이 문제가 폭발하듯 가시화되었다는 뜻이다. 혐오 현상은 외계에서 뚝 떨어진 괴물이 만들어 낸 것이 아니라, 거기엔 자체의 역사와 사회적 배경이 반드시 선행한다.
>
> 이 문제를 바라볼 때 주의 사항이 있다. 혐오나 증오라는 특정 감정에 집착해선 안 된다는 것이다. 혐오가 주제인데 거기에 집중하지 말라니, 얼핏 이율배반처럼 들리지만 이는 매우 중요한 포인트다. 왜 혐오가 나쁘냐고 물어보면 많은 사람들은 이렇게 답한다. "나쁜 감정이니까 나쁘다.", "약자와 소수자를 차별하게 만드니까 나쁘다." 이 대답들은 분명 선량한 마음에서 나온 것이다. 하지만 문제의 성격을 오인하게 만들 수 있다. 혐오나 증오라는 감정에 집중할수록 우린 '달을 가리키는 손가락만 바라보는' 잘못을 범하기 쉬워진다.
>
> 인과관계를 혼동하면 곤란하다. 우리가 문제시하고 있는 ①각종 혐오는 자연 발생한 게 아니라 사회적으로 형성된 감정이다. 사회문제의 기원이나 원인이 아니라, 발현이며 결과다. 더 정확히 말하자면 혐오는 증상이다. 증상을 관찰하는 일은 중요하지만 거기에만 매몰되면 곤란하다. ②우리는 혐오나 증오 그 자체를 사회악으로 지목해 도덕적으로 지탄하는 데서 그치지 말아야 한다.

① 혐오 현상에는 인과관계가 존재하지 않는다.
② 혐오 현상은 선량한 마음으로 바라보아야 한다.
③ 혐오 현상을 만들어 내는 근본 원인을 찾아야 한다.
④ 혐오라는 감정에 집중할수록 사회문제는 잘 보인다.

정답 ③

지문에서는 혐오 현상 그 자체보다는 왜 그 혐오 문제가 가시화되었는지 그 근본 원인에 대해 집중해야 한다고 강조하고 있다. 특히 1문단에서 혐오 현상에는 그 자체의 역사와 사회적 배경이 선행한다고 언급하며, 2문단에서 '달(혐오 현상의 기원과 원인)을 가리키는 손가락(혐오 현상 자체)만 바라보는' 잘못을 범하지 않도록 주의해야 함을 말한다. 3문단 역시 혐오는 자연 발생한 게 아니라 사회적으로 형성된 감정이므로 그 기원과 원인을 살펴야 한다고 주장한다.

오답분석
① 3문단에서 혐오 현상은 사회적으로 형성된 감정의 발현이며 결과라고 했으므로 인과관계가 존재하지 않는다는 것은 주제로 적절하지 않다.
② 3문단에서 혐오나 증오 그 자체를 사회악으로 지목해 도덕적으로 지탄하는 것에 그치지 말아야 한다고 했지만 선량한 마음으로 바라보자는 말은 언급하고 있지 않다.
④ 2문단과 3문단에서 혐오 그 자체에 집중하거나 증상을 관찰하는 일에 매몰되지 말아야 한다고 하였으므로 혐오라는 감정에 집중할수록 사회문제가 잘 보인다는 것은 주제로 적절하지 않다.

주제

생물 ____ 보존과 관련된 다양한 시각

내용요약

• A의 주장

　– 생물 다양성 보존을 의학적, 농업적, 경제적, 과학적 측면에서 ____을 얻기 위한 ____으로 간주

　– 생물 다양성을 보존이 이익을 얻기 위한 최선의 수단이라면 이를 위한 ____와 필요성이 있다고 주장

• B의 주장

　– 생물 다양성 보존이 이익을 얻기 위한 최선의 수단이 ____

　– ____ 생물학을 통해 원하는 목표를 ____적이고 ____적으로 성취할 수 있다고 주장

• C의 주장

　– ____ 종은 보존되어야 한다고 주장

　– 생명체는 인간의 목적을 위해 이용되는 수단으로 보는 도구적 가치만 가지는 것이 아님 → 인간 ____적 태도

　– 생명체는 ____적 가치를 지니고 있고, 모든 종은 본래의 ____ 가치를 지니므로 보존되어야 한다고 주장

　　인간은 지구상의 생명이 대량 멸종하는 사태를 맞이하고 있지만, 다른 한편으로는 실험실에서 인공적으로 새로운 생명체를 창조하고 있다. 이런 상황에서, 자연적으로 존재하는 종을 멸종으로부터 보존해야 한다는 생물 다양성의 보존 문제를 어떤 시각으로 바라보아야 할까? A는 생물 다양성을 보존해야 한다고 주장한다. 이를 위해 A는 다음과 같은 도구적 정당화를 제시한다. 우리는 의학적, 농업적, 경제적, 과학적 측면에서 이익을 얻기를 원한다. '생물 다양성 보존'은 이를 위한 하나의 수단으로 간주될 수 있다. 바로 그 수단이 우리가 원하는 이익을 얻는 최선의 수단이라는 것이 A의 첫 번째 전제이다. 그리고 　(가)　는 것이 A의 두 번째 전제이다. 이 전제들로부터 우리에게는 생물 다양성을 보존할 의무와 필요성이 있다는 결론이 나온다.

　　이에 대해 B는 생물 다양성 보존이 우리가 원하는 이익을 얻는 최선의 수단이 아님을 지적한다. 특히 합성 생물학은 자연에 존재하는 DNA, 유전자, 세포 등을 인공적으로 합성하고 재구성해 새로운 생명체를 창조하는 것을 목표로 한다. B는 우리가 원하는 이익을 얻고자 한다면, 자연적으로 존재하는 생명체들을 대상으로 보존에 애쓰는 것보다는 합성 생물학을 통해 원하는 목표를 더 합리적이고 체계적으로 성취할 수 있을 것이라고 주장한다. 인공적인 생명체의 창조가 우리가 원하는 이익을 얻는 더 좋은 수단이므로, 생물 다양성 보존을 지지하는 도구적 정당화는 설득력을 잃는다는 것이다. 그래서 B는 A가 제시하는 도구적 정당화에 근거하여 생물 다양성을 보존하자고 주장하는 것은 옹호될 수 없다고 말한다.

　　한편 C는 모든 종은 보존되어야 한다고 주장하면서 생물 다양성 보존을 옹호한다. C는 대상의 가치를 평가할 때 그 대상이 갖는 도구적 가치와 내재적 가치를 구별한다. 대상의 도구적 가치란 그것이 특정 목적을 달성하는 데 얼마나 쓸모가 있느냐에 따라 인정되는 가치이며, 대상의 내재적 가치란 그 대상이 그 자체로 본래부터 갖고 있다고 인정되는 고유한 가치를 말한다. C에 따르면 생명체는 단지 도구적 가치만을 갖는 것이 아니다. 생명체를 오로지 도구적 가치로만 평가하는 것은 생명체를 그저 인간의 목적을 위해 이용되는 수단으로 보는 인간 중심적 태도이지만, C는 그런 태도는 받아들일 수 없다고 본다. 생명체의 내재적 가치 또한 인정해야 한다는 것이다. 그 생명체들이 속한 종 또한 그 쓸모에 따라서만 가치가 있는 것이 아니다. 그리고 내재적 가치를 지니는 것은 모두 보존되어야 한다. 이로부터 모든 종은 보존되어야 한다는 결론에 다다른다. 왜냐하면 　(나)　 때문이다.

03 위 글의 (가)와 (나)에 들어갈 내용을 적절하게 나열한 것은?

① (가): 어떤 것이 우리가 원하는 이익을 얻는 최선의 수단이라면 우리에게는 그것을 실
　　　 행할 의무와 필요성이 있다

　　(나): 생명체의 내재적 가치는 종의 다양성으로부터 비롯되기

② (가): 어떤 것이 우리가 원하는 이익을 얻는 최선의 수단이 아니라면 우리에게는 그것
　　　 을 실행할 의무와 필요성이 없다

　　(나): 생명체의 내재적 가치는 종의 다양성으로부터 비롯되기

③ (가): 어떤 것이 우리가 원하는 이익을 얻는 최선의 수단이라면 우리에게는 그것을 실
　　　 행할 의무와 필요성이 있다

　　(나): 모든 종은 그 자체가 본래부터 고유의 가치를 지니기

④ (가): 어떤 것이 우리가 원하는 이익을 얻는 최선의 수단이 아니라면 우리에게는 그것
　　　 을 실행할 의무와 필요성이 없다

　　(나): 모든 종은 그 자체가 본래부터 고유의 가치를 지니기

⑤ (가): 우리에게 이익을 제공하는 수단 가운데 생물 다양성의 보존보다 더 나은 수단은
　　　 없다

　　(나): 모든 종은 그 자체가 본래부터 고유의 가치를 지니기

04 위 글에 대한 분석으로 적절한 것만을 〈보기〉에서 모두 고르면?

―――――――――〈 보 기 〉―――――――――

ㄱ. A는 생물 다양성을 보존해야 한다고 주장하지만, B는 보존하지 않아도 된다고
　　주장한다.

ㄴ. B는 A의 두 전제가 참이더라도 A의 결론이 반드시 참이 되지는 않는다고 비판
　　한다.

ㄷ. 자연적으로 존재하는 생명체가 도구적 가치를 가지느냐에 대한 A와 C의 평가는
　　양립할 수 있다.

① ㄱ

② ㄷ

③ ㄱ, ㄴ

④ ㄴ, ㄷ

⑤ ㄱ, ㄴ, ㄷ

지문요약

주제

생물 다양성 보존과 관련된 다양한 시각

내용요약

· A의 주장

 – 생물 다양성 보존을 의학적, 농업적, 경제적, 과학적 측면에서 이익을 얻기 위한 수단으로 간주

 – 생물 다양성을 보존이 이익을 얻기 위한 최선의 수단이라면 이를 위한 의무와 필요성이 있다고 주장

· B의 주장

 – 생물 다양성 보존이 이익을 얻기 위한 최선의 수단이 아님

 – 합성 생물학을 통해 원하는 목표를 합리적이고 체계적으로 성취할 수 있다고 주장

· C의 주장

 – 모든 종은 보존되어야 한다고 주장

 – 생명체는 인간의 목적을 위해 이용되는 수단으로 보는 도구적 가치만 가지는 것이 아님 → 인간 중심적 태도

 – 생명체는 내재적 가치를 지니고 있고, 모든 종은 본래의 고유한 가치를 지니므로 보존되어야 한다고 주장

　　인간은 지구상의 생명이 대량 멸종하는 사태를 맞이하고 있지만, 다른 한편으로는 실험실에서 인공적으로 새로운 생명체를 창조하고 있다. 이런 상황에서, 자연적으로 존재하는 종을 멸종으로부터 보존해야 한다는 생물 다양성의 보존 문제를 어떤 시각으로 바라보아야 할까? A는 생물 다양성을 보존해야 한다고 주장한다. 이를 위해 **A는 다음과 같은 도구적 정당화를 제시한다. 우리는 의학적, 농업적, 경제적, 과학적 측면에서 이익을 얻기를 원한다. '생물 다양성 보존'은 이를 위한 하나의 수단으로 간주될 수 있다.** 바로 그 수단이 우리가 원하는 이익을 얻는 최선의 수단이라는 것이 A의 첫 번째 전제이다. 그리고 ▢▢(가)▢▢ 는 것이 A의 두 번째 전제이다. 이 전제들로부터 우리에게는 **생물 다양성을 보존할 의무와 필요성이 있다는 결론이 나온다.**

　　이에 대해 **B는 생물 다양성 보존이 우리가 원하는 이익을 얻는 최선의 수단이 아님을 지적한다.** 특히 합성 생물학은 자연에 존재하는 DNA, 유전자, 세포 등을 인공적으로 합성하고 재구성해 새로운 생명체를 창조하는 것을 목표로 한다. B는 우리가 원하는 이익을 얻고자 한다면, 자연적으로 존재하는 생명체들을 대상으로 보존에 애쓰는 것보다는 합성 생물학을 통해 원하는 목표를 더 합리적이고 체계적으로 성취할 수 있을 것이라고 주장한다. **인공적인 생명체의 창조가 우리가 원하는 이익을 얻는 더 좋은 수단이므로, 생물 다양성 보존을 지지하는 도구적 정당화는 설득력을 잃는다는 것이다. 그래서 B는 A가 제시하는 도구적 정당화에 근거하여 생물 다양성을 보존하자고 주장하는 것은 옹호될 수 없다고 말한다.**

　　한편 C는 모든 종은 보존되어야 한다고 주장하면서 생물 다양성 보존을 옹호한다. C는 대상의 가치를 평가할 때 그 대상이 갖는 도구적 가치와 내재적 가치를 구별한다. 대상의 도구적 가치란 그것이 특정 목적을 달성하는 데 얼마나 쓸모가 있느냐에 따라 인정되는 가치이며, 대상의 내재적 가치란 그 대상이 그 자체로 본래부터 갖고 있다고 인정되는 고유한 가치를 말한다. **C에 따르면 생명체는 단지 도구적 가치만을 갖는 것이 아니다. 생명체를 오로지 도구적 가치로만 평가하는 것은 생명체를 그저 인간의 목적을 위해 이용되는 수단으로 보는 인간 중심적 태도이지만, C는 그런 태도는 받아들일 수 없다고 본다. 생명체의 내재적 가치 또한 인정해야 한다는 것이다.** 그 생명체들이 속한 종 또한 그 쓸모에 따라서만 가치가 있는 것이 아니다. 그리고 내재적 가치를 지니는 것은 모두 보존되어야 한다. 이로부터 모든 종은 보존되어야 한다는 결론에 다다른다. 왜냐하면 ▢▢(나)▢▢ 때문이다.

03 위 글의 (가)와 (나)에 들어갈 내용을 적절하게 나열한 것은?

① (가): 어떤 것이 우리가 원하는 이익을 얻는 최선의 수단이라면 우리에게는 그것을 실행할 의무와 필요성이 있다

   (나): 생명체의 내재적 가치는 종의 다양성으로부터 비롯되기

② (가): 어떤 것이 우리가 원하는 이익을 얻는 최선의 수단이 아니라면 우리에게는 그것을 실행할 의무와 필요성이 없다

   (나): 생명체의 내재적 가치는 종의 다양성으로부터 비롯되기

③ (가): 어떤 것이 우리가 원하는 이익을 얻는 최선의 수단이라면 우리에게는 그것을 실행할 의무와 필요성이 있다

   (나): 모든 종은 그 자체가 본래부터 고유의 가치를 지니기

④ (가): 어떤 것이 우리가 원하는 이익을 얻는 최선의 수단이 아니라면 우리에게는 그것을 실행할 의무와 필요성이 없다

   (나): 모든 종은 그 자체가 본래부터 고유의 가치를 지니기

⑤ (가): 우리에게 이익을 제공하는 수단 가운데 생물 다양성의 보존보다 더 나은 수단은 없다

   (나): 모든 종은 그 자체가 본래부터 고유의 가치를 지니기

04 위 글에 대한 분석으로 적절한 것만을 〈보기〉에서 모두 고르면?

───── 〈보 기〉 ─────

ㄱ. A는 생물 다양성을 보존해야 한다고 주장하지만, B는 보존하지 않아도 된다고 주장한다.

ㄴ. B는 A의 두 전제가 참이더라도 A의 결론이 반드시 참이 되지는 않는다고 비판한다.

ㄷ. 자연적으로 존재하는 생명체가 도구적 가치를 가지느냐에 대한 A와 C의 평가는 양립할 수 있다.

① ㄱ

② ㄷ

③ ㄱ, ㄴ

④ ㄴ, ㄷ

⑤ ㄱ, ㄴ, ㄷ

03 ┃ 정답 ┃ ③

(가) A는 두 가지 전제로부터 '우리에게는 생물 다양성을 보존할 필요가 있다'는 결론을 도출하고 있다. 첫 번째 전제가 '생물 다양성이 우리가 원하는 이익을 얻는 최선의 수단이다.'이므로 두 번째 전제는 '어떤 것이 우리가 원하는 이익을 얻는 최선의 수단이라면 우리에게는 그것을 실행할 의무와 필요성이 없다'가 들어가는 것이 적절하다.

(나) C는 생명체가 도구적 가치만 가지는 것이 아니며, 내재적 가치를 지니는 모든 것은 보존되어야 한다고 주장하였다. 따라서 '모든 종은 보존되어야 한다.'라는 결론을 도출하기 위해서는 '모든 종은 그 자체가 본래부터 고유의 가치를 지닌다'는 내용이 들어가는 것이 적절하다.

04 ┃ 정답 ┃ ②

ㄷ. A와 C의 쟁점은 생물 다양성의 보존이 가지고 있는 도구적 가치이다. A와 C는 모두 생물 다양성의 보존이 인간에게 이익을 주느냐 아니냐에 대해 도구적 가치가 있음을 인정하고 있다. 하지만 C는 이러한 생물 다양성의 보존이 도구적 가치에만 있는 것이 아니고 모든 종은 본래의 고유한 가치를 지니므로 보존되어야 한다고 주장하고 있다.

┃ 오답분석 ┃

ㄱ. A는 인간에게 이익을 주기 때문에 도구적 가치를 지니는 생물 다양성을 보존해야 한다고 주장하고 있다. B는 생물 다양성의 보존만이 우리가 원하는 이익을 얻는 최선의 수단이 아니며, '자연적으로 존재하는 생명체들을 대상으로 보존에 애쓰는 것보다는 합성 생물학을 통해 원하는 목표를 더 합리적이고 체계적으로 성취'할 수 있다고 말하고 있다. 그러나 이 주장이 생물 다양성을 보존하지 않아도 된다는 말은 아니다.

ㄴ. A의 두 전제는 생물 다양성의 보존이 우리가 원하는 이익을 얻는 최선의 수단이라는 것, 생물 다양성을 보존이 이익을 얻기 위한 최선의 수단이라면 이를 위한 의무와 필요성이 있다는 것이다. B는 이 두 전제 중 '생물 다양성의 보존이 우리가 원하는 이익을 얻는 최선의 수단'이라는 것에 대해서만 비판을 하고 있는 것이기 때문에 반드시 참이 되지 않는다는 설명은 적절하지 않다.

지문요약

주제

_____을 위해 꼭 필요한 매체의 역할과 관점

내용요약

- _____ 정의의 매체
  - 어떤 작용을 다른 곳으로 _____ 역할을 하는 물체나 수단
  - _____ 활동이나 ___를 가능하게 하는 매개체
- 마셜 매클루언의 매체에 대한 관점
  - 기존 인식이 매체를 ___적으로 이해하는 것이라며 문제를 제기
  - 매체는 _____을 위해 꼭 필요한 조건
  - 직접적인 의미를 담는 매체: __과 __
  - 간접적인 의미를 담는 매체: 옷과 __, ___과 철학, ___와 음악
  - 매체에 의해 인간의 사고가 결정. ___ 체계가 바뀜. 인간관계와 사회 질서가 변화
  - 매체는 _____임

05 다음 글에 나타난 매클루언의 관점과 가장 거리가 먼 것은?

21 경찰 1차

사전적 정의에 의하면 '매체[media]'란 어떤 작용을 다른 곳으로 전하는 역할을 하는 물체나 수단이다. 이에 따르면 젓가락이 부딪치는 소리를 우리 귀에 전달하는 공기, 또 음성의 정체를 분석하도록 뇌에 전달하는 귀도 일종의 매체이다. 곧 매체란 우리의 감각적 활동이나 사고를 가능하게 하는 매개체라 할 수 있다. 그런데 매체학자인 마셜 매클루언(Marshall McLuhan, 1911~1980)은 매체에 대한 이러한 기존 인식이 매체를 피상적으로 이해하는 것이라며 문제를 제기했다. 그는 매체가 우리의 감각적 활동이나 사고 작용을 유발하는 의사소통을 하는 데 활용되기는 하지만, 단순히 의사소통에 사용되는 매개 도구가 아니라 의사소통을 위해 반드시 필요한 조건이라고 보았다. 따라서 그는 연설이나 편지처럼 직접적으로 의미를 담고 있는 말과 글뿐만 아니라 간접적으로 의미를 전달하는 데 활용되는 옷과 집, 과학과 철학, 회화와 음악 등도 매체가 될 수 있다고 보았다. 그리고 이런 매체에 의해 인간의 사고가 결정되고, 인식 체계가 바뀌며, 인간관계와 사회 질서까지 변화될 수 있다고 주장하였다. '매체는 메시지이다.'라는 그의 말에는 새로운 매체의 등장을 바라보는 관점이 잘 담겨 있다.

① 언어적 기호(記號)와 비언어적 기호(記號) 둘 다 매체다.
② 새로운 매체가 나타나면 사회가 변할 수 있다.
③ 매체는 매개체이고 의사소통에 사용되는 단순한 매개 수단이다.
④ 의미 전달에 활용된다면 기차도 매체라 할 수 있다.

05 다음 글에 나타난 매클루언의 관점과 가장 거리가 먼 것은?

21 경찰 1차

사전적 정의에 의하면 '매체[media]'란 어떤 작용을 다른 곳으로 전하는 역할을 하는 물체나 수단이다. 이에 따르면 젓가락이 부딪치는 소리를 우리 귀에 전달하는 공기, 또 음성의 정체를 분석하도록 뇌에 전달하는 귀도 일종의 매체이다. 곧 매체란 우리의 감각적 활동이나 사고를 가능하게 하는 매개체라 할 수 있다. 그런데 매체학자인 마셜 매클루언(Marshall McLuhan, 1911~1980)은 매체에 대한 이러한 기존 인식이 매체를 피상적으로 이해하는 것이라며 문제를 제기했다. 그는 ③매체가 우리의 감각적 활동이나 사고 작용을 유발하는 의사소통을 하는 데 활용되기는 하지만, 단순히 의사소통에 사용되는 매개 도구가 아니라 의사소통을 위해 반드시 필요한 조건이라고 보았다. 따라서 그는 ①④연설이나 편지처럼 직접적으로 의미를 담고 있는 말과 글뿐만 아니라 간접적으로 의미를 전달하는 데 활용되는 옷과 집, 과학과 철학, 회화와 음악 등도 매체가 될 수 있다고 보았다. 그리고 이런 ②매체에 의해 인간의 사고가 결정되고, 인식 체계가 바뀌며, 인간관계와 사회 질서까지 변화될 수 있다고 주장하였다. '매체는 메시지이다.'라는 그의 말에는 새로운 매체의 등장을 바라보는 관점이 잘 담겨 있다.

① 언어적 기호(記號)와 비언어적 기호(記號) 둘 다 매체다.
② 새로운 매체가 나타나면 사회가 변할 수 있다.
③ 매체는 매개체이고 의사소통에 사용되는 단순한 매개 수단이다.
④ 의미 전달에 활용된다면 기차도 매체라 할 수 있다.

주제

의사소통을 위해 꼭 필요한 매체의 역할과 관점

내용요약

- 사전적 정의의 매체
  - 어떤 작용을 다른 곳으로 전하는 역할을 하는 물체나 수단
  - 감각적 활동이나 사고를 가능하게 하는 매개체

- 마셜 매클루언의 매체에 대한 관점
  - 기존 인식이 매체를 피상적으로 이해하는 것이라며 문제를 제기
  - 매체는 의사소통을 위해 꼭 필요한 조건
  - 직접적인 의미를 담는 매체: 말과 글
  - 간접적인 의미를 담는 매체: 옷과 집, 과학과 철학, 회화와 음악
  - 매체에 의해 인간의 사고가 결정, 인식 체계가 바뀜, 인간관계와 사회 질서가 변화
  - 매체는 메시지임

정답 ③

매클루언은 매체가 단순한 의사소통의 매개체가 아니라 의사소통을 위해 반드시 필요한 조건이라고 보았고, '매체는 메시지'라고 언급하였다. ③의 매체에 대한 설명은 사전적 정의로 매체를 바라보는 관점이다.

오답분석

① 매클루언은 언어적 기호인 말과 글처럼 직접적으로 의미를 담고 있는 것과 비언어적 기호인 옷과 집, 과학과 철학, 회화와 음악 등과 같이 간접적으로 의미를 전달하는 것 모두 매체가 될 수 있다고 하였다.
② 매클루언은 매체에 의해 인간의 사고가 결정되고, 인식 체계가 바뀌며, 인간관계와 사회 질서까지 변화될 수 있다고 하였으므로, 새로운 매체가 나타나면 사회도 변할 수 있다는 내용은 매클루언의 관점과 일치한다.
④ 기차가 의미 전달에 활용된다면 간접적으로 의미를 전달하는 매개체가 되므로 매클루언의 관점에서 보았을 때 매체라고 할 수 있다.

지문요약

주제

정중하고 _____ 태도로 말하기

내용요약

- _____인 태도
  - ___이 일어날까 두려워 생각을 잘 표현하지 못함
  - 의견을 말하지 않는 한 원하는 것을 얻을 수 없음
- _____인 태도
  - 권리를 앞세워 남을 ___시킴
  - 사람들이 _____ 행동을 하곤 함
- 단호한 태도
  - 다른 사람의 ___를 침해하지 않으면서 자신의 ___를 존중하고 지킴
  - 상대방을 ___하는 태도를 보임
  - 상대방을 ___하면서도 자신의 의견을 내세울 수 있음
  - 명쾌하고 _____이며 ___을 찌르는 단호한 주장

통합형

01 글쓴이의 견해에 부합하는 대응으로 가장 적절한 것은?

21 지방직 9급

정중하고 단호한 태도를 보이는 것과 수동적이거나 공격적인 반응을 하는 것은 엄청난 차이가 있다. 수동적인 사람들은 마음속에 있는 자신의 생각을 표현하면 분란이 일어날까 봐 두려워한다. 그러나 자신의 의견을 말하지 않는 한 자신이 원하는 것을 얻을 수는 없다. 이와 반대로 공격적인 태도는 자신의 권리를 앞세워 생각해서 남을 희생시켜서라도 자신이 원하는 것을 얻으려는 것이다. 공격적인 사람은 사람들이 싫어하는 행동을 하곤 한다. 그러나 단호한 반응은 공격적인 반응과 다르다. 단호한 반응은 다른 사람의 권리를 침해하지 않으면서 자신의 권리를 존중하고 지키겠다는 것이다. 이것은 상대방을 배려하는 태도를 보여 준다. 상대방을 존중하면서도 얼마든지 자신의 의견을 내세울 수 있다. 단호한 주장은 명쾌하고 직접적이며 요점을 찌른다.

그럼 실제로 연습해 보자. 어느 흡연자가 당신의 차 안에서 담배를 피워도 되는지 묻는다. 당신은 담배 연기를 싫어하고 건강에 해롭다는 것도 잘 알고 있어 달갑지 않다. 어떻게 대응하는 것이 좋을까?

① 좀 그러긴 하지만, 괜찮아요. 창문 열고 피우세요.

② 안 되죠. 흡연이 얼마나 해로운데요. 좀 참아 보시겠어요.

③ 안 피우시면 좋겠어요. 연기가 해롭잖아요. 피우고 싶으시면 차를 세워 드릴게요.

④ 물어봐 줘서 고마워요. 피워도 그렇고 안 피워도 좀 그러네요. 생각해 보시고서 좋은 대로 결정하세요.

01 글쓴이의 견해에 부합하는 대응으로 가장 적절한 것은?

정중하고 단호한 태도를 보이는 것과 수동적이거나 공격적인 반응을 하는 것은 엄청난 차이가 있다. 수동적인 사람들은 마음속에 있는 자신의 생각을 표현하면 분란이 일어날까 봐 두려워한다. 그러나 자신의 의견을 말하지 않는 한 자신이 원하는 것을 얻을 수는 없다. 이와 반대로 공격적인 태도는 자신의 권리를 앞세워 생각해서 남을 희생시켜서라도 자신이 원하는 것을 얻으려는 것이다. 공격적인 사람은 사람들이 싫어하는 행동을 하곤 한다. 그러나 단호한 반응은 공격적인 반응과 다르다. 단호한 반응은 다른 사람의 권리를 침해하지 않으면서 자신의 권리를 존중하고 지키겠다는 것이다. 이것은 상대방을 배려하는 태도를 보여 준다. 상대방을 존중하면서도 얼마든지 자신의 의견을 내세울 수 있다. 단호한 주장은 명쾌하고 직접적이며 요점을 찌른다.

그럼 실제로 연습해 보자. 어느 흡연자가 당신의 차 안에서 담배를 피워도 되는지 묻는다. 당신은 담배 연기를 싫어하고 건강에 해롭다는 것도 잘 알고 있어 달갑지 않다. 어떻게 대응하는 것이 좋을까?

① 좀 그러긴 하지만, 괜찮아요. 창문 열고 피우세요.
② 안 되죠. 흡연이 얼마나 해로운데요. 좀 참아 보시겠어요.
③ 안 피우시면 좋겠어요. 연기가 해롭잖아요. 피우고 싶으시면 차를 세워 드릴게요.
④ 물어봐 줘서 고마워요. 피워도 그렇고 안 피워도 좀 그러네요. 생각해 보시고서 좋은 대로 결정하세요.

지문요약

주제
정중하고 단호한 태도로 말하기

내용요약

• **수동적인 태도**
 – 분란이 일어날까 두려워 생각을 잘 표현하지 못함
 – 의견을 말하지 않는 한 원하는 것을 얻을 수 없음

• **공격적인 태도**
 – 권리를 앞세워 남을 희생시킴
 – 사람들이 싫어하는 행동을 하곤 함

• **단호한 태도**
 – 다른 사람의 권리를 침해하지 않으면서 자신의 권리를 존중하고 지킴
 – 상대방을 배려하는 태도를 보임
 – 상대방을 존중하면서도 자신의 의견을 내세울 수 있음
 – 명쾌하고 직접적이며 요점을 찌르는 단호한 주장

정답 ③

지문에 따르면 가장 이상적인 대응은 정중하고 단호한 태도이다. 1문단에서 단호한 반응은 다른 사람의 권리를 침해하지 않으면서 자신의 권리를 존중하고 지키는 태도로 상대방을 배려하는 것이라 하였다. 또, 단호한 주장은 명쾌하고 직접적이며 요점을 찌른다고 하였다. 이를 바탕으로 2문단의 상황을 살펴보면 '나'는 담배 연기를 싫어하고 이것이 건강에 해롭다는 것을 알고 있으므로 '담배를 안 피우면 좋겠다'는 권리가 존중되어야 하고, 상대방의 담배를 피우고자 하는 권리를 침해하지 않으면서도 배려해야 한다. 따라서 가장 적절한 대응은 차 안에서는 피우지 않되 차 밖에서 피우도록 배려하는 것이다.

오답분석

① 상대방을 배려하는 태도는 맞지만, 나의 권리가 존중된 것이 아니므로 적절하지 않다.
② 상대방을 존중하고 배려하는 태도가 아니므로 적절하지 않다.
④ 소극적인 태도에 해당하고 자신의 주장을 명쾌하고 직접적으로 드러낸 것이 아니므로 적절하지 않다.

주제

도로 정체와 유사한 몸속 ＿＿＿ 정체

내용요약

• **의학적 추론의 ＿＿가 되는 도로 교통의 법칙**

  – (나) 휴가철 ＿＿＿와 같은 뇌-당김 장애: 뇌로 공급하는 ＿＿＿ 흐름에 정체가 생김

  – (가)·(라) 원인 규명을 위한 신체 기관의 탐색: 정체 원인이 ＿에 있음을 알게 됨

  – (다) 뇌에서의 에너지 정체: 에너지는 ＿로 향하므로 정체가 생기면 뇌에서부터 시작임

02 (가)~(라)를 논리적 순서에 맞게 나열한 것은?

20 국회직 8급

> 도로 교통에서는 자명한 법칙인 것이 의학에서는 반드시 동일하지는 않지만 추론의 단초가 되었다.
>
> (가) 의학은 이런 현상의 원인을 규명하려 애쓰면서 오랫동안 별로 가망 없는 곳들을 탐색했다.
>
> (나) 흥미롭게도 몸속에서 벌어지는 몇몇 상황은 휴가철에 고속도로에서 일어나는 일에 빗댈 만하다. 뇌-당김에 장애가 생기면, 곧바로 뇌로 공급하는 포도당의 흐름이 정체된다.
>
> (다) 에너지는 휴가철에 바다로 향하는 차량 행렬처럼 뇌로 향한다. 정체가 생긴다면, 그것은 뇌에서 일어나 몸으로 확산된다.
>
> (라) 지방 세포, 근육 세포, 췌장, 간 등을 살펴본 것이다. 그러나 정체의 원인은 항상 앞에 있다는 원리를 받아들인다면, 가능한 대답은 단 하나, 그 원인은 뇌에 있다는 것이다.

① (가) – (나) – (다) – (라)

② (가) – (다) – (나) – (라)

③ (나) – (가) – (라) – (다)

④ (나) – (다) – (라) – (가)

⑤ (다) – (나) – (라) – (가)

02 (가)~(라)를 논리적 순서에 맞게 나열한 것은?

> 도로 교통에서는 자명한 법칙인 것이 의학에서는 반드시 동일하지는 않지만 추론의 단초가 되었다.
>
> (가) 의학은 이런 현상의 원인을 규명하려 애쓰면서 오랫동안 별로 가망 없는 곳들을 탐색했다.
>
> (나) 흥미롭게도 몸속에서 벌어지는 몇몇 상황은 휴가철에 고속도로에서 일어나는 일에 빗댈 만하다. 뇌-당김에 장애가 생기면, 곧바로 뇌로 공급하는 포도당의 흐름이 정체된다.
>
> (다) 에너지는 휴가철에 바다로 향하는 차량 행렬처럼 뇌로 향한다. 정체가 생긴다면, 그것은 뇌에서 일어나 몸으로 확산된다.
>
> (라) 지방 세포, 근육 세포, 췌장, 간 등을 살펴본 것이다. 그러나 정체의 원인은 항상 앞에 있다는 원리를 받아들인다면, 가능한 대답은 단 하나, 그 원인은 뇌에 있다는 것이다.

① (가) – (나) – (다) – (라)

② (가) – (다) – (나) – (라)

③ (나) – (가) – (라) – (다)

④ (나) – (다) – (라) – (가)

⑤ (다) – (나) – (라) – (가)

---- 지문요약 ----

주제

도로 정체와 유사한 몸속 에너지 정체

내용요약

· 의학적 추론의 단초가 되는 도로 교통의 법칙

  – (나) 휴가철 고속도로와 같은 뇌-당김 장애: 뇌로 공급하는 포도당 흐름에 정체가 생김

  – (가)·(라) 원인 규명을 위한 신체 기관의 탐색: 정체 원인이 뇌에 있음을 알게 됨

  – (다) 뇌에서의 에너지 정체: 에너지는 뇌로 향하므로 정체가 생기면 뇌에서부터 시작임

정답　③

지문에서는 몸 속 에너지 흐름의 정체를 휴가철 고속도로의 정체 현상에 빗대어 추론하고 있다. 도로 교통에서 정체가 시작될 때 원인이 명확한 것처럼 의학에서도 뇌-당김 장애가 포도당 흐름의 정체 원인이 됨을 추론하여 설명하는 것이다.

먼저 도로 교통에서의 자명한 법칙(도로 정체)이 의학에서도 적용될 수 있음을 언급하며, 뇌-당김 장애로 인한 포도당 흐름의 정체를 휴가철 고속도로의 정체에 빗대어 표현하고 있다**(나)**. 이 포도당 흐름의 정체 원인을 규명하려 오랫동안 탐색을 했는데**(가)**, 교통 상황에서 정체 원인이 항상 앞에 있다는 원리를 적용해 추론해 보면, 신체 기관이나 조직에서의 포도당 흐름의 정체 원인은 결국 뇌에 있다는 것이다**(라)**. 다시 말해, 포도당 흐름의 정체는 뇌에서 일어나 몸으로 확산된다는 것이다**(다)**. 따라서 가장 적절한 배열 순서는 (나) – (가) – (라) – (다)임을 확인할 수 있다.

_____의 민족 역사적 가치

내용요약
• 문화재의 의미
 – 민족 역사의 ___
 – 누적된 민족사의 ___로서 이뤄진 __의
  상징
 – 살아 있는 민족적 ___
• 국보 문화재의 가치
 – 우리 민족의 ___과 ___의 결정
 – ___의 보
 – 민족을 ___하는 정신적 유대로서 민족
  의 __의 원천
 – 과거 문화의 _____을 나타냄

글의 흐름 파악하기

03 ㉠에 들어갈 말로 가장 적절한 것은?

21 국가직 9급

> 한 민족이 지닌 문화재는 그 민족 역사의 누적일 뿐 아니라 그 누적된 민족사의 정수로서 이루어진 혼의 상징이니, 진실로 살아 있는 민족적 신상(神像)은 이를 두고 달리 없을 것이다. 더구나 국보로 선정된 문화재는 우리 민족의 성력(誠力)과 정혼(精魂)의 결정으로 그 우수한 질과 희귀한 양에서 무비(無比)의 보(寶)가 된 자이다. 그러므로 국보 문화재는 곧 민족 전체의 것이요, 민족을 결속하는 정신적 유대로서 민족의 힘의 원천이라 할 것이다. 로마는 하루아침에 만들어지지 않는다는 말도 그 과거 문화의 존귀함을 말하는 것이요, (㉠)는 말도 국보 문화재가 얼마나 힘 있는가를 밝힌 예증이 된다.

① 구르는 돌에는 이끼가 끼지 않는다
② 지식은 나눌 수 있지만 지혜는 나눌 수 없다
③ 사람은 겪어 보아야 알고 물은 건너 보아야 안다
④ 그 무엇을 내놓는다고 해도 셰익스피어와는 바꾸지 않는다

03 ⑤에 들어갈 말로 가장 적절한 것은?

21 국가직 9급

> 한 민족이 지닌 문화재는 그 민족 역사의 누적일 뿐 아니라 그 누적된 민족사의 정수로서 이루어진 혼의 상징이니, 진실로 살아 있는 민족적 신상(神像)은 이를 두고 달리 없을 것이다. 더구나 국보로 선정된 문화재는 우리 민족의 성력(誠力)과 정혼(精魂)의 결정으로 그 우수한 질과 희귀한 양에서 무비(無比)의 보(寶)가 된 자이다. 그러므로 ④국보 문화재는 곧 민족 전체의 것이요, 민족을 결속하는 정신적 유대로서 민족의 힘의 원천이라 할 것이다. 로마는 하루아침에 만들어지지 않는다는 말도 그 과거 문화의 존귀함을 말하는 것이요, (⑤)는 말도 ④국보 문화재가 얼마나 힘 있는가를 밝힌 예증이 된다.

① 구르는 돌에는 이끼가 끼지 않는다
② 지식은 나눌 수 있지만 지혜는 나눌 수 없다
③ 사람은 겪어 보아야 알고 물은 건너 보아야 안다
④ 그 무엇을 내놓는다고 해도 셰익스피어와는 바꾸지 않는다

지문요약

주제
문화재의 민족 역사적 가치

내용요약
- **문화재의 의미**
  - 민족 역사의 누적
  - 누적된 민족사의 정수로서 이뤄진 혼의 상징
  - 살아 있는 민족적 신상
- **국보 문화재의 가치**
  - 우리 민족의 성력과 정혼의 결정
  - 무비의 보
  - 민족을 결속하는 정신적 유대로서 민족의 힘의 원천
  - 과거 문화의 존귀함을 나타냄

정답 ④

지문에서 문화재는 역사적으로 가치 있고 상징적이며, 특히 국보 문화재의 경우 '우리 민족의 성력과 정혼의 결정으로 그 우수한 질과 희귀한 양에서 무비의 보가 된 자'라고 설명하고 있다. ④의 셰익스피어는 영국의 가장 대표하는 문학 작가로 '셰익스피어는 인도와도 바꾸지 않는다'는 표현이 있을 만큼 영국 사람들이 아끼고 사랑하며 예찬하는 존재이다. 따라서 그만큼 귀하다는 의미이므로 ⑤에 들어갈 말로 적절하다.

오답분석

① 부지런히 노력하는 사람은 도태되지 않고 계속 발전해 나간다는 뜻이므로 적절하지 않다.
② 지식은 책이나 사람을 통해 배울 수 있지만, 지혜는 삶 속에서 체득하는 것이므로 다른 사람에게 말로 가르칠 수도, 배울 수도 없다는 뜻이므로 적절하지 않다.
③ 사람은 겉으로 봐서는 알 수 없고 오래 겪어봐야 그 마음을 알 수 있다는 뜻이므로 적절하지 않다.

주제

유럽 문학의 ___ 흐름에 따른 변화

내용요약

• **고전 문학**

  – ___의 규범

  – ___ 중심 유럽 문화의 모범으로 여겨짐

  – 문학을 현실의 ___으로 인식

• **낭만주의 시기**

  – 고대 ___들에 대한 재발견

  – 교회로부터의 ___적 해방

  – ___년대에 시작됨

  – 신흥 _____이 기존 전통 시학을 거부

  – ___에 따른 문체 _____를 인정하지 않음

글의 흐름 파악하기

04 다음 문장이 들어가기에 가장 적절한 곳을 ㉠~㉣에서 고르면?   22 국가직 9급

> 신분에 따라 문체를 고착화하는 것을 인정하지 않았던 것이다.

유럽이 교회로부터 정신적으로 해방된 것은 그리스와 로마의 고대 작가들에 대한 재발견을 통해서였다. ㉠ 그 이후 고대 작가들의 문체는 귀족 중심의 유럽 문화에서 모범으로 여겨졌다. ㉡ 이러한 상황은 대략 1770년대에 시작되는 낭만주의에서부터 변화하기 시작했다. ㉢ 이 낭만주의 시기에 평등과 민주주의를 꿈꿨던 신흥 시민계급은 문학에서 운문과 영웅적 운명을 귀족에게만 전속시키고 하층민에게는 산문과 우스꽝스러운 상황을 배정하는 전통 시학을 거부했다. ㉣ 고전 문학은 더 이상 문학의 규범이 아니었으며, 문학을 현실의 모방으로 인식하는 태도도 포기되었다.

① ㉠

② ㉡

③ ㉢

④ ㉣

04 다음 문장이 들어가기에 가장 적절한 곳을 ⑦~⑩에서 고르면?

22 국가직 9급

신분에 따라 문체를 고착화하는 것을 인정하지 않았던 것이다.

유럽이 교회로부터 정신적으로 해방된 것은 그리스와 로마의 고대 작가들에 대한 재발견을 통해서였다. ⑦ 그 이후 고대 작가들의 문체는 귀족 중심의 유럽 문화에서 모범으로 여겨졌다. ⑥ 이러한 상황은 대략 1770년대에 시작되는 낭만주의에서부터 변화하기 시작했다. ⑥ 이 낭만주의 시기에 ⑩평등과 민주주의를 꿈꿨던 신흥 시민계급은 문학에서 운문과 영웅적 운명을 귀족에게만 전속시키고 하층민에게는 산문과 우스꽝스러운 상황을 배정하는 전통 시학을 거부했다. ⑩ 고전 문학은 더 이상 문학의 규범이 아니었으며, 문학을 현실의 모방으로 인식하는 태도도 포기되었다.

① ⑦

② ⑥

③ ⑥

④ ⑩

정답 ④

지문에서는 유럽의 고전 문학 시대와 낭만주의 이후의 문학에 대해 다루고 있다. 낭만주의 이전 문학은 전통적인 고전 문학 시대로 귀족 중심의 현실 모방 문학이었다. 하지만 낭만주의가 등장한 이후에는 평등과 민주주의를 꿈꿨던 신흥 시민계급이 귀족 중심의 문학을 거부함으로써 새로운 문학으로 변화하기 시작했다. 따라서 삽입될 문장의 앞부분에는 고전 문학에서 귀족들이 중심이 되었던 상황을 거부하는 내용이 오고, 뒷부분에는 새로운 문학에 대한 서술이 이어져야 하므로 ⑩에 들어가는 것이 가장 적절하다.

주제

유럽 문학의 시대 흐름에 따른 변화

내용요약

• **고전 문학**

– 문학의 규범

– 귀족 중심 유럽 문화의 모범으로 여겨짐

– 문학을 현실의 모방으로 인식

• **낭만주의 시기**

– 고대 작가들에 대한 재발견

– 교회로부터의 정신적 해방

– 1770년대에 시작됨

– 신흥 시민계급이 기존 전통 시학을 거부

– 신분에 따른 문체 고착화를 인정하지 않음

지문요약

주제

질병의 발병 ____과 질병의 치료

내용요약

· **질병 발병 요인**

－ 비위생적인 환경, 미흡한 _____, 비만, 허약 체질 등의 ____인 요인으로 병에 걸린다고 생각하는 경향이 강함

－ ____이나 ____ 등의 사회적 요인과도 관련될 수 있음

· **질병의 치료**

－ 질병으로 인한 고통, 치료에 대한 부담, 질병에 대한 사회적 ____과 ____ 등 개인적 요인을 고려해야 함

－ 나의 질병이 나와 ____, 회사와 _____에도 긴장을 조성하기 때문에 치료는 _____ 영역과 관련될 수밖에 없으므로, 사회적 요인도 고려해야 함

05 다음 글의 논지로 가장 적절한 것은?

사람들은 보통 질병이라고 하면 병균이나 바이러스를 떠올리고, 병에 걸리는 것은 개인적 요인 때문이라고 생각하곤 한다. 어떤 사람이 바이러스에 노출되었다면 그 사람이 평소에 위생 관리를 철저히 하지 않았기 때문이라고 여기는 것이다. 이는 발병 책임을 전적으로 질병에 걸린 사람에게 묻는 생각이다. 꾸준히 건강을 관리하지 않은 사람이나 비만, 허약 체질인 사람이 더 쉽게 병균에 노출된다고 생각하는 경향도 강하다. 그러나 발병한 사람들 전체를 고려하면, 성별, 계층, 직업 등의 사회적 요인에 따라 건강 상태나 질병 종류 및 그 심각성 등이 다르게 나타난다. 따라서 어떤 질병의 성격을 파악할 때 질병의 발생이 개인적 요인뿐만 아니라 계층이나 직업 등의 요인과도 관련될 수 있음을 고려해야 한다.

질병에 대처할 때도 사회적 요인을 고려해야 한다. 물론 어떤 사람들에게는 질병으로 인한 고통과 치료에 대한 부담이 가장 심각한 문제일 수 있다. 그러나 또 다른 사람들에게는 질병에 대한 사회적 편견과 낙인이 오히려 더 심각한 문제일 수 있다. 그들에게는 그러한 편견과 낙인이 더 큰 고통을 안겨 주기 때문이다. 질병이 나타나는 몸은 개인적 영역이면서 동시에 가족이나 직장과도 연결된 사회적인 것이다. 질병의 치료 역시 개인의 문제만으로 그치지 않고 가족과 사회의 문제로 확대되곤 한다. 나의 질병은 내 삶의 위기이자 가족의 근심거리가 되며 나아가 회사와 지역사회에도 긴장을 조성하기 때문이다. 요컨대 질병의 치료가 개인적 영역을 넘어서서 사회적 영역과 관련될 수밖에 없다는 것은 질병의 대처 과정에서 사회적 요인을 반드시 고려해야 한다는 점을 잘 보여준다.

① 병균이나 바이러스로 인한 신체적 이상 증상은 가정이나 지역사회에 위기를 야기할 수 있기에 중요한 사회적 문제이다.

② 한 사람의 몸은 개인적 영역인 동시에 사회적 영역이기에 발병의 책임을 질병에 걸린 사람에게만 묻는 것은 옳지 않다.

③ 질병으로 인한 신체적 고통보다 질병에 대한 사회적 편견으로 인한 고통이 더 크므로 이에 대한 사회적 대책이 필요하다.

④ 질병의 성격을 파악하고 질병에 대처하기 위해서는 사회적인 측면을 고려해야 한다.

⑤ 질병의 치료를 위해서는 개인적 차원보다 사회적 차원의 노력이 더 중요하다.

05 다음 글의 논지로 가장 적절한 것은?

20 국가직 7급 언어논리(모의)

사람들은 보통 질병이라고 하면 병균이나 바이러스를 떠올리고, 병에 걸리는 것은 개인적 요인 때문이라고 생각하곤 한다. 어떤 사람이 바이러스에 노출되었다면 그 사람이 평소에 위생 관리를 철저히 하지 않았기 때문이라고 여기는 것이다. 이는 발병 책임을 전적으로 질병에 걸린 사람에게 묻는 생각이다. 꾸준히 건강을 관리하지 않은 사람이나 비만, 허약 체질인 사람이 더 쉽게 병균에 노출된다고 생각하는 경향도 강하다. 그러나 발병한 사람들 전체를 고려하면, 성별, 계층, 직업 등의 사회적 요인에 따라 건강 상태나 질병 종류 및 그 심각성 등이 다르게 나타난다. 따라서 ②어떤 질병의 성격을 파악할 때 질병의 발생이 개인적 요인뿐만 아니라 계층이나 직업 등의 요인과도 관련될 수 있음을 고려해야 한다.

질병에 대처할 때도 사회적 요인을 고려해야 한다. 물론 ③어떤 사람들에게는 질병으로 인한 고통과 치료에 대한 부담이 가장 심각한 문제일 수 있다. 그러나 또 다른 사람들에게는 질병에 대한 사회적 편견과 낙인이 오히려 더 심각한 문제일 수 있다. 그들에게는 그러한 편견과 낙인이 더 큰 고통을 안겨 주기 때문이다. 질병이 나타나는 몸은 개인적 영역이면서 동시에 가족이나 직장과도 연결된 사회적인 것이다. ⑤질병의 치료 역시 개인의 문제만으로 그치지 않고 가족과 사회의 문제로 확대되곤 한다. ①④나의 질병은 내 삶의 위기이자 가족의 근심거리가 되며 나아가 회사와 지역사회에도 긴장을 조성하기 때문이다. 요컨대 질병의 치료가 개인적 영역을 넘어서서 사회적 영역과 관련될 수밖에 없다는 것은 질병의 대처 과정에서 사회적 요인을 반드시 고려해야 한다는 점을 잘 보여준다.

① 병균이나 바이러스로 인한 신체적 이상 증상은 가정이나 지역사회에 위기를 야기할 수 있기에 중요한 사회적 문제이다.
② 한 사람의 몸은 개인적 영역인 동시에 사회적 영역이기에 발병의 책임을 질병에 걸린 사람에게만 묻는 것은 옳지 않다.
③ 질병으로 인한 신체적 고통보다 질병에 대한 사회적 편견으로 인한 고통이 더 크므로 이에 대한 사회적 대책이 필요하다.
④ 질병의 성격을 파악하고 질병에 대처하기 위해서는 사회적인 측면을 고려해야 한다.
⑤ 질병의 치료를 위해서는 개인적 차원보다 사회적 차원의 노력이 더 중요하다.

지문요약

주제
질병의 발병 요인과 질병의 치료

내용요약
• 질병 발병 요인
  – 비위생적인 환경, 미흡한 건강 관리, 비만, 허약 체질 등의 개인적인 요인으로 병에 걸린다고 생각하는 경향이 강함
  – 계층이나 직업 등의 사회적 요인과도 관련될 수 있음
• 질병의 치료
  – 질병으로 인한 고통, 치료에 대한 부담, 질병에 대한 사회적 편견과 낙인 등 개인적 요인을 고려해야 함
  – 나의 질병이 나와 가족, 회사와 지역 사회에도 긴장을 조성하기 때문에 치료는 사회적 영역과 관련될 수밖에 없으므로, 사회적 요인도 고려해야 함

정답 ④

2문단에서 나의 질병은 내 삶의 위기이자 가족의 근심거리가 되며 나아가 회사와 지역사회에도 긴장을 조성하기 때문에 질병의 대처 과정에서 사회적 요인을 반드시 고려해야 한다고 하였다.

오답분석
① 2문단에서 질병은 내 삶의 위기이자 가정이나 회사, 지역 사회에도 긴장을 조성한다고 하였다. 이로 보아 질병은 사회적 문제이기도 하지만 개인적인 문제이기도 하다는 것을 알 수 있다.
② 1문단 마지막 문장에서 질병의 발생이 개인적 요인뿐만 아니라 사회적 요인과도 관련될 수 있음을 고려해야 한다고 말하고 있다. 하지만 그 이유가 '한 사람의 몸은 개인적 영역인 동시에 사회적 영역'이기 때문은 아니다.
③ 2문단에서 어떤 사람들에게는 질병으로 인한 신체적 고통과 치료에 대한 부담이 가장 심각한 문제일 수 있다고 하였다.
⑤ 질병의 치료를 위해서는 개인적인 영역도 고려해야 한다.

DAY 08

주제

___의 의미가 ___하는 양상

내용요약

• _____ 관계의 두 단어 중 한쪽이 다른 한쪽의 의미를 포함하게 된 경우
• 언어 표현은 그대로인데 ___의 ___에 따라 지시 대상이 바뀌는 경우
• _____ 영역에서 사용되던 말이 _____되면서 단어의 의미가 변하는 경우
• ___적인 이유로 특정 표현을 피하며 대신하는 단어의 의미에 변화가 생긴 경우

통합형

01 ㉠~㉣의 사례로 적절하지 않은 것은?

22 국가직 9급

　　단어의 의미가 변화하는 양상은 다양하다. 첫째, "아침 먹고 또 공부하자."에서 '아침'은 본래의 의미인 '하루 중의 이른 시간'을 가리키지 않고 '아침에 먹는 밥'이라는 의미로 쓰인다. '밥'의 의미가 '아침'에 포함되어서 '아침'만으로도 '아침밥'의 의미를 표현하게 된 것으로, ㉠ 두 개의 단어가 긴밀한 관계여서 한쪽이 다른 한쪽의 의미까지 포함하는 의미로 변화하게 된 경우이다. 둘째, '바가지'는 원래 박의 껍데기를 반으로 갈라 썼던 물건을 가리켰는데, 오늘날에는 흔히 플라스틱 바가지를 가리킨다. 이것은 ㉡ 언어 표현은 그대로인데 시대의 변화에 따라 지시 대상 자체가 바뀌어서 의미 변화가 발생한 경우이다. 셋째, '묘수'는 본래 바둑에서 만들어진 용어이지만 일상적인 언어생활에서도 '쉽게 생각해 내기 어려운 좋은 방안'이라는 의미로 사용된다. 이는 ㉢ 특수한 영역에서 사용되던 말이 일반화되면서 단어의 의미가 변화한 경우에 해당한다. 넷째, 호랑이를 두려워하던 시절에 사람들은 '호랑이'라는 이름을 직접 부르기 꺼려서 '산신령'이라고 부르기도 했는데, 이는 ㉣ 심리적인 이유로 특정 표현을 피하려다 보니 그것을 대신하는 단어의 의미에 변화가 생긴 경우이다.

① ㉠: '아이들의 코 묻은 돈'에서 '코'는 '콧물'의 의미로 쓰인다.
② ㉡: '수세미'는 원래 식물의 이름이었지만 오늘날에는 '그릇을 씻는 데 쓰는 물건'이라는 의미로 쓰인다.
③ ㉢: '배꼽'은 일반적으로 '탯줄이 떨어지면서 배의 한가운데에 생긴 자리'를 가리키지만 바둑에서는 '바둑판의 한가운데'라는 의미로 쓰인다.
④ ㉣: 무서운 전염병인 '천연두'를 꺼려서 '손님'이라고 불렀다.

01 ㉠~㉣의 사례로 적절하지 않은 것은?

22 국가직 9급

단어의 의미가 변화하는 양상은 다양하다. 첫째, "아침 먹고 또 공부하자."에서 '아침'은 본래의 의미인 '하루 중의 이른 시간'을 가리키지 않고 '아침에 먹는 밥'이라는 의미로 쓰인다. '밥'의 의미가 '아침'에 포함되어서 '아침'만으로도 '아침밥'의 의미를 표현하게 된 것으로, ㉠ 두 개의 단어가 긴밀한 관계여서 한쪽이 다른 한쪽의 의미까지 포함하는 의미로 변화하게 된 경우이다. 둘째, '바가지'는 원래 박의 껍데기를 반으로 갈라 썼던 물건을 가리켰는데, 오늘날에는 흔히 플라스틱 바가지를 가리킨다. 이것은 ㉡ 언어 표현은 그대로인데 시대의 변화에 따라 지시 대상 자체가 바뀌어서 의미 변화가 발생한 경우이다. 셋째, '묘수'는 본래 바둑에서 만들어진 용어이지만 일상적인 언어생활에서도 '쉽게 생각해 내기 어려운 좋은 방안'이라는 의미로 사용된다. 이는 ㉢ 특수한 영역에서 사용되던 말이 일반화되면서 단어의 의미가 변화한 경우에 해당한다. 넷째, 호랑이를 두려워하던 시절에 사람들은 '호랑이'라는 이름을 직접 부르기 꺼려서 '산신령'이라고 부르기도 했는데, 이는 ㉣ 심리적인 이유로 특정 표현을 피하려다 보니 그것을 대신하는 단어의 의미에 변화가 생긴 경우이다.

① ㉠: '아이들의 코 묻은 돈'에서 '코'는 '콧물'의 의미로 쓰인다.

② ㉡: '수세미'는 원래 식물의 이름이었지만 오늘날에는 '그릇을 씻는 데 쓰는 물건'이라는 의미로 쓰인다.

③ ㉢: '배꼽'은 일반적으로 '탯줄이 떨어지면서 배의 한가운데에 생긴 자리'를 가리키지만 바둑에서는 '바둑판의 한가운데'라는 의미로 쓰인다.

④ ㉣: 무서운 전염병인 '천연두'를 꺼려서 '손님'이라고 불렀다.

지문요약

주제

단어의 의미가 변화하는 양상

내용요약

• 긴밀한 관계의 두 단어 중 한쪽이 다른 한쪽의 의미를 포함하게 된 경우

• 언어 표현은 그대로인데 시대의 변화에 따라 지시 대상이 바뀌는 경우

• 특수한 영역에서 사용되던 말이 일반화되면서 단어의 의미가 변하는 경우

• 심리적인 이유로 특정 표현을 피하며 대신하는 단어의 의미에 변화가 생긴 경우

정답 ③

'배꼽'은 일반적으로 '탯줄이 떨어지면서 배의 한가운데에 생긴 자리'를 가리키지만 바둑에서 '배꼽'이 '바둑판의 한가운데'라는 의미로 쓰인 것은 특수한 영역에서 사용된 경우라 할 수 있다. 따라서 ③은 일반적인 의미를 지닌 단어가 특수한 영역에서 사용되면서 의미가 변화한 경우라고 볼 수 있으므로 적절하지 않다.

오답분석

① '코'의 사전적인 의미는 '포유류의 얼굴 중앙에 튀어나온 부분' 혹은 '호흡을 하며 냄새를 맡는 구실을 하고 발성을 돕는 신체 기관'이다. ①의 '코'는 '콧물'로 '코에서 나온 액체'를 의미한다. 따라서 ㉠의 예시로 적절하다.

② '수세미'는 설거지에 쓰는 물건을 만드는 재료를 의미했지만 현재는 설거지에 쓰는 물건 자체를 의미하므로 ㉡의 예시로 적절하다.

④ '천연두'는 전염성이 강하고 사망률도 높은 질병이었기 때문에 심리적 두려움으로 완곡하게 '손님'이라 표현한 것이므로 ㉣의 예시로 적절하다.

세부 내용 파악하기

지문요약

주제

___ 건축의 특징과 ___ 건축의 역할

내용요약

• **사적 건축**

 – 사적인 필요로 지어짐

 – 사적 ___이 생산

 – 개인의 ___이 반영

• **공적 건축**

 – ___인 필요로 지어짐

 – 정부나 지방자치단체가 주도

 – _____ 영역을 보살피는 공적인 영역

 – 국민의 삶의 _을 높이는 데 기여

 – _____을 갖추어야 함

 – 지역적 _____과 _____ 전통을 보존해 야 함

 – 공적인 ___의 장이 되어야 함

02 다음 글의 내용과 부합하는 것은?

22 지방직 7급

> 사적인 필요가 사적 건축을 낳는다면, 공적인 필요는 다수를 위한 공공 건축을 낳는다. 공공 건축은 정부나 지방자치단체가 주도하면서 사적 자본이 생산해 낼 수 없는 공간을 생산해 내어야 한다. 이곳은 자본의 논리에서 소외된 영역을 보살피는 공적인 영역이다. 따라서 공공 건축은 국민의 삶의 질을 한 단계 높이는 데 기여할 수 있어야 한다. 그리고 특정 개인의 취향이 반영된 것이 아니라 보다 큰 다수가 누릴 수 있는 것을 배려하는 보편성을 갖추어야 한다. 그러면서도 사적 건축으로는 하기 어려운 지역의 정체성과 문화적 전통도 보존해야 한다. 이렇게 공공 건축은 공적인 소통의 장이 되어야 하는 것이다.

① 사적 건축은 국민의 삶의 질을 높이는 역할을 해야 한다.

② 사적 건축은 국민 다수의 보편적인 취향을 반영해야 한다.

③ 공공 건축은 지역의 정체성을 반영한 소통의 장이 되어야 한다.

④ 공공 건축은 사적 자본을 활용하여 다수가 누릴 수 있는 공간을 만들어야 한다.

02 다음 글의 내용과 부합하는 것은?

22 지방직 7급

사적인 필요가 사적 건축을 낳는다면, 공적인 필요는 다수를 위한 공공 건축을 낳는다. ④공공 건축은 정부나 지방자치단체가 주도하면서 사적 자본이 생산해 낼 수 없는 공간을 생산해 내어야 한다. 이곳은 자본의 논리에서 소외된 영역을 보살피는 공적인 영역이다. 따라서 ①공공 건축은 국민의 삶의 질을 한 단계 높이는 데 기여할 수 있어야 한다. 그리고 ②④특정 개인의 취향이 반영된 것이 아니라 보다 큰 다수가 누릴 수 있는 것을 배려하는 보편성을 갖추어야 한다. 그러면서도 ③사적 건축으로는 하기 어려운 지역의 정체성과 문화적 전통도 보존해야 한다. ③이렇게 공공 건축은 공적인 소통의 장이 되어야 하는 것이다.

① 사적 건축은 국민의 삶의 질을 높이는 역할을 해야 한다.
② 사적 건축은 국민 다수의 보편적인 취향을 반영해야 한다.
③ 공공 건축은 지역의 정체성을 반영한 소통의 장이 되어야 한다.
④ 공공 건축은 사적 자본을 활용하여 다수가 누릴 수 있는 공간을 만들어야 한다.

지문요약

주제
사적 건축의 특징과 공공 건축의 역할

내용요약
- **사적 건축**
  - 사적인 필요로 지어짐
  - 사적 자본이 생산
  - 개인의 취향이 반영
- **공적 건축**
  - 공적인 필요로 지어짐
  - 정부나 지방자치단체가 주도
  - 소외된 영역을 보살피는 공적인 영역
  - 국민의 삶의 질을 높이는 데 기여
  - 보편성을 갖추어야 함
  - 지역적 정체성과 문화적 전통을 보존해야 함
  - 공적인 소통의 장이 되어야 함

정답 ③

공공 건축은 공적인 필요에 의해 정부나 지방자치단체가 주도하는 것이다. 보편성을 갖추면서도 사적 건축으로는 하기 어려운 지역의 정체성과 문화적 전통도 보존하는 소통의 장이 되어야 한다고 지문에서 언급하고 있다.

오답분석

① 국민의 삶의 질을 높이는 역할을 하는 것은 공공 건축이다.
② 특정 개인의 취향이 반영된 것이 아니라 보다 큰 다수가 누릴 수 있는 것을 배려하는 보편성을 갖추어야 하는 것은 공공 건축이다.
④ 공공 건축은 사적 자본이 생산해 낼 수 없는 공간을 생산하고 다수가 누릴 수 있는 것을 배려해야 하므로 정부나 지방자치단체가 주도해야 한다.

지문요약

주제
- (가): __처럼 귀한 __
- (나): 진정한 _____을 지닌 느림

내용요약
- (가): 설명하는 글
  - 돈처럼 소중한 물
  - 물이 귀한 제주도: 잔칫집 초대 ___로 물을 담은 _____를 가져감
  - 비를 모은 항아리에 _____를 넣어 물이 상하지 않게 함
- (나): 주장하는 글
  - 설 자리를 잃어가는 ___ 존재들: 변화에 민첩하게 대응하지 못하면 ___되고 ___됨
  - 단기 승부의 순발력은 ___가 있음: 급속하게 추진하다 예정보다 2년 늦게 개통된 _____
  - _____ 경쟁력은 ___을 다지는 ___에서 나옴

03 다음 글의 독법으로 가장 적절하지 않은 것은?

21 경찰 1차

(가) 우리나라에서는 역사적으로 물을 돈처럼 아주 소중하게 여겼다. 예로부터 물이 매우 귀했던 제주도에서는 잔칫집에 초대받아 갈 때 선물로 물을 가득 담은 항아리를 가져가곤 했다. 물이 곧 돈이나 과일 같은 값진 선물이었던 셈이다.

제주도에서는 비가 올 때 나무를 타고 새끼줄을 따라 흘러들어 온 빗물을 항아리에 모은 후 식수로 사용하곤 했다. 여름철에는 그 항아리 물이 상하지 않게 하기 위해 개구리를 거기에 넣어 기르는 집도 있었다고 한다.

(나) 느린 존재들은 점점 설 자리를 잃는 듯하다. 세상의 변화에 민첩하게 대응하지 못하는 사람들은 도태되고 낙오된다. 그러나 단기 승부의 순발력은 곳곳에서 한계를 드러내고 있다. 2002년 월드컵에 맞춰 완공하는 것을 목표로 급속하게 추진했던 고속철도가 예정보다 2년이나 늦게 개통된 것은 아이러니가 아닐 수 없다. 진정한 경쟁력은 오히려 주변을 찬찬히 살펴보면서 내실을 다지는 깊이에서 나온다.

① (가)와 (나) 모두 우선 사실적 독해를 기본으로 한다.
② (가)의 두 문단은 '주지-부연'의 관계로 읽어야 한다.
③ (가)는 이해 위주의 읽기로 충분할 수 있다.
④ (나)는 비판적으로 읽어야 하기에 공감은 피해야 한다.

03 다음 글의 독법으로 가장 적절하지 않은 것은?

21 경찰 1차

> (가) 우리나라에서는 역사적으로 물을 돈처럼 아주 소중하게 여겼다. 예로부터 물이 매우 귀했던 제주도에서는 잔칫집에 초대받아 갈 때 선물로 물을 가득 담은 항아리를 가져가곤 했다. 물이 곧 돈이나 과일 같은 값진 선물이었던 셈이다. 제주도에서는 비가 올 때 나무를 타고 새끼줄을 따라 흘러들어 온 빗물을 항아리에 모은 후 식수로 사용하곤 했다. 여름철에는 그 항아리 물이 상하지 않게 하기 위해 개구리를 거기에 넣어 기르는 집도 있었다고 한다.
>
> (나) 느린 존재들은 점점 설 자리를 잃는 듯하다. 세상의 변화에 민첩하게 대응하지 못하는 사람들은 도태되고 낙오된다. 그러나 단기 승부의 순발력은 곳곳에서 한계를 드러내고 있다. 2002년 월드컵에 맞춰 완공하는 것을 목표로 급속하게 추진했던 고속철도가 예정보다 2년이나 늦게 개통된 것은 아이러니가 아닐 수 없다. 진정한 경쟁력은 오히려 주변을 찬찬히 살펴보면서 내실을 다지는 깊이에서 나온다.

① (가)와 (나) 모두 우선 사실적 독해를 기본으로 한다.
② (가)의 두 문단은 '주지-부연'의 관계로 읽어야 한다.
③ (가)는 이해 위주의 읽기로 충분할 수 있다.
④ (나)는 비판적으로 읽어야 하기에 공감은 피해야 한다.

지문요약

주제
- (가): 돈처럼 귀한 물
- (나): 진정한 경쟁력을 지닌 느림

내용요약
- (가): 설명하는 글
  - 돈처럼 소중한 물
  - 물이 귀한 제주: 잔칫집 초대 선물로 물을 담은 항아리를 가져감
  - 비를 모은 항아리에 개구리를 넣어 물이 상하지 않게 함
- (나): 주장하는 글
  - 설 자리를 잃어가는 느린 존재들: 변화에 민첩하게 대응하지 못하면 도태되고 낙오됨
  - 단기 승부의 순발력은 한계가 있음: 급속하게 추진하다 예정보다 2년 늦게 개통된 고속철도
  - 진정한 경쟁력은 내실을 다지는 깊이에서 나옴

정답 ④

글의 종류에 따라 독해 방법(독법)이 달라지므로 (가)와 (나)의 글의 종류부터 파악해야 한다. (가)는 물을 중심 소재로 하여 물의 귀함에 대해 설명하는 글이고 예시의 설명 방법을 통해 글을 전개하고 있다. 따라서 글 이해에 중점을 두어 읽는 것이 적절하다. (나)는 느림을 중심 소재로 하여 진정한 경쟁력이 주변을 살피며 내실을 다지는 깊이에서 나온다고 주장한다. 따라서 지문을 바탕으로 주장에 공감하거나 비판하는 글 읽기가 필요하다. 비판적으로 읽어야 하므로 공감을 피해야 한다는 ④의 설명은 적절하지 않다.

오답분석

① (가)와 (나) 모두 사실적 독해를 바탕으로 하며, (가)는 이해를, (나)는 공감과 비판을 요구한다.
② (가)는 물이 돈처럼 귀하고 소중한 것이었음을 언급한 후 제주도의 물 관리 방법을 예로 들고 있다. 따라서 '중심 내용(주지)-예시(부연)'의 관계로 되어 있다고 볼 수 있다.
③ (가)는 글의 내용을 이해하는 글에 대한 독해이므로 지문의 내용을 이해하는 읽기만으로도 충분하다.

주제

사물 인터넷의 ___ 와 이해

내용요약

• 사물 인터넷(IoT, Internet of Things)의 정의

> 수십 억 개의 사물이 서로 연결되는 것
>
> ⇓
>
> 일반 사물을 '___로 만들어'
> 서로 ___하도록 만든다는
> 생각을 ___하는 것

• 전자기기의 컴퓨터화와 네트워크

> 전원의 유무와 상관없이 전자기기나
> 기계, 일반 사물에 ___와 ____,
> 통신 ___을 부착하여 컴퓨터로 만듦
>
> ⇓
>
> 스마트 기기와 _____로 연결

• 인터넷과 사물 인터넷에 대한 오해

 – ___이 개입되는 것은 사물 인터넷이
  아님(___의 개념에 근거한 주장)

 – 사물의 ____이 중요(사람만큼 사물이
  ___할 수 있어야 함)

• 사물 인터넷의 올바른 이해

 사물이 각각 ____가 되고, 그 사물들이
 인간의 ____ 기기와 ____로 연결되
 어 서로 소통하는 것

04 글쓴이의 견해에 부합하지 않는 것은?

　　사물 인터넷(IoT, Internet of Things)의 정의로 '수십 억 개의 사물이 서로 연결되는 것'이라고 설명하는 것은 그리 유용하지 않다. 사물 인터넷이 무엇인지 이해하기 위해서는 '사물'에서 출발하기보다는 '인터넷'에서 출발하는 것이 좋다. 인터넷이 전 세계의 컴퓨터를 서로 소통하도록 만든다는 생각이 실현된 것이라면, 사물 인터넷은 이제 전 세계의 사물들을 '컴퓨터로 만들어' 서로 소통하도록 만든다는 생각을 실현하는 것이다.

　　컴퓨터는 본래 전원이 있고 칩이 있고, 이것이 통신 장치와 프로토콜을 갖게 되어 연결된 것이다. 그렇다면 이제는 전원이 있었던 전자 기기나 기계 등은 그 자체로, 전원이 없었던 일반 사물들은 새롭게 센서와 배터리, 통신 모듈이 부착되면서 컴퓨터가 되고 이렇게 컴퓨터가 된 사물들이 그들 간에 또는 인간의 스마트 기기와 네트워크로 연결되는 것이다.

　　현재의 인터넷과 사물 인터넷의 차이를, 혹자는 사람이 개입되는 것은 사물 인터넷이 아니라고 이야기하면서 엄격한 M2M(Machine to Machine)이라는 개념에 근거해 설명한다. 또 혹자는 사물 인터넷이 실현되려면 사람만큼 사물이 판단할 수 있어야 한다고 주장하면서 사물의 지능성을 중요시하는 경우도 있는데, 두 가지 모두 그릇된 것이다.

　　사물 인터넷을 제대로 이해하려면 기존 인터넷과의 차이점에 주목하기보다는 오히려 공통점을 인식하는 것이 더 중요하다. 컴퓨터를 서로 연결하는 수준에서 출발한 것이 기존의 인터넷이라면, 이제는 사물 각각이 컴퓨터가 되고, 그 사물들이 사람과 손쉽게 닿는 스마트폰, 스마트 워치 등과 서로 소통하는 것이다.

① 사물 인터넷의 개념을 파악하기 위해서는 기존 인터넷과의 공통점을 이해하는 것이 필요하다.

② 센서와 배터리, 통신 모듈 등을 갖춘 사물들이 네트워크로 연결되어 사물 인터넷으로 기능한다.

③ 사물 인터넷은 사람 수준의 지능을 가진 사물들이 네트워크상에서 인간의 개입 없이 서로 소통하는 것으로 정의된다.

④ 사물 인터넷은 컴퓨터가 아니었던 사물도 네트워크로 연결될 수 있다는 점에서 기존의 인터넷과 다르다.

04 글쓴이의 견해에 부합하지 않는 것은?

사물 인터넷(IoT, Internet of Things)의 정의로 '수십 억 개의 사물이 서로 연결되는 것'이라고 설명하는 것은 그리 유용하지 않다. 사물 인터넷이 무엇인지 이해하기 위해서는 '사물'에서 출발하기보다는 '인터넷'에서 출발하는 것이 좋다. 인터넷이 전 세계의 컴퓨터를 서로 소통하도록 만든다는 생각이 실현된 것이라면, 사물 인터넷은 이제 전 세계의 사물들을 '컴퓨터로 만들어' 서로 소통하도록 만든다는 생각을 실현하는 것이다.

컴퓨터는 본래 전원이 있고 칩이 있고, 이것이 통신 장치와 프로토콜을 갖게 되어 연결된 것이다. 그렇다면 이제는 ②④전원이 있었던 전자 기기나 기계 등은 그 자체로, 전원이 없었던 일반 사물들은 새롭게 센서와 배터리, 통신 모듈이 부착되면서 컴퓨터가 되고 이렇게 컴퓨터가 된 사물들이 그들 간에 또는 인간의 스마트 기기와 네트워크로 연결되는 것이다.

현재의 인터넷과 사물 인터넷의 차이를, 혹자는 사람이 개입되는 것은 사물 인터넷이 아니라고 이야기하면서 엄격한 M2M(Machine to Machine)이라는 개념에 근거해 설명한다. 또 혹자는 사물 인터넷이 실현되려면 ③사람만큼 사물이 판단할 수 있어야 한다고 주장하면서 사물의 지능성을 중요시하는 경우도 있는데, 두 가지 모두 그릇된 것이다.

①사물 인터넷을 제대로 이해하려면 기존 인터넷과의 차이점에 주목하기보다는 오히려 공통점을 인식하는 것이 더 중요하다. 컴퓨터를 서로 연결하는 수준에서 출발한 것이 기존의 인터넷이라면, 이제는 ③사물 각각이 컴퓨터가 되고, 그 사물들이 사람과 손쉽게 닿는 스마트폰, 스마트 워치 등과 서로 소통하는 것이다.

① 사물 인터넷의 개념을 파악하기 위해서는 기존 인터넷과의 공통점을 이해하는 것이 필요하다.

② 센서와 배터리, 통신 모듈 등을 갖춘 사물들이 네트워크로 연결되어 사물 인터넷으로 기능한다.

③ 사물 인터넷은 사람 수준의 지능을 가진 사물들이 네트워크상에서 인간의 개입 없이 서로 소통하는 것으로 정의된다.

④ 사물 인터넷은 컴퓨터가 아니었던 사물도 네트워크로 연결될 수 있다는 점에서 기존의 인터넷과 다르다.

지문요약

주제

사물 인터넷의 정의와 이해

내용요약

- **사물 인터넷(IoT, Internet of Things)의 정의**

  수십 억 개의 사물이 서로 연결되는 것

  ⇓

  일반 사물을 '컴퓨터로 만들어' 서로 소통하도록 만든다는 생각을 실현하는 것

- **전자기기의 컴퓨터화와 네트워크**

  전원의 유무와 상관없이 전자기기나 기계, 일반 사물에 센서와 배터리, 통신 모듈을 부착하여 컴퓨터로 만듦

  ⇓

  스마트 기기와 네트워크로 연결

- **인터넷과 사물 인터넷에 대한 오해**
  - 사람이 개입되는 것은 사물 인터넷이 아님(M2M의 개념에 근거한 주장)
  - 사물의 지능성이 중요(사람만큼 사물이 판단할 수 있어야 함)

- **사물 인터넷의 올바른 이해**

  사물이 각각 컴퓨터가 되고, 그 사물들이 인간의 스마트 기기와 네트워크로 연결되어 서로 소통하는 것

지문에서 사물 인터넷은 사물이 각각 컴퓨터가 되고 그 사물들이 인간의 스마트 기기와 네트워크로 연결되어 서로 소통하는 것이라 정리하고 있다. 따라서 ③에서 '사람 수준의 지능을 가진 사물들이 네트워크상에서 인간의 개입 없이 서로 소통하는 것'이라 정의한 것은 적절하지 않다. 이는 인터넷과 사물 인터넷에 대한 오해에서 비롯된 것이라고 3문단에서 언급하고 있다.

오답분석

① 4문단에서 컴퓨터를 서로 연결하는 것이 인터넷이라면, 사물을 인간의 스마트폰, 스마트 워치 등의 스마트 기기와 네트워크로 연결하는 것이 사물 인터넷이라고 하였으므로 둘의 공통점을 인식하는 것이 더 중요하다.

② 2문단에서 전원이 없던 일반 사물들에 센서와 배터리, 통신 모듈을 부착하면 컴퓨터가 되고 이것들을 네트워크로 연결하는 것이 사물 인터넷이라고 하였다.

④ 기존의 인터넷은 전원과 칩이 있는 컴퓨터가 통신 장치와 프로토콜을 갖게 되어 연결된 것이다. 이에 반해 사물 인터넷은 컴퓨터가 아닌 일반 사물도 적절한 장치를 부착하면 네트워크로 연결될 수 있다고 2문단에서 언급하고 있다.

지문요약

주제

신여척의 잘못과 ___

내용요약

• 신여척 사건의 정리

> ___이 동생인 ___을 구타함

⇩

> 그 상황에 ___한 신여척이
> 김순남을 때리고 발로 참

⇩

> 이튿날 ___에게 맞은
> 김순남이 죽음

⇩

> 신여척이 ___에 갇힘

⇩

> 왕이 ___를 내려 신여척의 행동이
> 의롭다 평가하고 ___함

---

05 다음 글에서 추론할 수 있는 내용으로 적절하지 않은 것은?

22 간호직 8급

> • 사건 개요
>
> 　신여척은, 김순창이 동생인 김순남을 구타하자 분노하여 김순창을 때리고 발로 차 이튿날 죽게 하였다.
>
> • 왕의 교지
>
> 　남의 형제 사이의 싸움을 보다가 신여척이 갑작스럽게 불같이 성을 내었다. 이전에 아무런 은혜도 없었고 그렇다고 지금 어떤 원한이 있는 것도 아닌데 별안간 발끈하는 사이에 싸움에 뛰어 들어가 상투를 잡고 발로 차면서 "동기간에 싸우는 것은 인륜과 강상(綱常)*의 변이다."라고 하고, 싸우던 형제가 네가 무슨 상관이냐고 책망하자 "내가 옳은데 네가 도리어 성을 내고, 네가 발길질하니 나도 하겠다."라고 하였다. 아, 신여척은 죽음도 두려워하지 않았으니, 재판관이 아니면서 형제간에 공경하지 않은 죄를 다스린 자는 신여척을 말함이 아니겠는가. 범죄자를 사형수 명부에 올린 일이 무수하나, 뜻이 크고 기개가 있어 녹록하지 않음을 신여척에게서 볼 수 있는 까닭이 여기에 있다. 신여척을 방면하라.
>
> － 「경술년(1790) 신여척의 옥사」 －
>
> * 강상(綱常): 사람이 지켜야 할 도리

① 판결에는 이유나 상황이 참작되었다.

② 신여척의 행동은 의롭다고 평가되었다.

③ 형제간의 다툼은 크게 지탄 받는 일이었다.

④ 신여척은 원한을 갚으려 범죄를 저질렀다.

05 다음 글에서 추론할 수 있는 내용으로 적절하지 않은 것은?

- 사건 개요
  ④신여척은, 김순창이 동생인 김순남을 구타하자 분노하여 김순창을 때리고 발로 차 이튿날 죽게 하였다.

- 왕의 교지
  남의 형제 사이의 싸움을 보다가 신여척이 갑작스럽게 불같이 성을 내었다. 이전에 아무런 은혜도 없었고 그렇다고 지금 어떤 원한이 있는 것도 아닌데 별안간 발끈하는 사이에 싸움에 뛰어 들어가 상투를 잡고 발로 차면서 "③동기간에 싸우는 것은 인륜과 강상(綱常)*의 변이다."라고 하고, 싸우던 형제가 네가 무슨 상관이냐고 책망하자 "내가 옳은데 네가 도리어 성을 내고, 네가 발길질하니 나도 하겠다."라고 하였다. 아, 신여척은 죽음도 두려워하지 않았으니, ②재판관이 아니면서 형제간에 공경하지 않은 죄를 다스린 자는 신여척을 말함이 아니겠는가. 범죄자를 사형수 명부에 올린 일이 무수하나, ①뜻이 크고 기개가 있어 녹록하지 않음을 신여척에게서 볼 수 있는 까닭이 여기에 있다. 신여척을 방면하라.

– 「경술년(1790) 신여척의 옥사」 –

* 강상(綱常): 사람이 지켜야 할 도리

① 판결에는 이유나 상황이 참작되었다.
② 신여척의 행동은 의롭다고 평가되었다.
③ 형제간의 다툼은 크게 지탄 받는 일이었다.
④ 신여척은 원한을 갚으려 범죄를 저질렀다.

지문요약

주제
신여척의 잘못과 방면

내용요약
- 신여척 사건의 정리

김순창이 동생인 김순남을 구타함
⇩
그 상황에 분노한 신여척이
김순남을 때리고 발로 참
⇩
이튿날 신여척에게 맞은
김순남이 죽음
⇩
신여척이 감옥에 갇힘
⇩
왕이 교지를 내려 신여척의 행동이
의롭다 평가하고 방면함

정답 ④

신여척은 김순남 형제와 상관없는 인물로 형인 김순남이 동생인 김순창을 구타하는 것을 보고 '동기간에 싸우는 것은 인륜과 강상의 변'이라 말하며 그 싸움을 말리려 끼어들었다. 신여척은 김순창에게 은혜를 갚기 위해 싸움에 끼어든 것도 아니고, 김순남에게 원한이 있어서 그를 죽이려 때린 것도 아니므로 신여척이 원한을 갚으려 범죄를 저질렀다는 내용은 적절하지 않다.

오답분석

① 교지에서 신여척의 뜻이 크고 기개가 있으므로 방면한다고 하였다.
② 재판관은 아니지만 형제간에 공경하지 않은 죄를 다스린 자이므로 의롭다고 평가하고 있다.
③ 신여척이 '동기간에 싸우는 것은 인륜과 강상의 변'이라 말하였던 것으로 보아 동기간에 사이좋게 지내지 못하는 것은 인륜을 저버리는 일이었다고 볼 수 있다.

----- 지문요약 -----

주제

존슨의 _____ 이론 전개

내용요약

• **영상 도식(Image Schema)**

– 신체적 활동을 통해 발생하는 소수의
  _____

– 시대와 문화를 넘어 _____으로 나타나
  는 ___의 기본 패턴

• _____ **사상(Metaphorical Mapping)**
  영상 도식들을 '사상(Mapping)'함으로써
  ___을 _____ 대상으로 ___하고 추상적
  개념들을 _____할 수 있음

• **'그릇' 도식**

– 방이나 건물 같은 _____ 대상에 사상
  하여 __과 _이 있는 대상으로 인식

– 꿈이나 역사 같은 _____ 대상에 사상
  하여 '꿈속에서', '역사 속으로' 같은 표
  현을 사용하고 이해

내용 적용 및 추론하기

01 다음 글에서 말하는 '그릇' 도식의 사례로 적절하지 않은 것은? 22 국회직 8급

존슨의 상상력 이론은 '영상 도식(Image Schema)'과 '은유적 사상(Metaphorical Mapping)'이라는 두 축을 중심으로 전개된다. 영상 도식이란 신체적 활동을 통해 직접 발생하는 소수의 인식패턴들이며, 시대와 문화를 넘어 거의 보편적으로 나타나는 인식의 기본 패턴들이다. 존슨은 '그릇(Container)', '강제(Compulsion)', '연결(Link)', '원-근(Near-Far)', '차단(Blockage)', '중심-주변(Center-Periphery)', '경로(Path)', '부분-전체(Part-Whole)' 등의 영상 도식을 예로 들고 있다. 우리는 영상 도식들을 물리적 대상은 물론 추상적 대상들에 '사상(Mapping)'함으로써 사물을 구체적 대상으로 식별하며, 동시에 추상적 개념들 또한 구체화할 수 있다. 예를 들어 우리는 '그릇' 도식을 방이나 건물 같은 물리적 대상에 사상함으로써 그것들을 안과 밖이 있는 대상으로 인식하게 된다. 또 '그릇' 도식을 꿈이나 역사 같은 추상적 대상에 사상함으로써 '꿈속에서'나 '역사 속으로'와 같은 표현을 사용하고 이해할 수 있다.

① 사랑받는 사람의 심장은 기쁨으로 가득 차 있다.

② 원수를 기다리는 그의 눈에는 분노가 담겨 있었다.

③ 전화기에서 들려온 말은 나를 두려움 속에 몰아넣었다.

④ 우리의 관계는 더 이상의 진전 없이 막다른 길에 부딪쳤다.

⑤ 지구의 반대편에서 출발한 비행기가 드디어 시야에 들어오고 있다.

01 다음 글에서 말하는 '그릇' 도식의 사례로 적절하지 않은 것은?

> 존슨의 상상력 이론은 '영상 도식(Image Schema)'과 '은유적 사상(Metaphorical Mapping)'이라는 두 축을 중심으로 전개된다. 영상 도식이란 신체적 활동을 통해 직접 발생하는 소수의 인식패턴들이며, 시대와 문화를 넘어 거의 보편적으로 나타나는 인식의 기본 패턴들이다. 존슨은 '그릇(Container)', '강제(Compulsion)', '연결(Link)', '원-근(Near-Far)', '차단(Blockage)', '중심-주변(Center-Periphery)', '경로(Path)', '부분-전체(Part-Whole)' 등의 영상 도식을 예로 들고 있다. 우리는 영상 도식들을 물리적 대상은 물론 추상적 대상들에 '사상(Mapping)'함으로써 사물을 구체적 대상으로 식별하며, 동시에 추상적 개념들 또한 구체화할 수 있다. 예를 들어 우리는 '그릇' 도식을 방이나 건물 같은 물리적 대상에 사상함으로써 그것들을 안과 밖이 있는 대상으로 인식하게 된다. 또 '그릇' 도식을 꿈이나 역사 같은 추상적 대상에 사상함으로써 '꿈속에서'나 '역사 속으로'와 같은 표현을 사용하고 이해할 수 있다.

① 사랑받는 사람의 심장은 기쁨으로 가득 차 있다.
② 원수를 기다리는 그의 눈에는 분노가 담겨 있었다.
③ 전화기에서 들려온 말은 나를 두려움 속에 몰아넣었다.
④ 우리의 관계는 더 이상의 진전 없이 막다른 길에 부딪쳤다.
⑤ 지구의 반대편에서 출발한 비행기가 드디어 시야에 들어오고 있다.

유형 전략

실전 공략

실전모의고사

지문요약

주제
존슨의 상상력 이론 전개

내용요약

- **영상 도식(Image Schema)**
  - 신체적 활동을 통해 발생하는 소수의 인식패턴
  - 시대와 문화를 넘어 보편적으로 나타나는 인식의 기본 패턴

- **은유적 사상(Metaphorical Mapping)**
  영상 도식들을 '사상(Mapping)'함으로써 사물을 구체적 대상으로 식별하고 추상적 개념들을 구체화할 수 있음

- **'그릇' 도식**
  - 방이나 건물 같은 물리적 대상에 사상하여 안과 밖이 있는 대상으로 인식
  - 꿈이나 역사 같은 추상적 대상에 사상하여 '꿈속에서', '역사 속으로' 같은 표현을 사용하고 이해

정답 ④

'그릇' 도식은 물리적인 대상을 사상했을 때 안과 밖이 있는 대상으로 인식하게 된다. ④의 '길'은 물리적인 대상으로 사상했을 때 길이 막힌 것이므로 영상 도식 중 '차단(Blockage)'에 해당한다. '그릇' 도식은 '그릇에 무언가 담겨 있다.'라고 사상하면 이해가 쉽다.

오답분석

① 기쁨이라는 추상적 대상을 사상하여 '~ 가득 차 있다'고 구체화하고 있다.
② 분노라는 추상적 대상을 사상하여 '~ 담겨 있다'고 구체화하고 있다.
③ 두려움이라는 추상적 대상을 사상하여 '~ 속에 몰아넣었다'고 구체화하고 있다.
⑤ 시야라는 물리적 대상을 사상하여 '~ 들어오고 있다'고 인식하고 있다.

주제

자기지향적 동기와 타인지향적 동기가 ____
의 ____에 미치는 영향

내용요약

• 자기지향적 동기를 가진 사람들은 _____
적 동기를 가진 사람들보다 _____가
더 많은 것으로 보아 행위의 ____이 좀
더 ___고 말할 수 있음

• 자기지향적 동기를 가진 사람들 중에서도
타인지향적 동기를 말한 사람들의 순찰
횟수가 더 ___

• 행위의 적극성이 높은 순서

∨

∨

글의 중심 내용 파악하기

02 (가)에 들어갈 말로 가장 적절한 것은?

> 자기지향적 동기와 타인지향적 동기는 행위의 적극성과 어떤 관계가 있을까? A는
> 자율 방범대원들에게 이 일의 자원 동기에 대해 물어보았다. 자기지향적 동기만 말
> 한 사람과 타인지향적 동기만 말한 사람, 그리고 둘 다 말한 사람이 고르게 분포되
> 었다. 그 후 설문에 참여한 사람들이 2개월간 방범 순찰에 참여한 횟수를 살펴보았
> 다. 그 결과 자기지향적 동기를 말한 사람들 모두가 자기지향적 동기를 말하지 않은
> 사람들보다 순찰 횟수가 더 많은 것으로 나타났다. 그리고 전자 중 타인지향적 동기
> 를 말한 사람들의 순찰 횟수가 그렇지 않은 사람들보다 유의미하게 많은 것으로 나
> 타났다. A는 이를 토대로 (가) 고 추정하였다.

① 자기지향적 동기만 가진 사람은 타인지향적 동기만 가진 사람보다 행위의 적극성이
높다

② 타인지향적 동기를 가진 사람은 자기지향적 동기를 가진 사람보다 행위의 적극성이
높다

③ 자기지향적 동기는 행위의 적극성에 긍정적 영향을 주기도 하고 부정적 영향을 주기
도 한다

④ 자기지향적 동기가 행위의 적극성에 긍정적 영향을 주는 경우 타인지향적 동기는 부
정적 영향을 준다

02 (가)에 들어갈 말로 가장 적절한 것은?

22 지방직 7급

자기지향적 동기와 타인지향적 동기는 행위의 적극성과 어떤 관계가 있을까? A는 자율 방범대원들에게 이 일의 자원 동기에 대해 물어보았다. 자기지향적 동기만 말한 사람과 타인지향적 동기만 말한 사람, 그리고 둘 다 말한 사람이 고르게 분포되었다. 그 후 설문에 참여한 사람들이 2개월간 방범 순찰에 참여한 횟수를 살펴보았다. 그 결과 ①②③④자기지향적 동기를 말한 사람들 모두가 자기지향적 동기를 말하지 않은 사람들보다 순찰 횟수가 더 많은 것으로 나타났다. 그리고 ①전자 중 타인지향적 동기를 말한 사람들의 순찰 횟수가 그렇지 않은 사람들보다 유의미하게 많은 것으로 나타났다. A는 이를 토대로 [(가)]고 추정하였다.

① 자기지향적 동기만 가진 사람은 타인지향적 동기만 가진 사람보다 행위의 적극성이 높다

② 타인지향적 동기를 가진 사람은 자기지향적 동기를 가진 사람보다 행위의 적극성이 높다

③ 자기지향적 동기는 행위의 적극성에 긍정적 영향을 주기도 하고 부정적 영향을 주기도 한다

④ 자기지향적 동기가 행위의 적극성에 긍정적 영향을 주는 경우 타인지향적 동기는 부정적 영향을 준다

정답 ①

자기지향적이면서도 타인지향적인 동기를 모두 가진 사람이 행위의 적극성이 가장 높았다. 하지만 둘 다 가진 사람들에 대한 선지는 찾을 수 없으므로 그 다음 자기지향적인 동기가 높은 사람이 좀 더 행위의 적극성을 가진다는 내용의 선지를 찾으면 된다.

오답분석

② 자기지향적인 동기를 말한 사람들의 순찰 횟수가 더 높은 것으로 보아 이들이 행위의 적극성이 더 높다고 할 수 있다.

③ · ④ 자기지향적 동기가 행위의 적극성에 긍정적인 영향을 주는 것은 맞지만, 타인지향적 동기가 부정적인 영향을 준다고 할 수는 없다. 횟수가 좀 더 낮을 뿐 타인지향적 동기를 말한 사람들 역시 순찰에 참여하고 있기 때문이다.

지문요약

주제

___의 개념과 거리 개념의 사용

내용요약

• 거리

– 두 개의 지점이 ____으로 떨어진 정
도를 나타내는 ____ 개념

– ____ 성질이나 ___에 대한 차이를
나타내는 척도로도 사용

– 이 경우 ___이나 ___에 따라 거리 계
산법이 달라짐

03 ⓐ의 문맥적 의미와 가장 유사한 것은?

> 일반적으로 거리는 두 개의 지점이 공간적으로 ⓐ 떨어진 정도를 나타내는 물리
> 적 개념이다. 2차원 평면에 두 지점이 (0, 0)과 (1, 1)에 있다면 두 지점 사이의 최단
> 거리는 두 점을 잇는 직선의 길이 $\sqrt{2}$가 된다. 한편 거리는 추상적인 성질이나 가치
> 에 대한 차이를 나타내는 척도로도 사용될 수 있다. 이럴 경우 떨어진 정도를 나타
> 내는 기능은 유지되지만, 기준이나 관점에 따라 거리를 계산하는 방법이 달라진다.

① 식당은 본관과 조금 떨어져 있는 별관이다.
② 해가 떨어지자 새는 보금자리로 돌아갔다.
③ 그들의 실력은 평균보다 떨어지는 편이다.
④ 상처가 나서 생긴 딱지가 아물어 떨어졌다.
⑤ 물건을 팔면 본전을 빼고 만 원이 떨어진다.

03 ⓐ의 문맥적 의미와 가장 유사한 것은?

22 고3 10월

주제
거리의 개념과 거리 개념의 사용

일반적으로 거리는 두 개의 지점이 공간적으로 ⓐ 떨어진 정도를 나타내는 물리적 개념이다. 2차원 평면에 두 지점이 (0, 0)과 (1, 1)에 있다면 두 지점 사이의 최단 거리는 두 점을 잇는 직선의 길이 $\sqrt{2}$가 된다. 한편 거리는 추상적인 성질이나 가치에 대한 차이를 나타내는 척도로도 사용될 수 있다. 이럴 경우 떨어진 정도를 나타내는 기능은 유지되지만, 기준이나 관점에 따라 거리를 계산하는 방법이 달라진다.

내용요약
・거리
　− 두 개의 지점이 공간적으로 떨어진 정도를 나타내는 물리적 개념
　− 추상적 성질이나 가치에 대한 차이를 나타내는 척도로도 사용
　− 이 경우 기준이나 관점에 따라 거리 계산법이 달라짐

① 식당은 본관과 조금 떨어져 있는 별관이다.
② 해가 떨어지자 새는 보금자리로 돌아갔다.
③ 그들의 실력은 평균보다 떨어지는 편이다.
④ 상처가 나서 생긴 딱지가 아물어 떨어졌다.
⑤ 물건을 팔면 본전을 빼고 만 원이 떨어진다.

정답 ①

ⓐ의 '떨어지다'는 '일정한 거리를 두고 있다.'라는 뜻이다. ①에서 '떨어져'는 식당이 본관과 공간적으로 거리를 두고 있다는 의미이므로 ⓐ와 가장 유사하다.

오답분석
② '떨어지다'는 '해, 달이 서쪽으로 지다.'의 의미이므로 적절하지 않다.
③ '떨어지다'는 '~보다(~에 비하여) 수준이 처지거나 못하다.'의 의미이므로 적절하지 않다.
④ '떨어지다'는 '달렸거나 붙었던 것이 갈라지거나 떼어지다.'의 의미이므로 적절하지 않다.
⑤ '떨어지다'는 '이익이 남다.'의 의미이므로 적절하지 않다.

주제

생물의 ___을 결정하는 인자들

내용요약

동면을 결정하는 인자 중 ___는 매우 중요
하지만 기온의 ___에 생물체가 속는 경우
가 종종 있음

• (라) 문단

– '_____' 같이 이상 기온에 속는
   경우가 있음

– 겨울에 동물이나 벌레들도 다시 나왔다
   가 _____도 함

• (가) 문단

얼어 죽는 것만 아니라 동면에서 깨고 다
시 동면에 들 때 많은 _____를 소모하므
로 위험

• (다) 문단

박쥐의 경우 동면을 방해받았다 다시 잠
들면 에너지 소모 _____

• (나) 문단

위험을 피하려고 일부 동물들은 _____
나 일광 주기를 동면의 ___로 사용

글의 전개 순서 파악하기

04 〈보기〉에서 (가)~(라)를 문맥에 맞게 순서대로 바르게 나열한 것은? 21 서울시 9급

― 〈보 기〉 ―

생물의 동면을 결정하는 인자 중에서 온도는 매우 중요하다. 하지만 이상 기온이
있듯이 기온은 변덕이 심해서 생물체가 속는 일이 많다.

(가) 하지만 위험은 날씨에 적응하지 못하고 얼어 죽는 것만이 아니다. 동면에 들어
   가기 위해서는 신체를 특정한 상태로 만들어야 하므로 이 과정에서 많은 에너
   지가 필요하다. 또 동면에서 깨어나는 것도 에너지 소모가 매우 많다.

(나) 이런 위험을 피하려면 날씨의 변덕에 구애를 받지 않고 조금 더 정확한 스케줄
   에 따라 동면에 들어가고 깨어날 필요가 있다. 일부 동물들은 계절 변화에 맞추
   어진 생체 시계나 일광 주기를 동면의 신호로 사용한다는 것이 밝혀졌다.

(다) 박쥐의 경우 동면하는 동안 이를 방해해서 깨우면 다시 동면에 들어가더라도
   대다수는 깨어나지 못하고 죽어버린다. 잠시나마 동면에서 깨어나면서 에너지
   를 너무 많이 소모해버리기 때문이다.

(라) 흔히 '미친 개나리'라고 해서 제철도 아닌데 날씨가 조금 따뜻하다고 꽃을 피웠
   다가 날씨가 추워져 얼어 죽는 일이 종종 있다. 이상 기온에 속기는 동물들도
   마찬가지다. 겨울이 되었는데도 날씨가 춥지 않아 벌레들이 다시 나왔다가 얼
   어 죽기도 한다.

① (나) → (다) → (라) → (가)

② (나) → (다) → (가) → (라)

③ (라) → (가) → (다) → (나)

④ (라) → (가) → (나) → (다)

04 〈보기〉에서 (가)~(라)를 문맥에 맞게 순서대로 바르게 나열한 것은? 21 서울시 9급

— 〈보 기〉 —

생물의 동면을 결정하는 인자 중에서 온도는 매우 중요하다. 하지만 이상 기온이 있듯이 기온은 변덕이 심해서 생물체가 속는 일이 많다.

(가) 하지만 위험은 날씨에 적응하지 못하고 얼어 죽는 것만이 아니다. 동면에 들어가기 위해서는 신체를 특정한 상태로 만들어야 하므로 이 과정에서 많은 에너지가 필요하다. 또 동면에서 깨어나는 것도 에너지 소모가 매우 많다.

(나) 이런 위험을 피하려면 날씨의 변덕에 구애를 받지 않고 조금 더 정확한 스케줄에 따라 동면에 들어가고 깨어날 필요가 있다. 일부 동물들은 계절 변화에 맞추어진 생체 시계나 일광 주기를 동면의 신호로 사용한다는 것이 밝혀졌다.

(다) 박쥐의 경우 동면하는 동안 이를 방해해서 깨우면 다시 동면에 들어가더라도 대다수는 깨어나지 못하고 죽어버린다. 잠시나마 동면에서 깨어나면서 에너지를 너무 많이 소모해버리기 때문이다.

(라) 흔히 '미친 개나리'라고 해서 제철도 아닌데 날씨가 조금 따뜻하다고 꽃을 피웠다가 날씨가 추워져 얼어 죽는 일이 종종 있다. 이상 기온에 속기는 동물들도 마찬가지다. 겨울이 되었는데도 날씨가 춥지 않아 벌레들이 다시 나왔다가 얼어 죽기도 한다.

① (나) → (다) → (라) → (가)

② (나) → (다) → (가) → (라)

③ (라) → (가) → (다) → (나)

④ (라) → (가) → (나) → (다)

지문요약

주제
생물의 동면을 결정하는 인자들

내용요약
동면을 결정하는 인자 중 온도는 매우 중요하지만 기온의 변덕에 생물체가 속는 경우가 종종 있음

• (라) 문단
  – '미친 개나리' 같이 이상 기온에 속는 경우가 있음
  – 겨울에 동물이나 벌레들도 다시 나왔다가 얼어 죽기도 함

• (가) 문단
  얼어 죽는 것만 아니라 동면에서 깨고 다시 동면에 들 때 많은 에너지를 소모하므로 위험

• (다) 문단
  박쥐의 경우 동면을 방해받았다 다시 잠들면 에너지 소모로 죽어버림

• (나) 문단
  위험을 피하려고 일부 동물들은 생체 시계나 일광 주기를 동면의 신호로 사용

정답 ③

도입부에서 생물의 동면 방해 인자 중 온도를 언급하고 있으므로 그 뒤에는 이상 기온으로 인해 동면을 방해받는 생물에 대한 예시(라)가 와야 한다. 그 다음 동면에서 깼다가 다시 자는 것이 에너지 소모가 많은 과정이라 무척 위험한 것임을 알리고(가), 그에 대한 예시(다)를 들어준다. 마지막으로 동면을 결정하는 그 외의 인자는 무엇이 있는지 소개(나)하는 것이 적절하다. 따라서 글의 순서는 (라) → (가) → (다) → (나)가 적절하다.

지문요약

주제

_____ 독서 태도 비판

내용요약

• 다른 일에 비해 _____과 노력을 지나치게 바침

• 책 속에 _____ 힘을 제대로 알거나 _____ 할 줄 모름

• _____이고 _____한 태도를 보임

05 글쓴이의 생각과 가장 거리가 먼 것은?

21 소방

> 독서를 이처럼 과대, 혹은 과소평가하고 있을 때에도 뮐러 씨나 마이어 씨 할 것 없이 다들 너무 많이 읽는다. 전혀 감동이 없으면서도 다른 일에 비해 시간과 노력을 지나치게 바친다. 어쨌든 책 속에는 분명 가치 있는 뭔가가 감추어져 있다고 어렴풋이나마 느끼고 있다는 얘기다. 이들은 책에는 활력과 정신적 고양을 주는 뭔가 숨겨진 힘이 있다고 짐작은 하되, 그게 무엇인지를 제대로 알거나 평가할 줄은 모르는 것이다. 다만 책에 대해서만큼은 유독 뚜렷한 자기주장이 없이 수동적이고 어영부영한 태도를 보일 뿐이다. 아마 사업을 그런 식으로 하면 금방 망할 텐데 말이다. 이는 마치, 어떤 미련한 환자가 약국에는 좋은 약이 많다면서, 칸칸마다 뒤져 온갖 약들을 돌아가며 다 먹어 보는 것과 다를 바 없다.

① 목적 없는 독서를 지양해야 한다.

② 책을 읽을 때는 많은 시간을 들여야 한다.

③ 읽은 책에 대해 평가를 내릴 수 있어야 한다.

④ 책을 대할 때는 수동적인 태도를 버려야 한다.

05 글쓴이의 생각과 가장 거리가 먼 것은?

21 소방

독서를 이처럼 과대, 혹은 과소평가하고 있을 때에도 뮐러 씨나 마이어 씨 할 것 없이 다들 너무 많이 읽는다. ②전혀 감동이 없으면서도 다른 일에 비해 시간과 노력을 지나치게 바친다. 어쨌든 책 속에는 분명 가치 있는 뭔가가 감추어져 있다고 어렴풋이나마 느끼고 있다는 얘기다. 이들은 ③책에는 활력과 정신적 고양을 주는 뭔가 숨겨진 힘이 있다고 짐작은 하되, 그게 무엇인지를 제대로 알거나 평가할 줄은 모르는 것이다. 다만 책에 대해서만큼은 유독 ④뚜렷한 자기주장이 없이 수동적이고 어영부영한 태도를 보일 뿐이다. 아마 사업을 그런 식으로 하면 금방 망할 텐데 말이다. 이는 마치, ①어떤 미련한 환자가 약국에는 좋은 약이 많다면서, 칸칸마다 뒤져 온갖 약들을 돌아가며 다 먹어 보는 것과 다를 바 없다.

① 목적 없는 독서를 지양해야 한다.
② 책을 읽을 때는 많은 시간을 들여야 한다.
③ 읽은 책에 대해 평가를 내릴 수 있어야 한다.
④ 책을 대할 때는 수동적인 태도를 버려야 한다.

지문요약

주제
잘못된 독서 태도 비판

내용요약
• 다른 일에 비해 시간과 노력을 지나치게 바침
• 책 속에 숨겨진 힘을 제대로 알거나 평가할 줄 모름
• 수동적이고 어영부영한 태도를 보임

정답 ②

두 번째 문장에서 글쓴이는 '전혀 감동이 없으면서도 다른 일에 비해 시간과 노력을 지나치게 바친다.'라고 하며 무작정 많이 읽는 태도를 비판하고 있다. 따라서 ②는 글쓴이의 생각과 거리가 멀다.

오답분석

① 글쓴이는 마지막 문장에서 목적 없는 독서를 미련한 환자가 약국의 온갖 약을 돌아가며 다 먹어보는 것과 같다고 비유하며 비판하고 있다.
③ 글쓴이는 네 번째 문장에서 책에 숨겨진 힘이 있다고 생각은 하지만 그것이 무엇인지 제대로 알거나 평가할 줄 모르는 태도에 대해 비판하고 있다.
④ 글쓴이는 독서에 대해 '수동적이고 어영부영한 태도'를 사업 태도에 비유하며 당장 버릴 것을 주장하고 있다.

지문요약

주제

상품의 ___ 가치를 높이는 외래어

내용요약

- **외래어의 이용**
  - 상품의 이름을 _____로 변경하며 상품
    의 _____를 점차 높임
  - 서구 _____를 사용해 빈부 격차를
    _____함
  - 상품의 이름이 _____에서 한자어로,
    서구 외래어로 변할 때마다 상품의
    _____가 높아지게 됨

글의 중심 내용 파악하기

01 다음 글을 통해 주장할 수 있는 언어 순화의 방향으로 가장 적절한 것은?

22 군무원 7급

> 일반 소비자들은 '다방'보다는 '커피숍'에 갈 때에, '커피숍'보다는 '카페'에 갈 때에 더 많은 금전 지출을 각오한다. 목장에서 소의 '젖'을 짜서 공장에 보내면 용기에 담아 넣고 '우유'라는 이름으로 시장에 내놓는다. 그리고 이것을 서비스 업소에서 고객에게 '밀크'로 제공하면서 계속 부가 가치가 높아져 간다. 가난한 사람은 '단칸방'에 세 들고 부자는 '원룸'에서 사는 것을 언어를 통하여 내면화하고 있는 것이 현실이다. 곧 토착어에서 한자어로, 또 서구 외래어로 변신할 때마다 당당히 이윤을 더 비싸게 붙일 수 있는 위력이 생긴다는 것이다. 이 사례는 외래어가 상품의 사용 가치보다는 교환 가치를 높이는 데에 이용된다는 것을 보여 준다.

① 경제적 가치를 반영하는 방향
② 소비자의 이익을 위하는 방향
③ 토착어의 순수성을 지키는 방향
④ 의사소통의 공통성을 강화하는 방향

01 다음 글을 통해 주장할 수 있는 언어 순화의 방향으로 가장 적절한 것은?

22 군무원 7급

일반 소비자들은 '다방'보다는 '커피숍'에 갈 때에, '커피숍'보다는 '카페'에 갈 때에 더 많은 금전 지출을 각오한다. 목장에서 소의 '젖'을 짜서 공장에 보내면 용기에 담아 넣고 '우유'라는 이름으로 시장에 내놓는다. 그리고 이것을 서비스 업소에서 고객에게 '밀크'로 제공하면서 계속 부가 가치가 높아져 간다. 가난한 사람은 '단칸방'에 세 들고 부자는 '원룸'에서 사는 것을 언어를 통하여 내면화하고 있는 것이 현실이다. 곧 ⓐ토착어에서 한자어로, 또 서구 외래어로 변신할 때마다 당당히 이윤을 더 비싸게 붙일 수 있는 위력이 생긴다는 것이다. 이 사례는 ⓑ외래어가 상품의 사용 가치보다는 교환 가치를 높이는 데에 이용된다는 것을 보여 준다.

① 경제적 가치를 반영하는 방향
② 소비자의 이익을 위하는 방향
③ 토착어의 순수성을 지키는 방향
④ 의사소통의 공통성을 강화하는 방향

지문요약

주제
상품의 교환 가치를 높이는 외래어

내용요약
- **외래어의 이용**
  - 상품의 이름을 외래어로 변경하며 상품의 부가 가치를 점차 높임
  - 서구 외래어를 사용해 빈부 격차를 내면화함
  - 상품의 이름이 토착어에서 한자어로, 서구 외래어로 변할 때마다 상품의 교환 가치가 높아지게 됨

정답 ②

이 지문에서는 서구 외래어가 상품의 교환 가치를 높이는 데 이용되고 있다고 말하고 있다. 하지만 이렇게 언어가 바뀔 때마다 결국 손해를 보는 것은 더 많은 지출을 각오해야 하는 소비자이다. 따라서 글쓴이는 외래어 남용을 지양하고 소비자에게 이익이 되는 방향으로 언어 순화가 이루어져야 한다고 주장할 수 있다.

오답분석
① 경제적 가치를 반영하는 방향은 사용 가치와 교환 가치를 높이는 것이므로 언어 순화의 방향을 제시해 줄 수 없다.
③ 외래어를 쓰지 말고 토착어를 지키자는 내용은 언급하고 있지 않다.
④ 의사소통의 공통성에 대한 내용은 언급하고 있지 않다.

주제

태극기의 모양과 태극기의 ___

내용요약

- **태극기의 모양**
  - 태극 문양: 만물이 ___의 조화로 생장함을 상징
  - ___의 위치와 의미

괘	위치	의미
	좌측 하단	
	우측 상단	
	좌측 상단	
	우측 하단	

- **태극기의 역사**
  - 태극 문양과 4괘를 사용한 기의 최초 사용: 태극 문양을 그린 기는 이전에도 있었으나, 현재와 유사한 형태는 ___ 후 최초로 사용함(1882년 5월 조미수호조규 체결 시 ___이 만듦)
  - 이응준의 '조선의 기'

괘	위치
	좌측 상단
	우측 상단
	좌측 하단
	우측 하단

  - 국기의 공식적 채택: 1883년 ___가 일본에 ___로 갈 때 만들어 사용 후 ___에게 바침. 이것을 조선 국기로 채택. '조선의 기'와는 괘의 위치가 다름
  - '조선 국기'의 4괘 위치

괘	위치
감괘	
건괘	
곤괘	
이괘	

세부 내용 파악하기

02 다음 글에서 알 수 있는 것은?

우리나라 국기인 태극기에는 태극 문양과 4괘가 그려져 있는데, 중앙에 있는 태극 문양은 만물이 음양 조화로 생장한다는 것을 상징한다. 또 태극 문양의 좌측 하단에 있는 이괘는 불, 우측 상단에 있는 감괘는 물, 좌측 상단에 있는 건괘는 하늘, 우측 하단에 있는 곤괘는 땅을 각각 상징한다. 4괘가 상징하는 바는 그것이 처음 만들어질 때부터 오늘날까지 변함이 없다.

태극 문양을 그린 기는 개항 이전에도 조선 수군이 사용한 깃발 등 여러 개가 있는데, 태극 문양과 4괘만 사용한 기는 개항 후에 처음 나타났다. 1882년 5월 조미수호조규 체결을 위한 전권대신으로 임명된 이응준은 회담 장소에 내걸 국기가 없어 곤란해 하다가 회담 직전 태극 문양을 활용해 기를 만들고 그것을 회담장에 걸어두었다. 그 기에 어떤 문양이 담겼는지는 오랫동안 알려지지 않았다. 그런데 2004년 1월 미국 어느 고서점에서 미국 해군부가 조미수호조규 체결 한 달 후에 만든 『해상 국가들의 깃발들』이라는 책이 발견되었다. 이 책에는 이응준이 그린 것으로 짐작되는 '조선의 기'라는 이름의 기가 실려 있다. 그 기의 중앙에는 태극 문양이 있으며 네 모서리에 괘가 하나씩 있는데, 좌측 상단에 감괘, 우측 상단에 건괘, 좌측 하단에 곤괘, 우측 하단에 이괘가 있다.

조선이 국기를 공식적으로 처음 정한 것은 1883년의 일이다. 1882년 9월에 고종은 박영효를 수신사로 삼아 일본에 보내면서, 그에게 조선을 상징하는 기를 만들어 사용해본 다음 귀국하는 즉시 제출하게 했다. 이에 박영효는 태극 문양이 가운데 있고 4개의 모서리에 각각 하나씩 괘가 있는 기를 만들어 사용한 후 그것을 고종에게 바쳤다. 고종은 이를 조선 국기로 채택하고 통리교섭사무아문으로 하여금 각국 공사관에 배포하게 했다. 이 기는 일본에 의해 강제 병합되기까지 국기로 사용되었는데, 언뜻 보기에 『해상 국가들의 깃발들』에 실린 '조선의 기'와 비슷하다. 하지만 자세히 보면 두 기는 서로 다르다. 조선 국기 좌측 상단에 있는 괘가 '조선의 기'에는 우측 상단에 있고, '조선의 기'의 좌측 상단에 있는 괘는 조선 국기의 우측 상단에 있다. 또 조선 국기의 좌측 하단에 있는 괘는 '조선의 기'의 우측 하단에 있고, '조선의 기'의 좌측 하단에 있는 괘는 조선 국기의 우측 하단에 있다.

① 미국 해군부는 통리교섭사무아문이 각국 공사관에 배포한 국기를 『해상 국가들의 깃발들』에 수록하였다.

② 조미수호조규 체결을 위한 회담 장소에서 사용하고자 이응준이 만든 기는 태극 문양이 담긴 최초의 기다.

③ 통리교섭사무아문이 배포한 기의 우측 상단에 있는 괘와 '조선의 기'의 좌측 하단에 있는 괘가 상징하는 것은 같다.

④ 오늘날 태극기의 우측 하단에 있는 괘와 고종이 조선 국기로 채택한 기의 우측 하단에 있는 괘는 모두 땅을 상징한다.

⑤ 박영효가 그린 기의 좌측 상단에 있는 괘는 물을 상징하고 이응준이 그린 기의 좌측 상단에 있는 괘는 불을 상징한다.

02 다음 글에서 알 수 있는 것은? 　　　　　21 국가직 7급

우리나라 국기인 태극기에는 태극 문양과 4괘가 그려져 있는데, 중앙에 있는 태극 문양은 만물이 음양 조화로 생장한다는 것을 상징한다. 또 태극 문양의 좌측 하단에 있는 이괘는 불, 우측 상단에 있는 감괘는 물, 좌측 상단에 있는 건괘는 하늘, 우측 하단에 있는 곤괘는 땅을 각각 상징한다. 4괘가 상징하는 바는 그것이 처음 만들어질 때부터 오늘날까지 변함이 없다.

②태극 문양을 그린 기는 개항 이전에도 조선 수군이 사용한 깃발 등 여러 개가 있는데, 태극 문양과 4괘만 사용한 기는 개항 후에 처음 나타났다. 1882년 5월 조미수호조규 체결을 위한 전권대신으로 임명된 이응준은 회담 장소에 내걸 국기가 없어 곤란해 하다가 회담 직전 태극 문양을 활용해 기를 만들고 그것을 회담장에 걸어두었다. 그 기에 어떤 문양이 담겼는지는 오랫동안 알려지지 않았다. 그런데 2004년 1월 미국 어느 고서점에서 ①미국 해군부가 조미수호조규 체결 한 달 후에 만든『해상 국가들의 깃발들』이라는 책이 발견되었다. 이 책에는 이응준이 그린 것으로 짐작되는 '조선의 기'라는 이름의 기가 실려 있다. 그 기의 중앙에는 태극 문양이 있으며 네 모서리에 괘가 하나씩 있는데, 좌측 상단에 감괘, 우측 상단에 건괘, 좌측 하단에 곤괘, 우측 하단에 이괘가 있다.

조선이 국기를 공식적으로 처음 정한 것은 1883년의 일이다. 1882년 9월에 고종은 박영효를 수신사로 삼아 일본에 보내면서, 그에게 조선을 상징하는 기를 만들어 사용해본 다음 귀국하는 즉시 제출하게 했다. 이에 박영효는 태극 문양이 가운데 있고 4개의 모서리에 각각 하나씩 괘가 있는 기를 만들어 사용한 후 그것을 고종에게 바쳤다. 고종은 이를 조선 국기로 채택하고 통리교섭사무아문으로 하여금 각국 공사관에 배포하게 했다. 이 기는 일본에 의해 강제 병합되기까지 국기로 사용되었는데, 언뜻 보기에『해상 국가들의 깃발들』에 실린 '조선의 기'와 비슷하다. 하지만 자세히 보면 두 기는 서로 다르다. 조선 국기 좌측 상단에 있는 괘가 '조선의 기'에는 우측 상단에 있고, '조선의 기'의 좌측 상단에 있는 괘는 조선 국기의 우측 상단에 있다. 또 조선 국기의 좌측 하단에 있는 괘는 '조선의 기'의 우측 하단에 있고, '조선의 기'의 좌측 하단에 있는 괘는 조선 국기의 우측 하단에 있다.

① 미국 해군부는 통리교섭사무아문이 각국 공사관에 배포한 국기를『해상 국가들의 깃발들』에 수록하였다.

② 조미수호조규 체결을 위한 회담 장소에서 사용하고자 이응준이 만든 기는 태극 문양이 담긴 최초의 기다.

③ 통리교섭사무아문이 배포한 기의 우측 상단에 있는 괘와 '조선의 기'의 좌측 하단에 있는 괘가 상징하는 것은 같다.

④ 오늘날 태극기의 우측 하단에 있는 괘와 고종이 조선 국기로 채택한 기의 우측 하단에 있는 괘는 모두 땅을 상징한다.

⑤ 박영효가 그린 기의 좌측 상단에 있는 괘는 물을 상징하고 이응준이 그린 기의 좌측 상단에 있는 괘는 불을 상징한다.

주제

태극기의 모양과 태극기의 역사

내용요약

- **태극기의 모양**
  - 태극 문양: 만물이 음양의 조화로 생장함을 상징
  - 4괘의 위치와 의미

괘	위치	의미
이괘	좌측 하단	불
감괘	우측 상단	물
건괘	좌측 상단	하늘
곤괘	우측 하단	땅

- **태극기의 역사**
  - 태극 문양과 4괘를 사용한 기의 최초 사용: 태극 문양을 그린 기는 이전에도 있었으나, 현재와 유사한 형태는 개항 후 최초로 사용함(1882년 5월 조미수호조규 체결 시 이응준이 만듦)
  - 이응준의 '조선의 기'

괘	위치
감괘	좌측 상단
건괘	우측 상단
곤괘	좌측 하단
이괘	우측 하단

  - 국기의 공식적 채택: 1883년 박영효가 일본에 수신사로 갈 때 만들어 사용 후 고종에게 바침. 이것을 조선 국기로 채택. '조선의 기'와는 괘의 위치가 다름
  - '조선 국기'의 4괘 위치

괘	위치
감괘	우측 상단
건괘	좌측 상단
곤괘	우측 하단
이괘	좌측 하단

오늘날 태극기의 우측 하단에는 '곤괘'가 있으며, '땅'을 상징한다. 조선 국기의 우측 하단 역시 '곤괘'가 위치하므로, ④는 적절한 설명이다.

① 미국 해군부가 『해상 국가들의 깃발들』에 실은 깃발은 '조선의 기'이다. 통리교섭사무아문에서 각 공사관에 배포한 것은 박영효가 만든 조선 국기이다.

② 태극 문양을 그린 기는 개항 이전에도 조선 수군이 사용한 깃발 등 여러 개가 있다고 하였으므로 적절하지 않은 설명이다. 이응준이 그린 것으로 짐작되는 기는 '조선의 기'이다.

③ 통리교섭사무아문이 배포한 기는 조선 국기로, 우측 상단에 위치하는 괘는 '감괘'이고, 감괘는 '물'을 상징한다. '조선의 기'의 좌측 하단에 위치하는 것은 '곤괘'이고 '땅'을 상징한다.

⑤ 박영효가 그린 기는 조선 국기로 좌측 상단에는 '건괘'가 위치하며 '하늘'을 상징한다. 이응준이 그린 기는 '조선의 기'로 좌측 상단에는 '감괘'가 위치하며 '물'을 상징한다.

지문요약

주제

논리실증주의자들의 ___ 원리

내용요약

• **논리실증주의자들의 주장**

어떤 것이 ___일 경우 거기에서 사용되는 문장은 _____

• **검증 원리**

경험을 통해 참이나 ___을 검증할 수 있는 문장은 _____하고 그렇지 않은 문장은 유의미하지 않다는 원리

– (가)의 경우, 달의 다른 쪽 표면의 산은 비용이 들더라도 경험을 통해 ___를 ___할 수 있으므로 유의미한 문장이라고 판단

– (나)의 경우, ___를 검증할 수 없으므로 과학에서 사용될 수 없는 _____한 문장

03 다음 글에서 추론한 내용으로 가장 적절한 것은?

논리실증주의자들에 따르면, 만약 어떤 것이 과학일 경우 거기에서 사용되는 문장은 유의미하다. 그들은 유의미한 문장의 기준으로 소위 '검증 원리'라고 불리는 것을 제안했다. 검증 원리란, 경험을 통해 참이나 거짓을 검증할 수 있는 문장은 유의미하고 그렇지 않은 문장은 유의미하지 않다는 것이다. 다음 두 문장을 예로 생각해 보자.

(가) 달의 다른 쪽 표면에 산이 있다.

(나) 절대자는 진화와 진보에 관계하지만, 그 자체는 진화하거나 진보하지 않는다.

위 두 문장 중 경험을 통해 검증할 수 있는 것은 무엇인가? 비록 현실적으로 큰 비용이 들기는 하지만 (가)는 분명히 경험을 통해 진위를 밝힐 수 있다. 즉 우리는 (가)의 진위를 확정하기 위해서 무엇을 경험해야 하는지 알고 있다는 것이다. 이런 점에 근거하여 논리실증주의자들은 (가)는 검증할 수 있고, 유의미한 문장이라고 판단한다. 그럼 (나)는 어떠한가? 우리는 무엇을 경험해야 (나)의 진위를 확정할 수 있는가? 논리실증주의자들은 그런 것은 없다고 주장하고, 이에 (나)는 검증할 수 없고 과학에서 사용될 수 없는 무의미한 문장이라고 말한다.

① 논리실증주의자들에 따르면 무의미한 문장을 사용하는 것은 과학이 아니다.
② 논리실증주의자들에 따르면 과학의 문장들만이 유의미하다.
③ 검증 원리에 따르면 아직까지 경험되지 않은 것을 언급한 문장은 무의미하다.
④ 검증 원리에 따르면 거짓인 문장은 무의미하다.

03 다음 글에서 추론한 내용으로 가장 적절한 것은?

22 지방직 9급

논리실증주의자들에 따르면, ①만약 어떤 것이 과학일 경우 거기에서 사용되는 문장은 유의미하다. 그들은 유의미한 문장의 기준으로 소위 '검증 원리'라고 불리는 것을 제안했다. 검증 원리란, ①②③④ 경험을 통해 참이나 거짓을 검증할 수 있는 문장은 유의미하고 그렇지 않은 문장은 유의미하지 않다는 것이다. 다음 두 문장을 예로 생각해 보자.

(가) 달의 다른 쪽 표면에 산이 있다.
(나) 절대자는 진화와 진보에 관계하지만, 그 자체는 진화하거나 진보하지 않는다.

위 두 문장 중 경험을 통해 검증할 수 있는 것은 무엇인가? 비록 현실적으로 큰 비용이 들기는 하지만 (가)는 분명히 경험을 통해 진위를 밝힐 수 있다. 즉 우리는 (가)의 진위를 확정하기 위해서 무엇을 경험해야 하는지 알고 있다는 것이다. 이런 점에 근거하여 논리실증주의자들은 (가)는 검증할 수 있고, 유의미한 문장이라고 판단한다. 그럼 (나)는 어떠한가? 우리는 무엇을 경험해야 (나)의 진위를 확정할 수 있는가? 논리실증주의자들은 그런 것은 없다고 주장하고, 이에 (나)는 검증할 수 없고 과학에서 사용될 수 없는 무의미한 문장이라고 말한다.

① 논리실증주의자들에 따르면 무의미한 문장을 사용하는 것은 과학이 아니다.
② 논리실증주의자들에 따르면 과학의 문장들만이 유의미하다.
③ 검증 원리에 따르면 아직까지 경험되지 않은 것을 언급한 문장은 무의미하다.
④ 검증 원리에 따르면 거짓인 문장은 무의미하다.

지문요약

주제

논리실증주의자들의 검증 원리

내용요약

· **논리실증주의자들의 주장**

어떤 것이 과학일 경우 거기에서 사용되는 문장은 유의미

· **검증 원리**

경험을 통해 참이나 거짓을 검증할 수 있는 문장은 유의미하고 그렇지 않은 문장은 유의미하지 않다는 원리

– (가)의 경우, 달의 다른 쪽 표면의 산은 비용이 들더라도 경험을 통해 진위를 검증할 수 있으므로 유의미한 문장이라고 판단

– (나)의 경우, 절대자를 검증할 수 없으므로 과학에서 사용될 수 없는 무의미한 문장

정답 ①

어떤 것이 과학일 경우 거기에서 사용되는 문장은 유의미하다고 하였는데, 이는 곧 무의미한 문장은 검증 불가능하므로 과학에서 사용될 수 없다는 것을 의미한다. 따라서 무의미한 문장을 사용하는 것은 과학이 아니다.

오답분석

② 경험을 통해 검증할 수 있는 문장은 유의미하다고 볼 수 있으므로 과학의 문장들만이 유의미한 것은 아니다.
③ 아직 경험되지 않은 것이라 하더라도 나중에 경험을 통해 참과 거짓을 검증할 수 있다면 유의미한 문장이 될 수 있다.
④ 경험을 통해 참이나 거짓을 검증할 수 있는 문장은 유의미하다고 하였으므로, 거짓으로 검증된 문장도 유의미하다고 볼 수 있다.

지문요약

주제

하이퍼텍스트의 ＿＿와 하이퍼텍스트성의 ＿＿

내용요약

• **하이퍼텍스트**

주석들이 끝없이 연결되어 더 이상 ＿＿과 ＿＿의 구분이 ＿＿해진 텍스트

• **본문과 주석이 분리된 글**

－ 본문은 ＿＿인 흐름으로 저자의 논리에 따라 선형적으로 연결되어 있음

－ 별도의 설명이 필요한 경우 본문에 따로 표시해놓고 부가적인 정보를 지닌 ＿＿을 달음

－ 주석은 보조적인 설명이므로 책 읽기와 구별되는 ＿＿의 행위로 취급

• **하이퍼텍스트성**

본문과 주석의 구분을 ＿＿한 것으로 취급하는 ＿＿＿ 텍스트성

－ 글 읽기의 순차가 정해진 것이 없고, 가지를 치고 독자들에게 ＿＿을 허용

－ 독자/사용자가 중심과 가지 내용을 ＿＿

－ 자신의 관심이 가는 대로 글을 읽음

04 다음 글을 읽고 이해한 것으로 옳은 것은?

20 국회직 9급

하이퍼텍스트란 쉽게 생각하면 주석들이 끝없이 연결되어 더 이상 본문과 주석의 구분이 불가능해진 텍스트를 의미한다. 이제까지는 글에서 주석은 어디까지나 본문을 설명하기 위한 종속적인 기능만을 지니고 있었다. 본문은 순차적인 흐름으로 이어져간다. 본문은 저자의 논리에 따라 선형적으로 연결되어 있다. 그러다가 중간 중간 저자는 별도의 설명이 필요하다고 생각하는 부분에 따로 표시를 해놓고 주석을 단다. 그러면 독자들은 그 주석을 통해 부가적인 정보를 얻는다. 하지만 독자들이 그 주석을 통해 아무리 흥미 있는 어떤 사실을 발견한다 하더라도 어쨌든 저자들은 그것을 보조적인 설명으로 취급한다. 독자들은 이러한 약속에 암묵적으로 동의한 상태로 책을 읽어나간다. 주석을 계속 추적해나가는 것은 책 읽기와는 구별되는 별개의 행위로 취급된다. 주석은 주석일 뿐이다. 그러나 하이퍼텍스트성이란 이러한 본문과 주석의 구분을 무의미한 것으로 취급하는 비선형적 텍스트성이다. 글 읽기의 순차가 정해진 것도 없고, 가지를 치고 독자들에게 선택을 허용한다. 텍스트들은 끈들에 의해 연결되어 있을 뿐이며 어느 것이 중심이고 어느 것이 가지인지를 결정하는 것도 독자/사용자의 몫이다. 심지어는 독자/사용자조차도 어느 것이 중심이고 어느 것이 가지인지 알지 못한다. 그저 자신의 관심이 가는 대로 움직일 뿐이다.

① 하이퍼텍스트에서 본문 읽기와 주석 읽기는 별개의 행위이다.
② 하이퍼텍스트에서 주석은 독자에게 보조적 설명으로 간주된다.
③ 독자는 하이퍼텍스트에서 본문을 중심 의미로 보고 읽어나간다.
④ 하이퍼텍스트성은 읽기의 순차가 없는 선택적 읽기를 허용한다.
⑤ 비선형적 텍스트성은 독자보다 작가 중심의 글 읽기를 강조한다.

04 다음 글을 읽고 이해한 것으로 옳은 것은?

20 국회직 9급

하이퍼텍스트란 쉽게 생각하면 주석들이 끝없이 연결되어 더 이상 본문과 주석의 구분이 불가능해진 텍스트를 의미한다. 이제까지는 글에서 주석은 어디까지나 본문을 설명하기 위한 종속적인 기능만을 지니고 있었다. 본문은 순차적인 흐름으로 이어져간다. 본문은 저자의 논리에 따라 선형적으로 연결되어 있다. 그러다가 중간 중간 저자는 별도의 설명이 필요하다고 생각하는 부분에 따로 표시를 해놓고 주석을 단다. 그러면 독자들은 그 주석을 통해 부가적인 정보를 얻는다. 하지만 독자들이 그 ②주석을 통해 아무리 흥미 있는 어떤 사실을 발견한다 하더라도 어쨌든 저자들은 그것을 보조적인 설명으로 취급한다. 독자들은 이러한 약속에 암묵적으로 동의한 상태로 책을 읽어나간다. 주석을 계속 추적해나가는 것은 책 읽기와는 구별되는 별개의 행위로 취급된다. 주석은 주석일 뿐이다. 그러나 ①③하이퍼텍스트성이란 이러한 본문과 주석의 구분을 무의미한 것으로 취급하는 비선형적 텍스트성이다. ④글 읽기의 순차가 정해진 것도 없고, 가지를 치고 독자들에게 선택을 허용한다. 텍스트들은 끈들에 의해 연결되어 있을 뿐이며 ⑤어느 것이 중심이고 어느 것이 가지인지를 결정하는 것도 독자/사용자의 몫이다. 심지어는 독자/사용자조차도 어느 것이 중심이고 어느 것이 가지인지 알지 못한다. 그저 자신의 관심이 가는 대로 움직일 뿐이다.

① 하이퍼텍스트에서 본문 읽기와 주석 읽기는 별개의 행위이다.
② 하이퍼텍스트에서 주석은 독자에게 보조적 설명으로 간주된다.
③ 독자는 하이퍼텍스트에서 본문을 중심 의미로 보고 읽어나간다.
④ 하이퍼텍스트성은 읽기의 순차가 없는 선택적 읽기를 허용한다.
⑤ 비선형적 텍스트성은 독자보다 작가 중심의 글 읽기를 강조한다.

지문요약

주제
하이퍼텍스트의 정의와 하이퍼텍스트성의 특징

내용요약
- **하이퍼텍스트**
  주석들이 끝없이 연결되어 더 이상 본문과 주석의 구분이 불가능해진 텍스트
- **본문과 주석이 분리된 글**
  - 본문은 순차적인 흐름으로 저자의 논리에 따라 선형적으로 연결되어 있음
  - 별도의 설명이 필요한 경우 본문에 따로 표시해놓고 부가적인 정보를 지닌 주석을 달음
  - 주석은 보조적인 설명이므로 책 읽기와 구별되는 별개의 행위로 취급
- **하이퍼텍스트성**
  본문과 주석의 구분을 무의미한 것으로 취급하는 비선형적 텍스트성
  - 글 읽기의 순차가 정해진 것이 없고, 가지를 치고 독자들에게 선택을 허용
  - 독자/사용자가 중심과 가지 내용을 결정
  - 자신의 관심이 가는 대로 글을 읽음

정답 ④

하이퍼텍스트성은 '글 읽기의 순차가 정해진 것도 없고, 가지를 치고 독자들에게 선택을 허용한다.'라고 하였으므로 읽기의 순차가 없는 선택적 읽기를 허용한다는 설명은 적절하다.

오답분석
① · ③ 하이퍼텍스트는 본문과 주석의 구분이 의미가 없고, 독자/사용자가 어느 것이 중심인지 결정한다고 하였다.
② 일반적인 글에서는 주석이 보조적 설명으로 간주되지만, 하이퍼텍스트는 본문과 주석의 구분이 무의미하다고 하였다.
⑤ 비선형적 텍스트성은 독자/사용자에게 선택을 허용하는 것으로, 독자가 중심 내용과 가지 내용을 결정하므로 독자 중심의 글 읽기라고 볼 수 있다.

주제

과학 기술 분야를 ____시키기 위한 대책

내용요약

· **과학연구와 _____을 위한 과학자와 기술자의 해외 교류**

－ 우리의 과학 기술 ___에 영향

－ 우리의 _____에 변화를 일으킴

－ 우리 사회의 _____에 실질적인 힘이 됨

· **과학 기술 진흥을 위한 노력의 필요성**

－ 선진 과학 기술을 우리의 것으로 ___, ___시킬 계획과 태세를 갖춰야 함

－ 참다운 경제적 ___과 외교의 ____을 지키기 위해서 꼭 필요함

－ 선진 기술을 어떤 ___에서, 어떠한 분야부터 진흥시킬 것인가에 대한 계획을 세워 장기적으로 ___해 나가야 함

글의 흐름 파악하기

05 〈보기〉의 ㉠, ㉡에 들어갈 접속어에 대한 설명으로 가장 옳은 것은? 21 서울시 9급

> 많은 과학자와 기술자가 과학 연구와 기술 훈련을 위하여 외국에 갔다 돌아오고, 또 많은 외국의 기술자가 이러한 목적을 위하여 우리나라에 왔다가 돌아간다. 이러한 일은 우리의 과학 기술 발전에 커다란 영향을 주고, 또 우리의 문화생활에 새로운 변화를 일으키며 더욱 우리 사회의 근대화에 실질적인 힘이 되고 있다.
>
> (㉠) 이러한 선진 과학 기술을 우리의 것으로 완전히 소화하고, 다시 이것을 발전시켜 우리에게 유익하게 이용할 수 있는 만반의 계획과 태세를 갖추지 않는다면, 우리는 영원히 참다운 경제 자립을 이룩할 수 없게 될 뿐만 아니라, 경우에 따라서는 정치, 외교의 자주성을 굳게 지켜나갈 수 없게 될 것이다.
>
> (㉡) 선진 기술을 어떠한 원칙에서 받아들여, 어떠한 과학 기술 분야에서부터 진흥시켜 나갈 것인가 하는 구체적인 계획을 세워서 이것을 장기적으로 계속 추진하여 나간다는 것은, 과학 기술 진흥을 위하여 가장 중요하고도 기본적인 문제가 된다.
>
> － 박익수, 「우리 과학 기술 진흥책」 －

① ㉠은 조건, 이유에 대한 결과를 나타내는 '순접' 기능을 한다.

② ㉡은 대등한 자격으로 이어지는 '요약' 기능을 한다.

③ ㉠은 반대, 대립되는 내용을 나타내는 '역접' 기능을 한다.

④ ㉡은 다른 내용을 도입하는 '전환' 기능을 한다.

05 〈보기〉의 ㉠, ㉡에 들어갈 접속어에 대한 설명으로 가장 옳은 것은? 21 서울시 9급

> 많은 ⓐ과학자와 기술자가 과학 연구와 기술 훈련을 위하여 외국에 갔다 돌아오고, 또 많은 외국의 기술자가 이러한 목적을 위하여 우리나라에 왔다가 돌아간다. 이러한 일은 우리의 과학 기술 발전에 커다란 영향을 주고, 또 우리의 문화생활에 새로운 변화를 일으키며 더욱 ⓐ우리 사회의 근대화에 실질적인 힘이 되고 있다.
>
> (㉠) 이러한 선진 과학 기술을 ⓐ우리의 것으로 완전히 소화하고, 다시 이것을 발전시켜 우리에게 유익하게 이용할 수 있는 만반의 계획과 태세를 갖추지 않는다면, 우리는 영원히 참다운 경제 자립을 이룩할 수 없게 될 뿐만 아니라, 경우에 따라서는 정치, 외교의 자주성을 굳게 지켜나갈 수 없게 될 것이다.
>
> (㉡) 선진 기술을 어떠한 원칙에서 받아들여, 어떠한 과학 기술 분야에서부터 진흥시켜 나갈 것인가 하는 구체적인 계획을 세워서 이것을 장기적으로 계속 추진하여 나간다는 것은, 과학 기술 진흥을 위하여 가장 중요하고도 기본적인 문제가 된다.
>
> – 박익수, 「우리 과학 기술 진흥책」 –

① ㉠은 조건, 이유에 대한 결과를 나타내는 '순접' 기능을 한다.
② ㉡은 대등한 자격으로 이어지는 '요약' 기능을 한다.
③ ㉠은 반대, 대립되는 내용을 나타내는 '역접' 기능을 한다.
④ ㉡은 다른 내용을 도입하는 '전환' 기능을 한다.

지문요약

주제
과학 기술 분야를 진흥시키기 위한 대책

내용요약
• **과학연구와 기술 훈련을 위한 과학자와 기술자의 해외 교류**
  – 우리의 과학 기술 발전에 영향
  – 우리의 문화생활에 변화를 일으킴
  – 우리 사회의 근대화에 실질적인 힘이 됨
• **과학 기술 진흥을 위한 노력의 필요성**
  – 선진 과학 기술을 우리의 것으로 소화, 발전시킬 계획과 태세를 갖춰야 함
  – 참다운 경제적 자립과 외교의 자주성을 지키기 위해서 꼭 필요함
  – 선진 기술을 어떤 원칙에서, 어떠한 분야부터 진흥시킬 것인가에 대한 계획을 세워 장기적으로 추진해 나가야 함

정답 ③

1문단에서 과학 연구와 기술 훈련을 위해 과학자와 기술자가 외국으로 갔다 돌아오고 하는 일은 우리의 삶에 큰 힘이 된다고 언급하고 있다. 2문단에서는 이렇게 교류한 기술을 발전시키기 위한 계획과 태세를 갖추지 못했을 경우의 부정적인 상황에 대해 언급한다. 따라서 ㉠에는 반대, 대립되는 내용을 나타내는 역접의 접속 부사 '그러나'가 오는 것이 적절하다. 그리고 이어지는 3문단에서는 2문단에서 세운 계획을 장기적으로 계속 추진해 나가는 것이 과학 기술 진흥을 위해 중요하면서도 기본이 되는 문제라고 서술하고 있어 2문단이 3문단의 근거가 되므로 ㉡에는 접속 부사 '따라서'가 오는 것이 적절하다.

지문요약

주제

텔레비전과 영화 ___의 특징

내용요약

• **텔레비전 자막**

- 여러 종류의 ___이 쓰임

- 뉴스: ___ 자막, 기사의 제목이나 소제목 자막, ___ 내용의 핵심 내용이나 세부 자료 자막

- ___에서 쓰는 자막 모두 사용

- 각종 제목과 ___ 내용 나타냄

- _과 _____ 자막

- ___ 전달이 불가능한 정보를 의도에 맞게 자막으로 활용

• **영화 자막**

- ___에 보여주는 글자: 관객이나 시청자가 읽을 수 있게 함

- 타이틀, _____, 번역 대사

- 영화 ___과 관련된 정보만 알려줌

- _____의 대사를 보여주기 위해 번역 대사 자막 사용

글의 서술 방식 파악하기

01 아래의 글에 나타나지 않는 설명 방식은?

22 군무원 9급

> 텔레비전에서는 여러 종류의 자막이 쓰인다. 뉴스의 경우, 앵커가 기사를 소개할 때에는 앵커의 왼쪽 위에 기사 전체의 내용을 요약하거나 핵심을 추려 제목 자막을 쓴다. 보도 중간에는 화면의 하단에 기사의 제목이나 소제목을 자막으로 보여준다. 그리고 보도 내용을 이해하는 데 꼭 필요한 핵심적인 내용이나 세부 자료도 자막으로 보여준다.
>
> 관객이나 시청자가 읽을 수 있도록 화면에 보여주는 글자라는 점에서 영화에서 쓰이는 자막도 텔레비전 자막과 비슷하게 활용된다. 그런데 영화의 자막은 타이틀과 엔딩 크레디트 그리고 번역 대사가 전부이다. 이는 모두 영화 제작과 관련된 정보를 알려주는 제한된 용도로만 사용된다. 번역 대사는 더빙하지 않은 외국영화의 대사를 보여주기 위한 수단으로 사용된다.
>
> 텔레비전에서는 영화에서 쓰는 자막을 모두 사용할 뿐 아니라 각종 제목과 요약 내용을 나타내기도 하고 시청자의 흥미를 돋우기 위해 말과 감탄사를 표현하기도 한다. 음성으로 전달할 수 없는 다양한 정보를 제작자의 의도에 맞게끔 자막을 활용하여 제공하는 것이다.

① 정의

② 유추

③ 예시

④ 대조

01 아래의 글에 나타나지 않는 설명 방식은?

22 군무원 9급

³텔레비전에서는 여러 종류의 자막이 쓰인다. 뉴스의 경우, 앵커가 기사를 소개할 때에는 앵커의 왼쪽 위에 기사 전체의 내용을 요약하거나 핵심을 추려 ³제목 자막을 쓴다. ³보도 중간에는 화면의 하단에 기사의 제목이나 소제목을 자막으로 보여준다. 그리고 ³보도 내용을 이해하는 데 꼭 필요한 핵심적인 내용이나 세부 자료도 자막으로 보여준다.

①④관객이나 시청자가 읽을 수 있도록 화면에 보여주는 글자라는 점에서 영화에서 쓰이는 자막도 텔레비전 자막과 비슷하게 활용된다. 그런데 ³영화의 자막은 타이틀과 엔딩 크레디트 그리고 번역 대사가 전부이다. 이는 모두 영화 제작과 관련된 정보를 알려주는 제한된 용도로만 사용된다. 번역 대사는 더빙하지 않은 외국영화의 대사를 보여주기 위한 수단으로 사용된다.

텔레비전에서는 영화에서 쓰는 자막을 모두 사용할 뿐 아니라 각종 제목과 요약 내용을 나타내기도 하고 시청자의 흥미를 돋우기 위해 말과 감탄사를 표현하기도 한다. 음성으로 전달할 수 없는 다양한 정보를 제작자의 의도에 맞게끔 자막을 활용하여 제공하는 것이다.

① 정의
② 유추
③ 예시
④ 대조

지문요약

주제

텔레비전과 영화 자막의 특징

내용요약

· 텔레비전 자막
  - 여러 종류의 자막이 쓰임
  - 뉴스: 제목 자막, 기사의 제목이나 소제목 자막, 보도 내용의 핵심 내용이나 세부 자료 자막
  - 영화에서 쓰는 자막 모두 사용
  - 각종 제목과 요약 내용 나타냄
  - 말과 감탄사 자막
  - 음성 전달이 불가능한 정보를 의도에 맞게 자막으로 활용

· 영화 자막
  - 화면에 보여주는 글자: 관객이나 시청자가 읽을 수 있게 함
  - 타이틀, 엔딩 크레디트, 번역 대사
  - 영화 제작과 관련된 정보만 알려줌
  - 외국영화의 대사를 보여주기 위해 번역 대사 자막 사용

정답 ②

유추는 두 개의 사물이 여러 면에서 비슷하다는 것을 근거로 다른 속성도 유사할 것이라고 추론하는 설명 방식이다. 이 지문에서 유추의 설명 방식은 나타나지 않는다.

오답분석

① 정의는 어떤 말이나 사물의 뜻을 명백히 밝혀 규정하는 설명 방식이다. 2문단에서 '관객이나 시청자가 읽을 수 있도록 화면에 보여주는 글자'라고 자막을 정의하고 있다.

③ 예시는 어떤 개념에 대해 예를 들어 보이는 설명 방식이다. 1문단에서 뉴스 자막의 예를, 2문단에서 영화 자막의 예를 들고 있다.

④ 대조는 둘 이상의 대상의 차이점을 견주는 설명 방식이다. 2문단에서 영화 자막과 텔레비전 자막의 공통점과 차이점을 설명하고 있다.

주제

청___의 몰락

내용요약

• **청의 하락 시대**

– 급격한 ___ 증가: 새로운 작물 재배, 개간, ___, 농경 ____ 등의 노력에도 해결되지 않음

– 결사 조직의 성행: 전통적인 ___가 약화되거나 단절된 사람들이 상호 ___ 관계를 맺음. 불법적인 활동으로 연결, 반란의 조직적 기반이 됨

– 관료 사회의 _____: 지식인들이 늘어났지만 관료 조직 규모는 ___되어 있어 경쟁의 ___가 ___적 행위로 연결됨

02 문맥을 고려할 때 ㉠의 의미를 파악한 내용으로 가장 적절한 것은? 21 수능

그러나 청의 번영은 지속되지 않았고, 19세기에 접어들 무렵부터는 심각한 내외의 위기에 직면해 급속한 하락의 시대를 겪게 된다. 북학파들이 연행을 했던 18세기 후반에도 이미 위기의 징후 들이 나타나고 있었다. 급격한 인구 증가로 인한 여러 문제는 새로운 작물 재배, 개간, 이주, 농경 집약화 등 민간의 노력에도 불구하고 해결되지 않았다. 인구 증가로 이주 및 도시화가 진행되는 가운데 전통적인 사회적 유대가 약화되거나 단절된 사람들이 상호 부조 관계를 맺는 결사 조직이 성행하였다. 이런 결사 조직은 불법적인 활동으로 연결되곤 했고 위기 상황에서는 반란의 조직적 기반이 되었다. 인맥에 기초한 관료 사회의 부정부패가 심화된 것 역시 인구 증가와 무관하지 않았다. 교육받은 지식인들이 늘어났지만 이들을 흡수할 수 있는 관료 조직의 규모는 정체되어 있었고, 경쟁의 심화가 종종 불법적인 행위로 연결되었다. 이와 같이 18세기 후반 청의 화려한 번영의 그늘에는 ㉠ 심각한 위기의 씨앗들이 뿌려지고 있었다.

① 새로운 작물의 보급 증가가 경제적 번영으로 이어지는 상황을 가리키는 것이군.

② 신용 기관이 확대되고 교역의 질과 양이 급변하고 있는 상황을 가리키는 것이군.

③ 반란의 위험성 증가 등 인구 증가로 인한 문제점들이 나타나는 상황을 가리키는 것이군.

④ 이주나 농경 집약화 등 조정에서 추진한 정책들이 실패한 상황을 가리키는 것이군.

⑤ 사회적 유대의 약화로 인하여 관료 사회의 부정부패가 심화되는 상황을 가리키는 것이군.

02 문맥을 고려할 때 ㉠의 의미를 파악한 내용으로 가장 적절한 것은?   21 수능

그러나 청의 번영은 지속되지 않았고, 19세기에 접어들 무렵부터는 심각한 내외의 위기에 직면해 급속한 하락의 시대를 겪게 된다. 북학파들이 연행을 했던 18세기 후반에도 이미 위기의 징후들이 나타나고 있었다. ①④급격한 인구 증가로 인한 여러 문제는 새로운 작물 재배, 개간, 이주, 농경 집약화 등 민간의 노력에도 불구하고 해결되지 않았다. ③인구 증가로 이주 및 도시화가 진행되는 가운데 전통적인 사회적 유대가 약화되거나 단절된 사람들이 상호 부조 관계를 맺는 결사 조직이 성행하였다. 이런 결사 조직은 불법적인 활동으로 연결되곤 했고 위기 상황에서는 반란의 조직적 기반이 되었다. 인맥에 기초한 관료 사회의 부정부패가 심화된 것 역시 인구 증가와 무관하지 않았다. ⑤교육받은 지식인들이 늘어났지만 이들을 흡수할 수 있는 관료 조직의 규모는 정체되어 있었고, 경쟁의 심화가 종종 불법적인 행위로 연결되었다. 이와 같이 18세기 후반 청의 화려한 번영의 그늘에는 ㉠ 심각한 위기의 씨앗들이 뿌려지고 있었다.

① 새로운 작물의 보급 증가가 경제적 번영으로 이어지는 상황을 가리키는 것이군.
② 신용 기관이 확대되고 교역의 질과 양이 급변하고 있는 상황을 가리키는 것이군.
③ 반란의 위험성 증가 등 인구 증가로 인한 문제점들이 나타나는 상황을 가리키는 것이군.
④ 이주나 농경 집약화 등 조정에서 추진한 정책들이 실패한 상황을 가리키는 것이군.
⑤ 사회적 유대의 약화로 인하여 관료 사회의 부정부패가 심화되는 상황을 가리키는 것이군.

지문요약

주제
청 번영의 몰락

내용요약
• 청의 하락 시대
 – 급격한 인구 증가: 새로운 작물 재배, 개간, 이주, 농경 집약화 등의 노력에도 해결되지 않음
 – 결사 조직의 성행: 전통적인 유대가 약화되거나 단절된 사람들이 상호 부조 관계를 맺음. 불법적인 활동으로 연결, 반란의 조직적 기반이 됨
 – 관료 사회의 부정부패: 지식인들이 늘어났지만 관료 조직 규모는 정체되어 있어 경쟁의 심화가 불법적 행위로 연결됨

정답 ③

지문에서는 청의 번영으로 급격하게 인구가 증가하였고 이로 인해 다양한 사회 위기 상황이 이어졌다고 설명한다. 이를 통해 ㉠의 '심각한 위기의 씨앗들'은 인구 증가로 인한 문제를 의미한다는 것을 알 수 있다. 따라서 인구 증가로 인한 문제가 해결되지 않고, 결사 조직들은 반란의 조직적 기반이 되었다고 했으므로 ③이 ㉠의 의미를 파악한 내용으로 가장 적절하다.

오답분석

① 새로운 작물 재배, 개간 등 민간의 노력이 있었지만, 이것이 경제적 번영으로 이어지는 상황이 아니었다. 오히려 급격한 인구 증가로 인해 여러 가지 민간의 노력도 소용이 없는 상황이었다.
② 신용 기관이 확대되고 교역의 질과 양이 급변하는 상황에 대해 지문에서는 언급하고 있지 않다.
④ 이주나 농경 집약화 등으로 급격한 인구 증가 문제를 해결하려고 한 것은 조정이 아니라 민간이었다.
⑤ 급격한 인구 증가 문제를 해결하기 위해 이주 및 도시화가 진행되면서 사회적 유대가 약화된 것은 사실이지만, 이것 때문에 관료 사회의 부정부패가 심화된 것은 아니다. 관료 사회 부정부패의 원인은 늘어난 지식인에 비해 관직의 수는 한정된 상황에서 경쟁이 심화된 탓이라고 볼 수 있다.

지문요약

주제

우리 몸의 세 종류의 근육을 두 ___에 따라
두 ___로 ___하기

내용요약

• 뼈대근육

  – 수의근. ___으로 통제하여 사용 가
    능한 근육

  – __에 부착되어 있는 줄무늬근

  – 달리기, 들어 올리기 등의 신체 ___을
    일으킴

  – ___을 통해 발달

• 내장근육

  – 소화기관, 혈관, 기도에 있는 근육. __
    무늬근

  – 의식적인 통제하에 있지 않음. ___
    근

  – 소화기관에 있는 근육은 ___ 운동을
    일으킴

  – 혈관에 있는 근육은 혈관의 ___을 변
    화시킴

  – 기도에 있는 근육은 ___의 움직임을
    촉진시킴

• 심장근육

  – 심장에서만 발견되는 근육. ___근

  – ___을 구성

  – 심장을 ___시키는 역할

  – ___근에 해당

구분	통제 여부	줄무늬 여부
	통제 가능 (수의근)	줄무늬 있음 (줄무늬근)
	통제 불가 (불수의근)	줄무늬 없음 (민무늬근)
	통제 불가 (불수의근)	줄무늬 있음 (줄무늬근)

03 다음 글의 〈표〉에 대한 판단으로 옳은 것만을 〈보기〉에서 모두 고르면?

20 국가직 7급 언어논리(모의)

우리 몸에는 세 종류의 중요한 근육이 있는데 이것들은 서로 다른 두 기준에 따라 각각 두 종류로 분류될 수 있다. 두 기준은 근육을 구성하는 근섬유에 줄무늬가 있는지의 여부와 근육의 움직임을 우리가 의식적으로 통제할 수 있는지의 여부이다.

세 종류의 중요한 근육 중 뼈대근육은 우리가 의식적으로 통제하여 사용할 수 있기 때문에 수의근이라고 하며 뼈에 부착되어 있다. 이 근육에 있는 근섬유에는 줄무늬가 있어서 줄무늬근으로 분류된다. 뼈대근육은 달리기, 들어 올리기와 같은 신체적 동작을 일으킨다. 우리가 신체적 운동을 통해 발달시키고자 하는 근육이 바로 뼈대근육이다.

뼈대근육과 다른 종류로서 내장근육이 있는데, 이 근육은 소화기관, 혈관, 기도에 있는 근육으로서 의식적인 통제하에 있는 것이 아니다. 내장근육에 있는 근섬유에는 줄무늬가 없어서 민무늬근으로 분류된다. 위나 다른 소화기관에 있는 근육은 꿈틀운동을 일으킨다. 혈관에 있는 근육은 혈관의 직경을 변화시켜서 피의 흐름을 촉진시킨다. 기도에 있는 근육은 기도의 직경을 변화시켜서 공기의 움직임을 촉진시킨다.

심장근육은 심장에서만 발견되는데 심장근육에 있는 근섬유에는 줄무늬가 있다. 심장근육은 심장벽을 구성하고 있고 심장을 수축시키는 역할을 하는데, 이 근육은 우리가 의식적으로 통제할 수 있는 것이 아니기 때문에 불수의근으로 분류된다.

지금까지 기술한 내용을 정리하면 다음과 같다.

〈표〉 근육의 종류와 특징

기준＼종류	뼈대근육	내장근육	심장근육
A	㉠	㉡	㉢
B	㉣	㉤	㉥

〈보 기〉

ㄱ. ㉡과 ㉢이 같은 특징이라면, A에는 근섬유에 줄무늬가 있는지를 따지는 기준이 들어간다.

ㄴ. ㉣과 ㉥이 다른 특징이라면, B에는 근육의 움직임을 의식적으로 통제할 수 있는지를 따지는 기준이 들어간다.

ㄷ. ㉠에 '수의근'이 들어간다면, ㉤에는 '민무늬근'이 들어가야 한다.

① ㄱ

② ㄷ

③ ㄱ, ㄴ

④ ㄴ, ㄷ

⑤ ㄱ, ㄴ, ㄷ

03 다음 글의 〈표〉에 대한 판단으로 옳은 것만을 〈보기〉에서 모두 고르면?

20 국가직 7급 언어논리(모의)

우리 몸에는 세 종류의 중요한 근육이 있는데 이것들은 서로 다른 두 기준에 따라 각각 두 종류로 분류될 수 있다. 두 기준은 근육을 구성하는 근섬유에 줄무늬가 있는지의 여부와 근육의 움직임을 우리가 의식적으로 통제할 수 있는지의 여부이다.

세 종류의 중요한 근육 중 뼈대근육은 우리가 의식적으로 통제하여 사용할 수 있기 때문에 수의근이라고 하며 뼈에 부착되어 있다. 이 근육에 있는 근섬유에는 줄무늬가 있어서 줄무늬근으로 분류된다. 뼈대근육은 달리기, 들어 올리기와 같은 신체적 동작을 일으킨다. 우리가 신체적 운동을 통해 발달시키고자 하는 근육이 바로 뼈대근육이다.

뼈대근육과 다른 종류로서 내장근육이 있는데, 이 근육은 소화기관, 혈관, 기도에 있는 근육으로서 의식적인 통제하에 있는 것이 아니다. 내장근육에 있는 근섬유에는 줄무늬가 없어서 민무늬근으로 분류된다. 위나 다른 소화기관에 있는 근육은 꿈틀운동을 일으킨다. 혈관에 있는 근육은 혈관의 직경을 변화시켜서 피의 흐름을 촉진시킨다. 기도에 있는 근육은 기도의 직경을 변화시켜서 공기의 움직임을 촉진시킨다.

심장근육은 심장에서만 발견되는데 심장근육에 있는 근섬유에는 줄무늬가 있다. 심장근육은 심장벽을 구성하고 있고 심장을 수축시키는 역할을 하는데, 이 근육은 우리가 의식적으로 통제할 수 있는 것이 아니기 때문에 불수의근으로 분류된다. 지금까지 기술한 내용을 정리하면 다음과 같다.

〈표〉 근육의 종류와 특징

기준＼종류	뼈대근육	내장근육	심장근육
A	㉠	㉡	㉢
B	㉣	㉤	㉥

〈보기〉

ㄱ. ㉡과 ㉢이 같은 특징이라면, A에는 근섬유에 줄무늬가 있는지를 따지는 기준이 들어간다.

ㄴ. ㉣과 ㉥이 다른 특징이라면, B에는 근육의 움직임을 의식적으로 통제할 수 있는지를 따지는 기준이 들어간다.

ㄷ. ㉠에 '수의근'이 들어간다면, ㉤에는 '민무늬근'이 들어가야 한다.

① ㄱ

② ㄷ

③ ㄱ, ㄴ

④ ㄴ, ㄷ

⑤ ㄱ, ㄴ, ㄷ

ㄴ. @과 ⑪이 다른 특징이라면, 근육의 의식적 통제 여부를 따져 수의근인가, 불수의근인가에 대한 기준이 들어가야 하므로 적절하다.

ㄷ. ㉠의 뼈대근육은 의식적으로 통제가 가능한 근육이므로 '수의근'에 해당하고, ⑪은 내장근육의 줄무늬 여부를 묻는 것인데, 내장 근육은 무늬가 없으므로 '민무늬근'이 들어가야 하므로 적절하다.

오답분석

ㄱ. ㉡과 ㉢이 같은 특징이라면, A에는 근육의 의식적 통제 여부를 따지는 기준이 들어가야 하므로 적절하지 않다.

주제

조간대의 ____와 조간대에 사는 생물들의 ____

내용요약

• 조간대의 정의

  ____에 의해 해수가 ____에 제일 높게 들어온 곳과 ____에 의해 제일 낮게 빠진 곳의 사이에 해당하는 부분

• 조간대의 생물들

  – 물에 잠겨있을 때와 공기 중에 노출될 때라는 ____ 환경에 노출되어 있음

  – 파도의 ____을 버텨내야 함

  – 빗물과 같은 ____ 환경에 적응해야 함

  – 바닷물이 증발한 후 ____으로 범벅된 몸을 추슬러야 함

  – 조간대의 ____에 따른 환경

높이	환경
	태양열을 견뎌내야 함
	만조와 간조의 상반된 환경을 견뎌야 함
	파도의 파괴력을 이겨내기 위해 강한 부착력을 지녀야 함

  – ____ 환경에 적응하기 위해 ____으로 종이 분포

세부 내용 파악하기

04 다음 중 〈보기〉를 읽고 답을 찾을 수 없는 질문은?

21 해경 2차

해안에서 밀물에 의해 해수가 해안선에 제일 높게 들어온 곳과 썰물에 의해 제일 낮게 빠진 곳의 사이에 해당하는 부분을 조간대라고 한다. 지구상에서 생물이 살기에 열악한 환경 중 한 곳이 바로 이 조간대이다. 이곳의 생물들은 물에 잠겨있을 때와 공기 중에 노출될 때라는 상반된 환경에 삶을 맞춰야 한다. 또한 갯바위에 부서지는 파도의 파괴력도 견뎌내야 한다. 또한 빗물이라도 고이면 민물이라는 환경에도 적응해야 하며, 강한 햇볕으로 바닷물이 증발하고 난 다음에는 염분으로 범벅된 몸을 추슬러야 한다. 이러한 극단적이고 변화무쌍한 환경에 적응할 수 있는 생물만이 조간대에서 살 수 있다.

조간대는 높이에 따라 상부, 중부, 하부로 나뉜다. 바다로부터 가장 높은 곳인 상부는 파도가 강해야만 물이 겨우 닿는 곳이다. 그래서 조간대 상부에 사는 생명체는 뜨거운 태양열을 견뎌야 한다. 중부는 만조 때에는 물에 잠기지만 간조 때에는 공기 중에 노출되는 곳이다. 그런데 물이 빠져 공기 중에 노출되었다 해도 파도에 의해 어느 정도의 수분은 공급된다. 가장 아래에 위치한 하부는 간조시를 제외하고는 항상 물에 잠겨 있다. 땅위 환경의 영향을 적게 받는다는 점에선 다소 안정적이긴 해도 파도의 파괴력을 이겨내기 위해 강한 부착력을 지녀야 한다는 점에서 생존이 쉽지 않은 곳이다.

조간대에 사는 생물들은 불안정하고 척박한 환경에 적응하기 위해 높이에 따라 수직으로 종이 분포한다. 조간대를 찾았을 때 총알고둥류와 따개비들을 발견했다면 그곳이 조간대에서 물이 가장 높이 올라오는 지점인 것이다. 이들은 상당 시간 물 밖에 노출되어도 수분 손실을 막기 위해 패각과 덮개판을 꼭 닫은 채 물이 밀려올 때까지 버텨낼 수 있다.

① 조간대에 사는 생물들이 견뎌야 하는 환경적 조건에는 어떠한 것이 있는가?

② 조간대에 따개비가 사는 곳은 어느 지점인가?

③ 조간대에서 높이에 따라 생물의 종이 수직으로 분포하는 이유는 무엇인가?

④ 조간대의 중부에 사는 생물에는 어떠한 것이 있는가?

04 다음 중 〈보기〉를 읽고 답을 찾을 수 없는 질문은?

21 해경 2차

해안에서 밀물에 의해 해수가 해안선에 제일 높게 들어온 곳과 썰물에 의해 제일 낮게 빠진 곳의 사이에 해당하는 부분을 조간대라고 한다. 지구상에서 생물이 살기에 열악한 환경 중 한 곳이 바로 이 조간대이다. ①이곳의 생물들은 물에 잠겨있을 때와 공기 중에 노출될 때라는 상반된 환경에 삶을 맞춰야 한다. 또한 갯바위에 부서지는 파도의 파괴력도 견뎌내야 한다. 또한 빗물이라도 고이면 민물이라는 환경에도 적응해야 하며, 강한 햇볕으로 바닷물이 증발하고 난 다음에는 염분으로 범벅된 몸을 추슬러야 한다. 이러한 극단적이고 변화무쌍한 환경에 적응할 수 있는 생물만이 조간대에서 살 수 있다.

조간대는 높이에 따라 상부, 중부, 하부로 나뉜다. 바다로부터 가장 높은 곳인 상부는 파도가 강해야만 물이 겨우 닿는 곳이다. 그래서 조간대 상부에 사는 생명체는 뜨거운 태양열을 견뎌내야 한다. ④중부는 만조 때에는 물에 잠기지만 간조 때에는 공기 중에 노출되는 곳이다. 그런데 물이 빠져 공기 중에 노출되었다 해도 파도에 의해 어느 정도의 수분은 공급된다. 가장 아래에 위치한 하부는 간조시를 제외하고는 항상 물에 잠겨 있다. 땅위 환경의 영향을 적게 받는다는 점에선 다소 안정적이긴 해도 파도의 파괴력을 이겨내기 위해 강한 부착력을 지녀야 한다는 점에서 생존이 쉽지 않은 곳이다.

③조간대에 사는 생물들은 불안정하고 척박한 환경에 적응하기 위해 높이에 따라 수직으로 종이 분포한다. 조간대를 찾았을 때 ②총알고둥류와 따개비들을 발견했다면 그곳이 조간대에서 물이 가장 높이 올라오는 지점인 것이다. 이들은 상당 시간 물 밖에 노출되어도 수분 손실을 막기 위해 패각과 덮개판을 꼭 닫은 채 물이 밀려올 때까지 버텨낼 수 있다.

① 조간대에 사는 생물들이 견뎌야 하는 환경적 조건에는 어떠한 것이 있는가?
② 조간대에 따개비가 사는 곳은 어느 지점인가?
③ 조간대에서 높이에 따라 생물의 종이 수직으로 분포하는 이유는 무엇인가?
④ 조간대의 중부에 사는 생물에는 어떠한 것이 있는가?

지문요약

주제

조간대의 정의와 조간대에 사는 생물들의 환경

내용요약

• 조간대의 정의

밀물에 의해 해수가 해안선에 제일 높게 들어온 곳과 썰물에 의해 제일 낮게 빠진 곳의 사이에 해당하는 부분

• 조간대의 생물들

- 물에 잠겨있을 때와 공기 중에 노출될 때라는 상반된 환경에 노출되어 있음
- 파도의 파괴력을 버텨내야 함
- 빗물과 같은 민물 환경에 적응해야 함
- 바닷물이 증발한 후 염분으로 범벅된 몸을 추슬러야 함
- 조간대의 높이에 따른 환경

높이	환경
상부	태양열을 견뎌내야 함
중부	만조와 간조의 상반된 환경을 견뎌야 함
하부	파도의 파괴력을 이겨내기 위해 강한 부착력을 지녀야 함

- 척박한 환경에 적응하기 위해 수직으로 종이 분포

정답 ④

2문단에서 조간대의 상부, 중부, 하부에서 사는 생물들이 견뎌야 하는 환경을 설명하고 있지만 어떤 생명체가 사는지 구체적인 예시를 제시하고 있지는 않다.

오답분석

① 1문단에서 조간대에 사는 생물들이 견뎌야 하는 환경적 조건을 자세히 나열하고 있다.
② 3문단에서 총알고둥류와 따개비들은 조간대에서 물이 가장 높이 올라오는 지점에서 서식한다고 설명하고 있다.
③ 3문단에서 '조간대에 사는 생물들은 불안정하고 척박한 환경에 적응하기 위해 높이에 따라 수직으로 종이 분포한다.'라고 언급하고 있다.

- ___에게 미치는 _____의 영향
  - 자신의 ___과 ___ 활동의 번거로움을
    ___
  - 모든 평가와 판단을 _____에 맡김
  - 시간을 _____으로 사용할 수 있게 되
    어 더 빨리 ___할 수도 있음
  - 세상 밖의 ___을 볼 기회나 인생의 ___
    를 얻지 못함

통합형

05 ㉠~㉢에 대한 고쳐 쓰기 방안으로 적절하지 않은 것은?

22 지역인재 9급

> 미디어의 영향 아래에 ㉠ 놓여진 대중은 자신의 신념과 사고 활동의 번거로움을
> 포기하고 모든 평가와 판단을 ㉡ 미디어에 맡긴다. 자신의 평가와 판단을 미디어에
> 양도하는 사람은 시간을 효율적으로 사용할 수 있게 되어 더 빨리 성공할 수 있을지
> 는 모른다. ㉢ 그래서 그들은 세상 밖의 진실을 볼 수 있는 기회를 갖지 ㉣ 못할뿐만
> 아니라 인생의 깊이도 얻지 못할 것이다.

① ㉠은 이중피동이 사용되었으므로 '놓인'으로 고쳐 쓴다.

② ㉡은 부적절한 표현이므로 '미디어를 배격한다'로 고쳐 쓴다.

③ ㉢은 접속부사가 잘못 사용되었으므로 '그러나'로 고쳐 쓴다.

④ ㉣은 띄어쓰기가 잘못되었으므로 '못할 뿐만'으로 고쳐 쓴다.

05 ㉠~㉣에 대한 고쳐 쓰기 방안으로 적절하지 않은 것은?

22 지역인재 9급

> 미디어의 영향 아래에 ㉠ 놓여진 대중은 ㉮자신의 신념과 사고 활동의 번거로움을 포기하고 모든 평가와 판단을 ㉡ 미디어에 맡긴다. 자신의 평가와 판단을 미디어에 양도하는 사람은 시간을 효율적으로 사용할 수 있게 되어 더 빨리 성공할 수 있을지는 모른다. ㉢ 그래서 그들은 세상 밖의 진실을 볼 수 있는 기회를 갖지 ㉣ 못할뿐만 아니라 인생의 깊이도 얻지 못할 것이다.

① ㉠은 이중피동이 사용되었으므로 '놓인'으로 고쳐 쓴다.
② ㉡은 부적절한 표현이므로 '미디어를 배격한다'로 고쳐 쓴다.
③ ㉢은 접속부사가 잘못 사용되었으므로 '그러나'로 고쳐 쓴다.
④ ㉣은 띄어쓰기가 잘못되었으므로 '못할 뿐만'으로 고쳐 쓴다.

내용요약

• 대중에게 미치는 미디어의 영향
  – 자신의 신념과 사고 활동의 번거로움을 포기
  – 모든 평가와 판단을 미디어에 맡김
  – 시간을 효율적으로 사용할 수 있게 되어 더 빨리 성공할 수도 있음
  – 세상 밖의 진실을 볼 기회나 인생의 깊이를 얻지 못함

정답 ②

미디어의 영향 아래 놓인 대중은 자신의 신념과 사고 활동의 번거로움을 포기하여 시간을 효율적으로 사용하려고 한다. 따라서 미디어를 더 적극적으로 사용할 것이므로, 선지의 '미디어를 배격한다'는 표현은 옳지 않다. '배격'은 '어떤 사상, 의견, 물건 따위를 물리침'이라는 뜻이기 때문에 미디어를 멀리한다는 의미가 되므로 고치지 않고 '미디어에 맡긴다'로 두는 것이 적절하다.

오답분석

① '놓여진'은 '놓- + -이- + -어지다'의 형태이다. 이때 '-이-'는 피동 접미사(파생적 피동)이고 '-어지다'는 피동의 성격을 지니는 보조동사(통사적 피동)이다. 따라서 피동이 이중으로 나타나므로 '놓인'으로 고치는 것이 적절하다.
③ ㉢의 앞부분에는 미디어에 모든 평가와 판단을 맡겼을 때의 긍정적인 측면을 서술하고 있고, 뒷부분에는 부정적인 측면을 다루고 있으므로 역접의 접속 부사인 '그러나'로 고치는 것이 적절하다.
④ '-뿐'은 '다만 어떠하거나 어찌할 따름'이라는 뜻의 의존명사이다. 따라서 앞의 단어와 띄어 써야 하므로 '못할 뿐만'으로 고치는 것이 적절하다.

DAY 12

지문요약

주제

유서의 ___와 특성

내용요약

• 유서의 정의

고금의 ___에서 자료를 ___하고 항목별로 분류, ___하여 이용에 편리하도록 편찬한 서적

• 유서의 특성

– 기존 서적에서 _____ 부분만 뽑아 배열

– 상호 ___하거나 편찬자의 ___은 가하지 않음

• 유서의 종류

– ___ 유서: 모든 주제를 망라

– ___ 유서: 특정 주제를 다룬 유서

• 유서의 편찬 방식

– ___ 왕조 초기: 국가 주도로 _____ 유서 편찬, 간행

– 조선의 유서 편찬: 국가보다 ___이 _____로 편찬. 개인적 목적으로 유서를 활용하고자 하였기 때문에 편찬자가 ___인 경우가 많음. 전문 유서가 집중적으로 편찬

세부 내용 파악하기

01 다음 글에 대한 이해로 적절하지 않은 것은?

23 수능

중국에서 비롯된 유서(類書)는 고금의 서적에서 자료를 수집하고 항목별로 분류, 정리하여 이용에 편리하도록 편찬한 서적이다. 일반적으로 유서는 기존 서적에서 필요한 부분을 뽑아 배열할 뿐 상호 비교하거나 편찬자의 해석을 가하지 않았다. 유서는 모든 주제를 망라한 일반 유서와 특정 주제를 다룬 전문 유서로 나눌 수 있으며, 편찬 방식은 책에 따라 다른 경우가 많았다. 중국에서는 대체로 왕조 초기에 많은 학자를 동원하여 국가 주도로 대규모 유서를 편찬하여 간행하였다. 이를 통해 이전까지의 지식을 집성하고 왕조의 위엄을 과시할 수 있었다.

고려 때 중국 유서를 수용한 이후, 조선에서는 중국 유서를 활용하는 한편, 중국 유서의 편찬 방식에 따라 필요에 맞게 유서를 편찬하였다. 조선의 유서는 대체로 국가보다 개인이 소규모로 편찬하는 경우가 많았고, 목적에 따른 특정 주제의 전문 유서가 집중적으로 편찬되었다. 전문 유서 가운데 편찬자가 미상인 유서가 많은데, 대체로 간행을 염두에 두지 않고 기존 서적에서 필요한 부분을 발췌, 기록하여 시문 창작, 과거 시험 등 개인적 목적으로 유서를 활용하고자 하였기 때문이었다.

① 중국에서는 주로 서적에서 발췌한 내용을 비교하고 해석을 덧붙여 유서를 편찬하였다.
② 중국에서는 많은 학자를 동원하여 대규모로 편찬한 유서를 통해 왕조의 위엄을 드러내었다.
③ 조선에서는 중국의 편찬 방식을 따르면서도 대체로 국가보다는 개인에 의해 유서가 편찬되었다.
④ 조선에서는 시문 창작, 과거 시험 등에 필요한 내용을 담은 유서가 편찬되는 경우가 적지 않았다.
⑤ 조선에서 편찬자가 미상인 유서가 많았던 것은 편찬자의 개인적 목적으로 유서를 활용하려 했기 때문이다.

138 | 국어 비문학 독해 오독오독

01 다음 글에 대한 이해로 적절하지 않은 것은?

23 수능

중국에서 비롯된 유서(類書)는 고금의 서적에서 자료를 수집하고 항목별로 분류, 정리하여 이용에 편리하도록 편찬한 서적이다. 일반적으로 유서는 기존 서적에서 필요한 부분을 뽑아 배열할 뿐 상호 비교하거나 편찬자의 해석을 가하지 않았다. 유서는 모든 주제를 망라한 일반 유서와 특정 주제를 다룬 전문 유서로 나눌 수 있으며, 편찬 방식은 책에 따라 다른 경우가 많았다. ①②중국에서는 대체로 왕조 초기에 많은 학자를 동원하여 국가 주도로 대규모 유서를 편찬하여 간행하였다. 이를 통해 ②이전까지의 지식을 집성하고 왕조의 위엄을 과시할 수 있었다.

고려 때 중국 유서를 수용한 이후, ③조선에서는 중국 유서를 활용하는 한편, 중국 유서의 편찬 방식에 따라 필요에 맞게 유서를 편찬하였다. 조선의 유서는 대체로 국가보다 개인이 소규모로 편찬하는 경우가 많았고, 목적에 따른 특정 주제의 전문 유서가 집중적으로 편찬되었다. ⑤전문 유서 가운데 편찬자가 미상인 유서가 많은데, 대체로 간행을 염두에 두지 않고 기존 ④⑤서적에서 필요한 부분을 발췌, 기록하여 시문 창작, 과거 시험 등 개인적 목적으로 유서를 활용하고자 하였기 때문이었다.

① 중국에서는 주로 서적에서 발췌한 내용을 비교하고 해석을 덧붙여 유서를 편찬하였다.
② 중국에서는 많은 학자를 동원하여 대규모로 편찬한 유서를 통해 왕조의 위엄을 드러내었다.
③ 조선에서는 중국의 편찬 방식을 따르면서도 대체로 국가보다는 개인에 의해 유서가 편찬되었다.
④ 조선에서는 시문 창작, 과거 시험 등에 필요한 내용을 담은 유서가 편찬되는 경우가 적지 않았다.
⑤ 조선에서 편찬자가 미상인 유서가 많았던 것은 편찬자의 개인적 목적으로 유서를 활용하려 했기 때문이다.

지문요약

주제
유서의 정의와 특성

내용요약
• 유서의 정의
  고금의 서적에서 자료를 수집하고 항목별로 분류, 정리하여 이용에 편리하도록 편찬한 서적
• 유서의 특성
  – 기존 서적에서 필요한 부분만 뽑아 배열
  – 상호 비교하거나 편찬자의 해석은 가하지 않음
• 유서의 종류
  – 일반 유서: 모든 주제를 망라
  – 전문 유서: 특정 주제를 다룬 유서
• 유서의 편찬 방식
  – 중국 왕조 초기: 국가 주도로 대규모 유서 편찬, 간행
  – 조선의 유서 편찬: 국가보다 개인이 소규모로 편찬. 개인적 목적으로 유서를 활용하고자 하였기 때문에 편찬자가 미상인 경우가 많음. 전문 유서가 집중적으로 편찬

정답 ①

1문단을 통해 중국의 유서는 기존 서적에서 필요한 부분을 발췌하여 배열할 뿐 상호 비교하거나 편찬자의 해석은 가하지 않았음을 알 수 있다. 서적에서 발췌한 내용을 비교하고 해석을 덧붙인 것은 조선에서 편찬된 전문 유서들이다.

오답분석

② 중국에서는 대체로 왕조 초기에 유서를 편찬하였기 때문에 많은 학자를 동원하여 이전까지의 지식을 집대성하고 왕조의 위엄을 과시할 수 있는 대규모 유서를 편찬하여 간행하였다.
③ 조선에서는 중국 유서를 활용하면서도 필요에 맞게 유서를 편찬했고, 주로 개인이 소규모로 편찬하는 경우가 많아 전문 유서가 집중적으로 편찬되었다.
④ · ⑤ 조선에서는 주로 서적에서 필요한 부분을 발췌 · 기록하여 개인적 목적(시문 창작, 과거시험)으로 활용하는 전문 유서가 편찬되었다.

지문요약

주제

_____적 법칙의 지배를 받는 _____인 컴퓨터

내용요약

• **컴퓨터의 결정론적 법칙 시스템**
 – ___ 초기 상태에서 두 번째, 세 번째 등 다음 상태로 넘어가는 과정이 이어짐
 – 결정론적 법칙의 ___를 받는 시스템

• **결정론적 법칙의 지배를 받는 시스템의 특징**
 – 주어진 조건에 따라 결과가 하나로 _____
 – 결정론적 지배를 받는 것과 자유의지를 갖는 것은 양립할 수 _____
 – 어떤 선택을 할 때 다른 선택을 할 수 도 있다는 것은 자유의지의 _____

• **컴퓨터의 자유의지와 도덕적 의무**
 _____는 결정론적 법칙의 지배를 받는 시스템이므로 자유의지가 ___ 도덕적 의무를 ___시킬 수 없음

02 다음 글에서 추론할 수 있는 것만을 〈보기〉에서 모두 고르면?   22 지방직 9급

컴퓨터에는 자유의지가 있을까? 나아가 컴퓨터에 도덕적 의무를 귀속시킬 수 있을까? 컴퓨터는 다양한 전기회로로 구성되어 있고, 물리법칙, 프로그래밍 방식, 하드웨어의 속성 등에 따라 필연적으로 특정한 초기 상태로부터 다음 상태로 넘어간다. 마찬가지로 두 번째 상태에서 세 번째 상태로 이동하고, 이러한 과정이 계속해서 이어진다. 즉 컴퓨터는 결정론적 법칙의 지배를 받는 시스템이라는 것이다. 그럼 이러한 시스템에는 자유의지가 있을까?

결정론적 법칙의 지배를 받는 시스템의 중요한 특징은 주어진 조건에 따라 결과가 하나로 고정된다는 점이다. 다시 말해, 이러한 시스템에는 항상 하나의 선택지만 있을 뿐이다. 그런 뜻에서 결정론적 지배를 받는다는 것과 자유의지를 가진다는 것은 양립할 수 없음이 분명하다. 어떤 선택을 할 때 그것과 다른 선택을 할 수도 있다는 것은 자유의지의 필요조건이기 때문이다. 결국 결정론적 법칙의 지배를 받는 시스템은 자유의지를 가지지 않는다. 또한 자유의지를 가지지 않는 시스템에 도덕적 의무를 귀속시킬 수 없음은 당연하다.

〈보 기〉

ㄱ. 컴퓨터는 자유의지를 가지지 않으며 도덕적 의무의 귀속 대상일 수도 없다.

ㄴ. 도덕적 의무를 귀속시킬 수 있는 시스템은 결정론적 법칙의 지배를 받지 않는다.

ㄷ. 어떤 선택을 할 때 그것과 다른 선택을 할 수 없는 시스템은 자유의지를 가지지 않는다.

① ㄱ, ㄴ
② ㄱ, ㄷ
③ ㄴ, ㄷ
④ ㄱ, ㄴ, ㄷ

02 다음 글에서 추론할 수 있는 것만을 〈보기〉에서 모두 고르면?

22 지방직 9급

컴퓨터에는 자유의지가 있을까? 나아가 컴퓨터에 도덕적 의무를 귀속시킬 수 있을까? 컴퓨터는 다양한 전기회로로 구성되어 있고, 물리법칙, 프로그래밍 방식, 하드웨어의 속성 등에 따라 필연적으로 특정한 초기 상태로부터 다음 상태로 넘어간다. 마찬가지로 두 번째 상태에서 세 번째 상태로 이동하고, 이러한 과정이 계속해서 이어진다. 즉 컴퓨터는 결정론적 법칙의 지배를 받는 시스템이라는 것이다. 그럼 이러한 시스템에는 자유의지가 있을까?

결정론적 법칙의 지배를 받는 시스템의 중요한 특징은 주어진 조건에 따라 결과가 하나로 고정된다는 점이다. 다시 말해, 이러한 시스템에는 항상 하나의 선택지만 있을 뿐이다. 그런 뜻에서 결정론적 지배를 받는다는 것과 자유의지를 가진다는 것은 양립할 수 없음이 분명하다. ㄷ어떤 선택을 할 때 그것과 다른 선택을 할 수도 있다는 것은 자유의지의 필요조건이기 때문이다. 결국 ㄱ결정론적 법칙의 지배를 받는 시스템은 자유의지를 가지지 않는다. 또한 ㄱㄴ자유의지를 가지지 않는 시스템에 도덕적 의무를 귀속시킬 수 없음은 당연하다.

―― 〈보 기〉 ――

ㄱ. 컴퓨터는 자유의지를 가지지 않으며 도덕적 의무의 귀속 대상일 수도 없다.

ㄴ. 도덕적 의무를 귀속시킬 수 있는 시스템은 결정론적 법칙의 지배를 받지 않는다.

ㄷ. 어떤 선택을 할 때 그것과 다른 선택을 할 수 없는 시스템은 자유의지를 가지지 않는다.

① ㄱ, ㄴ
② ㄱ, ㄷ
③ ㄴ, ㄷ
④ ㄱ, ㄴ, ㄷ

지문요약

주제

결정론적 법칙의 지배를 받는 시스템인 컴퓨터

내용요약

- **컴퓨터의 결정론적 법칙 시스템**
  - 특정 초기 상태에서 두 번째, 세 번째 등 다음 상태로 넘어가는 과정이 이어짐
  - 결정론적 법칙의 지배를 받는 시스템
- **결정론적 법칙의 지배를 받는 시스템의 특징**
  - 주어진 조건에 따라 결과가 하나로 고정
  - 결정론적 지배를 받는 것과 자유의지를 갖는 것은 양립할 수 없음
  - 어떤 선택을 할 때 다른 선택을 할 수도 있다는 것은 자유의지의 필요조건
- **컴퓨터의 자유의지와 도덕적 의무**
  컴퓨터는 결정론적 법칙의 지배를 받는 시스템이므로 자유의지가 없고 도덕적 의무를 귀속시킬 수 없음

정답 ④

컴퓨터는 결정론적 법칙의 지배를 받는 시스템이며, 이런 시스템은 주어진 조건에 따라 결과가 하나로 고정되고 자유의지가 없어서 다른 선택을 할 수 없다. 결정론적 지배를 받는 것과 자유의지를 갖는 것은 양립할 수 없으며, 어떤 선택을 할 때 다른 선택을 할 수도 있다는 것은 자유의지의 필요조건이다. 또, 지문의 마지막 문장에서 언급하듯이, 결정론적 법칙의 지배를 받는 시스템은 자유의지를 가지지 않기 때문에 도덕적 의무를 귀속시킬 수도 없다. 따라서 〈보기〉의 ㄱ, ㄴ, ㄷ은 모두 적절하다.

주제

_____ 능력에서 비롯되는 디지털 _____
과 그 중요성

내용요약

- _____
  2016년 전 세계 초등학교 4학년 대상으로 디지털읽기능력평가 실시

- **디지털읽기능력평가**
  _____ + 디지털 읽기 능력을 종합한 문해력 평가

- **국제학업성취도평가협회 보고서**
  디지털 읽기 능력에 _____ 읽기 능력이 가장 큰 영향을 끼치는 ____ 이 된다고 결론

- **인쇄물 읽기 능력**
  _____ 읽기, _____ 읽기, _____ 읽기가 디지털 문해력에 크게 기여

- **디지털 문해력의 중요성**
  디지털 ____ 를 잘 다루는 것보다 _____ 에서 앞서야 디지털 시대의 승리자가 될 수 있음

세부 내용 파악하기

03 다음 글에 대한 이해로 적절하지 않은 것은?

22 간호직 8급

디지털 문해력이 책 읽기 능력에서 비롯된다는 것을 알려주는 조사 결과가 있다. 2016년 국제읽기능력평가에서 전 세계 초등학교 4학년 아이들을 대상으로 '프린트(인쇄물) 읽기' 능력과 '디지털 읽기' 능력을 종합한 문해력을 평가했다. 디지털읽기 능력평가는 정보 판독에 초점을 맞춰 컴퓨터를 기반으로 진행되었다. 국제학업성취도평가협회는 보고서를 통해 "인터넷에서 정보 판독을 목적으로 글을 읽을 때는 인쇄물의 글을 읽을 때와 다른 독해 기술과 전략을 사용한다. 그럼에도 인쇄물 읽기 능력은 디지털 읽기 능력에 가장 큰 영향을 끼치는 변인이 된다."라고 결론을 내렸다. 즉 책읽기에서 동원되는 천천히 읽기, 면밀하게 읽기, 전체적으로 읽기와 같은 독해 기술들이 인터넷 정보 탐색과 내용 이해에 커다란 기여를 한다는 것이다. 디지털 기기를 잘 다루는 아이가 디지털 시대를 앞서 가는 것이 아니다. 읽기 능력, 즉 문해력에서 앞서야 디지털 시대의 진짜 승리자가 될 수 있다.

① 디지털 기기는 문해력 저하의 직접적인 원인이다.
② 디지털 시대를 앞서 가려면 문해력을 신장해야 한다.
③ 인쇄물 읽기 능력은 디지털 읽기 능력에 영향을 미친다.
④ 인쇄물 독해 기술과 정보 판독 목적의 인터넷 독해 기술은 다르다.

03 다음 글에 대한 이해로 적절하지 않은 것은?

디지털 문해력이 책 읽기 능력에서 비롯된다는 것을 알려주는 조사 결과가 있다. 2016년 국제읽기능력평가에서 전 세계 초등학교 4학년 아이들을 대상으로 '프린트(인쇄물) 읽기' 능력과 '디지털 읽기' 능력을 종합한 문해력을 평가했다. 디지털읽기능력평가는 정보 판독에 초점을 맞춰 컴퓨터를 기반으로 진행되었다. 국제학업성취도평가협회는 보고서를 통해 "④인터넷에서 정보 판독을 목적으로 글을 읽을 때는 인쇄물의 글을 읽을 때와 다른 독해 기술과 전략을 사용한다. 그럼에도 ③인쇄물 읽기 능력은 디지털 읽기 능력에 가장 큰 영향을 끼치는 변인이 된다."라고 결론을 내렸다. 즉 책읽기에서 동원되는 천천히 읽기, 면밀하게 읽기, 전체적으로 읽기와 같은 독해 기술들이 인터넷 정보 탐색과 내용 이해에 커다란 기여를 한다는 것이다. ①디지털 기기를 잘 다루는 아이가 디지털 시대를 앞서 가는 것이 아니다. ②읽기 능력, 즉 문해력에서 앞서야 디지털 시대의 진짜 승리자가 될 수 있다.

① 디지털 기기는 문해력 저하의 직접적인 원인이다.
② 디지털 시대를 앞서 가려면 문해력을 신장해야 한다.
③ 인쇄물 읽기 능력은 디지털 읽기 능력에 영향을 미친다
④ 인쇄물 독해 기술과 정보 판독 목적의 인터넷 독해 기술은 다르다.

지문요약

주제
책 읽기 능력에서 비롯되는 디지털 문해력과 그 중요성

내용요약
• 국제읽기능력평가
2016년 전 세계 초등학교 4학년 대상으로 디지털읽기능력평가 실시
• 디지털읽기능력평가
프린트(인쇄물) 읽기 + 디지털 읽기 능력을 종합한 문해력 평가
• 국제학업성취도평가협회 보고서
디지털 읽기 능력에 인쇄물 읽기 능력이 가장 큰 영향을 끼치는 변인이 된다고 결론
• 인쇄물 읽기 능력
천천히 읽기, 면밀하게 읽기, 전체적으로 읽기가 디지털 문해력에 크게 기여
• 디지털 문해력의 중요성
디지털 기기를 잘 다루는 것보다 문해력에서 앞서야 디지털 시대의 승리자가 될 수 있음

정답 ①
디지털 기기를 잘 다루는 것보다 문해력에서 앞서야 디지털 시대의 승리자가 될 수 있다고 했지만, 디지털 기기 자체가 문해력 저하의 직접적인 원인이라고는 언급하지 않았다.

오답분석
② 마지막 문장에서 디지털 문해력이 앞서야 디지털 시대의 진짜 승리자가 될 수 있다고 하였다.
③·④ 국제학업성취도평가협회의 보고서에 따르면 디지털 읽기와 인쇄물 읽기는 독해 기술과 전략이 다르지만, 인쇄물 읽기 능력이 디지털 읽기 능력에 가장 큰 영향을 끼치는 변인이 된다고 하였다.

주제

과거의 _____ 양상

내용요약

• 과거의 퓨전 양상

 – ___로 인해 _____ 문화 요소들이 합
 친 것

 – 귤화위지(橘化爲枳): 남쪽의 _을 북쪽
 에 옮겨 심으면 ___가 된다.

 – ___ 중심 서양식 아파트 → ___ 중심
 구조의 아파트

 – 한국의 갈비 → 엘에이(LA) 갈비

통합형

04 다음 글에서 (   )에 들어갈 말로 가장 적절한 것은? 　　　21 경찰 1차

> 　지금 퓨전 바람은 역사 속의 문화 융합과는 사뭇 다르다. 과거에는 (   ) 식의 변
> 화와 통합이 주를 이뤘다. 즉 남쪽의 귤을 북쪽에 심으면 탱자가 된다는 식이다. 복
> 도 중심의 서양식 아파트가 이 땅에 와서 거실 중심의 구조로 바뀐 것은 마당을 중
> 심으로 방이 빙 둘러서는 한옥 형태에 적응한 결과다. 한국의 갈비가 바비큐 문화에
> '적응'하여 엘에이(LA) 갈비로 거듭난 것도 '귤이 탱자가 되는 식'의 융합 사례들이
> 다. 생활의 필요 때문에 이질적인 문화 요소들이 자연스레 합치게 되었다는 뜻이다.

① 國粹主義

② 衛正斥邪

③ 嘗糞之徒

④ 橘化爲枳

04 다음 글에서 ( )에 들어갈 말로 가장 적절한 것은?

> 지금 퓨전 바람은 역사 속의 문화 융합과는 사뭇 다르다. 과거에는 ( ) 식의 변화와 통합이 주를 이뤘다. 즉 남쪽의 귤을 북쪽에 심으면 탱자가 된다는 식이다. 복도 중심의 서양식 아파트가 이 땅에 와서 거실 중심의 구조로 바뀐 것은 마당을 중심으로 방이 빙 둘러서는 한옥 형태에 적응한 결과다. 한국의 갈비가 바비큐 문화에 '적응'하여 엘에이(LA) 갈비로 거듭난 것도 '귤이 탱자가 되는 식'의 융합 사례들이다. 생활의 필요 때문에 이질적인 문화 요소들이 자연스레 합치게 되었다는 뜻이다.

① 國粹主義
② 衛正斥邪
③ 嘗糞之徒
④ 橘化爲枳

───────── 지문요약

주제
과거의 문화 융합 양상

내용요약
- **과거의 퓨전 양상**
  - 필요로 인해 이질적 문화 요소들이 합친 것
  - 귤화위지(橘化爲枳): 남쪽의 귤을 북쪽에 옮겨 심으면 탱자가 된다.
  - 복도 중심 서양식 아파트 → 거실 중심 구조의 아파트
  - 한국의 갈비 → 엘에이(LA) 갈비

정답 ④

지문에서는 과거의 퓨전 양상을 생활의 필요 때문에 이질적인 문화 요소들이 자연스레 합치게 된 것이라고 언급하며 변화와 통합에 대한 예를 보여주고 있다. 즉, 세 번째 문장의 '남쪽의 귤을 북쪽에 심으면 탱자가 된다.'가 이 문제의 핵심이라고 볼 수 있다. '귤화위지(橘化爲枳)'는 '환경에 따라 사람이나 사물의 성질이 변함'을 이르는 말이다.

오답분석
① 국수주의(國粹主義): 자기 나라의 고유한 역사·전통·정치·문화만을 가장 뛰어난 것으로 믿고, 다른 나라나 민족을 배척하는 극단적인 태도나 경향
② 위정척사(衛正斥邪): 구한말에, 주자학을 지키고 가톨릭을 물리치기 위하여 내세운 주장
③ 상분지도(嘗糞之徒): 대변이라도 맛볼 듯이 부끄러움을 돌아보지 않고 몹시 아첨하는 사람을 낮잡아 이르는 말

지문요약

주제

학술연구자정보망에서 학술연구자의 연구 업적 정보 공개에 대한 ___ 해결

내용요약

- 민원인이 학술연구자의 연구 업적을 조회하지 못하는 경우
  - 학술연구자가 _____를 제공하는 데 동의하였으나 연구 업적 정보 공개에 추가 동의하지 않은 경우, "해당 연구자가 상기 ___의 공개에 동의하지 않았습니다."라는 문구가 뜸
  - 해당 _____의 업적 정보의 집적이 ___되지 않은 경우, "업적 정보 ___ 중"이라는 문구가 뜸
- 학술연구자의 업적 정보 제공 동의율과 업적 정보 집적률
  - 학술연구자의 업적 정보 제공 동의율: __%
  - 업적 정보 집적률: __%

05 다음 대화의 빈칸에 들어갈 내용으로 가장 적절한 것은? 20 국가직 7급 언어논리(예시)

> 갑: 2019년 7월 17일 학술연구자정보망에서 학술연구자 A의 기본 정보는 조회할 수 있는데, A의 연구 업적 정보는 조회가 되지 않는다는 민원이 있었습니다. 어떻게 답변해야 할까요?
>
> 을: 학술연구자가 학술연구자정보망에 기본 정보를 제공하는 데 동의하였으나, 연구 업적 정보 공개에 추가로 동의하지 않았을 경우, 민원인은 학술연구자의 연구 업적 정보를 조회할 수 없어요. 또한 동의했다고 하더라도 해당 학술연구자의 업적 정보의 집적이 완료되지 않았을 경우에도 그는 연구 업적 정보를 조회할 수 없습니다.
>
> 갑: 학술연구자가 연구 업적 정보 공개에 추가로 동의하지 않았다면 조회 화면에 무슨 문구가 표시되나요?
>
> 을: 조회 화면에 "해당 연구자가 상기 정보의 공개에 동의하지 않았습니다."라는 문구가 표시됩니다. 해당 연구자의 업적 정보의 집적이 완료되지 않은 경우에는 조회 화면에 "업적 정보 집적 중"이라는 문구가 표시되고요. 해당 민원인께서는 무슨 문구가 표시되었다고 말씀하시나요?
>
> 갑: 문구 표시에 대한 말씀은 듣지 못했어요. 아마 문구를 읽지 못한 것 같아요. 근데 학술연구자의 업적 정보 제공 동의율과 업적 정보 집적률은 현재 얼마만큼 되나요?
>
> 을: 2019년 7월 18일 오늘 기준으로 학술연구자의 연구 업적 정보 제공 동의율은 약 92%입니다. 동의자 대상 업적 정보 집적률은 약 88%고요. 동의한 학술연구자가 10여만 명에 이르러 자료를 집적하는 데 시간이 많이 걸려요. 하지만 2019년 8월 말까지는 정보 집적이 끝날겁니다.
>
> 갑: 그렇군요. 그러면 제가 민원인에게 [   ]라고 답변 드리면 되겠네요. 고맙습니다.

① 지금은 조회할 수 없지만 2019년 8월 말이 되면 학술연구자 A의 연구 업적 정보가 조회될 것이다

② 학술연구자 A가 연구 업적 정보 공개에 동의하지 않았거나 그의 업적 정보가 현재 집적 중이기 때문에 그렇다

③ 현재 학술연구자 A는 연구 업적 정보 공개에 동의한 상태지만 그의 업적 정보가 현재 집적 중이기 때문에 그렇다

④ 지금은 조회할 수 없지만 만일 학술연구자 A가 연구 업적 정보 공개에 동의했다면 한 달 안에는 그의 연구 업적 정보를 조회할 수 있다

⑤ 오늘 다시 학술연구자 A의 연구 업적 정보를 조회한다면 "해당 연구자가 상기 정보의 공개에 동의하지 않았습니다."라는 문구가 나올 것이다

05 다음 대화의 빈칸에 들어갈 내용으로 가장 적절한 것은? 20 국가직 7급 언어논리(예시)

갑: ④2019년 7월 17일 학술연구자정보망에서 학술연구자 A의 기본 정보는 조회할 수 있는데, A의 연구 업적 정보는 조회가 되지 않는다는 민원이 있었습니다. 어떻게 답변해야 할까요?

을: ①②학술연구자가 학술연구자정보망에 기본 정보를 제공하는 데 동의하였으나, 연구 업적 정보 공개에 추가로 동의하지 않았을 경우, 민원인은 학술연구자의 연구 업적 정보를 조회할 수 없어요. 또한 동의했다고 하더라도 해당 ①②학술연구자의 업적 정보의 집적이 완료되지 않았을 경우에도 그는 연구 업적 정보를 조회할 수 없습니다.

갑: ⑤학술연구자가 연구 업적 정보 공개에 추가로 동의하지 않았다면 조회 화면에 무슨 문구가 표시되나요?

을: ⑤조회 화면에 "해당 연구자가 상기 정보의 공개에 동의하지 않았습니다."라는 문구가 표시됩니다. 해당 연구자의 업적 정보의 집적이 완료되지 않은 경우에는 조회 화면에 "업적 정보 집적 중"이라는 문구가 표시되고요. 해당 민원인께서는 무슨 문구가 표시되었다고 말씀하시나요?

갑: 문구 표시에 대한 말씀은 듣지 못했어요. 아마 문구를 읽지 못한 것 같아요. 근데 학술연구자의 업적 정보 제공 동의율과 업적 정보 집적률은 현재 얼마만큼 되나요?

을: 2019년 7월 18일 오늘 기준으로 학술연구자의 연구 업적 정보 제공 동의율은 약 92%입니다. 동의자 대상 업적 정보 집적률은 약 88%고요. 동의한 학술연구자가 10여만 명에 이르러 자료를 집적하는 데 시간이 많이 걸려요. 하지만 ④2019년 8월 말까지는 정보 집적이 끝날겁니다.

갑: 그렇군요. 그러면 제가 민원인에게 [   ]라고 답변 드리면 되겠네요. 고맙습니다.

① 지금은 조회할 수 없지만 2019년 8월 말이 되면 학술연구자 A의 연구 업적 정보가 조회될 것이다

② 학술연구자 A가 연구 업적 정보 공개에 동의하지 않았거나 그의 업적 정보가 현재 집적 중이기 때문에 그렇다

③ 현재 학술연구자 A는 연구 업적 정보 공개에 동의한 상태지만 그의 업적 정보가 현재 집적 중이기 때문에 그렇다

④ 지금은 조회할 수 없지만 만일 학술연구자 A가 연구 업적 정보 공개에 동의했다면 한 달 안에는 그의 연구 업적 정보를 조회할 수 있다

⑤ 오늘 다시 학술연구자 A의 연구 업적 정보를 조회한다면 "해당 연구자가 상기 정보의 공개에 동의하지 않았습니다."라는 문구가 나올 것이다

지문요약

주제

학술연구자정보망에서 학술연구자의 연구 업적 정보 공개에 대한 민원 해결

내용요약

• 민원인이 학술연구자의 연구 업적을 조회하지 못하는 경우
  – 학술연구자가 기본 정보를 제공하는 데 동의하였으나 연구 업적 정보 공개에 추가 동의하지 않은 경우, "해당 연구자가 상기 정보의 공개에 동의하지 않았습니다."라는 문구가 뜸
  – 해당 연구자의 업적 정보의 집적이 완료되지 않은 경우, "업적 정보 집적 중"이라는 문구가 뜸

• 학술연구자의 업적 정보 제공 동의율과 업적 정보 집적률
  – 학술연구자의 업적 정보 제공 동의율: 92%
  – 업적 정보 집적률: 88%

민원인이 한 요청은 학술연구자 A의 연구 업적 정보에 대한 열람이었다. 이 지문에 따르면 연구 업적 정보를 열람하지 못하는 경우는 두 가지이다. 첫 번째는 학술연구자가 연구 업적 정보 열람에 동의하지 않는 경우이고, 두 번째는 학술연구자의 연구 업적 정보가 집적 중인 경우이다. 하지만 민원을 받은 기관에서도 두 가지 중 어떠한 이유로 열람 불가능한지는 알 수 없으므로 민원인에게 두 가지를 모두 알리는 것이 적절하다.

오답분석

① 학술연구자 A의 연구 업적 정보의 집적이 2019년 8월 말에 완료가 된다 해도 연구 업적 정보 열람에 동의하지 않으면 조회 불가능하다.

③ 현재 학술연구자 A의 연구 업적 정보 열람이 불가능한 이유는 알 수 없다.

④ 학술연구자 A가 연구 업적 정보 공개에 동의했다 하더라도 민원이 들어온 날은 2019년 7월 17일이고, 집적이 완료되는 시기는 8월 말이므로 한 달 안에 정보 조회는 불가능하다.

⑤ 학술연구자 A의 연구 업적 정보 조회가 불가능한 이유가 연구 업적 정보 열람에 동의하지 않았기 때문인지 학술연구자의 연구 업정 정보가 집적 중이기 때문인지는 알 수 없다.

지문요약

주제

라캉의 상징적 ___와 ___에 의해 존재하는 ___(나)에 관한 주장

내용요약

- **라캉의 상징적 질서**
  - 사회화 과정 전 ___ 단계에서 양자 관계에 ___가 개입해 삼자 관계, 즉 _____ 관계가 형성됨
  - 인간은 이미 ___되어 있는 상징적 질서에 ___할 뿐임

- **라캉의 주장**
  - ___란 의식되지 않는 가운데 인간문화의 ___에서 인간의 행위를 ___함을 뜻함
  - 주체의 _____는 무의식적인 것을 바탕으로 해서 가능한데, 주체 자체가 _____적인 것으로서 형성되므로 주체는 곧 무의식적 ___
  - 나의 ___가 나의 ___를 확인시켜 주지 못한다고 주장: 언어 활동에서 우리가 보내는 메시지는 타자로부터 ___되어 우리에게 오는 것
  - 인간의 욕망은 타자의 욕망: ___ 차원에서 '내가 스스로 ___적'이라고 말하는 것은 허상
  - 나의 ___이나 욕망은 타자의 진술과 ___에 의해서 구성

내용 적용 및 추론하기

01 다음 중 아래의 글을 읽고 추론한 라캉의 생각과 가장 거리가 먼 것은?

22 군무원 9급

> 라캉에 의하면, 사회화 과정에 들어서기 전의 거울 단계에서, 자기와 자기 영상, 혹은 자기와 어머니 같은 양자 관계에 새로운 타인, 다시 말해 아버지, 곧 법으로서의 큰 타자가 개입하는 삼자 관계, 즉 상징적 관계가 형성된다. 이 형성은 제3자가 외부에서 인위적으로 비집고 들어섬을 뜻하는 것이 아니다. 인간이 상징적 질서를 생각하게 되는 것은, 이미 그 질서가 구조적으로 인간에게 기능하게끔 되어 있기 때문이다. 인간이 후천적, 인위적으로 그 구조를 만들었다고 생각하는 것은 잘못이다. 인간은 단지 구조되어 있는 그 질서에 참여할 뿐이다.
>
> 말하자면 구조란 의식되지 않는 가운데 인간문화의 기저에서 인간의 행위를 규정함을 뜻하는 것이다. 그러므로 라캉에게 있어서, 주체의 존재 양태는 무의식적인 것을 바탕으로 해서 가능하다. 주체 자체가 무의식적인 것으로서 형성된다. 그러므로 주체는 무의식적 주체이다.
>
> 라캉에게 나의 사유와 나의 존재는 사실상 분리되어 있다. 그는 나의 사유가 나의 존재를 확인시켜 주지 못한다고 주장한다. 라캉의 경우, '나는 생각한다'라는 의식이 없는 곳에서 '나는 존재'하고, 또 '내가 존재하는 곳'에서 '나는 생각하지 않는다'. 라캉은 무의식은 타자의 진술이라고 말한다. 바꾸어 말한다면 언어 활동에서 우리가 보내는 메시지는 타자로부터 발원되어 우리에게 온 것이다. '무의식은 주체에 끼치는 기표의 영향'이라고 라캉은 말한다.
>
> 이런 연유에서 '인간의 욕망은 타자의 욕망'이 라는 논리가 라캉에게 성립된다. 의식의 차원에서 '내가 스스로 주체적'이라고 말하는 것 같지만, 그것은 어디까지나 허상이다. 실상은, 나의 진술은 타자의 진술에 의해서 구성된다는 것이다. 나의 욕망도 타자의 욕망에 의해서 구성된다. 내가 스스로 원한 욕망이란 성립하지 않는다.

① 주체의 무의식은 구조화된 상징적 질서에 의해 형성된다.

② 주체의 의식적 사유와 행위에 의해 새로운 문화 질서가 창조된다.

③ 대중매체의 광고는 주체의 욕망이 형성되는데 큰 영향을 미친다.

④ 데카르트의 '나는 생각한다. 고로 존재한다.'라는 명제는 옳지 않다.

01 다음 중 아래의 글을 읽고 추론한 라캉의 생각과 가장 거리가 먼 것은?

22 군무원 9급

라캉에 의하면, 사회화 과정에 들어서기 전의 거울 단계에서, 자기와 자기 영상, 혹은 자기와 어머니 같은 양자 관계에 새로운 타인, 다시 말해 아버지, 곧 법으로서의 큰 타자가 개입하는 삼자 관계, 즉 상징적 관계가 형성된다. 이 형성은 제3자가 외부에서 인위적으로 비집고 들어섬을 뜻하는 것이 아니다. ①인간이 상징적 질서를 생각하게 되는 것은, 이미 그 질서가 구조적으로 인간에게 기능하게끔 되어 있기 때문이다. ①②인간이 후천적, 인위적으로 그 구조를 만들었다고 생각하는 것은 잘못이다. 인간은 단지 구조되어 있는 그 질서에 참여할 뿐이다.

말하자면 ①②구조란 의식되지 않는 가운데 인간문화의 기저에서 인간의 행위를 규정함을 뜻하는 것이다. 그러므로 라캉에게 있어서, 주체의 존재 양태는 무의식적인 것을 바탕으로 해서 가능하다. ①주체 자체가 무의식적인 것으로서 형성된다. 그러므로 주체는 무의식적 주체이다.

라캉에게 ④나의 사유와 나의 존재는 사실상 분리되어 있다. 그는 나의 사유가 나의 존재를 확인시켜 주지 못한다고 주장한다. 라캉의 경우, '나는 생각한다'라는 의식이 없는 곳에서 '나는 존재'하고, 또 '내가 존재하는 곳'에서 '나는 생각하지 않는다'. 라캉은 무의식은 타자의 진술이라고 말한다. 바꾸어 말한다면 언어 활동에서 우리가 보내는 메시지는 타자로부터 발원되어 우리에게 온 것이다. '무의식은 주체에 끼치는 기표의 영향'이라고 라캉은 말한다.

③이런 연유에서 '인간의 욕망은 타자의 욕망'이라는 논리가 라캉에게 성립된다. 의식의 차원에서 '내가 스스로 주체적'이라고 말하는 것 같지만, 그것은 어디까지나 허상이다. 실상은, ③나의 진술은 타자의 진술에 의해서 구성된다는 것이다. 나의 욕망도 타자의 욕망에 의해서 구성된다. 내가 스스로 원한 욕망이란 성립하지 않는다.

① 주체의 무의식은 구조화된 상징적 질서에 의해 형성된다.
② 주체의 의식적 사유와 행위에 의해 새로운 문화 질서가 창조된다.
③ 대중매체의 광고는 주체의 욕망이 형성되는데 큰 영향을 미친다.
④ 데카르트의 '나는 생각한다. 고로 존재한다.'라는 명제는 옳지 않다.

지문요약

주제

라캉의 상징적 질서와 타자에 의해 존재하는 주체(나)에 관한 주장

내용요약

- **라캉의 상징적 질서**
  - 사회화 과정 전 거울 단계에서 양자 관계에 타자가 개입해 삼자 관계, 즉 상징적 관계가 형성됨
  - 인간은 이미 구조되어 있는 상징적 질서에 참여할 뿐임

- **라캉의 주장**
  - 구조란 의식되지 않는 가운데 인간문화의 기저에서 인간의 행위를 규정함을 뜻함
  - 주체의 존재 양태는 무의식적인 것을 바탕으로 해서 가능한데, 주체 자체가 무의식적인 것으로서 형성되므로 주체는 곧 무의식적 주체
  - 나의 사유가 나의 존재를 확인시켜 주지 못한다고 주장: 언어 활동에서 우리가 보내는 메시지는 타자로부터 발원되어 우리에게 오는 것
  - 인간의 욕망은 타자의 욕망: 의식 차원에서 '내가 스스로 주체적'이라고 말하는 것은 허상
  - 나의 진술이나 욕망은 타자의 진술과 욕망에 의해서 구성

정답 ②

1문단에서 질서란 인간이 후천적, 인위적으로 만든 것이 아니라 단지 구조되어 있는 질서에 참여할 뿐이라 하였으며 2문단에서도 구조란 의식되지 않는 가운데 인간문화의 기저에서 인간의 행위를 규정하는 것이라 하였다. 따라서 주체의 의식적 사유와 행위에 의해 새로운 문화 질서가 창조된다는 것은 적절하지 않다.

오답분석

① 1문단에서 인간은 이미 구조되어 있는 질서에 참여할 뿐이라 하였으며 2문단에서도 그 구조가 의식되지 않는 가운데 인간문화의 기저에서 인간의 행위를 규정한다고 하였으므로, 주체의 무의식이 구조화된 상징적 질서에 의해 형성된다는 설명은 적절하다.

③ 4문단에서 나의 진술과 욕망은 타자의 진술과 욕망에 의해서 구성된다고 말하고 있다. 이를 통해 대중매체의 광고는 타자의 진술에 해당한다고 할 수 있고 주체의 욕망은 나의 욕망에 해당한다고 볼 수 있다.

④ 데카르트의 '나는 생각한다. 고로 나는 존재한다.'는 나의 사유로 인해 내가 존재한다는 의미이다. 하지만 3문단에서 라캉은 나의 사유와 나의 존재는 사실상 분리되어 있어서 나의 사유가 존재를 확인시켜 주지 못한다고 주장하였으므로 라캉의 입장에서 데카르트의 명제는 옳지 않다.

지문요약

주제

문화 전파의 _____를 설명하는 이론

내용요약

• **문화의 정의**

  _____의 구성원들이 ___하는 생각과 행동 양식의 _____

• **문화 전파의 기제 – 밈(meme): 생각의 전염**

  – ___의 밈으로 문화가 이루어짐

  – 공동체 내에서 ___를 통해 확산

• **문화 전파의 기제 – 의사소통 이론**

  ___에서 ___으로 전파되고 공유되었을 가능성이 큼

• **문화 전파의 기제에서 의사소통 이론이 더 적절한 이유**

  – 문화는 완벽하게 _____ 형태로 전파되지 않고 _____으로 다름. 전파 시 _____가 전해 준 정보에 _____의 생각이 덧붙기 때문

  – ___으로는 이를 설명하기 어려움

02 글쓴이의 견해에 부합하는 것은?

> 문화란 공동체의 구성원들이 공유하는 생각과 행동 양식의 총체라고 할 수 있다. 문화를 연구하는 사람들의 주된 관심사는 특정 생각과 행동 양식이 하나의 공동체 안에서 전파되는 기제이다.
>
> 이에 대한 견해 중 하나는 문화를 생각의 전염이라는 각도에서 바라보는 것이다. 예컨대, 리처드 도킨스는 '밈(meme)'이라는 개념을 통해 생각의 전염 과정을 설명하고자 했다. 그에 따르면 문화는 복수의 밈으로 이루어져 있는데, 유전자에 저장된 생명체의 주요 정보가 번식을 통해 복제되어 개체군 내에서 확산되듯이, 밈 역시 유전자와 마찬가지로 공동체 내에서 복제를 통해 확산된다.
>
> 그러나 문화 전파의 기제를 설명하는 이론으로는 밈이론보다 의사소통 이론이 더 적절해 보인다. 일례로, 요크셔 지역에 내려오는 독특한 푸딩 요리법은 누군가가 푸딩 만드는 것을 지켜본 후 그것을 그대로 따라 하는 방식으로 전파되었다기보다는 요크셔 푸딩 요리법에 대한 부모와 친척, 친구들의 설명을 통해 입에서 입으로 전파되고 공유되었을 가능성이 크다.
>
> 생명체의 경우와 달리 문화는 완벽하게 동일한 형태로 전파되지 않는다. 전파된 문화와 그것을 수용한 결과는 큰 틀에서는 비슷하더라도 세부적으로는 다를 수밖에 없다. 다시 말해 요크셔 지방의 푸딩 요리법은 다른 지방의 푸딩 요리법과 변별되는 특색을 지니는 동시에 요크셔 지방 내부에서도 가정이나 개인에 따라 약간씩의 차이를 보인다. 이는 푸딩 요리법의 수신자가 발신자가 전해 준 정보에다 자신의 생각을 덧붙였기 때문인데, 복제의 관점에서 문화의 전파를 설명하는 이론으로는 이와 같은 현상을 설명하기 어렵다. 반면, 의사소통 이론으로는 설명 가능하다. 이에 따르면 사람들은 자신이 들은 이야기를 남에게 전달할 때들은 이야기에다 자신의 생각을 더해서 그 이야기를 전달하기 때문이다.

① 문화의 전파 기제는 밈 이론보다는 의사소통 이론으로 설명하는 것이 적절하다.

② 의사소통 이론에 따르면 문화의 수용 과정에는 수용 주체의 주관이 개입하지 않는다.

③ 의사소통 이론에 따르면 특정 공동체의 문화는 다른 공동체로 복제를 통해 전파될 수 있다.

④ 요크셔 푸딩 요리법이 요크셔 지방의 가정이나 개인에 따라 세부적인 차이를 보이는 현상은 밈 이론에 의해 설명할 수 있다.

02 글쓴이의 견해에 부합하는 것은?

22 국가직 9급

문화란 공동체의 구성원들이 공유하는 생각과 행동 양식의 총체라고 할 수 있다. 문화를 연구하는 사람들의 주된 관심사는 특정 생각과 행동 양식이 하나의 공동체 안에서 전파되는 기제이다.

이에 대한 견해 중 하나는 문화를 생각의 전염이라는 각도에서 바라보는 것이다. 예컨대, 리처드 도킨스는 '밈(meme)'이라는 개념을 통해 생각의 전염 과정을 설명하고자 했다. 그에 따르면 문화는 복수의 밈으로 이루어져 있는데, 유전자에 저장된 생명체의 주요 정보가 번식을 통해 복제되어 개체군 내에서 확산되듯이, ③밈 역시 유전자와 마찬가지로 공동체 내에서 복제를 통해 확산된다.

그러나 문화 전파의 기제를 설명하는 이론으로는 밈이론보다 의사소통 이론이 더 적절해 보인다. 일례로, 요크셔 지역에 내려오는 독특한 푸딩 요리법은 누군가가 푸딩 만드는 것을 지켜본 후 그것을 그대로 따라 하는 방식으로 전파되었다기보다는 ④요크셔 푸딩 요리법에 대한 부모와 친척, 친구들의 설명을 통해 입에서 입으로 전파되고 공유되었을 가능성이 크다.

생명체의 경우와 달리 문화는 완벽하게 동일한 형태로 전파되지 않는다. ①전파된 문화와 그것을 수용한 결과는 큰 틀에서는 비슷하더라도 세부적으로는 다를 수밖에 없다. 다시 말해 요크셔 지방의 푸딩 요리법은 다른 지방의 푸딩 요리법과 변별되는 특색을 지니는 동시에 요크셔 지방 내부에서도 가정이나 개인에 따라 약간씩의 차이를 보인다. 이는 푸딩 요리법의 ①②수신자가 발신자가 전해 준 정보에다 자신의 생각을 덧붙였기 때문인데, 복제의 관점에서 문화의 전파를 설명하는 이론으로는 이와 같은 현상을 설명하기 어렵다. 반면, 의사소통 이론으로는 설명 가능하다. 이에 따르면 사람들은 자신이 들은 이야기를 남에게 전달할 때들은 이야기에다 자신의 생각을 더해서 그 이야기를 전달하기 때문이다.

① 문화의 전파 기제는 밈 이론보다는 의사소통 이론으로 설명하는 것이 적절하다.
② 의사소통 이론에 따르면 문화의 수용 과정에는 수용 주체의 주관이 개입하지 않는다.
③ 의사소통 이론에 따르면 특정 공동체의 문화는 다른 공동체로 복제를 통해 전파될 수 있다.
④ 요크셔 푸딩 요리법이 요크셔 지방의 가정이나 개인에 따라 세부적인 차이를 보이는 현상은 밈 이론에 의해 설명할 수 있다.

지문요약

주제
문화 전파의 기제를 설명하는 이론

내용요약
- **문화의 정의**
  공동체의 구성원들이 공유하는 생각과 행동 양식의 총체
- **문화 전파의 기제 – 밈(meme): 생각의 전염**
  – 복수의 밈으로 문화가 이루어짐
  – 공동체 내에서 복제를 통해 확산
- **문화 전파의 기제 – 의사소통 이론**
  입에서 입으로 전파되고 공유되었을 가능성이 큼
- **문화 전파의 기제에서 의사소통 이론이 더 적절한 이유**
  – 문화는 완벽하게 동일한 형태로 전파되지 않고 세부적으로 다름. 전파 시 발신자가 전해 준 정보에 수신자의 생각이 덧붙기 때문
  – 밈으로는 이를 설명하기 어려움

정답 ①

4문단에서 문화는 발신자가 전해 준 정보에 수신자의 생각이 덧붙어 큰 틀에서는 비슷하더라도 세부적으로는 다를 수밖에 없으며, 이는 밈으로 설명하기 어렵다고 하였으므로 의사소통 이론이 좀 더 문화의 전파 기제를 설명하기에 적절하다고 볼 수 있다.

오답분석
② 4문단에서 문화의 수용 과정에는 수신자의 생각이 덧붙는다고 하였으므로 적절하지 않다.
③ 특정 공동체의 문화가 다른 공동체에 복제되어 전파되는 방법은 밈 이론에 대한 설명이므로 적절하지 않다.
④ 요크셔 푸딩 요리법이 요크셔 지방의 가정이나 개인에 따라 세부적인 차이를 보이는 이유는 본 것을 그대로 따라하는 요리법이 아닌 가족, 친척, 친구 등의 설명에 의해 전파, 공유된 것에 수신자의 생각이 덧붙었기 때문이다. 이는 밈 이론이 아닌 의사소통 이론에 의해 설명할 수 있는 것이므로 적절하지 않다.

주제

_____의 정의와 테라포밍의 ___ 및
____

내용요약

• 테라포밍의 정의
 – 지구가 아닌 다른 ___의 천체 환경을
　인간이 살 수 있도록 변화시키는 것
 – 현재까지 최적의 후보는 ___

• 화성의 테라포밍 과정
 – 화성의 ___을 녹여 화성에 공기를 공
　급하는 것이 목표

> 극관에 검은 물질(　)을 덮음
> ⇓
> 햇빛 ___
> ⇓
> 온도 ___
> ⇓
> ___이 녹음

 – 자기 ___가 가능한 검은 물질이 영화
　레드 플래닛에 나오는 이끼임
 – 이끼가 성공적으로 자리 잡으면 시간이
　오래 걸리더라도 언젠가는 인간이 직접
　___하며 돌아다닐 수 있을 것

• 테라포밍의 가능성
 – 인류는 언제나 불굴의 ___로 불가능한
　일을 해결해 왔음
 – 최소 몇백 년이 걸릴 수도 있지만, 미래
　에 화성은 '___', '____'로 불릴 수도
　있을 것

(가) '테라포밍'은 지구가 아닌 다른 외계의 천체 환경을 인간이 살 수 있도록 변화시키는 것을 말하는데 현재까지 최적의 후보로 꼽히는 행성은 바로 화성이다. 화성은 육안으로도 붉은 빛이 선명하기에 '火(불 화)' 자를 써서 화성(火星)이라고 부르며, 서양에서는 정열적인 전쟁의 신이기도 한 '마르스'와 함께 '레드 플래닛', 즉 '붉은 행성'으로도 일컬어진다. 화성이 이처럼 붉은 이유는 표면의 토양에 철과 산소의 화합물인 산화철이 많이 포함돼 있기 때문인데, 녹슨 쇠가 불그스름해지는 것과 같은 원리로 보면 된다. 그렇다면 이런 녹슨 행성인 화성을 왜 '테라포밍' 1순위로 선정했을까? 또한 어떤 과정을 통해서 이 화성을 인간이 살 수 있는 푸른 별로 바꿀 수 있을까?

(나) 영화 레드 플래닛을 보면 이런 '테라포밍'의 계획이 잘 나타나 있다. 21세기 초, 자원 고갈과 생태계 오염 등으로 지구의 환경이 점점 악화되자, 화성을 새로운 인류의 터전으로 바꾸기 위해서 이끼 종자를 가득 담은 무인 로켓이 화성으로 발사된다. 이끼가 번식해 화성 표면을 덮으면 그들이 배출하는 산소가 모여 궁극적으로는 인간이 호흡할 수 있는 대기층이 형성되기 때문이다. 그로부터 50여 년 후, 마침내 화성에 도착한 선발대는 희박하기는 하지만 화성의 공기가 사람이 숨 쉴 수 있을 정도로 바뀌었음을 알게 된다.

(다) 그렇다면 영화가 아닌 현실에서 화성을 변화시키는 일은 가능할까? 시간이 걸리고 힘든 일이지만 가능성은 있다. 화성의 극지방에는 '극관'이라고 부르는 드라이아이스로 추정되는 하얀 막 같은 것이 존재하는데, 이것을 녹여 화성에 공기를 공급한다는 것이다. 극관에 검은 물질을 덮어 햇빛을 잘 흡수하게 만든 후 온도가 상승하면 극관이 자연스럽게 녹을 수 있도록 하는 방법인 것이다. 이 검은 물질을 자기 복제가 가능한 것으로 만들면 소량을 뿌려도 시간이 지나면서 극관 전체를 덮게 될 것이다.

(라) 자기 복제가 가능한 검은 물질이 바로 레드 플래닛에 나오는 이끼이다. 유전 공학에 의해 화성처럼 혹독한 환경에서도 성공적으로 번식할 수 있는, 지의류 같은 이끼의 변종을 만들어 내어 화성의 극관 지역에 투하한다. 그들이 뿌리를 내리고 성공적으로 번식할 경우 서서히 태양광선 흡수량이 많아지고 극관은 점점 녹게 될 것이다. 그러나 이런 방법을 택하더라도 인간이 직접 호흡하며 돌아다니게 될 때까지는 최소 몇 백 년의 시간이 걸릴 것이다.

(마) 지금은 거의 불가능하다고 여겨지는 일들이지만 인류는 언제나 불가능한 일들을 불굴의 의지로 해결해 왔다. 화성 탐사선이 발사되고 반세기가 안 된 오늘날 인류는 화성을 지구 환경으로 만들 꿈을 꾸고 있다. 최소 몇 백 년이 걸릴 수도 있는 이 '테라포밍'도 언젠가는 인류의 도전 앞에 무릎을 꿇게 될 것이 분명하다. 그래서 아주 먼 훗날 우리의 후손들은 화성을 볼 때, 붉게 빛나는 별이 아니라 지구와 같은 초록색으로 반짝이는 화성을 볼 수 있게 될지도 모른다. 그렇다면 그때에는 화성을 '녹성(綠星)' 또는 '초록별'이라 이름을 바꿔 부르게 되지 않을까?

03 (가)~(마)에 대한 설명으로 적절하지 않은 것은?

① (가): 대상의 특성을 설명하고 화제를 제시하고 있다.

② (나): 예를 통해 화제에 대한 이해를 돕고 있다.

③ (다): 화제를 현실화할 수 있는 방법을 제시하고 있다.

④ (라): 귀납을 통해 화제의 실현 가능성을 증명하고 있다.

⑤ (마): 화제에 대한 긍정적 전망으로 글을 마무리하고 있다.

04 '테라포밍' 계획의 핵심이 되는 최종적인 작업은?

① 화성의 극관을 녹이는 일

② 인류가 화성에 이주하는 일

③ 화성에 대기층을 만드는 일

④ 화성의 온도를 상승시키는 일

⑤ 극관을 검은 물질로 덮는 일

주제

테라포밍의 정의와 테라포밍의 과정 및 가능성

내용요약

- 테라포밍의 정의
  - 지구가 아닌 다른 외계의 천체 환경을 인간이 살 수 있도록 변화시키는 것
  - 현재까지 최적의 후보는 화성
- 화성의 테라포밍 과정
  - 화성의 극관을 녹여 화성에 공기를 공급하는 것이 목표

```
극관에 검은 물질(이끼)을 덮음
        ⇩
      햇빛 흡수
        ⇩
      온도 상승
        ⇩
      극관이 녹음
```

  - 자기 복제가 가능한 검은 물질이 영화 레드 플래닛에 나오는 이끼임
  - 이끼가 성공적으로 자리 잡으면 시간이 오래 걸리더라도 언젠가는 인간이 직접 호흡하며 돌아다닐 수 있을 것
- 테라포밍의 가능성
  - 인류는 언제나 불굴의 의지로 불가능한 일을 해결해 왔음
  - 최소 몇백 년이 걸릴 수도 있지만, 미래에 화성은 '녹성', '초록별'로 불릴 수도 있을 것

(가) '테라포밍'은 ^{3-①}^{4-③}지구가 아닌 다른 외계의 천체 환경을 인간이 살 수 있도록 변화시키는 것을 말하는데 현재까지 최적의 후보로 꼽히는 행성은 바로 화성이다. 화성은 육안으로도 붉은 빛이 선명하기에 '火(불 화)' 자를 써서 화성(火星)이라고 부르며, 서양에서는 정열적인 전쟁의 신이기도 한 '마르스'와 함께 '레드 플래닛', 즉 '붉은 행성'으로도 일컬어진다. 화성이 이처럼 붉은 이유는 표면의 토양에 철과 산소의 화합물인 산화철이 많이 포함돼 있기 때문인데, 녹슨 쇠가 불그스름해지는 것과 같은 원리로 보면 된다. 그렇다면 ^{3-①}이런 녹슨 행성인 화성을 왜 '테라포밍' 1순위로 선정했을까? 또한 어떤 과정을 통해서 이 화성을 인간이 살 수 있는 푸른 별로 바꿀 수 있을까?

(나) ^{3-②}영화 레드 플래닛을 보면 이런 '테라포밍'의 계획이 잘 나타나 있다. 21세기 초, 자원 고갈과 생태계 오염 등으로 지구의 환경이 점점 악화되자, 화성을 새로운 인류의 터전으로 바꾸기 위해서 이끼 종자를 가득 담은 무인 로켓이 화성으로 발사된다. ^{3-②}이끼가 번식해 화성 표면을 덮으면 그들이 배출하는 산소가 모여 궁극적으로는 인간이 호흡할 수 있는 대기층이 형성되기 때문이다. 그로부터 50여 년 후, 마침내 화성에 도착한 선발대는 희박하기는 하지만 화성의 공기가 사람이 숨 쉴 수 있을 정도로 바뀌었음을 알게 된다.

(다) 그렇다면 ^{3-③}영화가 아닌 현실에서 화성을 변화시키는 일은 가능할까? 시간이 걸리고 힘든 일이지만 가능성은 있다. 화성의 극지방에는 '극관'이라고 부르는 드라이아이스로 추정되는 하얀 막 같은 것이 존재하는데, 이것을 녹여 화성에 공기를 공급한다는 것이다. 극관에 검은 물질을 덮어 햇빛을 잘 흡수하게 만든 후 온도가 상승하면 극관이 자연스럽게 녹을 수 있도록 하는 방법인 것이다. 이 검은 물질을 자기 복제가 가능한 것으로 만들면 소량을 뿌려도 시간이 지나면서 극관 전체를 덮게 될 것이다.

(라) 자기 복제가 가능한 검은 물질이 바로 레드 플래닛에 나오는 이끼이다. 유전 공학에 의해 화성처럼 혹독한 환경에서도 성공적으로 번식할 수 있는, 지의류 같은 ^{3-④}이끼의 변종을 만들어 내어 화성의 극관 지역에 투하한다. 그들이 뿌리를 내리고 성공적으로 번식할 경우 서서히 태양광선 흡수량이 많아지고 극관은 점점 녹게 될 것이다. 그러나 이런 방법을 택하더라도 인간이 직접 호흡하며 돌아다니게 될 때까지는 최소 몇 백 년의 시간이 걸릴 것이다.

(마) 지금은 거의 불가능하다고 여겨지는 일들이지만 ^{3-⑤}인류는 언제나 불가능한 일들을 불굴의 의지로 해결해 왔다. 화성 탐사선이 발사되고 반세기가 안 된 오늘날 인류는 화성을 지구 환경으로 만들 꿈을 꾸고 있다. 최소 몇 백 년이 걸릴 수도 있는 이 '테라포밍'도 언젠가는 인류의 도전 앞에 무릎을 꿇게 될 것이 분명하다. 그래서 ^{3-⑤}아주 먼 훗날 우리의 후손들은 화성을 볼 때, 붉게 빛나는 별이 아니라 지구와 같은 초록색으로 반짝이는 화성을 볼 수 있게 될지도 모른다. 그렇다면 그때에는 화성을 '녹성(綠星)' 또는 '초록별'이라 이름을 바꿔 부르게 되지 않을까?

03 (가)~(마)에 대한 설명으로 적절하지 않은 것은?

① (가): 대상의 특성을 설명하고 화제를 제시하고 있다.
② (나): 예를 통해 화제에 대한 이해를 돕고 있다.
③ (다): 화제를 현실화할 수 있는 방법을 제시하고 있다.
④ (라): 귀납을 통해 화제의 실현 가능성을 증명하고 있다.
⑤ (마): 화제에 대한 긍정적 전망으로 글을 마무리하고 있다.

세부 내용 파악하기

04 '테라포밍' 계획의 핵심이 되는 최종적인 작업은?

① 화성의 극관을 녹이는 일
② 인류가 화성에 이주하는 일
③ 화성에 대기층을 만드는 일
④ 화성의 온도를 상승시키는 일
⑤ 극관을 검은 물질로 덮는 일

---

03 **킹팁** ④

귀납은 '개별적인 특수한 사실이나 원리로부터 일반적이고 보편적인 명제 및 법칙을 유도해 내는 일'을 의미한다. 즉, 사례들을 종합해 일반적이고 보편적인 결론을 내리는 추론 방식이다. (라)의 경우 공통점을 추론해 낼 만한 다양한 사례들을 언급하고 있지 않고, 화성이 변화하는 '과정'을 설명하고 있으므로 적절하지 않다.

오답분석

① (가)에서는 화성의 특성을 설명하고, 왜 화성을 테라포밍 1순위로 선정했는지에 대한 의문을 제기하며 이어질 내용에 대한 화제를 제시하고 있다.
② (나)에서는 영화 레드 플래닛을 예로 들어 테라포밍에 대한 이해를 돕고 있다.
③ (다)에서는 영화의 내용과 같이 실제 테라포밍은 가능한 것인지 이론적인 설명을 하며 실현 가능성을 보여주고 있다.
⑤ (마)에서는 테라포밍의 가능성에 관해 낙관적인 전망을 보이며 글을 마무리하고 있다.

04 **정답** ③

1문단에서 테라포밍은 '지구가 아닌 다른 외계의 천체 환경을 인간이 살 수 있도록 변화시키는 것'이라 하였다. 따라서 화성의 테라포밍의 최종 작업은 화성에 대기층을 만들어 인간이 직접 호흡하며 돌아다닐 수 있는 환경을 만드는 것이라 할 수 있다.

내용요약

- 갑의 수강신청을 위한 ____ 조건
  - 조건 1: A 수강 → B 수강하지 않음
  - 조건 2: B 수강하지 않음 → C 수강하지 않음
  - 조건 3: D 수강하지 않음 → C 수강
  - 조건 4: A 수강하지 않음 → E 수강하지 않음
  - 조건 5: E 수강하지 않음 → C 수강하지 않음

05 다음 글의 내용이 참일 때, 갑이 반드시 수강해야 할 과목은? 22 국가직 7급 언어논리

갑은 A~E 과목에 대해 수강신청을 준비하고 있다. 갑이 수강하기 위해 충족해야 하는 조건은 다음과 같다.

- A를 수강하면 B를 수강하지 않고, B를 수강하지 않으면 C를 수강하지 않는다.
- D를 수강하지 않으면 C를 수강하고, A를 수강하지 않으면 E를 수강하지 않는다.
- E를 수강하지 않으면 C를 수강하지 않는다.

① A
② B
③ C
④ D
⑤ E

05 다음 글의 내용이 참일 때, 갑이 반드시 수강해야 할 과목은? 22 국가직 7급 언어논리

지문요약

갑은 A~E 과목에 대해 수강신청을 준비하고 있다. 갑이 수강하기 위해 충족해야 하는 조건은 다음과 같다.

- A를 수강하면 B를 수강하지 않고, B를 수강하지 않으면 C를 수강하지 않는다.
- D를 수강하지 않으면 C를 수강하고, A를 수강하지 않으면 E를 수강하지 않는다.
- E를 수강하지 않으면 C를 수강하지 않는다.

① A
② B
③ C
④ D
⑤ E

내용요약

- **갑의 수강신청을 위한 충족 조건**
  - 조건 1: A 수강 → B 수강하지 않음
  - 조건 2: B 수강하지 않음 → C 수강하지 않음
  - 조건 3: D 수강하지 않음 → C 수강
  - 조건 4: A 수강하지 않음 → E 수강하지 않음
  - 조건 5: E 수강하지 않음 → C 수강하지 않음

* **양도 논법**
  조건 명제에서 A → C이고, ~A → C라면 결론은 무조건 C이다.
* **대우**
  A → B일 경우 ~B → ~A도 성립한다.

| 정답 | ④ |

- 조건 1과 조건 2를 통해 'A 수강 → C 수강하지 않음' 도출
- 조건 4와 조건 5를 통해 'A 수강하지 않음 → C 수강하지 않음' 도출
- 위의 두 과정에서 딜레마가 생겨 'C 수강하지 않음' 도출(양도 논법)
- 이때, 조건 3의 대우는 'C 수강하지 않음 → D 수강'이 되므로 D는 무조건 수강해야 한다는 결론이 도출된다.

지문요약

내용요약

· 역사 ___ 읽기의 의미

– 개인은 ___를 떠나 존재할 수 없으므로 역사 서적을 읽는 것으로 과거의 역사를 통해 현재의 삶을 ___ 할 수 있음

– 과거의 누군가의 삶을 살펴 현재의 삶을 ___ 해 나갈 수 있다는 것은 매우 ___한 것이라 할 수 있음

글의 흐름 파악하기

01 다음 글의 ㉠에 들어갈 말로 적절한 것은?

과거는 현재를 통해서 바라보아야 하며, 개인은 절대 사회를 떠나서 존재할 수 없는 존재이다. 그렇기 때문에 역사 서적을 읽는다는 것은 죽은 과거의 사실을 살펴본다는 것이 아니라 현재의 삶을 과거의 역사를 통해 통찰해 본다는 것을 의미한다.

그리고 그러한 일련의 과정의 무대가 되는 곳이 바로 사회라는 것과 사회는 하나의 생명체처럼 살아서 흘러 내려오고 있다는 사실을 간과해서는 안 된다.

이러한 사실을 토대로 고려해볼 때, 역사 서적을 읽을 때 던져야 하는 가장 큰 질문은 [㉠]와 같은 것이어야 한다.

인간은 사회적 삶을 살아갈 때 가장 인간답다고 할 수 있다. 그리고 무엇보다 과거의 누군가의 삶들을 통해 현재의 삶을 수정해 나갈 수 있다는 것은 매우 유익한 것이라고 할 수 있을 것이다.

① '역사적 사실이 다양한 관점에서 기술되었는가?'

② '역사가의 임무는 무엇이며, 역사는 어떻게 기술되어야 하는가?'

③ '왜 이런 역사적 사실이 발생했고, 그 이후의 일들은 어떻게 진행되었는가?'

④ '역사 서적에 기술된 역사적 사실이 과연 진실인가? 어떤 조작된 요소는 없는가?'

⑤ '역사적 사실과 그것에 대한 역사가의 해석은 나의 삶과 어떻게 관련되는가?'

01 다음 글의 ㉠에 들어갈 말로 적절한 것은?

22 국회직 9급

> 과거는 현재를 통해서 바라보아야 하며, 개인은 절대 사회를 떠나서 존재할 수 없는 존재이다. 그렇기 때문에 역사 서적을 읽는다는 것은 죽은 과거의 사실을 살펴본다는 것이 아니라 현재의 삶을 과거의 역사를 통해 통찰해 본다는 것을 의미한다.
>
> 그리고 그러한 일련의 과정의 무대가 되는 곳이 바로 사회라는 것과 사회는 하나의 생명체처럼 살아서 흘러 내려오고 있다는 사실을 간과해서는 안 된다.
>
> 이러한 사실을 토대로 고려해볼 때, 역사 서적을 읽을 때 던져야 하는 가장 큰 질문은 [㉠]와 같은 것이어야 한다.
>
> 인간은 사회적 삶을 살아갈 때 가장 인간답다고 할 수 있다. 그리고 무엇보다 과거의 누군가의 삶들을 통해 현재의 삶을 수정해 나갈 수 있다는 것은 매우 유익한 것이라고 할 수 있을 것이다.

① '역사적 사실이 다양한 관점에서 기술되었는가?'

② '역사가의 임무는 무엇이며, 역사는 어떻게 기술되어야 하는가?'

③ '왜 이런 역사적 사실이 발생했고, 그 이후의 일들은 어떻게 진행되었는가?'

④ '역사 서적에 기술된 역사적 사실이 과연 진실인가? 어떤 조작된 요소는 없는가?'

⑤ '역사적 사실과 그것에 대한 역사가의 해석은 나의 삶과 어떻게 관련되는가?'

지문요약

내용요약

• 역사 서적 읽기의 의미

– 개인은 사회를 떠나 존재할 수 없으므로 역사 서적을 읽는 것으로 과거의 역사를 통해 현재의 삶을 통찰할 수 있음

– 과거의 누군가의 삶을 살펴 현재의 삶을 수정해 나갈 수 있다는 것은 매우 유익한 것이라 할 수 있음

정답 ⑤

㉠의 앞부분에서 과거는 현재를 통해서 바라보아야 하고, 과거의 역사를 통해 현재의 삶을 통찰할 수 있으며, 사회는 하나의 생명체와 같이 살아 흘러 내려오고 있음을 간과하면 안 된다고 하였다. ㉠의 뒷부분에서는 사회적 삶을 강조하며 과거의 누군가의 삶을 통해 현재의 삶을 수정해 나갈 수 있는 것은 유익한 일이라고 하였다. 이를 통해 역사 서적을 읽는 것이 개인의 삶과 무척 유의미하게 밀접한 관련이 있음을 알 수 있으므로 ⑤가 ㉠에 들어가는 것이 적절하다.

지문요약

주제

_____의 대마도 정벌과 대마도주의 _____

내용요약

| _____ 때 대마도의 왜구가 충청도 해안에서 노략질을 벌인 후, 교전을 펼치다 _____ 방향으로 북상 |

⇓

| 상왕 _____이 _____에게 대마도 정벌을 명함 |

⇓

| 이종무가 _____라는 요충지를 공격했으나 대마도주는 반응을 보이지 않음 |

⇓

| _____에서 매복한 적의 공격에 조선군이 대패하고 _____ 견내량으로 돌아옴 |

⇓

| 요동반도로 북상한 왜구가 남하하던 도중 충청도에서 _____을 공격하고, 태종은 이종무에게 공격을 명함 |

⇓

| 왜구가 _____에서 대패했었다는 보고를 받은 태종은 이종무에게 내린 _____을 취소 |

⇓

| 적임자를 _____으로 보내 대마도주에게 _____을 요구 |

⇓

| 대마도주가 조선에 _____ |

02 다음 글에서 알 수 있는 것은?

22 국가직 7급 언어논리

세종이 즉위한 이듬해 5월에 대마도의 왜구가 충청도 해안에 와서 노략질하는 일이 벌어졌다. 이 왜구는 황해도 해주 앞바다에도 나타나 조선군과 교전을 벌인 후 명의 땅인 요동반도 방향으로 북상했다. 세종에게 왕위를 물려주고 상왕으로 있던 태종은 이종무에게 "북상한 왜구가 본거지로 되돌아가기 전에 대마도를 정벌하라!"라고 명했다. 이에 따라 이종무는 군사를 모아 대마도 정벌에 나섰다.

남북으로 긴 대마도에는 섬을 남과 북의 두 부분으로 나누는 중간에 아소만이라는 곳이 있는데, 이 만의 초입에 두지포라는 요충지가 있었다. 이종무는 이곳을 공격한 후 귀순을 요구하면 대마도주가 응할 것이라 보았다. 그는 6월 20일 두지포에 상륙해 왜인 마을을 불사른 후 계획대로 대마도주에게 서신을 보내 귀순을 요구했다. 하지만 대마도주는 이에 반응을 보이지 않았다. 분노한 이종무는 대마도주를 사로잡아 항복을 받아내기로 하고, 니로라는 곳에 병력을 상륙시켰다. 하지만 그곳에서 조선군은 매복한 적의 공격으로 크게 패했다. 이에 이종무는 군사를 거두어 거제도 견내량으로 돌아왔다.

이종무가 견내량으로 돌아온 다음 날, 태종은 요동반도로 북상했던 대마도의 왜구가 그곳으로부터 남하하던 도중 충청도에서 조운선을 공격했다는 보고를 받았다. 이 사건이 일어난 지 며칠 지나지 않았음을 알게 된 태종은 왜구가 대마도에 당도하기 전에 바다에서 격파해야 한다고 생각하고, 이종무에게 그들을 공격하라고 명했다. 그런데 이 명이 내려진 후에 새로운 보고가 들어왔다. 대마도의 왜구가 요동반도에 상륙했다가 크게 패배하는 바람에 살아남은 자가 겨우 300여 명에 불과하다는 것이었다. 이 보고를 접한 태종은 대마도주가 거느린 병사가 많이 죽어 그 세력이 꺾였으니 그에게 다시금 귀순을 요구하면 응할 것으로 판단했다. 이에 그는 이종무에게 내린 출진 명령을 취소하고, 측근 중 적임자를 골라 대마도주에게 귀순을 요구하는 사신으로 보냈다. 이 사신을 만난 대마도주는 고심 끝에 조선에 귀순하기로 했다.

① 해주 앞바다에 나타나 조선군과 싸운 대마도의 왜구가 요동 반도를 향해 북상한 뒤 이종무의 군대가 대마도로 건너갔다.

② 조선이 왜구의 본거지인 대마도를 공격하기로 하자 명의 군대도 대마도까지 가서 정벌에 참여하였다.

③ 이종무는 세종이 대마도에 보내는 사절단에 포함되어 대마도를 여러 차례 방문하였다.

④ 태종은 대마도 정벌을 준비하였지만, 세종의 반대로 뜻을 이루지 못하였다.

⑤ 조선군이 대마도주를 사로잡기 위해 상륙하였다가 패배한 곳은 견내량이다.

02 다음 글에서 알 수 있는 것은?

22 국가직 7급 언어논리

①세종이 즉위한 이듬해 5월에 대마도의 왜구가 충청도 해안에 와서 노략질하는 일이 벌어졌다. 이 왜구는 황해도 해주 앞바다에도 나타나 조선군과 교전을 벌인 후 명의 땅인 요동반도 방향으로 북상했다. 세종에게 왕위를 물려주고 상왕으로 있던 태종은 이종무에게 "북상한 왜구가 본거지로 되돌아가기 전에 대마도를 정벌하라!"라고 명했다. 이에 따라 이종무는 군사를 모아 대마도 정벌에 나섰다.

남북으로 긴 대마도에는 섬을 남과 북의 두 부분으로 나누는 중간에 아소만이라는 곳이 있는데, 이 만의 초입에 두지포라는 요충지가 있었다. 이종무는 이곳을 공격한 후 귀순을 요구하면 대마도주가 응할 것이라 보았다. 그는 6월 20일 두지포에 상륙해 왜인 마을을 불사른 후 계획대로 대마도주에게 서신을 보내 귀순을 요구했다. 하지만 대마도주는 이에 반응을 보이지 않았다. 분노한 이종무는 대마도주를 사로잡아 항복을 받아내기로 하고, 니로라는 곳에 병력을 상륙시켰다. 하지만 그곳에서 조선군은 매복한 적의 공격으로 크게 패했다. 이에 이종무는 군사를 거두어 거제도 견내량으로 돌아왔다.

이종무가 견내량으로 돌아온 다음 날, 태종은 요동반도로 북상했던 대마도의 왜구가 그곳으로부터 남하하던 도중 충청도에서 조운선을 공격했다는 보고를 받았다. 이 사건이 일어난 지 며칠 지나지 않음을 알게 된 태종은 왜구가 대마도에 당도하기 전에 바다에서 격파해야 한다고 생각하고, 이종무에게 그들을 공격하라고 명했다. 그런데 이 명이 내려진 후에 새로운 보고가 들어왔다. 대마도의 왜구가 요동반도에 상륙했다가 크게 패배하는 바람에 살아남은 자가 겨우 300여 명에 불과하다는 것이었다. 이 보고를 접한 태종은 대마도주가 거느린 병사가 많이 죽어 그 세력이 꺾였으니 그에게 다시금 귀순을 요구하면 응할 것으로 판단했다. 이에 그는 이종무에게 내린 출진 명령을 취소하고, 측근 중 적임자를 골라 대마도주에게 귀순을 요구하는 사신으로 보냈다. 이 사신을 만난 대마도주는 고심 끝에 조선에 귀순하기로 했다.

① 해주 앞바다에 나타나 조선군과 싸운 대마도의 왜구가 요동 반도를 향해 북상한 뒤 이종무의 군대가 대마도로 건너갔다.

② 조선이 왜구의 본거지인 대마도를 공격하기로 하자 명의 군대도 대마도까지 가서 정벌에 참여하였다.

③ 이종무는 세종이 대마도에 보내는 사절단에 포함되어 대마도를 여러 차례 방문하였다.

④ 태종은 대마도 정벌을 준비하였지만, 세종의 반대로 뜻을 이루지 못하였다.

⑤ 조선군이 대마도주를 사로잡기 위해 상륙하였다가 패배한 곳은 견내량이다.

지문요약

주제

이종무의 대마도 정벌과 대마도주의 귀순

내용요약

세종 때 대마도의 왜구가 충청도 해안에서 노략질을 벌인 후, 교전을 펼치다 요동반도 방향으로 북상

⇩

상왕 태종이 이종무에게 대마도 정벌을 명함

⇩

이종무가 두지포라는 요충지를 공격했으나 대마도주는 반응을 보이지 않음

⇩

니로에서 매복한 적의 공격에 조선군이 대패하고 거제도 견내량으로 돌아옴

⇩

요동반도로 북상한 왜구가 남하하던 도중 충청도에서 조운선을 공격하고, 태종은 이종무에게 공격을 명함

⇩

왜구가 요동반도에서 대패했었다는 보고를 받은 태종은 이종무에게 내린 출진명령을 취소

⇩

적임자를 사신으로 보내 대마도주에게 귀순을 요구

⇩

대마도주가 조선에 귀순

1문단에서 충청도 해안에서 노략질을 하던 왜구가 황해도 해주 앞바다에서 조선군과 교전을 벌인 후 요동반도 방향으로 북상했고, 상왕 태종이 이종무에게 대마도를 정벌할 것을 명령해 이종무가 출진했다고 언급하고 있다.

오답분석

② 이종무가 대마도를 공격했음은 알 수 있지만, 명의 군대가 정벌에 참여했다는 내용은 나오지 않는다.

③ 이종무가 상왕 태종의 명령을 받고 대마도 정벌을 나선 내용은 있지만, 사절단에 대한 내용은 나오지 않는다.

④ 이종무에게 대마도 정벌을 명한 것은 상왕으로, 세종이 그 상황에 개입했다는 내용은 나오지 않는다.

⑤ 이종무가 상륙했다가 크게 패한 곳은 니로라는 곳이었고, 군사를 거두어 돌아온 곳이 거제도의 건내량이었다.

내용요약

• 올림픽 ___ 과 올림픽 정신

 – 올림픽의 ___ : 인류의 조화로운 발전
   과 인간 _____ 의 수호, _____ 사회
   를 만들기 위해 스포츠 경기를 하는 것

 – 올림픽 정신: 올림픽 헌장의 내용대로
   스포츠의 _____ 과 힘을 보여주는 것

글의 서술 방식 파악하기

03 다음 연설에 대한 설명으로 가장 적절한 것은?   22 지방직 7급

> 올림픽 헌장은 "올림픽의 목적은 인류의 조화로운 발전과 인간 존엄성의 수호를
> 위해, 평화로운 사회를 만들기 위해 스포츠 경기를 하는 것이다."라고 말합니다. 이
> 것이 올림픽 정신이며, 스포츠의 가능성과 힘을 보여 주는 것이라고 저는 굳게 믿습
> 니다. 열 살 때 남북 선수단이 올림픽 경기장에 동시 입장하는 것을 보고 처음으로
> 스포츠의 힘을 느꼈습니다. 오늘 저는 유엔 총회의 '올림픽 휴전 결의안' 초안 승인
> 을 통해 그때 목격했던 스포츠의 힘을 다시 한번 볼 수 있기를 바랍니다.

① 반대되는 사례를 제시하여 주장을 부각하고 있다.
② 권위 있는 자료를 인용하여 설득력을 높이고 있다.
③ 설의적인 표현을 사용하여 공감대를 형성하고 있다.
④ 연설자의 공신력을 강조하여 신뢰도를 높이고 있다.

03 다음 연설에 대한 설명으로 가장 적절한 것은?

22 지방직 7급

> 올림픽 헌장은 "올림픽의 목적은 인류의 조화로운 발전과 인간 존엄성의 수호를 위해, 평화로운 사회를 만들기 위해 스포츠 경기를 하는 것이다."라고 말합니다. 이것이 올림픽 정신이며, 스포츠의 가능성과 힘을 보여 주는 것이라고 저는 굳게 믿습니다. 열 살 때 남북 선수단이 올림픽 경기장에 동시 입장하는 것을 보고 처음으로 스포츠의 힘을 느꼈습니다. 오늘 저는 유엔 총회의 '올림픽 휴전 결의안' 초안 승인을 통해 그때 목격했던 스포츠의 힘을 다시 한번 볼 수 있기를 바랍니다.

① 반대되는 사례를 제시하여 주장을 부각하고 있다.
② 권위 있는 자료를 인용하여 설득력을 높이고 있다.
③ 설의적인 표현을 사용하여 공감대를 형성하고 있다.
④ 연설자의 공신력을 강조하여 신뢰도를 높이고 있다.

지문요약

내용요약

• 올림픽 목적과 올림픽 정신

– 올림픽의 목적: 인류의 조화로운 발전과 인간 존엄성의 수호, 평화로운 사회를 만들기 위해 스포츠 경기를 하는 것

– 올림픽 정신: 올림픽 헌장의 내용대로 스포츠의 가능성과 힘을 보여주는 것

정답 ②

유엔 총회의 '올림픽 휴전 결의안' 초안 승인을 위해 '올림픽 헌장'이라는 권위 있는 자료를 인용하여 설득력을 높이고 있다.

오답분석

① 남북 선수단의 사례를 들고 있지만, 이는 반대되는 사례가 아니라 주장을 뒷받침하는 사례이다.
③ 설의적인 표현은 질문의 형식을 통해 내용을 강조하는 것이나 이 지문에서는 찾아볼 수 없다.
④ 연설자는 유엔 총회의 '올림픽 휴전 결의안' 초안 승인을 위해 '올림픽 헌장'을 인용하며 연설하고 있지만 자신의 공신력을 강조하고 있지 않다.

주제

디지털 _____ 에 적응해 발전하는 _____

내용요약

- _____를 기반으로 한 현대 디지털 _____
  디지털 _____ 사용에 유리한 로마자

- **디지털 문명에서 한글의** _____
  - 후대에 만들어진 _____ 중 디지털 문명
    에 가장 잘 _____한 한자
  - 세계적인 _____ 강국으로 성장할
    수 있는 _____가 될 수 있는 문자
  - '_____' 때문에 로마자 타자의 _____
    을 따라가기 어려웠음
  - 컴퓨터 프로그램으로 '모아쓰기'를 _____
    으로 구현할 수 있게 되면서 '_____'
    에 관한 주장은 사라짐

세부 내용 파악하기

04 이 글을 이해한 것으로 가장 적절하지 않은 것은?

21 경찰 2차

> 현대의 디지털 문명은 로마자를 기반으로 이루어졌다. 그만큼 로마자가 디지털 기기를 사용하는 데 유리한 것이 사실이다. 그러나 한글처럼 비교적 후대에 만들어진 문자 중에서 디지털 문명에 가장 잘 적응하는 문자는 한글이 거의 유일하다고 할 수 있다. 한글이 디지털 문명을 마음껏 향유할 수 있는 '편리한 문자'라는 사실만으로도 대한민국이 세계적인 정보 기술 강국으로 성장할 수 있는 토대가 되기에 충분하다. 타자기 시대에 한글은 한자나 가나와 같은 음절 문자보다 기계화에 유리한 점이 분명 있었지만 '모아쓰기'라는 창제 당시의 표기법 때문에 로마자 타자기의 효율성을 따라가기 어려웠다. 이러한 이유로 한때 '풀어쓰기' 주장이 있었다. 예를 들어 '병아리'를 'ㅂㅕㅇㅏㄹㅣ'로 풀어 쓰자는 것이다. 그러나 이 주장은 결국 디지털 문명의 발전으로 인해 역사의 뒤안길로 사라지고 말았다. 컴퓨터 프로그램을 이용해 '모아쓰기'를 자동적으로 구현할 수 있게 되었기 때문이다.

① 디지털 기기를 사용하는 데에 로마자는 유리하다.

② 한국은 한글을 통해 세계적인 정보 기술 강국이 될 수 있다.

③ 풀어쓰기는 모아쓰기의 장점을 극대화하려는 의도가 있었다.

④ 모아쓰기를 구현하는 기술이 생기면서 풀어쓰기 주장은 사라졌다.

04 이 글을 이해한 것으로 가장 적절하지 않은 것은?

21 경찰 2차

> ①현대의 디지털 문명은 로마자를 기반으로 이루어졌다. 그만큼 로마자가 디지털 기기를 사용하는 데 유리한 것이 사실이다. 그러나 한글처럼 비교적 후대에 만들어진 문자 중에서 ②디지털 문명에 가장 잘 적응하는 문자는 한글이 거의 유일하다고 할 수 있다. 한글이 디지털 문명을 마음껏 향유할 수 있는 '편리한 문자'라는 사실만으로도 대한민국이 세계적인 정보 기술 강국으로 성장할 수 있는 토대가 되기에 충분하다. 타자기 시대에 한글은 한자나 가나와 같은 음절 문자보다 기계화에 유리한 점이 분명 있었지만 ③'모아쓰기'라는 창제 당시의 표기법 때문에 로마자 타자기의 효율성을 따라가기 어려웠다. 이러한 이유로 한때 '풀어쓰기' 주장이 있었다. 예를 들어 '병아리'를 'ㅂㅕㅇㅏㄹㅣ'로 풀어 쓰자는 것이다. 그러나 ④이 주장은 결국 디지털 문명의 발전으로 인해 역사의 뒤안길로 사라지고 말았다. 컴퓨터 프로그램을 이용해 '모아쓰기'를 자동적으로 구현할 수 있게 되었기 때문이다.

① 디지털 기기를 사용하는 데에 로마자는 유리하다.
② 한국은 한글을 통해 세계적인 정보 기술 강국이 될 수 있다.
③ 풀어쓰기는 모아쓰기의 장점을 극대화하려는 의도가 있었다.
④ 모아쓰기를 구현하는 기술이 생기면서 풀어쓰기 주장은 사라졌다.

지문요약

주제

디지털 문명에 적응해 발전하는 한글

내용요약

• 로마자를 기반으로 한 현대 디지털 문명
  디지털 기기 사용에 유리한 로마자

• 디지털 문명에서 한글의 유용성
  – 후대에 만들어진 문자 중 디지털 문명에 가장 잘 적응한 한자
  – 세계적인 정보 기술 강국으로 성장할 수 있는 토대가 될 수 있는 문자
  – '모아쓰기' 때문에 로마자 타자의 효율성을 따라가기 어려웠음
  – 컴퓨터 프로그램으로 '모아쓰기'를 자동으로 구현할 수 있게 되면서 '풀어쓰기'에 관한 주장은 사라짐

정답 ③

풀어쓰기는 로마자 타자의 효율성을 따라가기 위해 자음과 모음을 풀어서 쓰자는 주장이었다. 따라서 모아쓰기의 장점을 극대화하려는 의도가 있었다고 보기 어렵다.

오답분석

① 첫 번째 문장과 두 번째 문장에서 디지털 문명이 로마자를 기반으로 이루어진 것이기 때문에 로마자가 디지털 기기를 사용하는 데 유리하다고 하였다.
② 지문에서 후대에 만들어진 문자 중 한글이 거의 유일하게 디지털 문명에 잘 적응하고 있다는 사실만으로도 대한민국이 세계적인 정보 기술 강국으로 성장할 수 있는 토대가 되기 충분하다고 하였다.
④ 지문에서 타자기 시대에 모아쓰기의 불편함 때문에 풀어쓰기를 하자는 주장이 나왔지만, 컴퓨터 프로그램을 이용해 모아쓰기를 자동으로 구현할 수 있게 되면서 그 주장이 사라졌다고 하였다.

지문요약

주제

___의 정의와 ___의 효력

내용요약

• **채권의 정의**

 – 어떤 사람이 다른 사람에게 특정 행위를 ___할 수 있는 권리

 – 급부: 채권에서 언급하는 특정 행위. ___나 서비스 제공 혹은 그 외의 내용일 수 있음

 – 채무: _____를 해 주어야 할 의무

 – 채무자가 ___을 가진 이에게 ___를 이행하면 채무는 소멸

• **계약의 정의**

 – ___ 발생 등에 관한 당사자의 ___

 – 계약이 성립하면 합의 내용대로 ___ 등의 효력이 인정되는 것이 원칙

• **계약의 성립**

 – 당장 필요한 재화나 서비스는 그 제공을 ___로 하는 계약을 성립시켜 확보하면 됨

 – ___: 미래에 필요할 수도 있는 재화나 서비스를 위해 계약을 성립시킬 수 있는 ___를 확보하는 것

05 ㉠에 대한 이해로 가장 적절한 것은?

> 채권은 어떤 사람이 다른 사람에게 특정 행위를 요구할 수 있는 권리이다. 이 특정 행위를 급부라 하고, 특정 행위를 해 주어야 할 의무를 채무라 한다. 채무자가 채권을 가진 이에게 급부를 이행하면 채권에 대응하는 채무는 소멸한다. 급부는 재화나 서비스 제공인 경우가 많지만 그 외의 내용일 수도 있다.
>
> 민법상의 권리는 여러 가지가 있는데 계약 없이 법률로 정해진 요건의 충족으로 발생하기도 하지만 대개 계약의 효력으로 발생한다. 계약이란 권리 발생 등에 관한 당사자의 합의로서, 계약이 성립하면 합의 내용대로 권리 발생 등의 효력이 인정되는 것이 원칙이다. 당장 필요한 재화나 서비스는 그 제공을 급부로 하는 계약을 성립시켜 확보하면 되지만 미래에 필요할 수도 있는 재화나 서비스라면 계약을 성립시킬 수 있는 권리를 확보하는 것이 유리하다. 이를 위해 '예약'이 활용된다. 일상에서 예약이라고 할 때와 법적인 관점에서의 예약은 구별된다. ㉠ 기차 탑승을 위해 미리 돈을 지불하고 승차권을 구입하는 것을 '기차 승차권을 예약했다'고도 하지만 이 경우는 예약에 해당하지 않는 계약이다. 법적으로 예약은 당사자들이 합의한 내용대로 권리가 발생하는 계약의 일종으로, 재화나 서비스 제공을 급부 내용으로 하는 다른 계약인 '본계약'을 성립시킬 수 있는 권리 발생을 목적으로 한다.

① 기차 탑승은 채권에 해당하고 돈을 지불하는 행위는 그 채권의 대상인 급부에 해당한다.

② 기차를 탑승하지 않는 것은 승차권 구입으로 발생한 채권에 대응하는 의무를 포기하는 것이다.

③ 기차 승차권을 미리 구입하는 것은 계약을 성립시키면서 채권의 행사 시점을 미래로 정해 두는 것이다.

④ 승차권 구입은 계약 없이 법률로 정해진 요건을 충족하여 서비스를 제공받을 권리를 발생시키는 행위이다.

⑤ 미리 돈을 지불하는 것은 미래에 필요한 기차 탑승 서비스 이용이라는 계약을 성립시킬 수 있는 권리를 확보한 것이다.

05 ㉠에 대한 이해로 가장 적절한 것은?

①채권은 어떤 사람이 다른 사람에게 특정 행위를 요구할 수 있는 권리이다. 이 ①②특정 행위를 급부라 하고, 특정 행위를 해 주어야 할 의무를 채무라 한다. 채무자가 채권을 가진 이에게 급부를 이행하면 채권에 대응하는 채무는 소멸한다. ①②급부는 재화나 서비스 제공인 경우가 많지만 그 외의 내용일 수도 있다.

민법상의 권리는 여러 가지가 있는데 계약 없이 법률로 정해진 요건의 충족으로 발생하기도 하지만 대개 계약의 효력으로 발생한다. ④계약이란 권리 발생 등에 관한 당사자의 합의로서, 계약이 성립하면 합의 내용대로 권리 발생 등의 효력이 인정되는 것이 원칙이다. 당장 필요한 재화나 서비스는 그 제공을 급부로 하는 계약을 성립시켜 확보하면 되지만 ⑤미래에 필요할 수도 있는 재화나 서비스라면 계약을 성립시킬 수 있는 권리를 확보하는 것이 유리하다. 이를 위해 '예약'이 활용된다. 일상에서 예약이라고 할 때와 법적인 관점에서의 예약은 구별된다. ㉠ 기차 탑승을 위해 미리 돈을 지불하고 승차권을 구입하는 것을 ③④'기차 승차권을 예약했다'고도 하지만 이 경우는 예약에 해당하지 않는 계약이다. 법적으로 예약은 당사자들이 합의한 내용대로 권리가 발생하는 계약의 일종으로, 재화나 서비스 제공을 급부 내용으로 하는 다른 계약인 '본계약'을 성립시킬 수 있는 권리 발생을 목적으로 한다.

① 기차 탑승은 채권에 해당하고 돈을 지불하는 행위는 그 채권의 대상인 급부에 해당한다.
② 기차를 탑승하지 않는 것은 승차권 구입으로 발생한 채권에 대응하는 의무를 포기하는 것이다.
③ 기차 승차권을 미리 구입하는 것은 계약을 성립시키면서 채권의 행사 시점을 미래로 정해 두는 것이다.
④ 승차권 구입은 계약 없이 법률로 정해진 요건을 충족하여 서비스를 제공받을 권리를 발생시키는 행위이다.
⑤ 미리 돈을 지불하는 것은 미래에 필요한 기차 탑승 서비스 이용이라는 계약을 성립시킬 수 있는 권리를 확보한 것이다.

지문요약

주제

채권의 정의와 계약의 효력

내용요약

- **채권의 정의**
  - 어떤 사람이 다른 사람에게 특정 행위를 요구할 수 있는 권리
  - 급부: 채권에서 언급하는 특정 행위. 재화나 서비스 제공 혹은 그 외의 내용일 수 있음
  - 채무: 특정 행위를 해 주어야 할 의무
  - 채무자가 채권을 가진 이에게 급부를 이행하면 채무는 소멸

- **계약의 정의**
  - 권리 발생 등에 관한 당사자의 합의
  - 계약이 성립하면 합의 내용대로 권리 발생 등의 효력이 인정되는 것이 원칙

- **계약의 성립**
  - 당장 필요한 재화나 서비스는 그 제공을 급부로 하는 계약을 성립시켜 확보하면 됨
  - 예약: 미래에 필요할 수도 있는 재화나 서비스를 위해 계약을 성립시킬 수 있는 권리를 확보하는 것

정답 ③

지문에 따르면 계약은 '권리 발생 등에 관한 당사자의 합의'이고, 예약은 '미래에 필요할 수도 있는 재화나 서비스에 대해 계약을 성립시킬 수 있는 권리를 확보하는 것'이다. 하지만 일상에서의 예약과 법적인 관점에서의 예약은 구별된다. 이를 바탕으로 ㉠을 살펴보면, 승차권을 살 권리를 '예약'한 것이 아니라 기차 탑승을 요구할 수 있는 권리를 위해 돈을 지불하고 승차권을 구매한 당사자들끼리 합의를 했으므로 '계약'을 한 것이라 볼 수 있다. 단지 기차에 탑승하는 권리의 시간을 미래로 둔 것 뿐이다.

오답분석

① 채권은 '어떤 사람이 다른 사람에게 특정 행위를 요구할 수 있는 권리'이므로 기차 탑승이 아니라 '기차 탑승을 요구할 수 있는 권리'가 채권이다. 또 급부란 채권에 해당하는 '특정 행위'이므로 '기차 탑승 서비스 제공'이 이에 해당한다.
② 기차를 탑승하지 않는 것은 채권에 대한 급부를 포기한 것이지 채권에 대응하는 의무를 포기한 것이 아니다.
④ '승차권을 미리 구입하는 것'이 서비스를 제공받을 권리를 발생시키는 '계약'이므로 계약 없이 법률로 정해진 요건을 충족하였다는 설명은 옳지 않다.
⑤ '미래에 필요한 기차 탑승 서비스 이용이라는 계약을 성립시킬 수 있는 권리'를 확보한 것은 '예약'에 대한 설명이다. 미리 돈을 지불하고 승차권을 구매한 것은 당사자들 사이의 합의한 내용대로 미래에 권리가 발생하는 '계약'의 일종에 해당하는 것이다. 계약을 성립시킬 수 있는 권리를 확보한 것이 아니다.

세부 내용 파악하기

01 다음 글에 대한 이해로 가장 적절한 것은?

20 국가직 7급

> 자유지상주의자에게 있어서 사회는 개인의 자유가 극대화될 때 정의롭다. 그런데 자유에 대한 자유지상주의자의 입장을 명확하게 이해하기 위해서는 '제약으로부터의 자유'인 프리덤(freedom)과 '강제로부터의 자유'인 '리버티(liberty)'가 동의어가 아니라는 것을 알아야 한다. 프리덤이 강제를 비롯한 모든 제약의 전적인 부재라면, 리버티는 특정한 종류의 구속인 강제의 부재로 이해될 수 있다. 일반적으로 강제는 물리적 힘을 직접적으로 행사하거나 피해를 주겠다고 위협하는 형태로 나타난다.
>
> 프리덤과 리버티가 동의어일 수 없는 이유는 다음 사례에서 잘 드러난다. 일부 국가의 어떤 시민은 특정 도시에서 생활하고 일하기 위해서 정부의 허가를 받아야 한다. 이때 정부는 법률에 복종하지 않을 경우 피해를 주겠다고 위협하거나 직접적인 물리력을 행사해 해당 시민의 자유를 제한할 수 있다. 이와 달리 A국 시민은 거주지 이전의 허가가 필요 없어서 국가로부터의 어떠한 물리적 저지나 위협도 받지 않는다고 하자. 그렇다고 해서 모든 A국 시민이 원하는 곳에 실제로 이사 갈 수 있는 것은 아니다. 일부 시민은 이사갈 수 있을 만큼의 돈이 없거나, 이사 가려는 곳에서 원하는 직업을 찾지 못할 수도 있다. 결과적으로 이런 경우는 그들이 원하는 바를 충분히 실현할 자유가 제한되는 것이다. 따라서 어떤 개인이 누릴 수 있는 자유는 국가로부터의 강제와 무관하게 다른 많은 방식으로 제한될 수 있다.
>
> 자유지상주의자들이 자유를 극대화해야 한다고 말할 때, 이들이 두 가지 자유를 모두 극대화해야 한다고 주장하는 것은 아니다. 자유지상주의자들은 강제를 극소화하는 것, 특히 정부의 강제적인 간섭을 최소화하는 것을 통해 얻는 자유에 초점을 맞추고 있다.

① 자유지상주의자들은 '제약으로부터의 자유'를 최대한 확보할 때 정의로운 사회가 된다고 수상한다.

② A국 시민들은 다양한 법률이나 제도를 통해 국가로부터 거주지 이전에 관한 '프리덤'을 보장받고 있다.

③ '리버티'에 대한 제한은 직접적인 물리적 힘보다 피해를 주겠다는 위협을 통해 이루어지는 경우가 더 많다.

④ 개인의 행동에 대해 정부 허가가 필요하다면, 그 개인의 '강제로부터의 자유'가 제한되는 것이라고 볼 수 있다.

01 다음 글에 대한 이해로 가장 적절한 것은?

20 국가직 7급

자유지상주의자에게 있어서 사회는 개인의 자유가 극대화될 때 정의롭다. 그런데 자유에 대한 자유지상주의자의 입장을 명확하게 이해하기 위해서는 '제약으로부터의 자유'인 '프리덤(freedom)'과 '강제로부터의 자유'인 '리버티(liberty)'가 동의어가 아니라는 것을 알아야 한다. 프리덤이 강제를 비롯한 모든 제약의 전적인 부재라면, 리버티는 특정한 종류의 구속인 강제의 부재로 이해될 수 있다. 일반적으로 ③강제는 물리적 힘을 직접적으로 행사하거나 피해를 주겠다고 위협하는 형태로 나타난다.

프리덤과 리버티가 동의어일 수 없는 이유는 다음 사례에서 잘 드러난다. 일부 국가의 어떤 시민은 특정 도시에서 생활하고 일하기 위해서 정부의 허가를 받아야 한다. 이때 정부는 법률에 복종하지 않을 경우 피해를 주겠다고 위협하거나 직접적인 물리력을 행사해 해당 시민의 자유를 제한할 수 있다. 이와 달리 ②A국 시민은 거주지 이전의 허가가 필요 없어서 국가로부터의 어떠한 물리적 저지나 위협도 받지 않는다고 하자. 그렇다고 해서 모든 A국 시민이 원하는 곳에 실제로 이사 갈 수 있는 것은 아니다. 일부 시민은 이사갈 수 있을 만큼의 돈이 없거나, 이사 가려는 곳에서 원하는 직업을 찾지 못할 수도 있다. 결과적으로 이런 경우는 그들이 원하는 바를 충분히 실현할 자유가 제한되는 것이다. 따라서 어떤 개인이 누릴 수 있는 자유는 국가로부터의 강제와 무관하게 다른 많은 방식으로 제한될 수 있다.

자유지상주의자들이 자유를 극대화해야 한다고 말할 때, 이들이 두 가지 자유를 모두 극대화해야 한다고 주장하는 것은 아니다. 자유지상주의자들은 ①④강제를 극소화하는 것, 특히 정부의 강제적인 간섭을 최소화하는 것을 통해 얻는 자유에 초점을 맞추고 있다.

① 자유지상주의자들은 '제약으로부터의 자유'를 최대한 확보할 때 정의로운 사회가 된다고 주장한다.
② A국 시민들은 다양한 법률이나 제도를 통해 국가로부터 거주지 이전에 관한 '프리덤'을 보장받고 있다.
③ '리버티'에 대한 제한은 직접적인 물리적 힘보다 피해를 주겠다는 위협을 통해 이루어지는 경우가 더 많다.
④ 개인의 행동에 대해 정부 허가가 필요하다면, 그 개인의 '강제로부터의 자유'가 제한되는 것이라고 볼 수 있다.

정답 ④

개인의 행동에 정부의 허가가 필요하다면 이것은 국가로부터의 강제로 인해 자유가 제한되는 것이다. 따라서 '강제로부터의 자유'인 '리버티'가 제한된 것으로 볼 수 있다.

오답분석

① 자유지상주의자들이 원하는 것은 강제로부터의 자유인 '리버티'를 극대화하는 것이다. '제약으로부터의 자유'는 '프리덤'을 의미한다.
② 국가의 법률이나 제도를 통해 거주지 이전에 관해 제약을 받지 않으므로 '리버티'를 보장받는 것이라 할 수 있다. 하지만 '리버티'가 보장된다 하더라도 돈이 없거나 원하는 직업이 없어 이사를 가지 못하는 경우가 있으므로 '프리덤'을 보장받고 있는지 아닌지는 알 수 없다.
③ '리버티'에 대한 제한은 법률 및 위협 그리고 물리적인 힘을 통해 이루어진다고 하였으므로 적절하지 않다.

주제

프리덤과 리버티의 이해

내용요약

- **자유지상주의자의 프리덤**
  - 제약으로부터의 자유
  - 강제를 비롯한 모든 제약의 전적인 부재
  - 국가로부터의 강제와 무관하게 다른 많은 방식으로 제한될 수 있음
- **자유지상주의자들의 리버티**
  - 강제로부터의 자유
  - 특정한 종류의 구속인 강제의 부재
  - 일반적으로 강제는 물리적 힘의 행사나 위협의 형태로 나타남
  - 국가로부터의 강제(법률에 복종, 위협, 물리력 행사)
- **자유지상주의자들의 자유**
  - 강제를 극소화하는 것(특히 정부)
  - 리버티를 극대화하는 것을 의미

지문요약

주제

지역 방언에서의 ＿＿＿

내용요약

- ＿＿＿ 지역
  - 'ㅓ'와 'ㅡ'를 구별하지 못함
  - 'ㅅ'와 'ㅆ'을 구별하지 못함
- 평안도, 전라도, 경상도 일부
  - '＿'와 '＿'를 제대로 분별해서 발음하지 않는 경우가 있음
  - 평안도 사람들의 '＿'은 다른 지역의 '＿' 발음과 유사

02 ㉠에 들어갈 주장으로 가장 적절한 것은?

경상 지역 방언을 쓰는 사람들은 대체로 'ㅓ'와 'ㅡ'를 구별하지 못한다. 이들은 '증표(證票)'나 '정표(情表)'를 구별하여 듣지 못할 뿐만 아니라 구별하여 발음하지 못하기 십상이다. 또 이들은 'ㅅ'과 'ㅆ'을 구별하지 못하는 경우가 많다. 따라서 이들은 '살밥을 많이 먹어서 쌀이 많이 쪘다'고 말하든 '쌀밥을 많이 먹어서 살이 많이 쪘다'고 말하든 쉽게 차이를 알지 못한다. 한편 평안도 및 전라도와 경상도의 일부에서는 'ㅗ'와 'ㅓ'를 제대로 분별해서 발음하지 않는 경우가 종종 있다. 평안도 사람들의 'ㅈ' 발음은 다른 지역의 'ㄷ' 발음과 매우 비슷하다. 이처럼 (㉠)

① 우리말에는 지역마다 다양한 소리가 있다.

② 우리말은 지역에 따라 다양한 표준 발음법이 있다.

③ 우리말에는 지역에 따라 구별되지 않는 소리가 있다.

④ 자음보다 모음을 변별하지 못하는 지역이 더 많이 있다.

02 ㉠에 들어갈 주장으로 가장 적절한 것은?

20 국가직 9급

경상 지역 방언을 쓰는 사람들은 대체로 'ㅓ'와 'ㅡ'를 구별하지 못한다. 이들은 '증표(證票)'나 '정표(情表)'를 구별하여 듣지 못할 뿐만 아니라 구별하여 발음하지 못하기 십상이다. 또 이들은 'ㅅ'과 'ㅆ'을 구별하지 못하는 경우가 많다. 따라서 이들은 '살밥을 많이 먹어서 쌀이 많이 쪘다'고 말하든 '쌀밥을 많이 먹어서 살이 많이 쪘다'고 말하든 쉽게 차이를 알지 못한다. 한편 평안도 및 전라도와 경상도의 일부에서는 'ㅗ'와 'ㅓ'를 제대로 분별해서 발음하지 않는 경우가 종종 있다. 평안도 사람들의 'ㅈ' 발음은 다른 지역의 'ㄷ' 발음과 매우 비슷하다. 이처럼 (㉠)

① 우리말에는 지역마다 다양한 소리가 있다.

② 우리말은 지역에 따라 다양한 표준 발음법이 있다.

③ 우리말에는 지역에 따라 구별되지 않는 소리가 있다.

④ 자음보다 모음을 변별하지 못하는 지역이 더 많이 있다.

──────── 지문요약 ────────

주제

지역 방언에서의 발음

내용요약

• **경상 지역**

– 'ㅓ'와 'ㅡ'를 구별하지 못함

– 'ㅅ'과 'ㅆ'을 구별하지 못함

• **평안도, 전라도, 경상도 일부**

– 'ㅗ'와 'ㅓ'를 제대로 분별해서 발음하지 않는 경우가 있음

– 평안도 사람들의 'ㅈ'은 다른 지역의 'ㄷ' 발음과 유사

정답 ③

지문에서는 지역 방언에서는 일부 자음이나 모음을 제대로 구별해서 발음하지 못하는 경우들이 있다고 설명하며 몇 지역의 예를 들고 있다. 따라서 ㉠에는 앞 내용을 요약·정리하는 ③이 들어가는 것이 가장 적절하다.

오답분석

① 지문에서 주장하는 것은 일부 지역에서 자음이나 모음을 구별하여 발음하지 못한다는 것이지 지역의 다양한 소리를 소개하는 것은 아니다.

② 표준 발음법은 말 그대로 표준이 되는 발음법을 말하는 것인데, 지역마다 차이가 나는 표준 발음법은 존재하지 않으며, 지문에서 언급하고 있지도 않다.

④ 자음보다 모음을 변별하지 못하는 지역이 더 많다는 내용은 확인할 수 없다.

내용요약

- _____를 이용해 ___를 살피는 방법
 - 유전자의 ___를 통해 과거 특정 ___
 에서 살아남은 '정보'를 파악
 - 과거 특정 환경에서 ___하여 살아남은
 흔적을 살핌
 - 동물의 _____를 살펴 그 조상이 살았
 던 환경을 ___할 수 있음
 - 읽어낼 줄만 안다면 각종 동물들의
 ___를 통해 그들이 살았던 환경도 알
 수 있을 것

어휘 및 문맥적 의미 파악하기

03 다음 글의 ㉠~㉣에 들어갈 말을 바르게 연결한 것은? 21 국회직 9급

유전자의 (㉠)을/를 이용하여 먼 과거까지 들여다볼 방법이 있다. 한 종의 유전자 풀은 과거 특정 환경에서 살아남은 서로 (㉡) 카르텔이다. 이는 그 환경에 일종의 (㉢)을 남긴다. 지식이 있는 유전학자라면 한 동물의 (㉣)로부터 그 조상이 살았던 환경을 읽어낼 수 있을 것이다.

원칙대로라면, 두더지의 DNA는 축축하고 깜깜하며, 지렁이 냄새, 딱정벌레 애벌레 냄새로 가득한 지하 세계를 드러내야 한다. 우리가 읽어낼 줄만 안다면 아라비아 낙타의 DNA에는 고대의 사막, 모래바람, 사구, 목마름이 코딩되어 있을 것이다.

	㉠	㉡	㉢	㉣
①	사상	협력하는	음각 도장	유전체
②	정보	경쟁하는	양각 도장	유전체
③	사상	경쟁하는	음각 도장	생태
④	정보	협력하는	음각 도장	유전체
⑤	사상	협력하는	양각 도장	생태

03 다음 글의 ⊙~⊜에 들어갈 말을 바르게 연결한 것은?

21 국회직 9급

> 유전자의 (⊙)을/를 이용하여 먼 과거까지 들여다볼 방법이 있다. 한 종의 유전자 풀은 과거 특정 환경에서 살아남은 서로 (⊙) 카르텔이다. 이는 그 환경에 일종의 (⊙)을 남긴다. 지식이 있는 유전학자라면 한 동물의 (⊜)로부터 그 조상이 살았던 환경을 읽어낼 수 있을 것이다.
>
> 원칙대로라면, 두더지의 DNA는 축축하고 깜깜하며, 지렁이 냄새, 딱정벌레 애벌레 냄새로 가득한 지하 세계를 드러내야 한다. 우리가 읽어낼 줄만 안다면 아라비아 낙타의 DNA에는 고대의 사막, 모래바람, 사구, 목마름이 코딩되어 있을 것이다.

	⊙	⊙	⊙	⊜
①	사상	협력하는	음각 도장	유전체
②	정보	경쟁하는	양각 도장	유전체
③	사상	경쟁하는	음각 도장	생태
④	정보	협력하는	음각 도장	유전체
⑤	사상	협력하는	양각 도장	생태

내용요약

- 유전자를 이용해 과거를 살피는 방법
  - 유전자의 정보를 통해 과거 특정 환경에서 살아남은 '정보'를 파악
  - 과거 특정 환경에서 협력하여 살아남은 흔적을 살핌
  - 동물의 유전체를 살펴 그 조상이 살았던 환경을 유추할 수 있음
  - 읽어낼 줄만 안다면 각종 동물들의 DNA를 통해 그들이 살았던 환경도 알 수 있을 것

정답 ④

사상은 '역사에 나타나는 바'를 의미하는 단어이다. 따라서 유전자와 관련해 쓰기에는 적절한 단어가 아니며, 유전자를 통해 과거 특정 환경을 알 수 있다고 ⊙ 뒤에서 언급하고 있으므로 ⊙에는 '정보'가 들어가는 것이 적절하다. ⊙의 바로 뒤에 오는 카르텔은 '동일 업종의 기업이 협정을 맺어 형성하는 독점 형태'를 의미하기 때문에 ⊙에는 '경쟁하는'이 아닌 '협력하는'이 오는 것이 적절하다. 이런 유전자 정보들은 환경에 일종의 흔적을 남긴다고 볼 수 있으므로 ⊙에는 양각 도장보다는 음각 도장이 들어가는 것이 적절하다. 또, 지금까지의 내용으로 보아 생물이 남긴 흔적을 통해 조상이 살았던 환경을 읽어내는 말이 이어져야 하므로, ⊜에는 유전자의 총량을 의미하는 유전체가 들어가는 것이 적절하다.

지문요약

주제

박목월 시인의 __ 세계

내용요약

- **박목월의 생활상**
  - 1959년 당시 _____를 벌기 위해 _____으로 글을 씀
  - ___이 제대로 안 된 단칸방에서 지냄
  - 아이들에게 ___을 보임
  - "___과 ___의 길을 걸어"가며 가족들을 위해 생활

- **박목월의 시 세계**
  - ___을 시의 주제로 삼음
  - 굴욕적인 생활 속에서도 아이들에게 ___를 짓는 아버지의 모습을 ___하게 표현
  - 감정을 ___되게 드러내지 않음
  - 가난을 인간적 ___로 감싸 안으면서 연민의 어조를 통해 시인의 ___를 보여줌

04 다음 글의 제목으로 가장 적절한 것은?

21 군무원 7급

박목월 시인이 1959년에 쓴 작품이다. 그때 한국의 1인당 국민소득은 81달러였고 한국 사회는 전반적으로 가난했다. 시인은 협소한 방에서 밤이 깊도록 글을 쓴다. 원고료를 벌기 위해 의무적으로 쓰는 글이다. 용변을 보려고 복도를 지나는데 단칸방에 옹기종기 모여 잠을 자고 있는 식구들이 보인다. 그들의 잠은 깊고 평화롭지만 어딘지 서글퍼 보인다. 난방이 제대로 안 된 방에서 잠자는 어린것들의 발이 "포름쪽쪽"하게 얼어 있다. 이 말에 아버지의 연민이 담겨 있다. 자신도 "눈과 얼음의 길을 걸어" 여기까지 왔다고 말한다. 가족들을 위해 생활에 몸을 굽히고 굴욕을 감내하는, 그러면서도 미소를 지을 수밖에 없는 아버지의 모습을 솔직하게 표현했다. 그러면서도 자신의 감정을 과장되게 드러내지 않았다. 자연이 시의 주제가 되는 것은 흔한 일이지만 가난이 시의 주제가 되는 것은 드문 일이다. 박목월은 가난을 인간적 훈기로 감싸 안으면서 연민의 어조를 통해 시인의 격조가 어떠해야 하는지를 보여주었다.

① 시인의 진심과 격조
② 자연의 시와 가난의 시
③ 가난이 주는 굴욕감
④ 연민과 평화의 정신

04 다음 글의 제목으로 가장 적절한 것은?

21 군무원 7급

박목월 시인이 1959년에 쓴 작품이다. 그때 한국의 1인당 국민소득은 81달러였고 한국 사회는 전반적으로 가난했다. 시인은 협소한 방에서 밤이 깊도록 글을 쓴다. 원고료를 벌기 위해 의무적으로 쓰는 글이다. 용변을 보려고 복도를 지나는데 단칸방에 옹기종기 모여 잠을 자고 있는 식구들이 보인다. 그들의 잠은 깊고 평화롭지만 어딘지 서글퍼 보인다. ④난방이 제대로 안 된 방에서 잠자는 어린것들의 발이 "포름쪽쪽"하게 얼어 있다. 이 말에 아버지의 연민이 담겨 있다. 자신도 "눈과 얼음의 길을 걸어" 여기까지 왔다고 말한다. ①가족들을 위해 생활에 몸을 굽히고 굴욕을 감내하는, 그러면서도 미소를 지을 수밖에 없는 아버지의 모습을 솔직하게 표현했다. 그러면서도 자신의 감정을 과장되게 드러내지 않았다. ②자연이 시의 주제가 되는 것은 흔한 일이지만 가난이 시의 주제가 되는 것은 드문 일이다. 박목월은 ①③가난을 인간적 훈기로 감싸 안으면서 연민의 어조를 통해 시인의 격조가 어떠해야 하는지를 보여주었다.

① 시인의 진심과 격조
② 자연의 시와 가난의 시
③ 가난이 주는 굴욕감
④ 연민과 평화의 정신

지문요약

주제
박목월 시인의 시 세계

내용요약
- **박목월의 생활상**
  - 1959년 당시 원고료를 벌기 위해 의무적으로 글을 씀
  - 난방이 제대로 안 된 단칸방에서 지냄
  - 아이들에게 연민을 보임
  - "눈과 얼음의 길을 걸어"가며 가족들을 위해 생활
- **박목월의 시 세계**
  - 가난을 시의 주제로 삼음
  - 굴욕적인 생활 속에서도 아이들에게 미소를 짓는 아버지의 모습을 솔직하게 표현
  - 감정을 과장되게 드러내지 않음
  - 가난을 인간적 훈기로 감싸 안으면서 연민의 어조를 통해 시인의 격조를 보여줌

정답 ①

박목월은 가난한 현실에서도 좌절하지 않고 최선을 다해 가족들을 돌보며 그런 자신의 생활을 시에 고스란히 녹여내고 있다. 또한 아이들에 대해서 연민의 모습을 보이지만 미소를 지으며 애정을 드러내는 것으로 가난을 인간적 훈기로 감싸 안고 있다. 이런 가장으로서의 모습을 솔직하게 표현하면서도 감정을 과장되게 드러내지 않는 방법으로 그만의 시 세계를 만들어내고 있는 것이다.

오답분석

② 지문에서 자연이 시의 주제가 되는 것은 흔한 일이라고 하였지만, 박목월은 드물게 가난을 주제로 삼고 있음을 언급하고 있다.

③ 박목월은 가난 때문에 생활에 몸을 굽히고 굴욕을 감내하지만, 아이들 앞에서 미소를 짓는 아버지이다. 지문의 마지막에서 언급하듯 그는 작품 안에서 가난을 인간적 훈기로 감싸 안으면서 연민의 어조를 통해 시인의 격조를 보여주고 있다. 가난이 주는 굴욕감이 그가 시를 짓는 원동력이 되지는 않는다.

④ 지문에서 연민에 대해 언급하고는 있지만, 평화의 정신에 대해서는 언급하고 있지 않다.

주제

_____ 선택이 나의 자유의지의 ___ 이 되기 위한 두 가지 조건과 _____ 자유의지

내용요약

· **첫 번째 조건**

  내가 선택의 ___ 여야 함

· **두 번째 조건**

  나의 선택이 그 이전 사건들에 의해 _____ 되지 않아야 함

· **다른 의미의 자유의지**

  욕구 충족적 자유의지: '내가 하고자 _____ 것을 했다'는 의미. 이 경우 나의 선택은 선결정 여부와 _____ 내 자유의지의 ___ 일 수 있음

세부 내용 파악하기

05 ⓐ, ⓑ를 이해한 내용으로 적절한 것은?

21 고3 9월

임의의 선택이 나의 자유의지의 산물이 되기 위해서는 다음 두 가지 조건을 모두 충족해야 한다. 첫째, 내가 그 선택의 주체여야 한다. 둘째, 나의 선택은 그 이전 사건들에 의해 선결정되지 않아야 한다. 그런데 어떤 선택이 그 이전 사건들에 의해 선결정되어 있다면, 이것은 자유의지를 위한 둘째 조건과 충돌한다. 따라서 반자유의지 논증의 선결정 가정을 고려할 때의 결론인 우리에게 자유의지가 없다는 점을 받아들여야 한다. 물론 이러한 자유의지와 다른 의미를 지닌 자유의지가 있을 수 있다. 만약 '내가 자유롭게 선택했다'는 말이 단지 '내가 하고자 원했던 것을 했다'는 ⓐ 욕구 충족적 자유의지를 의미한다면, 나의 선택이 그 이전 사건들에 의해 선결정되어 있든 그렇지 않든 그것은 내 자유의지의 산물일 수 있다. 그러나 이러한 자유의지는 ⓑ 여기서 염두에 두는 두 가지 조건을 모두 충족하는 자유의지와 다르다.

① 어떤 선택을 원해서 한다면 그 선택을 한 사람에게 ⓐ가 있을 수 없다.

② 어떤 선택을 원해서 한다면 그 선택을 한 사람에게 ⓑ가 있을 수 없다.

③ 어떤 선택이 선결정되어 있다면 그 선택을 한 사람에게 ⓐ가 있을 수 없다.

④ 어떤 선택이 선결정되어 있다면 그 선택을 한 사람에게 ⓑ가 있을 수 없다.

⑤ 어떤 선택을 원해서 하고 그 선택이 선결정되어 있지 않다면 그 선택을 한 사람에게 ⓐ와 ⓑ 중 어느 것도 있을 수 없다.

05 ⓐ, ⓑ를 이해한 내용으로 적절한 것은?

임의의 선택이 나의 자유의지의 산물이 되기 위해서는 다음 두 가지 조건을 모두 충족해야 한다. ⑤ 첫째, 내가 그 선택의 주체여야 한다. 둘째, 나의 선택은 그 이전 사건들에 의해 선결정되지 않아야 한다. 그런데 ④ 어떤 선택이 그 이전 사건들에 의해 선결정되어 있다면, 이것은 자유의지를 위한 둘째 조건과 충돌한다. 따라서 반자유의지 논증의 선결정 가정을 고려할 때의 결론인 우리에게 자유의지가 없다는 점을 받아들여야 한다. 물론 이러한 자유의지와 다른 의미를 지닌 자유의지가 있을 수 있다. 만약 ①② ③⑤ '내가 자유롭게 선택했다'는 말이 단지 '내가 하고자 원했던 것을 했다'는 ⓐ 욕구 충족적 자유의지를 의미한다면, ② 나의 선택이 그 이전 사건들에 의해 선결정되어 있든 그렇지 않든 그것은 내 자유의지의 산물일 수 있다. 그러나 이러한 자유의지는 ⓑ 여기서 염두에 두는 두 가지 조건을 모두 충족하는 자유의지와 다르다.

① 어떤 선택을 원해서 한다면 그 선택을 한 사람에게 ⓐ가 있을 수 없다.
② 어떤 선택을 원해서 한다면 그 선택을 한 사람에게 ⓑ가 있을 수 없다.
③ 어떤 선택이 선결정되어 있다면 그 선택을 한 사람에게 ⓐ가 있을 수 없다.
④ 어떤 선택이 선결정되어 있다면 그 선택을 한 사람에게 ⓑ가 있을 수 없다.
⑤ 어떤 선택을 원해서 하고 그 선택이 선결정되어 있지 않다면 그 선택을 한 사람에게 ⓐ와 ⓑ 중 어느 것도 있을 수 없다.

주제

임의의 선택이 나의 자유의지의 산물이 되기 위한 두 가지 조건과 욕구 충족적 자유의지

내용요약

• **첫 번째 조건**
내가 선택의 주체여야 함

• **두 번째 조건**
나의 선택이 그 이전 사건들에 의해 선결정되지 않아야 함

• **다른 의미의 자유의지**
욕구 충족적 자유의지: '내가 하고자 원했던 것을 했다'는 의미. 이 경우 나의 선택은 선결정 여부와 상관없이 내 자유의지의 산물일 수 있음

정답 ④

지문에서 어떤 선택이 자유의지의 산물이 되기 위해서는 '내가 선택의 주체'여야 하고 '나의 선택이 그 이전 사건들에 의해 선결정되지 않아야 한다'고 했다. 이때 어떤 선택이 선결정되어 있다면, 이것은 자유의지를 위한 둘째 조건과 충돌하므로 ⓑ는 있을 수 없다.

오답분석

① 어떤 선택을 원해서 한다면 '내가 하고자 원했던 것을 했다'는 의미이므로 ⓐ를 의미한다고 볼 수 있다.
② 어떤 선택이 이전 사건들에 의해 선결정되어 있든 그렇지 않든 그 선택을 한 사람이 '내가 하고자 원했던 것을 했다'면 그것은 그 사람의 자유의지의 산물이므로 ⓑ는 있을 수 있다.
③ 어떤 선택이 선결정되어 있든 그렇지 않든 그 사람이 '내가 하고자 원했던 것을 했다'면 ⓐ는 있을 수 있다.
⑤ 어떤 선택을 원해서 한다면 그 사람에게 ⓐ는 당연히 있으며, 그 선택이 선결정되어 있지 않다면 지문 처음에서 언급한 두 가지 조건을 모두 충족하므로 ⓑ 역시 있을 수 있다.

지문요약

주제

스마트폰 _____의 한계와 이후 글로벌 _____ 산업

내용요약

• **스마트폰 _____의 한계**
  – 기술 _____의 상징
  – 글로벌 _____
  – 스마트폰 _____ 수위 기업도 호시절이 끝남

• **팡(FANG)**
  – 스마트폰 이후 _____ 주도 기업
  – 페이스북, 아마존, 넷플릭스, 구글을 뜻함
  – _____, 플랫폼 기업
  – 주가가 _____ 중이나 영속 _____하지는 않을 것

통합형

01 글의 통일성을 고려할 때 ㉠에 들어갈 문장으로 가장 적절한 것은? 20 국가직 9급

> 기술 혁신의 상징으로 화려하게 등장한 이후 글로벌 아이콘이 됐던 소위 스마트폰이 그 진화의 한계에 봉착한 듯하다. 게다가 최근 들어 중국 업체들의 성장세가 만만치 않은 상황이 펼쳐지고 있다. 이런 가운데 오랜 기간 스마트폰 생산량의 수위를 지켜 왔던 기업들의 호시절도 끝난 분위기다. (㉠)
>
> 그렇다면 스마트폰 이후 글로벌 주도 산업은 무엇일까. 첫손가락에 꼽히는 것은 페이스북, 아마존, 넷플릭스, 구글을 뜻하는 '팡(FANG)'이다. 모바일 퍼스트 시대에서 소프트웨어, 플랫폼 사업에 눈뜬 기업들이다. 이들은 지난해 매출과 순이익이 크게 늘었으며 주가도 폭등했다. 하지만 이들이라고 영속 불멸하지는 않을 것이다.

① 온 국민이 절치부심(切齒腐心)하여 반성하지 않으면 안 된다.

② 정보 기술 업계의 권불십년(權不十年)이라 하지 않을 수 없다.

③ 다른 나라의 기업들을 보고 아전인수(我田引水)해야 할 때다.

④ 글로벌 위기의 내우외환(內憂外患)에 국가 간 협력이 절실하다.

01 글의 통일성을 고려할 때 ㉠에 들어갈 문장으로 가장 적절한 것은? 20 국가직 9급

기술 혁신의 상징으로 화려하게 등장한 이후 글로벌 아이콘이 됐던 소위 스마트폰이 그 진화의 한계에 봉착한 듯하다. 게다가 최근 들어 중국 업체들의 성장세가 만만치 않은 상황이 펼쳐지고 있다. 이런 가운데 오랜 기간 스마트폰 생산량의 수위를 지켜 왔던 기업들의 호시절도 끝난 분위기다. (㉠)

그렇다면 스마트폰 이후 글로벌 주도 산업은 무엇일까. 첫손가락에 꼽히는 것은 페이스북, 아마존, 넷플릭스, 구글을 뜻하는 '팡(FANG)'이다. 모바일 퍼스트 시대에서 소프트웨어, 플랫폼 사업에 눈뜬 기업들이다. 이들은 지난해 매출과 순이익이 크게 늘었으며 주가도 폭등했다. 하지만 이들이라고 영속 불멸하지는 않을 것이다.

① 온 국민이 절치부심(切齒腐心)하여 반성하지 않으면 안 된다.
② 정보 기술 업계의 권불십년(權不十年)이라 하지 않을 수 없다.
③ 다른 나라의 기업들을 보고 아전인수(我田引水)해야 할 때다.
④ 글로벌 위기의 내우외환(內憂外患)에 국가 간 협력이 절실하다.

주제

스마트폰 진화의 한계와 이후 글로벌 주도 산업

내용요약

• 스마트폰 진화의 한계
　– 기술 혁신의 상징
　– 글로벌 아이콘
　– 스마트폰 생산량 수위 기업도 호시절이 끝남

• 팡(FANG)
　– 스마트폰 이후 글로벌 주도 기업
　– 페이스북, 아마존, 넷플릭스, 구글을 뜻함
　– 소프트웨어, 플랫폼 기업
　– 주가가 폭등 중이나 영속 불멸하지는 않을 것

정답 ②

1문단에서 기술 혁신의 상징이자 글로벌 아이콘이었던 스마트폰도 성장세가 지난 후 점차 호시절이 끝난 분위기라 설명하고, 2문단에서는 이른바 '팡'이 모바일 퍼스트 시대에서 매출과 순이익을 늘리고 주가도 폭등하고 있다고 언급한다. 하지만 마지막 문장에서 이들이라고 영속 불멸하지는 않을 것이라 하였으므로, '아무리 높은 권세라도 오래가지 못함'을 의미하는 권불십년(權不十年)이 들어가는 것이 적절하다.

오답분석

① 절치부심(切齒腐心)은 '몹시 분하여 이를 갈며 속을 썩임'이라는 뜻이다. 스마트폰이 호시절이 끝난 분위기라는 언급은 있지만, 이로 인해 절치부심하는 내용은 찾아볼 수 없다.
③ 아전인수(我田引水)는 '제 논에 물 대기'라는 속담과 같은데, '자신에게만 이익이 되도록 생각하거나 행동함'을 의미한다. 2문단에서 스마트폰 이후 글로벌 주도 기업에 관한 설명을 하고 있지만, 이것들이 우리나라와는 관련이 없으므로 적절하지 않다.
④ 내우외환(內憂外患)은 '나라의 안팎의 여러 가지 어려움'이라는 뜻이다. 이 지문에서는 스마트폰 이후 글로벌 주도 산업에 관한 설명을 하고 있지 나라의 근심과 걱정에 대해 말하고 있지는 않다.

지문요약

주제

법률상 ＿＿＿을 지닌 세 등급의 사람 유형과 ＿＿＿의 확장 주장

내용요약

• **세 등급의 사람 유형**
  - ＿＿＿: 법을 사랑함. 법을 범하기를 ＿＿＿＿함
  - 중등인: 법을 ＿＿＿함. 법을 범하기 싫어함
  - ＿＿＿: 법을 싫어함. 법을 범하기 부끄러워하지도 싫어하지도 않음. 하고 싶은 대로 저질러 거리끼는 것이 없음. ＿＿＿과 처지 때문에 ＿를 저지르지 않음

• **세 등급으로 구별한 이유**
  ＿＿＿인 학식의 환경과 지각의 ＿＿＿에 따른 것

• **교화의 확장 주장**
  - 교화가 넓게 베풀어지는 정도에 따라 ＿＿＿ 건수가 줄어듦
  - 교화에 힘쓰면 ＿＿을 바로잡을 수 있음

02 괄호 안에 들어갈 말로 가장 적절한 것은?

20 국가직 7급

> 상등인은 법을 사랑하고, 중등인은 법을 두려워하며, 하등인은 법을 싫어한다. 법을 사랑하는 자는 이를 범하기 부끄러워하고, 법을 두려워하는 자는 이를 범하기 싫어하지만, 법을 싫어하는 자는 이를 범하기 부끄러워하지도 싫어하지도 않는다. 기회만 만나면 하고 싶은 대로 저질러 거리끼는 것이 없다. 그가 다만 죄를 저지르지 않는 까닭은 형편이 그렇지 못하고 처지가 그럴 수 없기 때문이지, 그의 심사가 올바르기 때문이 아니다. 그러나 법률상 인품을 논의하여 세 등급으로 구별한 것은 후천적인 학식의 환경과 지각의 계층에 따른 것이기 때문에, 교화가 넓게 베풀어지는 정도에 따라 범죄 건수가 줄어들고 있다. 이를 통해 본다면, 인간 세상의 풍속을 바로잡는 방법은 (   )

① 법률을 엄격하게 정하고 구체적으로 적용하는 데 있다.
② 법률을 엄격하게 정하고 상황에 맞게 적용하는 데 있다.
③ 법률을 엄격하게 정하는 것보다 교화에 힘쓰는 데 있다.
④ 법률을 엄격하게 정하는 것보다 계층 통합에 힘쓰는 데 있다.

02 괄호 안에 들어갈 말로 가장 적절한 것은?

상등인은 법을 사랑하고, 중등인은 법을 두려워하며, 하등인은 법을 싫어한다. 법을 사랑하는 자는 이를 범하기 부끄러워하고, 법을 두려워하는 자는 이를 범하기 싫어하지만, 법을 싫어하는 자는 이를 범하기 부끄러워하지도 싫어하지도 않는다. 기회만 만나면 하고 싶은 대로 저질러 거리끼는 것이 없다. 그가 다만 죄를 저지르지 않는 까닭은 형편이 그렇지 못하고 처지가 그럴 수 없기 때문이지, 그의 심사가 올바르기 때문이 아니다. 그러나 법률상 인품을 논의하여 세 등급으로 구별한 것은 후천적인 학식의 환경과 지각의 계층에 따른 것이기 때문에, 교화가 넓게 베풀어지는 정도에 따라 범죄 건수가 줄어들고 있다. 이를 통해 본다면, 인간 세상의 풍속을 바로잡는 방법은 (   )

① 법률을 엄격하게 정하고 구체적으로 적용하는 데 있다.
② 법률을 엄격하게 정하고 상황에 맞게 적용하는 데 있다.
③ 법률을 엄격하게 정하는 것보다 교화에 힘쓰는 데 있다.
④ 법률을 엄격하게 정하는 것보다 계층 통합에 힘쓰는 데 있다.

주제

법률상 인품을 지닌 세 등급의 사람 유형과 교화의 확장 주장

내용요약

- **세 등급의 사람 유형**
  - 상등인: 법을 사랑함. 법을 범하기를 부끄러워함
  - 중등인: 법을 두려워함. 법을 범하기 싫어함
  - 하등인: 법을 싫어함. 법을 범하기 부끄러워하지도 싫어하지도 않음. 하고 싶은 대로 저질러 거리끼는 것이 없음. 형편과 처지 때문에 죄를 저지르지 않음

- **세 등급으로 구별한 이유**
  후천적인 학식의 환경과 지각의 계층에 따른 것

- **교화의 확장 주장**
  - 교화가 넓게 베풀어지는 정도에 따라 범죄 건수가 줄어듦
  - 교화에 힘쓰면 풍속을 바로잡을 수 있음

정답 ③

지문에서는 사람을 법률상 인품에 따라 세 등급으로 구별하고 있다. 이것은 단지 후천적인 학식의 환경과 지각의 계층에 따른 것이기 때문에, 교화를 통해 충분히 바꿀 수 있다. 따라서 지문에서 말하고자 하는 바는 법률을 엄격하게 정하는 것이 아니라 교화에 힘써 풍속을 바로잡는 것이다.

오답분석

① 괄호의 바로 앞 문장에서 교화가 넓게 베풀어지는 정도에 따라 범죄 건수가 줄어들고 있다고 하였으므로, 법률의 구체적인 적용보다 더 중요한 것은 교화이다.
② 법률상 인품에 따라 사람을 세 등급으로 구별한 이유가 법률을 상황에 맞게 적용하기 위함은 아니다. 지문에서 주장하는 것은 법률의 상황에 맞는 적용이 아니라 교화이다.
④ 지문에서 교화를 베풀어 범죄 건수가 줄어들고 있다고 언급하고는 있지만, 이것이 계층통합을 위한 것이 아니라 인간 세상의 풍속을 바로 잡기 위함이다.

내용요약

· 이 시인의 시집의 특징

– 미미한 대상을 ___ 하고 ___ 의미 부여

– ___ 한 대상에 ___ 의 윤기를 입힘

– 생의 ___ 와 결부된 슬픔과 _____ 을 느끼게 하는 특색이 있음

– 따스하면서도 _____ 생의 영상을 쌓아 놓음

어휘 및 문맥적 의미 파악하기

03 다음 글의 (   )에 들어갈 말로 적절하지 않은 것은?   21 군무원 7급

> 이 시인은 사람들의 관심 밖에 놓여 있는 미미한 대상을 정밀하게 관찰하고 거기에 시적 의미를 부여함으로써 (①) 풍경을 서정적 수채화로 변형시킨다. 대상을 정확히 관찰한다는 점에서는 (②)인데, 서정의 윤기를 입힌다는 점에서 그는 분명 로맨티스트이다. 대상의 배면에서 전해오는 사물의 축축한 습기라든가 무정한 듯 펼쳐진 정경에서 배어 나오는 생의 슬픔 같은 것을 즐겨 그려내는데, 생의 (③)에서 떠나 있는 듯한 그 애잔한 질감이 결국은 생의 문제와 결부되어 있음을 느끼게 하는 데 그의 특색이 있다. 그의 시집은 아련한 빛의 파문 속에 명멸하는 따스하면서도 (④) 생의 영상들을 쌓아놓았다.

① 평범한

② 모럴리스트

③ 현장

④ 서글픈

03 다음 글의 ( )에 들어갈 말로 적절하지 않은 것은?

> 이 시인은 사람들의 ①관심 밖에 놓여 있는 미미한 대상을 정밀하게 관찰하고 거기에 시적 의미를 부여함으로써 (①) 풍경을 서정적 수채화로 변형시킨다. ②대상을 정확히 관찰한다는 점에서는 (②)인데, 서정의 윤기를 입힌다는 점에서 그는 분명 로맨티스트이다. ③대상의 배면에서 전해오는 사물의 축축한 습기라든가 무정한 듯 펼쳐진 정경에서 배어 나오는 생의 슬픔 같은 것을 즐겨 그려내는데, 생의 (③)에서 떠나 있는 듯한 그 ④애잔한 질감이 결국은 생의 문제와 결부되어 있음을 느끼게 하는 데 그의 특색이 있다. 그의 시집은 아련한 빛의 파문 속에 명멸하는 따스하면서도 (④) 생의 영상들을 쌓아놓았다.

① 평범한

② 모럴리스트

③ 현장

④ 서글픈

지문요약

내용요약

- **이 시인의 시집의 특징**
  - 미미한 대상을 관찰하고 시적 의미 부여
  - 관찰한 대상에 서정의 윤기를 입힘
  - 생의 문제와 결부된 슬픔과 애잔함을 느끼게 하는 특색이 있음
  - 따스하면서도 서글픈 생의 영상을 쌓아 놓음

정답 ②

모럴리스트는 '16세기부터 18세기에 프랑스에서 인간성과 인간이 살아가는 법을 탐구하여 이것을 수필이나 단편적인 글로 표현한 문필가'를 의미한다. 문맥상 '대상을 있는 그대로 정확히 관찰'한다는 의미의 단어가 와야 하므로 '리얼리스트'가 오는 것이 더 적절하다.

오답분석

① 지문의 첫 부분에서 사람들의 관심밖에 놓여 있는 미미한 대상에 시적 의미를 부여하여 서정적 수채화로 변형시키고 있다고 하였다. 따라서 '뛰어나거나 색다른 점이 없이 보통'임을 의미하는 '평범함'이 들어가는 것이 적절하다.

③ 이 시인은 사물을 있는 그대로 묘사하기 보다는 대상의 배면(뒷면)의 애잔하고 슬픈 면이 배어 나오게 시를 쓰고 있다. 따라서 삶의 '현장'을 떠나 생의 문제와 결부된 슬픔과 애잔함을 느끼게 하는 데 그 특색이 있는 것이다.

④ 지문에서 언급하는 시인은 대상을 정밀 관찰해 그 배면의 슬프고 애잔한 질감을 생의 문제와 결부시켜 표현한다. 따라서 그의 시집은 따스하면서도 배면의 '서글픔'을 느낄 수 있는 것이다.

지문요약

주제

과거 ___ 사회와 현재 ___ 생활

내용요약

• 과거 농경 사회
  – 죽을 때까지 반경 __ 킬로미터를 벗어
    나지 않음
  – 마을 사람들이 서로 다 아는 사이
  – 일거수일투족이 ___ 당함
  – _____가 될 수 있음

• 현재 도시 생활
  – 어디를 가도 _____ 사람들에게 둘러싸
    여 있음. '군중 속의 _____' 혹은 '군중
    속의 ___'라고도 함
  – 문을 잠그고 ___이 가능. 집에 있으나
    없으나 주변인들이 ___ 하지 않는 ___
    를 가졌다는 뜻

04 다음 글의 중심 내용으로 가장 적절한 것은?

> 과거 농경 사회에서는 한 사람이 태어나서 죽을 때까지 반경 10킬로미터를 벗어나지 않았다고 한다. 그렇다 보니 마을 사람들은 서로 다 아는 사이였다. 이런 작은 마을에서는 일거수일투족이 감시를 당하고 뉴스거리가 될 수 있다. 반면 지금의 도시민들은 어디를 가든 내가 모르고 나를 모르는 사람들에게 둘러싸여 있다. 그래서 우리가 해외여행을 가서 느끼는 그런 편안함이 일상 속에 있는 것이 사실이다. 누군가는 이런 모습을 '군중 속의 외로움'이라고 했지만, 사실 이는 '군중 속의 자유'이기도 하다. 1980년대에 우리가 아파트로 이사 갔던 큰 이유 중 하나는 문을 잠그고 외출하는 게 가능했기 때문이다. 이는 다른 말로 하면 내가 집에 있으나 없으나 무슨 일을 하든지 주변인들이 간섭하지 않는 자유를 가졌다는 뜻이다. 그게 우리의 도시 생활이다.

① 과거에 비해 현대인들은 더 넓은 반경의 공간을 경험하고 있다.

② 자유를 누리기 위해 살던 곳을 벗어나 해외여행을 떠나야 한다.

③ 현대인들은 주로 아파트에서 살고 있고 이웃에 대해 잘 알지 못한다.

④ 도시에 살게 되면서 익명성에 따른 자유를 누릴 수 있게 되었다.

04 다음 글의 중심 내용으로 가장 적절한 것은?

22 지역인재 9급

①과거 농경 사회에서는 한 사람이 태어나서 죽을 때까지 반경 10킬로미터를 벗어나지 않았다고 한다. 그렇다 보니 마을 사람들은 서로 다 아는 사이였다. 이런 작은 마을에서는 일거수일투족이 감시를 당하고 뉴스거리가 될 수 있다. 반면 ②④지금의 도시민들은 어디를 가든 내가 모르고 나를 모르는 사람들에게 둘러싸여 있다. 그래서 우리가 해외여행을 가서 느끼는 그런 편안함이 일상 속에 있는 것이 사실이다. 누군가는 이런 모습을 '군중 속의 외로움'이라고 했지만, 사실 이는 '군중 속의 자유'이기도 하다. ③1980년대에 우리가 아파트로 이사 갔던 큰 이유 중 하나는 문을 잠그고 외출하는 게 가능했기 때문이다. 이는 다른 말로 하면 ④내가 집에 있으나 없으나 무슨 일을 하든지 주변인들이 간섭하지 않는 자유를 가졌다는 뜻이다. 그게 우리의 도시 생활이다.

① 과거에 비해 현대인들은 더 넓은 반경의 공간을 경험하고 있다.
② 자유를 누리기 위해 살던 곳을 벗어나 해외여행을 떠나야 한다.
③ 현대인들은 주로 아파트에서 살고 있고 이웃에 대해 잘 알지 못한다.
④ 도시에 살게 되면서 익명성에 따른 자유를 누릴 수 있게 되었다.

정답 ④
도시 생활은 '어디를 가든 내가 모르고 나를 모르는 사람들에게 둘러싸여 있다.'라고 하였다. 즉, '나'를 아는 사람이 없기에 오히려 해외여행을 가서 느끼는 그런 편안함이 일상에 있다는 것이다. 따라서 ④의 도시에 살게 되면서 익명성에 따른 자유를 누릴 수 있게 되었다는 설명은 적절하다.

오답분석
① 현대인들은 과거 농경 사회보다 더 넓은 반경에서 생활하는 것은 맞지만, 이것이 글의 중심 내용은 아니다.
② 익명성에 따른 자유를 '해외여행을 가서 느끼는 편안함'에 비유하고 있을 뿐 해외 여행을 떠나야 한다고 주장하는 것은 아니다.
③ 1980년대에 아파트로 이사 갔던 큰 이유 중 하나는 '주변인들이 간섭하지 않는 자유'를 가지기 위해서이다. 아파트에서 살고 있고 이웃에 대해 잘 알지 못하는 것은 맞지만 중심 내용은 아니다.

주제

_____과 _____을 함께 지니는 문화적 정
체성

내용요약

• **문화적 정체성**

  – 문화적 ___을 통해 '__'라는 동질성
부여하고 문화적 정체성을 확립

  – '우리'라는 울타리 속에 융해되어 흡수
된 _____도 포함

  – 독자성과 _____을 함께 지님

• **다른 문화와 사람에 대한 자세**

  – _____ 자세가 필요

  – 다른 문화 및 사람과의 ___가 우리 문
화의 _____이 되고 그를 통해 ___함
을 열린 마음으로 받아들여야 함

  – 화이부동의 자세: _____와 화목 추구,
서로의 ___를 이해하고 인정

  – _____ 수용의 자세: 다문화 속에서 받
아들일 것은 받아들여 우리 것으로 만
드는 자세

통합형

05 밑줄 친 ㉠에 들어갈 고사성어로 가장 적절한 것은?

20 경찰 1차

우리는 우리 선조들이 오랜 세월 동안 겪어 온 생활 경험과 생활 방식의 총체로서
의 문화적 전통 속에 있다. 그리고 그 문화적 전통은 '우리'라는 동질성을 부여해 주
고, 문화적 정체성을 확립하는 근거로 작용한다. 문화적 정체성은 다른 문화와 구별
되는 '우리'라는 울타리를 치는 것이지만 동시에 일상 속에 융해되어 흡수된 외래문
화도 포함한다. 즉, 문화적 정체성은 다른 문화와 구별되는 독자성과 다른 문화를
통하여 우리 것의 넓이와 깊이를 풍부하게 하는 상호성을 함께 지니고 있는 것이다.

여기에는 다른 문화와 사람에 대한 개방적인 자세가 요구된다. 다른 문화 및 사람
과의 교류는 우리 문화를 만드는 밑거름이 되며 다른 문화의 수용을 통하여 우리 문
화가 발전할 수 있음을 열린 마음으로 받아들여야 한다. 그러기 위해서는
㉠ _____과(와) 창조적 수용의 자세를 지녀야 할 필요가 있다. 다문화와 화목을
추구하면서 서로의 차이를 이해하고 인정하는 것이 전자의 자세이며, 다문화 속에서
받아들일 것은 받아들여 우리 것으로 만드는 것은 후자의 자세라 할 수 있다. 그리
고 다른 문화와의 공존과 우리의 문화적 정체성을 만들어 나가는 것은 같은 공동체
에 속한 너와 나 모두의 과업이라고 할 수 있다.

① 法古創新

② 物我一體

③ 滄桑世界

④ 和而不同

05 밑줄 친 ㉠에 들어갈 고사성어로 가장 적절한 것은?

20 경찰 1차

우리는 우리 선조들이 오랜 세월 동안 겪어 온 생활 경험과 생활 방식의 총체로서의 문화적 전통 속에 있다. 그리고 그 문화적 전통은 '우리'라는 동질성을 부여해 주고, 문화적 정체성을 확립하는 근거로 작용한다. 문화적 정체성은 다른 문화와 구별되는 '우리'라는 울타리를 치는 것이지만 동시에 일상 속에 융해되어 흡수된 외래문화도 포함한다. 즉, 문화적 정체성은 다른 문화와 구별되는 독자성과 다른 문화를 통하여 우리 것의 넓이와 깊이를 풍부하게 하는 상호성을 함께 지니고 있는 것이다.

여기에는 다른 문화와 사람에 대한 개방적인 자세가 요구된다. 다른 문화 및 사람과의 교류는 우리 문화를 만드는 밑거름이 되며 다른 문화의 수용을 통하여 우리 문화가 발전할 수 있음을 열린 마음으로 받아들여야 한다. 그러기 위해서는 ㉠ _____ 과(와) 창조적 수용의 자세를 지녀야 할 필요가 있다. 다문화와 화목을 추구하면서 서로의 차이를 이해하고 인정하는 것이 전자의 자세이며, 다문화 속에서 받아들일 것은 받아들여 우리 것으로 만드는 것은 후자의 자세라 할 수 있다. 그리고 다른 문화와의 공존과 우리의 문화적 정체성을 만들어 나가는 것은 같은 공동체에 속한 너와 나 모두의 과업이라고 할 수 있다.

① 法古創新
② 物我一體
③ 滄桑世界
④ 和而不同

지문요약

주제
독자성과 상호성을 함께 지니는 문화적 정체성

내용요약
- **문화적 정체성**
  - 문화적 전통을 통해 '우리'라는 동질성 부여하고 문화적 정체성 확립
  - '우리'라는 울타리 속에 융해되어 흡수된 외래문화도 포함
  - 독자성과 상호성을 함께 지님
- **다른 문화와 사람에 대한 자세**
  - 개방적 자세가 필요
  - 다른 문화 및 사람과의 교류가 우리 문화의 밑거름이 되고 그를 통해 발전함을 열린 마음으로 받아들여야 함
  - 화이부동의 자세: 다문화와 화목 추구, 서로의 차이를 이해하고 인정
  - 창조적 수용의 자세: 다문화 속에서 받아들일 것은 받아들여 우리 것으로 만드는 자세

정답 ④

문화적 정체성을 만들기 위해서는 다른 문화와 사람에 대한 개방적인 자세가 요구되는데, 다른 문화 및 사람과의 교류가 우리 문화를 만드는 밑거름이 되고 이를 통해 발전할 수 있기 때문이다. 이를 위해서 필요한 자세 두 가지 중 하나는 ㉠과 창조적 수용의 자세이다. ㉠ 다음 문장을 살펴보면 '다문화와 화목을 추구하면서 서로의 차이를 이해하고 인정하는 것이 전자의 자세'라고 하였고, 여기서 언급한 전자의 자세가 ㉠이므로 ㉠에는 '화목을 추구하면서도 서로의 차이를 이해하고 인정'한다는 의미의 고사성어가 들어가야 한다. 따라서 가장 적절한 것은 '화합하면서도 자신의 것을 지킨다.'라는 뜻의 '화이부동(和而不同)'이다.

오답분석
① 법고창신(法古創新): 옛것을 본받아 새로운 것을 창조함
② 물아일체(物我一體): 외물(外物)과 자아, 객관과 주관, 또는 물질계와 정신계가 어울려 하나가 됨
③ 창상세계(滄桑世界): 급격히 바뀌어 변모하는 세상

지문요약

주제

___과 도덕적 규범이 반영된 _____ 원칙

내용요약

• 경제학 원칙
 – 경제학에서 '원칙'은 '___'
 – 상식에 따라 사는 것이 올바르게 사는 것
 – _____ 규범이 반영된 것

• 사회적 _____
 타인을 배려하는 ___의 원칙에 의해 통제되어야 하는 _____ 원칙

• _____ 부담의 원칙
 여러 사람들이 함께 노력한 결과 ___이 생기면, 그 이익을 즐긴 사람이 비용을 ___해야 한다는 원칙

통합형

01 다음 중 ⊙과 ⓛ에 들어갈 사자성어로 가장 적절한 것은?　22 군무원 7급

　　경제학에서 '원칙'이라고 부르는 것들도 알고 보면 '상식'이다. 예컨대 필요한 재화를 효율성원칙에 따라 생산하자면 되도록이면 비용을 줄이는 대신 편익은 커야 하는데, 이거야말로 모두가 아는 상식이다. 따라서 경제학적인 관점에서 보면 그냥 상식에 따라 살기만 해도 올바르게 산다고 봐야 한다.

　　자기 혼자 편히 살자고 이웃에 비용을 부담시키거나 위험한 일들을 떠맡긴다면 그것은 상식에 어긋난다. 주류경제학은 이런 이기주의와 개인주의를 높이 찬양하고 있지만 입장을 바꿔 생각해 보면 이게 얼마나 몰상식적인 처사인지가 금방 드러난다. 더 나아가 그것은 몰염치하기조차 하다. 따라서 효율성 원칙은 타인을 배려하는 공생의 원칙에 의해 통제돼야 한다. 경제학은 이를 '사회적 효율성'이라고 부른다. 일상생활 규범으로 암송되고 있는 (⊙)라는 사자성어도 알고 보면 이러한 경제 원칙의 문학적 표현이다.

　　이처럼 경제 원칙이라고 불리지만 정작 상식에 불과한 것에는 '수익자 부담의 원칙'도 있다. 여러 사람들이 함께 노력한 결과 이익이 생기면, 그 이익을 즐긴 사람이 비용을 부담해야 한다는 원칙이다. 부지 조성으로 이익을 얻은 개발업자가 개발부담금을 납부하거나 도로가 건설될 때 이익을 보는 도로사용자가 휘발유 사용량에 비례하여 도로유지비용을 부담하는 것과 같다. 이런 상식을 따르지 않으면 (ⓛ)한 자로 여겨질 것이다. (⊙), (ⓛ)! 이렇게 보니 경제학 원칙은 상식이며, 도덕적 규범이 반영된 것이다. 인간이라면 이런 상식과 도덕을 따라야 할 것이다.

	⊙	ⓛ
①	易地思之	背恩忘德
②	十匙一飯	棟梁之材
③	人之常情	俯首聽令
④	吳越同舟	守株待兔

01 다음 중 ⊙과 ⓛ에 들어갈 사자성어로 가장 적절한 것은?

경제학에서 '원칙'이라고 부르는 것들도 알고 보면 '상식'이다. 예컨대 필요한 재화를 효율성원칙에 따라 생산하자면 되도록이면 비용을 줄이는 대신 편익은 커야 하는데, 이거야말로 모두가 아는 상식이다. 따라서 경제학적인 관점에서 보면 그냥 상식에 따라 살기만 해도 올바르게 산다고 봐야 한다.

자기 혼자 편히 살자고 이웃에 비용을 부담시키거나 위험한 일들을 떠맡긴다면 그것은 상식에 어긋난다. 주류경제학은 이런 이기주의와 개인주의를 높이 찬양하고 있지만 입장을 바꿔 생각해 보면 이게 얼마나 몰상식적인 처사인지가 금방 드러난다. 더 나아가 그것은 몰염치하기조차 하다. 따라서 효율성 원칙은 ⊙타인을 배려하는 공생의 원칙에 의해 통제돼야 한다. 경제학은 이를 '사회적 효율성'이라고 부른다. 일상생활 규범으로 암송되고 있는 (⊙)라는 사자성어도 알고 보면 이러한 경제 원칙의 문학적 표현이다.

이처럼 경제 원칙이라고 불리지만 정작 상식에 불과한 것에는 '수익자 부담의 원칙'도 있다. 여러 사람들이 함께 노력한 결과 이익이 생기면, 그 이익을 즐긴 사람이 비용을 부담해야 한다는 원칙이다. ⓛ부지 조성으로 이익을 얻은 개발업자가 개발부담금을 납부하거나 도로가 건설될 때 이익을 보는 도로사용자가 휘발유 사용량에 비례하여 도로유지비용을 부담하는 것과 같다. 이런 상식을 따르지 않으면 (ⓛ)한 자로 여겨질 것이다. (⊙), (ⓛ)! 이렇게 보니 경제학 원칙은 상식이며, 도덕적 규범이 반영된 것이다. 인간이라면 이런 상식과 도덕을 따라야 할 것이다.

	⊙	ⓛ
①	易地思之	背恩忘德
②	十匙一飯	棟梁之材
③	人之常情	俯首聽令
④	吳越同舟	守株待兎

주제

상식과 도덕적 규범이 반영된 경제학 원칙

내용요약

• **경제학 원칙**
- 경제학에서 '원칙'은 '상식'
- 상식에 따라 사는 것이 올바르게 사는 것
- 도덕적 규범이 반영된 것

• **사회적 효율성**
타인을 배려하는 공생의 원칙에 의해 통제되어야 하는 효율성 원칙

• **수익자 부담의 원칙**
여러 사람들이 함께 노력한 결과 이익이 생기면, 그 이익을 즐긴 사람이 비용을 부담해야 한다는 원칙

정답 ①

2문단에서 주류경제학은 이기주의와 개인주의를 찬양하지만, 이는 몰상식하고 몰염치한 처사라 주장하고 있다. 이런 효율성 원칙은 타인을 배려하는 공생의 원칙에 의해서 통제되어야 하고 이를 '사회적 효율성'이라고 한다. 따라서 ⊙에는 입장을 바꿔 생각하고 남을 배려하는 '역지사지(易地思之)'가 들어가는 것이 적절하다. 또, '수익자 부담의 원칙'을 지키는 것은 상식인데, 이것을 지키지 않는다면 은혜를 저버리는 것과 같은 것이므로 ⓛ에는 '배은망덕(背恩忘德)'이 들어가는 것이 적절하다.

오답분석

② • 십시일반(十匙一飯): 밥 열 술이 밥 한 그릇이 된다는 뜻으로 여러 사람이 조금씩 힘을 합하면 한 사람을 돕기 쉬움을 이르는 말
• 동량지재(棟梁之材): 마룻대와 들보로 쓸만한 재목이라는 뜻으로 집안이나 나라를 떠받치는 중대한 일을 맡을만 한 인재를 이르는 말

③ • 인지상정(人之常情): 사람이면 누구나 가지는 보통의 마음
• 부수청령(俯首聽令): 고개를 숙이고 명령을 따른다는 뜻으로, 윗사람의 위엄에 눌려 명령대로 좇아 행함을 이르는 말

④ • 오월동주(吳越同舟): 서로 적의를 품은 사람들이 한자리에 있게 된 경우나 서로 협력하여야 하는 상황을 비유적으로 이르는 말
• 수주대토(守株待兎): 한 가지 일에만 얽매여 발전을 모르는 어리석은 사람을 비유적으로 이르는 말

[02~04] 다음 글을 읽고 물음에 답하시오.

지문요약

주제

학교 ____ 현상과 ____

내용요약

· 학습 ____ 차원
  – 지적 · ____ 성장을 위한 학습 욕구
  – 자식의 지적 · 인격적 성장을 바라는 ____ 의 마음

· 경제적 차원
  – 학교가 ____ 에서 필수적인 ____ 양 성 기관의 역할을 담당
  – 산업사회에서는 ____ 받은 인재가 필요 하고 이 과제를 해결하기 위한 기관이 ____
  – 산업 수준이 더욱 ____ 됨에 따라 학 교 교육의 기간도 장기화됨

· 정치적 차원
  – ____ 을 이룰 수 있는 장치
  – 국민통합 교육을 위한 ____ 적 필요에 의해 _____ 가 시작

· 사회적 차원
  – 현대사회가 학력 사회로 변화
  – 신분제도를 ____ 가 대신함
  – ____ 은 각자의 능력을 판단하는 ____ 로 활용
  – 막스 베버는 대접받고 높은 관직에 오 르기 위해서 ____ 이 있어야 한다고 주장
  – 그는 높은 학력을 가진 사람은 사회경 제적으로 높은 지위를 ____ 할 수 있다 고 저서에서 기술

20세기의 두드러진 특징 중 하나는 세계 모든 나라에서 학교라 불리는 교육 기관 들이 엄청나게 빠른 속도로 성장했으며, 각국의 학생들이 교육을 받기 위해 학교로 몰려들었다는 것이다. 예를 들어 한국의 대학생 수는 1945년 약 8000명이었지만, 2010년 약 350만 명으로 증가했다. 무엇이 학교를 이토록 팽창하게 만들었을까? ⊙ 학교 팽창의 원인은 학습 욕구 차원, 경제적 차원, 정치적 차원, 사회적 차원에서 설명될 수 있다.

먼저 학습 욕구 차원에서, 인간은 지적 · 인격적 성장을 위한 학습 욕구를 지니고 있다. 그리고 부모들은 자식의 지적 · 인격적 성장을 바라는 마음이 있다. 특히 한국 인은 배움에 높은 가치를 부여하기 때문에, 한국 사회에서는 부모가 자식에게 최선 의 배움의 기회를 제공하는 것이 부모가 자식에게 해주어야 할 의무로 인식되는 경 향이 있다. 이러한 학습에 대한 욕구가 학교를 팽창하게 만드는 요인 중 하나인 것 이다.

다음으로 경제적 차원에서 학교는 산업사회가 성장하는 데 있어서 필수적인 인력 양성 기관의 역할을 담당하였다. 전통적인 농경사회에서는 특별한 기능이나 기술의 훈련이 필요하지 않았지만, 산업사회에서는 훈련받은 인재가 필요하였다. 이러한 산업사회의 과제를 해결하기 위한 기관이 학교였다. 산업 수준이 더욱 고도화됨에 따라 학교 교육의 기간도 장기화된다. 경제 규모의 확대와 산업 기술 수준의 향상은 학교를 팽창하게 만드는 요인 중 하나인 것이다.

다음으로 정치적 차원에서 학교는 국민통합을 이룰 수 있는 장치였다. 통일국가 에서는 언어, 역사의식, 가치관, 국가이념 등을 모든 국가 구성원들에게 가르쳐야 했다. 그리고 국민통합 교육은 사교육에 맡겨둘 수 없었다. 이러한 맥락에서 학교에 서의 의무교육제도는 국민통합 교육을 위한 국가적 필요에 의해 시작된 것으로 볼 수 있다. 국민통합의 필요는 학교를 팽창하게 만드는 요인 중 하나인 것이다.

마지막으로 사회적 차원에서 학교의 팽창은 현대사회가 학력 사회로 변화된 데에 기인한다. 신분제도가 무너진 뒤 그 자리를 채운 학력제도에서, 학력은 각자의 능력 을 판단하는 잣대로 활용되었다. 막스 베버 는 그의 저서 《경제와 사회》에서 사회 적으로 대접받고 높은 관직에 오르기 위해 과거에는 명문가의 족보가 필요했지만, 오늘날에는 학력증명이 있어야 한다고 주장했다. 나아가 그는 높은 학력을 가진 사 람은 사회경제적으로 높은 지위를 독점할 수 있다고 기술한 바 있다. 현대사회의 학 력 사회로의 변모는 학교가 팽창하게 되는 요인 중 하나인 것이다.

글의 전개 방식 파악하기

02 윗글의 전개 방식에 대한 설명으로 가장 적절하지 않은 것은?

① 의문문을 활용하여 독자의 궁금증을 유발하고 있다.

② 특정 현상의 원인을 다양한 차원에서 병렬적으로 제시하고 있다.

③ 특정 현상을 대략적인 수치 자료를 예로 제시하며 설명하고 있다.

④ 특정 현상의 역사적 의의를 제시하며 현대사회가 나아가야 할 방향을 제시하고 있다.

03 윗글을 읽고 난 후, ㉠에 대해 보인 반응으로 가장 적절하지 않은 것은?

① 갑: 학습 욕구 차원에서, 인간은 자신의 내적 성장에 대한 욕구가 있기 때문일 거야.

② 을: 경제적 차원에서, 산업 기술 수준이 향상됨에 따라 필요한 훈련된 인력을 기르는 역할을 학교가 담당하기 때문일 거야.

③ 병: 정치적 차원에서, 국가의 가치관, 언어, 역사의식 등을 국가 구성원에게 가르치는 일이 학교를 통해 이루어지기 때문일 거야.

④ 정: 사회적 차원에서, 산업 수준이 더욱 고도화되면서 산업사회의 과제를 해결하기 위한 기관이 학교이기 때문일 거야.

내용 적용 및 추론하기

04 윗글의 막스 베버 와 〈보기〉의 A, B의 견해를 비교한 내용으로 가장 적절한 것은?

〈보 기〉

학교 교육이 사회의 평등장치인가에 대해 사회학자 A와 B는 상반된 견해를 가진다. A는 학교가 학생들의 능력에 따라 성적을 주고, 그 성적에 따라 상급학년에 진급시키고 졸업시켜, 상급학교에 진학시키므로 학력은 개인의 능력에 따라 차별화된다고 본다. 또한 높은 학력을 통해 능력을 인정받은 개인은 희소가치가 높은 노동을 제공함으로써 높은 소득을 얻고 계층 상승을 이룰 수 있다고 본다.

반면, B는 상급 학교의 진학은 개인의 능력만을 반영하지 않고 부모의 사회적 지위와 소득의 영향을 받는다고 본다. 또한 학교 교육을 통해 계층 상승을 이룰 수 있는 사람들은 대개 기존부터 중류층 이상이었던 사람들이라고 주장한다. 나아가 상류층일수록 학력이 낮아도 높은 지위에 쉽게 오르는 경향이 있다고 이야기한다.

① A와 달리, 막스 베버는 고학력을 취득한 사람이 저학력을 취득한 사람보다 능력이 뛰어나다고 생각한다.

② B와 달리, 막스 베버는 사회경제적으로 높은 지위를 차지하기 위해서 개인의 학력보다 부모의 지위가 중요하다고 생각한다.

③ A와 막스 베버는 모두 학력을 통해 높은 계층의 지위를 차지할 수 있다고 생각한다.

④ B와 막스 베버는 모두 높은 관직에 오르기 위해서는 명문가에서 태어나는 것이 뛰어난 학력을 가지는 것보다 중요하다고 생각한다.

주제

학교 팽창 현상과 원인

내용요약

- 학습 욕구 차원
  - 지적·인격적 성장을 위한 학습 욕구
  - 자식의 지적·인격적 성장을 바라는 부모의 마음

- 경제적 차원
  - 학교가 산업사회에서 필수적인 인력 양성 기관의 역할을 담당
  - 산업사회에서는 훈련받은 인재가 필요하고 이 과제를 해결하기 위한 기관이 학교
  - 산업 수준이 더욱 고도화됨에 따라 학교 교육의 기간도 장기화됨

- 정치적 차원
  - 국민통합을 이룰 수 있는 장치
  - 국민통합 교육을 위한 국가적 필요에 의해 의무교육제도가 시작

- 사회적 차원
  - 현대사회가 학력 사회로 변화
  - 신분제도를 학력제도가 대신함
  - 학력은 각자의 능력을 판단하는 잣대로 활용
  - 막스 베버는 대접받고 높은 관직에 오르기 위해서 학력증명이 있어야 한다고 주장
  - 그는 높은 학력을 가진 사람은 사회경제적으로 높은 지위를 독점할 수 있다고 저서에서 기술

[02~04] 다음 글을 읽고 물음에 답하시오.

20세기의 두드러진 특징 중 하나는 세계 모든 나라에서 학교라 불리는 교육 기관들이 엄청나게 빠른 속도로 성장했으며, 각국의 학생들이 교육을 받기 위해 학교로 몰려들었다는 것이다. 예를 들어 2-②한국의 대학생 수는 1945년 약 8,000명이었지만, 2010년 약 350만 명으로 증가했다. 2-①무엇이 학교를 이토록 팽창하게 만들었을까? ㉠ 학교 팽창의 원인은 학습 욕구 차원, 경제적 차원, 정치적 차원, 사회적 차원에서 설명될 수 있다.

먼저 2-②학습 욕구 차원에서, 3-①인간은 지적·인격적 성장을 위한 학습 욕구를 지니고 있다. 그리고 부모들은 자식의 지적·인격적 성장을 바라는 마음이 있다. 특히 한국인은 배움에 높은 가치를 부여하기 때문에, 한국 사회에서는 부모가 자식에게 최선의 배움의 기회를 제공하는 것이 부모가 자식에게 해주어야 할 의무로 인식되는 경향이 있다. 이러한 학습에 대한 욕구가 학교를 팽창하게 만드는 요인 중 하나인 것이다.

다음으로 2-②경제적 차원에서 학교는 산업사회가 성장하는 데 있어서 필수적인 인력 양성 기관의 역할을 담당하였다. 전통적인 농경사회에서는 특별한 기능이나 기술의 훈련이 필요하지 않았지만, 3-②산업사회에서는 훈련받은 인재가 필요하였다. 이러한 산업사회의 과제를 해결하기 위한 기관이 학교였다. 산업 수준이 더욱 고도화됨에 따라 학교 교육의 기간도 장기화된다. 경제 규모의 확대와 산업 기술 수준의 향상은 학교를 팽창하게 만드는 요인 중 하나인 것이다.

다음으로 2-②정치적 차원에서 학교는 국민통합을 이룰 수 있는 장치였다. 3-③통일국가에서는 언어, 역사의식, 가치관, 국가이념 등을 모든 국가 구성원들에게 가르쳐야 했다. 그리고 국민통합 교육은 사교육에 맡겨둘 수 없었다. 이러한 맥락에서 3-③학교에서의 의무교육제도는 국민통합 교육을 위한 국가적 필요에 의해 시작된 것으로 볼 수 있다. 국민통합의 필요는 학교를 팽창하게 만드는 요인 중 하나인 것이다.

마지막으로 2-②사회적 차원에서 학교의 팽창은 현대사회가 학력 사회로 변화된 데에 기인한다. 신분제도가 무너진 뒤 그 자리를 채운 학력제도에서, 학력은 각자의 능력을 판단하는 잣대로 활용되었다. 4-①②③④ 막스 베버 는 그의 저서 《경제와 사회》에서 사회적으로 대접받고 높은 관직에 오르기 위해서 과거에는 명문가의 속보가 필요했지만, 오늘날에는 학력증명이 있어야 한다고 주장했다. 나아가 그는 높은 학력을 가진 사람은 사회경제적으로 높은 지위를 독점할 수 있다고 기술한 바 있다. 현대사회의 학력 사회로의 변모는 학교가 팽창하게 되는 요인 중 하나인 것이다.

글의 전개 방식 파악하기

02 윗글의 전개 방식에 대한 설명으로 가장 적절하지 않은 것은?

① 의문문을 활용하여 독자의 궁금증을 유발하고 있다.

② 특정 현상의 원인을 다양한 차원에서 병렬적으로 제시하고 있다.

③ 특정 현상을 대략적인 수치 자료를 예로 제시하며 설명하고 있다.

④ 특정 현상의 역사적 의의를 제시하며 현대사회가 나아가야 할 방향을 제시하고 있다.

03 윗글을 읽고 난 후, ⏺에 대해 보인 반응으로 가장 적절하지 않은 것은?

① 갑: 학습 욕구 차원에서, 인간은 자신의 내적 성장에 대한 욕구가 있기 때문일 거야.

② 을: 경제적 차원에서, 산업 기술 수준이 향상됨에 따라 필요한 훈련된 인력을 기르는 역할을 학교가 담당하기 때문일 거야.

③ 병: 정치적 차원에서, 국가의 가치관, 언어, 역사의식 등을 국가 구성원에게 가르치는 일이 학교를 통해 이루어지기 때문일 거야.

④ 정: 사회적 차원에서, 산업 수준이 더욱 고도화되면서 산업사회의 과제를 해결하기 위한 기관이 학교이기 때문일 거야.

내용 적용 및 추론하기

04 윗글의 ┃막스 베버┃와 〈보기〉의 A, B의 견해를 비교한 내용으로 가장 적절한 것은?

────── 〈 보 기 〉 ──────

　　학교 교육이 사회의 평등장치인가에 대해 사회학자 A와 B는 상반된 견해를 가진다. A는 학교가 학생들의 능력에 따라 성적을 주고, 그 성적에 따라 상급학년에 진급시키고 졸업시켜, 상급학교에 진학시키므로 학력은 개인의 능력에 따라 차별화된다고 본다. 또한 높은 학력을 통해 능력을 인정받은 개인은 희소가치가 높은 노동을 제공함으로써 높은 소득을 얻고 계층 상승을 이룰 수 있다고 본다.

　　반면, B는 상급 학교의 진학은 개인의 능력만을 반영하지 않고 부모의 사회적 지위와 소득의 영향을 받는다고 본다. 또한 학교 교육을 통해 계층 상승을 이룰 수 있는 사람들은 대개 기존부터 중류층 이상이었던 사람들이라고 주장 한다. 나아가 상류층일수록 학력이 낮아도 높은 지위에 쉽게 오르는 경향이 있다고 이야기한다.

① A와 달리, 막스 베버는 고학력을 취득한 사람이 저학력을 취득한 사람보다 능력이 뛰어나다고 생각한다.

② B와 달리, 막스 베버는 사회경제적으로 높은 지위를 차지하기 위해서 개인의 학력보다 부모의 지위가 중요하다고 생각한다.

③ A와 막스 베버는 모두 학력을 통해 높은 계층의 지위를 차지할 수 있다고 생각한다.

④ B와 막스 베버는 모두 높은 관직에 오르기 위해서는 명문가에서 태어나는 것이 뛰어난 학력을 가지는 것보다 중요하다고 생각한다.

04 〈보기〉 내용요약

• A의 견해
　– 학력이 개인의 능력에 따라 차별화됨
　– 높은 학력을 통해 능력을 인정받은 개인은 희소가치가 높은 노동을 제공 → 높은 소득 획득, 계층 상승을 이룸

• B의 견해
　– 상급 학교 진학은 '개인의 능력 + 부모의 사회적 지위와 소득'
　– 학교 교육을 통해 계층 상승을 이루는 사람들은 대개 중류층 이상
　– 상류층일수록 학력이 낮아도 높은 지위에 쉽게 오르는 경향이 있음

02 | 정답 ④

지문은 '학교 팽창'이라는 특정 현상의 원인을 다각도로 분석하여 파악하고 있다. 역사적 의의나 현대사회가 나아가야 할 방향을 제시하고 있지는 않다.

오답분석

① 1문단에서 '무엇이 학교를 이토록 팽창하게 만들었을까?'라는 의문을 제기하며 독자의 관심을 유도하고 있다.
② '학교 팽창'이라는 특정 현상을 학습 욕구 차원, 경제적 차원, 정치적 차원, 사회적 차원으로 병렬적으로 분석하고 있다.
③ 1문단에서 한국의 대학생 수의 증가를 예로 제시하고 있다.

03 | 정답 ④

지문에서 '산업 수준이 더욱 고도화되면서 산업사회의 과제를 해결하기 위한 기관이 학교이기 때문'이라고 언급하는 것은 경제적 차원에서의 학교 팽창 요인이므로 사회적 차원이라고 언급한 것은 적절하지 않다.

오답분석

① 2문단에서 '인간은 지적 · 인격적 성장을 위한 학습 욕구를 지니고 있다.'라고 하였다.
② 3문단에서 산업 수준이 고도화될수록 학교 교육이 필요하고 기간도 장기화된다고 하였다.
③ 4문단에서 국민통합 교육을 위한 국가적 필요에 의해 학교의 의무교육제도가 시작되었다고 하였다.

04 | 정답 ③

막스 베버는 부모의 사회적 지위나 소득, 그리고 계층은 고려하지 않고 학생들 개인의 능력에 따라 높은 학력을 가지면 된다고 하였다. A는 막스 베버와 마찬가지로 다른 조건은 배제하고 높은 학력을 높은 소득과 계층 상승의 요인으로 보았다.

오답분석

① 〈보기〉에서 A는 '학력은 개인의 능력에 따라 차별화된다'고 보고 있으므로 고학력을 취득한 사람이 저학력을 취득한 사람보다 능력이 뛰어나다고 생각했을 것이다.
② 막스 베버는 높은 학력을 증명한 사람이 사회 경제적으로 높은 지위를 독점할 수 있다고 하였다.
④ 제시된 내용은 막스 베버와는 상관이 없으며, B 역시 명문가에 태어나는 것만을 높은 관직을 위한 조건으로 주장하지 않았다.

지문요약

주제

근시의 ___와 ___의 양상

내용요약

• 근시
  - 물체의 반사된 빛이 각막과 수정체에 의해 ___되어 망막 앞쪽에 초점을 맺히면 망막에 ___이 맞지 않는 상이 맺혀 먼 곳의 물체가 흐리게 보이는 현상
  - 먼 곳의 물체는 잘 안 보이고 가까운 곳의 물체는 잘 보임

• 근시의 양상
  - 망막의 ___에 초점이 맺히므로 보고자 하는 물체가 눈에 _____ 망막의 앞쪽에 맺혔던 초점이 뒤쪽으로 이동해 망막에 초점이 맺혀 물체가 _____ 보임
  - 근시가 _____ 눈 속에 맺히는 초점이 망막 앞쪽으로 멀어져 잘 보이는 거리가 짧아짐

05 다음 중 ㉠~㉢에 알맞은 말을 순서대로 나열한 것은?

먼 곳의 물체를 볼 때 물체에서 반사되어 나온 빛이 눈 속으로 들어가면서 각막과 수정체에 의해 굴절되어 망막의 앞쪽에 초점을 맺게 되면 망막에는 초점이 맞지 않는 상이 맺힘으로써 먼 곳의 물체가 흐리게 보인다. 이것을 근시라고 한다.

근시인 눈에서 보고자 하는 물체가 눈에 가까워지면 망막의 (㉠)에 맺혔던 초점이 (㉡)으로 이동하여 망막에 초점이 맺혀 흐리게 보이던 물체가 선명하게 보인다. 그리고 이 지점보다 더 가까운 곳의 물체는 조절 능력에 의하여 계속 잘 보인다.

이와 같이 근시는 먼 곳의 물체는 잘 안 보이고 가까운 곳의 물체는 잘 보이는 것을 말한다. 근시의 정도가 심하면 심할수록 눈 속에 맺히는 초점이 망막으로부터 (㉢)으로 멀어져 가까운 곳의 잘 보이는 거리가 짧아지고 근시의 정도가 약하면 꽤 먼 곳까지 잘 볼 수 있다.

	㉠	㉡	㉢
①	앞쪽	뒤쪽	앞쪽
②	뒤쪽	앞쪽	앞쪽
③	앞쪽	뒤쪽	뒤쪽
④	뒤쪽	앞쪽	뒤쪽

05 다음 중 ㉠~㉢에 알맞은 말을 순서대로 나열한 것은?

22 군무원 9급

먼 곳의 물체를 볼 때 물체에서 반사되어 나온 빛이 눈 속으로 들어가면서 각막과 수정체에 의해 굴절되어 망막의 앞쪽에 초점을 맺게 되면 망막에는 초점이 맞지 않는 상이 맺힘으로써 먼 곳의 물체가 흐리게 보인다. 이것을 근시라고 한다.

근시인 눈에서 보고자 하는 물체가 눈에 가까워지면 망막의 (㉠)에 맺혔던 초점이 (㉡)으로 이동하여 망막에 초점이 맺혀 흐리게 보이던 물체가 선명하게 보인다. 그리고 이 지점보다 더 가까운 곳의 물체는 조절 능력에 의하여 계속 잘 보인다.

이와 같이 근시는 먼 곳의 물체는 잘 안 보이고 가까운 곳의 물체는 잘 보이는 것을 말한다. 근시의 정도가 심하면 심할수록 눈 속에 맺히는 초점이 망막으로부터 (㉢)으로 멀어져 가까운 곳의 잘 보이는 거리가 짧아지고 근시의 정도가 약하면 꽤 먼 곳까지 잘 볼 수 있다.

	㉠	㉡	㉢
①	앞쪽	뒤쪽	앞쪽
②	뒤쪽	앞쪽	앞쪽
③	앞쪽	뒤쪽	뒤쪽
④	뒤쪽	앞쪽	뒤쪽

주제

근시의 정의와 근시의 양상

내용요약

- **근시**
  - 물체의 반사된 빛이 각막과 수정체에 의해 굴절되어 망막 앞쪽에 초점을 맺히면 망막에 초점이 맞지 않는 상이 맺혀 먼 곳의 물체가 흐리게 보이는 현상
  - 먼 곳의 물체는 잘 안 보이고 가까운 곳의 물체는 잘 보임

- **근시의 양상**
  - 망막의 앞쪽에 초점이 맺히므로 보고자 하는 물체가 눈에 가까워지면 망막의 앞쪽에 맺혔던 초점이 뒤쪽으로 이동해 망막에 초점이 맺혀 물체가 선명하게 보임
  - 근시가 심할수록 눈 속에 맺히는 초점이 망막 앞쪽으로 멀어져 잘 보이는 거리가 짧아짐

정답 ①

1문단에서 근시는 망막 앞쪽에 초점을 맺히면 망막에 초점이 맞지 않는 상이 맺혀 먼 곳의 물체가 흐리게 보이는 현상이라고 하였다. 따라서 물체가 눈에 가까워지면 망막의 ㉠(앞쪽)에 맺혔던 초점이 ㉡(뒤쪽)으로 이동해 망막에 초점이 맺혀 물체가 선명하게 보이게 된다. 또, 근시가 심할수록 눈 속에 맺히는 초점이 망막과는 더 떨어진 ㉢(앞쪽)에 맺히게 되어 잘 보이는 거리가 짧아진다.

지문요약

내용요약

- **대화에서 말하기**
  - 사람 사이의 ___ 가 좋게 되기도 하고 나쁘게 되기도 하는 대화
  - 나의 기분이나 ___ 에 따라 말을 ___ 하면 상대방도 함부로 할 것임
  - 상대방의 기분을 ___ 해서 말을 ___ 하면 상대방도 조심하게 됨

글의 흐름 파악하기

01 (가)에 들어갈 속담으로 적절한 것은?

22 간호직 8급

우리는 살아가면서 많은 사람을 만나고, 서로 대화를 한다. 그리고 그 대화가 어떠한가에 따라 사람 사이의 관계가 좋게 되기도 하고 나쁘게 되기도 한다. 그렇기 때문에 상대방에게 어떻게 말을 하느냐는 무척 중요하다. 나의 기분이 좋지 않거나, 상대방에게 좋지 않은 감정을 지니고 있다고 해서 말을 함부로 하면, 상대방도 말을 함부로 할 것이다. 또한 내가 상대방의 기분을 고려해서 말을 조심하면 상대방도 말을 조심할 것이다. [(가)]라고 하는 속담은 이러한 상황을 잘 나타낸다.

① "가는 말이 고와야 오는 말이 곱다"
② "말이 말을 낳고 소문이 소문을 만든다"
③ "낮말은 새가 듣고 밤말은 쥐가 듣는다"
④ "말은 해야 맛이고 고기는 씹어야 맛이다"

01 (가)에 들어갈 속담으로 적절한 것은?

22 간호직 8급

> 우리는 살아가면서 많은 사람을 만나고, 서로 대화를 한다. 그리고 그 대화가 어떠한가에 따라 사람 사이의 관계가 좋게 되기도 하고 나쁘게 되기도 한다. 그렇기 때문에 상대방에게 어떻게 말을 하느냐는 무척 중요하다. 나의 기분이 좋지 않거나, 상대방에게 좋지 않은 감정을 지니고 있다고 해서 말을 함부로 하면, 상대방도 말을 함부로 할 것이다. 또한 내가 상대방의 기분을 고려해서 말을 조심하면 상대방도 말을 조심할 것이다. ____(가)____ 라고 하는 속담은 이러한 상황을 잘 나타낸다.

① "가는 말이 고와야 오는 말이 곱다"
② "말이 말을 낳고 소문이 소문을 만든다"
③ "낮말은 새가 듣고 밤말은 쥐가 듣는다"
④ "말은 해야 맛이고 고기는 씹어야 맛이다"

지문요약

내용요약

• 대화에서 말하기
 – 사람 사이의 관계가 좋게 되기도 하고 나쁘게 되기도 하는 대화
 – 나의 기분이나 감정에 따라 말을 함부로 하면 상대방도 함부로 할 것임
 – 상대방의 기분을 고려해서 말을 조심하면 상대방도 조심하게 됨

정답 ①

지문에서는 서로 대화할 때 상대방에게 어떻게 말을 하느냐에 따라 상대방도 말을 하는 것이 달라지므로, 말을 함부로 하지 말고 상대방의 기분을 고려해서 말을 조심하라고 말한다. 그러면 상대방도 나에게 말을 조심해서 하게 되는데, 이런 상황을 나타내는 속담은 '가는 말이 고와야 오는 말이 곱다'이다.

오답분석

② '말이 말을 낳고 소문이 소문을 만든다'라는 속담은 말이 사람의 입을 거치는 동안 그 내용이 과장되게 변해간다는 뜻이므로 (가)에 들어가기에는 적절하지 않다.
③ '낮말은 새가 듣고 밤말은 쥐가 듣는다'라는 속담은 말은 언제든 새어 나가게 되어 있으니 늘 말조심하라는 뜻이므로 (가)에 들어가기에는 적절하지 않다.
④ '말은 해야 맛이고 고기는 씹어야 맛이다'라는 속담은 마땅히 해야 할 말은 반드시 하라는 뜻이므로 (가)에 들어가기에는 적절하지 않다.

지문요약

주제

아동의 ___에 대한 ___과 아동의 권리 ___
를 위한 노력

내용요약

• **아동의 ___에 대한 인식**

  – 전근대사회에서는 아동이 부모의 _____
    또는 종족 유지나 국가 방위를 위한 ___
    으로 간주

  – 근대사회에 이르러 ___ 개입과 _____
    의 참여로 아동보호가 시작

• **아동의 권리 보호를 위한 노력**

  – 1922년 잽 여사가 아동 권리에 대한
    내용을 성문화

  – 1924년 _____에서 「아동권리에 관
    한 제네바 선언」을 채택. 여전히 아동은
    보호의 ___로 인식될 뿐 ___의 주체
    로 인식되지는 않음

  – 1984년 _____에서 「아동권리협약」
    을 채택. 아동이 자신의 권리를 주장할
    수 있는 _____인 존재로 자리매김

  – 2016년 우리나라는 「아동권리헌장」 9
    개 항을 만듦. 유엔의 「_____」의
    네 가지 기본 원칙을 포함하고 있음

  – 아동을 둘러싼 _____들의 책임을
    명확히 하고 있음

02 다음 글에 대한 이해로 적절하지 않은 것은?

22 국가직 9급

아동이 부모의 소유물 또는 종족의 유지나 국가의 방위를 위한 수단으로 간주되었던 전근대사회에서는 아동의 권리에 대한 인식이 존재하지 않았다. 산업혁명으로 봉건제도가 붕괴되고 자본주의가 탄생한 근대사회에 이르러 구빈법에 따른 국가 개입과 민간단체의 자발적인 참여로 아동보호가 시작되었다.

1922년 잽 여사는 아동권리사상을 담아 아동권리에 대한 내용을 성문화하였다. 이를 기초로 1924년 국제연맹에서는 전문과 5개의 조항으로 된 「아동권리에 관한 제네바 선언」을 채택하였다. 여기에는 "아동은 물질적으로나 정신적으로 정상적인 발달을 위해 필요한 조건이 충족되어야 한다."라든지 "아동의 재능은 인류를 위해 쓰인다는 자각 속에서 양육되어야 한다." 등의 내용이 포함되었다.

그러나 여기에서도 아동은 보호의 객체로만 인식되었을 뿐 생존, 보호, 발달을 위한 적극적인 권리의 주체로 인식되지는 않았다. 최근에 와서야 국제사회의 노력에 힘입어 아동은 보호되어야 할 수동적인 존재에서 자신의 권리를 주장할 수 있는 능동적인 존재로 자리매김할 수 있게 되었다. 1989년 유엔총회에서 채택된 「아동권리협약」이 그것이다.

우리나라는 이를 토대로 2016년 「아동권리헌장」 9개 항을 만들었다. 이 헌장은 '생존과 발달의 권리', '아동이 최선의 이익을 보장 받을 권리', '차별 받지 않을 권리', '자신의 의견이 존중될 권리' 등 유엔의 「아동권리협약」의 네 가지 기본 원칙을 포함하고 있다. 또한 전문에는 아동의 권리와 더불어 "부모와 사회, 국가와 지방자치단체는 아동의 이익을 최우선으로 고려해야 하며, 다음과 같은 아동의 권리를 확인하고 실현할 책임이 있다."라고 명시하여 아동을 둘러싼 사회적 주체들의 책임을 명확히 하였다.

① 아동의 권리에 대한 인식은 근대 이후에 형성되었다.

② 「아동권리헌장」은 「아동권리협약」을 토대로 만들어졌다.

③ 「아동권리에 관한 제네바 선언」, 「아동권리협약」, 「아동권리헌장」에는 모두 아동의 발달에 대한 내용이 들어가 있다.

④ 「아동권리에 관한 제네바 선언」은 아동을 적극적인 권리의 주체로 인식함으로써 아동의 권리에 대한 진전된 성과를 이루었다.

02 다음 글에 대한 이해로 적절하지 않은 것은?

아동이 부모의 소유물 또는 종족의 유지나 국가의 방위를 위한 수단으로 간주되었던 전근대사회에서는 아동의 권리에 대한 인식이 존재하지 않았다. 산업혁명으로 봉건제도가 붕괴되고 자본주의가 탄생한 ①근대사회에 이르러 구빈법에 따른 국가 개입과 민간단체의 자발적인 참여로 아동보호가 시작되었다.

1922년 잽 여사는 아동권리사상을 담아 아동권리에 대한 내용을 성문화하였다. 이를 기초로 1924년 국제연맹에서는 전문과 5개의 조항으로 된 「아동권리에 관한 제네바 선언」을 채택하였다. 여기에는 ③"아동은 물질적으로나 정신적으로 정상적인 발달을 위해 필요한 조건이 충족되어야 한다."라든지 "아동의 재능은 인류를 위해 쓰인다는 자각 속에서 양육되어야 한다." 등의 내용이 포함되었다.

그러나 여기에서도 아동은 보호의 객체로만 인식되었을 뿐 ③생존, 보호, 발달을 위한 적극적인 권리의 주체로 인식되지는 않았다. 최근에 와서야 ④국제사회의 노력에 힘입어 아동은 보호되어야 할 수동적인 존재에서 자신의 권리를 주장할 수 있는 능동적인 존재로 자리매김할 수 있게 되었다. 1989년 유엔총회에서 채택된 「아동권리협약」이 그것이다.

②우리나라는 이를 토대로 2016년 「아동권리헌장」 9개 항을 만들었다. 이 헌장은 ③'생존과 발달의 권리', '아동이 최선의 이익을 보장 받을 권리', '차별 받지 않을 권리', '자신의 의견이 존중될 권리' 등 유엔의 「아동권리협약」의 네 가지 기본 원칙을 포함하고 있다. 또한 전문에는 아동의 권리와 더불어 "부모와 사회, 국가와 지방자치단체는 아동의 이익을 최우선으로 고려해야 하며, 다음과 같은 아동의 권리를 확인하고 실현할 책임이 있다."라고 명시하여 아동을 둘러싼 사회적 주체들의 책임을 명확히 하였다.

① 아동의 권리에 대한 인식은 근대 이후에 형성되었다.
② 「아동권리헌장」은 「아동권리협약」을 토대로 만들어졌다.
③ 「아동권리에 관한 제네바 선언」, 「아동권리협약」, 「아동권리헌장」에는 모두 아동의 발달에 대한 내용이 들어가 있다.
④ 「아동권리에 관한 제네바 선언」은 아동을 적극적인 권리의 주체로 인식함으로써 아동의 권리에 대한 진전된 성과를 이루었다.

지문요약

주제
아동의 권리에 대한 인식과 아동의 권리 보호를 위한 노력

내용요약
- 아동의 권리에 대한 인식
  - 전근대사회에서는 아동이 부모의 소유물 또는 종족 유지나 국가 방위를 위한 수단으로 간주
  - 근대사회에 이르러 국가개입과 민간단체의 참여로 아동보호가 시작
- 아동의 권리 보호를 위한 노력
  - 1922년 잽 여사가 아동 권리에 대한 내용을 성문화
  - 1924년 국제연맹에서 「아동권리에 관한 제네바 선언」을 채택. 여전히 아동은 보호의 객체로 인식될 뿐 권리의 주체로 인식되지는 않음
  - 1984년 유엔총회에서 「아동권리협약」을 채택. 아동이 자신의 권리를 주장할 수 있는 능동적인 존재로 자리매김
  - 2016년 우리나라는 「아동권리헌장」 9개 항을 만듦. 유엔의 「아동권리협약」의 네 가지 기본 원칙을 포함하고 있음
  - 아동을 둘러싼 사회적 주체들의 책임을 명확히 하고 있음

| 정답 | ④ |

「아동권리에 관한 제네바 선언」은 1924년 국제연맹에서 아동의 권리에 대해 채택한 것이다. 하지만 3문단 첫 번째 문장에서 언급했듯이 아동은 보호의 객체로만 인식되었을 뿐 적극적인 권리의 주체로 인식되지는 않았고, 1989년 유엔총회에서 채택된 「아동권리협약」에서야 아동을 적극적인 권리의 주체로 인식하였다.

오답분석

① 1문단에서 전근대사회에서는 아이를 소유물이나 수단으로 간주했었지만, 근대사회에 이르러 국가 개입과 민간단체의 자발적인 참여로 아동보호가 시작되었다고 언급하고 있다.

② 4문단에서 우리나라가 「아동권리협약」을 토대로 2016년에 「아동권리헌장」 9개 항을 만들었다고 언급하고 있다. 「아동권리헌장」에는 「아동권리협약」의 네 가지 기본 원칙이 포함되어 있다.

③ 「아동권리에 관한 제네바 선언」에는 아동은 물질적으로나 정신적으로 정상적인 발달을 위해 필요한 조건이 충족되어야 한다는 내용이 포함되어 있고, 「아동권리협약」에는 생존, 보호, 발달을 위한 적극적인 권리의 주체로 아동을 인식하고 있으며, 「아동권리헌장」에는 '생존과 발달의 권리'가 포함되어 있다.

지문요약

주제

___을 성장시키고 ___을 변화시킬 ___을 얻을 수 있는 독서의 ___

내용요약

· 독서의 가치

– 자신을 ___할 계기를 제공함으로써 독자의 ___을 성장시켜 삶을 바꿈

– 현실을 올바로 ___하고 당면한 문제를 해결할 ___와 힘을 지니게 함

– 세상에 대한 ___을 키울 수 있는 ___을 얻을 수 있음

– 올바른 ___을 갖추고 당면한 문제를 해결할 방법을 ___하도록 함으로써 세상을 변화시킬 ___을 얻을 수 있음

· 폐허 속에서 사람들이 책을 찾는 이유

– 혼란스러운 현실을 외면하려 한 것이 아니라 자신의 삶에 대한 ___의 시간을 가지기 위해서

– 시대적 과제를 해결할 ___를 책에서 찾기 위해서

　어떤 독서 이론도 이 한 장의 사진만큼 독서의 위대함을 분명하게 말해 주지 못할 것이다. 사진은 제2차 세계 대전 당시 처참하게 무너져 내린 런던의 한 건물 모습이다. ㉠ 폐허 속에서도 사람들이 책을 찾아 서가 앞에 선 이유는 무엇일까? 이들은 갑작스레 닥친 상황에서 독서를 통해 무언가를 구하고자 했을 것이다.

　독서는 자신을 살피고 돌아볼 계기를 제공함으로써 어떻게 살 것인가의 문제를 생각하게 한다. 책은 인류의 지혜와 경험이 담겨 있는 문화유산이며, 독서는 인류와의 만남이자 끝없는 대화이다. 독자의 경험과 책에 담긴 수많은 경험들의 만남은 성찰의 기회를 제공함으로써 독자의 내면을 성장시켜 삶을 바꾼다. 이런 의미에서 독서는 자기 성찰의 행위이며, 성찰의 시간은 깊이 사색하고 스스로에게 질문을 던지는 시간이어야 한다. 이들이 책을 찾은 것도 혼란스러운 현실을 외면하려 한 것이 아니라 자신의 삶에 대한 숙고의 시간이 필요했기 때문이다.

　또한 ㉡ 독서는 자신을 둘러싼 현실을 올바로 인식하고 당면한 문제를 해결할 논리와 힘을 지니게 한다. 책은 세상에 대한 안목을 키우는 데 필요한 지식을 담고 있으며, 독서는 그 지식을 얻는 과정이다. 독자의 생각과 오랜 세월 축적된 지식의 만남은 독자에게 올바른 식견을 갖추고 당면한 문제를 해결할 방법을 모색하도록 함으로써 세상을 바꾼다. 세상을 변화시킬 동력을 얻는 이 시간은 책에 있는 정보를 이해하는 데 그치는 것이 아니라 그 정보가 자신의 관점에서 문제를 해결할 수 있는 타당한 정보인지를 판단하고 분석하는 시간이어야 한다. 서가 앞에 선 사람들도 시대적 과제를 해결할 실마리를 책에서 찾으려 했던 것이다.

　독서는 자기 내면으로의 여행이며 외부 세계로의 확장이다. 폐허 속에서도 책을 찾은 사람들은 독서가 지닌 힘을 알고, 자신과 현실에 대한 이해를 구하고자 책과의 대화를 시도하고 있었던 것이다.

03 윗글을 바탕으로 할 때, ⊙의 답으로 적절하지 않은 것은?

① 인류의 지혜와 경험을 배우기 위해

② 현실로부터 도피할 방법을 구하기 위해

③ 시대적 과제를 해결할 실마리를 찾기 위해

④ 자신의 삶에 대해 숙고할 시간을 갖기 위해

⑤ 세상에 대한 안목을 키우는 지식을 얻기 위해

04 〈보기〉는 ⓒ과 같이 독서하기 위해 학생이 찾은 독서 방법이다. 이에 대한 반응으로 적절하지 않은 것은?

───── 〈보 기〉 ─────

해결하려는 문제와 관련하여 관점이 다른 책들을 함께 읽는 것은 해법을 찾는 한 방법이다. 먼저 문제가 무엇인지를 명확히 하고, 이와 관련된 서로 다른 관점의 책을 찾는다. 책을 읽을 때는 자신의 관점에서 각 관점들을 비교·대조하면서 정보의 타당성을 비판적으로 검토하고 평가한 내용을 통합한다. 이를 통해 문제를 다각적·심층적으로 이해하게 됨으로써 자신의 관점을 분명히 하고, 나아가 생각을 발전시켜 관점을 재구성하게 됨으로써 해법을 찾을 수 있다.

① 문제에 대한 여러 관점을 다각도로 검토하고, 비판적 판단을 유보함으로써 자신의 관점이 지닌 타당성을 견고히 해야겠군.

② 정보를 이해하는 수준을 넘어, 각 관점의 타당성을 검토하고 평가 내용을 통합함으로써 문제를 깊이 이해해야겠군.

③ 문제의 해결을 위해 서로 다른 관점을 비판적으로 통합하여 문제에 대한 생각을 새롭게 구성할 수 있어야겠군.

④ 서로 다른 관점을 비교·대조하면서 검토함으로써 편협한 시각에서 벗어나 문제를 폭넓게 보아야겠군.

⑤ 읽을 책을 선택하기 전에 해결하려는 문제가 무엇인지를 명확하게 인식해야겠군.

주제

내면을 성장시키고 세상을 변화시킬 동력을 얻을 수 있는 독서의 가치

내용요약

• **독서의 가치**

– 자신을 성찰할 계기를 제공함으로써 독자의 내면을 성장시켜 삶을 바꿈

– 현실을 올바로 인식하고 당면한 문제를 해결할 논리와 힘을 지니게 함

– 세상에 대한 안목을 키울 수 있는 지식을 얻을 수 있음

– 올바른 식견을 갖추고 당면한 문제를 해결할 방법을 모색하도록 함으로써 세상을 변화시킬 동력을 얻을 수 있음

• **폐허 속에서 사람들이 책을 찾는 이유**

– 혼란스러운 현실을 외면하려 한 것이 아니라 자신의 삶에 대한 숙고의 시간을 가지기 위해서

– 시대적 과제를 해결할 실마리를 책에서 찾기 위해서

어떤 독서 이론도 이 한 장의 사진만큼 독서의 위대함을 분명하게 말해 주지 못할 것이다. 사진은 제2차 세계 대전 당시 처참하게 무너져 내린 런던의 한 건물 모습이다. ㉠ 폐허 속에서도 사람들이 책을 찾아 서가 앞에 선 이유는 무엇일까? 이들은 갑작스레 닥친 상황에서 독서를 통해 무언가를 구하고자 했을 것이다.

독서는 자신을 살피고 돌아볼 계기를 제공함으로써 어떻게 살 것인가의 문제를 생각하게 한다. 책은 3-① 인류의 지혜와 경험이 담겨 있는 문화유산이며, 독서는 인류와의 만남이자 끝없는 대화이다. 독자의 경험과 책에 담긴 수많은 경험들의 만남은 성찰의 기회를 제공함으로써 독자의 내면을 성장시켜 삶을 바꾼다. 이런 의미에서 독서는 자기 성찰의 행위이며, 성찰의 시간은 깊이 사색하고 스스로에게 질문을 던지는 시간이어야 한다. 이들이 책을 찾은 것도 3-②④ 혼란스러운 현실을 외면하려 한 것이 아니라 자신의 삶에 대한 숙고의 시간이 필요했기 때문이다.

또한 ㉡ 독서는 자신을 둘러싼 현실을 올바로 인식하고 당면한 문제를 해결할 논리와 힘을 지니게 한다. 책은 3-⑤ 세상에 대한 안목을 키우는 데 필요한 지식을 담고 있으며, 독서는 그 지식을 얻는 과정이다. 독자의 생각과 오랜 세월 축적된 지식의 만남은 독자에게 올바른 식견을 갖추고 당면한 문제를 해결할 방법을 모색하도록 함으로써 세상을 바꾼다. 세상을 변화시킬 동력을 얻는 이 시간은 책에 있는 정보를 이해하는 데 그치는 것이 아니라 그 정보가 자신의 관점에서 문제를 해결할 수 있는 타당한 정보인지를 판단하고 분석하는 시간이어야 한다. 서가 앞에 선 사람들도 3-②③ 시대적 과제를 해결할 실마리를 책에서 찾으려 했던 것이다.

독서는 자기 내면으로의 여행이며 외부 세계로의 확장이다. 폐허 속에서도 책을 찾은 사람들은 독서가 지닌 힘을 알고, 자신과 현실에 대한 이해를 구하고자 책과의 대화를 시도하고 있었던 것이다.

03 윗글을 바탕으로 할 때, ㉠의 답으로 적절하지 않은 것은?

① 인류의 지혜와 경험을 배우기 위해

② 현실로부터 도피할 방법을 구하기 위해

③ 시대적 과제를 해결할 실마리를 찾기 위해

④ 자신의 삶에 대해 숙고할 시간을 갖기 위해

⑤ 세상에 대한 안목을 키우는 지식을 얻기 위해

내용 적용 및 추론하기

04 〈보기〉는 ㉡과 같이 독서하기 위해 학생이 찾은 독서 방법이다. 이에 대한 반응으로 적절하지 않은 것은?

― 〈보 기〉 ―

해결하려는 문제와 관련하여 관점이 다른 책들을 함께 읽는 것은 해법을 찾는 한 방법이다. 먼저 문제가 무엇인지를 명확히 하고, 이와 관련된 서로 다른 관점의 책을 찾는다. 책을 읽을 때는 자신의 관점에서 각 관점들을 비교·대조하면서 정보의 타당성을 비판적으로 검토하고 평가한 내용을 통합한다. 이를 통해 문제를 다각적·심층적으로 이해하게 됨으로써 자신의 관점을 분명히 하고, 나아가 생각을 발전시켜 관점을 재구성하게 됨으로써 해법을 찾을 수 있다.

① 문제에 대한 여러 관점을 다각도로 검토하고, 비판적 판단을 유보함으로써 자신의 관점이 지닌 타당성을 견고히 해야겠군.

② 정보를 이해하는 수준을 넘어, 각 관점의 타당성을 검토하고 평가 내용을 통합함으로써 문제를 깊이 이해해야겠군.

③ 문제의 해결을 위해 서로 다른 관점을 비판적으로 통합하여 문제에 대한 생각을 새롭게 구성할 수 있어야겠군.

④ 서로 다른 관점을 비교·대조하면서 검토함으로써 편협한 시각에서 벗어나 문제를 폭넓게 보아야겠군.

⑤ 읽을 책을 선택하기 전에 해결하려는 문제가 무엇인지를 명확하게 인식해야겠군.

03 　정답　②

2문단 마지막 문장과 3문단의 마지막 문장을 참고했을 때, 폐허 속에서 사람들이 책을 찾아 서가 앞에 선 이유는 자신의 삶에 대해 숙고할 시간을 갖고 시대적 과제를 해결할 실마리를 책에서 찾으려 했기 때문이다. 따라서 독서를 통해 현실을 도피할 방법을 구하려 했다는 이해는 적절하지 않다.

오답분석

① 2문단에서 책은 인류의 지혜와 경험을 담고 있는 문화유산이라 언급하고 있다. 따라서 서가 앞에 선 사람들은 이를 통해 시대적 과제를 해결할 실마리를 찾고자 했을 것이다.

③ 3문단 마지막 문장으로 보아 시대적 과제를 해결할 실마리를 책에서 찾기 위해 서고 앞에 섰다고 볼 수 있다.

④ 2문단의 마지막 문장으로 보아 자신의 삶에 대한 숙고의 시간이 필요했기 때문에 서고 앞에 섰다고 볼 수 있다.

⑤ 3문단 두 번째 문장으로 보아 세상에 대한 안목을 키우는 지식을 얻고자 서고 앞에 섰다고 볼 수 있다.

04 　정답　①

〈보기〉의 독서 방법은 '해결하려는 문제와 관련하여 관점이 다른 책들을 함께 읽음'으로써 '자신의 관점에서 각 관점들을 비교·대조하고 정보의 타당성을 비판적으로 검토하여 평가한 내용을 통합'하는 방법이라고 할 수 있다. 비판적 판단을 유보하는 것은 〈보기〉의 관점과는 거리가 멀다.

오답분석

② 〈보기〉에서 자신의 관점과 다른 관점들을 비교·대조하면서 정보의 타당성을 비판적으로 검토하고 평가한 내용을 통합하면 문제를 다각적·심층적으로 이해할 수 있다고 하였으므로 적절한 반응이라고 볼 수 있다.

③ 〈보기〉의 마지막 부분에서 문제를 다각적·심층적으로 이해하게 되면 생각을 발전시켜 관점을 재구성할 수 있을 것이라 하였으므로 적절한 반응이라고 볼 수 있다.

④ 〈보기〉에서 서로 다른 관점을 비교·대조하면서 검토함으로써 문제를 다각적·심층적으로 이해하게 된다고 했으므로 편협한 시각에서 벗어나 문제를 폭넓게 보아야겠다는 반응은 적절하고 볼 수 있다.

⑤ 자신의 관점과 다른 관점의 책을 찾아보기 위해서는 일단 해결해야 할 문제가 무엇이고 자신의 관점은 무엇인지를 명확히 인식해야 한다고 했으므로 적절한 반응이라고 볼 수 있다.

지문요약

내용요약

- 동물보다 _____ 인간(베르그의 주장)
  - 동물을 나쁘게 보기 때문에 좋지 않은 사람을 동물에 _____
  - 베르그는 '_____ 을 알기 때문에 _____ 을 사랑한다'고 말하며 인간이 동물보다 좋은(선한) 것임을 _____
  - 인간은 인간을 속이지만 동물은 인간을 속이지 않기 때문에 동물에게 _____ 을 보이기도 함
  - _____ 다른 동물을 죽이는 일은 인간밖에 하지 않으므로 인간은 _____ 존재

05 〈보기〉의 주된 설명 방식이 사용된 것으로 가장 옳은 것은?   20 서울시 9급

─── 〈보 기〉 ───

우리는 좋지 않은 사람을 곧잘 동물에 비유한다. 욕에 동물이 많이 등장하는 것도 동물을 나쁘게 보기 때문이다. 하지만 정말 인간이 동물보다 좋은(선한) 것일까? 베르그는 오히려 "나는 인간을 알기 때문에 동물을 사랑한다."고 말하며 이를 부정한다. 인간은 인간을 속이지만 동물은 인간을 속이지 않는다는 것을 알고 인간에게 실망한 사람들이 동물에게 더 많은 애정을 보인다. 인간보다 더 잔인한 동물이 없다는 것은 인간의 역사가 증명하고 있다. 필요 없이 다른 동물을 죽이는 일을 인간 외 어느 동물이 한단 말인가?

① 교사의 자기계발, 학부모의 응원, 교육 당국의 지원 등이 어우러져야 좋은 교육이 가능해진다. 이는 신선한 재료, 적절한 조리법, 요리사의 정성이 합쳐져 맛있는 음식이 만들어지는 것과 같다.

② 의미를 지닌 부호를 체계적으로 배열한 것을 기호라고 한다. 수학, 신호등, 언어 등이 모두 여기에 속한다. 꿀이 있음을 알리는 벌들의 춤사위도 기호라고 할 수 있는 것이다.

③ 바이러스는 세균에 비해 크기가 작으며 핵과 이를 둘러싼 단백질이 전부여서 세포라고 할 수 없다. 먹이가 있는 곳이라면 어디에서라도 증식할 수 있는 세균과 달리, 바이러스는 살아있는 생명체를 숙주로 삼아야만 번식을 할 수 있다.

④ 나물로 즐겨 먹는 고사리는 꽃도 피지 않고 씨앗도 만들지 않는다. 고사리는 홀씨라고도 하는 포자로 번식한다. 고사리와 고비 등을 양치식물이라 하는데 생김새가 양(羊)의 이빨과 비슷하다고 하여 붙은 이름이다.

05 〈보기〉의 주된 설명 방식이 사용된 것으로 가장 옳은 것은? 20 서울시 9급

— 〈보 기〉 —

　우리는 좋지 않은 사람을 곧잘 동물에 비유한다. 욕에 동물이 많이 등장하는 것도 동물을 나쁘게 보기 때문이다. 하지만 정말 인간이 동물보다 좋은(선한) 것일까? 베르그는 오히려 "나는 인간을 알기 때문에 동물을 사랑한다."고 말하며 이를 부정한다. 인간은 인간을 속이지만 동물은 인간을 속이지 않는다는 것을 알고 인간에게 실망한 사람들이 동물에게 더 많은 애정을 보인다. 인간보다 더 잔인한 동물이 없다는 것은 인간의 역사가 증명하고 있다. 필요 없이 다른 동물을 죽이는 일을 인간 외 어느 동물이 한단 말인가?

① 교사의 자기계발, 학부모의 응원, 교육 당국의 지원 등이 어우러져야 좋은 교육이 가능해진다. 이는 신선한 재료, 적절한 조리법, 요리사의 정성이 합쳐져 맛있는 음식이 만들어지는 것과 같다.

② 의미를 지닌 부호를 체계적으로 배열한 것을 기호라고 한다. 수학, 신호등, 언어 등이 모두 여기에 속한다. 꿀이 있음을 알리는 벌들의 춤사위도 기호라고 할 수 있는 것이다.

③ 바이러스는 세균에 비해 크기가 작으며 핵과 이를 둘러싼 단백질이 전부여서 세포라고 할 수 없다. 먹이가 있는 곳이라면 어디에서라도 증식할 수 있는 세균과 달리, 바이러스는 살아있는 생명체를 숙주로 삼아야만 번식을 할 수 있다.

④ 나물로 즐겨 먹는 고사리는 꽃도 피지 않고 씨앗도 만들지 않는다. 고사리는 홀씨라고도 하는 포자로 번식한다. 고사리와 고비 등을 양치식물이라 하는데 생김새가 양(羊)의 이빨과 비슷하다고 하여 붙은 이름이다.

내용요약

- 동물보다 잔인한 인간(베르그의 주장)
  - 동물을 나쁘게 보기 때문에 좋지 않은 사람을 동물에 비유
  - 베르그는 '인간을 알기 때문에 동물을 사랑한다'고 말하며 인간이 동물보다 좋은(선한) 것임을 부정
  - 인간은 인간을 속이지만 동물은 인간을 속이지 않기 때문에 동물에게 애정을 보이기도 함
  - 필요 없이 다른 동물을 죽이는 일은 인간밖에 하지 않으므로 인간은 잔인한 존재

정답 ③

〈보기〉에서 사용된 주된 설명 방식은 '대조'이다. 인간과 동물을 대조시켜 인간이 잔인한 존재이고 동물이 오히려 더 애정을 받을만한 존재라고 설명함으로써 인간의 잔인함을 강조하고 있다. ③에서도 바이러스와 세균의 크기와 먹이 활동을 대조시켜 내용을 전개하고 있다.

오답분석

① 좋은 교육은 맛있는 음식이 만들어지는 것과 같다고 하는 것으로 보아 '유추'의 설명 방식이 사용되었다.

② 기호를 '정의'한 후 기호에 해당하는 것들을 '분류'하며 내용을 전개하고 있다.

④ 고사리와 고비 등을 양치식물이라고 하는 것으로 보아 '분류'의 설명 방식이 사용되었다.

내용 적용 및 추론하기

지문요약

주제

「서유기」를 통해 본 ＿＿의 상생과 ＿＿ 관계

내용요약

• 오행의 상생과 상극

– 상생: 기르고, 북돋우고, ＿＿한다는 의미

– 상극: ＿＿하고, 구속하고, 통제한다는 의미

– 상생 관계가 성립하지 않으면 사물의 ＿＿과 ＿＿은 기대할 수 없음 → 목생화, 화생토, 토생금, 금생수, ＿＿＿이 이에 해당

– 상극 관계가 없으면 ＿＿과 ＿＿를 유지할 수 없음 → 목극토, ＿＿＿, 수극화, 화극금, 금극목이 이에 해당

• 「서유기」의 등장인물의 오행

등장인물	오행
삼장	
저팔계	
손오공	
사오정	

– 상생 관계: 삼장과 ＿＿＿(수생목), 삼장과 손오공(＿＿)

– 상극 관계: 삼장과 ＿＿＿(수극화)

---

01 다음 글을 토대로 하여 인물 간의 관계를 예상한 것으로 적절하지 않은 것은?

22 국회직 8급

오행에서 상생이란 기르고, 북돋우고, 촉진한다는 의미를 지닌다. 상극이란 억압하고, 구속하고, 통제한다는 의미를 지닌다. 오행 사이에는 모두 상생과 상극의 관계가 존재한다. 상생 관계가 성립되지 않으면 사물의 발전과 성장은 기대할 수 없다. 상극 관계가 없으면 사물이 발전하고 성장하는 중에 균형과 조화를 유지할 수 없다. 상생 관계는 목생화, 화생토, 토생금, 금생수, 수생목이고 상극 관계는 목극토, 토극수, 수극화, 화극금, 금극목이다.

「서유기」의 등장인물은 오행의 생극 관계로 형상화되어 있다. 작품에서 삼장은 오행 가운데 수에 속한다. 삼장과 상생 관계에 있는 인물은 목인 저팔계이고 상극 관계에 있는 인물은 화인 손오공이다. 삼장이 제자들 가운데 특별히 저팔계를 편애하는 것은 그들이 상생 관계에 있기 때문이고, 손오공에게 각박한 것은 상극 관계에 있기 때문이다. 그런데 삼장과 손오공 사이에는 상극 관계만 존재하는 것이 아니라 상생 관계도 존재한다. 손오공은 화인 동시에 금이기도 하기 때문이다. 금이 수를 낳는 상생 관계이므로 손오공과 삼장 사이는 상호 보완의 관계이기도 하다. 그러므로 손오공은 서행 길을 가는 동안 삼장의 앞길을 가로막는 요괴들을 물리칠 뿐만 아니라 삼장이 미망에 갇혀 빠져나오지 못하고 불안해할 때마다 그를 정신적으로 인도하여 깨달음에 이르게 한다. 마지막으로 사오정은 오행에서 토에 속한다. 사오정은 참을성 많고 침착하며 사려 깊은 인물로 형상화되고 있으며 갈등을 조정하는 역할을 맡고 있다.

① 손오공과 저팔계 사이에는 상생 관계가 존재한다.

② 손오공과 저팔계 사이에는 상극 관계가 존재한다.

③ 손오공과 사오정 사이에는 상극 관계가 존재한다.

④ 삼장과 저팔계 사이에는 상생 관계가 존재한다.

⑤ 사오정과 저팔계 사이에는 상극 관계가 존재한다.

01 다음 글을 토대로 하여 인물 간의 관계를 예상한 것으로 적절하지 않은 것은?

22 국회직 8급

주제

「서유기」를 통해 본 오행의 상생과 상극 관계

오행에서 상생이란 기르고, 북돋우고, 촉진한다는 의미를 지닌다. 상극이란 억압하고, 구속하고, 통제한다는 의미를 지닌다. 오행 사이에는 모두 상생과 상극의 관계가 존재한다. 상생 관계가 성립되지 않으면 사물의 발전과 성장은 기대할 수 없다. 상극 관계가 없으면 사물이 발전하고 성장하는 중에 균형과 조화를 유지할 수 없다. ①④상생 관계는 목생화, 화생토, 토생금, 금생수, 수생목이고 ②③⑤상극 관계는 목극토, 토극수, 수극화, 화극금, 금극목이다.

「서유기」의 등장인물은 오행의 생극 관계로 형상화되어 있다. 작품에서 ④삼장은 오행 가운데 수에 속한다. 삼장과 상생 관계에 있는 인물은 ①④⑤목인 저팔계이고 상극 관계에 있는 인물은 ①화인 손오공이다. ④삼장이 제자들 가운데 특별히 저팔계를 편애하는 것은 그들이 상생 관계에 있기 때문이고, 손오공에게 각박한 것은 상극 관계에 있기 때문이다. 그런데 삼장과 손오공 사이에는 상극 관계만 존재하는 것이 아니라 상생 관계도 존재한다. ②③손오공은 화인 동시에 금이기도 하기 때문이다. 금이 수를 낳는 상생 관계이므로 손오공과 삼장 사이는 상호 보완의 관계이기도 하다. 그러므로 손오공은 서행 길을 가는 동안 삼장의 앞길을 가로막는 요괴들을 물리칠 뿐만 아니라 삼장이 미망에 갇혀 빠져나오지 못하고 불안해할 때마다 그를 정신적으로 인도하여 깨달음에 이르게 한다. 마지막으로 ③⑤사오정은 오행에서 토에 속한다. 사오정은 참을성 많고 침착하며 사려 깊은 인물로 형상화되고 있으며 갈등을 조정하는 역할을 맡고 있다.

① 손오공과 저팔계 사이에는 상생 관계가 존재한다.
② 손오공과 저팔계 사이에는 상극 관계가 존재한다.
③ 손오공과 사오정 사이에는 상극 관계가 존재한다.
④ 삼장과 저팔계 사이에는 상생 관계가 존재한다.
⑤ 사오정과 저팔계 사이에는 상극 관계가 존재한다.

내용요약

- **오행의 상생과 상극**
  - 상생: 기르고, 북돋우고, 촉진한다는 의미
  - 상극: 억압하고, 구속하고, 통제한다는 의미
  - 상생 관계가 성립하지 않으면 사물의 발전과 성장은 기대할 수 없음 → 목생화, 화생토, 토생금, 금생수, 수생목이 이에 해당
  - 상극 관계가 없으면 균형과 조화를 유지할 수 없음 → 목극토, 토극수, 수극화, 화극금, 금극목이 이에 해당

- **「서유기」의 등장인물의 오행**

등장인물	오행
삼장	수
저팔계	목
손오공	화, 금
사오정	토

- 상생 관계: 삼장과 저팔계(수생목), 삼장과 손오공(금생수)
- 상극 관계: 삼장과 손오공(수극화)

정답 ③

손오공은 오행 중 '화, 금'에 해당하고 사오정은 오행 중 '토'에 해당한다. 따라서 상생 관계 중 '화생토, 토생금'에 해당하므로 손오공과 사오정 사이에는 상극 관계가 아니라 상생 관계가 존재한다.

오답분석

①·② 손오공은 '화, 금'이고 저팔계는 '목'이므로 '목생화'일 때는 상생 관계, '금극목'일 때는 상극 관계가 존재한다.
④ '삼장이 제자들 가운데 저팔계를 편애하는 것은 그들이 상생 관계에 있기 때문'이라고 했으므로 삼장과 저팔계 사이에는 '수생목'의 상생 관계가 존재한다.
⑤ 사오정은 '토'이고 저팔계는 '목'이므로 사오정과 저팔계 사이에는 '목극토'의 상극 관계가 존재한다.

지문요약

주제

_____ 건축의 경향 세 가지

내용요약

• **신표현주의 건축 운동**

 – 현대 산업 사회의 ___ 문명에 대한 반대 입장: _____ 운동

 – 표현주의의 자연 _____에서 이상적 모델을 찾음

 – 기술 발전의 힘을 빌리고 _____ 틀에서 벗어나지 못하는 등의 한계를 보임

• **경향1: 표현주의 건축의 연속**

 – _____의 거친 표면 질감과 _____을 이용. 형태 변화가 심하고 강한 인상을 줌

 – 베를린 필하모니 콘서트홀

• **경향2: ___ 건축과의 연관성(반문명 운동)**

 – 자연 찬양, 자연 회귀, 자연과의 조화 등 _____적 자연관을 배경으로 가짐

 – ___ 건축과 연관성 있음

 – 자연의 힘을 이용하는 정도와 자연과의 _____의 정도 등이 ___ 건축보다는 약함

• **경향3: 자연 ___ 형태를 건물 모습에 직접 차용**

 – 열 환경과 연계된 _____에 치중하면 생태 건축의 한 분파인 유기 건축이 됨

 – 형태에 치중하면 _____에 머물게 됨

 – 목적이 아니라 수단인 측면이 강하다는 점에서 _____의 한 종류로 분류됨

 – _____를 주재료로 사용하는 경우가 많음

02 다음 글의 내용과 가장 일치하지 않는 것은?

20 해경 1차

신표현주의 건축은 표현주의의 두 가지 강령 가운데 자연 유기성을 차용하여 그 의미를 현대문명에 맞게 부활시킨 건축 운동이었다. 큰 방향은 현대 산업 사회의 기계 문명에 대한 반대의 입장을 총괄하는 반문명 운동의 성격을 지녔으며 표현주의의 자연 유기성에서 이상적 모델을 찾았다. 그러나 세부 경향에서는 기술 발전의 힘을 빌리고 자본주의의 틀에서 벗어나지 못하는 등의 차이도 보였다. 범위가 비교적 넓은 신표현주의 건축의 경향은 크게 세 방향으로 요약할 수 있다.

첫째, 표현주의가 연속되는 경향이었다. 표현주의 건축은 전후에도 계속 이어졌다. 르 코르뷔지에는 말년에 콘크리트의 거친 표면 질감과 가소성을 이용하여 형태 변화가 심하고 강한 인상의 작품들을 남겼다. 이런 경향은 뉴 브루털리즘이나 표현주의로 분류된다. 표현주의 건축가 샤룬은 1963년에 베를린 필하모니 콘서트홀을 남기는 등 전후에 왕성하게 활동하며 뒤늦게 표현주의의 완성을 이루었다.

둘째, 반문명 운동으로서 생태 건축과 일정한 연관성을 갖는 경향이다. 표현주의 건축의 자연 유기성 개념을 차용하는 방향으로 나타난 이 경향은 좁은 의미에서 신표현주의를 대표한다고 할 수 있다. 자연 유기성의 차용이 자연 찬양, 자연 회귀, 자연과의 조화 등 신비주의적 자연관을 배경으로 갖는 점에서 생태 건축과의 연관성을 확인할 수 있다. 자연 재료를 사용하는 경우는 연관성이 더욱 높아진다. 그러나 열 환경과 관련하여 자연의 힘을 이용하는 정도와 자연과의 일체감의 정도 등이 약한 점에서 생태 건축과는 차이점을 갖는다.

셋째, 자연 유기성에서 진보하여 자연 유기 형태를 건물 모습에 직접 차용하는 경향이다. 표현주의 건축에서 동일한 경향을 추구했던 핀스터린, 슈타이너, 멘델존 등을 차용한 것으로 볼 수 있다. 이 경향이 열 환경과 연계된 유기성에 치중하면 생태 건축의 한 분파인 유기 건축이 되는 반면 형태에 치중하면 신표현주의에 머물게 된다. 신표현주의에서는 자연 유기 형태를 실제 건물로 구현하기 위해 세부적 기법을 정의하게 되는데, 그 과정에서 형태주의 성격을 강하게 나타낸다. 실제로 자연 유기 형태를 빚어내는 구체적 기법에서 사선, 예각, 기하 충돌, 수정체, 동굴, 폭파 형태 등 다양한 형식주의 또는 형태주의 기법들이 동원된다. 자연 유기 형태는 목적이 아니라 수단인 측면이 강하다. 이런 점에서 형식주의의 한 종류로 분류할 수도 있다. 이 경향은 앞의 두 번째 경향과 유사해 보일 수도 있으나, 자연 재료보다 콘크리트를 주재료로 사용하는 경우가 많은 점에서 중요한 차이가 있다.

– 임재석, 「건축과 미술이 만나다: 1945~2000」 –

① 신표현주의 건축은 크게 세 가지로 나눌 수 있는 경향을 보이며, 넓은 범위에 걸쳐 있다.

② 자연 유기 형태를 건물 모습에 반영하는 경향의 차이에 따라 다른 분파에 속하게 된다.

③ 신표현주의 건축은 기계 문명에 반대의 입장을 취하였으나, 기계 문명을 활용했다는 한계도 있다.

④ 신표현주의의 세 가지 경향은 모두 가소성이 있는 콘크리트 등을 주재료로 사용했다는 점에서 공통점이 있다.

02 다음 글의 내용과 가장 일치하지 않는 것은?

신표현주의 건축은 표현주의의 두 가지 강령 가운데 자연 유기성을 차용하여 그 의미를 현대문명에 맞게 부활시킨 건축 운동이었다. ③큰 방향은 현대 산업 사회의 기계 문명에 대한 반대의 입장을 총괄하는 반문명 운동의 성격을 지녔으며 표현주의의 자연 유기성에서 이상적 모델을 찾았다. 그러나 세부 경향에서는 기술 발전의 힘을 빌리고 자본주의의 틀에서 벗어나지 못하는 등의 차이도 보였다. ①범위가 비교적 넓은 신표현주의 건축의 경향은 크게 세 방향으로 요약할 수 있다.

첫째, 표현주의가 연속되는 경향이었다. 표현주의 건축은 전후에도 계속 이어졌다. 르 코르뷔지에는 말년에 ④콘크리트의 거친 표면 질감과 가소성을 이용하여 형태 변화가 심하고 강한 인상의 작품들을 남겼다. 이런 경향은 뉴 브루털리즘이나 표현주의로 분류된다. 표현주의 건축가 샤론은 1963년에 베를린 필하모니 콘서트홀을 남기는 등 전후에 왕성하게 활동하며 뒤늦게 표현주의의 완성을 이루었다.

둘째, 반문명 운동으로서 생태 건축과 일정한 연관성을 갖는 경향이다. 표현주의 건축의 자연 유기성 개념을 차용하는 방향으로 나타난 이 경향은 좁은 의미에서 신표현주의를 대표한다고 할 수 있다. 자연 유기성의 차용이 자연 찬양, 자연 회귀, 자연과의 조화 등 신비주의적 자연관을 배경으로 갖는 점에서 생태 건축과의 연관성을 확인할 수 있다. 자연 재료를 사용하는 경우는 연관성이 더욱 높아진다. 그러나 열 환경과 관련하여 자연의 힘을 이용하는 정도와 자연과의 일체감의 정도 등이 약한 점에서 생태 건축과는 차이점을 갖는다.

셋째, 자연 유기성에서 진보하여 자연 유기 형태를 건물 모습에 직접 차용하는 경향이다. 표현주의 건축에서 동일한 경향을 추구했던 핀스터린, 슈타이너, 멘델존 등을 차용한 것으로 볼 수 있다. 이 경향이 ②열 환경과 연계된 유기성에 치중하면 생태 건축의 한 분파인 유기 건축이 되는 반면 형태에 치중하면 신표현주의에 머물게 된다. 신표현주의에서는 자연 유기 형태를 실제 건물로 구현하기 위해 세부적 기법을 정의하게 되는데, 그 과정에서 형태주의 성격을 강하게 나타낸다. 실제로 자연 유기 형태를 빚어내는 구체적 기법에서 사선, 예각, 기하 충돌, 수정체, 동굴, 폭파 형태 등 다양한 형식주의 또는 형태주의 기법들이 동원된다. 자연 유기 형태는 목적이 아니라 수단인 측면이 강하다. 이런 점에서 형식주의의 한 종류로 분류할 수도 있다. 이 경향은 앞의 두 번째 경향과 유사해 보일 수도 있으나, ④자연 재료보다 콘크리트를 주재료로 사용하는 경우가 많은 점에서 중요한 차이가 있다.

– 임재석, 『건축과 미술이 만나다: 1945~2000』 –

① 신표현주의 건축은 크게 세 가지로 나눌 수 있는 경향을 보이며, 넓은 범위에 걸쳐 있다.

② 자연 유기 형태를 건물 모습에 반영하는 경향의 차이에 따라 다른 분파에 속하게 된다.

③ 신표현주의 건축은 기계 문명에 반대의 입장을 취하였으나, 기계 문명을 활용했다는 한계도 있다.

④ 신표현주의의 세 가지 경향은 모두 가소성이 있는 콘크리트 등을 주재료로 사용했다는 점에서 공통점이 있다.

주제

신표현주의 건축의 경향 세 가지

내용요약

- 신표현주의 건축 운동
  - 현대 산업 사회의 기계 문명에 대한 반대 입장: 반문명 운동
  - 표현주의의 자연 유기성에서 이상적 모델을 찾음
  - 기술 발전의 힘을 빌리고 자본주의 틀에서 벗어나지 못하는 등의 한계를 보임

- 경향1: 표현주의 건축의 연속
  - 콘크리트의 거친 표면 질감과 가소성을 이용. 형태 변화가 심하고 강한 인상을 줌
  - 베를린 필하모니 콘서트홀

- 경향2: 생태 건축과의 연관성(반문명 운동)
  - 자연 찬양, 자연 회귀, 자연과의 조화 등 신비주의적 자연관을 배경으로 가짐
  - 생태 건축과 연관성 있음
  - 자연의 힘을 이용하는 정도와 자연과의 일체감의 정도 등이 생태 건축보다는 약함

- 경향3: 자연 유기 형태를 건물 모습에 직접 차용
  - 열 환경과 연계된 유기성에 치중하면 생태 건축의 한 분파인 유기 건축이 됨
  - 형태에 치중하면 신표현주의에 머물게 됨
  - 목적이 아니라 수단인 측면이 강하다는 점에서 형식주의의 한 종류로 분류됨
  - 콘크리트를 주재료로 사용하는 경우가 많음

신표현주의의 세 가지 경향 중 생태 건축과 연관성을 갖는 두 번째 양식은 콘크리트를 주재료로 사용하지 않고 자연 재료를 사용하는 경우가 있다고 하였다.

오답분석

① 1문단 마지막 문장에서 '범위가 비교적 넓은 신표현주의 건축의 경향은 크게 세 방향으로 요약할 수 있다.'라고 하였으므로 적절하다.

② 4문단에서 유기성에 치중하면 유기 건축이 되고 형태에 치중하면 신표현주의에 머물게 된다고 하였으므로 적절하다.

③ 1문단에서 큰 방향은 기계 문명에 대한 반대 입장을 지녔으나 세부 경향에서는 기술 발전의 힘을 빌리고 자본주의의 틀에서 벗어나지 못하고 있다고 하였으므로 적절하다.

조선 후기 ___에서 ___ 지식을 수용하는
양상과 _____의 서학에 대한 태도

내용요약

・**조선 후기 유서**
 − 이수광. ___, 이규경 등이 편찬
 − _____식 유서: _____의 지적 영역
   내에서 ___의 지식을 어떻게 수용하였
   는지를 보여줌

・**17세기**
 이수광 「_____」: 당대 조선의 지식을
 망라하여 항목화. 자신의 견해를 덧붙임.
 서양 관련 지식 소개

내용 적용 및 추론하기

03 ㉮를 반박하기 위한 '이수광'의 말로 가장 적절한 것은?   23 수능

예수회 선교사들이 중국에 소개한 서양의 학문, 곧 서학은 조선 후기 유서(類書)의 지적 자원 중 하나로 활용되었다. 조선 후기 실학자들 가운데 이수광, 이익, 이규경 등이 편찬한 백과전서식 유서는 주자학의 지적 영역 내에서 서학의 지식을 어떻게 수용하였는지를 보여주는 대표적인 사례이다.

17세기의 이수광은 주자학뿐 아니라 다른 학문에 대해서도 열린 태도를 가지고 있었다. 주자학에 기초하여 도덕에 관한 학문과 경전에 관한 학문 등이 주류였던 당시 상황에서, 그는 『지봉유설』을 통해 당대 조선의 지식을 망라하여 항목화하고 자신의 견해를 덧붙였을 뿐 아니라 사신의 일원으로 중국에서 접한 서양 관련 지식을 객관적으로 소개했다. 이에 대해 심성 수양에 절실하지 않을뿐더러 주자학이 아닌 것이 뒤섞여 순수하지 않다는 ㉮일부 주자학자의 비판이 있었지만, 그가 소개한 서양 관련 지식은 중국과 큰 시간 차이 없이 주변에 알려졌다.

① 학문에서 의리를 앞세우고 이익을 뒤로하는 것보다 중한 것이 없으니, 심성을 수양하는 것은 그다음의 일이다.

② 주자학에 매몰되어 세상의 여러 이치를 연구하지 않는 것은 널리 배우고 익히는 앎의 바른 방법이 아닐 것이다.

③ 주자의 가르침이 쇠퇴하게 되면 주자학이 아닌 학문이 날로 번성하게 되니, 주자의 도가 분명히 밝혀져야 한다.

④ 유학 경전에서 쓰이지 않은 글자를 한 글자라도 더하는 일을 용납하는 것은 바른 학문을 해치는 길이 될 것이다.

⑤ 참되게 알고 참되게 행하는 것이 어려우니, 우리 학문의 여러 경전으로부터 널리 배우고 면밀히 익혀야 할 것이다.

03 ㉮를 반박하기 위한 '이수광'의 말로 가장 적절한 것은?

23 수능

예수회 선교사들이 중국에 소개한 서양의 학문, 곧 서학은 조선 후기 유서(類書)의 지적 자원 중 하나로 활용되었다. 조선 후기 실학자들 가운데 이수광, 이익, 이규경 등이 편찬한 백과전서식 유서는 주자학의 지적 영역 내에서 서학의 지식을 어떻게 수용하였는지를 보여주는 대표적인 사례이다.

17세기의 ②③④⑤이수광은 주자학뿐 아니라 다른 학문에 대해서도 열린 태도를 가지고 있었다. 주자학에 기초하여 도덕에 관한 학문과 경전에 관한 학문 등이 주류였던 당시 상황에서, 그는 『지봉유설』을 통해 ⑤당대 조선의 지식을 망라하여 항목화하고 자신의 견해를 덧붙였을 뿐 아니라 사신의 일원으로 중국에서 접한 서양 관련 지식을 객관적으로 소개했다. 이에 대해 심성 수양에 절실하지 않을뿐더러 주자학이 아닌 것이 뒤섞여 순수하지 않다는 ㉮일부 주자학자의 비판이 있었지만, 그가 소개한 서양 관련 지식은 중국과 큰 시간 차이 없이 주변에 알려졌다.

① 학문에서 의리를 앞세우고 이익을 뒤로하는 것보다 중한 것이 없으니, 심성을 수양하는 것은 그다음의 일이다.

② 주자학에 매몰되어 세상의 여러 이치를 연구하지 않는 것은 널리 배우고 익히는 앎의 바른 방법이 아닐 것이다.

③ 주자의 가르침이 쇠퇴하게 되면 주자학이 아닌 학문이 날로 번성하게 되니, 주자의 도가 분명히 밝혀져야 한다.

④ 유학 경전에서 쓰이지 않은 글자를 한 글자라도 더하는 일을 용납하는 것은 바른 학문을 해치는 길이 될 것이다.

⑤ 참되게 알고 참되게 행하는 것이 어려우니, 우리 학문의 여러 경전으로부터 널리 배우고 면밀히 익혀야 할 것이다.

지문요약

주제

조선 후기 유서에서 서양 지식을 수용하는 양상과 이수광의 서학에 대한 태도

내용요약

· **조선 후기 유서**
  - 이수광, 이익, 이규경 등이 편찬
  - 백과전서식 유서: 주자학의 지적 영역 내에서 서학의 지식을 어떻게 수용하였는지를 보여줌

· **17세기**

  이수광 『지봉유설』: 당대 조선의 지식을 망라하여 항목화. 자신의 견해를 덧붙임. 서양 관련 지식 소개

정답 ②

지문에 따르면 이수광은 주자학뿐 아니라 다른 학문에 대해서도 열린 태도를 가졌었고, 『지봉유설』에서도 중국에서 접한 서양 관련 지식을 객관적으로 소개했다. 따라서 이수광은 서학의 지식을 수용하는 데 편견을 가지지 않고 열린 태도를 가진 학자임을 알 수 있다. 이에 대해 일부 주자학자들은 주자학이 아닌 것이 뒤섞여 있음을 비판했고, 이를 반박하기 위해 이수광은 반대로 그들에게 넓은 시야를 가지라고 말했을 것이다.

오답분석

① 제시된 내용은 지문에서 찾을 수 없다.

③ 이수광은 다른 학문에 대해서도 열린 태도를 가졌던 것이지 주자학이 쇠퇴하는 것을 경계하고 있는 것은 아니다.

④ 이수광은 다른 학문에 대해서 열린 태도를 가진 사람이었다.

⑤ 이수광은 우리 학문의 여러 경전으로부터 배우고 익히는 것이 아니라 주자학을 비롯한 다른 학문에 대해서도 열린 태도를 가져야 한다고 하였다.

지문요약

내용요약

- **돛의 _____의 원리**

  _____을 이용하여 동력 없이 __를 멀리까지 항해할 수 있게 함

- **우주선의 _____의 원리**

  – 배와 마찬가지로 별도의 동력이 필요 없음

  – _____의 힘으로 추진력을 얻음

04 **다음 글의 주된 서술 방식으로 가장 적절한 것은?**   22 지방직 7급

배의 돛은 바람의 힘을 이용하여 배를 멀리까지 항해할 수 있게 한다. 별도의 동력에 의지하지 않고도 추진력을 얻는 것이다. 이와 마찬가지로 우주선도 별도의 동력 없이 먼 우주 공간까지 갈 수 있을 것이다. 우주 공간에도 태양에서 방출되는 입자들이 일으키는 바람이 있어서 '햇살 돛'을 만들면 그 태양풍의 힘으로 추진력을 얻을 수 있기 때문이다.

① 정의
② 분류
③ 서사
④ 유추

04 다음 글의 주된 서술 방식으로 가장 적절한 것은?

22 지방직 7급

> 배의 돛은 바람의 힘을 이용하여 배를 멀리까지 항해할 수 있게 한다. 별도의 동력에 의지하지 않고도 추진력을 얻는 것이다. 이와 마찬가지로 우주선도 별도의 동력 없이 먼 우주 공간까지 갈 수 있을 것이다. 우주 공간에도 태양에서 방출되는 입자들이 일으키는 바람이 있어서 '햇살 돛'을 만들면 그 태양풍의 힘으로 추진력을 얻을 수 있기 때문이다.

① 정의
② 분류
③ 서사
④ 유추

지문요약

내용요약

• **돛**의 **추진력**의 **원리**
  바람의 힘을 이용하여 동력 없이 배를 멀리까지 항해할 수 있게 함

• **우주선**의 **추진력**의 **원리**
  – 배와 마찬가지로 별도의 동력이 필요 없음
  – 태양풍의 힘으로 추진력을 얻음

정답 ④

바람의 힘으로 별도의 동력 없이 배가 멀리 항해할 수 있도록 하는 돛의 원리를 통해 태양풍의 힘으로 별도의 동력 없이 먼 우주 공간을 갈 수 있을 것이라 우주선의 원리를 짐작하고 있다. 따라서 '어떤 개념을 익숙하거나 유사한 사물에 대응시켜 설명하는 방법'인 유추의 서술 방식이 사용되었음을 알 수 있다.

오답분석

① 정의는 사물이나 대상의 본질을 설명하는 것이므로 적절하지 않다.
② 분류는 일정한 기준으로 대상을 나누어 설명하는 것이므로 적절하지 않다.
③ 서사는 일이 일어난 순서대로 나열하며 설명하는 방식이므로 적절하지 않다.

지문요약

주제

독서문화___에 관한 정책 – _____ 독서복
지 실현 전략

내용요약

• **우리나라 독서율 실태**

　－ 독서율 __%로 _____ 가입 국가의 평
　　균 20.2%에 비해 턱없이 낮음

　－ _____에 관한 정책 마련이 시급

• '_____ 독서복지 실현' 추진 전략

　독서 ____을 위한 독서복지 체계를 마
　련하고자 함

세부 내용 파악하기

05 다음 글에 대한 이해로 적절한 것은?

22 지역인재 9급

> 우리나라는 독서율이 8.4%로 경제협력개발기구(OECD) 가입 국가의 평균이
> 20.2%인 것에 비교할 때 턱없이 낮은 편이다. 독서가 인간의 삶과 국가 경쟁력에 미
> 치는 영향력이 크다는 점에서 독서문화진흥에 관한 정책들을 시급히 마련할 필요가
> 있다.
>
> 이에 따라 우리나라는 범정부적으로 독서문화진흥을 위한 정책을 추진하기 위하
> 여 모두가 보편적으로 누리는 '포용적 독서복지 실현'이라는 추진 전략을 수립하였
> 다. 이 전략은 「독서문화진흥법」 제2조에 명시된 독서 소외인, 즉, 시각 장애, 노령
> 화 등의 신체적 장애 또는 경제적 · 사회적 · 지리적 제약 등으로 독서문화에서 소외
> 되어 있거나 독서 자료의 이용이 어려운 자를 위한 독서복지 체계를 마련하는 데에
> 목적이 있다.
>
> 포용적 독서복지를 실현하기 위하여 정부는 초등 저학년 대상의 책 꾸러미 프로
> 그램과 함께 독서 소외인의 실태를 고려한 맞춤형의 프로그램을 제공할 계획이다.
> 구체적으로는 취약 지역의 작은 도서관 설치, 순회 독서활동가의 파견, 점자 및 수
> 화 영상 도서 보급, 병영 도서관 확충, 교정 시설에 대한 독서 치유 프로그램 운영
> 등을 들 수 있다.

① 우리나라의 독서율은 경제협력개발기구 가입 국가의 평균 독서율과 차이가 없다.

② 초등학교 저학년은 한글 해득을 완전히 숙달하지 못해 독서 자료의 이용이 어려운 자
　에 속하므로 독서 소외인에 해당한다.

③ 「독서문화진흥법」 제2조에 따르면 신체적 장애로 인해 독서 자료의 이용이 어려운 사
　람은 독서 소외인에 해당한다.

④ 군 장병의 독서 소외를 해소하기 위한 맞춤형 프로그램으로 독서 치유 프로그램이 있다.

05 다음 글에 대한 이해로 적절한 것은?

①우리나라는 독서율이 8.4%로 경제협력개발기구(OECD) 가입 국가의 평균이 20.2%인 것에 비교할 때 턱없이 낮은 편이다. 독서가 인간의 삶과 국가 경쟁력에 미치는 영향력이 크다는 점에서 독서문화진흥에 관한 정책들을 시급히 마련할 필요가 있다.

이에 따라 우리나라는 범정부적으로 독서문화진흥을 위한 정책을 추진하기 위하여 모두가 보편적으로 누리는 '포용적 독서복지 실현'이라는 추진 전략을 수립하였다. 이 전략은 ③「독서문화진흥법」 제2조에 명시된 독서 소외인, 즉, 시각 장애, 노령화 등의 신체적 장애 또는 경제적·사회적·지리적 제약 등으로 독서문화에서 소외되어 있거나 독서 자료의 이용이 어려운 자를 위한 독서복지 체계를 마련하는 데에 목적이 있다.

②포용적 독서복지를 실현하기 위하여 정부는 초등 저학년 대상의 책 꾸러미 프로그램과 함께 독서 소외인의 실태를 고려한 맞춤형의 프로그램을 제공할 계획이다. 구체적으로는 취약 지역의 작은 도서관 설치, 순회 독서활동가의 파견, 점자 및 수화 영상 도서 보급, ④병영 도서관 확충, 교정 시설에 대한 독서 치유 프로그램 운영 등을 들 수 있다.

① 우리나라의 독서율은 경제협력개발기구 가입 국가의 평균 독서율과 차이가 없다.
② 초등학교 저학년은 한글 해득을 완전히 숙달하지 못해 독서 자료의 이용이 어려운 자에 속하므로 독서 소외인에 해당한다.
③「독서문화진흥법」 제2조에 따르면 신체적 장애로 인해 독서 자료의 이용이 어려운 사람은 독서 소외인에 해당한다.
④ 군 장병의 독서 소외를 해소하기 위한 맞춤형 프로그램으로 독서 치유 프로그램이 있다.

주제
독서문화진흥에 관한 정책 – 포용적 독서복지 실현 전략

내용요약
- **우리나라 독서율 실태**
  - 독서율 8.4%로 OECD 가입 국가의 평균 20.2%에 비해 턱없이 낮음
  - 독서문화진흥에 관한 정책 마련이 시급
- **'포용적 독서복지 실현' 추진 전략**
  독서 소외인을 위한 독서복지 체계를 마련하고자 함

정답 ③

「독서문화진흥법」 제2조에 따르면 '시각 장애, 노령화 등의 신체적 장애 또는 경제적·사회적·지리적 제약 등으로 독서문화에서 소외되어 있거나 독서 자료의 이용이 어려운 자'가 모두 독서 소외인에 해당하므로 적절하다.

오답분석
① 1문단에서 우리나라의 독서율이 OECD 가입 국가의 평균 독서율 평균보다 턱없이 낮다고 언급하고 있으므로 적절하지 않다.
② 독서 소외인의 정의에 따르면 초등 저학년은 독서 장애인이 아니다. 또한, 초등 저학년이 '한글 해득을 완전히 숙달하지 못해 독서 자료의 이용이 어려운 자'라는 말은 지문에 언급되지 않는다.
③ 군 장병의 독서 소외를 해소하기 위해서 실시하는 포용적 독서 프로그램은 '병영 도서관 확충'이다. 독서 치유 프로그램을 운영하는 교정 시설은 범죄자들을 수용하는 교도소와 같은 시설을 의미한다.

세부 내용 파악하기

01 다음 글에 대한 이해로 적절하지 않은 것은?

20 국가직 9급

희극의 발생 조건에 대하여 베르그송은 집단, 지성, 한 개인의 존재 등을 꼽았다. 즉 집단으로 모인 사람들이 자신들의 감성을 침묵하게 하고 지성만을 행사하는 가운데 그들 중 한 개인에게 그들의 모든 주의가 집중되도록 할 때 희극이 발생한다고 보았다. 그러나 그가 말하는 세 가지 사항은 웃음을 유발하는 것이 아니라 그러한 것을 가능케 하는 조건들이다. 웃음을 유발하는 단순한 형태의 직접적인 장치는 대상의 신체적인 결함이나 성격적인 결함을 들 수 있다. 관객은 이러한 결함을 지닌 인물을 통하여 스스로 자기우월성을 인식하고 즐거워질 수 있게 된다. 이와 관련해 "한 인물이 우리에게 희극적으로 보이는 것은 우리 자신과 비교해서 그 인물이 육체의 활동에는 많은 힘을 소비하면서 정신의 활동에는 힘을 쓰지 않는 경우이다. 어느 경우에나 우리의 웃음이 그 인물에 대하여 우리가 지니는 기분 좋은 우월감을 나타내는 것임은 부정할 수 없다."라는 프로이트의 말은 시사적이다.

① 베르그송에 의하면 희극은 관객의 감성이 집단적으로 표출된 결과이다.
② 베르그송에 의하면 집단, 지성, 한 개인의 존재는 희극 발생의 조건이다.
③ 한 개인의 신체적 · 성격적 결함은 집단의 웃음을 유발하는 직접적인 장치이다.
④ 프로이트에 의하면 상대적으로 정신 활동보다 육체 활동에 힘을 쓰는 상대가 희극적인 존재이다.

01 다음 글에 대한 이해로 적절하지 않은 것은?

20 국가직 9급

②희극의 발생 조건에 대하여 베르그송은 집단, 지성, 한 개인의 존재 등을 꼽았다. 즉 ①집단으로 모인 사람들이 자신들의 감성을 침묵하게 하고 지성만을 행사하는 가운데 그들 중 한 개인에게 그들의 모든 주의가 집중되도록 할 때 희극이 발생한다고 보았다. 그러나 그가 말하는 세 가지 사항은 웃음을 유발하는 것이 아니라 그러한 것을 가능케 하는 조건들이다. ③웃음을 유발하는 단순한 형태의 직접적인 장치는 대상의 신체적인 결함이나 성격적인 결함을 들 수 있다. 관객은 이러한 결함을 지닌 인물을 통하여 스스로 자기우월성을 인식하고 즐거워질 수 있게 된다. 이와 관련해 "④한 인물이 우리에게 희극적으로 보이는 것은 우리 자신과 비교해서 그 인물이 육체의 활동에는 많은 힘을 소비하면서 정신의 활동에는 힘을 쓰지 않는 경우이다. 어느 경우에나 우리의 웃음이 그 인물에 대하여 우리가 지니는 기분 좋은 우월감을 나타내는 것임은 부정할 수 없다."라는 프로이트의 말은 시사적이다.

① 베르그송에 의하면 희극은 관객의 감성이 집단적으로 표출된 결과이다.
② 베르그송에 의하면 집단, 지성, 한 개인의 존재는 희극 발생의 조건이다.
③ 한 개인의 신체적·성격적 결함은 집단의 웃음을 유발하는 직접적인 장치이다.
④ 프로이트에 의하면 상대적으로 정신 활동보다 육체 활동에 힘을 쓰는 상대가 희극적인 존재이다.

주제

희극의 발생 조건 세 가지와 희곡에서 웃음을 유발하는 장치

내용요약

• **희극의 발생 조건: 집단, 지성, 한 개인의 존재**

집단으로 모인 사람들이 자신들의 감성을 침묵하게 하고 지성만을 행사하는 가운데 그들 중 한 개인에게 그들의 모든 주의가 집중되도록 할 때 희극이 발생

• **희극의 웃음 유발 장치**

대상의 신체적 결함이나 성격적 결함: 관객이 자기우월성을 인식하게 함

정답 ①

희극은 '집단으로 모인 사람들이 자신들의 감성을 침묵하게 하고 지성만을 행사하는 가운데 그들 중 한 개인에게 그들의 모든 주의가 집중되도록 할 때' 발생한다. 관객의 감성이 집단적으로 표출된 결과는 희곡의 웃음 장치에 대한 결과라 볼 수 있다.

오답분석

② 희극의 발생 조건에 대하여 베르그송이 '집단, 지성, 한 개인의 존재' 등을 꼽고 있으므로 적절하다.
③ 베르그송은 관객이 결함을 지닌 인물을 통해 자기우월성을 인식하고 즐거워질 수 있게 된다고 하였으므로 적절하다.
④ 프로이트는 '한 인물이 우리에게 희극적으로 보이는 것은 우리 자신과 비교해서 그 인물이 육체의 활동에는 많은 힘을 소비하면서 정신의 활동에는 힘을 쓰지 않는 경우'라고 하였으므로 적절하다.

02 〈보기〉는 헤겔과 글쓴이가 나누는 가상의 대화의 일부이다. ㉮에 들어갈 내용으로 가장 적절한 것은?

지문요약

주제

____ 미학에 드러나는 _____ 과 철학적 체계 간의 _____ 에 대한 비판

내용요약

· **변증법의 '___'**

양자의 _____ 규정이 유기적 조화를 이루어 ___ 으로 고양된 죄상의 범주가 생성됨으로써 성립

· **헤겔의 변증법**

– 미학에 있어서는 _____ 이지 않음

– 절대 정신을 ___ –표상–사유 순으로 구성하고 이를 예술–종교–___ 순으로 편성한 것은 변증법 모델의 전형적 구성으로 보임

– 실질적으로 직관에서는 _____ 이, 예술에서는 _____ 이 점차 지워짐

– 이들의 본질은 _____ 지성인데 종합의 단계에서 완전히 소거됨

· **헤겔 미학의 _____ 에 대한 비판**

– 변증법에 충실하려면 ___ 의 주관성이 _____ 되는 단계의 _____ 을 추가했어야 함

– ___ 이 '철학 이후'의 자리를 차지할 수 있는 유력후보이기 때문

변증법의 매력은 '종합'에 있다. 종합의 범주는 두 대립적 범주 중 하나의 일방적 승리로 끝나도 안 되고, 두 범주의 고유한 본질적 규정이 소멸되는 중화 상태로 나타나도 안 된다. 종합은 양자의 본질적 규정이 유기적 조화를 이루어 질적으로 고양된 최상의 범주가 생성됨으로써 성립하는 것이다.

헤겔이 강조한 변증법의 탁월성도 바로 이것이다. 그러기에 변증법의 원칙에 최적화된 엄밀하고도 정합적인 학문 체계를 조탁하는 것이 바로 그의 철학적 기획이 아니었던가. 그런데 그가 내놓은 성과물들은 과연 그 기획을 어떤 흠결도 없이 완수한 것으로 평가될 수 있을까? 미학에 관한 한 '그렇다'는 답변은 쉽지 않을 것이다. 지성의 형식을 직관–표상–사유 순으로 구성하고 이에 맞춰 절대정신을 예술–종교–철학 순으로 편성한 전략은 외관상으로는 변증법 모델에 따른 전형적 구성으로 보인다. 그러나 실질적 내용을 보면 직관으로부터 사유에 이르는 과정에서는 외면성이 점차 지워지고 내면성이 점증적으로 강화·완성되고 있음이, 예술로부터 철학에 이르는 과정에서는 객관성이 점차 지워지고 주관성이 점증적으로 강화·완성되고 있음이 확연히 드러날 뿐, 진정한 변증법적 종합은 이루어지지 않는다. 직관의 외면성 및 예술의 객관성의 본질은 무엇보다도 감각적 지각성인데, 이러한 핵심 요소가 그가 말하는 종합의 단계에서는 완전히 소거되고 만다.

변증법에 충실하려면 헤겔은 철학에서 성취된 완전한 주관성이 재객관화되는 단계의 절대정신을 추가했어야 할 것이다. 예술은 '철학 이후'의 자리를 차지할 수 있는 유력한 후보이다. 실제로 많은 예술 작품은 '사유'를 매개로 해서만 설명되지 않는가. 게다가 이는 누구보다도 풍부한 예술적 체험을 한 헤겔 스스로가 잘 알고 있지 않은가. 이 때문에 방법과 철학 체계 간의 이러한 불일치는 더욱 아쉬움을 준다.

〈보 기〉

헤겔: 괴테와 실러의 문학 작품을 읽을 때 놓치지 않아야 할 점이 있네. 이 두 천재도 인생의 완숙기에 이르러서야 비로소 최고의 지성적 통찰을 진정한 예술미로 승화시킬 수 있었네. 그에 비해 초기의 작품들은 미적으로 세련되지 못해 결코 수준급이라 할 수 없었는데, 이는 그들이 아직 지적으로 미성숙했기 때문이었네.

글쓴이: 방금 그 말씀과 선생님의 기본 논증 방법을 연결하면 ㉮ 는 말이 됩니다.

---

① 이론에서는 절대정신으로 규정되는 예술이 현실에서는 진리의 인식을 수행할 수 없다

② 이론에서는 객관성을 본질로 하는 예술이 현실에서는 객관성이 사라진 주관성을 지닌다

③ 이론에서는 반정립 단계에 위치하는 예술이 현실에서는 정립 단계에 있는 것으로 나타난다

④ 이론에서는 외면성에 대응하는 예술이 현실에서는 내면성을 바탕으로 하는 절대정신일 수 있다

⑤ 이론에서는 대립적 범주들의 종합을 이루어야 하는 세 번째 단계가 현실에서는 그 범주들을 중화한다

02 〈보기〉는 헤겔과 글쓴이가 나누는 가상의 대화의 일부이다. ㉮에 들어갈 내용으로 가장 적절한 것은?

변증법의 매력은 '종합'에 있다. ⑤종합의 범주는 두 대립적 범주 중 하나의 일방적 승리로 끝나도 안 되고, 두 범주의 고유한 본질적 규정이 소멸되는 중화 상태로 나타나도 안 된다. 종합은 양자의 본질적 규정이 유기적 조화를 이루어 질적으로 고양된 최상의 범주가 생성됨으로써 성립하는 것이다.

헤겔이 강조한 변증법의 탁월성도 바로 이것이다. 그러기에 변증법의 원칙에 최적화된 엄밀하고도 정합적인 학문 체계를 조탁하는 것이 바로 그의 철학적 기획이 아니었던가. 그런데 그가 내놓은 성과물들은 과연 그 기획을 어떤 흠결도 없이 완수한 것으로 평가될 수 있을까? 미학에 관한 한 '그렇다'는 답변은 쉽지 않을 것이다. 지성의 형식을 직관-표상-사유 순으로 구성하고 이에 맞춰 ①③절대정신을 예술-종교-철학 순으로 편성한 전략은 외관상으로는 변증법 모델에 따른 전형적 구성으로 보인다. 그러나 실질적 내용을 보면 ④직관으로부터 사유에 이르는 과정에서는 외면성이 점차 지워지고 내면성이 점증적으로 강화·완성되고 있음이, 예술로부터 철학에 이르는 과정에서는 객관성이 점차 지워지고 주관성이 점증적으로 강화·완성되고 있음이 확연히 드러날 뿐, 진정한 변증법적 종합은 이루어지지 않는다. 직관의 외면성 및 예술의 객관성의 본질은 무엇보다도 감각적 지각성인데, 이러한 핵심 요소가 그가 말하는 종합의 단계에서는 완전히 소거되고 만다.

②④변증법에 충실하려면 헤겔은 철학에서 성취된 완전한 주관성이 재객관화되는 단계의 절대정신을 추가했어야 할 것이다. ①예술은 '철학 이후'의 자리를 차지할 수 있는 유력한 후보이다. ④⑤실제로 많은 예술 작품은 '사유'를 매개로 해서만 설명되지 않는가. 게다가 이는 누구보다도 풍부한 예술적 체험을 한 헤겔 스스로가 잘 알고 있지 않은가. 이 때문에 ④방법과 철학 체계 간의 이러한 불일치는 더욱 아쉬움을 준다.

─── 〈보 기〉 ───

헤겔: 괴테와 실러의 문학 작품을 읽을 때 놓치지 않아야 할 점이 있네. 이 두 천재도 인생의 완숙기에 이르러서야 비로소 최고의 지성적 통찰을 진정한 예술미로 승화시킬 수 있었네. 그에 비해 초기의 작품들은 미적으로 세련되지 못해 결코 수준급이라 할 수 없었는데, 이는 그들이 아직 지적으로 미성숙했기 때문이었네.

글쓴이: 방금 그 말씀과 선생님의 기본 논증 방법을 연결하면 ㉮ 는 말이 됩니다.

① 이론에서는 절대정신으로 규정되는 예술이 현실에서는 진리의 인식을 수행할 수 없다

② 이론에서는 객관성을 본질로 하는 예술이 현실에서는 객관성이 사라진 주관성을 지닌다

③ 이론에서는 반정립 단계에 위치하는 예술이 현실에서는 정립 단계에 있는 것으로 나타난다

④ 이론에서는 외면성에 대응하는 예술이 현실에서는 내면성을 바탕으로 하는 절대정신일 수 있다

⑤ 이론에서는 대립적 범주들의 종합을 이루어야 하는 세 번째 단계가 현실에서는 그 범주들을 중화한다

주제

헤겔 미학에 드러나는 변증법과 철학적 체계 간의 불일치에 대한 비판

내용요약

- **변증법의 '종합'**
  양자의 본질적 규정이 유기적 조화를 이루어 질적으로 고양된 최상의 범주가 생성됨으로써 성립

- **헤겔의 변증법**
  - 미학에 있어서는 정합적이지 않음
  - 절대 정신을 직관-표상-사유 순으로 구성하고 이를 예술-종교-철학 순으로 편성한 것은 변증법 모델의 전형적 구성으로 보임
  - 실질적으로 직관에서는 외면성이, 예술에서는 객관성이 점차 지워짐
  - 이들의 본질은 감각적 지성인데 종합의 단계에서 완전히 소거됨

- **헤겔 미학의 변증법에 대한 비판**
  - 변증법에 충실하려면 철학의 주관성이 재객관화되는 단계의 절대정신을 추가했어야 함
  - 예술이 '철학 이후'의 자리를 차지할 수 있는 유력후보이기 때문

〈보기〉의 헤겔은 최고의 지성적 통찰을 진정한 예술로 승화시킬 수 있다고 하였다. 하지만 글쓴이는 마지막 문단에서 '변증법에 충실하려면 헤겔이 철학에서 성취된 완전한 주관성이 재객관화되는 단계의 절대정신을 추가해야 할 것'이라고 주장하며 실제로 많은 예술 작품이 '사유'를 매개로 설명되는 점을 지적하고 있다. 따라서 '이론에서는 외면성에 대응하는 예술이 현실에서는 내면성을 바탕으로 하는 절대정신일 수 있다'가 ㉮에 들어갈 내용으로 적절하다.

오답분석

① 헤겔은 예술을 절대정신으로 보았고 글쓴이는 예술이 '철학 이후'의 자리를 차지할 유력한 후보라고 하였으므로 예술이 현실에서 진리의 인식을 수행할 수 없다는 내용은 적절하지 않다.

② 〈보기〉에서 헤겔이 언급한 '최고의 지성적 통찰을 진정한 예술미로 승화'시킨 괴테와 실러의 문학 작품은 재객관화되는 단계의 절대정신을 추가한 것으로 볼 수 있다. 따라서 예술이 현실에서 주관성을 지닌다는 내용은 적절하지 않다.

③ 헤겔의 미학의 변증법 모델에서 예술은 '정립'의 단계에 있다. 따라서 이론에서 예술이 반정립 단계에 위치한다고 표현한 것은 적절하지 않다.

⑤ 〈보기〉에서 헤겔은 괴테와 실러의 문학이 '인생의 완숙기에 이르러서야 비로소 최고의 지성적 통찰을 진정한 예술미로 승화시킬 수 있었다.'라고 말하고 있는데, 이것은 헤겔 스스로가 사유를 매개로 한 예술의 가치를 인정한 것이다. 따라서 세 번째 단계가 현실에서 중화의 단계로 나타난 것은 아니라고 볼 수 있다.

지문요약

주제

정신 치료에서 _____의 대두와 미술 치료 방법

내용요약

• **정신 치료 수단**

 – 인간은 ___를 통해 마음을 표현하고 이해하므로 주로 ___가 주된 정신 치료 수단이었음

 – 인간의 기억은 _____ 이미지의 형태로 기억 속에 존재하므로 언어로 표현되는 과정에서 ___ 될 수 있음

 – 미술 치료: 언어가 아닌 다른 ___ 치료 수단으로 제시됨

• **미술 치료 방법**

 – 미술과 _____의 결합

 – 언어로 온전하게 표현할 수 없는 심리 상태를 그림으로 표현하고, 그 과정에서 감정의 ___을 유도하는 방법

 – 심리적 ___을 받은 아이들에게 큰 도움: 심리적 안정, 경험을 더 자세히 전달 가능, ___ 감소, 감정 표현

 – 성인에게도 유용한 _____가 됨

03 다음 글에 대한 이해로 적절하지 않은 것은?

인간은 주로 언어를 통해 마음을 표현하고 상대방의 마음을 이해한다. 그래서 정신적인 문제를 지닌 사람을 치료하는 정신 치료에서도 언어가 주된 수단이다. 그러나 언어는 인간의 마음을 표현하기에는 불완전하고 제한된 도구이다. 사실, 인간은 과거 기억의 많은 부분을 언어적 명제의 형태보다는 시각적 이미지의 형태로 기억 속에 담고 살아간다. 이러한 시각적 이미지 속에 포함되어 있는 풍부하고 생생하며 미묘한 경험들은 언어로 표현되는 과정에서 왜곡될 수 있다. 이에 정신 치료에서는 언어가 아닌 다른 치료 수단을 모색해왔으며, 그 결과 미술 치료가 하나의 대안으로 제시되었다.

미술 치료는 미술과 심리학의 결합이다. 언어로 온전하게 표현할 수 없는 심리상태를 그림으로 표현하고, 그 과정에서 감정의 이완을 유도하는 방법이다. 미술 치료는 심리적으로 큰 충격을 경험한 아동들에게 큰 도움이 될 수 있다. 고통스러운 일을 겪은 아이들은 그림을 그리거나 만들기를 통해 심리적인 안정을 얻을 뿐만 아니라, 자신이 경험한 것에 대해 더 자세히 전달할 수 있다. 학대를 받거나 폭력적인 사건을 경험했을 때 말하는 것 자체가 공포나 불안을 일으킬 수 있는데, 미술은 그러한 아동의 불안을 감소시키면서 감정을 표현할 수 있게 한다. 말로써 자신의 어려움을 표현하는 것을 어려워하거나 꺼릴 경우, 미술은 성인에게도 유용한 매개체가 될 수 있다. 단지, 아동은 발달학적으로 미숙한 부분이 있으므로 이를 고려한 미술 활동이 진행되어야 한다는 점에서 차이가 있을 뿐이다. 미술 치료가 작용하는 원리는 성인과 아동 모두에게 근본적으로 같다고 할 수 있다.

① 대화만을 통한 정신 치료는 온전한 효과를 얻을 수 없다.

② 인간은 미술을 통해 자신의 경험을 거리낌 없이 표현할 수 있다.

③ 인간이 언어를 통해 감정을 표현하는 데에는 한계가 있다.

④ 인간의 시각적 경험은 언어로 전환되는 과정에서 사실과 달라질 수 있다.

⑤ 아동과 성인의 미술 치료 원리는 근본적으로 동일하다.

03 다음 글에 대한 이해로 적절하지 않은 것은?

21 국회직 8급

인간은 주로 언어를 통해 마음을 표현하고 상대방의 마음을 이해한다. 그래서 정신적인 문제를 지닌 사람을 치료하는 정신 치료에서도 언어가 주된 수단이다. 그러나 ①③언어는 인간의 마음을 표현하기에는 불완전하고 제한된 도구이다. 사실, 인간은 과거 기억의 많은 부분을 언어적 명제의 형태보다는 시각적 이미지의 형태로 기억 속에 담고 살아간다. 이러한 ④시각적 이미지 속에 포함되어 있는 풍부하고 생생하며 미묘한 경험들은 언어로 표현되는 과정에서 왜곡될 수 있다. 이에 정신 치료에서는 언어가 아닌 다른 치료 수단을 모색해왔으며, 그 결과 미술 치료가 하나의 대안으로 제시되었다.

미술 치료는 미술과 심리학의 결합이다. ①언어로 온전하게 표현할 수 없는 심리상태를 그림으로 표현하고, 그 과정에서 감정의 이완을 유도하는 방법이다. 미술 치료는 심리적으로 큰 충격을 경험한 아동들에게 큰 도움이 될 수 있다. ②고통스러운 일을 겪은 아이들은 그림을 그리거나 만들기를 통해 심리적인 안정을 얻을 뿐만 아니라, 자신이 경험한 것에 대해 더 자세히 전달할 수 있다. 학대를 받거나 폭력적인 사건을 경험했을 때 말하는 것 자체가 공포나 불안을 일으킬 수 있는데, 미술은 그러한 아동의 불안을 감소시키면서 감정을 표현할 수 있게 한다. ⑤말로써 자신의 어려움을 표현하는 것을 어려워하거나 꺼릴 경우, 미술은 성인에게도 유용한 매개체가 될 수 있다. 단지, 아동은 발달학적으로 미숙한 부분이 있으므로 이를 고려한 미술 활동이 진행되어야 한다는 점에서 차이가 있을 뿐이다. 미술 치료가 작용하는 원리는 성인과 아동 모두에게 근본적으로 같다고 할 수 있다.

① 대화만을 통한 정신 치료는 온전한 효과를 얻을 수 없다.
② 인간은 미술을 통해 자신의 경험을 거리낌 없이 표현할 수 있다.
③ 인간이 언어를 통해 감정을 표현하는 데에는 한계가 있다.
④ 인간의 시각적 경험은 언어로 전환되는 과정에서 사실과 달라질 수 있다.
⑤ 아동과 성인의 미술 치료 원리는 근본적으로 동일하다.

지문요약

주제

정신 치료에서 미술 치료의 대두와 미술 치료 방법

내용요약

- 정신 치료 수단
  - 인간은 언어를 통해 마음을 표현하고 이해하므로 주로 언어가 주된 정신 치료 수단이었음
  - 인간의 기억은 시각적 이미지의 형태로 기억 속에 존재하므로 언어로 표현되는 과정에서 왜곡될 수 있음
  - 미술 치료: 언어가 아닌 다른 정신 치료 수단으로 제시됨

- 미술 치료 방법
  - 미술과 심리학의 결합
  - 언어로 온전하게 표현할 수 없는 심리 상태를 그림으로 표현하고, 그 과정에서 감정의 이완을 유도하는 방법
  - 심리적 충격을 받은 아이들에게 큰 도움: 심리적 안정, 경험을 더 자세히 전달 가능, 불안 감소, 감정 표현
  - 성인에게도 유용한 매개체가 됨

정답 ②

2문단에서 미술 치료에서 그림을 그리는 것은 '고통스러운 일을 겪은 아이들은 그림을 그리거나 만들기를 통해 심리적인 안정을 얻을 뿐만 아니라, 자신이 경험한 것에 대해 더 자세히 전달할 수 있다.'라고 하였다. 하지만 이것이 자신의 경험을 거리낌 없이 표현할 수 있다는 말은 아니므로 적절하지 않다.

오답분석

① 1문단에서 언어는 인간의 마음을 표현하기에는 불완전하고 제한된 도구라 하였고, 2문단에서 언어로는 심리상태를 온전하게 표현할 수 없다고 하였으므로 적절하다.
③ 1문단에서 언어는 인간의 마음을 표현하기에는 불완전하고 제한된 도구라고 하였으므로 적절하다.
④ 1문단에서 인간은 과거 기억의 많은 부분을 시각적 이미지의 형태로 기억하는데, 언어로 표현되는 과정에서 왜곡될 수 있다고 하였으므로 적절하다.
⑤ 2문단에서 미술 심리 치료는 말로써 자신의 어려움을 표현하는 것을 어려워하거나 꺼릴 경우, 미술이 성인에게도 유용한 매개체임을 설명하고 있다. 단지 아동의 경우 미숙한 부분을 고려한 미술 활동이 진행되어야 한다는 점에서 차이가 있을 뿐이라고 하였으므로 적절하다.

지문요약

주제

디지털 환경과 _____ 환경의 _____ 생산

내용요약

· **오프라인 환경**

 – '작가'가 쓴 책: ____ 서적

 – _____가 기획·발행

 – 전문가들의 일련의 ___가 존재

· _____ 환경

 – 누구나 무엇이든 _____ 표현하고
   드러낼 수 있음

 – 다양한 _____들을 통해서 속전속결로
   자신이 생산한 것들을 게재

 – 출판, 검토, 비평, 선정이라는 _____
   이 생략

04 (가)에 들어갈 내용으로 가장 적절한 것은?

22 지역인재 9급

> 디지털 독자라면 누구나 직면하게 되는 도전들이 도사리고 있다. 이 도전은 다음과 같은 환경적 특징 때문에 생겨난다.
>
> 디지털은 [(가)]이다. 대표적인 오프라인 정보 창고인 도서관은 '작가'라 불리는 사람들이 쓴 책을 선호한다. 대부분의 인쇄 서적들은 사업 인가를 받은 출판사가 기획하고 발행한다. 오프라인에는 전문가들이 도서를 검토, 평가, 선택하는 일련의 절차가 존재한다. 반면에 디지털 환경에서는 누구나 무엇이든 내키는 대로 표현하고 드러낼 수 있다. 정돈된 메시지를 섬세하게 디자인하여 공유하는 이들도 있지만, 대개는 다양한 플랫폼들을 통해서 속전속결로 자신이 생산한 것들을 게재한다. 디지털 환경에서는 텍스트의 생산과 소비 사이에 출판, 검토, 비평, 선정이라는 중간 과정이 생략된다.

① 검증되지 않은 공간

② 몰입할 수 있는 공간

③ 정교한 중간 과정이 있는 공간

④ 전문적으로 표현해야 하는 공간

04 (가)에 들어갈 내용으로 가장 적절한 것은?

22 지역인재 9급

디지털 독자라면 누구나 직면하게 되는 도전들이 도사리고 있다. 이 도전은 다음과 같은 환경적 특징 때문에 생겨난다.

디지털은 ____(가)____ 이다. 대표적인 오프라인 정보 창고인 도서관은 '작가'라 불리는 사람들이 쓴 책을 선호한다. 대부분의 인쇄 서적들은 사업 인가를 받은 출판사가 기획하고 발행한다. ③오프라인에는 전문가들이 도서를 검토, 평가, 선택하는 일련의 절차가 존재한다. 반면에 ④디지털 환경에서는 누구나 무엇이든 내키는 대로 표현하고 드러낼 수 있다. 정돈된 메시지를 섬세하게 디자인하여 공유하는 이들도 있지만, 대개는 ②다양한 플랫폼들을 통해서 속전속결로 자신이 생산한 것들을 게재한다. 디지털 환경에서는 텍스트의 생산과 소비 사이에 출판, 검토, 비평, 선정이라는 중간 과정이 생략된다.

① 검증되지 않은 공간
② 몰입할 수 있는 공간
③ 정교한 중간 과정이 있는 공간
④ 전문적으로 표현해야 하는 공간

지문요약

주제

디지털 환경과 오프라인 환경의 텍스트 생산

내용요약

- **오프라인 환경**
  - '작가'가 쓴 책: 인쇄 서적
  - 출판사가 기획·발행
  - 전문가들의 일련의 절차가 존재

- **디지털 환경**
  - 누구나 무엇이든 내키는 대로 표현하고 드러낼 수 있음
  - 다양한 플랫폼들을 통해서 속전속결로 자신이 생산한 것들을 게재
  - 출판, 검토, 비평, 선정이라는 중간 과정이 생략

정답 ①

오프라인 환경에서의 텍스트는 사업 인가를 받은 출판사가 기획·발행하고 전문가들이 도서를 검토, 평가, 선택하는 일련의 절차가 존재한다. 이에 반해 디지털은 누구나 무엇이든 내키는 대로 표현하고 드러내며 텍스트의 생산과 소비 사이의 중간 과정이 생략된다. 따라서 디지털 환경에서의 텍스트 생산은 전문가에 의해 '검증이 되지 않은 공간'인 것이다.

오답분석

② (가)의 바로 뒤에 오프라인 환경의 텍스트 생산과 관련한 내용이 언급되고 있고, (가)에는 이와 상반되는 내용의 디지털 환경에서의 텍스트 생산과 관련된 내용이 들어가야 하므로 '몰입할 수 있는 공간'은 적절하지 않다.

③ 전문가들에 의해 도서를 검토, 평가, 선택하는 절차가 존재하는 것은 오프라인 환경이므로 (가)에 들어갈 내용으로 적절하지 않다.

④ 디지털은 '누구나 무엇이든 내키는 대로 표현하고 드러낼 수 있는' 환경이라고 지문에서 언급하고 있으므로 (가)에 들어갈 내용으로 적절하지 않다.

지문요약

내용요약

- 한국 아이스하키 팀의 ___
  - ___과의 경기에서 이겨서 동메달을 땀
  - 열세가 예상되었으나 ___에 치중하고
    _____을 펼쳐 이김
- **(가)와 (나)의 차이**
  - (가)는 ___의 입장에서 경기를 평가하
    며 _____ 입장에서 작성
  - (나)는 _____ 입장에서 사실을 작성

05 (가)와 (나)의 표현상 특징을 이해한 것으로 적절하지 않은 것은? 20 국가직 7급

> (가) 한국 아이스하키가 북한을 제압, 동메달을 추가했다. 한국 팀은 13일 쓰키사무 실내 링크에서 벌어진 동계 아시안게임 아이스하키 최종 경기에서 북한을 6 대 5로 제치고 1승 2패를 마크, 일본 중국에 이어 3위에 입상했다. 당초 열세가 예상됐던 한국 팀은 이날 필승의 정신력으로 똘똘 뭉쳐 1피리어드 초반부터 파상적인 공격을 펴던 중 3분쯤 첫 골을 성공시키면서 기세를 높였다.
>
> (나) 아이스하키 남북 대결에서 한국이 예상을 뒤엎고 6 대 5로 승리, 동계 아시안게임 동메달을 획득했다. 한국 팀은 13일 삿포로 쓰키사무 실내 링크에서 열린 북한 팀과의 경기에서 초반 수비 치중에 기습 공격 작전이 적중하면서 승세를 타기 시작, 한 차례의 동점도 허용하지 않고 경기를 끝냈다. 한국 팀은 이로써 북한 팀과의 대표 대결에서 3승 1패로 앞섰다.

① (가)는 '제압', (나)는 '승리'라는 말을 사용한 것으로 보아 (나)는 (가)보다 경기 결과를 객관적인 태도로 표현했어.

② (가)는 '필승의 정신력으로 똘똘 뭉쳐', (나)는 '수비 치중에 기습 공격 작전이 적중하면서'라는 말을 사용한 것으로 보아 (가)는 (나)보다 선수들의 의욕을 강조했어.

③ (가)는 '당초 열세가 예상됐던', (나)는 '예상을 뒤엎고'라는 말을 사용한 것으로 보아 (가)와 (나) 모두 경기 전에 한국 팀의 실력이 북한 팀의 실력보다 낮게 평가되었음을 표현했어.

④ (가)는 '3위에 입상했다', (나)는 '동메달을 획득했다'라는 말을 사용한 것으로 보아 (가)와 (나) 모두 아쉬운 경기 결과였음을 강조했어.

05 (가)와 (나)의 표현상 특징을 이해한 것으로 적절하지 않은 것은? 20 국가직 7급

(가) 한국 아이스하키가 북한을 제압, 동메달을 추가했다. 한국 팀은 13일 쓰키사무 실내 링크에서 벌어진 동계 아시안게임 아이스하키 최종 경기에서 북한을 6 대 5로 제치고 1승 2패를 마크, 일본 중국에 이어 3위에 입상했다. 당초 열세가 예상됐던 한국 팀은 이날 필승의 정신력으로 똘똘 뭉쳐 1피리어드 초반부터 파상적인 공격을 퍼던 중 3분쯤 첫 골을 성공시키면서 기세를 높였다.

(나) 아이스하키 남북 대결에서 한국이 예상을 뒤엎고 6 대 5로 승리, 동계 아시안게임 동메달을 획득했다. 한국 팀은 13일 삿포로 쓰키사무 실내 링크에서 열린 북한 팀과의 경기에서 초반 수비 치중에 기습 공격 작전이 적중하면서 승세를 타기 시작, 한 차례의 동점도 허용하지 않고 경기를 끝냈다. 한국 팀은 이로써 북한 팀과의 대표 대결에서 3승 1패로 앞섰다.

① (가)는 '제압', (나)는 '승리'라는 말을 사용한 것으로 보아 (나)는 (가)보다 경기 결과를 객관적인 태도로 표현했어.

② (가)는 '필승의 정신력으로 똘똘 뭉쳐', (나)는 '수비 치중에 기습 공격 작전이 적중하면서'라는 말을 사용한 것으로 보아 (가)는 (나)보다 선수들의 의욕을 강조했어.

③ (가)는 '당초 열세가 예상됐던', (나)는 '예상을 뒤엎고'라는 말을 사용한 것으로 보아 (가)와 (나) 모두 경기 전에 한국 팀의 실력이 북한 팀의 실력보다 낮게 평가되었음을 표현했어.

④ (가)는 '3위에 입상했다', (나)는 '동메달을 획득했다'라는 말을 사용한 것으로 보아 (가)와 (나) 모두 아쉬운 경기 결과였음을 강조했어.

지문요약

내용요약

• 한국 아이스하키 팀의 승리
  – 북한과의 경기에서 이겨서 동메달을 땀
  – 열세가 예상되었으나 수비에 치중하고 기습 공격을 펼쳐 이김

• (가)와 (나)의 차이
  – (가)는 한국의 입장에서 경기를 평가하며 주관적 입장에서 작성
  – (나)는 객관적 입장에서 사실을 작성

정답 ④

(가)의 '3위에 입상했다'와 (나)의 '동메달을 획득했다'라는 표현은 모두 객관적 사실을 나타낸 것으로 '아쉬운 경기'였다고 강조한 것은 아니다.

오답분석

① '제압'은 상대방을 찍어누르는 위압적인 표현이고 '승리'는 이겼다는 말의 객관적 표현이므로 (나)가 (가)보다 경기 결과를 객관적인 태도로 표현했다.

② (가)의 '필승의 정신력으로 똘똘 뭉쳐'는 선수들이 경기에 임하는 자세와 의욕에 대해 강조하는 표현이고 (나)의 '수비 치중에 기습 공격 작전이 적중하면서'는 선수들의 경기 내용을 객관적으로 분석하는 말이라고 볼 수 있다.

③ (가)의 '열세'는 세력이나 기운이 상대방보다 약하다는 말이고, (나)의 '예상을 뒤엎고'는 전력적으로 한국이 북한의 팀보다 전력이 낮게 평가되었음을 알 수 있는 표현이다.

---- **지문요약** ----

주제

고대 서구의 인간의 ___ 탐구

내용요약

· **고대 서구의 인간의 본질 탐구**

  인간을 ___과 ___로 양분

구분	정신	신체
서구		
플라톤		

· **플라톤의 탐구**

  – 본질계: 이데아계의 ___적인 영역

  – 현상계: 이데아계의 ___적 영역

  – 참된 실체: ___로서 경험계가 추구해야 할 궁극적 대상. 경험계는 단지 이데아의 ___, 허상, 모사에 불과

  – 최근에는 ___을 보호하는 공간으로 신체를 인식

글의 흐름 파악하기

01 ㉠~㉤ 중 〈보기〉의 문장이 들어가기에 가장 적절한 곳은? 21 국회직 8급

(㉠) 서구에서는 고대부터 인간을 정신과 신체로 양분하여 탐구하였다. 정신은 이성계로서 지식에 관여하는 반면, 신체는 경험계로서 행위에 관계되는 것으로 간주했다. (㉡) 플라톤은 정신계와 물질계를 본질계와 현상계로 구분한다. (㉢) 전자는 이데아계로서 이성적인 영역이고 후자는 경험계로서 감각적 영역이라고 보았다. (㉣) 그러나 그의 이데아론을 기반으로 신체를 경시하거나 배척하던 경향과는 달리, 최근에는 신체에 가치를 부여하여 그것을, 영혼을 보호하는 공간으로 인식하는 경향이 대두되었다. (㉤)

― 〈보 기〉 ―

여기서 참된 실체는 이데아계로서 경험계가 추구해야 할 궁극적 대상이며, 경험계는 이데아의 그림자, 허상, 모사에 불과하다고 간주했다.

① ㉠

② ㉡

③ ㉢

④ ㉣

⑤ ㉤

01 ㉠~㉤ 중 〈보기〉의 문장이 들어가기에 가장 적절한 곳은?

21 국회직 8급

(㉠) 서구에서는 고대부터 인간을 정신과 신체로 양분하여 탐구하였다. 정신은 이성계로서 지식에 관여하는 반면, 신체는 경험계로서 행위에 관계되는 것으로 간주했다. (㉡) 플라톤은 정신계와 물질계를 본질계와 현상계로 구분한다. (㉢) 전자는 이데아계로서 이성적인 영역이고 후자는 경험계로서 감각적 영역이라고 보았다. (㉣) 그러나 그의 이데아론을 기반으로 신체를 경시하거나 배척하던 경향과는 달리, 최근에는 신체에 가치를 부여하여 그것을, 영혼을 보호하는 공간으로 인식하는 경향이 대두되었다. (㉤)

― 〈보 기〉 ―

여기서 참된 실체는 이데아계로서 경험계가 추구해야 할 궁극적 대상이며, 경험계는 이데아의 그림자, 허상, 모사에 불과하다고 간주했다.

① ㉠

② ㉡

③ ㉢

④ ㉣

⑤ ㉤

지문요약

주제

고대 서구의 인간의 본질 탐구

내용요약

- **고대 서구의 인간의 본질 탐구**

  인간을 정신과 신체로 양분

구분	정신	신체
서구	이성계	경험계
플라톤	본질계	현상계

- **플라톤의 탐구**
  - 본질계: 이데아계의 **이성적인** 영역
  - 현상계: 이데아계의 **감각적** 영역
  - 참된 실체: 이데아계로서 경험계가 추구해야 할 궁극적 대상. 경험계는 단지 이데아의 그림자, 허상, 모사에 불과
  - 최근에는 **영혼**을 보호하는 공간으로 신체를 인식

정답 ④

〈보기〉의 핵심어는 이데아계와 경험계이다. 〈보기〉가 '여기서'라는 표지로 시작하는 것을 고려했을 때, 〈보기〉의 앞쪽에는 이데아계와 경험계에 대한 언급이 나와야 한다. 지문에서 이데아계에 대해 처음 언급하는 문장은 ㉢ 이후부터인데, ㉢에 〈보기〉가 오는 것은 적절하지 않다. ㉣ 뒤에는 플라톤 이후의 최근의 경향이 언급되고 있으므로 ㉤에 〈보기〉가 오는 것은 적절하지 않다. 따라서 가장 적절한 위치는 ㉣이다.

지문요약

주제

기억의 _____와 뇌에서의 형성 위치 및 _____ 위치

내용요약

- _____ 기억
  우리가 흔히 부르는 기억을 의미
  - 의미 기억: 의미, 이해, 개념을 기반으로 하는 _____에 대한 기억
  - 일화 기억: 일화에 대한 기억으로, 지식과 관련된 기억이라 하여 '_____'이라고도 함
- _____ 기억
  감각 또는 운동 기능에 대한 기억으로, '_____'이라고도 함
- 기억의 형성 및 저장
  - 서술 기억: _____에서 습득 · 형성, 내후각피질이나 편도체의 도움을 받아 여러 피질 영역에 기억을 저장
  - 절차 기억: 소뇌와 _____에서 형성, _____을 일으키는 기억 역시 절차 기억으로 여겨지며 _____에서 형성 · 저장
  - 중독의 일부 측면에 일조하는 _____도 기저핵과 연결되어 있음

02 다음 글을 읽고 이해한 내용으로 옳지 않은 것은?

20 국회직 9급

기억은 '서술 기억'과 '절차 기억'으로 분류할 수 있다.

우리가 흔히 기억이라고 부르는 것은 서술 기억이다. 서술 기억은 의미, 이해, 개념을 기반으로 하는 지식에 대한 기억인 '의미 기억'과, 일화에 대한 기억인 '일화 기억'으로 구성된다. 일화 기억은 우리 자신과 관련이 있을 때만 우리가 그것을 기억하므로 '자전 기억'이라고도 한다. 다른 누군가가 본 영화를 우리가 기억할 수는 없다. 의미 기억과 일화 기억에 대한 예를 들자면, 프랑스어 지식은 의미 기억이고, 프랑스어 수업은 일화 기억이다.

이와 달리, 감각 또는 운동 기능에 대한 기억은 절차 기억 또는 '습관'이라고 한다. 플루트 연주곡을 익히는 것은 의미 기억인 반면, 플루트 연주법을 배우는 것은 절차 기억이다.

대부분의 서술 기억은 해마라는 측두엽 영역에서 습득되고 형성된다. 해마는 내후각피질과 편도체에 연결되어 있다. 계통발생학적으로 오래된 피질 조직인 해마는 훨씬 더 최근에 생겨난 조직인 내후각피질이나 편도체 등의 도움을 받아 모든 서술 기억을 여러 피질 영역에 저장한다.

절차 기억은 소뇌와 기저핵에서 만들어진다. 기저핵에서 가장 중요한 부위는 미상핵이다. 중독을 일으키는 기억은 중독 물질을 갈구하는 동안 망상이나 섬망을 일으키지만 절차 기억으로 여겨지며, 해부학적으로 기저핵과 연결된 측중격핵에서 형성되어 저장된다. 중독의 일부 측면에 일조하는 편도체 역시 개체발생학적으로 그리고 해부학적으로 기저핵과 연결되어 있다.

① 일화에 대한 기억은 대부분 해마에서 형성된다.
② 내후각피질은 뇌에서 가장 나중에 생겨난 피질 조직이다.
③ 플루트 연주곡을 익히는 것은 지식에 대한 기억이다.
④ 중독을 일으키는 기억은 습관과 관련되어 있다.
⑤ 의미 기억과 일화 기억의 형성에는 모두 편도체가 관여한다.

02 다음 글을 읽고 이해한 내용으로 옳지 않은 것은?

20 국회직 9급

기억은 '서술 기억'과 '절차 기억'으로 분류할 수 있다.

우리가 흔히 기억이라고 부르는 것은 서술 기억이다. ①③서술 기억은 의미, 이해, 개념을 기반으로 하는 지식에 대한 기억인 '의미 기억'과, 일화에 대한 기억인 '일화 기억'으로 구성된다. 일화 기억은 우리 자신과 관련이 있을 때만 우리가 그것을 기억하므로 '자전 기억'이라고도 한다. 다른 누군가가 본 영화를 우리가 기억할 수는 없다. 의미 기억과 일화 기억에 대한 예를 들자면, 프랑스어 지식은 의미 기억이고, 프랑스어 수업은 일화 기억이다.

이와 달리, ④감각 또는 운동 기능에 대한 기억은 절차 기억 또는 '습관'이라고 한다. ③플루트 연주곡을 익히는 것은 의미 기억인 반면, 플루트 연주법을 배우는 것은 절차 기억이다.

대부분의 ①⑤서술 기억은 해마라는 측두엽 영역에서 습득되고 형성된다. 해마는 내후각피질과 편도체에 연결되어 있다. ②계통발생학적으로 오래된 피질 조직인 해마는 훨씬 더 최근에 생겨난 조직인 내후각피질이나 편도체 등의 도움을 받아 모든 서술 기억을 여러 피질 영역에 저장한다.

절차 기억은 소뇌와 기저핵에서 만들어진다. 기저핵에서 가장 중요한 부위는 미상핵이다. ④중독을 일으키는 기억은 중독 물질을 갈구하는 동안 망상이나 섬망을 일으키지만 절차 기억으로 여겨지며, 해부학적으로 기저핵과 연결된 측중격핵에서 형성되어 저장된다. 중독의 일부 측면에 일조하는 편도체 역시 개체발생학적으로 그리고 해부학적으로 기저핵과 연결되어 있다.

① 일화에 대한 기억은 대부분 해마에서 형성된다.
② 내후각피질은 뇌에서 가장 나중에 생겨난 피질 조직이다.
③ 플루트 연주곡을 익히는 것은 지식에 대한 기억이다.
④ 중독을 일으키는 기억은 습관과 관련되어 있다.
⑤ 의미 기억과 일화 기억의 형성에는 모두 편도체가 관여한다.

주제

기억의 분류와 뇌에서의 형성 위치 및 저장 위치

내용요약

- **서술 기억**

  우리가 흔히 부르는 기억을 의미

  – 의미 기억: 의미, 이해, 개념을 기반으로 하는 지식에 대한 기억

  – 일화 기억: 일화에 대한 기억으로, 지식과 관련된 기억이라 하여 '자전 기억'이라고도 함

- **절차 기억**

  감각 또는 운동 기능에 대한 기억으로, '습관'이라고도 함

- **기억의 형성 및 저장**

  – 서술 기억: 해마에서 습득·형성, 내후각피질이나 편도체의 도움을 받아 여러 피질 영역에 기억을 저장

  – 절차 기억: 소뇌와 기저핵에서 형성, 중독을 일으키는 기억 역시 절차 기억으로 여겨지며 측중격핵에서 형성·저장

  – 중독의 일부 측면에 일조하는 편도체도 기저핵과 연결되어 있음

정답 ②

지문에서 계통발생학적으로 내후각피질은 해마보다 훨씬 더 최근에 생겨난 조직이라고 언급하고 있지만, 뇌에서 가장 나중에 생겨난 피질 조직이라는 설명은 없다.

오답분석

① 일화는 일화 기억으로 서술 기억에 해당한다. 이러한 서술 기억은 해마라는 측두엽 영역에서 습득되고 형성되므로 적절하다.

③ 플루트 연주곡을 익히는 것은 의미 기억이고, 의미 기억은 의미, 이해, 개념을 기반으로 하는 지식에 대한 기억이므로 적절하다.

④ 중독을 일으키는 기억은 절차 기억(습관)으로 여겨진다고 하였으므로 적절하다.

⑤ 의미 기억과 일화 기억은 모두 서술 기억에 해당한다. 서술 기억은 해마에서 습득·형성되는데, 이 해마는 내후각피질과 편도체에 연결되어 있으므로 적절하다.

지문요약

주제

호펠트의 _____

내용요약

- **호펠트의 주장**

  권리 개념은 생각보다 복잡하므로 엄밀하게 사용되지 않을 경우 잘못된 ____이나 ____으로 이어질 수 있다고 봄

- **청구권**

  - Y가 X에게 A라는 행위를 할 법적 의무가 있다면 X는 상대방 Y에 대하여 A라는 행위를 할 것을 법적으로 ____할 수 있다는 의미

  - 청구로서의 권리는 의무 이행 혹은 의무 ____에 대한 일련의 _____를 포함하고 있음

  - ____의 내용이 달라지면 권리의 내용도 달라짐

- **자유권**

  - X가 상대방 Y에 대하여 A라는 행위를 하거나 하지 않아야 할 법적 의무가 없다면 X는 Y에 대하여 A를 행하지 않거나 행할 법적 ____가 있다는 의미

  - 의무의 ____ : A를 행할 자유가 있다는 것은 A를 하지 않아야 할 법적 의무가 없다는 것

  - 권리자의 상대방은 권리자의 권리 행사를 ____할 권리를 가질 수 있음

  - 자유로서의 권리는 상대방의 '청구권 없음'과 _____에 있음

---

03 다음 글의 자유권에 대한 이해로 가장 적절한 것은?

20 고3 10월

호펠드는 권리 개념이 생각보다 복잡하기 때문에 엄밀하게 사용되지 않을 경우 잘못된 추론이나 결론으로 이어질 수 있다고 보았다. 그는 'X가 상대방 Y에 대하여 무언가에 관한 권리를 가진다.'는 진술이 의미하는 바를 몇 가지 기본 범주들로 살펴 권리 개념을 이해해야 권리자 X와 그 상대방 Y의 지위를 명확히 파악할 수 있다고 주장했다. 권리의 기본 범주는 다음과 같다.

첫째, 청구권이다. 이는 Y가 X에게 A라는 행위를 할 법적 의무가 있다면 X는 상대방 Y에 대하여 A라는 행위를 할 것을 법적으로 청구할 수 있다는 의미이다. 호펠드는 청구가 논리적으로 언제나 의무와 대응 관계를 이룬다고 보았다. 가령 X는 폭행당하지 않을 권리를 가졌는데, Y에게 X를 폭행하지 않을 의무가 부과되지 않았다고 한다면 그 권리는 무의미하기 때문이다. 따라서 청구로서의 권리는 단순히 무언가를 주장하는 것이 아니라 의무 이행 혹은 의무 불이행에 대한 일련의 법적 조치를 포함하고 있다. 또한 의무의 내용이 달라지면 권리의 내용도 달라진다고 볼 수 있다.

둘째, 자유권이다. 이는 X가 상대방 Y에 대하여 A라는 행위를 하거나 하지 않아야 할 법적 의무가 없다면 X는 Y에 대하여 A를 행하지 않거나 행할 법적 자유가 있다는 의미이다. 이 권리의 특징은 의무의 부정에 있다. 가령 A를 행할 자유가 있다는 것은 A를 하지 않아야 할 법적 의무가 없다는 것이다. 이때 Y는 X가 A를 행하는 것을 방해하지 말아야 할 의무가 있는 것은 아니다. 즉 권리자의 상대방은 권리자의 권리 행사를 방해할 권리를 가질 수 있다는 것이다. 이처럼 자유로서의 권리는 상대방의 '청구권 없음'과 대응 관계에 있다.

① 만일 내가 담 너머 이웃의 건물을 구경할 권리가 있다면, 그 이웃은 내가 구경하지 못하도록 담을 높게 세울 수 없다는 것이 자유로서의 권리이다.

② 만일 나와 친구가 길가의 낙엽을 보았을 때 내가 낙엽을 주울 권리가 있다면, 그 친구는 낙엽을 주울 수 없다는 것이 자유로서의 권리이다.

③ 만일 내가 내 자동차를 친구에게 빌려주지 않을 권리가 있다면, 그 친구는 나에게 내 자동차를 빌릴 수 없다는 것이 자유로서의 권리이다.

④ 만일 내가 이웃의 가게에 들어갈 권리가 있다면, 그 이웃은 내가 가게에 들어가지 못하도록 막을 수 있다는 것이 자유로서의 권리이다.

⑤ 만일 내가 원하는 대로 옷 입을 권리가 있다면, 타인은 내가 원하는 대로 옷 입는 것을 허용해야만 하는 것이 자유로서의 권리이다.

03 다음 글의 자유권 에 대한 이해로 가장 적절한 것은?

20 고3 10월

호펠드는 권리 개념이 생각보다 복잡하기 때문에 엄밀하게 사용되지 않을 경우 잘못된 추론이나 결론으로 이어질 수 있다고 보았다. 그는 'X가 상대방 Y에 대하여 무언가에 관한 권리를 가진다.'는 진술이 의미하는 바를 몇 가지 기본 범주들로 살펴 권리 개념을 이해해야 권리자 X와 그 상대방 Y의 지위를 명확히 파악할 수 있다고 주장했다. 권리의 기본 범주는 다음과 같다.

첫째, 청구권이다. 이는 Y가 X에게 A라는 행위를 할 법적 의무가 있다면 X는 상대방 Y에 대하여 A라는 행위를 할 것을 법적으로 청구할 수 있다는 의미이다. 호펠드는 청구가 논리적으로 언제나 의무와 대응 관계를 이룬다고 보았다. 가령 X는 폭행당하지 않을 권리를 가졌는데, Y에게 X를 폭행하지 않을 의무가 부과되지 않았다고 한다면 그 권리는 무의미하기 때문이다. 따라서 청구로서의 권리는 단순히 무언가를 주장하는 것이 아니라 의무 이행 혹은 의무 불이행에 대한 일련의 법적 조치를 포함하고 있다. 또한 의무의 내용이 달라지면 권리의 내용도 달라진다고 볼 수 있다.

둘째, 자유권 이다. 이는 X가 상대방 Y에 대하여 A라는 행위를 하거나 하지 않아야 할 법적 의무가 없다면 X는 Y에 대하여 A를 행하지 않거나 행할 법적 자유가 있다는 의미이다. 이 권리의 특징은 의무의 부정에 있다. 가령 A를 행할 자유가 있다는 것은 A를 하지 않아야 할 법적 의무가 없다는 것이다. 이때 Y는 X가 A를 행하는 것을 방해하지 말아야 할 의무가 있는 것은 아니다. 즉 권리자의 상대방은 권리자의 권리 행사를 방해할 권리를 가질 수 있다는 것이다. 이처럼 자유로서의 권리는 상대방의 '청구권 없음'과 대응 관계에 있다.

① 만일 내가 담 너머 이웃의 건물을 구경할 권리가 있다면, 그 이웃은 내가 구경하지 못하도록 담을 높게 세울 수 없다는 것이 자유로서의 권리이다.

② 만일 나와 친구가 길가의 낙엽을 보았을 때 내가 낙엽을 주울 권리가 있다면, 그 친구는 낙엽을 주울 수 없다는 것이 자유로서의 권리이다.

③ 만일 내가 내 자동차를 친구에게 빌려주지 않을 권리가 있다면, 그 친구는 나에게 내 자동차를 빌릴 수 없다는 것이 자유로서의 권리이다.

④ 만일 내가 이웃의 가게에 들어갈 권리가 있다면, 그 이웃은 내가 가게에 들어가지 못하도록 막을 수 있다는 것이 자유로서의 권리이다.

⑤ 만일 내가 원하는 대로 옷 입을 권리가 있다면, 타인은 내가 원하는 대로 옷 입는 것을 허용해야만 하는 것이 자유로서의 권리이다.

지문요약

주제

호펠트의 권리 범주

내용요약

- **호펠트의 주장**

  권리 개념은 생각보다 복잡하므로 엄밀하게 사용되지 않을 경우 잘못된 추론이나 결론으로 이어질 수 있다고 봄

- **청구권**

  - Y가 X에게 A라는 행위를 할 법적 의무가 있다면 X는 상대방 Y에 대하여 A라는 행위를 할 것을 법적으로 청구할 수 있다는 의미

  - 청구로서의 권리는 의무 이행 혹은 의무 불이행에 대한 일련의 법적 조치를 포함하고 있음

  - 의무의 내용이 달라지면 권리의 내용도 달라짐

- **자유권**

  - X가 상대방 Y에 대하여 A라는 행위를 하거나 하지 않아야 할 법적 의무가 없다면 X는 Y에 대하여 A를 행하지 않거나 행할 법적 자유가 있다는 의미

  - 의무의 부정: A를 행할 자유가 있다는 것은 A를 하지 않아야 할 법적 의무가 없다는 것

  - 권리자의 상대방은 권리자의 권리 행사를 방해할 권리를 가질 수 있음

  - 자유로서의 권리는 상대방의 '청구권 없음'과 대응 관계에 있음

자유권은 'X가 Y에게 A라는 행위를 하거나 하지 않아야 할 법적 의무가 없다면 X는 Y에 대하여 A라는 행위를 행하지 않거나 행할 법적 자유가 있다'는 것이다. 이때 '권리자의 상대방은 권리자의 권리 행사를 방해할 권리를 가질 수 있다.'라고 하였으므로 이를 바탕으로 살펴보면 다음과 같다. 내(X)가 이웃(Y)의 가게에 들어갈 권리가 있다면, 상대방(Y)은 권리자(X)의 권리 행사(가게에 들어가는 것)를 방해할 권리(들어오지 못하게 막는 것)를 가질 수 있다. 하지만 무조건 못 들어가게 의무를 부과해서 청구할 수는 없다. 요컨대, 이웃은 내가 가게에 들어가는 걸 방해할 권리(가게에 못 들어가게 하는 것)는 가진다는 말이므로 ④가 가장 적절하다고 볼 수 있다.

오답분석

① 만일 내가 담 너머 이웃의 건물을 구경할 권리가 있다면, 그 이웃은 내가 구경하지 못하도록 담을 높게 세울 수 '있는' 것이 자유로서의 권리이다.

② 만일 나와 친구가 길가의 낙엽을 보았을 때 내가 낙엽을 주울 권리가 있다면, 그 친구는 낙엽을 주울 수 없게 '막는' 것이 자유로서의 권리이다. 하지만 청구권은 없으므로 의무 이행(낙엽을 못 줍게 하는 것)을 강요할 수는 없다.

③ 만일 내가 내 자동차를 친구에게 빌려주지 않을 권리가 있다면, 그 친구는 나에게 내 자동차를 빌려주지 않는 것을 '방해'할 권리는 있다는 것이 자유로서의 권리이다.

⑤ 만일 내가 원하는 대로 옷 입을 권리가 있다면, 타인은 내가 원하는 대로 옷 입는 것을 '방해'할 권리는 있다는 것이 자유로서의 권리이다.

- 빛의 ___ 이론

  물속에 잠긴 막대기는 굽어보이지만 실제
  로 굽은 것은 아님

- 현상과 본질

  - ___ : 사물나 사태의 ____. 굽어보이
    는 나무

  - ___ : 사물이나 사태의 ____. 실제로
    굽지 않은 나무

통합형

04 〈보기〉의 ㉠~㉢에 들어갈 알맞은 낱말끼리 짝 지은 것은?   20 서울시 9급

─〈 보 기 〉─

물속에 잠긴 막대기는 굽어보이지만 실제로 굽은 것은 아니다. 이때 나무가 굽어
보이는 것은 우리의 착각 때문도 아니고 눈에 이상이 있기 때문도 아니다. 나무는
정말 굽어보이는 것이다. 분명히 굽어보인다는 점과 사실은 굽지 않았다는 점 사이
의 (㉠)은 빛의 굴절 이론을 통해서 해명된다.

굽어보이는 나무도 우리의 직접적 경험을 통해서 주어지는 하나의 현실이고, 실
제로는 굽지 않은 나무도 하나의 현실이다. 전자를 우리는 사물이나 사태의 보임새,
즉 (㉡)이라고 부르고, 후자를 사물이나 사태의 참모습, 즉 (㉢)이라고 부
른다.

	㉠	㉡	㉢
①	葛藤	現象	本質
②	葛藤	假象	根本
③	矛盾	現象	本質
④	矛盾	假象	根本

04 〈보기〉의 ㉠~㉢에 들어갈 알맞은 낱말끼리 짝 지은 것은?

20 서울시 9급

─── 〈보 기〉 ───

물속에 잠긴 막대기는 굽어보이지만 실제로 굽은 것은 아니다. 이때 나무가 굽어보이는 것은 우리의 착각 때문도 아니고 눈에 이상이 있기 때문도 아니다. 나무는 정말 굽어보이는 것이다. ㉠분명히 굽어보인다는 점과 사실은 굽지 않았다는 점 사이의 (㉠)은 빛의 굴절 이론을 통해서 해명된다.

굽어보이는 나무도 우리의 직접적 경험을 통해서 주어지는 하나의 현실이고, 실제로는 굽지 않은 나무도 하나의 현실이다. 전자를 우리는 ㉡사물이나 사태의 보임새, 즉 (㉡)이라고 부르고, 후자를 ㉢사물이나 사태의 참모습, 즉 (㉢)이라고 부른다.

	㉠	㉡	㉢
①	葛藤	現象	本質
②	葛藤	假象	根本
③	矛盾	現象	本質
④	矛盾	假象	根本

─────── 지문요약

내용요약

- **빛의 굴절 이론**
  물속에 잠긴 막대기는 굽어보이지만 실제로 굽은 것은 아님

- **현상과 본질**
  - 현상: 사물나 사태의 보임새, 굽어보이는 나무
  - 본질: 사물이나 사태의 참모습, 실제로 굽지 않은 나무

정답 ③

㉠의 바로 앞에서 '분명히 굽어보인다는 점과 사실은 굽지 않았다는 점'에 대해서 언급하고 있다. 굽었는데 굽지 않았다라는 것은 말이 되지 않는 것이므로 '모순(矛盾)'이 들어가는 것이 적절하다. ㉡의 바로 앞에서 '사물이나 사태의 보임새'를 언급하고 있고 이는 '현상(現象)'을 의미하는 말이다. ㉢ 역시 바로 앞에서 '사물이나 사태의 참모습'을 말하고 있고, 이는 '본질(本質)'을 의미하는 말이다.

- 葛藤(갈등): 칡과 등나무가 서로 얽히는 것과 같이, 개인이나 집단 사이에 목표ㆍ이해관계가 달라 서로 적대시하거나 충돌함
- 現象(현상): 인간이 지각할 수 있는 사물의 모양과 상태
- 本質(본질): 본디부터 가지고 있는 사물 자체의 성질이나 모습
- 假像(가상): 실물처럼 보이는 거짓 형상
- 根本(근본): 사물의 본질이나 본바탕
- 矛盾(모순): 어떤 사실의 앞뒤 또는 두 사실이 이치상 어긋나서 서로 맞지 않음

내용요약

- ＿＿ 철학 전통에서의 '앎(지식)'
  - ＿＿＿된 참인 믿음
  - 참인 믿음을 갖는 것만으로 ＿＿을 가졌다고 말하기에는 불충분: 어쩌다 참인 믿음을 가질 수 있기 때문
  - 믿음의 ＿＿＿: 어떤 믿음이 참이라고 생각할 만한 충분한 이유나 ＿＿를 가질 때 그 믿음이 ＿＿＿으로 정당화됨
  - 정당성, 참, 믿음이 충족될 때 '＿＿＿ ＿＿＿'라고 할 수 있음

내용 적용 및 추론하기

05 다음 글을 바탕으로 〈보기〉에 대해 설명한 내용으로 적절하지 않은 것은?

21 고3 3월

서구 철학 전통에서는 앎, 즉 지식을 '정당화된 참인 믿음'이라고 파악한다. 참인 믿음을 갖는 것만으로 지식을 가졌다고 말하기에 불충분한 이유는 우리가 어쩌다 참인 믿음을 가질 수도 있기 때문이다. 이와 같은 논의는 어떤 믿음이 참이라고 생각할 만한 충분한 이유나 근거를 가질 때 비로소 그 믿음이 인식적으로 정당화된다는 것을 보여 준다. 전통적인 인식론에서는 명제 P가 실제로 참이며, 인식 주체 S가 P를 믿고 있고, S는 P라는 그의 믿음에 대해 정당한 이유나 근거를 가지고 있을 때, S는 P라는 것을 안다고 할 수 있다고 본다. 즉 정당성, 참, 믿음이라는 세 가지 요소가 충족된다면 우리가 지식을 갖는다고 할 수 있다.

――〈보 기〉――

- 인식 주체: S
- 명제 P: 교실 분필 개수는 13개이다.

① S가 교실 분필 개수가 13개 있을 것이라고 짐작했는데 실제 교실 분필 개수가 13개라면 S가 P를 안다고 할 수 있다.

② S가 교실 분필 개수가 13개라는 것을 눈으로 보면서도 이 사실을 믿지 않는다면 S가 P를 안다고 할 수 없다.

③ S가 교실 분필 개수가 13개라는 것을 믿는 정당한 이유를 제시하지 못한다면 S가 P를 안다고 할 수 없다.

④ S가 P를 안다고 하기 위해서는 교실 분필 개수가 실제로도 13개이어야 한다는 요소가 필요하다.

⑤ 교실 분필 개수가 13개라는 것을 S가 믿는다는 것만으로는 S가 P를 안다고 할 수 없다.

05 다음 글을 바탕으로 〈보기〉에 대해 설명한 내용으로 적절하지 않은 것은?

21 고3 3월

지문요약

내용요약

• 서구 **철학** 전통에서의 '앎(지식)'
  – 정당화된 참인 믿음
  – 참인 믿음을 갖는 것만으로 지식을 가졌다고 말하기에는 불충분: 어쩌다 참인 믿음을 가질 수 있기 때문
  – 믿음의 정당화: 어떤 믿음이 참이라고 생각할 만한 충분한 이유나 근거를 가질 때 그 믿음이 인식적으로 정당화됨
  – 정당성, 참, 믿음이 충족될 때 '지식을 갖는다'라고 할 수 있음

서구 철학 전통에서는 앎, 즉 지식을 '정당화된 참인 믿음'이라고 파악한다. ①참인 믿음을 갖는 것만으로 지식을 가졌다고 말하기에 불충분한 이유는 우리가 어쩌다 참인 믿음을 가질 수도 있기 때문이다. 이와 같은 논의는 어떤 믿음이 참이라고 생각할 만한 충분한 이유나 근거를 가질 때 비로소 그 믿음이 인식적으로 정당화된다는 것을 보여 준다. 전통적인 인식론에서는 ②③④⑤명제 P가 실제로 참이며, 인식 주체 S가 P를 믿고 있고, S는 P라는 그의 믿음에 대해 정당한 이유나 근거를 가지고 있을 때, S는 P라는 것을 안다고 할 수 있다고 본다. 즉 정당성, 참, 믿음이라는 세 가지 요소가 충족된다면 우리가 지식을 갖는다고 할 수 있다.

〈보 기〉

• 인식 주체: S
• 명제 P: 교실 분필 개수는 13개이다.

① S가 교실 분필 개수가 13개 있을 것이라고 짐작했는데 실제 교실 분필 개수가 13개라면 S가 P를 안다고 할 수 있다.

② S가 교실 분필 개수가 13개라는 것을 눈으로 보면서도 이 사실을 믿지 않는다면 S가 P를 안다고 할 수 없다.

③ S가 교실 분필 개수가 13개라는 것을 믿는 정당한 이유를 제시하지 못한다면 S가 P를 안다고 할 수 없다.

④ S가 P를 안다고 하기 위해서는 교실 분필 개수가 실제로도 13개이어야 한다는 요소가 필요하다.

⑤ 교실 분필 개수가 13개라는 것을 S가 믿는다는 것만으로는 S가 P를 안다고 할 수 없다.

정답 ①

지문에서 지식은 '정당화된 참인 믿음'이라고 하였다. 즉, 정당화, 참, 믿음이 충족되어야 한다는 뜻이다. 선지의 경우 S가 교실 분필 개수가 13개 있을 것이라고 짐작했다면 왜 13개라고 짐작했는지 그것에 대한 정당한 이유나 근거를 가지고 있어야 한다. 이유나 근거가 없이 '짐작'만 한 것이라면 지식을 가졌다고 할 수 없다. 실제 교실의 분필 개수가 13개였다면, S는 어쩌다 참인 믿음을 가진 것이라 할 수 있으므로 S가 P를 안다고 할 수는 없다.

오답분석

② 교실 분필 개수가 13개임을 눈으로 보면서도 믿지 않는다면 '믿음'이 없는 것이므로 S가 P를 안다고 할 수 없다.

③ 지문에서 인식 주체 S가 P를 믿고 있고, S는 P라는 그의 믿음에 대해 정당한 이유나 근거를 가지고 있을 때, S는 P라는 것을 안다고 할 수 있다고 하였다. 그런데 ③에서는 정당한 이유를 제시하지 못하고 있으므로 S가 P를 안다고 할 수 없다.

④ · ⑤ S가 P를 안다고 하기 위해서는 교실 분필 개수가 13개라는 것을 설명할 수 있는 '참'인 요소가 필요하다.

지문요약

주제

근원영역과 _____으로 이해하는 인간의 _____

내용요약

- _____ 사고

  근원영역이라 불리는 _____이고 ___한 개념을 통해서 목표영역이라 불리는 _____이고 _____인 개념을 은유적으로 이해하는 것

- **검사의 칼날**

  - 검사: 법원에 법령의 정당한 적용을 ___하고 형의 ___을 지휘하고 ___하는 역할을 하는 사법관

  - 흔히 조직 폭력배를 비롯한 범죄자들을 체포하고 ___하여 법의 심판을 받게 하는 모습을 떠올림

세부 내용 파악하기

01 다음 글의 내용을 이해한 것으로 옳은 것은?

20 국회직 9급

'검사의 칼날'이라는 말을 들었을 때 우리는 가운을 입고 수술실에서 메스로 환자의 환부를 도려내는 외과 의사보다는 등에 칼을 차고 다니면서 칼싸움을 하는 무림의 검객을 더 강력하게 마음속에 떠올린다. 어떻게 이러한 연상이 가능할까? 그것은 검사의 수사와 기소라는 '법률 행위'를 '싸움/전쟁' 프레임을 통해 이해하려는 은유적 사고의 결과이다.

검사는 경찰을 지휘하고 감독하여 피의자의 범죄 사실을 수사하고 그 결과를 토대로 기소 여부를 독점적으로 결정하며 공판 과정에서 법원에 법령의 정당한 적용을 청구하고 형의 집행을 지휘하고 감독하는 역할을 하는 사법관이다. '검사'라는 말을 들을 때, 사람들은 보통 전문적이고 복합적인 이 정의를 떠올리기보다 조직 폭력배를 비롯한 범죄자들을 체포하고 기소하여 법의 심판을 받게 하는 모습을 떠올린다. 이것은 일반인들이 이 정의를 모르기 때문이 아니라, 근원영역이라 불리는 구체적이고 단순한 개념을 통해서 목표영역이라 불리는 추상적이고 복합적인 개념을 은유적으로 이해하는 우리의 사고방식 때문이다.

① 은유적 표현은 복잡한 개념을 단순화시켜 이해하려는 사고방식이다.

② 은유적 표현은 일반인들이 사전적 정의를 모르는 데서 발생한다.

③ 사람들은 사물의 개념을 '싸움/전쟁' 프레임을 통해 이해하려는 경향이 있다.

④ 사람들은 보통 근원영역을 목표영역으로 바꾸어 이해하는 경향이 있다.

⑤ 사람들은 추상적 개념을 빌려 구체적 개념을 이해하는 사고방식을 갖고 있다.

01 다음 글의 내용을 이해한 것으로 옳은 것은?

20 국회직 9급

'검사의 칼날'이라는 말을 들었을 때 우리는 가운을 입고 수술실에서 메스로 환자의 환부를 도려내는 외과 의사보다는 등에 칼을 차고 다니면서 칼싸움을 하는 무림의 검객을 더 강력하게 마음속에 떠올린다. 어떻게 이러한 연상이 가능할까? 그것은 ③검사의 수사와 기소라는 '법률 행위'를 '싸움/전쟁' 프레임을 통해 이해하려는 은유적 사고의 결과이다.

검사는 경찰을 지휘하고 감독하여 피의자의 범죄 사실을 수사하고 그 결과를 토대로 기소 여부를 독점적으로 결정하며 공판 과정에서 법원에 법령의 정당한 적용을 청구하고 형의 집행을 지휘하고 감독하는 역할을 하는 사법관이다. '검사'라는 말을 들을 때, 사람들은 보통 전문적이고 복합적인 이 정의를 떠올리기보다 조직 폭력배를 비롯한 범죄자들을 체포하고 기소하여 법의 심판을 받게 하는 모습을 떠올린다. 이것은 ②일반인들이 이 정의를 모르기 때문이 아니라, ①④⑤근원영역이라 불리는 구체적이고 단순한 개념을 통해서 목표영역이라 불리는 추상적이고 복합적인 개념을 은유적으로 이해하는 우리의 사고방식 때문이다.

① 은유적 표현은 복잡한 개념을 단순화시켜 이해하려는 사고방식이다.
② 은유적 표현은 일반인들이 사전적 정의를 모르는 데서 발생한다.
③ 사람들은 사물의 개념을 '싸움/전쟁' 프레임을 통해 이해하려는 경향이 있다.
④ 사람들은 보통 근원영역을 목표영역으로 바꾸어 이해하는 경향이 있다.
⑤ 사람들은 추상적 개념을 빌려 구체적 개념을 이해하는 사고방식을 갖고 있다.

주제
근원영역과 목표영역으로 이해하는 인간의 은유적 사고

내용요약
• 은유적 사고
근원영역이라 불리는 구체적이고 단순한 개념을 통해서 목표영역이라 불리는 추상적이고 복합적인 개념을 은유적으로 이해하는 것

• 검사의 칼날
– 검사: 법원에 법령의 정당한 적용을 청구하고 형의 집행을 지휘하고 감독하는 역할을 하는 사법관
– 흔히 조직 폭력배를 비롯한 범죄자들을 체포하고 기소하여 법의 심판을 받게 하는 모습을 떠올림

정답 ①

지문의 마지막 부분에서 우리의 사고방식은 목표영역이라 불리는 추상적이고 복합적인 개념을 근원영역이라 불리는 구체적이고 단순한 개념을 통해서 은유적으로 이해한다고 하였으므로 적절하다.

오답분석

② 은유적 표현을 써서 이해하려고 하는 것은 지문의 마지막에서 언급한 것처럼 사전적 정의를 모르기 때문이 아니라 목표영역을 근원영역으로 이해하려는 사고방식 때문이다.

③ 지문에 따르면 '법률 행위'를 '싸움/전쟁' 프레임으로 이해하려 한 것이지 사물의 개념을 '싸움/전쟁'으로 이해하려고 한 것이 아니다.

④ 사람들은 보통 목표영역을 근원영역으로 바꾸어 이해하는 경향이 있다.

⑤ 사람들은 구체적이고 단순한 개념을 빌려 추상적이고 복합한 개념을 이해하는 사고방식을 가지고 있다.

지문요약

주제

시대별 ____ 행사의 변천 과정

내용요약

• 상고시대의 제천행사

나라	월	제천행사
부여	정월	
고구려	10월	
동예	10월	

– 일종의 _____

– _____의 표현

– ____ 사회의 풍속

– 공동체적 축제

– 풍년을 ____ 하고 추수를 감사하는 의식

• 제천의식의 변화

제천 의식	국가	특징
	• 신라 (위령제) • 고려 (추수감사제)	• 개최 시기: 10월 • ____ 계층의 결속 강화
	고려	• 개최 시기: 정월 보름 • 향촌 사회 중심 • _____ • 한가위 추석의 유래
	조선	• 중국 영향 • 공연자와 _____로 구분
마을굿, 두레	조선	• 민간에서 시행 • _____ 성격 • 지역민 결속

02 다음 글의 전개 방식에 대한 설명으로 적절한 것은? 21 국회직 8급

> 부여의 정월 영고, 고구려의 10월 동맹, 동예의 10월 무천 등은 모두 하늘에 제사를 지내고, 나라 안 사람들이 모두 모여서 음주 가무를 하였던 일종의 공동 의례였다. 이것은 상고시대 부족들의 종교 · 예술 생활이 담겨 있는 제정일치의 표현이라고 볼 수 있다.
>
> 제천행사는 힘든 농사일과 휴식의 관계 속에서 형성된 농경사회의 풍속이다. 씨 뿌리기가 끝나는 5월과 추수가 끝난 10월에 각각 하늘에 제사를 지냈는데, 이때는 온 나라 사람이 춤추고 노래 부르며 즐겼다. 농사일로 쌓인 심신의 피로를 풀며 모든 사람들이 마음껏 즐겼던 일종의 공동체적 축제이자 동시에 풍년을 기원하고 추수를 감사하는 의식이었던 것이다.
>
> 이러한 고대의 축제는 국가적 공의(公儀)와 민간인들의 마을굿으로 나뉘어 전해 내려오게 되었다. 이것은 사졸들의 위령제였던 신라의 '팔관회'를 거쳐 고려조에서는 일종의 추수감사제 성격의 공동체 신앙으로 10월에 개최된 '팔관회'와, 새해 농사의 풍년을 기원하는 성격으로 정월 보름에 향촌 사회를 중심으로 향촌 구성원을 결속시켰던 '연등회'라는 두 개의 형식으로 구분되어서 전해 내려오게 되었다. 팔관회는 지배 계층의 결속을 강화하는 역할을 하였고, 연등회는 농경의례적인 성격의 종교집단행사였다고 볼 수 있다. 오늘날의 한가위 추석도 이런 제천의식에서 그 유래를 찾을 수 있다.
>
> 조선조에서는 연등회나 팔관회가 사라지고 중국의 영향을 받아 산대잡극이 성행했다. 즉 광대줄타기, 곡예, 재담, 음악 등이 연주되었다. 즉 공연자와 관람자가 분명히 구분되었고, 직접 연행을 벌이는 사람들의 사회적 지위는 그들을 관람하는 사람들보다 낮은 것으로 평가되었다. 그러나 민간 차원에서는 마을굿이나 두레가 축제적 고유 성격을 유지하였다. 즉 도당굿, 별신굿, 단오굿, 동제 등이 지역민을 묶어주는 역할을 하였다는 것이다.

① 두 개념의 장단점을 비교하여 서술하고 있다.

② 시대별로 비판을 제시하며 대안을 서술하고 있다.

③ 다양한 사례를 제시하여 개념을 정당화하고 있다.

④ 두 개의 이론을 제시하고 새로운 이론을 도출하고 있다.

⑤ 시대별로 중심 화제의 성격 변화를 서술하고 있다.

02 다음 글의 전개 방식에 대한 설명으로 적절한 것은?

①③부여의 정월 영고, 고구려의 10월 동맹, 동예의 10월 무천 등은 모두 하늘에 제사를 지내고, 나라 안 사람들이 모두 모여서 음주 가무를 하였던 일종의 공동 의례였다. 이것은 상고시대 부족들의 종교 · 예술 생활이 담겨 있는 제정일치의 표현이라고 볼 수 있다.

제천행사는 힘든 농사일과 휴식의 관계 속에서 형성된 농경사회의 풍속이다. 씨 뿌리기가 끝나는 5월과 추수가 끝난 10월에 각각 하늘에 제사를 지냈는데, 이때는 온 나라 사람이 춤추고 노래 부르며 즐겼다. 농사일로 쌓인 심신의 피로를 풀며 모든 사람들이 마음껏 즐겼던 일종의 공동체적 축제이자 동시에 풍년을 기원하고 추수를 감사하는 의식이었던 것이다.

이러한 고대의 축제는 국가적 공의(公儀)와 민간인들의 마을굿으로 나뉘어 전해 내려오게 되었다. 이것은 사졸들의 위령제였던 ②③신라의 '팔관회'를 거쳐 고려조에서는 일종의 추수감사제 성격의 공동체 신앙으로 10월에 개최된 '팔관회'와, 새해 농사의 풍년을 기원하는 성격으로 정월 보름에 향촌 사회를 중심으로 향촌 구성원을 결속시켰던 '연등회'라는 두 개의 형식으로 구분되어서 전해 내려오게 되었다. 팔관회는 지배 계층의 결속을 강화하는 역할을 하였고, 연등회는 농경의례적인 성격의 종교집단행사였다고 볼 수 있다. 오늘날의 한가위 추석도 이런 제천의식에서 그 유래를 찾을 수 있다.

②③조선조에서는 연등회나 팔관회가 사라지고 중국의 영향을 받아 산대잡극이 성행했다. 즉 광대줄타기, 곡예, 재담, 음악 등이 연주되었다. 즉 공연자와 관람자가 분명히 구분되었고, 직접 연행을 벌이는 사람들의 사회적 지위는 그들을 관람하는 사람들보다 낮은 것으로 평가되었다. 그러나 민간 차원에서는 마을굿이나 두레가 축제적 고유 성격을 유지하였다. 즉 도당굿, 별신굿, 단오굿, 동제 등이 지역민을 묶어주는 역할을 하였다는 것이다.

① 두 개념의 장단점을 비교하여 서술하고 있다.
② 시대별로 비판을 제시하며 대안을 서술하고 있다.
③ 다양한 사례를 제시하여 개념을 정당화하고 있다.
④ 두 개의 이론을 제시하고 새로운 이론을 도출하고 있다.
⑤ 시대별로 중심 화제의 성격 변화를 서술하고 있다.

주제
시대별 제천행사의 변천 과정

내용요약
• 상고시대의 제천행사

나라	월	제천행사
부여	정월	영고
고구려	10월	동맹
동예	10월	무천

– 일종의 공동 의례
– 제정일치의 표현
– 농경사회의 풍속
– 공동체적 축제
– 풍년을 기원하고 추수를 감사하는 의식

• 제천의식의 변화

제천 의식	국가	특징
팔관회	• 신라 (위령제) • 고려 (추수감사제)	• 개최 시기: 10월 • 지배 계층의 결속 강화
연등회	고려	• 개최 시기: 정월 보름 • 향촌 사회 중심 • 농경의례적 • 한가위 추석의 유래
산대 잡극	조선	• 중국 영향 • 공연자와 관람자로 구분
마을굿, 두레	조선	• 민간에서 시행 • 축제적 성격 • 지역민 결속

정답 ⑤

지문에서는 상고시대부터 조선까지 시대별 제천행사 및 제천의식의 변화를 서술하며 내용을 전개하고 있다.

오답분석
① 상고시대에는 제천의식과 공동체 축제라는 두 가지 측면에서 행사를 진행하고 있지만, 장단점을 비교하며 서술하고 있지는 않다.
② 제천의식을 시대별로 보여 주고 있지만, 비판을 제시하거나 대안을 서술하고 있지는 않다.
③ 다양한 사례를 예로 든 것은 맞지만, 어떤 개념을 정당화하고 있지는 않다.
④ 지문에서 제시된 이론도 없고, 새로운 이론을 도출하는 과정도 없다.

지문요약

주제

글 읽기에서 나타나는 ＿＿＿의 고정과 ＿＿

내용요약

• 눈동자의 ＿＿＿에 주목한 연구

‒ 독자는 자신이 중요하다고 판단한 단어나 ＿＿하다고 생각한 단어를 중심으로 읽음

‒ ＿＿이 관찰될 때, 건너뛴 단어의 의미 ＿＿가 이루어지지 않음

‒ ＿＿ 도약: 한 단어에서 다음 단어로 이동

‒ 긴 도약: 단어를 ＿＿＿＿ 이동

• 눈동자의 고정 시간과 도약의 ＿＿＿

‒ 독자가 중요하거나 생소하다고 생각한 단어일수록 눈동자의 고정 시간이 ＿＿, 도약은 글의 ＿＿＿과 다르게 나타남

‒ 중요한 단어나 생소한 단어가 연속될 때는 그 단어마다 눈동자가 ＿＿＿, 도약의 길이가 ＿＿

03 〈보기〉는 학생이 자신의 읽기 과정을 기록한 글이다. 지문을 바탕으로 ⓐ~ⓔ를 분석한 내용으로 적절하지 않은 것은? **22 고3 9월**

눈동자 움직임에 주목한 연구에 따르면, 글을 읽을 때 독자는 자신이 중요하다고 판단한 단어나 생소하다고 생각한 단어를 중심으로 읽는다. 글을 읽을 때 독자는 눈동자를 단어에 멈추는 고정, 고정과 고정 사이에 일어나는 도약을 보였는데, 도약은 한 단어에서 다음 단어로 이동하는 짧은 도약과 단어를 건너뛰는 긴 도약으로 구분된다. 고정이 관찰될 때는 단어의 의미 이해가 이루어졌지만, 도약이 관찰될 때는 건너뛴 단어의 의미 이해가 이루어지지 않았다.

글을 읽을 때 독자가 생각하는 단어의 중요도나 친숙함에 따라 눈동자의 고정 시간과 횟수, 도약의 길이와 방향도 달랐다. 독자가 중요하거나 생소하다고 생각한 단어일수록 고정 시간이 길었다. 이러한 단어는 독자가 글의 진행 방향대로 읽어 가다가 되돌아 다시 읽는 경우도 있어 고정 횟수도 많았고, 이때의 도약은 글의 진행 방향과는 다르게 나타났다. 중요한 단어나 생소한 단어가 연속될 때는 그 단어마다 눈동자가 멈추면서 도약의 길이가 짧았다.

〈 보 기 〉

〈독서의 새로운 공간〉이라는 글을 읽으며 우선 글 전체에서 ⓐ 중요하다고 생각하는 단어만 확인하는 읽기를 했다. 이를 통해 '도서관'에 대한 내용이라는 것을 확인하고 ⓑ 글의 진행 방향에 따라 읽어 나갔다. '장서'의 의미를 알 수 없어서 ⓒ 앞에 읽었던 부분으로 돌아가서 다시 읽고 나니 문맥을 통해 '도서관에 소장된 책'이라는 의미임을 알게 되었다. 이후 도서관의 등장과 역할 변화가 글의 주제라는 것을 파악하고서 ⓓ 그와 관련된 단어들에 집중하며 읽어 나갔다. '파피루스를 대신하여 양피지가 사용되었다.'라는 문장을 읽을 때 ⓔ '대신하여'와 달리 '파피루스'와 '양피지'처럼 생소한 단어는 하나씩 확인하며 읽었다.

① ⓐ: 중요하다고 생각하는 단어에서는 고정이 일어났을 것이다.

② ⓑ: 도약이 진행되는 동안에는 건너뛴 단어의 의미 이해가 이루어지지 않았을 것이다.

③ ⓒ: 글이 진행되는 방향과 반대 방향의 도약이 나타났을 것이다.

④ ⓓ: 글의 주제와 관련이 없는 단어들을 읽을 때보다 고정 시간이 짧고 고정 횟수가 적었을 것이다.

⑤ ⓔ: 중요하지 않고 익숙한 단어들로만 이루어진 동일한 길이의 문장을 읽을 때보다 고정 시간이 길었을 것이다.

03 〈보기〉는 학생이 자신의 읽기 과정을 기록한 글이다. 지문을 바탕으로 ⓐ~ⓔ를 분석한 내용으로 적절하지 않은 것은?

22 고3 9월

눈동자 움직임에 주목한 연구에 따르면, 글을 읽을 때 독자는 자신이 중요하다고 판단한 단어나 생소하다고 생각한 단어를 중심으로 읽는다. 글을 읽을 때 독자는 눈동자를 단어에 멈추는 고정, 고정과 고정 사이에 일어나는 도약을 보였는데, 도약은 한 단어에서 다음 단어로 이동하는 짧은 도약과 단어를 건너뛰는 긴 도약으로 구분된다. 고정이 관찰될 때는 단어의 의미 이해가 이루어졌지만, ②도약이 관찰될 때는 건너뛴 단어의 의미 이해가 이루어지지 않았다.

글을 읽을 때 독자가 생각하는 단어의 중요도나 친숙함에 따라 눈동자의 고정 시간과 횟수, 도약의 길이와 방향도 달랐다. ③독자가 중요하거나 생소하다고 생각한 단어일수록 고정 시간이 길었다. 이러한 단어는 독자가 글의 진행 방향대로 읽어 가다가 되돌아와 다시 읽는 경우도 있어 고정 횟수도 많았고, 이때의 도약은 글의 진행 방향과는 다르게 나타났다. ①④⑤중요한 단어나 생소한 단어가 연속될 때는 그 단어마다 눈동자가 멈추면서 도약의 길이가 짧았다.

〈보 기〉

〈독서의 새로운 공간〉이라는 글을 읽으며 우선 글 전체에서 ⓐ 중요하다고 생각하는 단어만 확인하는 읽기를 했다. 이를 통해 '도서관'에 대한 내용이라는 것을 확인하고 ⓑ 글의 진행 방향에 따라 읽어 나갔다. '장서'의 의미를 알 수 없어서 ⓒ 앞에 읽었던 부분으로 돌아가서 다시 읽고 나니 문맥을 통해 '도서관에 소장된 책'이라는 의미임을 알게 되었다. 이후 도서관의 등장과 역할 변화가 글의 주제라는 것을 파악하고서 ⓓ 그와 관련된 단어들에 집중하며 읽어 나갔다. '파피루스를 대신하여 양피지가 사용되었다.'라는 문장을 읽을 때 ⓔ '대신하여'와 달리 '파피루스'와 '양피지'처럼 생소한 단어는 하나씩 확인하며 읽었다.

---

① ⓐ: 중요하다고 생각하는 단어에서는 고정이 일어났을 것이다.

② ⓑ: 도약이 진행되는 동안에는 건너뛴 단어의 의미 이해가 이루어지지 않았을 것이다.

③ ⓒ: 글이 진행되는 방향과 반대 방향의 도약이 나타났을 것이다.

④ ⓓ: 글의 주제와 관련이 없는 단어들을 읽을 때보다 고정 시간이 짧고 고정 횟수가 적었을 것이다.

⑤ ⓔ: 중요하지 않고 익숙한 단어들로만 이루어진 동일한 길이의 문장을 읽을 때보다 고정 시간이 길었을 것이다.

지문요약

주제

글 읽기에서 나타나는 눈동자의 고정과 도약

내용요약

• 눈동자의 움직임에 주목한 연구
  – 독자는 자신이 중요하다고 판단한 단어나 생소하다고 생각한 단어를 중심으로 읽음
  – 도약이 관찰될 때, 건너뛴 단어의 의미 이해가 이루어지지 않음
  – 짧은 도약: 한 단어에서 다음 단어로 이동
  – 긴 도약: 단어를 건너뛰며 이동

• 눈동자의 고정 시간과 도약의 상관관계
  – 독자가 중요하거나 생소하다고 생각한 단어일수록 눈동자의 고정 시간이 길고, 도약은 글의 진행 방향과 다르게 나타남
  – 중요한 단어나 생소한 단어가 연속될 때는 그 단어마다 눈동자가 멈추고, 도약의 길이가 짧음

〈보기〉의 ⓓ는 주제와 관련된 단어들이 나왔을 때 집중하며 읽었다는 내용이다. 지문의 마지막 문장에서 중요한 단어가 나올 때 눈동자가 멈추면서 도약의 길이가 짧은 '고정'이 관찰되었을 것이라 하였으므로, ④의 '고정 시간이 짧고 고정 횟수가 적었을 것'이라는 설명은 적절하지 않다.

오답분석

① 2문단에서 중요한 단어가 나올 때 고정이 관찰된다고 하였으므로 ⓐ는 고정이 일어났을 것이다.

② 1문단에서 도약이 관찰될 때는 건너뛴 단어의 의미 이해가 이루어지지 않았을 것이라 하였으므로 〈보기〉의 ⓑ처럼 글의 진행 방향에 따라 읽는 동안 건너뛴 단어의 이해가 이루어지지 않았을 것이다.

③ 2문단에서 다시 되돌아와 읽는 경우 도약은 글의 진행 방향과는 다르게 나타난다고 하였으므로 〈보기〉의 ⓒ에서 앞에 읽었던 부분으로 돌아가는 동안에는 반대 방향의 도약이 일어났음을 짐작할 수 있다.

⑤ 지문에서 생소한 단어가 연속될 때 단어마다 눈동자가 멈추면서 도약의 길이가 짧았을 것이라 언급한 것으로 보아 〈보기〉의 ⓔ를 읽을 때는 중요하지 않고 익숙한 단어들로만 이루어진 동일한 길이의 문장을 읽을 때보다 고정 시간은 길었을 것임을 짐작할 수 있다.

지문요약

주제

_____ 이론의 받침돌이 되는 성선설과
____

내용요약

• (나) 인간을 규정하는 관점

종교적 이해 방식, _____ 이해 방식,
_____, 성악설

• (가) 성선설

－ '인간은 선하다'는 이론으로, 모든 사회
는 '___'이 이끌어나가야 한다고 주장

－ 인간 안의 선한 요소인 _____을 찾음

• (다) 성악설

－ '인간은 악하다'는 이론으로, 인간 ___
에서 국가 사회를 이끌 수 있는 원동력
을 찾음

－ _____는 법과 권력, 묵자는 _____이
라 봄

• (라) 마무리

인간을 보는 관점은 누가 ___을 잡아야
하는가에 대한 논의로 연결됨

04 다음 글의 전개 순서로 가장 적절한 것은?

22 군무원 7급

(가) 성선설은 '인간의 선하다'는 이론이다. 따라서 성선설을 주장하는 이들은 집안이든 나라든 모든 사회는 '인간'이 이끌어나가야 한다고 본다. 이들은 인간 안에서 '선한 요소'를 찾는데, 이들이 찾는 선한 요소란 곧 도덕 이성이라고 할 수 있다.

(나) 인간을 규정하는 관점은 여러 가지가 있어 왔다. 죄나 업을 가진 존재라는 종교적 이해 방식도 있었고, 억압된 존재라는 심리적 이해 방식도 있었다. 하지만 이보다 훨씬 이전부터 인간을 애초부터 긍정적 혹은 부정적인 방식으로 규정해 오기도 했다. 다시 말해 인간은 선하다는 것과 악하다는 관점이 그러하다.

(다) 반면, 성악설은 '인간이 악하다'고 보기 때문에 사회나 국가를 인간이 이끌어서는 안 된다고 보고, 인간의 바깥에서 국가 사회를 이끌 수 있는 원동력을 찾는다. 그것을 한비자는 법과 권력, 묵자는 하느님이라고 했다.

(라) 이렇게 볼 때, 인간을 보는 관점은 인간이란 어떠하다는 인간론을 넘어서서, 누가 권력을 잡아야 하는가에 대한 논의로 연결된다. 그것이 사회 정치 이론의 받침돌이다.

① (라) － (가) － (나) － (다)

② (나) － (가) － (다) － (라)

③ (가) － (다) － (나) － (라)

④ (가) － (나) － (라) － (다)

04 다음 글의 전개 순서로 가장 적절한 것은?

22 군무원 7급

> (가) 성선설은 '인간의 선하다'는 이론이다. 따라서 성선설을 주장하는 이들은 집안이든 나라든 모든 사회는 '인간'이 이끌어나가야 한다고 본다. 이들은 인간 안에서 '선한 요소'를 찾는데, 이들이 찾는 선한 요소란 곧 도덕 이성이라고 할 수 있다.
>
> (나) 인간을 규정하는 관점은 여러 가지가 있어 왔다. 죄나 업을 가진 존재라는 종교적 이해 방식도 있었고, 억압된 존재라는 심리적 이해 방식도 있었다. 하지만 이보다 훨씬 이전부터 인간을 애초부터 긍정적 혹은 부정적인 방식으로 규정해 오기도 했다. 다시 말해 인간은 선하다는 것과 악하다는 관점이 그러하다.
>
> (다) 반면, 성악설은 '인간이 악하다'고 보기 때문에 사회나 국가를 인간이 이끌어서는 안 된다고 보고, 인간의 바깥에서 국가 사회를 이끌 수 있는 원동력을 찾는다. 그것을 한비자는 법과 권력, 묵자는 하느님이라고 했다.
>
> (라) 이렇게 볼 때, 인간을 보는 관점은 인간이란 어떠하다는 인간론을 넘어서서, 누가 권력을 잡아야 하는가에 대한 논의로 연결된다. 그것이 사회 정치 이론의 받침돌이다.

① (라) - (가) - (나) - (다)
② (나) - (가) - (다) - (라)
③ (가) - (다) - (나) - (라)
④ (가) - (나) - (라) - (다)

지문요약

주제

사회 정치 이론의 받침돌이 되는 성선설과 성악설

내용요약

• (나) 인간을 규정하는 관점

종교적 이해 방식, 심리적 이해 방식, 성선설, 성악설

• (가) 성선설

– '인간은 선하다'는 이론으로, 모든 사회는 '인간'이 이끌어나가야 한다고 주장

– 인간 안의 선한 요소인 도덕 이성을 찾음

• (다) 성악설

– '인간은 악하다'는 이론으로, 인간 바깥에서 국가 사회를 이끌 수 있는 원동력을 찾음

– 한비자는 법과 권력, 묵자는 하느님이라 봄

• (라) 마무리

인간을 보는 관점은 누가 권력을 잡아야 하는가에 대한 논의로 연결됨

정답 ②

이 지문은 사회 정치 이론의 받침돌이 되는 성선설과 성악설에 대해서 설명하는 글이다. 먼저, 인간을 규정하는 관점을 다양하게 소개한 후(나), 성선설의 개념과 성선설을 주장하는 사람들의 의견을 제시하고(가) 성선설과 반대되는 개념인 성악설의 개념과 이를 주장하는 학자들에 대해 언급한다(다). 이후, 이 두 가지 입장에 대해 정리하면서 권력을 누가 잡아야 하는가에 대한 논의로 연결된다고 내용을 마무리하고 있다(라). 따라서 (나) - (가) - (다) - (라)의 순서가 가장 적절하다.

주제

르네 마그리트와 _____ 기법의 의의

내용요약

• 르네 마그리트
  - '____ 그림'의 대명사. _____ 화가
  - 우리나라에서 백화점 가림막으로 「골콘다」가 사용되고 ____에서 대규모 전시를 열어 많은 관람객을 불러 모으기도 함

• 데페이즈망(dé paysement): ____(轉置)
  - 창의력과 ____을 높여 주고 ____을 개발해 주는 의미 있는 수단
  - 특정한 대상을 ____의 맥락에서 떼어 내 전혀 다른 상황에 배치함으로써 ____하고 낯선 장면을 연출하는 것
  - ____ 미술 교육에 활용되고 있고, 기업인을 위한 ____ 교육에 도움
  - 시적 · 예술적 상상을 낳아 논리와 ____ 너머의 세계에 대한 ____의 인식을 일깨움

05 다음 글의 화제로 가장 적절한 것은?

20 소방

'낯선 그림'의 대명사인 르네 마그리트가 우리에게 아주 친숙한 미술가로 자리 잡았다. 십여 년 전 서울의 한 백화점 새 단장 당시 그의 작품 「골콘다」가 커다란 가림막 그림으로 사용된 것과 〈르네 마그리트〉전이 서울의 미술관에서 대규모로 열려 많은 관람객을 불러 모은 것이 중요한 계기가 되었다.

초현실주의 화가 마그리트가 관심을 끌게 되면서 그의 주된 창작 기법인 데페이즈망(dé paysement)도 덩달아 관심의 대상이 되었다. 특히 창의력과 상상력이 시장과 교육계의 화두가 되어 버린 요즘, 데페이즈망은 창의력과 상상력을 높여 주고 잠재력을 개발해 주는 의미 있는 수단으로 받아들여지고 있다. 어린이 미술 교육에 활용되고 있고, 기업인을 위한 창의력 교육에도 심심찮게 도움을 주고 있다.

데페이즈망은 우리말로 흔히 '전치(轉置)'로 번역된다. 이는 특정한 대상을 상식의 맥락에서 떼어 내 전혀 다른 상황에 배치함으로써 기이하고 낯선 장면을 연출하는 것을 말한다. 초현실주의 문학의 선구자 로트레아몽의 시에 "재봉틀과 양산이 해부대에서 만나듯이 아름다운"이라는 표현이 있는데, 바로 이것이 전형적인 데페이즈망의 표현법이다. 해부대 위에 재봉틀과 양산이 놓여 있다는 게 통념에 맞지 않지만, 바로 그 기이함이 시적 · 예술적 상상을 낳아 논리와 합리 너머의 세계에 대한 심층의 인식을 일깨운다.

① 르네 마그리트의 생애
② 초현실주의 유파의 탄생
③ 현대미술과 상상력의 소멸
④ 데페이즈망에 대한 관심과 의의

05 다음 글의 화제로 가장 적절한 것은?

20 소방

'낯선 그림'의 대명사인 르네 마그리트가 우리에게 아주 친숙한 미술가로 자리 잡았다. 십여 년 전 서울의 한 백화점 새 단장 당시 그의 작품 「골콘다」가 커다란 가림막 그림으로 사용된 것과 〈르네 마그리트〉전이 서울의 미술관에서 대규모로 열려 많은 관람객을 불러 모은 것이 중요한 계기가 되었다.

초현실주의 화가 마그리트가 관심을 끌게 되면서 그의 주된 창작 기법인 데페이즈망(dé payement)도 덩달아 관심의 대상이 되었다. 특히 창의력과 상상력이 시장과 교육계의 화두가 되어 버린 요즘, 데페이즈망은 창의력과 상상력을 높여 주고 잠재력을 개발해 주는 의미 있는 수단으로 받아들여지고 있다. 어린이 미술 교육에 활용되고 있고, 기업인을 위한 창의력 교육에도 심심찮게 도움을 주고 있다.

데페이즈망은 우리말로 흔히 '전치(轉置)'로 번역된다. 이는 특정한 대상을 상식의 맥락에서 떼어 내 전혀 다른 상황에 배치함으로써 기이하고 낯선 장면을 연출하는 것을 말한다. 초현실주의 문학의 선구자 로트레아몽의 시에 "재봉틀과 양산이 해부대에서 만나듯이 아름다운"이라는 표현이 있는데, 바로 이것이 전형적인 데페이즈망의 표현법이다. 해부대 위에 재봉틀과 양산이 놓여 있다는 게 통념에 맞지 않지만, 바로 그 기이함이 시적·예술적 상상을 낳아 논리와 합리 너머의 세계에 대한 심층의 인식을 일깨운다.

① 르네 마그리트의 생애
② 초현실주의 유파의 탄생
③ 현대미술과 상상력의 소멸
④ 데페이즈망에 대한 관심과 의의

주제

르네 마그리트와 데페이즈망 기법의 의의

내용요약

- **르네 마그리트**
  - '낯선 그림'의 대명사, 초현실주의 화가
  - 우리나라에서 백화점 가림막으로 「골콘다」가 사용되고 미술관에서 대규모 전시를 열어 많은 관람객을 불러 모으기도 함
- **데페이즈망(dé payement): 전치(轉置)**
  - 창의력과 상상력을 높여 주고 잠재력을 개발해 주는 의미 있는 수단
  - 특정한 대상을 상식의 맥락에서 떼어 내 전혀 다른 상황에 배치함으로써 기이하고 낯선 장면을 연출하는 것
  - 어린이 미술 교육에 활용되고 있고, 기업인을 위한 창의력 교육에 도움
  - 시적·예술적 상상을 낳아 논리와 합리 너머의 세계에 대한 심층의 인식을 일깨움

정답 ④

이 지문은 1문단에서 르네 마그리트에 관해 소개하고 우리나라에서의 인기와 관심을 소개하고 있다. 2문단에서 데페이즈망이 어떻게 받아들여지는지, 그리고 어떻게 활용되고 있는지에 대해 언급한 후 3문단에서 데페이즈망의 정의와 표현법과 의의에 대해 서술하고 있다. 따라서 주된 내용은 르네 마그리트라는 화가보다 데페이즈망 기법에 대해 초점이 맞춰져 있다고 볼 수 있으므로, 글의 화제로는 '데페이즈망에 대한 관심과 의의'가 적절하다.

글의 서술 방식 파악하기

01 다음 글에 사용된 서술 방식으로 적절하지 않은 것은?　　22 간호직 8급

최근 3차 흡연에 대한 관심이 높아지고 있다. 3차 흡연이란 담배 연기를 직접 맡지 않고도 몸이나 옷, 카펫, 커튼 등에 묻은 담배 유해 물질을 통해 흡연 효과를 나타내는 것을 말하는데, 본인이 직접 담배를 피우지 않고도 흡연 효과를 갖는다는 점에서 2차 흡연과 같지만 흡연자에게 근접해 있어 담배 연기를 함께 맡는 2차 흡연과는 다르다.

3차 흡연도 심각한 피해를 낳는다. 3차 흡연 물질에 노출된 생쥐에게 비알코올성 지방간이 증가하고, 폐에서는 과도한 콜라겐이 생성되었으며, 사이토카인 염증 반응이 나타났다. 이런 증상은 간경변과 간암, 폐기종, 천식 등을 일으킨다. 또 3차 흡연 환경에 노출된 생쥐들의 경우 상처가 생겼을 때, 치유되는 시간이 더 오래 걸리고 과잉 행동 장애가 나타났다.

① 개념 정의

② 인과

③ 열거

④ 문제 해결

01 다음 글에 사용된 서술 방식으로 적절하지 않은 것은?

22 간호직 8급

최근 3차 흡연에 대한 관심이 높아지고 있다. ①3차 흡연이란 담배 연기를 직접 맡지 않고도 몸이나 옷, 카펫, 커튼 등에 묻은 담배 유해 물질을 통해 흡연 효과를 나타내는 것을 말하는데, 본인이 ②직접 담배를 피우지 않고도 흡연 효과를 갖는다는 점에서 2차 흡연과 같지만 흡연자에게 근접해 있어 담배 연기를 함께 맡는 2차 흡연과는 다르다.

3차 흡연도 심각한 피해를 낳는다. 3차 흡연 물질에 노출된 생쥐에게 ③비알코올성 지방간이 증가하고, 폐에서는 과도한 콜라겐이 생성되었으며, 사이토카인 염증 반응이 나타났다. 이런 증상은 간경변과 간암, 폐기종, 천식 등을 일으킨다. 또 3차 흡연 환경에 노출된 생쥐들의 경우 상처가 생겼을 때, 치유되는 시간이 더 오래 걸리고 과잉 행동 장애가 나타났다.

① 개념 정의
② 인과
③ 열거
④ 문제 해결

지문요약

주제

3차 흡연의 정의와 피해 양상

내용요약

• 3차 흡연의 정의
  – 담배 연기를 직접 맡지 않고도 몸이나 옷, 카펫, 커튼 등에 묻은 담배 유해 물질을 통한 흡연 효과를 나타내는 말
  – 2차 흡연처럼 담배를 직접 피우지 않아도 흡연 효과를 가짐
• 3차 흡연의 피해 양상 – 생쥐 실험
  – 비알코올성 지방간 증가, 폐에서 과도한 콜라겐 생성, 사이토카인 염증 반응
  – 간경변, 간암, 폐기종, 천식 유발
  – 상처의 치유 시간이 늘어남
  – 과잉 행동 장애가 나타남

정답 ④

지문에서는 3차 흡연의 정의와 피해 양상에 대해서 다루고 있다. 하지만 이러한 문제들을 어떻게 해결할지에 대해서는 언급하고 있지 않다.

오답분석

① 1문단에서 3차 흡연이 '담배 연기를 직접 맡지 않고도 몸이나 옷, 카펫, 커튼 등에 묻은 담배 유해 물질을 통해 흡연 효과를 나타내는 것'이라고 '개념 정의'를 하고 있다.

② 1문단과 2문단에서 3차 흡연이 직접 담배를 태우지 않고도 흡연 효과를 내서 심각한 피해를 낳고 있음을 설명하고 있으므로 원인과 결과를 설명하는 '인과'의 방법이 쓰였다고 볼 수 있다.

③ 2문단에서 3차 흡연의 피해에 대해서 다양한 신체 이상 반응과 이로 인한 여러 질병을 나열하고 있으므로 '열거'의 방법이 쓰였다고 볼 수 있다.

지문요약

주제

대한민국의 뜻과 그 _____의 시작

내용요약

• **대한민국임시헌장**

  – _____이 기초하였으며 국호를 '대한민국'으로 제안함

  – 제1조: 대한민국은 _____로 함

• **대한민국의 뜻과 _____들의 지지**

  – _____들이 만든, 한국 국민이 ___인 나라라는 의미

  – _____을 통해 국민은 국권을 포기한 적 없다고 밝히고, 이는 _____들의 지지를 받음

  – 1941년 대한민국 임시정부는 _____에서 국민이 주권을 가진 나라를 만들자는 의지를 드러냄

  – 1948년 _____에서도 대한민국임시헌장에 담긴 정신을 계승함

  – 이때의 _____에서 '대한민국'이라고 한 내용이 담김

02 다음 글에서 알 수 있는 것은?

20 국가직 7급 언어논리(모의)

> 3 · 1운동 직후 상하이에 모여든 독립운동가들은 임시정부를 만들기 위한 첫걸음으로 조소앙이 기초한 대한민국임시헌장을 채택했다. 대한민국임시헌장을 기초할 때 조소앙은 국호를 '대한민국'으로 하고 정부 명칭도 '대한민국 임시정부'로 하자고 했다. 그 제안이 받아들여졌기 때문에 대한민국임시헌장 제1조에 "대한민국은 민주 공화제로 함"이라는 문구가 담기게 된 것이다.
>
> '대한민국'이란 한국인들이 만든 '민국'이라는 뜻이다. 여기서 '민국'이란 국민이 주인인 나라라는 의미가 담긴 용어다. 조소앙은 3 · 1운동이 일어나기 전, 대한제국 황제가 국민의 동의 없이 마음대로 국권을 일제에 넘겼다고 말하면서 국민은 국권을 포기한 적이 없다고 밝힌 대동단결선언을 발표한 적이 있다. 이 선언에는 "구한국 마지막 날은 신한국 최초의 날"이라는 문구가 담겨 있다. '신한국'이란 말 그대로 '새로운 한국'을 의미한다. 조소앙은 대한제국을 대신할 '새로운 한국'이란 다름 아닌 한국 국민이 주인인 나라라고 말했다.
>
> 조소앙의 주장은 대한민국 임시정부에 참여한 독립운동가들로부터 열렬한 지지를 받았다. 독립운동가들은 황제나 일본 제국주의자들이 지배하는 나라가 아니라 국민이 주권을 가진 나라를 만들어야 한다는 데 뜻을 모았다. 1941년에 대한민국 임시정부는 이러한 의지를 보다 선명하게 드러낸 건국강령을 발표하기도 했다. 1948년에 소집된 제헌국회도 대한민국임시헌장에 담긴 정신을 계승했다. 잘 알려진 것처럼 제헌국회는 제헌헌법을 만들었는데, 이 헌법에 우리나라의 명칭을 '대한민국'이라고 한 내용이 있다.

① 대한민국 임시정부는 건국강령을 통해 대한민국임시헌장을 공포했다.

② 조소앙은 대한민국 임시정부의 요청을 받아들여 대동단결선언을 만들었다.

③ 대한민국임시헌장이 공포되기 전에는 '한국'이라는 명칭을 사용한 독립운동가가 없었다.

④ 제헌국회는 대한제국의 정치 제도를 계승하기 위해 '대한민국'이라는 국호를 사용했다.

⑤ 대한민국 임시정부를 만드는 데 참여한 독립운동가들은 민주 공화제를 받아들이는 데 합의했다.

02 다음 글에서 알 수 있는 것은?

20 국가직 7급 언어논리(모의)

3·1운동 직후 상하이에 모여든 독립운동가들은 임시정부를 만들기 위한 첫걸음으로 조소앙이 기초한 대한민국임시헌장을 채택했다. 대한민국임시헌장을 기초할 때 ⑤조소앙은 국호를 '대한민국'으로 하고 정부 명칭도 '대한민국 임시정부'로 하자고 했다. 그 제안이 받아들여졌기 때문에 대한민국임시헌장 제1조에 "대한민국은 민주공화제로 함"이라는 문구가 담기게 된 것이다.

'대한민국'이란 한국인들이 만든 '민국'이라는 뜻이다. 여기서 '민국'이란 국민이 주인인 나라라는 의미가 담긴 용어다. ②조소앙은 3·1운동이 일어나기 전, 대한제국 황제가 국민의 동의 없이 마음대로 국권을 일제에 넘겼다고 말하면서 국민은 국권을 포기한 적이 없다고 밝힌 대동단결선언을 발표한 적이 있다. ③이 선언에는 "구한국 마지막 날은 신한국 최초의 날"이라는 문구가 담겨 있다. '신한국'이란 말 그대로 '새로운 한국'을 의미한다. 조소앙은 대한제국을 대신할 '새로운 한국'이란 다름 아닌 한국 국민이 주인인 나라라고 말했다.

조소앙의 주장은 대한민국 임시정부에 참여한 독립운동가들로부터 열렬한 지지를 받았다. 독립운동가들은 황제나 일본 제국주의자들이 지배하는 나라가 아니라 ①국민이 주권을 가진 나라를 만들어야 한다는 데 뜻을 모았다. 1941년에 대한민국 임시정부는 이러한 의지를 보다 선명하게 드러낸 건국강령을 발표하기도 했다. ④1948년에 소집된 제헌국회도 대한민국임시헌장에 담긴 정신을 계승했다. 잘 알려진 것처럼 제헌국회는 제헌헌법을 만들었는데, 이 헌법에 우리나라의 명칭을 '대한민국'이라고 한 내용이 있다.

① 대한민국 임시정부는 건국강령을 통해 대한민국임시헌장을 공포했다.
② 조소앙은 대한민국 임시정부의 요청을 받아들여 대동단결선언을 만들었다.
③ 대한민국임시헌장이 공포되기 전에는 '한국'이라는 명칭을 사용한 독립운동가가 없었다.
④ 제헌국회는 대한제국의 정치 제도를 계승하기 위해 '대한민국'이라는 국호를 사용했다.
⑤ 대한민국 임시정부를 만드는 데 참여한 독립운동가들은 민주 공화제를 받아들이는 데 합의했다.

주제
대한민국의 뜻과 그 명칭의 시작

내용요약
- **대한민국임시헌장**
  - 조소앙이 기초하였으며 국호를 '대한민국'으로 제안함
  - 제1조: 대한민국은 민주공화제로 함
- **대한민국의 뜻과 독립운동가들의 지지**
  - 한국인들이 만든, 한국 국민이 주인인 나라라는 의미
  - 대동단결선언을 통해 국민은 국권을 포기한 적이 없다고 밝히고, 이는 독립운동가들의 지지를 받음
  - 1941년 대한민국 임시정부는 건국강령에서 국민이 주권을 가진 나라를 만들자는 의지를 드러냄
  - 1948년 제헌국회에서도 대한민국임시헌장에 담긴 정신을 계승함
  - 이때의 제헌헌법에서 '대한민국'이라고 한 내용이 담김

정답 ⑤

1문단에서 3·1운동 직후 상하이에 모여든 독립운동가들은 조소앙이 국호를 '대한민국'으로, 정부 명칭을 '대한민국 임시정부'로 하자고 제안한 것을 받아들였고, 이때 대한민국임시헌장 제1조에 "대한민국은 민주공화제로 함"이라는 문구가 담기게 되었으므로, '대한민국 임시정부를 만드는 데 참여한 독립운동가들은 민주 공화제를 받아들이는 데 합의했다.'라는 설명은 적절하다.

오답분석

① 1문단에서 대한민국임시헌장을 공포한 것은 대한민국 임시정부가 세워진 3·1운동 직후 상하이에서라고 하였고, 3문단에서 건국강령은 1941년에 발표되었다고 하였으므로 적절하지 않다.

② 2문단에서 조소앙이 대동단결선언을 발표한 것은 3·1운동이 일어나기 전이었으므로 대한민국 임시정부의 요청을 받아들여 대동단결선언을 만들었다는 설명은 적절하지 않다.

③ 2문단에서 조소앙의 대동단결선언에서 '한국'이라는 명칭을 썼고 이 선언은 3·1운동이 일어나기 전에 발표한 것이므로 대한민국 임시헌장이 공포되기 전에는 '한국'이라는 명칭을 사용한 독립운동가가 없었다는 설명은 적절하지 않다.

④ 3문단에서 제헌 국회가 계승한 것은 대한민국임시헌장에 담긴 정신이라고 언급하고 있으므로 적절하지 않다.

    계해년(癸亥年) 겨울에 우리 전하께서 정음 28자를 처음으로 만들어 예의(例義)를 간략하게 들어 보이고 이름을 훈민정음(訓民正音)이라 하였다. (①) 천지인(天地人) 삼극(三極)의 뜻과 음양(陰陽)의 이기(二氣)의 정묘함을 포괄(包括)하지 않은 것이 없다. 28자로써 전환이 무궁하고 간요(簡要)하며 모든 음에 정통하였다. (㉠) 슬기로운 사람은 하루아침을 마치기도 전에 깨우치고, 어리석은 이라도 열흘이면 배울 수 있다. (②) 이 글자로써 글을 풀면 그 뜻을 알 수 있고, 이 글자로써 송사를 심리하더라도 그 실정을 알 수 있게 되었다. (③) 한자음은 청탁을 능히 구별할 수 있고 악기는 율려에 잘 맞는다. 쓰는 데 갖추어지지 않은 바가 없고, 가서 통달되지 않는 바가 없다. 바람 소리, 학의 울음, 닭의 홰치며 우는 소리, 개 짖는 소리일지라도 모두 이 글자를 가지고 적을 수가 있다. (④)

– 「훈민정음 해례(解例)」, 정인지(鄭麟趾) 서문(序文) –

글의 흐름 파악하기

03 다음 (가)의 위치로 가장 적절한 것은?

(가) 상형을 기본으로 하고 글자는 고전(古篆)을 본떴고 사성을 기초로 하고 음(音) 이 칠조(七調)를 갖추었다.

①   ②   ③   ④

글의 흐름 파악하기

04 (㉠)에 들어갈 접속 부사로 가장 적절한 것은?

① 그리고
② 그런데
③ 그러므로
④ 왜냐하면

> 3-① 계해년(癸亥年) 겨울에 우리 전하께서 정음 28자를 처음으로 만들어 예의(例義)를 간략하게 들어 보이고 이름을 훈민정음(訓民正音)이라 하였다. (①) 천지인(天地人) 삼극(三極)의 뜻과 음양(陰陽)의 이기(二氣)의 정묘함을 포괄(包括)하지 않은 것이 없다. 4-③ 28자로써 전환이 무궁하고 간요(簡要)하며 모든 음에 정통하였다. (㉠) 슬기로운 사람은 하루아침을 마치기도 전에 깨우치고, 어리석은 이라도 열흘이면 배울 수 있다. (②) 이 글자로써 글을 풀면 그 뜻을 알 수 있고, 이 글자로써 송사를 심리하더라도 그 실정을 알 수 있게 되었다. (③) 한자음은 청탁을 능히 구별할 수 있고 악기는 율려에 잘 맞는다. 쓰는 데 갖추어지지 않은 바가 없고, 가서 통달되지 않는 바가 없다. 바람 소리, 학의 울음, 닭의 홰치며 우는 소리, 개 짖는 소리일지라도 모두 이 글자를 가지고 적을 수가 있다. (④)
>
> － 「훈민정음 해례(解例)」 정인지(鄭麟趾) 서문(序文) －

주제
훈민정음의 창제와 특징

내용요약
- 훈민정음(訓民正音)의 창제
  정음 28자를 처음으로 만들고, 이름을 훈민정음이라 함
- 훈민정음의 특징
  – 천지인(天地人) 삼극(三極)의 뜻과 음양(陰陽)의 이기(二氣)의 정묘함을 포괄(包括)
  – 28자로써 전환이 무궁하고 간요(簡要)
  – 모든 음에 정통
  – 한자음은 청탁을 능히 구별할 수 있고, 악기는 율려에 잘 맞음
  – 쓰는 데 갖추어지지 않은 바가 없고, 가서 통달되지 않는 바가 없음

글의 흐름 파악하기

03 다음 (가)의 위치로 가장 적절한 것은?

> (가) 상형을 기본으로 하고 글자는 고전(古篆)을 본떴고 사성을 기초로 하고 음(音)이 칠조(七調)를 갖추었다.

① ② ③ ④

글의 흐름 파악하기

04 (㉠)에 들어갈 접속 부사로 가장 적절한 것은?

① 그리고
② 그런데
③ 그러므로
④ 왜냐하면

03 　정답 　①

(가)의 내용은 훈민정음의 창제 원리 중 '상형'과 관련된 설명이므로 바로 앞에는 훈민정음에 대한 언급이 있어야 한다. 그러므로 ①의 위치가 가장 적절하다고 볼 수 있다. 또한 ① 다음에 이어지는 천지인(天地人) 역시 한글의 모음의 상형 원리이므로 자연스럽게 이어진다.

04 　정답 　③

㉠의 앞 문장을 살펴보면, 한글 자모 28자가 전환이 무궁하고 간요하며 모든 음에 정통하였다고 하였다. 간요란 '간략하다', '간단하다' 혹은 '간략한 요점'이라는 뜻이다. 따라서 한글 자모 28자는 전환도 끝이 없고, 간단하며 모든 음에 정통하다는 의미이다. ㉠의 뒷 문장을 살펴보면 사람들이 쉽게 깨우치고 배울 수 있다는 내용이 언급되고 있으므로, ㉠에는 인과관계의 접속 부사 '그러므로'가 오는 것이 자연스럽다.

지문요약

주제

___ 문제의 해결 과정

내용요약

- _____ : 단어의 뜻을 이해하는 것
- ___ : 두 항의 연관성과 관련된 규칙을 찾는 것
- ___ : 유추의 근거 영역의 요소들과 대상 영역의 요소들을 연결하는 단계
- ___ : 자신이 찾아낸 규칙을 대상 영역에 적용하는 과정
- ___ : 자신이 찾아낸 미지항 x의 값과 다른 선택지들을 비교하는 과정
- _____ : 비교의 결과 더 적합하다고 생각되는 답을 선택하는 과정
- ___ : 자신이 찾아낸 최종적인 결론을 말하거나 기록하는 과정

05 다음 글에 대한 이해로 적절하지 않은 것은?

"워싱턴 : 1 = 링컨 : x(단, x는 1, 5, 16, 20 가운데 하나)"라는 유추 문제를 가정해 보자. 심리학자 스턴버그는 유추 문제의 해결 과정을 다음과 같이 제시하였다. 첫 번째, '부호화'는 유추 문제의 각항들이 어떠한 의미인지 파악하는 과정이다. '워싱턴', '1', '링컨' 등의 단어가 무슨 뜻인지 이해하는 것이 부호화이다. 두 번째, '추리'는 앞의 두 항이 어떠한 연관성을 갖는지 규칙을 찾는 과정이다. 조지 워싱턴이 미국의 초대 대통령이라는 지식을 갖고 있는 사람이라면, '워싱턴'과 숫자 '1'로부터 연관성을 찾아낼 수 있을 것이다. 세 번째, '대응'은 유추의 근거 영역의 요소들과 대상 영역의 요소들을 연결하는 단계이다. '워싱턴'과 '링컨'을 연결하고, 숫자 '1'과 미지항 x를 연결하는 과정이 이에 해당한다. 네 번째, '적용'은 자신이 찾아낸 규칙을 대상 영역에 적용하는 과정이다. 조지 워싱턴이 미국의 초대 대통령이며 아브라함 링컨이 미국의 열여섯 번째 대통령임을 안다면, 적용의 단계에서 미지항의 답이 '16'이라고 생각할 것이다. 다섯 번째, '비교'는 자신이 찾아낸 미지항 x의 값과 다른 선택지들을 비교하는 과정이다. 만약 '16'을 답으로 찾은 사람에게 조지 워싱턴이 1달러 지폐의 인물이고 아브라함 링컨이 5달러 지폐의 인물이라는 정보가 있다면, 정답의 가능성이 있는 두 개의 선택지 사이에서 비교를 진행하게 될 것이다. 여섯 번째, '정당화'는 비교의 결과 더 적합하다고 생각되는 답을 선택하는 과정이며, 마지막으로 '반응'은 자신이 찾아낸 최종적인 결론을 말하거나 기록하는 과정이다.

① 미국과 관련된 어떠한 정보도 갖고 있지 않은 사람이라면, '부호화' 단계에서 실패할 것이다.

② '워싱턴'이 미국의 도시 이름이라는 정보만 갖고 있는 사람이라면, '추리'의 단계에서 실패할 것이다.

③ '링컨'이 몇 번째 대통령인지에 대한 정보와 미국의 화폐에 대한 정보가 없는 사람이라면, '대응'의 단계에서 실패할 것이다.

④ 미국의 화폐에 대한 정보는 갖고 있지만 미국 역대 대통령의 순서에 대한 정보가 없는 사람이라면, '적용'의 단계에서 '5'를 선택할 것이다.

⑤ 'x'에 들어갈 수 있는 답으로 '5'와 '16'을 찾아낸 사람이라면, 'x는 순서를 나타낸다'라는 새로운 기준을 제시했을 때 '정당화'의 단계에서 '16'을 선택할 것이다.

05 다음 글에 대한 이해로 적절하지 않은 것은?

"워싱턴 : 1 = 링컨 : x(단, x는 1, 5, 16, 20 가운데 하나)"라는 유추 문제를 가정해 보자. 심리학자 스턴버그는 유추 문제의 해결 과정을 다음과 같이 제시하였다. 첫 번째, ①'부호화'는 유추 문제의 각항들이 어떠한 의미인지 파악하는 과정이다. '워싱턴', '1', '링컨' 등의 단어가 무슨 뜻인지 이해하는 것이 부호화이다. 두 번째, '추리'는 앞의 두 항이 어떠한 연관성을 갖는지 규칙을 찾는 과정이다. ②조지 워싱턴이 미국의 초대 대통령이라는 지식을 갖고 있는 사람이라면, '워싱턴'과 숫자 '1'로부터 연관성을 찾아낼 수 있을 것이다. 세 번째, '대응'은 유추의 근거 영역의 요소들과 대상 영역의 요소들을 연결하는 단계이다. '워싱턴'과 '링컨'을 연결하고, 숫자 '1'과 미지항 x를 연결하는 과정이 이에 해당한다. 네 번째, '적용'은 자신이 찾아낸 규칙을 대상 영역에 적용하는 과정이다. ④조지 워싱턴이 미국의 초대 대통령이며 아브라함 링컨이 미국의 열여섯 번째 대통령임을 안다면, 적용의 단계에서 미지항의 답이 '16'이라고 생각할 것이다. 다섯 번째, '비교'는 자신이 찾아낸 미지항 x의 값과 다른 선택지들을 비교하는 과정이다. 만약 '16'을 답으로 찾은 사람에게 조지 워싱턴이 1달러 지폐의 인물이고 아브라함 링컨이 5달러 지폐의 인물이라는 정보가 있다면, 정답의 가능성이 있는 두 개의 선택지 사이에서 비교를 진행하게 될 것이다. 여섯 번째, ⑤'정당화'는 비교의 결과 더 적합하다고 생각되는 답을 선택하는 과정이며, 마지막으로 '반응'은 자신이 찾아낸 최종적인 결론을 말하거나 기록하는 과정이다.

① 미국과 관련된 어떠한 정보도 갖고 있지 않은 사람이라면, '부호화' 단계에서 실패할 것이다.
② '워싱턴'이 미국의 도시 이름이라는 정보만 갖고 있는 사람이라면, '추리'의 단계에서 실패할 것이다.
③ '링컨'이 몇 번째 대통령인지에 대한 정보와 미국의 화폐에 대한 정보가 없는 사람이라면, '대응'의 단계에서 실패할 것이다.
④ 미국의 화폐에 대한 정보는 갖고 있지만 미국 역대 대통령의 순서에 대한 정보가 없는 사람이라면, '적용'의 단계에서 '5'를 선택할 것이다.
⑤ 'x'에 들어갈 수 있는 답으로 '5'와 '16'을 찾아낸 사람이라면, 'x는 순서를 나타낸다'라는 새로운 기준을 제시했을 때 '정당화'의 단계에서 '16'을 선택할 것이다.

주제
유추 문제의 해결 과정

내용요약
• 부호화: 단어의 뜻을 이해하는 것
• 추리: 두 항의 연관성과 관련된 규칙을 찾는 것
• 대응: 유추의 근거 영역의 요소들과 대상 영역의 요소들을 연결하는 단계
• 적용: 자신이 찾아낸 규칙을 대상 영역에 적용하는 과정
• 비교: 자신이 찾아낸 미지항 x의 값과 다른 선택지들을 비교하는 과정
• 정당화: 비교의 결과 더 적합하다고 생각되는 답을 선택하는 과정
• 반응: 자신이 찾아낸 최종적인 결론을 말하거나 기록하는 과정

'대응'은 '유추의 근거 영역의 요소들과 대상 영역의 요소들을 연결하는 단계'를 나타낸다. 따라서 세 번째 단계인 '대응'까지 진행했을 때 '워싱턴'과 '링컨'을 연결하고 '1'과 미지항 'x'를 연결하는 것까지는 가능하다. 하지만 '링컨'이 몇 번째 대통령인지에 대한 정보와 미국의 화폐에 대한 정보가 없는 사람이라면 미지항 'x'의 답이 16 혹은 5가 나올 수 없어 네 번째 '적용' 단계에서 실패하게 될 것이므로 적절하지 않다.

① '부호화'는 단어가 무슨 뜻인지 이해하는 단계로 미국과 관련해 정보가 없다면 첫 번째 단계에서 실패하게 될 것이다.

② '워싱턴'이 도시 이름이라는 정보만 갖고 있다면 '링컨'과의 연관성을 가진 규칙을 찾을 수 없으므로 '추리'의 단계에서 실패하게 될 것이다.

④ 미국 화폐에 대한 정보만 갖고 있다면 미지항 'x'의 답 16 혹은 5 둘 중에서 5만 도출해 낼 수 있다. 따라서 '적용'의 단계에서 '5'를 선택하게 될 것이다.

⑤ 미지항 'x'의 답 16 혹은 5를 도출해 낸 사람이라면, 16은 '링컨'이 열여섯 번째 대통령이고 5는 5달러 지폐의 인물이라는 것을 알아낸 것이다. 그런데 'x는 순서를 나타낸다'는 새로운 기준을 제시한다면 '정당화' 과정에서 열여섯 번째 대통령이라는 결과가 더 적합하다고 생각할 것이므로 '16'을 선택할 것이다.

지문요약

주제

기상청의 기후 ___

내용요약

• **(라) 기상청의 역할**

– ___ 예측: 매일의 날씨 예측 정보 제공

– ___ 예측: 계절에 대한 예측 정보를 정기적으로 제공

• **(마) 기후 예측**

– 기후: 짧게는 __ 달, 통상적으로는 약 __ 달 동안의 평균 날씨로, 기상 현상들의 ___

– 폭염인 날이 많았다면 평균 온도도 높다는 식으로 기후 예상

• **(나)·(다) 정확한 기후 예측**

– 3개월 치의 날씨를 매일 정확히 맞힌다는 것은 현재의 기상 예측 기술로는 절대 ___

– 이론적으로 날씨 예측은 _주일 정도가 한계

• **(가) ___ 평균으로 예측**

평년의 계절 평균치를 기준으로 ___이 많을지 적을지 정도는 예측할 수 있음

글의 전개 순서 파악하기

01 (가)~(마)를 논리적 순서에 맞게 나열한 것은?

21 국회직 8급

(가) 내일 날씨는 못 맞히어도 다음 계절 기후는 맞힐 수 있다. 즉, 오늘 날짜로부터 정확히 1개월 혹은 2개월 뒤에 한반도에 비가 올지 말지의 여부는 맞히지 못하지만 계절 평균 강수량이 평년에 비해 많을지 적을지 정도는 예측할 수 있다는 얘기이다. 주가로 치면 하루하루의 등락은 맞히지 못하더라도 수개월의 추세 정도는 맞힐 수 있다는 것이다.

(나) 그렇다면 다음 계절의 기후를 정확하게 예측하기 위해서는 3개월간의 날씨를 모두 정확히 맞히어야만 하는 것인가? 내일부터 3개월 후의 미래까지 매일매일의 날씨를 정확히 맞힌다는 것은 현재의 기상 예측 기술로는 절대 불가능하다. 내일의 날씨 정도야 이제는 어느 정도 정확하게 맞히고 있지만, 사나흘 이후의 강수 예보가 정확하지 않다는 것은 특별한 설명이 필요 없지 않은가?

(다) 더구나 이론적으로도 날씨 예측은 2주일 정도가 한계라고 알려져 있다. 그렇다면 기후 예측은 모두 허구일까? 기후 예측 관련 기사에 단골로 달리는 댓글 말마따나 내일 비가 올지 말지도 모르면서 다음 계절에 비가 많이 올지 말지를 맞히겠다는 헛소리를 하고 있는 것인가? 그것은 기상 예측과 기후 예측의 차이를 정확히 이해하지 못하는 데서 오는 착각이다.

(라) 기상청에서는 매일의 날씨 예측 정보를 제공하는 일 외에도 올 여름이 평년에 비해 더 더울지 혹은 올 겨울이 평년에 비해 추울지 등에 대한 예측 정보도 정기적으로 제공한다. 전자는 기상 예측이라고 하며, 후자는 기후 예측이라고 한다.

(마) 기후는 짧게는 한 달, 통상적으로는 약 세 달 동안의 평균 날씨라고 이해하면 되는데, 기상 현상들의 누적이 기후로서 정의가 되다 보니 기상과 기후는 어느 정도 관련성이 있다. 특정해 여름철에 폭염인 날들이 많았다면 그해 여름철 평균 온도도 높은 식이다. 따라서 날씨 예측이 정확하면 기후 예측도 정확하리라는 것은 쉽게 예상할 수 있다.

① (가) – (다) – (나) – (라) – (마)
② (가) – (마) – (라) – (나) – (다)
③ (라) – (나) – (마) – (가) – (다)
④ (라) – (마) – (나) – (다) – (가)
⑤ (마) – (라) – (나) – (다) – (가)

01 (가)~(마)를 논리적 순서에 맞게 나열한 것은?

(가) 내일 날씨는 못 맞히어도 다음 계절 기후는 맞힐 수 있다. 즉, 오늘 날짜로부터 정확히 1개월 혹은 2개월 뒤에 한반도에 비가 올지 말지의 여부는 맞히지 못하지만 계절 평균 강수량이 평년에 비해 많을지 적을지 정도는 예측할 수 있다는 얘기이다. 주가로 치면 하루하루의 등락은 맞히지 못하더라도 수개월의 추세 정도는 맞힐 수 있다는 것이다.

(나) 그렇다면 다음 계절의 기후를 정확하게 예측하기 위해서는 3개월간의 날씨를 모두 정확히 맞히어야만 하는 것인가? 내일부터 3개월 후의 미래까지 매일매일의 날씨를 정확히 맞힌다는 것은 현재의 기상 예측 기술로는 절대 불가능하다. 내일의 날씨 정도야 이제는 어느 정도 정확하게 맞히고 있지만, 사나흘 이후의 강수 예보가 정확하지 않다는 것은 특별한 설명이 필요 없지 않은가?

(다) 더구나 이론적으로도 날씨 예측은 2주일 정도가 한계라고 알려져 있다. 그렇다면 기후 예측은 모두 허구일까? 기후 예측 관련 기사에 단골로 달리는 댓글 말마따나 내일 비가 올지 말지도 모르면서 다음 계절에 비가 많이 올지 말지를 맞히겠다는 헛소리를 하고 있는 것인가? 그것은 기상 예측과 기후 예측의 차이를 정확히 이해하지 못하는 데서 오는 착각이다.

(라) 기상청에서는 매일의 날씨 예측 정보를 제공하는 일 외에도 올 여름이 평년에 비해 더 더울지 혹은 올 겨울이 평년에 비해 추울지 등에 대한 예측 정보도 정기적으로 제공한다. 전자는 기상 예측이라고 하며, 후자는 기후 예측이라고 한다.

(마) 기후는 짧게는 한 달, 통상적으로는 약 세 달 동안의 평균 날씨라고 이해하면 되는데, 기상 현상들의 누적이 기후로서 정의가 되다 보니 기상과 기후는 어느 정도 관련성이 있다. 특정해 여름철에 폭염인 날들이 많았다면 그해 여름철 평균 온도도 높은 식이다. 따라서 날씨 예측이 정확하면 기후 예측도 정확하리라는 것은 쉽게 예상할 수 있다.

① (가) – (다) – (나) – (라) – (마)
② (가) – (마) – (라) – (나) – (다)
③ (라) – (나) – (마) – (가) – (다)
④ (라) – (마) – (나) – (다) – (가)
⑤ (마) – (라) – (나) – (다) – (가)

지문요약

주제
기상청의 기후 예측

내용요약
- **(라) 기상청의 역할**
  - 기상 예측: 매일의 날씨 예측 정보 제공
  - 기후 예측: 계절에 대한 예측 정보를 정기적으로 제공
- **(마) 기후 예측**
  - 기후: 짧게는 한 달, 통상적으로는 약 세 달 동안의 평균 날씨로, 기상 현상들의 누적
  - 폭염인 날이 많았다면 평균 온도도 높다는 식으로 기후 예상
- **(나)·(다) 정확한 기후 예측**
  - 3개월 치의 날씨를 매일 정확히 맞힌다는 것은 현재의 기상 예측 기술로는 절대 불가능
  - 이론적으로 날씨 예측은 2주일 정도가 한계
- **(가) 계절 평균으로 예측**
  평년의 계절 평균치를 기준으로 강수량이 많을지 적을지 정도는 예측할 수 있음

정답 ④

지문은 기상청의 기상 예측과 기후 예측에 대한 내용이다. 먼저 기상청에서 하는 일과 기상 예측 및 기후 예측에 대해 설명하고**(라)** 기후는 어떤 식으로 예측하는 지를 자세히 설명한다**(마)**. 그런 다음 정확한 기후 예측은 가능한 것인지에 대해 질문을 던지고 현재 기후 예측 기술에 대한 오해를 밝힌다. (나), (다) 특히 (다)는 '더구나'라는 지표를 사용해 앞 문단에 대해 보충설명하고 있는 문단이므로 (나), (다)가 이어지는 것이 자연스럽다. 마지막으로 (가)를 배열하여 기상 예측은 어려워도 기후 예측은 가능한 것임을 밝히고 있다.

지문요약

주제

독서를 통한 저자와 독자의 _____

내용요약

• 독서의 정의
　– 저자와 독자가 ___ 언어로 _____ 하
　　는 의사소통 행위
　– 저자가 글로 구성한 _____를 독자가
　　_____으로 사고하여 이해하며 의사소통

• 독서를 통한 의사소통 과정(저자 중심)
　– 저자가 독자의 _____을 염두에 두
　　고 글을 작성
　– 독자에게 도움이 될 만하다고 판단하는
　　내용을 ___으로 선정
　– 글을 통해 정보를 제공하거나 자신의
　　생각을 전달
　– _____ 및 내용 숨김
　– 독자들이 추론할 수 있도록 다양한 방
　　식으로 ___ 제공
　– 독자의 독서 과정을 ___하며 글을 쓰
　　고 의사소통함

• 독서를 통한 의사소통 과정(독자 중심 능
　동적 의사소통 과정)
　– 지식이나 ___를 새로 습득, 의문점을
　　해소
　– 숨겨진 내용이나 저자의 ___ 추론
　– 저자의 생각에 공감하거나 저자의 생각
　　을 ___
　– 의문점을 해소하기 위해 다른 글을 찾
　　아 읽으며 확장
　– 자신의 _____과 독해 능력, 독서 태
　　도 등에 따라 글의 의미를 _____

　　독서는 저자와 독자가 문자 언어를 매개로 상호작용하는 의사소통 행위이다. 독서를 통한 의사소통이란 저자가 글로 구성한 메시지를 독자가 주체적으로 사고하여 이해하는 것이라 할 수 있다.

　　독서를 통한 의사소통 과정은 저자가 독자의 독서 과정을 염두에 두고 글을 작성할 때부터 시작된다. 저자는 글을 작성하기 전에 독자의 사전 지식과 관심 등을 예측하고, 독자에게 도움이 될 만하다고 판단하는 내용을 글감으로 선정한다. 그리고 이를 고려하여 글을 통해 정보를 제공하거나 자신의 생각을 전달한다. 글을 쓸 때 저자는 독자가 알고 있을 것 같은 내용을 생략하기도 한다. 또한 주제를 효과적으로 전달할 의도를 가지고 일부러 내용을 숨기는 경우도 있는데, 이렇게 숨겨진 정보를 독자들이 추론할 수 있도록 다양한 방식으로 단서를 제공하기도 한다. 다시 말해 저자는 독자의 독서 과정을 끊임없이 의식하며 글을 쓰고 의사소통하는 것이다.

　　그렇다면 독자의 입장에서 저자와의 의사소통은 어떠한 방식으로 이루어지는 것일까? 독자는 저자가 전하는 메시지를 이해하며 글의 주제를 파악하는 것으로 저자와의 의사소통에 응한다. 글을 읽으며 지식이나 정보를 새로 습득하기도 하고, 자신이 가졌던 의문점을 해소하기도 한다. 또한 글을 읽으면서 숨겨진 내용이나 저자의 의도를 추론하며 깊이 있게 글을 이해하고자 노력한다. 이렇게 이해한 내용을 바탕으로 저자의 생각에 공감하거나 저자의 생각을 비판하기도 한다. 나아가 독서를 하며 새로 생긴 의문점을 해소하기 위해 다른 글을 찾아 읽는 등 독서 활동을 확장하기도 한다. 이러한 의사소통 과정을 통해 독자는 자신의 배경지식과 독해 능력, 독서 태도 등에 따라 글의 의미를 재구성하게 된다. 즉 독자는 저자가 전달하려는 메시지를 단순히 이해하는 것에서 그치지 않고 능동적으로 의사소통 과정에 참여하는 것이다.

세부 내용 파악하기

02 윗글에서 확인할 수 있는 저자와의 의사소통의 방식이 아닌 것은?

① 독자가 글의 주제를 찾으며 읽는 방식
② 독자가 지식이나 정보를 새로 습득하며 읽는 방식
③ 독자가 독서 목적에 따라 자신의 독서 계획을 점검하며 읽는 방식
④ 독자가 글을 읽으며 생긴 의문점을 해소하기 위해 다른 글을 찾아 읽는 방식
⑤ 독자가 자신이 이해한 내용을 바탕으로 저자의 생각을 비판하며 읽는 방식

03 윗글을 읽은 학생이 〈보기〉에 대해 보인 반응으로 적절하지 않은 것은?

─〈보 기〉─

　자산의 바다 안에는 ⊙ 어족이 매우 번성하여 이름을 아는 자가 드무니 ⓒ 사물에 정통한 자가 마땅히 살펴야 할 바이다. 나는 이에 널리 섬사람들을 찾아다니며 계보를 만들 생각을 하였는데, 사람마다 각자 말이 달라 그대로 따를 수 없었다. … 나는 마침내 그를 불러들여 머무르게 하면서 그와 함께 연구하고 차례를 매겨 책을 완성하고는 '자산어보'라고 이름을 붙였으니, ⓒ 이외에도 바다의 날짐승과 해초류까지 언급하여 ㉣ 후대 사람들이 참고할 만한 자료로 삼았다. 다만 나는 고루하여 혹 이미 본초서에서 보았는데도 그 이름을 듣지 못하였거나, 혹 ㉤ 옛날에 이름이 없는데 고증할 수 없는 것이 태반이었다. 그래서 단지 민간에서 부르는 이름에 의지할 수밖에 없었고, 상스러워 읽을 수 없는 것은 그때마다 감히 이름을 새로 지었다.

– 정약전, 『자산어보』 서(序) –

① ⊙에서는 저자가 독자의 사전 지식을 예측했음을 확인할 수 있겠군.
② ⓒ에서는 저자가 자신의 생각을 독자에게 전달하고 있음을 확인할 수 있겠군.
③ ⓒ에서는 저자가 독자에게 정보를 제공하고 있음을 확인할 수 있겠군.
④ ㉣에서는 저자가 이 책의 내용이 독자에게 도움이 될 것이라고 판단한 것임을 확인할 수 있겠군.
⑤ ㉤에서는 저자가 주제를 효과적으로 전달하기 위해 일부러 내용을 숨긴 것임을 확인할 수 있겠군.

주제

독서를 통한 저자와 독자의 의사소통

내용요약

• 독서의 정의
 – 저자와 독자가 문자 언어로 상호작용하는 의사소통 행위
 – 저자가 글로 구성한 메시지를 독자가 주체적으로 사고하여 이해하며 의사소통

• 독서를 통한 의사소통 과정(저자 중심)
 – 저자가 독자의 독서 과정을 염두에 두고 글을 작성
 – 독자에게 도움이 될 만하다고 판단하는 내용을 글감으로 선정
 – 글을 통해 정보를 제공하거나 자신의 생각을 전달
 – 내용 생략 및 내용 숨김
 – 독자들이 추론할 수 있도록 다양한 방식으로 단서 제공
 – 독자의 독서 과정을 의식하며 글을 쓰고 의사소통함

• 독서를 통한 의사소통 과정(독자 중심 능동적 의사소통 과정)
 – 지식이나 정보를 새로 습득, 의문점을 해소
 – 숨겨진 내용이나 저자의 의도 추론
 – 저자의 생각에 공감하거나 저자의 생각을 비판
 – 의문점을 해소하기 위해 다른 글을 찾아 읽으며 확장
 – 자신의 배경지식과 독해 능력, 독서 태도 등에 따라 글의 의미를 재구성

　　독서는 저자와 독자가 문자 언어를 매개로 상호작용하는 의사소통 행위이다. 독서를 통한 의사소통이란 저자가 글로 구성한 메시지를 독자가 주체적으로 사고하여 이해하는 것이라 할 수 있다.

　　독서를 통한 의사소통 과정은 저자가 독자의 독서 과정을 염두에 두고 글을 작성할 때부터 시작된다. 3-①저자는 글을 작성하기 전에 독자의 사전 지식과 관심 등을 예측하고, 3-②독자에게 도움이 될 만하다고 판단하는 내용을 글감으로 선정한다. 그리고 이를 고려하여 3-④글을 통해 정보를 제공하거나 자신의 생각을 전달한다. 글을 쓸 때 3-⑤저자는 독자가 알고 있을 것 같은 내용을 생략하기도 한다. 또한 주제를 효과적으로 전달할 의도를 가지고 일부러 내용을 숨기는 경우도 있는데, 이렇게 숨겨진 정보를 독자들이 추론할 수 있도록 다양한 방식으로 단서를 제공하기도 한다. 다시 말해 저자는 독자의 독서 과정을 끊임없이 의식하며 글을 쓰고 의사소통하는 것이다.

　　그렇다면 독자의 입장에서 저자와의 의사소통은 어떠한 방식으로 이루어지는 것일까? 2-①독자는 저자가 전하는 메시지를 이해하며 글의 주제를 파악하는 것으로 저자와의 의사소통에 응한다. 글을 읽으며 2-②지식이나 정보를 새로 습득하기도 하고, 자신이 가졌던 의문점을 해소하기도 한다. 또한 글을 읽으면서 숨겨진 내용이나 저자의 의도를 추론하며 깊이 있게 글을 이해하고자 노력한다. 이렇게 2-⑤이해한 내용을 바탕으로 저자의 생각에 공감하거나 저자의 생각을 비판하기도 한다. 나아가 2-④독서를 하며 새로 생긴 의문점을 해소하기 위해 다른 글을 찾아 읽는 등 독서 활동을 확장하기도 한다. 이러한 의사소통 과정을 통해 독자는 자신의 배경지식과 독해 능력, 독서 태도 등에 따라 글의 의미를 재구성하게 된다. 즉 독자는 저자가 전달하려는 메시지를 단순히 이해하는 것에서 그치지 않고 능동적으로 의사소통 과정에 참여하는 것이다.

세부 내용 파악하기

02 윗글에서 확인할 수 있는 저자와의 의사소통의 방식이 아닌 것은?

① 독자가 글의 주제를 찾으며 읽는 방식
② 독자가 지식이나 정보를 새로 습득하며 읽는 방식
③ 독자가 독서 목적에 따라 자신의 독서 계획을 점검하며 읽는 방식
④ 독자가 글을 읽으며 생긴 의문점을 해소하기 위해 다른 글을 찾아 읽는 방식
⑤ 독자가 자신이 이해한 내용을 바탕으로 저자의 생각을 비판하며 읽는 방식

03 윗글을 읽은 학생이 〈보기〉에 대해 보인 반응으로 적절하지 않은 것은?

— 〈 보 기 〉 —

자산의 바다 안에는 ㉠ 어족이 매우 번성하여 이름을 아는 자가 드무니 ㉡ 사물에 정통한 자가 마땅히 살펴야 할 바이다. 나는 이에 널리 섬사람들을 찾아다니며 계보를 만들 생각을 하였는데, 사람마다 각자 말이 달라 그대로 따를 수 없었다. … 나는 마침내 그를 불러들여 머무르게 하면서 그와 함께 연구하고 차례를 매겨 책을 완성하고는 '자산어보'라고 이름을 붙였으니, ㉢ 이외에도 바다의 날짐승과 해초류까지 언급하여 ㉣ 후대 사람들이 참고할 만한 자료로 삼았다. 다만 나는 고루하여 혹 이미 본초서에서 보았는데도 그 이름을 듣지 못하였거나, 혹 ㉤ 옛날에 이름이 없는데 고증할 수 없는 것이 태반이었다. 그래서 단지 민간에서 부르는 이름에 의지할 수밖에 없었고, 상스러워 읽을 수 없는 것은 그때마다 감히 이름을 새로 지었다.

— 정약전, 「자산어보」 서(序) —

① ㉠에서는 저자가 독자의 사전 지식을 예측했음을 확인할 수 있겠군.
② ㉡에서는 저자가 자신의 생각을 독자에게 전달하고 있음을 확인할수 있겠군.
③ ㉢에서는 저자가 독자에게 정보를 제공하고 있음을 확인할 수 있겠군.
④ ㉣에서는 저자가 이 책의 내용이 독자에게 도움이 될 것이라고 판단한 것임을 확인할 수 있겠군.
⑤ ㉤에서는 저자가 주제를 효과적으로 전달하기 위해 일부러 내용을 숨긴 것임을 확인할 수 있겠군.

02 　정답　③

'독자가 독서 목적에 따라 자신의 독서 계획을 점검하며 읽는 방식'은 지문에서 확인할 수 없으므로 적절하지 않다.

오답분석

① 3문단에서 '독자는 저자가 전하는 메시지를 이해하며 글의 주제를 파악하는 것으로 저자와의 의사소통에 응한다.'라고 하였으므로 적절하다.
② 3문단에서 '글을 읽으며 지식이나 정보를 새로 습득하기도 하고, 자신이 가졌던 의문점을 해소하기도 한다.'라고 하였으므로 적절하다.
④ 3문단에서 '독서를 하며 새로 생긴 의문점을 해소하기 위해 다른 글을 찾아 읽는 등 독서 활동을 확장하기도 한다.'라고 하였으므로 적절하다.
⑤ 3문단에서 '이해한 내용을 바탕으로 저자의 생각에 공감하거나 저자의 생각을 비판하기도 한다.'라고 하였으므로 적절하다.

03 　정답　⑤

㉤에서 '옛날에 이름이 없는데 고증할 수 없는 것이 태반'이라고 한 것은 저자가 주제를 효과적으로 전달하기 위해 일부러 내용을 숨긴 것이 아니라 지금까지 제대로 된 정보가 없었음을 언급한 것이므로 적절하지 않다.

오답분석

① ㉠을 통해 저자가 독자들이 어족에 대한 지식이 거의 없다고 예측했음을 알 수 있으므로 적절하다.
② ㉡을 통해 저자가 '사물에 정통한 자'인 자신이 어족에 대한 정보를 전달하며 독자를 '마땅히 살펴야 한다'고 생각하고 있음을 알 수 있으므로 적절하다.
③ · ④ ㉢과 ㉣을 통해 저자가 책에 바다의 날짐승과 해초류까지 정리했고, 독자들(후대 사람들)이 이 책을 보았을 때 참고할 만한 자료로 도움이 될 것이라 판단하고 있으므로 적절하다.

지문요약

주제

저작권법의 ____

내용요약

• 연출자의 저작권 주장

  연출자의 ____ 보호 가능성이 있는 ____이 필요

• 저작권 도용 여부 판단

  – 연출자가 주관적으로 ____이 있다고 느끼는 부분일지라도 ____인 시각에서 판단해야 함

  – 공연 예술 ____에서 흔히 사용되는 표현 기법인지 판단

  – ____상 보호 대상이 아닌 아이디어의 요소와 보호 가능한 요소인 표현이 얽혀 있는 경우가 있어 판단이 어려움

  – ____의 예시: 그의 명작 대부분이 선대에 있었던 작품에 의거하여 탄생

  – ____인 창작을 걸러내서 배타적인 권한인 저작권을 부여하는 것은 매우 흔치 않고, 후발 창작을 ____하는 요소로 작용할 수도 있음

• 저작권법의 목표

  – 창작자에게 개인적인 ____를 제공하여 창작을 장려

  – 일반 ____이 저작물을 원활하게 이용할 수 있도록 해야 함

---

04 다음 글에 대한 이해로 적절하지 않은 것은?

22 지방직 9급

> 연출자가 자신의 저작권을 침해당했다고 주장하기 위해서는 우선 그가 유효한 저작권을 소유하고 있어야 한다. 즉 저작권 보호 가능성이 있는 창작물이 필요하다. 다음으로 창작적인 표현을 도용당했는지 밝혀야 하는데, 이것이 쉽지 않다. 왜냐하면 연출자가 주관적으로 창작성이 있다고 느끼는 부분일지라도 객관적인 시각에서는 이미 공연 예술 무대에서 흔히 사용되는 표현 기법일 수 있고, 저작권법상 보호 대상이 아닌 아이디어의 요소와 보호 가능한 요소인 표현이 얽혀 있는 경우가 있기 때문이다. 쉬운 예로 셰익스피어를 보자. 그의 명작 중에 선대에 있었던 작품에 의거하지 않고 탄생한 작품이 있는가. 대부분의 연출자는 선행 예술가로부터 영향을 받아 창작에 임하는 것이 너무도 당연하고 자연스럽다. 따라서 무대연출 작업 중에서 독보적인 창작을 걸러내서 배타적인 권한인 저작권을 부여하는 것은 매우 흔치 않은 경우이고, 후발 창작을 방해하는 요소로 작용할 수도 있다. 저작권법은 창작자에게 개인적인 인센티브를 제공하여 창작을 장려함과 동시에 일반 공중이 저작물을 원활하게 이용할 수 있도록 해야 하는 두 가지 가치의 균형을 이루는 것이 목표다.

① 무대연출의 창작적인 표현의 도용 여부를 밝히기는 쉽지 않다.

② 저작권 침해를 당했다고 주장하려면 유효한 저작권을 소유하고 있어야 한다.

③ 독보적인 무대연출 작업에 저작권을 부여한다고 해서 후발 창작에 방해가 되지는 않는다.

④ 저작권법의 목표는 창작자의 창작을 장려하고 일반 공중의 저작물 이용을 원활하게 하는 것이다.

04 다음 글에 대한 이해로 적절하지 않은 것은?

22 지방직 9급

②연출자가 자신의 저작권을 침해당했다고 주장하기 위해서는 우선 그가 유효한 저작권을 소유하고 있어야 한다. 즉 저작권 보호 가능성이 있는 창작물이 필요하다. 다음으로 창작적인 표현을 도용당했는지 밝혀야 하는데, 이것이 쉽지 않다. 왜냐하면 연출자가 주관적으로 창작성이 있다고 느끼는 부분일지라도 ①객관적인 시각에서는 이미 공연 예술 무대에서 흔히 사용되는 표현 기법일 수 있고, 저작권법상 보호 대상이 아닌 아이디어의 요소와 보호 가능한 요소인 표현이 얽혀 있는 경우가 있기 때문이다. 쉬운 예로 셰익스피어를 보자. 그의 명작 중에 선대에 있었던 작품에 의거하지 않고 탄생한 작품이 있는가. 대부분의 연출자는 선행 예술가로부터 영향을 받아 창작에 임하는 것이 너무도 당연하고 자연스럽다. 따라서 ③무대연출 작업 중에서 독보적인 창작을 걸러내서 배타적인 권한인 저작권을 부여하는 것은 매우 흔치 않은 경우이고, 후발 창작을 방해하는 요소로 작용할 수도 있다. 저작권법은 ④창작자에게 개인적인 인센티브를 제공하여 창작을 장려함과 동시에 일반 공중이 저작물을 원활하게 이용할 수 있도록 해야 하는 두 가지 가치의 균형을 이루는 것이 목표다.

① 무대연출의 창작적인 표현의 도용 여부를 밝히기는 쉽지 않다.
② 저작권 침해를 당했다고 주장하려면 유효한 저작권을 소유하고 있어야 한다.
③ 독보적인 무대연출 작업에 저작권을 부여한다고 해서 후발 창작에 방해가 되지는 않는다.
④ 저작권법의 목표는 창작자의 창작을 장려하고 일반 공중의 저작물 이용을 원활하게 하는 것이다.

지문요약

주제
저작권법의 목표

내용요약

• **연출자의 저작권 주장**
연출자의 저작권 보호 가능성이 있는 창작물이 필요

• **저작권 도용 여부 판단**
– 연출자가 주관적으로 창작성이 있다고 느끼는 부분일지라도 객관적인 시각에서 판단해야 함
– 공연 예술 무대에서 흔히 사용되는 표현 기법인지 판단
– 저작권법상 보호 대상이 아닌 아이디어의 요소와 보호 가능한 요소인 표현이 얽혀 있는 경우가 있어 판단이 어려움
– 셰익스피어의 예시: 그의 명작 대부분이 선대에 있었던 작품에 의거하여 탄생
– 독보적인 창작을 걸러내서 배타적인 권한인 저작권을 부여하는 것은 매우 흔치 않고, 후발 창작을 방해하는 요소로 작용할 수도 있음

• **저작권법의 목표**
– 창작자에게 개인적인 인센티브를 제공하여 창작을 장려
– 일반 공중이 저작물을 원활하게 이용할 수 있도록 해야 함

정답 ③

지문에서 '무대연출 작업 중에서 독보적인 창작을 걸러내서 배타적인 권한인 저작권을 부여하는 것은 매우 흔치 않은 경우이고, 후발 창작을 방해하는 요소로 작용할 수도 있다.'라고 언급하고 있다. 즉, 저작권을 확보하는 것도 매우 어려운 일이고, 저작권을 부여받는다고 하더라도 후발 창작을 방해하는 요소로 작용할 수도 있다는 것을 알 수 있다.

오답분석

① 지문에서 연출자가 주관적으로 창작성이 있다고 느끼는 부분일지라도 객관적인 시각에서 이미 공연 예술 무대에서 흔히 사용되는 표현 기법일 수 있고, '저작권법상 보호 대상이 아닌 아이디어의 요소와 보호 가능한 요소인 표현이 얽혀 있는 경우가 있기 때문에 도용 여부를 밝히기는 쉽지 않다'고 언급하고 있으므로 적절하다.
② 지문의 처음 부분에서 '연출자가 자신의 저작권을 침해당했다고 주장하기 위해서는 우선 그가 유효한 저작권을 소유하고 있어야 한다.'라고 언급하고 있으므로 적절하다.
④ 지문의 마지막 부분에서 '창작자에게 개인적인 인센티브를 제공하여 창작을 장려함과 동시에 일반 공중이 저작물을 원활하게 이용할 수 있도록 해야 하는 두 가지 가치의 균형을 이루는 것'이 목표임을 언급하고 있으므로 적절하다.

지문요약

내용요약

• 문학작품의 완벽한 ＿＿＿

– 인간은 각자의 ＿＿＿에서 세상을 보므로 인식의 도구인 언어에 공통된 ＿＿＿이 있을 수 없음

– 번역은 타 언어를 우리 언어 속 ＿＿＿＿로 대치해 놓은 것일 뿐이므로 원문과 동일하지는 않음

– '＿＿＿＿'는 문학작품에서 특히 번역에 어려움을 겪음

05 다음 글의 ㉠~㉣에 대한 고쳐 쓰기 방안으로 적절하지 않은 것은?

20 지역인재 9급

> 과연 문학작품을 완벽하게 번역할 수 있는가? 인간은 세상을 각자의 시선에서 ㉠ 보므로 인식의 도구인 각 언어에는 공통된 기준이 있을 수 없다. 세상을 보는 기준이 ㉡ 부재한 상태에서 번역이 과연 가능한 것일까? 번역은 타 언어를 ㉢ 비록 우리의 언어 속 유사어로 대치해 놓는 것에 불과하다. 이 말은 번역이 원문과 비슷할 수는 있어도 동일하지는 ㉣ 않다. 그 대표적인 예가 '뉘앙스'이다. 특히 문학작품의 경우 원문과 일치하는 뉘앙스를 지닌 어휘나 표현이 없어 번역에 어려움을 겪는 일이 많다.

① 앞뒤 문맥을 고려하여 ㉠을 '봄으로써'로 수정한다.
② 글의 흐름을 고려하여 ㉡을 '상대적인'으로 수정한다.
③ 맥락상 자연스럽지 않으므로 ㉢을 '단지'로 수정한다.
④ 주어와 호응이 되지 않으므로 ㉣을 '않다는 것이다'로 수정한다.

05 다음 글의 ㉠~㉣에 대한 고쳐 쓰기 방안으로 적절하지 않은 것은?

20 지역인재 9급

> 과연 문학작품을 완벽하게 번역할 수 있는가? 인간은 세상을 각자의 시선에서 ㉠ 보므로 인식의 도구인 각 언어에는 공통된 기준이 있을 수 없다. 세상을 보는 기준이 ㉡ 부재한 상태에서 번역이 과연 가능한 것일까? 번역은 타 언어를 ㉢ 비록 우리의 언어 속 유사어로 대치해 놓는 것에 불과하다. 이 말은 번역이 원문과 비슷할 수는 있어도 동일하지는 ㉣ 않다. 그 대표적인 예가 '뉘앙스'이다. 특히 문학작품의 경우 원문과 일치하는 뉘앙스를 지닌 어휘나 표현이 없어 번역에 어려움을 겪는 일이 많다.

① 앞뒤 문맥을 고려하여 ㉠을 '봄으로써'로 수정한다.
② 글의 흐름을 고려하여 ㉡을 '상대적인'으로 수정한다.
③ 맥락상 자연스럽지 않으므로 ㉢을 '단지'로 수정한다.
④ 주어와 호응이 되지 않으므로 ㉣을 '않다는 것이다'로 수정한다.

내용요약

• **문학작품의 완벽한 번역**
  – 인간은 각자의 **시선**에서 세상을 보므로 인식의 도구인 언어에 공통된 **기준**이 있을 수 없음
  – 번역은 타 언어를 우리 언어 속 **유사어**로 대치해 놓은 것일 뿐이므로 원문과 **동일**하지는 않음
  – '**뉘앙스**'는 문학작품에서 특히 번역에 어려움을 겪음

정답 ①

지문에서 '인간은 세상을 각자의 시선'에서 본다고 하였으며, ㉠ 뒤의 문장을 보면 인식의 도구인 각 언어에는 공통된 기준이 있을 수 없다고 하였다. '각자의 시선으로 본다. 그러므로 언어에 공통된 기준이 없다.'는 것이다. 따라서 ㉠은 '인과 관계'를 나타내는 연결이 이뤄져야 하므로 '봄으로써'로 고치기보다는 그대로 두는 것이 적절하다.

오답분석

② ㉡의 앞부분에서 인간이 각자의 시선에서 세상을 보므로 언어에 공통된 기준이 있을 수 없다고 하였다. 세상을 보는 기준은 '각자' 다른 것이다. 따라서 ㉡은 세상을 보는 기준이 '없는' 게 아니라 '상대적인' 것이다.

③ '비록'은 '~일 지라도'와 호응하는 표지이다. 하지만 지문의 문장에서 호응이 일치하는 말은 없다. 또, '번역은 타 언어를 우리 언어 속 유사어로 대치해 놓는 것에 불과하다.'라고 한정짓고 있으므로, '비록'은 삭제하고 그 자리에 '단지'를 넣는 것이 적절하다.

④ ㉣은 앞의 문장을 풀어서 설명하고 있고, 주어와 호응도 해야 하므로 '않다는 것이다'로 수정하는 것이 적절하다.

지문요약

내용요약

• 화성 우주 비행의 _____

– 달을 갈 때는 편도 _일 정도 걸리지만, 화성의 경우 편도 _개월 정도 걸림

– 아무 때나 ____이 불가능

– ___ ~ _____일 정도 소요

– 우주 비행을 위한 물품의 무게가 ___톤 이나 됨

– _____이 가장 큰 문제임

어휘 및 문맥적 의미 파악하기

01 **㉠의 문맥적 의미와 가장 가까운 것은?** 21 법원직 9급

달에 갈 때는 편도 3일 정도 걸리지만, 화성에 갈 때는 편도 8개월 정도 걸린다. 또 달에서는 언제든지 돌아올 수 있지만, 화성의 경우에는 곧바로 지구로 귀환할 수 있는 것이 아니다. 긴 경우에는 500일이나 머물러야만 지구로 돌아올 수 있다. 그래서 화성 유인 비행은 500일 내지 1,000일 정도가 걸린다.

이렇게 장기간에 걸친 우주 비행을 위해서는 물이나 식료품, 산소 뿐 아니라 화성에서 사용할 기지, 화성에 이착륙하기 위한 로켓, 귀환용 우주선 등도 필요하다. 나사 탐사 시스템 부서의 더글러스 쿡에 따르면 그 무게의 합계는 470톤이나 된다. 나사의 우주 탐사 설계사인 게리 마틴은 "이 화물의 운반이 화성 유인 비행에서 가장 큰 ㉠ 문제일 것이다."라고 말했다.

---

① 문제의 영화가 드디어 오늘 개봉된다.

② 그는 어디를 가나 문제를 일으키곤 했다.

③ 출산율 감소는 우리나라만의 문제가 아니다.

④ 연습을 반복하면 어려운 문제도 척척 풀게 된다.

01 ㉠의 문맥적 의미와 가장 가까운 것은?

21 법원직 9급

> 달에 갈 때는 편도 3일 정도 걸리지만, 화성에 갈 때는 편도 8개월 정도 걸린다. 또 달에서는 언제든지 돌아올 수 있지만, 화성의 경우에는 곧바로 지구로 귀환할 수 있는 것이 아니다. 긴 경우에는 500일이나 머물러야만 지구로 돌아올 수 있다. 그래서 화성 유인 비행은 500일 내지 1,000일 정도가 걸린다.
>
> 이렇게 장기간에 걸친 우주 비행을 위해서는 물이나 식료품, 산소 뿐 아니라 화성에서 사용할 기지, 화성에 이착륙하기 위한 로켓, 귀환용 우주선 등도 필요하다. 나사 탐사 시스템 부서의 더글러스 쿡에 따르면 그 무게의 합계는 470톤이나 된다. 나사의 우주 탐사 설계사인 게리 마틴은 "이 화물의 운반이 화성 유인 비행에서 가장 큰 ㉠문제일 것이다."라고 말했다.

① 문제의 영화가 드디어 오늘 개봉된다.
② 그는 어디를 가나 문제를 일으키곤 했다.
③ 출산율 감소는 우리나라만의 문제가 아니다.
④ 연습을 반복하면 어려운 문제도 척척 풀게 된다.

내용요약

- 화성 우주 비행의 문제점
  - 달을 갈 때는 편도 3일 정도 걸리지만, 화성의 경우 편도 8개월 정도 걸림
  - 아무 때나 귀환이 불가능
  - 500~1,000일 정도 소요
  - 우주 비행을 위한 물품의 무게가 470톤이나 됨
  - 화물 운반이 가장 큰 문제임

정답 ③

지문의 내용으로 보아 화성 우주 비행에서 우선적으로 해결되야 할 과제는 '470톤이나 되는 물품들을 어떻게 운반할 것인가'이다. 따라서 ㉠의 문제는 '해결하기 어렵거나 난처한 대상. 또는 그런 일'을 의미하는 것이라 볼 수 있다. ③ '출산율 감소는 우리나라만의 문제가 아니다.'에서 '문제'는 '우리나라가 해결해야 할 출산율 감소'에 해당하는 것이고 쉽게 해결될 수 있는 사안이 아니다. 따라서 지문의 ㉠과 가장 가까운 의미라고 볼 수 있다.

오답분석

① 제시된 문장에서 '문제'는 '논쟁, 논의, 연구 따위의 대상이 되는 것'이라는 의미이므로 적절하지 않다.
② 제시된 문장에서 '문제'는 '말썽 혹은 말썽거리'의 의미로 쓰였으므로 적절하지 않다.
④ 제시된 문장에서 '문제'는 '해답을 요구하는 물음'이라는 의미이므로 적절하지 않다.

주제

특정 주제를 깊이 있게 ____하기 위한 독서

방법과 ____의 의의

내용요약

• **특정 주제를 깊이 있게 탐구하기 위한 ____**

- 지식을 습득하고 이를 ____·종합적

으로 ____하는 독서

- 과정

글의 전체적인 ____를 파악

⇓

중점적으로 ____ 내용을 선별

⇓

• 내용을 ____하고 충분하게 읽기 • 내용을 ____하고 비판하며 읽기 • 여러 ____을 비교하고 종합하며 읽기

⇓

자신의 _____과 새로이 얻은 지식을 ____하여 의미를 구성

⇓

다른 사회 구성원들과의 상호 작용을 거쳐 _____

- 개인적 차원뿐만 아니라 ____ 차원에

서도 이루어지는 것으로 이해되어야 함

• **독서 기록의 의의**

- 내용의 ____ 방지

- 비판과 ____의 자료

- _____의 지식이 축적되는 토대 형성

- ____, 기록을 권유했던 전통과 맥을 같

이 함

[02~03] 다음 글을 읽고 물음에 답하시오.

⊙ 특정 주제를 깊이 있게 탐구하기 위한 독서는 지식을 습득하고 이를 비판적·종합적으로 탐구하는 독서이다. 이러한 독서는 목차나 책 전체를 훑어보아 글의 전체 구조를 파악하고, 필요한 부분을 찾아 중점적으로 읽을 내용을 선별하는 것으로부터 출발한다. 이어 독자는 글 표면에 드러난 내용을 정확하고 충분하게 읽기, 글 이면의 내용을 추론하고 비판하며 읽기, 여러 관점을 비교하고 종합하며 읽기와 같은 방법을 적절히 조합하여 선별한 내용을 읽게 된다.

위 과정에서 독자는 자신의 배경지식과 새로이 얻은 지식을 통합하여 의미를 구성한다. 그런데 이렇게 개인의 머릿속에서 구성된 의미는 다른 사회 구성원들과의 상호 작용을 거쳐 재구성된다. 따라서 특정 주제를 깊이 있게 탐구하기 위한 독서의 의미 구성은 개인적 차원뿐 아니라 사회적 차원에서도 이루어지는 것으로 이해되어야 한다.

이를 감안하면 특정 주제를 깊이 있게 탐구하기 위한 독서에서는 기록의 역할이 부각된다. 탐구 과정에서 개인적으로 구성한 의미를 기록하는 것은 읽은 내용의 망각을 방지하며, 비판과 토론의 자료로서 사회적 차원의 의미 구성에 기여한다. 또한 보고서, 논문, 단행본 등의 형태로 발전하여 공동체의 지식이 축적되는 토대를 이룬다. 이렇게 볼 때 특정 주제를 깊이 있게 탐구하기 위한 독서는 학문 탐구의 과정에서 글을 읽고 의견을 주고받으며 토론하는 강론 또는 기록을 권유했던 전통과도 맥을 같이한다.

세부 내용 파악하기

02 윗글에서 확인할 수 있는 ⊙의 방법이 아닌 것은?

① 글 표면에 드러난 내용을 꼼꼼하게 읽기

② 목차를 보고 전체적인 구조를 파악하며 읽기

③ 글의 숨겨진 의미를 파악하며 비판적으로 읽기

④ 탐구하고자 하는 주제에 필요한 내용을 골라 읽기

⑤ 정서적 반응을 기준으로 글의 가치를 평가하며 읽기

03 윗글을 바탕으로 〈보기〉를 이해한 내용으로 적절하지 않은 것은?

― 〈보 기〉 ―

　　학문하는 데는 연속적으로 공부하는 것을 중히 여긴다. 한 번이라도 그 맥이 끊어지게 되면 정신이 새어 나가고 성의가 흩어져 버리니, 어떻게 학문의 깊은 뜻을 꿰뚫어 볼 수 있겠는가? 벗끼리 서로 돕는 것으로는 함께 모여 학문을 강론하는 것보다 나은 것이 없다. 그런데 퇴계(退溪)는 "읽은 것을 얼굴을 마주하고 강론하는 것이 좋기는 하지만, 항상 마음속의 생각을 다 드러내지는 못하고 만다. 그러니 의문이 드는 부분을 뽑아 기록해서 벗에게 보내 자세히 살펴볼 수 있게 하는 것만 못하다." 라고 하였다. 그 뜻이 참으로 옳다.

― 이익, 「서독승면론」 ―

① '정신이 새어 나가고 성의가 흩어져 버리'는 데 대한 우려는 기록의 궁극적 목적이 망각의 방지에 있음을 시사한다.
② 학문 과정에서 '학문의 깊은 뜻을 꿰뚫어' 보고자 하는 것은 주제를 깊이 있게 탐구하고자 하는 태도와 일맥상통한다.
③ '읽은 것을 얼굴을 마주하고 강론하는 것'은 독서의 의미 구성 과정에 포함되는 구성원들과의 상호 작용을 가리킨다.
④ '마음속의 생각'이나 '의문이 드는 부분'을 '강론' 또는 '기록'을 통해 공유하는 것은 사회적 차원의 의미 구성 과정과 연결된다.
⑤ '기록해서 벗에게 보내 자세히 살펴볼 수 있게 하는 것'은 비판과 토론의 자료로 기능할 수 있는 기록의 의의를 드러낸다.

주제

특정 주제를 깊이 있게 탐구하기 위한 독서
방법과 기록의 의의

내용요약

- **특정 주제를 깊이 있게 탐구하기 위한 독서**
  - 지식을 습득하고 이를 비판적·종합적
    으로 탐구하는 독서
  - 과정

글의 전체적인 구조를 파악

  ⇓

중점적으로 읽을 내용을 선별

  ⇓

• 내용을 정확하고 충분하게 읽기 • 내용을 추론하고 비판하며 읽기 • 여러 관점을 비교하고 종합하며   읽기

  ⇓

자신의 배경지식과 새로이 얻은 지식을 통합하여 의미를 구성

  ⇓

다른 사회 구성원들과의 상호 작용을 거쳐 재구성

  - 개인적 차원뿐만 아니라 사회적 차원에
    서도 이루어지는 것으로 이해되어야 함
- **독서 기록의 의의**
  - 내용의 망각 방지
  - 비판과 토론의 자료
  - 공동체의 지식이 축적되는 토대 형성
  - 강론, 기록을 권유했던 전통과 맥을 같
    이함

[02~03] 다음 글을 읽고 물음에 답하시오. 21 고3 6월

    ⑤ 특정 주제를 깊이 있게 탐구하기 위한 독서는 지식을 습득하고 이를 비판적·종합적으로 탐구하는 독서이다. 이러한 독서는 ^{2-②}목차나 책 전체를 훑어보아 글의 전체 구조를 파악하고, ^{2-④}필요한 부분을 찾아 중점적으로 읽을 내용을 선별하는 것으로부터 출발한다. 이어 독자는 ^{2-①}글 표면에 드러난 내용을 정확하고 충분하게 읽기, ^{2-③}글 이면의 내용을 추론하고 비판하며 읽기, 여러 관점을 비교하고 종합하며 읽기와 같은 방법을 적절히 조합하여 선별한 내용을 읽게 된다.

    위 과정에서 독자는 자신의 배경지식과 새로이 얻은 지식을 통합하여 의미를 구성한다. 그런데 이렇게 개인의 머릿속에서 구성된 의미는 ^{3-③④}다른 사회 구성원들과의 상호 작용을 거쳐 재구성된다. 따라서 특정 주제를 깊이 있게 탐구하기 위한 독서의 의미 구성은 개인적 차원뿐 아니라 사회적 차원에서도 이루어지는 것으로 이해되어야 한다.

    이를 감안하면 ^{3-②}특정 주제를 깊이 있게 탐구하기 위한 독서에서는 기록의 역할이 부각된다. 탐구 과정에서 개인적으로 구성한 의미를 기록하는 것은 읽은 내용의 망각을 방지하며, ^{3-⑤}비판과 토론의 자료로서 사회적 차원의 의미 구성에 기여한다. 또한 보고서, 논문, 단행본 등의 형태로 발전하여 공동체의 지식이 축적되는 토대를 이룬다. 이렇게 볼 때 특정 주제를 깊이 있게 탐구하기 위한 독서는 학문 탐구의 과정에서 글을 읽고 의견을 주고받으며 토론하는 강론 또는 기록을 권유했던 전통과도 맥을 같이한다.

세부 내용 파악하기

02 윗글에서 확인할 수 있는 ⑤의 방법이 아닌 것은?

① 글 표면에 드러난 내용을 꼼꼼하게 읽기
② 목차를 보고 전체적인 구조를 파악하며 읽기
③ 글의 숨겨진 의미를 파악하며 비판적으로 읽기
④ 탐구하고자 하는 주제에 필요한 내용을 골라 읽기
⑤ 정서적 반응을 기준으로 글의 가치를 평가하며 읽기

03 윗글을 바탕으로 〈보기〉를 이해한 내용으로 적절하지 않은 것은?

―〈보 기〉―

학문하는 데는 연속적으로 공부하는 것을 중히 여긴다. 한 번이라도 그 맥이 끊어 지게 되면 정신이 새어 나가고 성의가 흩어져 버리니, 어떻게 학문의 깊은 뜻을 꿰 뚫어 볼 수 있겠는가? 벗끼리 서로 돕는 것으로는 함께 모여 학문을 강론하는 것보 다 나은 것이 없다. 그런데 퇴계(退溪)는 "읽은 것을 얼굴을 마주하고 강론하는 것이 좋기는 하지만, 항상 마음속의 생각을 다 드러내지는 못하고 만다. 그러니 의문이 드는 부분을 뽑아 기록해서 벗에게 보내 자세히 살펴볼 수 있게 하는 것만 못하다." 라고 하였다. 그 뜻이 참으로 옳다.

– 이익, 「서독승면론」 –

① '정신이 새어 나가고 성의가 흩어져 버리'는 데 대한 우려는 기록의 궁극적 목적이 망 각의 방지에 있음을 시사한다.
② 학문 과정에서 '학문의 깊은 뜻을 꿰뚫어' 보고자 하는 것은 주제를 깊이 있게 탐구하 고자 하는 태도와 일맥상통한다.
③ '읽은 것을 얼굴을 마주하고 강론하는 것'은 독서의 의미 구성 과정에 포함되는 구성원 들과의 상호 작용을 가리킨다.
④ '마음속의 생각'이나 '의문이 드는 부분'을 '강론' 또는 '기록'을 통해 공유하는 것은 사 회적 차원의 의미 구성 과정과 연결된다.
⑤ '기록해서 벗에게 보내 자세히 살펴볼 수 있게 하는 것'은 비판과 토론의 자료로 기능 할 수 있는 기록의 의의를 드러낸다.

---

02 **정답** ⑤

지문에서 '특정 주제를 깊이 있게 탐구하기 위한 독서 방법'과 관련해서 여러 가지를 제시하고 있지만, '정서적 반응을 기준으로 글의 가치를 평가 하며 읽기'에 대한 언급은 없다.

오답분석

①·②·③·④ 1문단에서 '특정 주제를 깊이 있게 탐구하기 위한 독서 방법'을 확인할 수 있다.

03 **정답** ①

〈보기〉에 따르면 '정신이 새어 나가고 성의가 흩어져 버리'면 연속적으로 공부하는 것이 맥이 끊어지게 되는 현상이 나타난다고 하였지만, 이것이 기록의 궁극적 목적이 망각의 방지에 있음을 보여주는 것은 아니다.

오답분석

② 〈보기〉에서 '학문의 깊은 뜻을 꿰뚫어' 보고자 하는 것은 정신을 집중하여 성의를 모아 '주제를 깊이 있게 탐구'하는 태도이므로 적절하다.
③ '읽은 것을 얼굴을 마주하고 강론하는 것'은 개인의 머릿속에서 구성된 의미가 '다른 사회 구성원들과 상호작용'하는 것으로 재구성되는 것이므 로 적절하다.
④ '마음속의 생각'이나 '의문이 드는 부분'은 개인적 탐구이고 '강론' 또는 '기록'은 사회 구성원들과의 상호 작용이다. 이 과정을 통해 개인적 차원 뿐만 아니라 사회적 차원에서 독서의 의미 구성이 이루어지는 것으로 이해할 수 있으므로 적절하다.
⑤ '기록해서 벗에게 보내 자세히 살펴볼 수 있게 하는 것'은 사회 구성원들과 상호 작용하는 과정으로 이를 통해 기록이 비판과 토론의 자료로서 사회적 차원의 의미 구성에 기여함을 알 수 있으므로 적절하다.

내용요약

- 생명체의 ___ 개조
  - 동물들은 ___을 위해 자신의 환경을 개조함
  - 동물들은 자신의 ___을 위해 행동함으로써 환경을 ___시킴
- 환경 개변에 ___으로 행동하는 생명체들
  - 인간 역시 생존이나 ___을 넘어서 환경에 대해 ___을 보임
  - 사는 것, 잘 사는 것, 더 잘 사는 것의 세 가지 ___에 의해 환경에 순응하기보다 능동적으로 ___하려고 노력함

글의 중심 내용 파악하기

04 다음 글의 주장으로 가장 적절한 것은?

20 지방직 9급

우리에게 친숙한 동물들의 사소한 행동을 살펴보면 그들이 자신의 환경을 개조한다는 것을 알 수 있다. 가장 단순한 생명체는 먹이가 그들에게 헤엄쳐 오게 만들고, 고등동물은 먹이를 구하기 위해 땅을 파거나 포획 대상을 추적하기도 한다. 이처럼 동물들은 자신의 목적을 위해 행동함으로써 환경을 변형시킨다. 이러한 생존 방식을 흔히 환경에 적응하는 것으로 설명한다. 그러나 이러한 설명은 생명체들이 그들의 환경 개변(改變)에 능동적으로 행동한다는 중요한 사실을 놓치고 있다.

가장 고등한 동물인 인간도 다른 생명체와 마찬가지로 생존이나 적응을 넘어서 환경에 대해 적극성을 보인다. 이는 인간의 세 가지 충동—사는 것, 잘 사는 것, 더 잘 사는 것—으로 인하여 가능하다. 잘 살기 위한 노력은 순응적이기보다는 능동적인 모습으로 나타나게 된다. 인간도 생명체이다. 더 잘 살기 위해서는 환경에 순응할 수만은 없다.

① 인간은 환경에 적응해 왔다.
② 삶의 기술은 생존을 위한 것이다.
③ 생명체는 환경을 능동적으로 변형한다.
④ 인간은 잘 사는 것을 삶의 목표로 한다.

04 다음 글의 주장으로 가장 적절한 것은?

우리에게 친숙한 동물들의 사소한 행동을 살펴보면 그들이 자신의 환경을 개조한다는 것을 알 수 있다. 가장 단순한 생명체는 먹이가 그들에게 헤엄쳐 오게 만들고, 고등동물은 먹이를 구하기 위해 땅을 파거나 포획 대상을 추적하기도 한다. ③이처럼 동물들은 자신의 목적을 위해 행동함으로써 환경을 변형시킨다. 이러한 생존 방식을 흔히 환경에 적응하는 것으로 설명한다. 그러나 이러한 설명은 ③생명체들이 그들의 환경 개변(改變)에 능동적으로 행동한다는 중요한 사실을 놓치고 있다.

가장 고등한 동물인 ①인간도 다른 생명체와 마찬가지로 생존이나 적응을 넘어서 환경에 대해 적극성을 보인다. 이는 인간의 세 가지 충동—사는 것, 잘 사는 것, ④더 잘 사는 것—으로 인하여 가능하다. 잘 살기 위한 노력은 순응적이기보다는 능동적인 모습으로 나타나게 된다. 인간도 생명체이다. ④더 잘 살기 위해서는 환경에 순응할 수만은 없다.

① 인간은 환경에 적응해 왔다.
② 삶의 기술은 생존을 위한 것이다.
③ 생명체는 환경을 능동적으로 변형한다.
④ 인간은 잘 사는 것을 삶의 목표로 한다.

내용요약

· **생명체의 환경 개조**
　– 동물들은 생존을 위해 자신의 환경을 개조함
　– 동물들은 자신의 목적을 위해 행동함으로써 환경을 변형시킴

· **환경 개변에 능동적으로 행동하는 생명체들**
　– 인간 역시 생존이나 적응을 넘어서 환경에 대해 적극성을 보임
　– 사는 것, 잘 사는 것, 더 잘 사는 것의 세 가지 충동에 의해 환경에 순응하기보다 능동적으로 개변하려고 노력함

정답 ③

1문단에서 생명체는 자신의 목적을 위해 행동함으로써 환경을 변형시키는데 능동적으로 행동한다고 하였다.

오답분석

① 2문단의 내용으로 보아 인간은 단순히 환경에 적응한 것이 아니라 더 잘 살기 위해 환경을 적극적이고 능동적으로 변화시킨다고 하였으므로, 단순히 환경에 적응해 왔다는 내용은 적절하지 않다.
② 삶의 기술은 생존을 위한 것이라는 내용은 지문에서 언급하고 있지 않다.
④ 2문단의 내용으로 보아 인간은 잘 사는 것을 넘어 더 잘 사는 것을 위해 환경을 적극적으로 변형시키는 것을 목표로 한다고 볼 수 있으므로 적절하지 않다.

지문요약

주제

장기기억과 ＿＿

내용요약

• **장기기억**

－ 서술기억: ＿＿＿＿＿과 의미기억으로
  나눔

－ 일화기억: 개인적으로 ＿＿한 사건을
  저장

－ ＿＿＿＿＿: 사실이나 정보에 대한 기억

－ ＿＿＿＿＿＿: 운동기술이나 습관 등의
  기억

• **치매**

－ 기억력과 ＿＿＿＿＿ 능력을 감소시킴

－ 일화기억과 의미기억이 모두 ＿＿＿

－ 사실과 정보를 새롭게 학습하고 기억하
  는 것이 ＿＿＿＿

－ ＿＿＿＿ 활동과 ＿＿＿＿＿ 능력이 상실

• ＿＿＿＿＿＿ 병

－ 치매의 약 50~60% 차지

－ ＿＿＿ 능력 및 ＿＿의 진행성 ＿＿＿ 질환

－ 증상: 길을 찾는 것이 어려움, 알고 지
  내던 사람들을 ＿＿＿＿＿ 못함, ＿를 잘
  냄, 자기 관리 능력이 점점 ＿＿＿＿

05 다음 글에 대한 이해로 적절하지 않은 것은? 　　　22 지역인재 9급

> 장기기억에는 서술기억과 비서술기억이 있다. 서술기억은 개인적으로 경험한 사건을 저장하는 일화기억과 사실이나 정보를 기억하는 의미기억으로 나눌 수 있다. 비서술기억은 반복적인 연습을 통하여 습득하는 운동기술이나 습관 등의 기억이다.
>
> 　뇌의 퇴행 과정에서 나타나는 신경학적 질환군인 치매는 기억력과 정보처리 능력을 감소시킨다. 치매에 걸리면 자신의 일화기억과 의미기억 모두와 단절된다. 또한 이전에 없었던 사실이나 정보를 새롭게 학습하여 기억하는 것도 어렵다. 요리, 금융거래와 같은 일상적 활동과 혼자서 옷 입기와 같은 자기 관리 능력도 완전히 상실하게 된다.
>
> 　치매의 약 50~60%에서 나타나는 알츠하이머병은 뇌세포의 광범위한 변성에서 비롯되는 지적 능력 및 성격의 진행성 퇴화 질환이다. 알츠하이머병에 걸리면 친숙한 장소 근처에서 길을 찾는 데 어려움을 보인다. 병이 진행될수록 알고 지내던 사람들을 알아보지 못하게 되며 화를 잘 내고 자기 관리 능력이 점점 더 떨어지게 된다.

① 최근에 읽은 책 내용에 대한 기억은 서술기억이다.

② 치매에 걸린 사람은 서술기억을 상실하게 된다.

③ 알츠하이머병은 지적 능력이 퇴화되는 질환이다.

④ 알츠하이머병이 진행되더라도 자기 관리 능력이 강화된다.

05 다음 글에 대한 이해로 적절하지 않은 것은?

22 지역인재 9급

장기기억에는 서술기억과 비서술기억이 있다. ①서술기억은 개인적으로 경험한 사건을 저장하는 일화기억과 사실이나 정보를 기억하는 의미기억으로 나눌 수 있다. 비서술기억은 반복적인 연습을 통하여 습득하는 운동기술이나 습관 등의 기억이다.

뇌의 퇴행 과정에서 나타나는 신경학적 질환군인 치매는 기억력과 정보처리 능력을 감소시킨다. ②치매에 걸리면 자신의 일화기억과 의미기억 모두와 단절된다. 또한 이전에 없었던 사실이나 정보를 새롭게 학습하여 기억하는 것도 어렵다. 요리, 금융 거래와 같은 일상적 활동과 혼자서 옷 입기와 같은 자기 관리 능력도 완전히 상실하게 된다.

치매의 약 50~60%에서 나타나는 ③알츠하이머병은 뇌세포의 광범위한 변성에서 비롯되는 지적 능력 및 성격의 진행성 퇴화 질환이다. 알츠하이머병에 걸리면 친숙한 장소 근처에서 길을 찾는 데 어려움을 보인다. 병이 진행될수록 ④알고 지내던 사람들을 알아보지 못하게 되며 화를 잘 내고 자기 관리 능력이 점점 더 떨어지게 된다.

① 최근에 읽은 책 내용에 대한 기억은 서술기억이다.
② 치매에 걸린 사람은 서술기억을 상실하게 된다.
③ 알츠하이머병은 지적 능력이 퇴화되는 질환이다.
④ 알츠하이머병이 진행되더라도 자기 관리 능력이 강화된다.

지문요약

주제

장기기억과 치매

내용요약

- **장기기억**
  - 서술기억: 일화기억과 의미기억으로 나눔
  - 일화기억: 개인적으로 경험한 사건을 저장
  - 의미기억: 사실이나 정보에 대한 기억
  - 비서술기억: 운동기술이나 습관 등의 기억

- **치매**
  - 기억력과 정보처리 능력을 감소시킴
  - 일화기억과 의미기억이 모두 단절
  - 사실과 정보를 새롭게 학습하고 기억하는 것이 어려움
  - 일상적 활동과 자기 관리 능력이 상실

- **알츠하이머병**
  - 치매의 약 50~60% 차지
  - 지적 능력 및 성격의 진행성 퇴화 질환
  - 증상: 길을 찾는 것이 어려움, 알고 지내던 사람들을 알아보지 못함, 화를 잘 냄, 자기 관리 능력이 점점 떨어짐

정답 ④

3문단에서 알츠하이머병이 진행되면 자기 관리 능력이 점점 더 떨어지게 된다고 설명하고 있으므로 '자기 관리 능력이 강화된다'는 설명은 적절하지 않다.

오답분석

① 최근에 읽은 책 내용에 대한 기억은 사실이나 정보에 대한 기억이므로 의미기억에 해당되고, 의미기억은 서술기억에 해당된다.
② 치매에 걸린 사람은 일화기억과 의미기억 모두와 단절되므로 서술기억을 상실하게 된다.
③ 3문단에서 알츠하이머병은 지적 능력 및 성격의 진행성 퇴화 질환이라고 설명하고 있다.

지문요약

주제
화법과 작문의 _____를 위한 노력

내용요약
• 화법과 작문의 윤리에 대한 관심과 요구
  사회적 _____의 바탕이 되는 상호 신
  뢰를 위해 ___과 작문의 윤리를 준수하
  기 위해 노력해야 함
• 화법과 작문의 윤리 준수
  – 청자나 독자를 ___하고 ___하는 자세
    를 갖춰야 함
  – 다른 사람의 글이나 _____ 등을 ___
    하거나 도용하지 않아야 함

[01~02] 다음 글을 읽고 물음에 답하시오.   20 소방

사회가 발달하면서 화법과 작문의 윤리에 대한 관심과 요구가 점점 커지고 있다. 화법과 작문의 윤리를 잘 지키지 않으면 사회적 의사소통의 바탕이 되는 상호 신뢰가 깨질 수 있으므로 이를 준수하기 위해 ㉠ 노력한다.

㉡ 그런데 청자나 독자를 존중하고 배려하는 자세를 갖추어야 한다. 말을 하거나 글을 쓸 때에는 상대방의 인격을 모욕하거나 상대방에게 상처를 주는 언어 표현을 사용하지 않아야 한다. 상대방을 존중하고 배려하는 표현을 사용함으로써 화법과 작문의 윤리를 지킬 수 있다.

다음으로, 다른 사람의 글이나 아이디어 등을 표절하거나 도용하지 않아야 한다. 다른 사람의 글이나 아이디어 등을 인용할 때에는 저작자의 허락을 얻거나 인용의 출처를 ㉢ 제출해야 하며, 내용의 과장·축소·왜곡 없이 정확하게 인용해야 한다. 또한 출처를 명시하더라도 과도하게 인용하지 않아야 한다. 과도한 인용은 출처 명시와는 무관하게 화법과 작문의 윤리를 어기는 것이기 때문이다.

화법과 작문의 윤리를 준수한다면 화자나 필자는 청자나 독자로부터 더욱 큰 신뢰를 얻을 수 있다. 그러므로 화자나 필자는 화법과 작문의 윤리를 잘 인식하고 있어야 하며, 말을 하거나 글을 쓸 때 이를 ㉣ 지키고 준수하는 태도를 가져야 한다.

통합형

01 ㉠~㉣을 고쳐 쓰기 위한 방안으로 적절하지 않은 것은?

① ㉠: 문장의 호응을 고려하여 '노력해야 한다'로 수정한다.
② ㉡: 앞뒤 내용을 자연스럽게 이어 주지 못하므로 '우선'으로 바꾼다.
③ ㉢: 문맥을 고려하여 '생략'으로 교체한다.
④ ㉣: 뒤의 단어와 의미상 중복되므로 삭제한다.

글의 제목 파악하기

02 윗글의 제목으로 가장 적절한 것은?

① 화법과 작문의 절차
② 화법과 작문의 목적
③ 화법과 작문의 기능
④ 화법과 작문의 윤리

2-④사회가 발달하면서 화법과 작문의 윤리에 대한 관심과 요구가 점점 커지고 있다. 1-①화법과 작문의 윤리를 잘 지키지 않으면 사회적 의사소통의 바탕이 되는 상호 신뢰가 깨질 수 있으므로 이를 준수하기 위해 ⊙ 노력한다.

1-②ⓛ 그런데 청자나 독자를 존중하고 배려하는 자세를 갖추어야 한다. 말을 하거나 글을 쓸 때에는 상대방의 인격을 모욕하거나 상대방에게 상처를 주는 언어 표현을 사용하지 않아야 한다. 상대방을 존중하고 배려하는 표현을 사용함으로써 화법과 작문의 윤리를 지킬 수 있다.

1-②다음으로, 다른 사람의 글이나 아이디어 등을 표절하거나 도용하지 않아야 한다. 다른 사람의 글이나 아이디어 등을 인용할 때에는 1-③저작자의 허락을 얻거나 인용 출처를 ⓒ 제출해야 하며, 내용의 과장·축소·왜곡 없이 정확하게 인용해야 한다. 또한 출처를 명시하더라도 과도하게 인용하지 않아야 한다. 과도한 인용은 출처 명시와는 무관하게 화법과 작문의 윤리를 어기는 것이기 때문이다.

화법과 작문의 윤리를 준수한다면 화자나 필자는 청자나 독자로부터 더욱 큰 신뢰를 얻을 수 있다. 그러므로 화자나 필자는 화법과 작문의 윤리를 잘 인식하고 있어야 하며, 말을 하거나 글을 쓸 때 이를 ⓔ 지키고 준수하는 태도를 가져야 한다.

주제
화법과 작문의 윤리 준수를 위한 노력

내용요약
- **화법과 작문의 윤리에 대한 관심과 요구**
  사회적 의사소통의 바탕이 되는 상호 신뢰를 위해 화법과 작문의 윤리를 준수하기 위해 노력해야 함
- **화법과 작문의 윤리 준수**
  - 청자나 독자를 존중하고 배려하는 자세를 갖춰야 함
  - 다른 사람의 글이나 아이디어 등을 표절하거나 도용하지 않아야 함

통합형

01 ⊙~ⓔ을 고쳐 쓰기 위한 방안으로 적절하지 않은 것은?

① ⊙: 문장의 호응을 고려하여 '노력해야 한다'로 수정한다.
② ⓛ: 앞뒤 내용을 자연스럽게 이어 주지 못하므로 '우선'으로 바꾼다.
③ ⓒ: 문맥을 고려하여 '생략'으로 교체한다.
④ ⓔ: 뒤의 단어와 의미상 중복되므로 삭제한다.

글의 제목 파악하기

02 윗글의 제목으로 가장 적절한 것은?

① 화법과 작문의 절차
② 화법과 작문의 목적
③ 화법과 작문의 기능
④ 화법과 작문의 윤리

01 　정답　③

'제출'은 '문안이나 의견, 법안 따위를 내다.'라는 뜻이다. 문맥상 인용의 출처를 '밝혀야' 한다는 의미의 단어가 들어가야 하므로 '표시' 혹은 '명시'로 고치는 것이 적절하다.

오답분석

① ㉠의 앞에서 화법과 작문의 윤리를 잘 지키지 않으면 상호 신뢰가 깨질 수 있으니 이를 준수해야 한다고 주장하고 있으므로 ㉠은 '노력해야 한다'로 수정하는 것이 적절하다.

② 1문단에서 화법과 작문의 윤리를 잘 지키지 않으면 상호 신뢰가 깨질 수 있으니 이를 준수해야 한다고 주장하고 있으므로, 2문단에는 이 주장을 뒷받침할 근거가 이어져야 한다. 2·3문단에서 이 근거를 설명하고 있고, 3문단에서 '다음으로'라는 표지가 이어지므로, 2문단은 '우선'이라는 표지가 오는 것이 적절하다.

③ '준수'는 '전례나 규칙, 명령 따위를 그대로 좇아 지키다.'라는 의미이므로 앞의 '지키고'를 삭제하는 것이 적절하다.

02 　정답　④

이 지문은 사회가 발달하면서 화법과 작문의 윤리에 대한 관심과 요구가 점점 커지고 있는 상황에서 화법과 작문의 윤리를 잘 지키지 않으면 사회적 의사소통의 바탕이 되는 상호 신뢰가 깨질 수 있으므로 잘 준수해야 한다고 설명하고, 준수 태도에 대해 덧붙이고 있다. 제목은 내용을 포괄해야 하므로 '화법과 작문의 윤리'가 적절하다.

주제

강력한 _____이며 사람의 _____에 영
향을 미치는 색채

내용요약

• **(나) 색채**

– _____ 의미나 ___을 전달하는 강렬한
메시지

– 사람의 _____에 상당한 영향을 미침

• **(가) 친구집 거실과 침실**

– 초록색 : 마음을 편안하게 하고 _____
을 낮춤

– 연한 보라색 : _____ 해소에 효과적

• **(다) 친구집 공부방**

– 보라색: ___과 자기 성찰을 자극. (가)
문단에 이어지는 내용

– 노란색: _____ 향상, _____ 상승

글의 전개 순서 파악하기

03 다음 (가)~(다)의 전개 순서로 가장 적절한 것은?

20 경찰 2차

> (가) 거실은 초록색 계열의 파스텔 톤으로 정돈했는데 초록색은마음을 편안하게 하
> 고 공격성을 누그러뜨리는 효과가 있다고 한다. 침실은 스트레스 해소에 효과
> 적인 연한 보라색으로 꾸몄고 침실 한편에는 라벤더 화분을 놓아두었다.
>
> (나) 색채는 직관적인 의미나 느낌을 전달하는 아주 강렬한 메시지이며 사람의 감정
> 체계에 상당한 영향을 미친다는 사실은 이미 과학적으로 입증됐다. 이를 활용
> 해 최근 새로 단장한 친구의 집을 둘러보았다.
>
> (다) 친구의 말에 따르면 보라색이 명상과 자기 성찰을 자극하는 면이 있다고 한다.
> 공부방은 노란색을 바탕으로 꾸몄는데 노란색은 집중력을 높이고 에너지가 솟
> 아나도록 도와준다고 하여 특별히 선정한 색이라고 한다.

① (가) – (나) – (다)

② (나) – (가) – (다)

③ (가) – (다) – (나)

④ (나) – (다) – (가)

03 다음 (가)~(다)의 전개 순서로 가장 적절한 것은?

> (가) 거실은 초록색 계열의 파스텔 톤으로 정돈했는데 초록색은 마음을 편안하게 하고 공격성을 누그러뜨리는 효과가 있다고 한다. 침실은 스트레스 해소에 효과적인 연한 보라색으로 꾸몄고 침실 한편에는 라벤더 화분을 놓아두었다.
>
> (나) 색채는 직관적인 의미나 느낌을 전달하는 아주 강렬한 메시지이며 사람의 감정 체계에 상당한 영향을 미친다는 사실은 이미 과학적으로 입증됐다. 이를 활용해 최근 새로 단장한 친구의 집을 둘러보았다.
>
> (다) 친구의 말에 따르면 보라색이 명상과 자기 성찰을 자극하는 면이 있다고 한다. 공부방은 노란색을 바탕으로 꾸몄는데 노란색은 집중력을 높이고 에너지가 솟아나도록 도와준다고 하여 특별히 선정한 색이라고 한다.

① (가) – (나) – (다)

② (나) – (가) – (다)

③ (가) – (다) – (나)

④ (나) – (다) – (가)

주제

강렬한 메시지이며 사람의 감정 체계에 영향을 미치는 색채

내용요약

- **(나) 색채**
  - 직관적 의미나 느낌을 전달하는 강렬한 메시지
  - 사람의 감정 체계에 상당한 영향을 미침
- **(가) 친구집 거실과 침실**
  - 초록색 : 마음을 편안하게 하고 공격성을 낮춤
  - 연한 보라색 : 스트레스 해소에 효과적
- **(다) 친구집 공부방**
  - 보라색: 명상과 자기 성찰을 자극. (가) 문단에 이어지는 내용
  - 노란색: 집중력 향상, 에너지 상승

정답 ②

지문은 '색채가 직관적인 의미나 느낌을 전달하는 강렬한 메시지이며, 사람의 감정 체계에 상당한 영향을 미친다'는 중심 내용을 앞부분에 제시한 후, 친구의 집을 예로 부면 설명하는 두괄식 구조의 글이다. 따라서 (나)가 제일 처음에 오고, 이어서 (다)보다는 (가)가 오는 것이 적당한데, 그 이유는 (가)의 마지막 부분에서 보라색과 관련된 설명을 하고 (다)의 첫 부분에서 그 내용이 이어지고 있기 때문이다. 따라서 가장 적절한 순서는 (나) – (가) – (다)이다.

지문요약

주제

_____의 도입에 대한 찬반 주장

내용요약

• **투표제도의 종류**

– 자유 투표제: 투표권 행사를 투표자의 _____에 맡기는 제도. 우리나라가 채택한 제도

– 의무 투표제: _____ 행사를 정당한 사유 없이 ___하면 _____를 가하는 제도

• **의무 투표제 도입에 찬성하는 측의 주장**

– 낮은 투표율로 투표 결과의 _____이 확보되지 못하는 문제 지적

– 법적 제재가 ___ 투표율로 이어질 것이므로 ___ 투표율 해결하기 위한 ___의 방안이라 주장

– 정치인들의 정책 _____ 향상 추구로 정치 ___ 계층에 대한 관심이 높아질 것이라 기대

• **의무 투표제 도입에 반대하는 측의 주장**

– 우리나라 투표율이 정치 지도자들의 _____을 ___할 만큼 심각하지 않다고 봄

– _____ 등 다른 방식으로 투표율 상승을 기대할 수 있음

– 의무 투표제로 선출된 정치인들이 안하무인의 태도를 취하는 부작용이 생겨 국민의 뜻이 ___될 수 있음

---

04 ㉠, ㉡의 주장에 대한 비판으로 적절하지 않은 것은?

21 지방직 7급

> 투표 제도에는 투표권 행사를 투표자의 자유의사에 맡기는 자유 투표제와 투표권 행사를 정당한 사유 없이 기권하면 법적 제재를 가하는 의무 투표제가 있다. 우리나라는 자유 투표제를 채택하고 있는데, ㉠ 의무 투표제를 도입하자는 측은 낮은 투표율로 투표 결과의 정당성이 확보되지 못하는 문제를 지적한다. 법적 제재는 분명 높은 투표율로 이어질 것이므로 의무 투표제가 낮은 투표율을 해결할 최선의 방안이라고 그들은 말한다. 나아가 더 많은 국민이 투표에 참여할수록 정치인들은 정책 경쟁력을 높이려 할 것이므로 정치 소외 계층에 대한 관심이 높아질 것이라고 기대한다.
>
> 반면 ㉡ 의무 투표제에 반대하는 측은 현재 우리나라의 투표율이 정치 지도자들의 대표성을 훼손할 만큼 심각하지는 않다고 본다. 또 시민 교육 등 다른 방식으로도 투표율 상승을 기대할 수 있다며 의무 투표제가 투표율을 높일 가장 효과적인 방안은 아니라고 말한다. 그리고 의무 투표제를 도입하면, 선출된 정치인들이 높은 투표율을 핑계로 안하무인의 태도를 취하는 부작용이 생겨 국민의 뜻이 오히려 왜곡될 수 있다는 우려의 목소리를 내고 있다.

① ㉠은 투표율의 증가가 후보들의 정책 경쟁으로 이어진다는 것에 대한 근거를 제시해야 한다.

② ㉠은 정당한 사유 없는 기권에 대한 법적 제재가 투표율 상승으로 이어진다는 것을 뒷받침할 자료를 제시해야 한다.

③ ㉡은 선출된 정치인들이 높은 투표율을 핑계로 안하무인의 태도를 취하는 부작용에 대한 대책을 제시해야 한다.

④ ㉡은 현재 우리나라의 투표율이 정치 지도자들의 대표성을 훼손할 만큼 심각하지 않다는 것에 대한 근거를 제시해야 한다.

04 ㉠, ㉡의 주장에 대한 비판으로 적절하지 않은 것은?
21 지방직 7급

투표 제도에는 투표권 행사를 투표자의 자유의사에 맡기는 자유 투표제와 투표권 행사를 정당한 사유 없이 기권하면 법적 제재를 가하는 의무 투표제가 있다. 우리나라는 자유 투표제를 채택하고 있는데, ㉠ 의무 투표제를 도입하자는 측은 낮은 투표율로 투표 결과의 정당성이 확보되지 못하는 문제를 지적한다. ②법적 제재는 분명 높은 투표율로 이어질 것이므로 의무 투표제가 낮은 투표율을 해결할 최선의 방안이라고 그들은 말한다. 나아가 ①더 많은 국민이 투표에 참여할수록 정치인들은 정책 경쟁력을 높이려 할 것이므로 정치 소외 계층에 대한 관심이 높아질 것이라고 기대한다.

반면 ㉡ 의무 투표제에 반대하는 측은 ④현재 우리나라의 투표율이 정치 지도자들의 대표성을 훼손할 만큼 심각하지는 않다고 본다. 또 시민 교육 등 다른 방식으로도 투표율 상승을 기대할 수 있다며 ③의무 투표제가 투표율을 높일 가장 효과적인 방안은 아니라고 말한다. 그리고 의무 투표제를 도입하면, 선출된 정치인들이 높은 투표율을 핑계로 안하무인의 태도를 취하는 부작용이 생겨 국민의 뜻이 오히려 왜곡될 수 있다는 우려의 목소리를 내고 있다.

① ㉠은 투표율의 증가가 후보들의 정책 경쟁으로 이어진다는 것에 대한 근거를 제시해야 한다.

② ㉠은 정당한 사유 없는 기권에 대한 법적 제재가 투표율 상승으로 이어진다는 것을 뒷받침할 자료를 제시해야 한다.

③ ㉡은 선출된 정치인들이 높은 투표율을 핑계로 안하무인의 태도를 취하는 부작용에 대한 대책을 제시해야 한다.

④ ㉡은 현재 우리나라의 투표율이 정치 지도자들의 대표성을 훼손할 만큼 심각하지 않다는 것에 대한 근거를 제시해야 한다.

주제

의무 투표제의 도입에 대한 찬반 주장

내용요약

- **투표제도의 종류**
  - 자유 투표제: 투표권 행사를 투표자의 자유의사에 맡기는 제도. 우리나라가 채택한 제도
  - 의무 투표제: 투표권 행사를 정당한 사유 없이 기권하면 법적 제재를 가하는 제도

- **의무 투표제 도입에 찬성하는 측의 주장**
  - 낮은 투표율로 투표 결과의 정당성이 확보되지 못하는 문제 지적
  - 법적 제재가 높은 투표율로 이어질 것이므로 낮은 투표율 해결하기 위한 최선의 방안이라 주장
  - 정치인들의 정책 경쟁력 향상 추구로 정치 소외 계층에 대한 관심이 높아질 것이라 기대

- **의무 투표제 도입에 반대하는 측의 주장**
  - 우리나라 투표율이 정치 지도자들의 대표성을 훼손할 만큼 심각하지 않다고 봄
  - 시민교육 등 다른 방식으로 투표율 상승을 기대할 수 있음
  - 의무 투표제로 선출된 정치인들이 안하무인의 태도를 취하는 부작용이 생겨 국민의 뜻이 왜곡될 수 있음

정답 ③

선출된 정치인들이 높은 투표율을 핑계로 안하무인의 태도를 취하는 부작용이 생기는 것은 의무 투표제를 도입했을 경우의 부작용이므로 의무투표제에 찬성하는 측에서 이에 대한 대책을 제시해야 하므로 적절하다고 볼 수 없다.

오답분석

① ㉠은 더 많은 국민이 참여할수록 정치인들이 정책 경쟁력을 높이려 할 것이라 기대한다고 했으므로 이에 대한 근거를 제시해야 한다는 비판은 적절하다.

② ㉠은 정당한 사유 없는 기권에 대한 법적 제재가 투표율로 이어진다는 근거를 제시해야 설득력을 높일 수 있으므로 적절하다.

④ ㉡은 현재 우리나라의 투표율이 정치 지도자들의 대표성을 훼손할 만큼 심각하지 않다고 주장하였으므로 이에 대한 근거를 제시해야 설득력을 높일 수 있으므로 적절하다.

지문요약

주제

_____을 기반으로 창출되는 정보 통신 기술(ICT)과 _____

내용요약

· **지식 재산**

- ____ : 발명에 대한 정보의 소유자가 특허 출원 및 담당 관청의 심사를 통하여 획득한 특허를 일정 기간 ____으로 사용할 수 있는 법률상 권리

- _____ : 생산 방법, 판매 방법, 그 밖에 영업 활동에 유용한 기술상 또는 ___상의 정보 등으로, 일정 조건을 갖추면 __으로 보호받을 수 있음

· **디지털세**

- 정보 통신 기술(__): 지식 재산을 기반으로 창출됨

- _____ : 도입된 국가에서 ICT ____ 기업이 거둔 수입에 대해 부과되는 세금

- ____ 감소에 대한 우려로 디지털세 도입

05 　디지털세 에 대한 이해로 가장 적절한 것은? 　　　　20 고3 6월

특허권은 발명에 대한 정보의 소유자가 특허 출원 및 담당 관청의 심사를 통하여 획득한 특허를 일정 기간 독점적으로 사용할 수 있는 법률상 권리를 말한다. 한편 영업 비밀은 생산 방법, 판매 방법, 그 밖에 영업 활동에 유용한 기술상 또는 경영상의 정보 등으로, 일정 조건을 갖추면 법으로 보호받을 수 있다. 법으로 보호되는 특허권과 영업 비밀은 모두 지식 재산인데, 정보 통신 기술(ICT) 산업은 이 같은 지식 재산을 기반으로 창출된다. 지식 재산 보호 문제와 더불어 최근에는 ICT 다국적 기업이 지식 재산으로 거두는 수입에 대한 과세 문제가 불거지고 있다.

일부 국가에서는 ICT 다국적 기업에 대해 　디지털세 도입을 진행 중이다. 디지털세는 이를 도입한 국가에서 ICT 다국적 기업이 거둔 수입에 대해 부과되는 세금이다. 디지털세의 배경에는 법인세 감소에 대한 각국의 우려가 있다. 법인세는 국가가 기업으로부터 걷는 세금 중 가장 중요한 것으로, 재화나 서비스의 판매 등을 통해 거둔 수입에서 제반 비용을 제외하고 남은 이윤에 대해 부과하는 세금이라 할 수 있다.

① 지식 재산 보호를 강화할 수 있는 수단이다.

② 이윤에서 제반 비용을 제외한 금액에 부과된다.

③ ICT 산업에서 주도적인 국가는 도입에 적극적이다.

④ 여러 국가에 자회사를 설립하는 방식으로 줄일 수 있다.

⑤ 도입된 국가에서 ICT 다국적 기업이 거둔 수입에 부과된다.

05 [디지털세]에 대한 이해로 가장 적절한 것은?

20 고3 6월

특허권은 발명에 대한 정보의 소유자가 특허 출원 및 담당 관청의 심사를 통하여 획득한 특허를 일정 기간 독점적으로 사용할 수 있는 법률상 권리를 말한다. 한편 영업 비밀은 생산 방법, 판매 방법, 그 밖에 영업 활동에 유용한 기술상 또는 경영상의 정보 등으로, 일정 조건을 갖추면 법으로 보호받을 수 있다. ①법으로 보호되는 특허권과 영업 비밀은 모두 지식 재산인데, 정보 통신 기술(ICT) 산업은 이 같은 지식 재산을 기반으로 창출된다. 지식 재산 보호 문제와 더불어 ④최근에는 ICT 다국적 기업이 지식 재산으로 거두는 수입에 대한 과세 문제가 불거지고 있다.

③일부 국가에서는 ICT 다국적 기업에 대해 [디지털세] 도입을 진행 중이다. ⑤디지털세는 이를 도입한 국가에서 ICT 다국적 기업이 거둔 수입에 대해 부과되는 세금이다. 디지털세의 배경에는 법인세 감소에 대한 각국의 우려가 있다. ②법인세는 국가가 기업으로부터 걷는 세금 중 가장 중요한 것으로, 재화나 서비스의 판매 등을 통해 거둔 수입에서 제반 비용을 제외하고 남은 이윤에 대해 부과하는 세금이라 할 수 있다.

① 지식 재산 보호를 강화할 수 있는 수단이다.
② 이윤에서 제반 비용을 제외한 금액에 부과된다.
③ ICT 산업에서 주도적인 국가는 도입에 적극적이다.
④ 여러 국가에 자회사를 설립하는 방식으로 줄일 수 있다.
⑤ 도입된 국가에서 ICT 다국적 기업이 거둔 수입에 부과된다.

주제

지식 재산을 기반으로 창출되는 정보 통신 기술(ICT)과 디지털세

내용요약

· **지식 재산**
  – 특허권: 발명에 대한 정보의 소유자가 특허 출원 및 담당 관청의 심사를 통하여 획득한 특허를 일정 기간 독점적으로 사용할 수 있는 법률상 권리
  – 영업 비밀: 생산 방법, 판매 방법, 그 밖에 영업 활동에 유용한 기술상 또는 경영상의 정보 등으로, 일정 조건을 갖추면 법으로 보호받을 수 있음

· **디지털세**
  – 정보 통신 기술(ICT): 지식 재산을 기반으로 창출됨
  – 디지털세: 도입된 국가에서 ICT 다국적 기업이 거둔 수입에 대해 부과되는 세금
  – 법인세 감소에 대한 우려로 디지털세 도입

정답 ⑤

2문단에서 디지털세는 '도입한 국가에서 ICT 다국적 기업이 거둔 수입에 대해 부과되는 세금'이라고 하였으므로 적절하다.

오답분석

① 1문단에서 지식 재산 보호를 위한 수단은 특허권과 영업 비밀인데, 정보 통신 기술 산업은 이 지식 재산을 기반으로 창출된다고 하였지만, 강화할 수 있는 수단이라고 하지는 않았다.

② 법인세는 '재화나 서비스의 판매 등을 통해 거둔 수입에서 제반 비용을 제외하고 남은 이윤에 대해 부과하는 세금'이라고 하였는데 이윤에서 제반 비용을 제외한 금액에 부과된다고 하였으므로 법인세에 대한 설명도 틀렸고, 디지털세에 관한 설명도 아니므로 적절하지 않다.

③ 2문단에서 일부 국가에서 디지털세를 도입을 진행 중이라고 언급하고 있지만, 도입에 주도적인 국가에 대해서는 설명이 없으므로 적절하지 않다.

④ 1문단에서 'ICT 다국적 기업이 지식 재산으로 거두는 수입에 대한 과세 문제가 불거지고 있다.'라고 언급하고 있지만, '자회사를 설립하는 방식으로 줄일 수 있다.'라는 내용은 없으므로 적절하지 않다.

지문요약

내용요약

· 심근성과 천근성

 – 심근성: ___이나 정통에 깊이 뿌리를 박고 있는 _____ 문화. _____ 비유

 – 천근성: ___과 수용·적응이 잘되는 _____ 섬 문화. _____ 비유

어휘 및 문맥적 의미 파악하기

01 ㉠의 문맥적 의미와 가장 가까운 것은?
20 소방

> 문화의 특성도 인간의 성격도 크게 나누어 보면 '심근성(深根性)'과 '천근성(淺根性)'으로 ㉠ 나누어 볼 수 있다. 심근성의 문화는 이념이나 정통에 깊이 뿌리를 박고 있는 대륙형 문화이며, 천근성의 문화는 이식과 수용·적응이 잘되는 해양성 섬 문화이다. 소나무 가지는 한번 꺾이고 부러지면 재생 불가능이지만 버들은 아무 데서나 새 가지가 돋는다. 이렇게 고지식하고 융통성이 없는 깐깐한 소나무 문화와는 달리 버드나무는 뿌리가 얕으므로 오히려 덕을 본다.

① 우리는 그 문제에 대해서 의견을 나누었으나 결론을 내지는 못했다.

② 학생들은 청군과 백군으로 나누어 편을 갈랐다.

③ 형제란 한 부모의 피를 나눈 사람들이다.

④ 이 사과를 세 조각으로 나누자.

01 ㉠의 문맥적 의미와 가장 가까운 것은?

20 소방

문화의 특성도 인간의 성격도 크게 나누어 보면 '심근성(深根性)'과 '천근성(淺根性)'으로 ㉠ 나누어 볼 수 있다. 심근성의 문화는 이념이나 정통에 깊이 뿌리를 박고 있는 대륙형 문화이며, 천근성의 문화는 이식과 수용·적응이 잘되는 해양성 섬 문화이다. 소나무 가지는 한번 꺾이고 부러지면 재생 불가능이지만 버들은 아무 데서나 새 가지가 돋는다. 이렇게 고지식하고 융통성이 없는 깐깐한 소나무 문화와는 달리 버드나무는 뿌리가 얕으므로 오히려 덕을 본다.

① 우리는 그 문제에 대해서 의견을 나누었으나 결론을 내지는 못했다.
② 학생들은 청군과 백군으로 나누어 편을 갈랐다.
③ 형제란 한 부모의 피를 나눈 사람들이다.
④ 이 사과를 세 조각으로 나누자.

내용요약

- **심근성과 천근성**
  - 심근성: 이념이나 정통에 깊이 뿌리를 박고 있는 대륙형 문화. 소나무 비유
  - 천근성: 이식과 수용·적응이 잘되는 해양성 섬 문화. 버드나무 비유

정답   ②

㉠의 '나누다'는 '여러 가지가 섞인 것을 구분하여 분류하다.'의 의미이다. ②의 '나누다'도 학생들을 청군과 백군으로 '나누어 분류하다.'라는 의미로 쓰였으므로 적절하다.

오답분석

①의 '나누다'는 '말이나 이야기, 인사 따위를 주고받다.'라는 의미이므로 적절하지 않다.
③의 '나누다'는 '같은 핏줄을 타고나다.'라는 의미이므로 적절하지 않다.
④의 '나누다'는 '하나를 둘 이상으로 가르다.'라는 의미이므로 적절하지 않다.

지문요약

내용요약

- _____ 시스템하의 성공 판타지
  - 어려운 현실을 극복한 소수의 ___들을 내세우고 다수의 실패자들은 ___
  - '너희도 열심히 노력하면 이 사람들처럼 될 수 있다'는 자본주의의 _____
  - 자본주의는 지극히 ___하고 정당한 방식으로 운영되고 있으며, 오직 부족한 것은 ___의 능력과 ___인 것처럼 보임
  - 사회적 _____과 부당함이 관용과 불관용이라는 _____ 차원으로 환원되어 버림

02 다음 글에 대한 이해로 적절하지 않은 것은?

자본주의 시스템하에서 성공의 판타지는 어려운 현실을 극복하고 모든 것을 거머쥐는 소수의 영웅들을 전면에 내세움으로써 그 이면에 있는 다수의 실패자들을 은폐하는 역할을 한다. 예를 들어, 공개 오디션 프로그램에서는 본선에 오른 십여 명의 성공을 화려하게 비추는 대신, 본선에 오르지 못한 나머지 수백만 명의 실패에 대해서는 주목하지 않는다. 합리적으로 이해하기 힘든 이 방정식은 '너희도 열심히 노력하면 이 사람들처럼 될 수 있다'는 자본주의의 정언명령 앞에서 이상한 것으로 인식되지 않는다. 이 때문에 자본주의는 지극히 공정하고 정당한 방식으로 운영되고 있으며, 오직 부족한 것은 개인의 능력과 노력인 것처럼 보인다. 슬라보이 지젝이 "왜 오늘날 그 많은 문제들이 불평등, 착취 또는 부당함의 문제가 아닌 불관용의 문제로 여겨지는가?"라고 말했듯, 이 성공의 판타지는 가장 순수한 의미에서 이데올로기적인 기능을 수행한다. 사회적 불평등과 부당함이 관용과 불관용이라는 문화적 차원으로 환원돼 버리는 현상과 마찬가지로 자본주의 체제가 만들어 내는 여러 가지 사회적 문제들은 '그럼에도 불구하고 승리한' 영웅의 존재 때문에 능력과 노력이라는 지극히 개인적 차원으로 환원된다.

① 자본주의 사회에서 경쟁은 합리적이고 공정한 방식으로 이루어진다.
② 공개 오디션 프로그램은 탈락한 대다수의 실패자들을 주목하지 않는다.
③ 자본주의 사회는 열심히 노력하면 누구나 성공할 수 있다는 판타지를 제시한다.
④ 자본주의 체제하의 사회적 문제들은 성공한 소수의 존재로 인해 개인적 차원으로 치부될 가능성이 있다.

02 다음 글에 대한 이해로 적절하지 않은 것은?

21 지역인재 9급

①자본주의 시스템하에서 성공의 판타지는 어려운 현실을 극복하고 모든 것을 거머쥐는 소수의 영웅들을 전면에 내세움으로써 그 이면에 있는 다수의 실패자들을 은폐하는 역할을 한다. 예를 들어, ②공개 오디션 프로그램에서는 본선에 오른 십여 명의 성공을 화려하게 비추는 대신, 본선에 오르지 못한 나머지 수백만 명의 실패에 대해서는 주목하지 않는다. 합리적으로 이해하기 힘든 이 방정식은 ③'너희도 열심히 노력하면 이 사람들처럼 될 수 있다'는 자본주의의 정언명령 앞에서 이상한 것으로 인식되지 않는다. 이 때문에 자본주의는 지극히 공정하고 정당한 방식으로 운영되고 있으며, 오직 부족한 것은 개인의 능력과 노력인 것처럼 보인다. 슬라보이 지젝이 "왜 오늘날 그 많은 문제들이 불평등, 착취 또는 부당함의 문제가 아닌 불관용의 문제로 여겨지는가?"라고 말했듯, 이 성공의 판타지는 가장 순수한 의미에서 이데올로기적인 기능을 수행한다. ④사회적 불평등과 부당함이 관용과 불관용이라는 문화적 차원으로 환원돼 버리는 현상과 마찬가지로 ①④자본주의 체제가 만들어 내는 여러 가지 사회적 문제들은 '그럼에도 불구하고 승리한' 영웅의 존재 때문에 능력과 노력이라는 지극히 개인적 차원으로 환원된다.

① 자본주의 사회에서 경쟁은 합리적이고 공정한 방식으로 이루어진다.
② 공개 오디션 프로그램은 탈락한 대다수의 실패자들을 주목하지 않는다.
③ 자본주의 사회는 열심히 노력하면 누구나 성공할 수 있다는 판타지를 제시한다.
④ 자본주의 체제하의 사회적 문제들은 성공한 소수의 존재로 인해 개인적 차원으로 치부될 가능성이 있다.

지문요약

내용요약
- 자본주의 시스템하의 성공 판타지
  - 어려운 현실을 극복한 소수의 영웅들을 내세우고 다수의 실패자들은 은폐
  - '너희도 열심히 노력하면 이 사람들처럼 될 수 있다'는 자본주의의 정언명령
  - 자본주의는 지극히 공정하고 정당한 방식으로 운영되고 있으며, 오직 부족한 것은 개인의 능력과 노력인 것처럼 보임
  - 사회적 불평등과 부당함이 관용과 불관용이라는 문화적 차원으로 환원되어 버림

정답 ①

지문에 따르면 자본주의 시스템은 경쟁을 부추겨 소수의 영웅들을 전면에 내세우고 다수의 실패자들은 은폐하는 역할을 한다. 이를 통해 불평등, 착취 또는 부당함의 문제가 불관용이라는 문화적 차원으로 환원돼 버리고 있다고 설명하고 있다. 따라서 지문은 자본주의 사회의 경쟁 시스템을 비판하고 있으므로 '자본주의 사회에서 경쟁은 합리적이고 공정한 방식으로 이루어진다.'라는 설명은 적절하지 않다.

오답분석

② 지문에서 공개 오디션에서 십여 명의 성공을 화려하게 비추는 대신, 본선에 오르지 못한 수백만 명의 실패는 주목하지 않는다고 설명하고 있다.
③ 지문에서 공개 오디션의 예를 들며 '너희도 열심히 노력하면 이 사람들처럼 될 수 있다.'라는 판타지를 제시하고 있다.
④ 지문의 마지막에서 여러 사회적 문제들에도 불구하고 승리한 영웅의 존재 때문에 능력과 노력이라는 개인적 차원으로 환원된다고 설명하고 있다.

• 미래의 _____

– 현재의 출산율은 ___ 명

– _____은 사라지지 않아도 남녀 평등 문제는 개선될 것

– _____도 높아짐

– 높은 _____의 열기가 쌓인 결과

글의 중심 내용 파악하기

03 〈보기〉의 ⊙~② 중 이 글의 주제문으로 가장 적절한 것은?   22 서울시 9급

── 〈보 기〉──

⊙ 남녀평등 문제는 앞으로 별 의미를 갖지 못할 것이다. ⓒ 현재의 출산율은 1.17명이다. 한 부부가 아들과 딸 중 하나를 낳아 기른다는 걸 의미한다. 아들 선호 사상이야 사라지지 않겠지만 평등 문제는 크게 개선될 것이다. ⓒ 높아진 평등의식 도 긍정적 요인이다. 최근 각계에 여성 진출이 두드러지고 있는 것은 이런 앞날을 예고하는 것이다. ② 내 딸만큼은 나처럼 키우지 않겠다는 한국 어머니들의 한(恨) 이 높은 여성교육 열기로 이어지고 쌓인 결과이기도 하다.

① ⊙

② ⓒ

③ ⓒ

④ ②

03 〈보기〉의 ㉠~㉣ 중 이 글의 주제문으로 가장 적절한 것은? 22 서울시 9급

지문요약

— 〈보 기〉 —

　㉠ 남녀평등 문제는 앞으로 별 의미를 갖지 못할 것이다. ㉡ 현재의 출산율은 1.17명이다. 한 부부가 아들과 딸 중 하나를 낳아 기른다는 걸 의미한다. 아들 선호사상이야 사라지지 않겠지만 평등 문제는 크게 개선될 것이다. ㉢ 높아진 평등의식도 긍정적 요인이다. 최근 각계에 여성 진출이 두드러지고 있는 것은 이런 앞날을 예고하는 것이다. ㉣ 내 딸만큼은 나처럼 키우지 않겠다는 한국 어머니들의 한(恨)이 높은 여성교육 열기로 이어지고 쌓인 결과이기도 하다.

① ㉠

② ㉡

③ ㉢

④ ㉣

내용요약

- **미래의 남녀평등**
  - 현재의 출산율은 1.17명
  - 아들 선호사상은 사라지지 않아도 남녀 평등 문제는 개선될 것
  - 평등의식도 높아짐
  - 높은 여성교육의 열기가 쌓인 결과

정답 ①

이 지문은 두괄식 구성으로 전개되고 있다. 남녀평등 문제가 앞으로 별 의미를 갖지 못할 것임을 주장한 후, 현재의 출산율과 평등의식, 한국 어머니들의 높은 여성교육열을 근거로 삼고 있다. 따라서 이 글의 주제문으로는 ㉠이 적당하다.

지문요약

주제

북아메리카 _____ 감소의 원인

내용요약

• 북아메리카의 인디언들

　– 처음에는 약 _____만 명에 달했음

　– _____ 도착 이후 한두 세기에 걸쳐 인디언 인구는 최대 __%가 감소했을 것으로 추정

• 인디언 죽음의 주된 요인

　– 구세계의 _____

　– 인디언들은 그런 질병에 노출된 적 없어서 _____이나 유전적 _____이 전혀 없었음

　– 천연두, 홍역, 인플루엔자, 발진티푸스, 디프테리아, 말라리아, 볼거리, 백일해, 페스트, 결핵, 황열병 등

　– _____ 인디언은 _____로 인해 몇 주 만에 인구 2,000명에서 40명으로 감소

04 다음 〈보기〉에 대한 이해로 가장 옳은 것은?

〈보 기〉

　내가 어렸을 때만 하더라도 미국의 어린이들은 원래 북아메리카에는 100만 명가량의 인디언밖에 없었다고 배웠다. 이렇게 적은 수라면 거의 빈 대륙이라고 할 수 있으므로 백인들의 정복을 정당화하는 데 유용했다. 그러나 고고학적인 발굴과 미국의 해안 지방을 처음 밟은 유럽인 탐험가들의 기록을 자세히 검토한 결과 인디언들이 처음에는 약 2,000만 명에 달했다는 것을 알게 되었다. 신세계 전체를 놓고 보았을 때 콜럼버스가 도착한 이후 한두 세기에 걸쳐 인디언의 인구는 최대 95%가 감소했을 것으로 추정된다.

　인디언들이 죽은 주된 요인은 구세계의 병원균이었다. 인디언들은 그런 질병에 노출된 적이 없었으므로 면역성이나 유전적인 저항력이 전혀 없었다. 살인적인 질병의 1위 자리를 놓고 다투었던 것은 천연두, 홍역, 인플루엔자, 발진티푸스 등이었고, 그것으로도 충분하지 않다는 듯 디프테리아, 말라리아, 볼거리, 백일해, 페스트, 결핵, 황열병 등이 그 뒤를 바싹 따랐다. 병원균이 보인 파괴력을 백인들이 직접 목격한 경우도 헤아릴 수없이 많았다. 1837년 대평원에서 가장 정교한 문화를 가지고 있던 만단족 인디언들은 세인트루이스에서 미주리강을 타고 거슬러 올라 온 한 척의 증기선 때문에 천연두에 걸렸다. 만단족의 한 마을은 몇 주 사이에 인구 2,000명에서 40명으로 곤두박질쳤다.

– 재레드 다이아몬드, 「총·균·쇠」 –

① 인디언들은 구세계의 병원균에 대한 면역성이 일부 있었다.

② 만단족 인디언들의 인구 감소는 백인들의 무기 때문이었다.

③ 콜럼버스 이전의 북아메리카에는 100만 명가량의 인디언이 있었다.

④ 만단족 인디언들의 한 마을 인구가 급격하게 줄어든 것은 천연두 때문이었다.

04 다음 〈보기〉에 대한 이해로 가장 옳은 것은?

〈보 기〉

　내가 어렸을 때만 하더라도 미국의 어린이들은 원래 북아메리카에는 100만 명가량의 인디언밖에 없었다고 배웠다. 이렇게 적은 수라면 거의 빈 대륙이라고 할 수 있으므로 백인들의 정복을 정당화하는 데 유용했다. 그러나 고고학적인 발굴과 미국의 해안 지방을 처음 밟은 유럽인 탐험가들의 기록을 자세히 검토한 결과 ③인디언들이 처음에는 약 2,000만 명에 달했다는 것을 알게 되었다. 신세계 전체를 놓고 보았을 때 콜럼버스가 도착한 이후 한두 세기에 걸쳐 인디언의 인구는 최대 95%가 감소했을 것으로 추정된다.

　인디언들이 죽은 주된 요인은 구세계의 병원균이었다. ①인디언들은 그런 질병에 노출된 적이 없었으므로 면역성이나 유전적인 저항력이 전혀 없었다. 살인적인 질병의 1위 자리를 놓고 다투었던 것은 천연두, 홍역, 인플루엔자, 발진티푸스 등이었고, 그것으로도 충분하지 않다는 듯 디프테리아, 말라리아, 볼거리, 백일해, 페스트, 결핵, 황열병 등이 그 뒤를 바짝 따랐다. 병원균이 보인 파괴력을 백인들이 직접 목격한 경우도 헤아릴 수없이 많았다. ②④1837년 대평원에서 가장 정교한 문화를 가지고 있던 만단족 인디언들은 세인트루이스에서 미주리강을 타고 거슬러 올라 온 한 척의 증기선 때문에 천연두에 걸렸다. 만단족의 한 마을은 몇 주 사이에 인구 2,000명에서 40명으로 곤두박질쳤다.

– 재레드 다이아몬드, 「총·균·쇠」 –

① 인디언들은 구세계의 병원균에 대한 면역성이 일부 있었다.
② 만단족 인디언들의 인구 감소는 백인들의 무기 때문이었다.
③ 콜럼버스 이전의 북아메리카에는 100만 명가량의 인디언이 있었다.
④ 만단족 인디언들의 한 마을 인구가 급격하게 줄어든 것은 천연두 때문이었다.

정답 ④

지문에서 만단족 인디언들이 미주리강을 타고 거슬러 올라 온 한 척의 증기선 때문에 천연두에 걸려 몇 주 만에 인구가 2,000명에서 40명으로 감소하였다고 언급하고 있으므로, 인구 감소의 주된 요인은 천연두 때문이라고 볼 수 있다.

오답분석

① 인디언들은 구세계의 병원균에 노출된 적이 없어서 면역성이나 유전적 저항력이 전혀 없었다고 지문에서 언급하고 있으므로 적절하지 않다.
② 만단족 인디언들의 인구 감소는 그들이 타고 온 증기선에서 옮은 천연두 때문이므로 적절하지 않다.
③ 고고학적 발굴과 탐험가들의 기록을 참고할 때, 처음에는 약 2,000만 명에 달했을 것이라고 하였으므로 적절하지 않다.

- ___의 사용과 문장 만들기
  - 에번 코넬은 쉼표를 지우고 넣는 과정을 거치며 _____을 완성함
  - ____한 곳에 찍혀 있는 쉼표는 글의 논리와 ___을 망쳐 놓음
  - _____의 문장을 쓰거나 치밀한 문장을 만들어야 함

통합형

05 (가)에 들어갈 한자성어로 가장 적절한 것은?   22 지방직 7급

소설가 에번 코넬은 단편소설의 초고를 읽어 내려가면서 쉼표를 하나하나 지웠다가 다시 한번 읽으면서 쉼표를 원래 있던 자리에 되살려 놓는 과정을 거치면 단편 하나가 완성된다고 했다. 강박증 환자처럼 보이지만 실은 치열한 문장가가 아닌가! 불필요한 곳에 나태하게 찍혀 있는 쉼표는 글의 논리와 리듬을 망쳐 놓는다. 쉼표를 사용할 필요가 없는 [(가)]의 문장을 쓰거나 쉼표의 앞뒤를 섬세하게 짚게 하는 치밀한 문장을 만들어야 한다.

① 髀肉之歎
② 聲東擊西
③ 苦盡甘來
④ 天衣無縫

05 (가)에 들어갈 한자성어로 가장 적절한 것은?

> 소설가 에번 코넬은 단편소설의 초고를 읽어 내려가면서 쉼표를 하나하나 지웠다가 다시 한번 읽으면서 쉼표를 원래 있던 자리에 되살려 놓는 과정을 거치면 단편 하나가 완성된다고 했다. 강박증 환자처럼 보이지만 실은 치열한 문장가가 아닌가! 불필요한 곳에 나태하게 찍혀 있는 쉼표는 글의 논리와 리듬을 망쳐 놓는다. 쉼표를 사용할 필요가 없는 ⎣(가)⎦의 문장을 쓰거나 쉼표의 앞뒤를 섬세하게 짚게 하는 치밀한 문장을 만들어야 한다.

① 髀肉之歎
② 聲東擊西
③ 苦盡甘來
④ 天衣無縫

지문요약

내용요약

· 쉼표의 사용과 문장 만들기
  – 에번 코넬은 쉼표를 지우고 넣는 과정을 거치며 단편소설을 완성함
  – 불필요한 곳에 찍혀 있는 쉼표는 글의 논리와 리듬을 망쳐 놓음
  – 천의무봉의 문장을 쓰거나 치밀한 문장을 만들어야 함

정답 ④

이 지문은 문장을 완성하기 위해 얼마나 섬세하고 치밀하고 치열해야 하는가를 강조하고 있다. '쉼표'를 지웠다가 넣는 것을 통해 글의 논리와 리듬을 완성하는 것이다. 따라서 쉼표를 사용할 필요가 없는 문장은 더 이상 고칠 필요가 없는 완전한 문장이라는 의미이므로 '일부러 꾸민 데 없이 자연스럽고 아름다우면서 완전함'을 의미하는 '천의무봉(天衣無縫)'이 오는 것이 적절하다.

오답분석

① 비육지탄(髀肉之嘆): 재능을 발휘할 때를 얻지 못하여 헛되이 세월만 보내는 것을 한탄함
② 성동격서(聲東擊西): 적을 유인하여 이쪽을 공격하는 체하다가 그 반대쪽을 치는 전술
③ 고진감래(苦盡甘來): 고생 끝에 즐거움이 옴(고생 끝에 낙이 온다)

------------ **지문요약** ------------

내용요약

• _____
  자신의 신념과 일치하는 정보는 받아들이고, 그렇지 않은 정보는 무시하는 경향

• **로버트 치알디니의 주장**
  기존 견해와 일치하는 정보의 __ 가지 이점

  – 어떤 문제에 대해 ___ 하지 않고 마음의 ___ 을 취하게 해 주며, 생각하지 않게 함

  – ___ 의 결과로부터 자유롭게 해 줌. 추론의 결과 때문에 ___ 을 바꿀 필요가 없다는 뜻으로, 행동하지 않게 함

  – 그 결과 반대 당 후보의 주장은 기억 못 해도 _____ 당 후보의 주장은 대부분 기억해 냄

어휘 및 문맥적 의미 파악하기

01 다음 글의 ㉠~㉣ 중 성격이 다른 것은? 　　　21 지역인재 9급

　　자신의 신념과 일치하는 정보는 받아들이고 ㉠ 그렇지 않은 정보는 무시하는 경향을 확증 편향(confirmation bias)이라고 한다. 기존의 믿음이나 견해와 일치하는 정보는 적극적으로 수용하되 ㉡ 그에 반대되는 정보는 무시하거나 주목하지 않는 심리 경향을 말한다. 사회심리학자인 로버트 치알디니에 따르면 자신이 가진 기존의 견해와 일치하는 정보에는 두 가지 이점이 있다고 한다. 첫째, ㉢ 그러한 정보는 어떤 문제에 대해 더 이상 고민하지 않고 마음의 휴식을 취할 수 있도록 해 준다. 둘째, 그러한 정보는 우리를 추론의 결과로부터 자유롭게 해 준다. 즉 추론의 결과 때문에 행동을 바꿔야 할 필요가 없는 것이다. 첫 번째 이점은 생각하지 않게 하고, 두 번째 이점은 행동하지 않게 한다는 것인데, 이를 입증하기 위해 특정의 정치 성향을 가진 사람들을 대상으로 실험을 실시하였다. 그 결과, ㉣ 반대 당 후보의 주장에 대해서는 거의 기억하지 못한 반면, 지지하는 당 후보의 주장에 대해서는 거의 대부분을 기억해 냈다.

---

① ㉠

② ㉡

③ ㉢

④ ㉣

01 다음 글의 ㉠~㉣ 중 성격이 다른 것은?

21 지역인재 9급

①자신의 신념과 일치하는 정보는 받아들이고 ㉠ 그렇지 않은 정보는 무시하는 경향을 확증 편향(confirmation bias)이라고 한다. 기존의 믿음이나 견해와 일치하는 정보는 적극적으로 수용하되 ㉡ 그에 반대되는 정보는 ②무시하거나 주목하지 않는 심리 경향을 말한다. 사회심리학자인 로버트 치알디니에 따르면 자신이 가진 기존의 견해와 일치하는 정보에는 두 가지 이점이 있다고 한다. 첫째, ㉢ 그러한 정보는 ③어떤 문제에 대해 더 이상 고민하지 않고 마음의 휴식을 취할 수 있도록 해 준다. 둘째, 그러한 정보는 우리를 추론의 결과로부터 자유롭게 해 준다. 즉 추론의 결과 때문에 행동을 바꿔야 할 필요가 없는 것이다. 첫 번째 이점은 생각하지 않게 하고, 두 번째 이점은 행동하지 않게 한다는 것인데, 이를 입증하기 위해 특정의 정치 성향을 가진 사람들을 대상으로 실험을 실시하였다. 그 결과, ㉣ 반대 당 후보의 주장에 대해서는 ④거의 기억하지 못한 반면, 지지하는 당 후보의 주장에 대해서는 거의 대부분을 기억해 냈다.

① ㉠
② ㉡
③ ㉢
④ ㉣

지문요약

내용요약

• **확증 편향**
자신의 신념과 일치하는 정보는 받아들이고, 그렇지 않은 정보는 무시하는 경향

• **로버트 치알디니의 주장**
기존 견해와 일치하는 정보의 두 가지 이점
- 어떤 문제에 대해 고민하지 않고 마음의 휴식을 취하게 해 주며, 생각하지 않게 함
- 추론의 결과로부터 자유롭게 해 줌. 추론의 결과 때문에 행동을 바꿀 필요가 없다는 뜻으로, 행동하지 않게 함
- 그 결과 반대 당 후보의 주장은 기억 못 해도 지지하는 당 후보의 주장은 대부분 기억해 냄

정답 ③

이 지문에서는 자신의 신념과 일치하는 정보와 자신의 신념과 반대되는 정보 두 가지를 다루고 있다. 자신의 신념과 일치하는 정보는 적극적으로 수용하고 반대되는 정보는 무시하거나 주목하지 않는다고 하였으므로, ㉠과 ㉡은 모두 자신의 신념과 반대되는 정보를 의미한다. ㉢의 경우 바로 뒤이어 나오는 문맥을 고려해 보면, 더 이상 고민하지 않고 마음의 휴식을 취할 수 있게 해 주는 정보임을 알 수 있다. 따라서 '자신의 신념과 일치하는 정보'인 것이다. ㉣의 경우 '반대' 당 후보의 주장이라고 하였으므로 자신의 신념과 반대되는 당 후보의 주장임을 알 수 있다. 따라서 ㉠·㉡·㉣은 자신의 신념과 반대되는 정보 혹은 주장이고, ㉢은 자신의 신념과 일치하는 정보이다.

내용요약

• 언어 자살(language suicide)

‒ 명백한 외부의 ___이 없으며 비교적
___에 집단적으로 이루어짐

‒ 멕시코 ___ : 정부에서 지역 문화를
존중하는 태도를 보였으나, 이 지역 사
람들이 스페인어를 사용하며 ___
가 일어남

‒ '___ 상실, 사회 ___, 세대 간 문화
적 ___의 결여' 등이 앞서거니 뒤서
거니 하는 원인, 결과, 배경

02 다음 〈보기〉에 대한 이해로 가장 옳은 것은?

21 해경 2차

─── 〈보 기〉 ───

　다음 세대에 자신의 모어(母語)를 전달하지 않고자 하는 행위를 '언어 자살(language suicide)'이라고 한다. 언어 자살은 명백한 외부의 강압이 없으며 비교적 단기간에 집단적으로 이루어진다는 특징이 있다. 가령, 멕시코 정부에서 공식적으로 토토낙어 사용을 금지하는 정책을 취하지 않고 지역 문화를 존중하는 태도를 보였는데도 이 지역 사람들은 모어 대신 스페인어를 사용했다. 이러한 언어 교체 현상을 멕시코 정부가 부추겼다고 보기는 어렵다. 연구에 의하면 언어 자살은 '정체성 상실, 사회 붕괴, 세대 간 문화적 연속성의 결여' 등이 앞서거니 뒤서거니 하는 원인이자 결과이자 배경이다. '나는 부모님들처럼 이렇게 살지는 않겠어.'라는 집단적 자각이 한 세대로 하여금 단체로 모어 사용을 그만두게 할 수도 있는 셈이다.

① 서구 열강들의 식민지 지배 전략 가운데 언어 말살 정책은 언어 자살 현상의 대표적 사례이다.

② 모어를 계승하려는 언중의 의지가 언어 자살 현상의 발생 가능성에 변수가 될 수 없다.

③ 멕시코 정부의 공식적인 언어 정책이 특정 지역의 언어 교체 현상을 유도했다고 볼 수 있다.

④ 부모 세대와 다르게 살겠다는 자식 세대의 집단적 자각은 언어 자살의 원인이 될 수 있다.

02 다음 〈보기〉에 대한 이해로 가장 옳은 것은?

21 해경 2차

─〈보 기〉─

다음 세대에 자신의 모어(母語)를 전달하지 않고자 하는 행위를 '언어 자살 (language suicide)'이라고 한다. 언어 자살은 명백한 외부의 강압이 없으며 비교적 단기간에 집단적으로 이루어진다는 특징이 있다. 가령, 멕시코 정부에서 공식적으로 토토낙어 사용을 금지하는 정책을 취하지 않고 지역 문화를 존중하는 태도를 보였는데도 이 지역 사람들은 모어 대신 스페인어를 사용했다. 이러한 ③언어 교체 현상을 멕시코 정부가 부추겼다고 보기는 어렵다. 연구에 의하면 언어 자살은 ②'정체성 상실, 사회 붕괴, 세대 간 문화적 연속성의 결여' 등이 앞서거니 뒤서거니 하는 원인이자 결과이자 배경이다. ④'나는 부모님들처럼 이렇게 살지는 않겠어.'라는 집단적 자각이 한 세대로 하여금 단체로 모어 사용을 그만두게 할 수도 있는 셈이다.

① 서구 열강들의 식민지 지배 전략 가운데 언어 말살 정책은 언어 자살 현상의 대표적 사례이다.

② 모어를 계승하려는 언중의 의지가 언어 자살 현상의 발생 가능성에 변수가 될 수 없다.

③ 멕시코 정부의 공식적인 언어 정책이 특정 지역의 언어 교체 현상을 유도했다고 볼 수 있다.

④ 부모 세대와 다르게 살겠다는 자식 세대의 집단적 자각은 언어 자살의 원인이 될 수 있다.

지문요약

내용요약

- **언어 자살(language suicide)**
  - 명백한 외부의 강압이 없으며 비교적 단기간에 집단적으로 이루어짐
  - 멕시코 토토낙어: 정부에서 지역 문화를 존중하는 태도를 보였으나, 이 지역 사람들이 스페인어를 사용하며 언어 교체가 일어남
  - '정체성 상실, 사회 붕괴, 세대 간 문화적 연속성의 결여' 등이 앞서거니 뒤서거니 하는 원인, 결과, 배경

정답 ④

지문에서는 '언어 자살'이 외부의 강압 없이 단기간에 집중적으로 이루어진다는 특징이 있다고 하였다. 이 현상의 원인이자 결과이자 배경이 되는 것은 '정체성 상실, 사회 붕괴, 세대 간 문화적 연속성의 결여' 등으로 자식 세대가 부모와 다르게 살겠다는 집단적 자각은 '세대 간 문화적 연속성의 결여'에 해당하는 것으로 볼 수 있다.

오답분석

① 지문에서 언급하고 있지 않다.

② 지문에 따르면 '모어를 계승하려는 언중의 의지'가 없다면 언어 자살이 일어나지 않는다. 지문의 마지막에 언급한 것처럼 어떤 집단적 자각이 단체로 모어 사용을 그만두게 할 수도 있다고 하였으므로, 언중의 의지가 언어 자살 현상 발생 가능성의 변수가 될 수 있다.

③ 지문에 따르면 멕시코 정부는 코코낙어를 사용하는 지역 문화를 존중하는 태도를 보였다. 하지만 그 지역 사람들이 자신들의 선택으로 모어 대신 스페인어를 사용했기 때문에 이를 멕시코 정부가 유도했다고 볼 수는 없다.

주제

한반도의 _____ 조건의 변화

내용요약

· **(나) 과거 한반도**

– 100년 전 수난과 ____의 역사를 겪음.
  _____의 아픔

– ____으로 나가려는 세력과 대륙으로 진
  출하려는 세력이 싸움

· **(라) 분단의 아픔**

– 국권 상실의 아픔이 ____으로 이어져
  오늘에 이름

– 정의가 패배하고 _____가 득세하는
  불행한 역사를 겪음

– 새로운 희망의 시대가 열림

– _____가 세계 경제 3대 축으로 부상

· **(다) _____이 국력을 좌우하는 시대**

– 전쟁 폐허의 극복과 _____의 건설

– 우수한 인력과 세계 선두권의 _____
  기반을 갖춤

– ____기반의 손색이 없음

· **(가) 희망이 된 지정학적 조건**

– 한반도는 ___과 ___가 모여드는 동북
  아 물류와 금융, 비즈니스의 _____가
  될 것

– ___와 ___의 동북아 시대를 열어가야 함

글의 전개 순서 파악하기

03 다음 글의 전개 순서로 가장 자연스러운 것은? 22 지방직 9급

> (가) 과거에는 고통만을 안겨 주었던 지정학적 조건이 이제는 희망의 조건이 되고
> 있습니다. 이제 한반도는 사람과 물자가 모여드는 동북아 물류와 금융, 비즈니
> 스의 중심지가 될 것입니다. 우리가 주도해서 평화와 번영의 동북아 시대를 열
> 어 나가야 합니다.
>
> (나) 100년 전 우리는 수난과 비극의 역사를 겪었습니다. 해양으로 나가려는 세력과
> 대륙으로 진출하려는 세력이 한반도를 가운데 놓고 싸움을 벌였습니다. 마침내
> 우리는 국권을 상실하는 아픔을 감수해야 했습니다.
>
> (다) 지금은 무력이 아니라 경제력이 국력을 좌우하는 시대입니다. 우리나라는 전쟁
> 의 폐허를 극복하고 세계적인 경제 강국을 건설하고 있습니다. 우수한 인력과
> 세계 선두권의 정보화 기반을 갖추고 있습니다. 바다와 하늘과 땅을 연결하는
> 물류 기반도 손색이 없습니다.
>
> (라) 그 아픔은 분단으로 이어져서 오늘에 이르고 있습니다. 그 과정에서는 정의가
> 패배하고 기회주의가 득세하는 불행한 역사를 겪었습니다. 그러나 이제 우리에
> 게도 새로운 희망의 시대가 열리고 있습니다. 세계의 변방으로 머물러 왔던 동북
> 아시아가 북미 · 유럽 지역과 함께 세계 경제의 3대 축으로 떠오르고 있습니다.

① (가) – (나) – (다) – (라)

② (가) – (라) – (나) – (다)

③ (나) – (가) – (라) – (다)

④ (나) – (라) – (다) – (가)

03 다음 글의 전개 순서로 가장 자연스러운 것은?

22 지방직 9급

(가) 과거에는 고통만을 안겨 주었던 지정학적 조건이 이제는 희망의 조건이 되고 있습니다. 이제 한반도는 사람과 물자가 모여드는 동북아 물류와 금융, 비즈니스의 중심지가 될 것입니다. 우리가 주도해서 평화와 번영의 동북아 시대를 열어 나가야 합니다.

(나) 100년 전 우리는 수난과 비극의 역사를 겪었습니다. 해양으로 나가려는 세력과 대륙으로 진출하려는 세력이 한반도를 가운데 놓고 싸움을 벌였습니다. 마침내 우리는 국권을 상실하는 아픔을 감수해야 했습니다.

(다) 지금은 무력이 아니라 경제력이 국력을 좌우하는 시대입니다. 우리나라는 전쟁의 폐허를 극복하고 세계적인 경제 강국을 건설하고 있습니다. 우수한 인력과 세계 선두권의 정보화 기반을 갖추고 있습니다. 바다와 하늘과 땅을 연결하는 물류 기반도 손색이 없습니다.

(라) 그 아픔은 분단으로 이어져서 오늘에 이르고 있습니다. 그 과정에서는 정의가 패배하고 기회주의가 득세하는 불행한 역사를 겪었습니다. 그러나 이제 우리에게도 새로운 희망의 시대가 열리고 있습니다. 세계의 변방으로 머물러 왔던 동북아시아가 북미·유럽 지역과 함께 세계 경제의 3대 축으로 떠오르고 있습니다.

① (가) – (나) – (다) – (라)
② (가) – (라) – (나) – (다)
③ (나) – (가) – (라) – (다)
④ (나) – (라) – (다) – (가)

지문요약

주제

한반도의 지정학적 조건의 변화

내용요약

- **(나) 과거 한반도**
  - 100년 전 수난과 비극의 역사를 겪음. 국권 상실의 아픔
  - 해양으로 나가려는 세력과 대륙으로 진출하려는 세력이 싸움

- **(라) 분단의 아픔**
  - 국권 상실의 아픔이 분단으로 이어져 오늘에 이름
  - 정의가 패배하고 기회주의가 득세하는 불행한 역사를 겪음
  - 새로운 희망의 시대가 열림
  - 동북아시아가 세계 경제 3대 축으로 부상

- **(다) 경제력이 국력을 좌우하는 시대**
  - 전쟁 폐허의 극복과 경제 강국의 건설
  - 우수한 인력과 세계 선두권의 정보화 기반을 갖춤
  - 물류 기반의 손색이 없음

- **(가) 희망이 된 지정학적 조건**
  - 한반도는 사람과 물자가 모여드는 동북아 물류와 금융, 비즈니스의 중심지가 될 것
  - 평화와 번영의 동북아 시대를 열어가야 함

정답 ④

이 지문은 한반도의 지정학적 위치가 과거에는 아픔이었지만, 현재와 미래에는 경제적 중심지가 될 것이라 주장하고 있다. 따라서 과거부터 현재, 미래로 이어지는 한반도의 모습을 따라 배열하는 것이 자연스럽다. 먼저, 100년 전 국권 상실의 아픔을 겪은 한반도를 설명하고**(나)** 그 아픔이 분단으로 이어져 오늘에 이르고 있음을 보여준 후, 현재 동북아시아가 세계 경제의 3대 축으로 떠오르고 있는 모습을 언급한다**(라)**. 이어서 한반도의 경제 강국으로 거듭나는 모습을 나열한 뒤**(다)**, 미래에는 우리가 주도하여 평화와 번영의 동북아 시대를 열어가야 함을 강조한다**(가)**.

주제
무주의 맹시

내용요약

• **A의 실험**
  – 검은색 옷과 흰색 옷을 입은 6명이 _개의 농구공으로 패스를 주고받음
  – 실험 참가자들에게 흰색 옷을 입은 사람의 _____를 세게 함
  – 동영상 중간 중간 출현한 ____ 복장의 사람은 보지 못함

• **일상에서의 확인**
  – 오토바이 운전자가 안전을 위해 ____ 옷을 입음
  – ____으로 더 잘 보이고 쉽게 알아볼 수 있음
  – 모든 자동차 운전자가 오토바이 운전자를 알아보는 것은 아님

04 (가)와 (나)에 들어갈 말로 가장 적절한 것은?

22 지방직 7급

A는 다음과 같은 실험을 진행했다. 먼저, 검은색 옷과 흰색 옷을 입은 6명이 두 개의 농구공을 가지고 패스를 주고받는 동안 고릴라 복장의 사람을 지나가게 하고 그 장면을 동영상으로 촬영했다. 그리고 실험 참가자들에게 이 동영상을 보여 주면서 흰색 옷을 입은 사람들이 몇 번 패스를 주고받았는지 세어 달라고 요청했다. 이에 대해 참가자들은 패스 횟수에 대해서는 각자의 답을 말했는데, 동영상 중간 중간에 출현한 고릴라 복장의 사람에 대해서는 하나같이 보지 못했다고 답했다. 참가자들이 패스 횟수를 세는 데 집중하느라 1분이 채 안 되는 동영상 가운데 9초에 걸쳐 등장하는 고릴라 복장의 사람을 인지하지 못한 것이다. A는 이 실험을 통해 다음의 결론을 도출했다. ___(가)___ .

이 실험 결과를 우리의 일상에서도 확인해 볼 수 있다. 오토바이 운전자의 안전을 위해 눈에 잘 띄는 밝은색 옷을 입도록 권하는데, 밝은색 옷의 오토바이 운전자는 시각적으로 더 잘 보이고, 덕분에 더 쉽게 알아볼 수 있기 때문이다. 그렇다고 해도 모든 자동차 운전자가 밝은색 옷을 입은 오토바이 운전자를 다 알아보는 것은 아니다. 바라보는 행위는 인지의 ___(나)___ 없기 때문이다.

① (가): 인간의 인지는 시각과 밀접하게 관련되어 있다
   (나): 충분조건일 수는 있어도 필요조건일 수는

② (가): 인간의 인지는 시각과 밀접하게 관련되어 있다
   (나): 필요조건일 수는 있어도 충분조건일 수는

③ (가): 인간은 중요하다고 생각하는 것 위주로 주의를 기울인다
   (나): 충분조건일 수는 있어도 필요조건일 수는

④ (가): 인간은 중요하다고 생각하는 것 위주로 주의를 기울인다
   (나): 필요조건일 수는 있어도 충분조건일 수는

04 (가)와 (나)에 들어갈 말로 가장 적절한 것은?

A는 다음과 같은 실험을 진행했다. 먼저, 검은색 옷과 흰색 옷을 입은 6명이 두 개의 농구공을 가지고 패스를 주고받는 동안 고릴라 복장의 사람을 지나가게 하고 그 장면을 동영상으로 촬영했다. 그리고 실험 참가자들에게 이 동영상을 보여 주면서 흰색 옷을 입은 사람들이 몇 번 패스를 주고받았는지 세어 달라고 요청했다. 이에 대해 참가자들은 패스 횟수에 대해서는 각자의 답을 말했는데, 동영상 중간 중간에 출현한 고릴라 복장의 사람에 대해서는 하나같이 보지 못했다고 답했다. 참가자들이 패스 횟수를 세는 데 집중하느라 1분이 채 안 되는 동영상 가운데 9초에 걸쳐 등장하는 고릴라 복장의 사람을 인지하지 못한 것이다. A는 이 실험을 통해 다음의 결론을 도출했다. __(가)__.

이 실험 결과를 우리의 일상에서도 확인해 볼 수 있다. 오토바이 운전자의 안전을 위해 눈에 잘 띄는 밝은색 옷을 입도록 권하는데, 밝은색 옷의 오토바이 운전자는 시각적으로 더 잘 보이고, 덕분에 더 쉽게 알아볼 수 있기 때문이다. 그렇다고 해도 모든 자동차 운전자가 밝은색 옷을 입은 오토바이 운전자를 다 알아보는 것은 아니다. 바라보는 행위는 인지의 __(나)__ 없기 때문이다.

① (가): 인간의 인지는 시각과 밀접하게 관련되어 있다
　 (나): 충분조건일 수는 있어도 필요조건일 수는
② (가): 인간의 인지는 시각과 밀접하게 관련되어 있다
　 (나): 필요조건일 수는 있어도 충분조건일 수는
③ (가): 인간은 중요하다고 생각하는 것 위주로 주의를 기울인다
　 (나): 충분조건일 수는 있어도 필요조건일 수는
④ (가): 인간은 중요하다고 생각하는 것 위주로 주의를 기울인다
　 (나): 필요조건일 수는 있어도 충분조건일 수는

주제
무주의 맹시

내용요약
- **A의 실험**
  - 검은색 옷과 흰색 옷을 입은 6명이 2개의 농구공으로 패스를 주고받음
  - 실험 참가자들에게 흰색 옷을 입은 사람의 패스 횟수를 세게 함
  - 동영상 중간 중간 출현한 고릴라 복장의 사람은 보지 못함
- **일상에서의 확인**
  - 오토바이 운전자가 안전을 위해 밝은색 옷을 입음
  - 시각적으로 더 잘 보이고 쉽게 알아볼 수 있음
  - 모든 자동차 운전자가 오토바이 운전자를 알아보는 것은 아님

＊ **무주의 맹시**
눈이 특정 위치를 향하고 있지만 주의가 다른 곳에 있어서 눈이 향하는 위치의 대상이 지각되지 못하는 현상이나 상태

정답　④

(가) 지문에서 A의 실험에서 실험 참가자들은 '흰색 옷을 입은 사람의 패스 횟수'에 집중하느라 1분이 채 안되는 동안 9초에 걸쳐 동영상에 등장하는 고릴라 복장의 사람을 보지 못했다고 답했다. 이를 통해 '인간은 중요하다고 생각하는 것 위주로 주의를 기울이고 있음'을 알 수 있다.

(나) 일상에서 오토바이 운전자가 밝은색 옷을 입으면 더 잘 보이기 때문에 자동차 운전자가 쉽게 알아볼 수 있지만, 항상 그런 것은 아니라고 하였다. 그 이유는 오토바이 운전자를 바라보는 것이 '본다'라고 하는 '필요조건'이 될 수는 있어도 그를 무조건 인식한다는 '충분조건'이 될 수는 없기 때문이다.

지문요약

주제

영국의 _____과 관세의 영향

내용요약

• 식량 가격의 ___을 유발하지 않으면서도
  자국의 농업 생산을 ___하고자 하는 목
  적에서 곡물법이 제정됨

• 수입 곡물에 대해 _____인 관세율을 적용
  하여 ___를 적정하게 유지하고자 하였음

• _____ 전쟁 이후 식량 가격 하락

• 농부들이 수입 곡물에 대한 ___를 높일
  것을 요구했지만, 공장주들은 이윤 감소
  와 수출 감소로 _____이 파멸할 수도 있
  다며 곡물법의 즉각 ___를 요구

05 다음 글의 제목으로 가장 적절한 것은?

22 군무원 7급

당시 영국의 곡물법은 식량 가격의 인상을 유발하지 않으면서도 자국의 농업 생산을 장려하고자 하는 목적에서 제정된 것으로, 이 법에 따라 영국 정부는 수입 곡물에 대해 탄력적인 관세율을 적용하여 곡가(穀價)를 적정하게 유지하고자 하였다. 그런데 나폴레옹 전쟁 이후 전시 수요는 크게 둔화된 반면, 대륙 봉쇄가 풀리면서 곡물 수입이 활발해짐에 따라 식량 가격은 하락하기 시작했다. 이에 농부들은 수입 곡물에 대해 관세를 더욱 높일 것을 요구하였다. 아울러 이러한 요구는 국력의 유지와 국방의 측면을 위해서도 국내 농업생산 보호가 필요하다는 지주들의 주장에 의해 뒷받침되었다. 이와는 달리, 공장주들은 수입 곡물에 대한 관세 인상을 반대하였다. 관세가 인상되면 곡가가 오르고 임금도 오르게 되며, 그렇게 되면 이윤이 감소하고 제조품의 수출도 감소하여 마침내 제조업의 파멸을 초래하게 된다는 것이었다. 이에 공장주들은 영국의 미래는 농업이 아니라 공업의 확장에 달려 있다고 주장하면서 곡물법의 즉각적인 철폐를 요구하기에 이르렀다.

① 영국 곡물법의 개념
② 영국 곡물법의 철폐
③ 영국 곡물법에 대한 의견
④ 영국 곡물법의 제정과 변화

05 다음 글의 제목으로 가장 적절한 것은?

22 군무원 7급

당시 영국의 곡물법은 식량 가격의 인상을 유발하지 않으면서도 자국의 농업 생산을 장려하고자 하는 목적에서 제정된 것으로, 이 법에 따라 영국 정부는 수입 곡물에 대해 탄력적인 관세율을 적용하여 곡가(穀價)를 적정하게 유지하고자 하였다. 그런데 나폴레옹 전쟁 이후 전시 수요는 크게 둔화된 반면, 대륙 봉쇄가 풀리면서 곡물 수입이 활발해짐에 따라 식량 가격은 하락하기 시작했다. 이에 농부들은 수입 곡물에 대해 관세를 더욱 높일 것을 요구하였다. 아울러 이러한 요구는 국력의 유지와 국방의 측면을 위해서도 국내 농업생산 보호가 필요하다는 지주들의 주장에 의해 뒷받침되었다. 이와는 달리, 공장주들은 수입 곡물에 대한 관세 인상을 반대하였다. 관세가 인상되면 곡가가 오르고 임금도 오르게 되며, 그렇게 되면 이윤이 감소하고 제조품의 수출도 감소하여 마침내 제조업의 파멸을 초래하게 된다는 것이었다. 이에 공장주들은 영국의 미래는 농업이 아니라 공업의 확장에 달려 있다고 주장하면서 곡물법의 즉각적인 철폐를 요구하기에 이르렀다.

① 영국 곡물법의 개념
② 영국 곡물법의 철폐
③ 영국 곡물법에 대한 의견
④ 영국 곡물법의 제정과 변화

지문요약

주제
영국의 곡물법과 관세의 영향

내용요약
• 식량 가격의 인상을 유발하지 않으면서도 자국의 농업 생산을 장려하고자 하는 목적에서 곡물법이 제정됨
• 수입 곡물에 대해 탄력적인 관세율을 적용하여 곡가를 적정하게 유지하고자 하였음
• 나폴레옹 전쟁 이후 식량 가격 하락
• 농부들이 수입 곡물에 대한 관세를 높일 것을 요구했지만, 공장주들은 이윤 감소와 수출 감소로 제조업이 파멸할 수도 있다며 곡물법의 즉각 철폐를 요구

정답 ③

지문은 영국 곡물법의 개념을 설명하고 나폴레옹 전쟁 이후 양상을 보여주고 있다. 농부들은 전시 수요가 둔화된 점, 대륙 봉쇄가 풀리면서 곡물 수입이 활발해져 식량 가격이 하락한 점을 근거로 관세를 높일 것을 요구하였다. 반면에 공장주들은 곡식 가격과 임금이 상승하고 이로 인해 이윤이 감소하고 수출도 감소하여 제조업의 파멸을 초래할 수 있다고 주장하며 관세 인상을 반대하였다. 또, 영국의 미래는 공업의 확장에 달려 있다고 주장하며 곡물법의 즉각적인 철폐를 요구하였다. 따라서 이 지문의 제목은 둘의 주장을 모두 포함하는 내용이어야 하므로 '영국 곡물법에 대한 (농부와 공장주들의) 의견'이 적절하다.

지문요약

주제

_____의 확산과 확증 편향

내용요약

• **확증 편향(confirmation bias)**

– 진리 여부가 _____한 가설 혹은 ___을 부적절하게 ___하는 행위

– 뉴스 수용자의 _____에서 비롯됨

– 확증 편향을 보이는 뉴스 수용자는 자신이 지닌 신념을 _____하거나 ___해 주는 뉴스만을 수용

• **확증 편향에 빠진 뉴스 수용자들**

– 자신의 신념을 지지하는 근거가 되는 뉴스를 ___하여 그 뉴스의 정보를 _____ 수용

– 자기 판단에 대한 _____를 위한 정보를 _____으로 찾아 수용, 신념을 ___

– 자신의 신념을 ___해 준다면 가짜 뉴스라 하더라도 그대로 수용

세부 내용 파악하기

01 다음 글에 대한 이해로 적절하지 않은 것은?

22 간호직 8급

> 최근 가짜 뉴스가 확산되는 이유 중 하나로 확증 편향을 들 수 있다. 확증 편향이란 진리 여부가 불확실한 가설 혹은 믿음을 부적절하게 강화하는 행위로서, 이것은 뉴스 수용자의 사전 신념에서 비롯된다. 확증 편향을 보이는 뉴스 수용자는 자신이 지닌 신념을 정당화하거나 확증해 주는 뉴스만을 수용하기 때문에 뉴스 정보 자체의 객관성이나 신뢰성을 비판적으로 점검하는 인지적 행위를 올바로 수행하지 못한다.
>
> 이러한 수용자들은 뉴스의 출처나 정보의 정확성을 기준으로 하기보다 자신의 신념을 지지하는 근거가 되는 뉴스를 선별하여 그 뉴스의 정보를 그대로 수용한다. 확증 편향에 빠진 뉴스 수용자들은 자기 판단에 대한 합리화를 위한 정보를 선택적으로 찾아 수용하고, 이러한 과정을 반복하면서 자신의 신념을 더욱 강화해 간다. 이러한 수용자들은 가짜 뉴스가 사실이 아닌 정보나 신뢰할 수 없는 정보를 전달하고 있더라도 자신의 신념을 지지해 준다면 가짜 뉴스라 하더라도 그대로 수용하고 마는 것이다.

① 확증 편향은 뉴스 수용자의 사전 신념과는 직접적인 관계가 없다.

② 확증 편향은 뉴스의 비판적 수용에 관련된 인지 활동 수행을 방해한다.

③ 확증 편향에 빠진 뉴스 수용자들은 자신의 신념에 부합하는 뉴스 정보를 수용한다.

④ 확증 편향을 보이는 뉴스 수용자들은 가짜 뉴스 정보를 객관적으로 판단하기 어렵다.

01 다음 글에 대한 이해로 적절하지 않은 것은?

22 간호직 8급

최근 가짜 뉴스가 확산되는 이유 중 하나로 확증 편향을 들 수 있다. ①확증 편향이란 진리 여부가 불확실한 가설 혹은 믿음을 부적절하게 강화하는 행위로서, 이것은 뉴스 수용자의 사전 신념에서 비롯된다. 확증 편향을 보이는 뉴스 수용자는 ②자신이 지닌 신념을 정당화하거나 확증해 주는 뉴스만을 수용하기 때문에 뉴스 정보 자체의 객관성이나 신뢰성을 비판적으로 점검하는 인지적 행위를 올바로 수행하지 못한다.

이러한 수용자들은 뉴스의 출처나 정보의 정확성을 기준으로 하기보다 ③자신의 신념을 지지하는 근거가 되는 뉴스를 선별하여 그 뉴스의 정보를 그대로 수용한다. 확증 편향에 빠진 뉴스 수용자들은 자기 판단에 대한 합리화를 위한 정보를 선택적으로 찾아 수용하고, 이러한 과정을 반복하면서 자신의 신념을 더욱 강화해 간다. 이러한 수용자들은 가짜 뉴스가 사실이 아닌 정보나 신뢰할 수 없는 정보를 전달하고 있더라도 ④자신의 신념을 지지해 준다면 가짜 뉴스라 하더라도 그대로 수용하고 마는 것이다.

① 확증 편향은 뉴스 수용자의 사전 신념과는 직접적인 관계가 없다.
② 확증 편향은 뉴스의 비판적 수용에 관련된 인지 활동 수행을 방해한다.
③ 확증 편향에 빠진 뉴스 수용자들은 자신의 신념에 부합하는 뉴스 정보를 수용한다.
④ 확증 편향을 보이는 뉴스 수용자들은 가짜 뉴스 정보를 객관적으로 판단하기 어렵다.

정답 ①
확증 편향은 뉴스 수용자의 사전 신념에서 비롯된 것이라고 지문에서 언급하고 있으므로 '직접적인 관계가 없다'는 것은 적절하지 않다.

오답분석
② 지문에서 확증 편향을 보이는 뉴스 수용자는 '자신이 지닌 신념을 정당화하거나 확증해 주는 뉴스만 수용'하기 때문에, 정보의 객관성이나 신뢰성을 비판적으로 점검하는 인지적 행위를 수행하지 못한다고 하였으므로 적절하다.
③ 지문에서 확증 편향에 빠진 뉴스 수용자들이 '자신의 신념을 지지하는 근거가 되는 뉴스를 선별하여 그 뉴스의 정보를 그대로 수용'한다고 하였으므로 적절하다.
④ 지문에서 확증 편향에 빠진 뉴스 수용자들은 '자신의 신념을 지지해 준다면 가짜 뉴스라 하더라도 그대로 수용'한다고 하였고, 1문단에서도 정보 자체의 객관성이나 신뢰성을 비판적으로 점검하는 인지적 행위를 수행하지 못한다고 하였으므로 적절하다.

내용요약

• 신입사원의 업무 선호도 조사
  – 민원 업무를 선호하는 신입사원: 모두 ___ 업무를 선호하나 그 __은 성립하지 않음
  – ___ 업무만 선호하는 신입사원은 있으나 민원 업무와 인사 업무를 모두 선호하는 신입사원은 없음
  – 넷 중 _개 이상의 업무를 선호하는 신입사원은 없음

• 신입사원 갑과 을
  – 갑: 선호 업무에 ___ 업무 포함
  – 을: 선호 업무에 ___ 업무 포함

내용 적용 및 추론하기

02 다음 글의 내용이 참일 때, 반드시 참인 것만을 〈보기〉에서 모두 고르면?

22 국가직 7급 언어논리

신입사원을 대상으로 민원, 홍보, 인사, 기획 업무에 대한 선호를 조사하였다. 조사 결과 민원 업무를 선호하는 신입사원은 모두 홍보 업무를 선호하였지만, 그 역은 성립하지 않았다. 모든 업무 중 인사 업무만을 선호하는 신입사원은 있었지만, 민원 업무와 인사 업무를 모두 선호하는 신입사원은 없었다. 그리고 넷 중 세 개 이상의 업무를 선호하는 신입사원도 없었다. 신입사원 갑이 선호하는 업무에는 기획 업무가 포함되어 있었으며, 신입사원 을이 선호하는 업무에는 민원 업무가 포함되어 있었다.

―――― 〈보 기〉 ――――

ㄱ. 어떤 업무는 갑도 을도 선호하지 않는다.

ㄴ. 적어도 두 명 이상의 신입사원이 홍보 업무를 선호한다.

ㄷ. 조사 대상이 된 업무 중에, 어떤 신입사원도 선호하지 않는 업무는 없다.

① ㄱ

② ㄷ

③ ㄱ, ㄴ

④ ㄴ, ㄷ

⑤ ㄱ, ㄴ, ㄷ

02 다음 글의 내용이 참일 때, 반드시 참인 것만을 〈보기〉에서 모두 고르면?

22 국가직 7급 언어논리

신입사원을 대상으로 민원, 홍보, 인사, 기획 업무에 대한 선호를 조사하였다. 조사 결과 민원 업무를 선호하는 신입사원은 모두 홍보 업무를 선호하였지만, 그 역은 성립하지 않았다. 모든 업무 중 인사 업무만을 선호하는 신입사원은 있었지만, 민원 업무와 인사 업무를 모두 선호하는 신입사원은 없었다. 그리고 넷 중 세 개 이상의 업무를 선호하는 신입사원도 없었다. 신입사원 갑이 선호하는 업무에는 기획 업무가 포함되어 있었으며, 신입사원 을이 선호하는 업무에는 민원 업무가 포함되어 있었다.

〈보 기〉

ㄱ. 어떤 업무는 갑도 을도 선호하지 않는다.

ㄴ. 적어도 두 명 이상의 신입사원이 홍보 업무를 선호한다.

ㄷ. 조사 대상이 된 업무 중에, 어떤 신입사원도 선호하지 않는 업무는 없다.

① ㄱ
② ㄷ
③ ㄱ, ㄴ
④ ㄴ, ㄷ
⑤ ㄱ, ㄴ, ㄷ

내용요약

- 신입사원의 업무 선호도 조사
  - 민원 업무를 선호하는 신입사원: 모두 홍보 업무를 선호하나 그 역은 성립하지 않음
  - 인사 업무만 선호하는 신입사원은 있으나 민원 업무와 인사 업무를 모두 선호하는 신입사원은 없음
  - 넷 중 3개 이상의 업무를 선호하는 신입사원은 없음
- 신입사원 갑과 을
  - 갑: 선호 업무에 기획 업무 포함
  - 을: 선호 업무에 민원 업무 포함

정답 ④

지문의 조건을 정리하면 다음과 같다.

- 갑: 기획 업무 선호
- 을: 민원 업무 선호. 따라서 홍보 업무도 선호(민원 업무를 선호하는 신입사원은 모두 홍보 업무를 선호)
- 어떤 신입사원 A: 홍보 업무는 선호하지만 민원 업무는 선호하지 않음(민원 업무를 선호하는 신입사원은 모두 홍보 업무를 선호하였지만, 그 역은 성립하지 않으므로)
- 어떤 신입사원 B: 인사 업무만 선호
- 넷 중 세 개 이상의 업무를 선호하는 신입사원 없음
- ㄴ. 을과 어떤 신입사원 A가 홍보 업무를 선호하므로 반드시 참이다.
- ㄷ. 민원 업무는 을, 홍보 업무는 을과 어떤 신입사원 A, 인사 업무는 어떤 신입사원 B, 기획 업무는 갑이 선호하기 때문에, 모든 업무에서 적어도 한 명 이상은 선호를 하고 있으므로 반드시 참이다.

오답분석

ㄱ. 을은 민원 업무와 홍보 업무를 선호하기 때문에 인사 업무와 기획 업무는 선호하지 않는다. 갑은 기획 업무를 선호한다고 했지만, 인사 업무를 선호하는지 아닌지는 이 지문에서는 알 수가 없다.

지문요약

주제

하버마스의 연구 – 공공 영역의 부상과 ____ 에 관여하는 ____

내용요약

• **공공 영역**

  일반적 쟁점에 대한 토론과 의견을 형성하는 ____의 민주적 장으로서 역할을 하는 곳

• **17~18세기 공공 영역 – ____**

  – 유럽 도시의 살롱 토론 문화

  – 소수만 참여했으나, 공공 토론을 통해 ____ 문제를 해결하는 ___를 도입할 수 있었음

  – 초기 ____ 발전에 중요한 역할을 했다고 주장

  – 각각의 참석자들에게 동등한 ___을 부여

• **현대 사회 – ____**

  – 민주적 토론은 ____의 발달과 함께 퇴보

  – 상업적 ____가 공공의 이해관계에 우선하게 됨

  – 공공 ___이 조작과 통제를 통해 형성

  – 미디어의 ____로 공공 영역이 침식당함

  – 상업화된 미디어가 높은 ____과 수익을 보장하는 ____ 제작만 선호함. 공공 영역 축소

  – ____ 문제의 일부로 변해 버림

03 하버마스의 주장에 부합하는 사례로 가장 적절한 것은?

21 국가직 9급

　하버마스는 18세기부터 현대까지 미디어의 등장 배경과 발전 과정을 분석하면서, 공공 영역의 부상과 쇠퇴를 추적했다. 하버마스에게 공공 영역은 일반적 쟁점에 대한 토론과 의견을 형성하는 공공 토론의 민주적 장으로서 역할을 한다.

　하버마스는 17세기와 18세기 유럽 도시의 살롱에서 당시의 공공 영역을 찾았다. 비록 소수의 사람들만이 살롱 토론 문화에 참여했으나, 공공 토론을 통해 정치적 문제를 해결하는 논리를 도입할 수 있었기 때문에 살롱이 초기 민주주의 발전에 중요한 역할을 했다고 그는 주장한다. 적어도 살롱 문화의 원칙에서 공개적 토론을 위한 공공 영역은 각각의 참석자들에게 동등한 자격을 부여했다.

　그러나 하버마스에 따르면, 현대 사회에서 민주적 토론은 문화 산업의 발달과 함께 퇴보했다. 대중매체와 대중오락의 보급은 공공 영역이 공허해지는 원인으로 작용했다. 상업적 이해관계는 공공의 이해관계에 우선하게 되었다. 공공 여론은 개방적이고 합리적 토론을 통해서가 아니라 광고에서처럼 조작과 통제를 통해 형성되고 있다.

　미디어가 점차 상업화되면서 하버마스가 주장한 대로 공공 영역이 침식당하고 있다. 상업화된 미디어는 광고 수입에 기대어 높은 시청률과 수익을 보장하는 콘텐츠 제작만을 선호하게 되었다. 그 결과 공적 주제에 대한 시민들의 논의와 소통의 장이 줄어들어 결과적으로 공공 영역이 축소되었다. 많은 것을 약속한 미디어는 이제 민주주의 문제의 일부로 변해 버린 것이다.

① 살롱 문화에서 특정 사회 계층에 대한 비판적인 토론은 허용되지 않았다.

② 인터넷의 발달과 보급은 상업적 광고뿐만 아니라 공익 광고도 증가시켰다.

③ 글로벌 미디어가 발달하더라도 국제 사회의 공공 영역은 공허해지지 않는다.

④ 수익성 위주의 미디어 플랫폼과 콘텐츠가 더 많아지면서 민주적 토론이 감소되었다.

03 하버마스의 주장에 부합하는 사례로 가장 적절한 것은?

21 국가직 9급

하버마스는 18세기부터 현대까지 미디어의 등장 배경과 발전 과정을 분석하면서, 공공 영역의 부상과 쇠퇴를 추적했다. 하버마스에게 공공 영역은 일반적 쟁점에 대한 토론과 의견을 형성하는 공공 토론의 민주적 장으로서 역할을 한다.

하버마스는 17세기와 18세기 유럽 도시의 살롱에서 당시의 공공 영역을 찾았다. 비록 소수의 사람들만이 살롱 토론 문화에 참여했으나, 공공 토론을 통해 정치적 문제를 해결하는 논리를 도입할 수 있었기 때문에 살롱이 초기 민주주의 발전에 중요한 역할을 했다고 그는 주장한다. 적어도 살롱 문화의 원칙에서 공개적 토론을 위한 공공 영역은 각각의 참석자들에게 동등한 자격을 부여했다.

그러나 하버마스에 따르면, 현대 사회에서 민주적 토론은 문화 산업의 발달과 함께 퇴보했다. ③대중매체와 대중오락의 보급은 공공 영역이 공허해지는 원인으로 작용했다. 상업적 이해관계는 공공의 이해관계에 우선하게 되었다. 공공 여론은 개방적이고 합리적 토론을 통해서가 아니라 광고에서처럼 조작과 통제를 통해 형성되고 있다.

미디어가 점차 상업화되면서 하버마스가 주장한 대로 공공 영역이 침식당하고 있다. ④상업화된 미디어는 광고 수입에 기대어 높은 시청률과 수익을 보장하는 콘텐츠 제작만을 선호하게 되었다. 그 결과 공적 주제에 대한 시민들의 논의와 소통의 장이 줄어들어 결과적으로 공공 영역이 축소되었다. 많은 것을 약속한 미디어는 이제 민주주의 문제의 일부로 변해 버린 것이다.

① 살롱 문화에서 특정 사회 계층에 대한 비판적인 토론은 허용되지 않았다.
② 인터넷의 발달과 보급은 상업적 광고뿐만 아니라 공익 광고도 증가시켰다.
③ 글로벌 미디어가 발달하더라도 국제 사회의 공공 영역은 공허해지지 않는다.
④ 수익성 위주의 미디어 플랫폼과 콘텐츠가 더 많아지면서 민주적 토론이 감소되었다.

정답 ④

4문단에서 하버마스는 상업화된 미디어가 높은 시청률과 수익을 보장하는 콘텐츠 제작만을 선호하게 되어 공공 영역이 축소되었다고 언급하고 있다. 공공 영역은 1문단에서 '일반적 쟁점에 대한 토론과 의견을 형성하는 공공 토론의 민주적 장으로서 역할을 하는 곳'이라고 하였으므로 결국 민주적 토론을 할 수 있는 소통의 장이 줄어들어 민주적 토론 역시 감소되었다고 할 수 있다.

오답분석
① · ② 지문에서 언급하고 있지 않다.
③ 3문단에서 대중 매체와 대중 오락의 보급으로 공공 영역이 공허해졌다고 하였으므로 적절하지 않다.

내용요약

· 한국의 예술성을 알릴 '____'의 필요성

 – 세계화는 점점 더 우리가 주목과 ____
  의 대상이 되는 방향으로 진행되고 있음

 – 한국인의 _____을 세계가 인정하고 있
  으므로 무엇보다 '전략'이 시급

 – 한국인은 __가 넘치고 ___와 감각이
  있으며, 섬세한 재능과 _____한 예술
  적 취향도 있음

 – 우리 앞에 새로운 역사가 시작될 _____
  이 놓여 있음

04 다음 글의 중심 내용으로 가장 옳은 것은?

21 군무원 9급

> 이제 우리는 세계의 변방이 아니다. 세계화는 점점 더, 과거와는 분명 다르게 우
> 리가 주목과 관심의 대상이 되는 방향으로 진행되고 있다. 이제 한국은 더 이상 '작
> 은 나라'라고만 생각하지 않게 되었다. 한국인의 예술성을 세계에서 인정하고 있는
> 지금 이 시기에 가장 중요한 것은 무엇일까? 그 무엇보다 시급한 것이 바로 '전략'이
> 다. 지금이야말로 세계 시장에 우리의 예술을 알릴 수 있는 기회가 왔고, 우리만의
> 전략이 필요한 시기가 왔다.
>
> 한국인의 끼는 각별하다. 신바람, 신명풀이가 문화유전자로 등록되어 있는 민족
> 이다. 게다가 신이 나면 어깨춤 덩실덩실 추던 그 어깨 너머로 쓱 보고도 뚝딱 뭔가
> 만들어낼 줄 아는 재주와 감각도 있고, 문화선진국의 전문가들도 감탄하는 섬세한
> 재능과 디테일한 예술적 취향도 있다. 문화예술의 시대를 맞은 오늘날, 우리가 먹거
> 리로 삼을 수 있고 상품화할 수 있는 바탕들이 다 갖추어진 유전자들이다. 선진이
> 선진이고 후진이 후진이면 역사는 바뀌지 않는다. 선진이 후진되고 후진이 선진될
> 때 시대가 바뀌고 새로운 역사가 시작되는 법이다. 우리 앞에 그런 전환점이 놓여
> 있다.

① 주어진 현실에 안주하는 실리감각
② 다가오는 미래에 대한 희망찬 포부
③ 냉엄한 국제질서에 따른 각박한 삶
④ 사라져 가는 미풍양속에 대한 아쉬움

04 다음 글의 중심 내용으로 가장 옳은 것은?

21 군무원 9급

이제 우리는 세계의 변방이 아니다. 세계화는 점점 더, 과거와는 분명 다르게 우리가 주목과 관심의 대상이 되는 방향으로 진행되고 있다. 이제 한국은 더 이상 '작은 나라'라고만 생각하지 않게 되었다. 한국인의 예술성을 세계에서 인정하고 있는 지금 이 시기에 가장 중요한 것은 무엇일까? 그 무엇보다 시급한 것이 바로 '전략'이다. 지금이야말로 세계 시장에 우리의 예술을 알릴 수 있는 기회가 왔고, 우리만의 전략이 필요한 시기가 왔다.

한국인의 끼는 각별하다. 신바람, 신명풀이가 문화유전자로 등록되어 있는 민족이다. 게다가 신이 나면 어깨춤 덩실덩실 추던 그 어깨 너머로 쓱 보고도 뚝딱 뭔가 만들어낼 줄 아는 재주와 감각도 있고, 문화선진국의 전문가들도 감탄하는 섬세한 재능과 디테일한 예술적 취향도 있다. 문화예술의 시대를 맞은 오늘날, 우리가 먹거리로 삼을 수 있고 상품화할 수 있는 바탕들이 다 갖추어진 유전자들이다. 선진이 선진이고 후진이 후진이면 역사는 바뀌지 않는다. 선진이 후진되고 후진이 선진될 때 시대가 바뀌고 새로운 역사가 시작되는 법이다. 우리 앞에 그런 전환점이 놓여 있다.

① 주어진 현실에 안주하는 실리감각
② 다가오는 미래에 대한 희망찬 포부
③ 냉엄한 국제질서에 따른 각박한 삶
④ 사라져 가는 미풍양속에 대한 아쉬움

내용요약

- 한국의 예술성을 알릴 '전략'의 필요성

  - 세계화는 점점 더 우리가 주목과 관심의 대상이 되는 방향으로 진행되고 있음

  - 한국인의 예술성을 세계가 인정하고 있으므로 무엇보다 '전략'이 시급

  - 한국인은 끼가 넘치고 재주와 감각이 있으며, 섬세한 재능과 디테일한 예술적 취향도 있음

  - 우리 앞에 새로운 역사가 시작될 전환점이 놓여 있음

정답 ②

이 지문에서는 세계화 속에서 한국인의 예술성을 점점 인정받고 있기 때문에 새로운 역사의 전환점을 맞이하기 위한 '전략'이 필요하다고 주장하고 있다. 따라서 '다가오는 미래에 대한 희망찬 포부'가 중심 내용으로 가장 적절하다.

내용요약

- 현대인들은 _____로 미래를 낙관적으로 전망
- 낙관적 미래 전망이 가벼운 것임을 깨닫게 하는 심각한 ___을 쉽게 찾을 수 있음
- _____, 자원 고갈, ____ 파괴가 심각
- ___ 발발 가능성 높음. ____이 터지면 인류의 ___은 불가능할 것
- 위기와 과학 기술의 밀접한 관계를 알면 과학 기술에 대한 _____ 전망이 위험한 것임을 깨닫게 될 것

05 다음 〈보기〉의 문장들을 미괄식 문단으로 구성하고자 할 때 문맥상 전개 순서로 가장 옳은 것은?

21 해경 2차

― 〈보 기〉 ―

㉠ 숨 쉬고 마시는 공기와 물은 이미 심각한 수준으로 오염된 경우가 많고, 자원의 고갈, 생태계의 파괴는 더 이상 방치할 수 없는 지경에 이르고 있다.

㉡ 현대인들은 과학 기술이 제공하는 물질적 풍요와 생활의 편리함의 혜택 속에서 인류의 미래를 낙관적으로 전망하기도 한다.

㉢ 자연 환경의 파괴뿐만 아니라 다양한 갈등으로 인한 전쟁의 발발 가능성은 도처에서 높아지고 있어서, 핵전쟁이라도 터진다면 인류의 생존은 불가능해질 수도 있다.

㉣ 이런 위기들이 현대 과학 기술과 밀접한 관계가 있다는 사실을 알게 되는 순간, 과학 기술에 대한 지나친 낙관적 전망이 얼마나 위험한 것인가를 깨닫게 된다.

㉤ 오늘날 주변을 돌아보면 낙관적인 미래 전망이 얼마나 가벼운 것인지를 깨닫게 해 주는 심각한 현상들을 쉽게 찾아볼 수 있다.

① ㉡ - ㉠ - ㉢ - ㉤ - ㉣

② ㉡ - ㉤ - ㉠ - ㉢ - ㉣

③ ㉤ - ㉠ - ㉡ - ㉣ - ㉢

④ ㉤ - ㉡ - ㉢ - ㉣ - ㉠

05 다음 〈보기〉의 문장들을 미괄식 문단으로 구성하고자 할 때 문맥상 전개 순서로 가장 옳은 것은?

21 해경 2차

지문요약

내용요약

- 현대인들은 과학 기술로 미래를 낙관적으로 전망
- 낙관적 미래 전망이 가벼운 것임을 깨닫게 하는 심각한 현상을 쉽게 찾을 수 있음
- 환경오염, 자원 고갈, 생태계 파괴가 심각
- 전쟁 발발 가능성 높음. 핵전쟁이 터지면 인류의 생존은 불가능할 것
- 위기와 과학 기술의 밀접한 관계를 알면 과학 기술에 대한 낙관적 전망이 위험한 것임을 깨닫게 될 것

―〈보 기〉―

㉠ 숨 쉬고 마시는 공기와 물은 이미 심각한 수준으로 오염된 경우가 많고, 자원의 고갈, 생태계의 파괴는 더 이상 방치할 수 없는 지경에 이르고 있다.

㉡ 현대인들은 과학 기술이 제공하는 물질적 풍요와 생활의 편리함의 혜택 속에서 인류의 미래를 낙관적으로 전망하기도 한다.

㉢ 자연 환경의 파괴뿐만 아니라 다양한 갈등으로 인한 전쟁의 발발 가능성은 도처에서 높아지고 있어서, 핵전쟁이라도 터진다면 인류의 생존은 불가능해질 수도 있다.

㉣ 이런 위기들이 현대 과학 기술과 밀접한 관계가 있다는 사실을 알게 되는 순간, 과학 기술에 대한 지나친 낙관적 전망이 얼마나 위험한 것인가를 깨닫게 된다.

㉤ 오늘날 주변을 돌아보면 낙관적인 미래 전망이 얼마나 가벼운 것인지를 깨닫게 해 주는 심각한 현상들을 쉽게 찾아볼 수 있다.

① ㉡ – ㉠ – ㉢ – ㉤ – ㉣

② ㉡ – ㉤ – ㉠ – ㉢ – ㉣

③ ㉤ – ㉠ – ㉡ – ㉣ – ㉢

④ ㉤ – ㉡ – ㉢ – ㉣ – ㉠

정답 ②

문제에서 '미괄식'으로 문단을 구성하고자 하였으므로, '과학기술에 대한 낙관적인 전망이 위험하다'는 내용이 마지막에 위치해야 한다. 지문에서는 처음에 과학 기술이 인류에게 물질적 풍요와 생활의 편리함과 같은 혜택을 주기 때문에 미래를 낙관적으로 전망할 수 있다고 설명한다(㉡). 하지만 주변을 돌아보면 심각한 현상들을 쉽게 찾아볼 수 있으며(㉤), 환경오염, 자원 고갈, 생태계 파괴(㉠), 전쟁 위험(㉢) 등과 같은 것들이 그것이다. 지문에서는 이러한 심각한 현상들이 과학 기술과 밀접한 관계가 있음을 알게 되면 미래에 대한 낙관적 전망은 위험한 것임을 경고하고 있다(㉣).

지문요약

주제

사회 ____적으로 아이들에게 지속적으로 __ 을 강조하는 세상

내용요약

• 관습적 구분 – 왼손잡이와 오른손잡이 아이의 ____

– 왼손잡이 아이: ____과 보라색을 주로 사용, 나비 · 꽃 · 요정으로 장식, ____이나 리본 사용

– 오른손잡이 아이: ____이 인기, 크면서 분홍색과 보라색을 제외한 모든 색을 받아들임, 옷이나 물건에 ____ · 스포츠 장비 · 우주 ____이 주로 그려져 있음, ___ 머리

– 어린아이들도 두 부류의 사람이 있다는 것을 배우고, 구분하는 데 능숙해짐

– 오른손잡이냐 왼손잡이냐에 따라 ____으로 중요한 것이 있다고 여길 가능성이 큼

• 사회 구조와 언론 ___를 통해 성을 강조하는 세상

– 오른손잡이, 왼손잡이로 구분 짓듯 성에 ___를 붙임

– 지금도 아이들에게 계속 성의 ___, ___에 따라 함께 나오는 것 등의 정보를 제공

[01~02] 다음 글을 읽고 물음에 답하시오.

왼손잡이인지 오른손잡이인지 아이가 태어난 순간 (또는 심지어 태어나기도 전에) 알아볼 수 있다고 상상해 보자. 관습적으로 왼손잡이 아기의 부모들은 아이에게 분홍색 옷을 입히고, 분홍색 담요를 덮이고, 아기방을 분홍빛으로 장식한다. 왼손잡이 아기의 젖병, 턱받이, 고무젖꼭지 그리고 큰 다음에는 컵, 접시, 도시락, 책가방까지 주로 분홍색이나 보라색이며 나비, 꽃, 요정으로 장식되어 있다. 부모들은 왼손잡이 아기의 머리카락을 기르게 하는 경향이 있으며, 머리카락이 너무 짧을 때에는 머리핀이나 리본을 사용하기도 한다.

반면에 오른손잡이 아기들은 분홍색 옷을 입을 일이 없다. 분홍색 장신구나 장난감을 가질 일도 없다. 오른손잡이 아기들에게는 파란색이 인기 있는 색상이지만, 아이들이 크면서 분홍색이나 보라색을 제외하고는 모든 색을 받아들일 수 있다. 오른손잡이 아이들의 옷이나 다른 물건들에는 보통 자동차, 스포츠 장비, 우주 로켓이 그려져 있고, 나비, 꽃, 요정은 결코 그려져 있지 않다. 오른손잡이들의 머리카락은 일반적으로 짧게 유지되고, 장신구로 예쁘게 꾸미는 일은 매우 드물다.

한 사회에서 아주 어린 아이들조차 금세 오른손잡이와 왼손잡이라는 두 부류의 사람들이 있다는 걸 배우고, 옷과 머리 모양과 같은 표시를 사용해 그 두 부류의 아이들과 어른들을 구분하는 데 금방 능숙해진다. 또한 이런 구분에 대해 너무나 호들갑을 떨고 강조하기 때문에 아이들은 오른손잡이냐 왼손잡이냐에 따라 무언가 근본적으로 중요한 것이 있다고 여기게 될 가능성이 크다. 아이들은 특정 손을 잘 쓰는 사람이 된다는 것이 무슨 뜻인지 알고 싶어 하고, 어느 한 손을 잘 쓰는 아이와 다른 손을 잘 쓰는 아이를 구분 짓는 것이 무엇인지 배우고 싶어 하게 된다.

우리는 정확히 이런 방식으로 항상 성에 딱지를 붙인다. 아이들 주변에서 시간을 보낸 사람이라면 옷이나 머리 모양, 장신구로 성 표기가 되지 않은 아기나 아이가 거의 없다는 것을 알게 된다. 또 어른들이 계속해서 '그, 그녀, 남자, 여자, 소년, 소녀' 같은 말로 성을 구분한다는 것을 안다.

이처럼 아이들은 옷, 외모, 언어, 색깔, 분리, 상징과 같은 관습으로 지속해서 성을 강조하는 세상에 태어났다. 아이 주변의 모든 것은 누가 남성이고 여성인지가 꽹장히 중요한 일이라고 말한다. 그와 동시에 우리가 사회 구조와 언론 매체를 통해 '성이 어떤 의미인지, 성별에 따라 함께 나오는 것이 무엇인지'에 대해 아이들에게 제공하는 정보는 지금도 여전히 꽤 오래된 지침을 따르고 있다.

01 윗글의 서술 전개 방식을 가장 적절하게 설명한 것은?

① 가상의 상황을 제시하여 현실적인 문제와 연결하고 있다.

② 두 가지 상황을 비교함으로써 얻을 수 있는 장단점을 나열하고 있다.

③ 문제가 발생하게 된 과정을 통시적으로 서술하여 구조적인 원인을 설명한다.

④ 문제의 원인을 선택적으로 제시하고 해결하기 위한 사회적인 대안을 제시한다.

글의 중심 내용 파악하기

02 윗글에서 전달하려는 내용으로 가장 적절한 것은?

① 오른손잡이 아이들은 창의성이 현저히 떨어진다.

② 왼손잡이 아이들은 자기 부정적인 사고에 지배된다.

③ 남성과 여성으로 구분하는 것은 사회적인 학습의 결과이다.

④ 성 역할을 차별적으로 인식하는 것은 유전과 환경의 상호작용 결과이다.

[01~02] 다음 글을 읽고 물음에 답하시오.

주제

사회 관습적으로 아이들에게 지속적으로 성을 강조하는 세상

내용요약

• 관습적 구분 – 왼손잡이와 오른손잡이 아이의 예시

  – 왼손잡이 아이: 분홍색과 보라색을 주로 사용, 나비·꽃·요정으로 장식, 머리핀이나 리본 사용

  – 오른손잡이 아이: 파란색이 인기, 크면서 분홍색과 보라색을 제외한 모든 색을 받아들임, 옷이나 물건에 자동차·스포츠 장비·우주 로켓이 주로 그려져 있음, 짧은 머리

  – 어린아이들도 두 부류의 사람이 있다는 것을 배우고, 구분하는 데 능숙해짐

  – 오른손잡이냐 왼손잡이냐에 따라 근본적으로 중요한 것이 있다고 여길 가능성이 큼

• 사회 구조와 언론 매체를 통해 성을 강조하는 세상

  – 오른손잡이, 왼손잡이로 구분 짓듯 성에 딱지를 붙임

  – 지금도 아이들에게 계속 성의 의미, 성별에 따라 함께 나오는 것 등의 정보를 제공

왼손잡이인지 오른손잡이인지 아이가 태어난 순간 (또는 심지어 태어나기도 전에) 알아볼 수 있다고 상상해 보자. 관습적으로 왼손잡이 아기의 부모들은 아이에게 분홍색 옷을 입히고, 분홍색 담요를 덮이고, 아기방을 분홍빛으로 장식한다. 왼손잡이 아기의 젖병, 턱받이, 고무젖꼭지 그리고 큰 다음에는 컵, 접시, 도시락, 책가방까지 주로 분홍색이나 보라색이며 나비, 꽃, 요정으로 장식되어 있다. 부모들은 왼손잡이 아기의 머리카락을 기르게 하는 경향이 있으며, 머리카락이 너무 짧을 때에는 머리핀이나 리본을 사용하기도 한다.

반면에 오른손잡이 아기들은 분홍색 옷을 입을 일이 없다. 분홍색 장신구나 장난감을 가질 일도 없다. 오른손잡이 아기들에게는 파란색이 인기 있는 색상이지만, 아이들이 크면서 분홍색이나 보라색을 제외하고는 모든 색을 받아들일 수 있다. 오른손잡이 아이들의 옷이나 다른 물건들에는 보통 자동차, 스포츠 장비, 우주 로켓이 그려져 있고, 나비, 꽃, 요정은 결코 그려져 있지 않다. 오른손잡이들의 머리카락은 일반적으로 짧게 유지되고, 장신구로 예쁘게 꾸미는 일은 매우 드물다.

한 사회에서 아주 어린 아이들조차 금세 오른손잡이와 왼손잡이라는 두 부류의 사람들이 있다는 걸 배우고, 옷과 머리 모양과 같은 표시를 사용해 그 두 부류의 아이들과 어른들을 구분하는 데 금방 능숙해진다. 또한 이런 구분에 대해 너무나 호들갑을 떨고 강조하기 때문에 아이들은 오른손잡이냐 왼손잡이냐에 따라 무언가 근본적으로 중요한 것이 있다고 여기게 될 가능성이 크다. 아이들은 특정 손을 잘 쓰는 사람이 된다는 것이 무슨 뜻인지 알고 싶어 하고, 어느 한 손을 잘 쓰는 아이와 다른 손을 잘 쓰는 아이를 구분 짓는 것이 무엇인지 배우고 싶어 하게 된다.

¹⁻①우리는 정확히 이런 방식으로 항상 성에 딱지를 붙인다. 아이들 주변에서 시간을 보낸 사람이라면 옷이나 머리 모양, 장신구로 성 표기가 되지 않은 아기나 아이가 거의 없다는 것을 알게 된다. 또 어른들이 계속해서 '그, 그녀, 남자, 여자, 소년, 소녀' 같은 말로 성을 구분한다는 것을 안다.

이처럼 ²⁻③아이들은 옷, 외모, 언어, 색깔, 분리, 상징과 같은 관습으로 지속해서 성을 강조하는 세상에 태어났다. 아이 주변의 모든 것은 누가 남성이고 여성인지가 굉장히 중요한 일이라고 말한다. 그와 동시에 ²⁻③우리가 사회 구조와 언론 매체를 통해 '성이 어떤 의미인지, 성별에 따라 함께 나오는 것이 무엇인지'에 대해 아이들에게 제공하는 정보는 지금도 여전히 꽤 오래된 지침을 따르고 있다.

01 윗글의 서술 전개 방식을 가장 적절하게 설명한 것은?

① 가상의 상황을 제시하여 현실적인 문제와 연결하고 있다.

② 두 가지 상황을 비교함으로써 얻을 수 있는 장단점을 나열하고 있다.

③ 문제가 발생하게 된 과정을 통시적으로 서술하여 구조적인 원인을 설명한다.

④ 문제의 원인을 선택적으로 제시하고 해결하기 위한 사회적인 대안을 제시한다.

글의 중심 내용 파악하기

02 윗글에서 전달하려는 내용으로 가장 적절한 것은?

① 오른손잡이 아이들은 창의성이 현저히 떨어진다.

② 왼손잡이 아이들은 자기 부정적인 사고에 지배된다.

③ 남성과 여성으로 구분하는 것은 사회적인 학습의 결과이다.

④ 성 역할을 차별적으로 인식하는 것은 유전과 환경의 상호작용 결과이다.

---

01 **정답** ①

지문에서는 어린 아이일 때부터 지속적으로 성 역할을 강조하는 학습을 관습적으로 해 오고 있음을 지적하고 있다. 이것을 왼손잡이 아이와 오른손잡이 아이라는 가상의 상황을 예로 들어 문제 상황과 연결하고 있다.

오답분석

② 왼손잡이 아이와 오른손잡이 아이를 비교하고 있지만, 장단점을 나열하지는 않는다.

③ 문제가 발생하게 된 과정을 가상의 상황을 만들어 현실과 연결짓는 방식으로 보여주고 있고, 통시적인 관점이나 구조적인 원인 설명은 나오지 않는다.

④ 성 역할을 강조하는 사회 관습적인 측면의 문제를 서술하고 있지만, 원인을 선택적으로 제시하고 있지 않고, 해결을 위한 사회적인 대안도 언급하지 않는다.

02 **정답** ③

지문에서는 왼손잡이 아이와 오른손잡이 아이라는 가상의 상황을 제시하여 현실과 연결시켜 성 역할을 구분짓는 것에 대해 지적하고 있다. 따라서 중심 내용은 오른손잡이나 왼손잡이 아이에 관한 것이 아닌 '남성과 여성으로 구분하는 것'이며 이것은 사회 관습적으로 학습된 결과이다.

[03~04] 다음 〈보기〉를 읽고 물음에 답하시오.

주제

새로운 민족 문화 ___의 의미

내용요약

• 우리 문화라고 일컫는 거의 모든 것이 ___ 에서 받아들여진 것들인 듯 싶음. ___은 어떤 것이며 어떻게 계승되어 왔는가를 살펴보아야 함

• 우리가 ___에게서 전통을 찾으려고 하는 이유를 살펴보면 민족 문화의 전통에 관한 ___를 찾을 수 있음. 전통은 과거로부터 이어 온 것 중 ___이 아닌 현재의 문화 창조에 ___할 수 있는 것들을 의미하며, 단순한 ___과도 구별되어야 함

• 연암의 예처럼 인습을 ___하고 새로운 것을 ___하려는 노력의 결정이 ___해야 할 민족 문화의 전통임

• 원효 역시 서학을 하지 않고 인습에 ___하며 여러 종파의 교리를 통일해 ___을 열었고, ___를 창시하였음

• 우리가 계승해야 할 민족 문화의 전통은 형상화된 물건 및 ___ 그 자체에도 있음

• 새로운 민족 문화의 창조는 과거의 ___도 아니고 외래 문화의 모방도 아님. 외래 문화도 새로운 문화의 창조에 이바지함으로써 의미가 있는 것이고, ___을 빛낼 수 있는 것임

───────〈 보 기 〉───────

㉠ 오늘날, 우리는 민족 문화의 전통을 연암에게서 찾으려고는 할지언정, 고문파에서 찾으려고 하지는 않는다. 이 사실은, 우리에게 민족 문화의 전통에 관한 해명의 열쇠를 제시하여 주는 것이 아닐까?

전통은 물론 과거로부터 이어 온 것을 말한다. 이 전통은 대체로 그 사회 및 그 사회의 구성원인 개인의 몸에 배어 있는 것이다. 그러므로 스스로 깨닫지 못하는 사이에 전통은 우리의 현실에 작용하는 경우가 있다. 그러나 과거로부터 이어 온 것을 무턱대고 모두 전통이라고 한다면, 인습이라는 것과의 구별이 서지 않을 것이다. 우리는 인습을 버려야 할 것이라고는 생각하지만, 계승해야 할 것이라고는 생각하지 않는다. 여기서 우리는, 과거에서 이어 온 것을 객관화하고, 이를 비판하는 입장에 서야 할 필요를 느끼게 된다. 그 비판을 통해서 현재의 문화 창조에 이바지할 수 있다고 생각되는 것만을 우리는 전통이라고 불러야 할 것이다. 이같이, 전통은 인습과 구별될뿐더러, 또 단순한 유물과도 구별되어야 한다. 현재에 있어서의 문화 창조와 관계가 없는 것을 우리는 문화적 전통이라고 부를 수가 없기 때문이다.

㉡ 한편, 우리가 계승해야 할 민족 문화의 전통으로 여겨지는 것들이, 연암의 예에서 알 수 있는 바와 같이, 과거의 인습을 타파하고 새로운 것을 창조하려는 노력의 결정이었다는 것은 지극히 중대한 사실이다.

㉢ 피와 뼈와 살을 조상에게서 물려받았을 뿐, 문화라고 일컬을 수 있는 거의 모든 것이 서양에서 받아들인 것들인 듯싶다. 이러한 현실을 앞에 놓고서 민족 문화의 전통을 찾고 이를 계승하자고 한다면, 이것은 편협한 배타주의나 국수주의로 오인되기에 알맞은 이야기가 될 것 같다.

그러면 민족 문화의 전통을 말하는 것은 반드시 보수적이라는 멍에를 메어야만 하는 것일까? 이 문제에 대한 올바른 해답을 얻기 위해서는, 전통이란 어떤 것이며, 또 그것은 어떻게 계승되어 왔는가를 살펴보아야 할 것이다.

㉣ 요컨대, 우리 민족 문화의 전통은 부단한 창조 활동 속에서 이어 온 것이다. 따라서, 우리가 계승해야 할 민족 문화의 전통은 형상화된 물건에서 받는 것도 있지만, 한편 창조적 정신 그 자체에도 있는 것이다.

㉤ 원효는 당시의 유행인 서학을 하지 않았다. 원효의 '화엄경소'가 중국 화엄종의 제3조 현수가 지은 '화엄경탐현기'의 본이 되었다. 원효는 여러 종파의 분립이라는 불교계의 인습에 항거하고, 여러 종파의 교리를 통일하여 해동종을 열었다. 그뿐만 아니라, 모든 승려들이 귀족 중심의 불교로 만족할 때에, 스스로 마을과 마을을 돌아다니며 배움 없는 사람들에게 전도하기를 꺼리지 않은, 민중 불교의 창시자였다. 이러한 원효의 정신은 우리가 이어받아야 할 귀중한 재산이 아닐까?

㉥ 이러한 의미에서, 민족 문화의 전통을 무시한다는 것은 지나친 자기 학대에서 나오는 편견에 지나지 않을 것이다. 따라서, 첫머리에서 제기한 것과 같이, 민족 문화의 전통을 계승하자는 것이 국수주의나 배타주의가 될 수는 없다. 오히려, 왕성한 창조적 정신은 선진 문화 섭취에 인색하지 않을 것이다.

다만, 새로운 민족 문화의 창조가 단순히 과거의 묵수가 아닌 것과 마찬가지로, 또 단순한 외래 문화의 모방도 아닐 것임은 스스로 명백한 일이다. 외래 문화도 새로운 문화의 창조에 이바지함으로써 뜻이 있는 것이고, 그러함으로써 비로소 민족 문화의 전통을 더욱 빛낼 수가 있는 것이다.

글의 전개 순서 파악하기

03 위 글에서 ㉠~㉤를 논지 전개에 맞추어 가장 바르게 배열한 것은?

① ㉠ - ㉡ - ㉢ - ㉣ - ㉤
② ㉢ - ㉠ - ㉡ - ㉤ - ㉣
③ ㉠ - ㉢ - ㉡ - ㉣ - ㉤
④ ㉢ - ㉡ - ㉠ - ㉤ - ㉣

내용 적용 및 추론하기

04 위 글에 나타난 필자의 태도와 가장 거리가 먼 것은?

① 새로운 민족 문화 창조에 도움이 된다면 외래 문화도 적극적으로 수용해야 한다.
② 거의 모든 문화가 서구화된 현실 속에서 전통 문제를 철저히 고찰할 필요가 있다.
③ 민족 주체성을 지키기 위해 국수주의나 배타주의적 태도가 필요할 때도 있다.
④ 과거의 인습을 타파하고 새로운 것을 창조하려는 전통을 이어받아야 한다.

지문요약

주제

새로운 민족 문화 창조의 의미

내용요약

• 우리 문화라고 일컫는 거의 모든 것이 서양에서 받아들여진 것들인 듯 싶음. 전통은 어떤 것이며 어떻게 계승되어 왔는가를 살펴보아야 함

• 우리가 연암에게서 전통을 찾으려고 하는 이유를 살펴보면 민족 문화의 전통에 관한 열쇠를 찾을 수 있음. 전통은 과거로부터 이어 온 것 중 인습이 아닌 현재의 문화 창조에 이바지할 수 있는 것들을 의미하며, 단순한 유물과도 구별되어야 함

• 연암의 예처럼 인습을 타파하고 새로운 것을 창조하려는 노력의 결정이 계승해야 할 민족 문화의 전통임

• 원효 역시 서학을 하지 않고 인습에 항거하며 여러 종파의 교리를 통일해 해동종을 열었고, 민중 불교를 창시하였음

• 우리가 계승해야 할 민족 문화의 전통은 형상화된 물건 및 창조적 정신 그 자체에도 있음

• 새로운 민족 문화의 창조는 과거의 묵수도 아니고 외래 문화의 모방도 아님. 외래 문화도 새로운 문화의 창조에 이바지함으로써 의미가 있는 것이고, 전통을 빛낼 수 있는 것임

― 〈보 기〉 ―

㉠ 오늘날, 우리는 민족 문화의 전통을 연암에게서 찾으려고는 할지언정, 고문파에서 찾으려고 하지는 않는다. 이 사실은, 우리에게 민족 문화의 전통에 관한 해명의 열쇠를 제시하여 주는 것이 아닐까?

전통은 물론 과거로부터 이어 온 것을 말한다. 이 전통은 대체로 그 사회 및 그 사회의 구성원인 개인의 몸에 배어 있는 것이다. 그러므로 스스로 깨닫지 못하는 사이에 전통은 우리의 현실에 작용하는 경우가 있다. 그러나 과거로부터 이어 온 것을 무턱대고 모두 전통이라고 한다면, 인습이라는 것과의 구별이 서지 않을 것이다. 우리는 인습을 버려야 할 것이라고는 생각하지만, 계승해야 할 것이라고는 생각하지 않는다. 여기서 우리는, 4-② 과거에서 이어 온 것을 객관화하고, 이를 비판하는 입장에 서야 할 필요를 느끼게 된다. 그 비판을 통해서 현재의 문화 창조에 이바지할 수 있다고 생각되는 것만을 우리는 전통이라고 불러야 할 것이다. 이같이, 전통은 인습과 구별될뿐더러, 또 단순한 유물과도 구별되어야 한다. 현재에 있어서의 문화 창조와 관계가 없는 것을 우리는 문화적 전통이라고 부를 수가 없기 때문이다.

㉡ 한편, 우리가 계승해야 할 민족 문화의 전통으로 여겨지는 것들이, 4-④ 연암의 예에서 알 수 있는 바와 같이, 과거의 인습을 타파하고 새로운 것을 창조하려는 노력의 결정이었다는 것은 지극히 중대한 사실이다.

㉢ 피와 뼈와 살을 조상에게서 물려받았을 뿐, 4-③ 문화라고 일컬을 수 있는 거의 모든 것이 서양에서 받아들인 것들인 듯싶다. 이러한 현실을 앞에 놓고서 민족 문화의 전통을 찾고 이를 계승하자고 한다면, 이것은 편협한 배타주의나 국수주의로 오인되기에 알맞은 이야기가 될 것 같다.

그러면 민족 문화의 전통을 말하는 것은 반드시 보수적이라는 멍에를 메어야만 하는 것일까? 이 문제에 대한 올바른 해답을 얻기 위해서는, 전통이란 어떤 것이며, 또 그것은 어떻게 계승되어 왔는가를 살펴보아야 할 것이다.

㉣ 요컨대, 우리 민족 문화의 전통은 부단한 창조 활동 속에서 이어 온 것이다. 따라서, 우리가 계승해야 할 민족 문화의 전통은 형상화된 물건에서 받는 것도 있지만, 한편 창조적 정신 그 자체에도 있는 것이다.

㉤ 원효는 당시의 유행인 서학을 하지 않았다. 원효의 '화엄경소'가 중국 화엄종의 제3조 현수가 지은 '화엄경탐현기'의 본이 되었다. 원효는 여러 종파의 분립이라는 불교계의 인습에 항거하고, 여러 종파의 교리를 통일하여 해동종을 열었다. 그뿐만 아니라, 모든 승려들이 귀족 중심의 불교로 만족할 때에, 스스로 마을과 마을을 돌아다니며 배움 없는 사람들에게 전도하기를 꺼리지 않은, 민중 불교의 창시자였다. 이러한 원효의 정신은 우리가 이어받아야 할 귀중한 재산이 아닐까?

㉥ 이러한 의미에서, 민족 문화의 전통을 무시한다는 것은 지나친 자기 학대에서 나오는 편견에 지나지 않을 것이다. 따라서, 첫머리에서 제기한 것과 같이, 민족 문화의 전통을 계승하자는 것이 국수주의나 배타주의가 될 수는 없다. 오히려, 왕성한 창조적 정신은 선진 문화 섭취에 인색하지 않을 것이다.

다만, 새로운 민족 문화의 창조가 단순히 과거의 묵수가 아닌 것과 마찬가지로, 또 단순한 외래 문화의 모방도 아닐 것임은 스스로 명백한 일이다. ^{4-①}_③외래 문화도 새로운 문화의 창조에 이바지함으로써 뜻이 있는 것이고, 그러함으로써 비로소 민족 문화의 전통을 더욱 빛낼 수가 있는 것이다.

글의 전개 순서 파악하기

03 위 글에서 ㉠~㉤를 논지 전개에 맞추어 가장 바르게 배열한 것은?

① ㉠ – ㉡ – ㉢ – ㉣ – ㉤
② ㉢ – ㉠ – ㉡ – ㉤ – ㉣
③ ㉠ – ㉢ – ㉡ – ㉣ – ㉤
④ ㉢ – ㉡ – ㉠ – ㉤ – ㉣

내용 적용 및 추론하기

04 위 글에 나타난 필자의 태도와 가장 거리가 먼 것은?

① 새로운 민족 문화 창조에 도움이 된다면 외래 문화도 적극적으로 수용해야 한다.
② 거의 모든 문화가 서구화된 현실 속에서 전통 문제를 철저히 고찰할 필요가 있다.
③ 민족 주체성을 지키기 위해 국수주의나 배타주의적 태도가 필요할 때도 있다.
④ 과거의 인습을 타파하고 새로운 것을 창조하려는 전통을 이어받아야 한다.

---

03 **정답** ②

이 지문은 진정한 새로운 민족 문화 창조란 무엇인가에 대해 연암과 원효의 예시를 들며 내용을 전개하고 있다. 먼저, 현재 우리 문화의 상황을 짚어보고 전통이란 무엇이며 어떻게 계승되어 왔는지에 대해 서두를 열고(㉢) 인습을 버리고 과거를 객관화하고 비판하며, 현재의 문화 창조에 이바지 할 수 있는 것이 전통이라는 것임을 밝힌다(㉠). 이후 연암의 예시(㉡)와 원효의 예시(㉤)를 통해 인습을 타파하고 새로운 것을 창조하려는 노력이 우리 민족 문화의 전통이고 계승해야 할 것임을 강조한다(㉣).

04 **정답** ③

㉢과 ㉤을 통해 새로운 문화 창조는 편협한 배타주의나 국수주의가 아닌 외래 문화까지 새로운 문화 창조에 이바지하게 함으로써 뜻이 있고 전통을 빛내는 것이라 언급하고 있으므로, '국수주의나 배타주의적 태도가 필요할 때도 있다.'라는 내용은 적절하지 않다.

오답분석

① ㉤에서 '외래 문화도 새로운 문화의 창조에 이바지함으로써 뜻이 있는 것이고, 그러함으로써 비로소 민족 문화의 전통을 더욱 빛낼 수가 있다.'라고 하였으므로 적절하다.
② ㉠에서 '과거에서 이어 온 것을 객관화하고, 이를 비판하는 입장에 서야 할 필요를 느끼게 된다. 그 비판을 통해서 현재의 문화 창조에 이바지할 수 있다고 생각되는 것만을 우리는 전통이라고 불러야 할 것이다.'라고 한 것으로 보아 전통 문제를 철저히 고찰할 필요가 있음을 알 수 있다.
④ ㉡에서 우리가 계승해야 할 민족 문화의 전통으로 여겨지는 것들은 '연암의 예에서 알 수 있는 바와 같이, 과거의 인습을 타파하고 새로운 것을 창조하려는 노력의 결정이었다는 것'이라 하였으므로 적절하다.

주제

묘사의 정의와 _____ 및 명심해야 할 사항

내용요약

• **묘사의 정의**

– _____는 뜻의 회화 용어

– 독자로 하여금 _____ 맛보게 하기 위한 표현

– 제재의 _____을 문장으로 _____하는 것

• **묘사의 표현**

– 독자에게 작가의 _____를 그대로 전달하기 위해 재료를 조합해 _____으로 표현

– 그 표현을 통해 독자는 작가와 _____ 경험을 그 문장에서 얻고 같은 _____에 이르게 됨

• **명심해야 할 사항**

– _____일 것

– _____할 것

– _____을 찍는 것과 달라야 할 것

05 다음 글에 대한 이해로 옳지 않은 것은?

> 묘사란 원래 그린다는 뜻의 회화 용어다. 어떤 사물이나 어떤 사태를 그림 그리듯 그대로 그려냄을 가리킨다. 역사나 학술처럼 조리를 세워 끌어나가는 것은 기술이지 묘사는 아니다. 실경(實景), 실황(實況)을 보여주어 독자로 하여금 그 경지에 스스로 들고, 분위기까지 스스로 맛보게 하기 위한 표현이 묘사다.
>
> 아름다운 풍경을 보고 '아름답구나!' 하는 것은 자기의 심리다. 자기의 심리인 '아름답구나!'만 써가지고는, 독자는 아무 아름다움도 느끼지 못한다. 독자에게도 그런 심리를 일으키기 위해서는 그 풍경이 아름다운 까닭을, 즉 하늘, 구름, 산, 내, 나무, 돌 등 풍경의 재료를 풍경대로 조합해서 문장으로 표현해주어야 독자도 비로소 작자와 동일한 경험을 그 문장에서 얻고 한가지로 '아름답구나!' 하는 심리에 이를 수 있는 것이다.
>
> 이렇듯 제재의 현상을 문장으로 재현하는 것이 묘사다.
>
> 묘사를 할 때 명심해야 할 사항으로는 다음의 몇 가지가 있다.
>
> 첫째, 객관적일 것. 언제든지 냉정한 관찰을 거쳐야 하기 때문이다.
>
> 둘째, 정연할 것. 시간적으로든 공간적으로든 순서가 있어야 전체 인상이 선명해지기 때문이다.
>
> 셋째, 사진을 찍는 것과는 달라야 할 것. 대상의 핵심과 특색은 취하되, 불필요한 것은 버려야 하기 때문이다.

① 묘사는 실경(實景)과 실황(實況)을 보여주는 것이다.

② 묘사는 객관적이어야 하므로 주관적인 심정을 표현할 수는 없다.

③ 질서정연하게 묘사할수록 대상은 분명하게 전달된다.

④ 대상을 제대로 묘사하기 위해서 대상의 모든 정보를 표현해야 할 필요는 없다.

⑤ 묘사는 제재의 현상을 문장으로 재현하는 것이다.

05 다음 글에 대한 이해로 옳지 않은 것은?

묘사란 원래 그린다는 뜻의 회화 용어다. 어떤 사물이나 어떤 사태를 그림 그리듯 그대로 그려냄을 가리킨다. 역사나 학술처럼 조리를 세워 끌어나가는 것은 기술이지 묘사는 아니다. ①실경(實景), 실황(實況)을 보여주어 독자로 하여금 그 경지에 스스로 들고, 분위기까지 스스로 맛보게 하기 위한 표현이 묘사다.

아름다운 풍경을 보고 '아름답구나!' 하는 것은 자기의 심리다. 자기의 심리인 '아름답구나!'만 써가지고는, 독자는 아무 아름다움도 느끼지 못한다. 독자에게도 그런 심리를 일으키기 위해서는 그 풍경이 아름다운 까닭을, 즉 하늘, 구름, 산, 내, 나무, 돌 등 풍경의 ②⑤재료를 풍경대로 조합해서 문장으로 표현해주어야 독자도 비로소 작자와 동일한 경험을 그 문장에서 얻고 한가지로 '아름답구나!' 하는 심리에 이를 수 있는 것이다.

이렇듯 제재의 현상을 문장으로 재현하는 것이 묘사다.

묘사를 할 때 명심해야 할 사항으로는 다음의 몇 가지가 있다.

첫째, ②객관적일 것. 언제든지 냉정한 관찰을 거쳐야 하기 때문이다.

둘째, ③정연할 것. 시간적으로든 공간적으로든 순서가 있어야 전체 인상이 선명해지기 때문이다.

셋째, 사진을 찍는 것과는 달라야 할 것. ④대상의 핵심과 특색은 취하되, 불필요한 것은 버려야 하기 때문이다.

① 묘사는 실경(實景)과 실황(實況)을 보여주는 것이다.
② 묘사는 객관적이어야 하므로 주관적인 심정을 표현할 수는 없다.
③ 질서정연하게 묘사할수록 대상은 분명하게 전달된다.
④ 대상을 제대로 묘사하기 위해서 대상의 모든 정보를 표현해야 할 필요는 없다.
⑤ 묘사는 제재의 현상을 문장으로 재현하는 것이다.

주제

묘사의 정의와 표현 및 명심해야 할 사항

내용요약

- **묘사의 정의**
  - 그린다는 뜻의 회화 용어
  - 독자로 하여금 스스로 맛보게 하기 위한 표현
  - 제재의 현상을 문장으로 재현하는 것
- **묘사의 표현**
  - 독자에게 작가의 심리를 그대로 전달하기 위해 재료를 조합해 문장으로 표현
  - 그 표현을 통해 독자는 작가와 동일한 경험을 그 문장에서 얻고 같은 심리에 이르게 됨
- **명심해야 할 사항**
  - 객관적일 것
  - 정연할 것
  - 사진을 찍는 것과 달라야 할 것

정답 ②

지문에서 '역사나 학술처럼 조리를 세워 끌어나가는 것은 기술이지 묘사는 아니다.'라고 하였으므로 묘사에서 객관적이라고 하는 것은 '냉정한 관찰'을 거치라는 것이지 주관적인 심정을 표현하지 말라는 것은 아니다. 독자는 작가가 조합해 표현한 묘사(문장)를 통해 작가와 동일한 경험을 그 문장에서 얻고 같은 심리에 이르게 되는 것이다.

오답분석

① 지문에서 묘사는 '실경(實景), 실황(實況)을 보여주어 독자로 하여금 그 경지에 스스로 들고, 분위기까지 스스로 맛보게 하기 위한 표현'이라고 하였다.
③ 지문에서 정연할수록 시간적으로든 공간적으로든 순서가 있어야 전체 인상이 선명해진다고 하였다.
④ 지문에서 사진을 찍는 것과는 달리 대상의 핵심과 특색은 취하되, 불필요한 것은 버리라고 하였으므로 모든 정보를 표현해야 할 필요는 없다.
⑤ 지문에서 묘사는 독자에게 자기의 심리를 그대로 전달하기 위해 재료를 조합해 문장으로 표현하는 것이라 하였다.

국어 비문학 독해

오독오독
실전모의고사

01 다음 글의 내용과 부합하지 않는 것은?

> 과거에 예술은 고급 예술만을 의미했다. 특별한 재능을 가진 예술가의 작품을 귀족과 같은 상층 사람들이 제한된 장소에서 감상하기만 했다. 그러나 사진기와 같은 새로운 기술의 발명으로 기존의 걸작품이 복제되어 인테리어 소품이나 낭만적인 엽서로 사용되면서 대중도 예술 작품을 공유할 수 있게 되었다. 원작에 버금가는 위작이 만들어지고, 게다가 일상의 생필품처럼 사용되는 작품도 등장하게 되면서, 대중은 더 이상 예술 작품을 수동적으로 감상하는 데에 머물지 않고 능동적으로 소비하고 실용적으로 사용하게 되었다.
>
> 이런 상황의 변화는 예술이 무엇인가를 고민하게 만들었다. 이전까지는 예술 작품이 진본성, 유일성을 가져야 한다고 보았지만 이러한 기술 복제 시대에는 이와 같은 조건이 적용될 수 없기 때문이다. 또한 공원에 타도록 설치된 그네를 예술 작품이라 하는 것과 같이 일상의 물품 역시 과거와 달리 예술의 범주에 들어갈 수 있게 되었기 때문이다.

① 복제와 관련된 기술의 발명은 예술을 둘러싼 상황을 변화시키는 데 기여했다.
② 기술 복제 시대 전에도 귀족은 예술 작품을 실용적으로 사용했다.
③ 기술 복제 시대에는 진본성을 갖추는 것이 예술 작품의 필수조건이 되지 못했다.
④ 기술 복제 시대 전에는 인테리어 소품이 예술에 포함될 수 없었지만 기술 복제 시대에는 포함될 수 있었다.

02 ㉠에 들어갈 말로 적절한 것은?

> (㉠) 따라서 인생의 본질은 목표의 설정과 성취가 아니라 유지와 지속이다. 목표 성취가 주는 짧은 행복감이 지나가고 나면 특별한 일 없이 반복되는 무수한 나날들이 기다리고 있다. 학창 시절에 이 사실을 깨닫기 어려운 이유는 인생 초반에는 목표의 설정과 성취가 짧은 주기로 반복되기 때문이다.
>
> 3~4년이면 졸업을 할 수 있고 졸업하면 새로운 목표가 기다린다. 대학 졸업 후에도 취업과 결혼, 출산 등은 비교적 가까운 시일 안에 달성 가능한 목표다. 그러나 그런 종류의 이벤트들은 대개 인생의 초반에 한정되어 있다. 따라서 그러한 사건들이 한차례 마무리되는 30대 후반에서 40대 초반에 이르면 삶이 급격히 무의미해진다는 느낌이 든다.
>
> 짧은 사이클에 익숙해져 있는 이들은 중노년의 삶이 지루하고 의미 없어 보이기 쉽다. 모두가 똑같아 보이는 저런 삶을 사느니 나만의 특별하고 새로운, 하루하루가 설레는 삶을 살고 싶을 것이다. 그러나 어떤 식으로든, 신선함은 익숙함이 되고 설렘은 가라앉는다. 사람들은 빠르게 상황에 적응하고 즐거움의 강도는 점점 줄어들기 마련이다.
>
> 관건은 생각보다 긴 내 삶을 지속해 나갈 방법을 찾는 것이다. 그냥 지속하는 것은 의미가 없다. 기왕에 주어진 삶을 어떻게 의미 있고 행복하게 살아낼 것인가를 고민해야 한다. 불행히도 학교는 그 방법을 가르쳐주지 않는다. 애초에 학교는 삶의 의미를 찾아주거나 행복해지는 법을 가르치도록 만들어진 기관이 아니기 때문이다. 그때그때의 고민을 해결해주거나 위로해줄 수는 있어도 삶의 의미와 행복을 느끼는 지점은 사람마다 다른데 누가 어떻게 그걸 일일이 맞춰줄 수 있을까.

① 삶은 생각보다 지루하다.
② 삶은 생각보다 행복하다.
③ 삶은 생각보다 짧다.
④ 삶은 생각보다 고통스럽다.
⑤ 삶은 생각보다 길다.

03 (가)에 들어갈 내용으로 가장 적절한 것은?

당신이 런던과 파리의 호텔 요금을 비교하려 한다고 가정해 보자. 당신은 여섯 살짜리 딸을 컴퓨터 앞으로 보내 인터넷 검색을 시킨다. 왜냐하면 딸의 컴퓨터 실력이 당신보다 훨씬 더 낫기 때문이다. 아이는 1박에 180유로인 파리의 호텔 요금이 1박에 150파운드인 런던의 호텔에 비해 상대적으로 비싸다고 말할 것이다.

당신은 아이에게 파운드와 유로의 차이를 설명할 것이고, 정확한 비교를 위해 아이로 하여금 두 통화 간의 환율을 찾게 할 것이다. 아이는 1유로와 1파운드가 달러로 환산했을 때 각각 얼마인지를 확인하게 될 것이며, 아이는 간단한 산수를 통해 180유로는 약 216달러, 150파운드는 약 210달러여서 겉으로 보이는 차이보다 실제의 차이는 훨씬 작다는 것을 알게 될 것이다. 이렇듯 우리가 서로 다른 두 개의 단위를 비교 가능한 동일한 단위로 바꾸기 전까지 다른 나라의 통화가 나타내는 숫자 그 자체는 아무런 의미가 없다. 이때 필요한 것은 파운드와 유로 간의 환율이 동일한 단위인 달러로 얼마인가의 여부이다.

이러한 문제는 인플레이션 개념을 이해하는 데에도 유사하게 발생한다. 오늘날의 1달러는 구매력이 크게 떨어진다는 점에서 60년 전의 1달러와 같지 않다. 인플레이션으로 인해 1950년에 1달러로 구매할 수 있던 상품을 2011년 현재에 구매하려면 9.37달러가 필요하다. 따라서 1950년과 2011년 간 통화에 대한 비교를 할 때 달러 가치의 변화를 감안하지 않는다면 이는 유로와 파운드로 표시된 금액을 비교하는 것보다 더 부정확해진다. 이는 (가)

① 인터넷의 정보가 항상 정확한 것은 아니기 때문이다.
② 과거의 화폐 가치를 정확하게 파악하는 일이 거의 불가능하기 때문이다.
③ 유럽의 경제 위기로 인해 유로의 화폐 가치가 큰 폭으로 변동하기 때문이다.
④ 1950년과 2011년 달러의 가치 차이가 유로와 파운드의 2011년 현재 가치 차이보다 크기 때문이다.

04 다음 글의 전개 순서로 가장 자연스러운 것은?

(가) 이처럼 면 대 면 소통에는 시간과 공간의 제약이 따른다.
(나) 인간의 소통 방식 중 가장 오래되고 직접적인 것은 면 대 면 소통이다.
(다) 그러나 점차 매체가 발달함에 따라 현대 사회에서는 인간이 시간과 공간의 제약을 벗어나 전신, 전파, 인터넷 등을 통해 의미를 주고받는 다양한 소통 방식이 가능해졌다.
(라) 면 대 면 소통은 소통에 참여하는 사람들이 같은 시간과 공간에 존재하면서 음성, 몸짓, 표정 등을 통해 의미를 주고받는 방식으로 이루어진다.

① (나) – (라) – (가) – (다)
② (나) – (라) – (다) – (가)
③ (라) – (가) – (나) – (다)
④ (라) – (나) – (다) – (가)

05 다음 글에 대한 이해로 적절하지 않은 것은?

올해 A시는 '청소년 의회 교실' 운영에 관한 조례를 발표함으로써 청소년들이 지방의회의 역할과 기능을 이해하고 민주 시민으로서의 소양과 자질을 함양할 수 있는 근거를 마련하였다. 청소년 의회 교실이란 청소년을 대상으로 실시하는 의회 체험 프로그램을 의미한다. 여기에 참여할 수 있는 대상은 A시에 있는 학교에 재학 중인 만 19세 미만의 청소년이다. 이 조례에 따르면 시의회 의장은 의회 교실의 참가자 선정 및 운영 방안을 결정할 수 있다. 운영 방안에는 지방자치 및 의회의 기능과 역할, 민주 시민의 소양과 자질 등에 관한 교육 내용이 포함된다. 또한 시의회 의장은 고유 권한으로 본회의장 시설 사용이 가능하도록 지원할 수 있다. 최근 A시는 '수업 시간 스마트폰 사용 제한에 관한 조례안'을 주제로 본회의장에서 첫 번째 의회 교실을 운영하였다. 참석 학생들은 1일 시의원이 되어 의원 선서를 한 후 주제에 관한 자유 발언 시간을 가졌다. 이어서 관련 조례안을 상정한 후 찬반 토론을 거쳐 전자 투표로 표결 처리하였다. 학생들이 의회 과정 전반에 대해 체험할 수 있었던 뜻깊은 시간이었다.

① A시에 있는 학교의 만 19세 미만 재학생은 청소년 의회 교실에 참여할 수 있는 대상이다.

② A시의 시의회 의장은 청소년 의회 교실의 민주 시민 소양과 관련된 교육 내용을 결정할 수 있다.

③ A시에서 시행된 청소년 의회 교실에서 시의회 의장은 본회의장 시설을 사용하도록 지원해 주었다.

④ A시의 올해 청소년 의회 교실은 의원 선서, 조례안 상정, 자유 발언, 찬반 토론, 전자 투표의 순서로 진행되었다.

[06~07] 다음 글을 읽고 물음에 답하시오.

세원이란 조세가 부과되는 원천인데, 소득은 대표적인 세원 중 하나이다. 조세를 부과할 때 세율을 적용하는 부분은 세원 전체가 아니다. 가령 우리나라는 ㉠ 부양가족이 있는 사람에게는 개인의 총소득 중 일부를 공제한 뒤에 세율을 적용한다. 과세 대상 소득으로부터 얻는 만족감이 동일한 자에게, 동일한 조세 부담을 요구하는 것이 공평하다고 생각되기 때문이다. 개인의 총소득에서 공제를 한 뒤, 세율이 적용되는 소득을 과세 표준이라 한다. 그리고 납세 부담액, 즉 세액은 과세 표준에 세율을 곱함으로써 산출된다. 납세자가 부담할 세액을 결정하는 데 활용되는 세율은 한계 세율이다. 한계 세율이란 세액의 증가분이 과세 표준의 증가분에서 차지하는 비중을 말하는데, 세액의 증가분을 과세 표준의 증가분으로 나눈 값이다. 이 밖에도 세율에는 세액을 과세 표준으로 나눈 값인 평균 세율, 세액을 과세 이전 총소득으로 나눈 값인 실효 세율 등이 있다.

다음 예를 통해 세율에 대해 이해해 보자. 소득세의 세율이 과세 표준 금액 1천만 원 이하는 10%, 1천만 원 초과 4천만 원 이하는 20%라 하자. 이처럼 과세 표준을 몇 개의 구간으로 나누는 까닭은 소득에 대응하는 세율을 일일이 획정하는 것이 현실적으로 어렵기 때문이다. 과세 표준 금액이 3천만 원인 사람의 세액은 '1천만 원×0.1(10%)+2천만 원× 0.2(20%)=5백만 원'으로 계산된다. 이 경우 평균 세율은 약 16.7%(5백만 원/3천만 원)가 된다. 과세 표준에 세율을 어떻게 적용할 것인지에 따라 세율 구조가 결정된다. 과세 표준이 클수록 높은 세율로 과세하는 것을 누진 세율 구조라고 한다. 그런데 누진 세율 구조가 아니더라도 고소득일수록 세액이 증가할 수 있으므로 세율 구조는 평균 세율의 증가 여부로 판단하는 것이 적절하다. 즉 과세 표준이 증가할 때 평균 세율이 유지되면 비례 세율 구조, 평균 세율이 오히려 감소하면 역진 세율 구조, 함께 증가하면 누진 세율 구조이다.

06 ○의 이유로 가장 적절한 것은?

① 부양가족이 있는 사람은 그렇지 않은 사람에 비해 동일한 소득으로부터 얻는 만족감이 낮은 점을 고려하기 위해서

② 부양가족의 유무에 상관없이 동일한 소득에 대해 동일한 세율을 적용하는 것이 공평하다는 점을 고려하기 위해서

③ 가족의 모든 소득을 합산해야만 경제적 능력을 객관적으로 측정하여 탈세를 막을 수 있다는 점을 고려하기 위해서

④ 동일한 소득이라면 개인의 사정을 고려하지 않고 동일한 조세를 부담하게 하는 것이 공평하다는 점을 고려하기 위해서

⑤ 부양가족이 많은 사람에게 더 큰 조세 부담을 요구하는 것이 조세 징수의 효율성을 높일 수 있다는 점을 고려하기 위해서

07 제시문을 참고하여 〈보기〉를 이해한 내용으로 가장 적절한 것은?

― 〈보 기〉 ―

소득세 제도			
과세 표준	(가)	(나)	(다)
100만 원	10만 원	30만 원	10만 원
200만 원	20만 원	60만 원	30만 원
300만 원	30만 원	90만 원	60만 원

위에 제시된 표는 어떤 국가에서 검토되고 있는 소득세 제도 (가)~(다)와 그에 따라 개인이 부담해야 하는 세액이다(단, 과세 표준은 위의 3가지 경우만 있다고 가정한다).

① (나)는 과세 표준이 클수록 높은 세율을 부과하는 세율 구조이다.

② (다)는 소득이 높을수록 더 많은 세액을 부담하는 역진 세율 구조이다.

③ (가)는 (나)와 달리 모든 과세 표준에 동일한 세율을 부과하는 세율 구조이다.

④ (나), (다)와 달리 (가)는 과세 표준이 증가할 때 평균 세율이 유지되는 세율 구조이다.

⑤ (가), (나)와 달리 (다)는 고소득자보다 저소득자의 세율을 낮게 책정하고 있는 세율 구조이다.

08 다음 글에 대한 이해로 적절하지 않은 것은?

언어마다 고유의 표기 체계가 있는데, 이는 읽기 과정에 영향을 미친다. 알파벳 언어는 표기 체계에 따라 철자 읽기의 명료성 수준이 달라진다. 철자 읽기가 명료하다는 것은 한 글자에 대응되는 소리가 규칙적이어서 글자와 소리의 대응이 거의 일대일이라는 것을 의미한다. 그 예로 이탈리아어와 스페인어가 있다. 이 두 언어의 사용자는 의미를 전혀 모르는 새로운 단어를 발견하더라도 보자마자 정확한 발음을 할 수 있다. 이에 비해 영어는 철자 읽기의 명료성이 낮은 언어이다. 영어는 발음이 아예 나지 않는 묵음과 같은 예외도 많은 편이고 글자에 대응하는 소리도 매우 다양하다.

한편 알파벳 언어를 읽을 때 사용하는 뇌의 부위는 유사하지만 뇌의 부위에 의존하는 방식에는 차이가 있다. 영어와 이탈리아어를 읽는 사람은 동일하게 좌반구의 읽기 네트워크를 사용한다. 하지만 무의미한 단어를 읽을 때 영어를 읽는 사람은 암기된 단어의 인출과 연관된 뇌 부위에 더 의존하는 반면 이탈리아어를 읽는 사람은 음운 처리에 연관된 뇌 부위에 더 의존한다. 왜냐하면 무의미한 단어를 읽을 때 이탈리아어를 읽는 사람은 규칙적인 음운 처리 규칙을 적용하는 반면에, 영어를 읽는 사람은 암기해 둔 수많은 예외들을 떠올리기 때문이다.

① 알파벳 언어의 철자 읽기는 소리와 표기의 대응과 관련되는데, 각 소리가 지닌 특성은 철자 읽기의 명료성을 판단하는 기준이 된다.
② 영어 사용자는 무의미한 단어를 읽을 때 좌반구의 읽기 네트워크를 활용하면서 암기된 단어의 인출과 연관된 뇌 부위에 더욱 의존한다.
③ 이탈리아어는 소리와 글자의 대응이 규칙적이어서 낯선 단어를 발음할 때 영어에 비해 철자 읽기의 명료성이 높다.
④ 영어는 음운 처리 규칙에 적용되지 않는 예외들이 많아서 스페인어에 비해 소리와 글자의 대응이 덜 규칙적이다.

09 다음 글에 대한 이해로 적절한 것은?

생산량이나 소득처럼 겉보기에 가장 간단할 것 같은 경제학적 개념도 이끌어 내는 데 각종 어려움이 따른다. 거기에 수많은 가치 판단이 들어가기 때문이다. 생산량 통계에 가사 노동을 포함하지 않는 것이 한 예이다. 숫자 자체에 이의를 제기하지 않더라도 생산량이나 소득 통계가 생활수준을 정확히 나타낸다고 말하기는 어렵다. 특히, 가난한 나라보다 식량, 주거, 의료 서비스 등 기본적 필요를 충족한 상태인 부유한 나라들은 더욱 그렇다.

또 구매력, 노동 시간, 생활수준을 결정하는 비금전적인 요인, 비합리적인 소비 행위, 위치재 등이 초래하는 차이도 고려해야 한다. 행복측정 연구는 이런 문제들을 피하려고 노력하지만, 그 연구에는 더 심각한 문제들이 있다. 행복은 그 자체로 측정이 어렵다는 점과 다양한 선호의 문제가 개입된다는 점 때문이다. 행복은 가치의 영역으로서 그에 대해 부여하는 우리의 관념과 욕망, 선호의 지점이 각기 다를 뿐만 아니라 비금전적인 요인 등 복잡한 차이가 존재하므로 행복측정 연구와 같은 영역은 그 대상을 측정하는 것이 그만큼 어려워진다.

물론 이렇게 문제가 있다고 해서 경제학에서 숫자를 사용하면 안 된다는 말이 아니다. 생산량, 성장률, 실업률, 불평등 수준 등에 관한 주요 숫자를 모르고서는 우리는 실제 세상의 경제를 제대로 이해할 수 없다. 그렇지만 이 숫자들이 무엇을 말해 주고, 무엇을 말해 주지 않는지를 항상 명심해야 한다.

① 행복측정 연구에서 측정의 어려움은 선호의 문제로 보완될 수 있다.
② 사람들의 생활수준을 측정하는 것은 가난한 나라보다 부유한 나라에서 더 어렵다.
③ 가치 판단은 측정이 불가능하기 때문에 경제학적 개념을 추출하는 데 어려움을 초래한다.
④ 경제학에서 사용하는 숫자는 객관성이 부족하기 때문에 실제 경제를 이해하는 데 도움이 되지 않는다.

10 A와 B의 주장에 대한 평가로 적절한 것만을 〈보기〉에서 모두 고르면?

　　A는 아동의 사고와 언어의 발달이 개인적 차원에서 사회적 차원으로 진행된다고 주장한다. 그에 따르면 말을 배우기 시작하는 2~3세경에 '자기중심적 언어'가 나타났다가 8세경에 학령이 되면서 자기중심적 언어는 소멸하고 '사회적 언어'의 단계로 진입한다고 주장한다. B는 A가 주장한 자기중심적 언어의 존재를 인정하면서도 그것의 성격에 있어서는 다른 견해를 지닌다. A와 달리 그는 자기중심적 언어가 문제에 대한 해결방법을 구안하는 데 중요한 사고의 도구가 된다고 주장한다. 그에 따르면 자기중심적 언어는 아동이 자기 자신과 대화할 때 나타나는데, 아동은 자신과 대화하는 방식으로 소리 내며 사고한다. 그는 자기중심적 언어가 자연적 존재를 문화적 존재로 변모시키는 기능을 하며, 학령이 되면서 소멸하는 게 아니라 내면화되어 소리 없는 '내적 언어'를 구성함으로써 정신기능을 발달시킬 수 있는 원동력이 된다고 본다.

　　이러한 두 사람의 입장 차이는 자기중심적 언어의 전(前) 단계에 대한 서로 다른 생각에서 기인한 것으로 보인다. A는 출생 이후 약 2세까지의 아이가 언어 이전의 '환상적 사고'의 단계에 머물러 있는 것으로 보는데, 여기서 환상적 사고는 자신과 대상 세계를 구분하지 못하는 것을 가리킨다. 자신과 대상 세계를 구분하지 못하면 의사소통 행위가 불가능하므로 A는 이 단계의 아이가 보여 주는 타인과의 상호작용을 의사소통 행위가 아니라고 주장한다. 반면, B의 경우 출생 이후 약 2세까지의 상호작용을 의사소통 행위로 판단한다. 그에 따르면 이때의 의사소통 행위는 타자의 규제와 이에 따른 자기 규제가 작동하는 대화적 상호작용의 일종으로, 사회적 언어를 통해 수행된다. B 역시 A와 마찬가지로 아동의 언어와 사고의 발달이 3단계로 진행된다고 보지만, 그 방향에 있어서는 사회적 언어에서 출발하여 자기중심적 언어를 거쳐 내적 언어 순으로 진행된다고 본다.

〈보 기〉

ㄱ. '자기중심적 언어'의 단계 전에 A는 의사소통 행위가 이루어지지 않는 것으로, B는 이루어지는 것으로 본다.

ㄴ. A는 '자기중심적 언어'가 학령이 되면 없어지는 것으로 보는 반면, B는 없어지지 않는 것으로 본다.

ㄷ. A와 B는 '사회적 언어'의 단계로 진입하는 시기에 대해 견해를 달리한다.

① ㄱ
② ㄱ, ㄴ
③ ㄴ, ㄷ
④ ㄱ, ㄴ, ㄷ

01 (가)에 들어갈 한자성어로 가장 적절한 것은?

이 책에서는 일상에서 일어나는 우연한 사건이나 깜짝 놀랄 만한 일들도 모두 통계나 수학으로 설명할 수 있다며 많은 사례를 제시한다. 제시되는 통계적·수학적 개념들도 상식의 수준에서 충분히 이해할 만하다. 그래서 무엇보다 재미가 있다. 다만 가끔은 신비로워야 할 세상사를 모두 일련의 법칙으로 풀어내는 방식에 다소간의 저항감을 갖는 독자도 있을 것이다. 또한, 책에 등장하는 일부 사례들은 고개를 갸우뚱하게 한다. 예를 들어, '로또 복권의 모든 경우의 수를 전부 구입하면 그중의 하나는 반드시 1등 당첨이 된다.'라는 내용이 나오는데, 개념적으로 이해는 되지만 현실의 국면에서는 이치에 맞지 않을 수도 있는 사례를 통해 주장을 피력하는 것은 아닌가 하여, 　(가)　(이)라는 말을 떠올리게 한다.

① 目不識丁　　　② 牽強附會
③ 緣木求魚　　　④ 不問可知

02 〈보기〉를 읽은 독자가 가질 수 있는 의문으로 가장 적절하지 않은 것은?

〈보 기〉

'무지개'를 '공중에 떠 있는 물방울이 햇빛을 받아 나타나는, 반원 모양의 일곱 빛깔의 줄'이라고 사전적으로 풀이하면, '무지개'가 우리에게 주는 아름다운 연상이 사라질 정도로 '무지개'는 아름다운 우리말이다. 국어의 역사를 잘 알지 못하면 '무지개'가 '물'과 '지개'로 분석될 수 있다는 사실에 언뜻 수긍하지 못할 것이다. '무지개'는 원래 '물'과 '지개'의 합성어인데, 'ㅈ' 앞에서 'ㄹ'이 탈락하여 '무지개'가 되었다. '무지개'에 '물'이 관계되는 것에 이의를 달 사람은 없을 것이므로, '물'은 이해가 되겠는데, '지개'는 무엇이냐고 묻는 사람이 있을 것이다. 문헌에 처음 보이는 형태는 '므지게'인데, 15세기 『용비어천가』나 『석보상절』과 같은 훈민정음 창제 초기의 문헌에 등장한다. '물[水]'의 15세기 형태인 '믈'에 '지게'가 합쳐진 것으로, '지게'의 'ㅈ'앞에서 '믈'의 'ㄹ'이 탈락한 것이다.

① '물'의 'ㄹ'이 '지개'의 'ㅈ'앞에서 탈락한 것이라면, 탈락의 조건은 무엇일까?
② '지개'가 '지게'에서 온 말이라면 'ㅔ'와 'ㅐ'의 차이는 어떻게 설명할까?
③ '무지개'가 '물'과 '지게'가 합쳐져 변화한 말이라면, 변화한 때는 언제일까?
④ '무지개가 뜨다', '무지개가 걸리다'는 표현은 적절한 표현일까?

03 다음 글의 내용을 이해한 것으로 가장 적절한 것은?

1905년 아인슈타인의 특수 상대성 이론이 발표되기 전까지 물리학자들은 시간과 공간을 별개의 독립적인 물리량으로 보았다. 공간은 상대적인 물리량인 데 비해, 시간은 절대적인 물리량으로서 공간이나 다른 어떤 것의 변화에 의해 변하지 않는다는 것이다. 하지만 아인슈타인은 시간도 상대적인 물리량으로 보고, 시간과 공간을 합쳐서 4차원 공간, 즉 시공간(spacetime)이라고 하였다. 이 시공간은 시간과 공간으로 서로 구별되지 않는다. 다만 이 시공간은 시간에 해당하는 차원이 한 방향으로만 진행한다는 한계가 있기 때문에 제한적인 4차원 공간이라는 특징이 있다.

① 아인슈타인의 시공간은 시간과 공간으로 구별되어 존재했다.
② 아인슈타인 등장 전까지 시간과 공간은 독립적인 물리량이 아니었다.
③ 아인슈타인 등장 전까지 시간은 상대적인 물리량으로 변화 가능한 것이었다.
④ 아인슈타인의 시공간은 시간에 해당하는 차원이 한 방향으로만 진행되었다.

04 다음 글의 내용과 부합하는 것은?

미국의 어머니들은 자녀와 함께 놀이를 할 때 특정 사물에 초점을 맞추고 그 사물의 속성을 아이들에게 가르친다. 사물의 속성 자체에 관심을 기울이도록 훈련받은 아이들은 스스로 독립적인 행동을 하도록 교육받는다. 미국에서는 아이들에게 의사소통을 가르칠 때 자신의 생각을 분명하게 표현하고 말하는 사람의 입장에서 대화에 임해야 하며, 대화 과정에서 오해가 발생하면 그것은 말하는 사람의 잘못이라고 강조한다.

반면에 일본의 어머니들은 대상의 '감정'에 특별히 신경을 써서 가르친다. 특히 자녀가 말을 안 들을 때에 그러하다. 예를 들어 "네가 밥을 안 먹으면, 고생한 농부 아저씨가 얼마나 슬프겠니?", "인형을 그렇게 던져 버리다니, 저 인형이 울잖아. 담장도 아파하잖아." 같은 말들로 꾸중하는 모습을 자주 볼 수 있다. 다른 사람과의 관계에 초점을 맞춘 훈련을 받은 아이들은 자신의 생각을 드러내기보다는 행동에 영향을 받는 다른 사람들의 감정을 미리 예측하도록 교육받는다. 곧 일본에서는 아이들에게 듣는 사람의 입장에서 말할 것을 강조한다.

① 미국의 어머니는 듣는 사람의 입장, 일본의 어머니는 말하는 사람의 입장을 강조한다.
② 일본의 어머니는 사물의 속성을 아는 것이 관계를 아는 것보다 더 중요하다고 생각한다.
③ 미국의 어머니는 어떤 일을 있는 그대로 보지 말고 이면에 있는 감정을 읽어야 한다고 생각한다.
④ 미국의 어머니는 자녀가 독립적인 행동을 하도록 교육하며, 일본의 어머니는 자녀가 타인의 감정을 예측하도록 교육한다.

미술사를 다루고 있는 좋은 책이 많지만 학술적인 지식이 부족하면 이해하기 어려운 경우가 많다고 한다. 이런 점에서 미술에 대해 막 알아 가기 시작한 나와 같은 독자도 이해할 수 있다고 알려진, 곰브리치의 『서양 미술사』를 택해 서양 미술의 흐름을 살펴본 것은 좋은 결정이었다.

이 책을 통해 저자는 미술사를 어떻게 이해할 것인가를 설명한다. 저자는 서론에서 '미술이라는 것은 사실상 존재하지 않는다. 다만 미술가들이 있을 뿐이다.'라고 밝히며, 미술가와 미술 작품에 주목하여 미술사를 이해하려는 자신의 관점을 설명한다. 저자는 27장에서도 해당 구절을 들어 자신의 관점을 다시 설명하고 있었기 때문에, 27장의 내용을 서론의 내용과 비교하여 읽으면서 저자의 관점을 더 잘 이해할 수 있었다.

책의 제목을 처음 접했을 때는, 이 책이 유럽만을 대상으로 삼고 있을 거라고 생각했다. 하지만 책의 본문을 읽기 전에 목차를 살펴보니, 총 28장으로 구성된 이 책이 유럽 외의 지역도 포함하고 있음을 알 수 있었다. 1~7장에서는 아메리카, 이집트, 중국 등의 미술도 설명하고 있었고, 8~28장에서는 6세기 이후 유럽 미술에서부터 20세기 미국의 실험적 미술까지 다루고 있었다. 이처럼 책이 다룬 내용이 방대하기 때문에, 이전부터 관심을 두고 있었던 유럽의 르네상스에 대한 부분을 먼저 읽은 후 나머지 부분을 읽는 방식으로 이 책을 읽어 나갔다.

⊙『서양 미술사』는 자료가 풍부하고 해설을 이해하기 어렵지 않아서, 저자가 해설한 내용을 저자의 관점에 따라 받아들이는 것만으로도 충분히 만족스러웠다. 물론 분량이 700여 쪽에 달하는 점은 부담스러웠지만, 하루하루 적당한 분량을 읽도록 계획을 세워서 꾸준히 실천하다 보니 어느새 다 읽었을 만큼 책의 내용은 흥미로웠다.

05 윗글을 쓴 학생이 책을 선정할 때 고려한 사항 중, 윗글에서 확인할 수 있는 것은?

① 자신의 지식수준에 비추어 적절한 책인가?
② 다수의 저자들이 참여하여 집필한 책인가?
③ 다양한 연령대의 독자에게서 추천받은 책인가?
④ 이전에 읽은 책과 연관된 내용을 담고 있는 책인가?
⑤ 최신의 학술 자료를 활용하여 믿을 만한 내용을 담고 있는 책인가?

06 윗글에 나타난 독서 방법으로 적절하지 않은 것은?

① 책에서 내용상 관련된 부분을 비교하며 읽는다.
② 책의 목차를 통해 책의 구성을 파악하고 읽는다.
③ 자신의 경험과 저자의 경험을 연관 지으며 읽는다.
④ 책의 분량을 고려하여 독서 계획을 세워서 읽는다.
⑤ 자신의 관심에 따라서 읽을 순서를 정하여 읽는다.

07 윗글을 쓴 학생에게 ⊙과 관련하여 〈보기〉를 바탕으로 조언할 때, 그 내용으로 가장 적절한 것은?

――――――〈보 기〉――――――

예술 분야의 책을 읽을 때, 책에 담긴 저자의 해설 외에도 다양한 해설이 있다는 점을 염두에 두어야 한다. 저자의 해설에도 저자가 속한 시대의 사회·문화적 환경에서 비롯된 영향이 반영되기 마련이다. 이러한 점을 고려하여, 독자는 책의 내용을 무비판적으로 수용하기보다는 자신의 주관을 가지고 책의 내용에 대해 판단할 필요가 있다.

① 책의 자료를 자의적 기준에 의해 정리하기보다는 저자의 관점에 따라 정리하는 게 좋겠어.
② 책이 유발한 사회·문화적 영향을 파악하기보다는 책에 대한 다양한 해설을 찾아보는 게 좋겠어.
③ 다양한 분야를 균형 있게 다룬 책보다는 하나의 분야를 집중적으로 다루고 있는 책을 읽는 게 좋겠어.
④ 책의 내용을 자신의 취향에 따라 골라 읽기보다는 전문가인 저자가 책을 구성한 방식대로 읽는 게 좋겠어.
⑤ 책의 내용을 그대로 받아들이려 하기보다는 자신의 관점을 바탕으로 저자의 관점을 판단하며 읽는 게 좋겠어.

괴테는 인간의 목표가 각자의 개성과 존엄성을 통해 보편성에 이르는 데 있다고 보았다. 즉 그는 자연이라는 근원에서 나온 개체에 대해서는 자연과 동일한 권리를 부여하였지만, 개체와 근원 사이에 존재하는 중간 단계에 대해서는 상대적으로 관심이 적었다. 그리하여 나폴레옹이 그의 조국을 점령하였을 때에 그는 피히테만큼 열성적으로 활동하지는 않았다. 물론 그도 자기 민족의 자유를 원했고 조국에 대해 깊은 애정을 표시했지만, 그의 마음을 더욱 사로잡은 것은 인간성이나 인류와 같은 관념이었다. 이런 점에서 볼 때, 괴테는 집단의식보다는 개인의 존엄성을 더 중시했다고 할 수 있다.

그런데 이전보다 훨씬 다양한 집단에 속한 채 살아야 하는 현대인에게는 개인과 집단의 관계를 어떻게 설정하느냐 하는 문제가 더욱 중요하게 떠오른다. 이러한 문제가 발생할 때 다수의 논리를 내세워 개인의 의지를 배제한다면 그것은 바람직한 해결책이라 할 수 없다. 현대 사회가 추구하는 효율성의 원칙만을 내세워 집단을 개인의 우위에 두면 '진정한 인간성'이 계발되기 어렵다. 그러므로 우리는 개인이 조직 사회에 종속됨으로써 정신적 독립성을 잃게 되는 위험성을 항상 경계해야 한다.

오늘날 우리는 괴테의 의미를 새롭게 발견한다. 그는 현대의 공기를 마셔 보지 않았지만 대단히 현대적인 시각에서 우리에게 충고를 하고 있다. 지금 진행되고 있는 이 무서운 드라마를 끝내기 위해서는 모든 사람이 다 함께 '진정한 인간성'을 추구해야 한다. 물질적 편리함을 위해 정신적 고귀함을 간단히 양보해 버리고, 집단의 목적을 위해 개인의 순수성을 쉽게 배제해 버리는 세태 속에서 우리는 자신의 혼을 가진 인간으로 살기 위해 노력해야 한다. 이런 섬에서, 순수하고 고결한 인간성을 부르짖는 괴테의 외침은 사람 자체를 존중하는 마음이 사라져 가는 오늘날의 심각한 병폐를 함께 치유하자는 세계사적 선서의 의미를 지닌다. 모든 사람들이 각자 '진정한 인간성'을 행동으로 실천한다면, 현대 사회의 비인간화 현상은 극복될 수 있을 것이다.

① 개인과 집단 사이에는 갈등이 있을 수 없다. 집단의 이익이 개인의 이익이며, 개인의 이익이 집단의 이익이다.
② 개인이 집단의 목적에 맹목적으로 따르는 것은 민주 시민의 올바른 자세가 아니다. 비판이 없는 집단은 자기 발전이 없다.
③ 개인의 존엄성은 상대적인 것이다. 따라서 개인도 자기 목소리만을 높일 것이 아니라 집단의 목표에 부합하도록 노력해야 한다.
④ 진정한 인간성은 이기주의와는 다르다. 개인의 독립성을 지나치게 주장하여 운영에 차질을 주면 그것도 바람직하지 않다.
⑤ 다수의 논리를 내세워 개인의 의지를 꺾는 것도 잘못이지만, 개인의 의지가 다수의 논리를 무시하는 것은 더 큰 문제이다.

09 다음 글의 내용과 가장 거리가 먼 것은?

항생제는 세균에 대한 항균 효과가 있는 물질을 말한다. '프로폴리스' 같이 자연적으로 존재하는 항생제를 자연 요법제라고 하고, '설파제' 같이 화학적으로 합성된 항생제를 화학 요법제라고 한다. 현재 사용되고 있는 많은 항생제들은 곰팡이가 생성한 물질을 화학적으로 보다 효과가 좋게 합성한 것들이어서 넓은 의미에서는 이들도 화학 요법제라고 할 수 있을 것이다.

'페니실린', '세파로스포린' 같은 것은 우리 몸의 세포에는 없는 세균의 세포벽에 작용하여 세균을 죽이는 것이다. 그 밖의 항생제들은 '테트라사이크린', '클로로마이신' 등과 같이 세균세포의 단백합성에 장애를 만들어 항균 효과를 나타내거나, '퀴노론', '리팜핀' 등과 같이 세균세포의 핵산합성을 저해하거나, '포리믹신' 등과 같이 세균세포막의 투과성에 장애를 일으켜 항균 효과를 나타낸다.

① 항생제의 정의
② 항생제의 내성 정도
③ 항균 작용의 기제
④ 항생제의 분류 방법

10 ⊙∼⊙의 전개 순서로 가장 자연스러운 것은?

폭설, 즉 대설이란 많은 눈이 시간적, 공간적으로 집중되어 내리는 현상을 말한다.

⊙ 그런데 눈은 한 시간 안에 5cm 이상 쌓일 수 있어 순식간에 도심 교통을 마비시키는 위력을 가지고 있다.

ⓛ 또한, 경보는 24시간 신적설이 20cm 이상 예상될 때이다.

ⓒ 다만, 산지는 24시간 신적설이 30cm 이상 예상될 때 발령된다.

ⓔ 이때 대설의 기준으로 주의보는 24시간 새로 쌓인 눈이 5cm 이상이 예상될 때이다.

ⓜ 이뿐만 아니라 운송, 유통, 관광, 보험을 비롯한 서비스업종과 사회 전반에 영향을 미친다.

① ⊙ - ⓜ - ⓛ - ⓒ - ⓔ

② ⊙ - ⓔ - ⓜ - ⓒ - ⓛ

③ ⓔ - ⓛ - ⓒ - ⊙ - ⓜ

④ ⓔ - ⊙ - ⓜ - ⓒ - ⓛ

01 다음 글에서 추론한 내용으로 적절하지 않은 것은?

> 과학의 개념은 분류 개념, 비교 개념, 정량 개념으로 구분할 수 있다. 식물학과 동물학의 종, 속, 목처럼 분명한 경계를 가지고 대상들을 분류하는 개념들이 분류 개념이다. 어린이들이 맨 처음에 배우는 단어인 '사과', '개', '나무' 같은 것 역시 분류 개념인데, 하위 개념으로 분류할수록 그 대상에 대한 정보가 더 많이 전달된다. 또한, 현실 세계에 적용 대상이 하나도 없는 분류 개념도 있을 수 있다. 예를 들어 '유니콘'이라는 개념은 '이마에 뿔이 달린 말의 일종임' 같은 분명한 정의가 있기에 '유니콘'은 분류 개념으로 인정되는 것이다.
>
> '더 무거움', '더 짧음' 등과 같은 비교 개념은 분류 개념보다 설명에 있어서 정보 전달에 더 효과적이다. 이것은 분류 개념처럼 자연의 사실에 적용되어야 하지만, 분류 개념과 달리 논리적 관계도 반드시 성립해야 한다. 예를 들면, 대상 A의 무게가 대상 B의 무게보다 더 무겁다면, 대상 B의 무게가 대상 A의 무게보다 더 무겁다고 말할 수 없는 것처럼 '더 무거움' 같은 비교 개념은 논리적 관계를 반드시 따라야 한다.
>
> 마지막으로 정량 개념은 비교 개념으로부터 발전된 것인데, 이것은 자연의 사실로부터 파악할 수 있는 물리량을 측정함으로써 만들어진다. 물리량을 측정하기 위해서는 몇 가지 규칙이 필요한데, 그 규칙에는 두 물리량의 크기를 비교하는 경험적 규칙과 물리량의 측정 단위를 정하는 규칙 등이 포함된다. 이러한 정량 개념은 자연에 의해서 주어지는 것이 아니라 우리가 자연현상에 수를 적용하는 과정에서 생겨나는 것이다. 정량 개념은 과학의 언어를 수많은 비교 개념 대신 수를 사용할 수 있게 하여 과학 발전의 기초가 되었다.

① '호랑나비'는 '나비'와 동일한 종에 속하지만, 나비에 비해 정보량이 적다.
② '용(龍)'은 현실 세계에 적용할 수 있는 지시물이 없더라도 분류 개념으로 인정된다.
③ '꽃'이나 '고양이'와 같은 개념은 논리적 관계를 따라야 하는 것은 아니기 때문에 비교 개념에 포함되지 않는다.
④ 물리량을 측정할 수 있는 'cm'나 'kg'과 같은 측정 단위는 자연현상에 수를 적용할 수 있게 해 주었다.

02 다음 글에 대한 이해로 적절한 것은?

> 레코드가 등장하고 대량 복제에 용이한 원반형 레코드가 대중화되기 시작하면서 대중음악의 소비 양상은 매우 빠르게 변화했다. 당시의 레코드는 매우 비싸긴 했지만 음악을 반복해 들을 수 있었고 공연장을 찾지 않아도 원하는 때에 원하는 음악을 들을 수 있도록 해주었기 때문에 널리 애용될 수 있었다. 또한 지금과 마찬가지로 거리의 상점, 유흥 공간 등에서 홍보와 고객 유인을 위해 레코드 음악을 널리 사용했기 때문에 비록 돈이 없다 해도 누구나 쉽게 레코드 음악을 향유할 수 있었다. 레코드의 수요는 날로 확산되었는데, 매체의 특성상 지리적 이동이 손쉽게 이루어지게 됨에 따라 스타급 음악인들의 영향력은 세계적으로 확대되었다. 음악 역사상 처음으로 레코드 판매 100만 장을 돌파했다는 이탈리아 출신 오페라 가수 카루소는 20세기 초반, 자신의 고향인 이탈리아를 넘어서 유럽 전역을 비롯해 북미·남미 대륙을 넘나드는 세계적 스타로 성장할 수 있었다.
>
> 레코드가 인기를 끌면서 극장 중심의 흥행 산업 시절에는 경험할 수 없었던 놀라운 대중성의 성취가 이루어졌다. 또한 레코드가 팔린다고 해서 극장의 흥행이 감소되기는커녕 오히려 레코드 산업과 동반 성장을 이루게 되면서 극장 흥행이 세계적으로 펼쳐지는 시대가 다가왔고, 가수들은 전에 비할 바 없는 많은 돈을 벌어들이기 시작했다.

① 레코드의 대중화로 스타급 음악인들의 영향력이 확대되었다.
② 오페라 극장에서는 관객에게 레코드 음악을 들려주면서 흥행을 성공시켰다.
③ 오페라 가수 카루소는 다양한 언어로 노래한 레코드를 제작하여 출시하였다.
④ 새로 등장한 레코드 가격이 매우 비싸서 대중은 레코드 음악을 듣기 힘들었다.

03 〈보기〉는 다음 글을 읽은 학생의 반응이다. 이에 대한 설명으로 가장 적절한 것은?

> 특정 주제를 깊이 있게 탐구하기 위한 독서는 지식을 습득하고 이를 비판적·종합적으로 탐구하는 독서이다. 이러한 독서는 목차나 책 전체를 훑어보아 글의 전체 구조를 파악하고, 필요한 부분을 찾아 중점적으로 읽을 내용을 선별하는 것으로부터 출발한다. 이어 독자는 글 표면에 드러난 내용을 정확하고 충분하게 읽기, 글 이면의 내용을 추론하고 비판하며 읽기, 여러 관점을 비교하고 종합하며 읽기와 같은 방법을 적절히 조합하여 선별한 내용을 읽게 된다.
>
> 위 과정에서 독자는 자신의 배경지식과 새로이 얻은 지식을 통합하여 의미를 구성한다. 그런데 이렇게 개인의 머릿속에서 구성된 의미는 다른 사회 구성원들과의 상호 작용을 거쳐 재구성 된다. 따라서 특정 주제를 깊이 있게 탐구하기 위한 독서의 의미 구성은 개인적 차원뿐 아니라 사회적 차원에서도 이루어지는 것으로 이해되어야 한다.
>
> 이를 감안하면 특정 주제를 깊이 있게 탐구하기 위한 독서에서는 기록의 역할이 부각된다. 탐구 과정에서 개인적으로 구성한 의미를 기록하는 것은 읽은 내용의 망각을 방지하며, 비판과 토론의 자료로서 사회적 차원의 의미 구성에 기여한다. 또한 보고서, 논문, 단행본 등의 형태로 발전하여 공동체의 지식이 축적되는 토대를 이룬다. 이렇게 볼 때 특정 주제를 깊이 있게 탐구하기 위한 독서는 학문 탐구의 과정에서 글을 읽고 의견을 주고받으며 토론하는 강론 또는 기록을 권유했던 전통과도 맥을 같이한다.

〈보 기〉

> 첫 문장을 읽으면서 특정 전공 분야의 연구자를 대상으로 하는 글인 줄 알았어. 그런데 생각해 보니 이런 독서의 모습이 낯설지 않아. 우리도 학교에서 보고서 작성을 위해 책을 읽고 친구들과 의문점을 나누며 의논하는 경우가 많잖아?

① 독서에서 얻은 깨달음을 실천하려는 모습을 보이고 있다.

② 모범적인 독서 태도를 발견하고 반성의 계기로 삼고 있다.

③ 학습 경험과 결부하여 독서 활동의 의미를 확인하고 있다.

④ 알게 된 내용과 관련지어 추가적인 독서 계획을 세우고 있다.

⑤ 독서 경험에 비추어 지속적인 독서의 중요성을 인식하고 있다.

글을 읽으려면 글자 읽기, 요약, 추론 등의 읽기 기능, 어휘력, 읽기 흥미나 동기 등이 필요하다. 글 읽는 능력이 발달하려면 읽기에 필요한 이러한 요소를 잘 갖추어야 한다.

읽기 요소들 중 어휘력 발달에 관한 연구들에서는, 학년이 올라감에 따라 어휘력이 높은 학생들과 어휘력이 낮은 학생들 간의 어휘력 격차가 점점 더 커짐이 보고되었다. 여기서 어휘력 격차는 읽기의 양과 관련된다. 즉 어휘력이 높으면 이를 바탕으로 점점 더 많이 읽게 되고, 많이 읽을수록 글 속의 어휘를 습득할 기회가 많아지며, 이것이 다시 어휘력을 높인다는 것이다. 반대로, 어휘력이 부족하면 읽는 양도 적어지고 어휘 습득의 기회도 줄어 다시 어휘력이 상대적으로 부족하게 됨으로써, 나중에는 커져 버린 격차를 극복하는 데에 많은 노력이 필요하게 된다.

이렇게 읽기 요소를 잘 갖춘 독자는 점점 더 잘 읽게 되어 그렇지 않은 독자와의 차이가 갈수록 커지게 되는데, 이를 매튜 효과로 설명하기도 한다. 매튜 효과란 사회적 명성이나 물질적 자산이 많을수록 그로 인해 더 많이 가지게 되고, 그 결과 그렇지 않은 사람과의 차이가 점점 커지는 현상을 일컫는다. 이는 주로 사회학에서 사용되었으나 읽기에도 적용된다.

그러나 ⓐ 글 읽는 능력을 매튜 효과로만 설명하는 데에는 문제가 있다. 우선, 읽기와 관련된 요소들에서 매튜 효과가 항상 나타나는 것은 아니다. 인지나 정서의 발달은 개인마다 다르며, 한 개인 안에서도 그 속도는 시기마다 다르기 때문이다. 예컨대 읽기 흥미나 동기의 경우, 어릴 때는 상승 곡선을 그리며 발달하다가 어느 시기부터 떨어지기도 한다. 또한 읽기 요소들은 상호 간에 영향을 미쳐 매튜 효과와 다른 결과를 낳기도 한다. 가령 읽기 기능이 부족한 독자라 하더라도 읽기 흥미나 동기가 높은 경우 이것이 읽기 기능의 발달을 견인할 수 있다.

그럼에도 불구하고 읽기를 매튜 효과로 설명하는 연구는 단순히 지능의 차이에 따라 글 읽는 능력이 달라진다고 보던 관점에서 벗어나, 읽기 요소들이 글을 잘 읽도록 하는 중요한 동력임을 인식하게 하는 계기가 되었다.

04 윗글의 내용과 일치하지 않는 것은?

① 읽기 기능에는 어휘력, 읽기 흥미나 동기 등이 포함된다.
② 매튜 효과에 따르면 읽기 요소를 잘 갖출수록 더 잘 읽게 된다.
③ 매튜 효과는 주로 사회학에서 사용되는 개념이었다.
④ 읽기 요소는 다른 읽기 요소들에 영향을 미치기도 한다.
⑤ 읽기 연구에서 매튜 효과는 읽기 요소의 가치를 인식하게 했다.

05 〈보기〉의 관점에서 ⓐ를 뒷받침할 수 있는 내용으로 가장 적절한 것은?

〈보 기〉
인간의 사고는 자연적으로 발달하기보다는 공동체 내 언어적 상호작용에 의해 발달한다. 따라서 고차적 사고에 속하는 읽기도 타인과 상호 작용함으로써 점진적으로 발달한다.

① 읽기 발달의 속도는 한 개인 안에서도 시기마다 다르다.
② 읽기 발달은 읽기 속도나 취향 등 개인차에 따라 각기 다르다.
③ 읽기 흥미나 동기 등은 타고난 개인적 성향으로서 변하지 않는다.
④ 읽기 발달은 개인의 읽기 경험을 공유하는 사회적 환경에 따라 달라질 수 있다.
⑤ 충분한 시간과 몰입할 수 있는 장소가 주어진다면 혼자서도 읽기를 잘 할 수 있다.

인간에 대한 혐오의 감정을 긍정적으로 바라보는 인식을 바탕으로, 이를 사회 안정의 도구로 활용해야 한다거나 법적 판단의 근거로 삼아야 한다는 주장은 영미법의 오래된 역사에서 그리 낯설지 않다. 그러나 혐오의 감정이 특정 개인과 집단을 배척하기 위한 강력한 무기로 이용되었다는 사실을 고려하면 이러한 주장이 얼마나 그릇된 것인지 이해할 수 있다.

일반적으로 우리는 분비물이나 배설물, 악취 등에 대해 그리고 시체와 같이 부패하고 퇴화하는 것들에 대해 혐오의 감정을 갖는다. 인간은 타자를 공격하는 데 이러한 오염물의 이미지를 사용한다. 이때 혐오는 특정 집단을 오염물인 것처럼 취급하고 자신은 오염되지 않은 쪽에 속함으로써 얻게 되는 심리적인 우월감 및 만족감과 연결되어 있다. 역사적으로 볼 때 이런 과정을 거쳐 오염물로 취급된 집단 중 하나가 유대인이다.

중세 이후 반유대주의 세력이 유대인에게 부여한 부정적 이미지는 점액성, 악취, 부패, 불결함과 같은 혐오스러운 것들과 결부되어 있다. 히틀러는 유대인을 깨끗하고 건강한 독일 민족의 몸속에 숨겨진, 썩어 가는 시체 속의 구더기라고 표현했다. 혐오스러운 적대자를 설정함으로써 자신의 야욕을 달성하려 했던 것이다. 불행하게도 대다수의 독일인은 이러한 야만적인 정치적 선동에 동의를 표했다. 심지어 유대인을 암세포, 종양, 세균 등으로 묘사하면서 이들을 비인간적 존재로 전락시키는 의학적 담론이 유행하기도 했다. 비인간적으로 묘사되는 유대인의 이미지는 나치가 만든 허상이었음에도 불구하고, 유대인과 연관된 혐오의 이미지는 아이들이 보는 당대의 동화 속에 담겨 있을 정도로 널리 퍼져 있었다.

① 혐오는 정치적 선동의 도구로 이용되지 않았다.
② 개인뿐만 아니라 집단도 혐오의 대상이 될 수 있다.
③ 혐오의 대상이 되는 집단은 비인간적으로 묘사되기도 한다.
④ 혐오의 감정을 법적 판단의 근거로 삼아야 한다는 입장이 있었다.
⑤ 인간에 대한 혐오의 감정은 타자를 혐오함으로써 주체가 얻을 수 있는 심리적인 만족감과 연관되어 있다.

르네상스가 일어나게 된 요인으로 많은 것들이 거론되어 왔지만, 의학사의 관점에서 볼 때 흥미롭고 논쟁적인 원인은 페스트이다. 페스트가 유럽의 인구를 격감시킴으로써 사회 경제 구조가 급변하게 되었고, 사람들은 재래의 전통이 지니고 있던 강력한 권위에 의문을 품기 시작했다. 예컨대 사람들은 이 무시무시한 질병을 예측하지 못한 기존의 의학적 전통을 불신하게 되었으며, 페스트로 인해 '사악한 자'들만이 아니라 '선량한 자'들까지 무차별적으로 죽는 것을 보고 이전까지 의심하지 않았던 신과 교회의 막강한 권위에 대해서도 회의하게 되었다.

속수무책으로 당할 수밖에 없었던 죽음에 대한 경험은 사람들을 여러 방향에서 변화시켰다. 사람들은 거리에 시체가 널려 있는 광경에 익숙해졌고, 인간의 유해에 대한 두려움 또한 점차 옅어졌다. 교회에서 제시한 세계관 및 사후관에 대한 신뢰가 떨어지고, 삶과 죽음 같은 인간의 본질적인 문제에 대해 새롭게 사유하기 시작했다. 중세의 지적 전통에 대한 의구심은 고대의 학문과 예술, 언어에 대한 재평가로 이어졌으며, 이에 따라 신에 대한 무조건적 찬양과 복종 대신 인간에 대한 새로운 관심과 사유가 활발해졌다.

이러한 움직임은 미술사에서 두드러지게 포착된다. 인간에 대한 관심의 증대에 따라 인체의 아름다움이 재발견되었고, 인체를 묘사하는 다양한 화법도 등장했다. 인체에 대한 관심은 보이는 부분뿐만 아니라 보이지 않는 부분에 대한 관심으로 이어졌다. 기존의 의학적 전통을 여전히 신봉하던 의사들에게 해부학적 지식은 불필요한 것으로 인식되었던 반면, 당시의 미술가들은 예술가이면서 동시에 해부학자이기도 할 만큼 인체의 내부 구조를 탐색하는 데 골몰했다.

① 전염병의 창궐은 르네상스의 발생을 설명하는 다양한 요인 가운데 하나이다.
② 페스트로 인한 선인과 악인의 무차별적인 죽음은 교회가 유지하던 막강한 권위를 약화시켰다.
③ 예술가들이 인체의 아름다움을 재발견함으로써 고대의 학문과 언어에 대한 재평가도 이루어졌다.
④ 르네상스 시기에 해부학은 의사들보다도 미술가들의 관심을 끌었다.

08 다음 글에 대한 이해로 적절하지 않은 것은?

학습심리학에서 '전이'란 이전에 수행되었던 학습 및 훈련의 경험이 이후의 학습 및 훈련에 영향을 미치는 것을 말한다. 전이가 이루어질 때, 두 경험이 어떠한 영역에 속하는가에 따라 전이의 종류를 구분할 수 있다. '동종 전이'는 기존의 경험과 새로운 경험이 동일한 영역에 속하는 것이다. 예컨대 새로운 인간면역결핍바이러스(HIV)의 실험을 설계하기 위해 기존의 HIV 실험 설계를 참조한다면 이는 동종 전이에 해당한다. 기존의 경험과 새로운 경험이 인접한 영역에 해당한다면 이는 '계열 전이'이다. HIV 실험 설계를 또 다른 미생물 실험의 설계에 참조하는 것이 그 예가 될 수 있다. 마지막으로 기존의 경험과 새로운 경험이 전혀 다른 영역에 속하는 경우가 '원거리 전이'이다. 화학자 케쿨레는 꿈속에서 본 뱀의 모습으로부터 벤젠의 화학적 결합 구조에 대한 아이디어를 얻은 것으로 알려져 있는데, 이것이 원거리 전이이다.

한편, 전이는 영향 관계에 있는 두 경험의 위계 수준에 따라 구분할 수도 있다. 기존의 경험이 새로운 경험을 위해 필수적이며 기본적인 전제 조건이 될 때, '수직적 전이'가 발생한다. 반면 두 경험이 유사한 구조를 띠고 있어 기존의 경험이 새로운 경험에 유의미한 영향을 미치지만, 새로운 경험을 위해 기존의 경험이 필수적으로 전제되어야 하는 것은 아닐 경우 '수평적 전이'에 해당한다.

① 의사가 대장암에 대한 의학적 지식을 적용하여 대장암 환자를 치료해 낸다면 동종 전이라고 볼 수 있다.
② 천문학자가 물체의 운동에 대한 공식을 활용하여 혜성의 이동 속도를 계산해낸다면 계열 전이라고 볼 수 있다.
③ 문학 비평가가 아동심리학 이론을 인용하여 동화 속 인물의 심리 현상을 분석한다면 원거리 전이라고 볼 수 있다.
④ 초등학생이 사각형의 넓이 계산법을 이용하여 사각형인 교실의 면적을 구한다면 수직적 전이라고 볼 수 있다.
⑤ 수직적 전이와 수평적 전이를 구분하는 기준은 영향 관계에 있는 두 경험의 위계 수준이라고 볼 수 있다.

09 다음 글의 결론으로 가장 적절한 것은?

인공지능(AI)은 비즈니스 패러다임을 획기적으로 바꾸고 있다. 인공지능은 생물학 분야에도 광범위하게 영향을 미칠 것이며, 애완동물이 인공지능(AI)으로 대체될 수도 있을 것이다. 인공지능(AI)은 스스로 수학도 풀고 글도 쓰고 바둑을 두며 사람을 이길 수도 있다. 어느 영화에서처럼 실제로 인간관계를 대신할 수도 있다. 인공지능(AI)은 배우면서 성장할 수도 있다. 인공지능(AI)이 사람보다 똑똑해질 수 있을지도 모른다.

인공지능(AI)이 사람보다 똑똑해질 수 있는지는 차치하고, 인공지능(AI)이 사람을 게으르게 만들 수도 있지 않을까? 이 게으름은 우리의 건강과 행복, 그리고 일상생활의 패턴을 바꿔 놓을 수도 있다.

인공지능(AI)이 앱을 통해 좀 더 편리한 삶을 제공하여 사람의 뇌를 어떻게 바꾸는지를 일상에서 보여 주는 대표적 사례가 바로 GPS다. 불과 몇 년 전만 해도 지도를 보고 스스로 거리를 가늠하고 도착 시간을 계산했던 운전자들은 이 내비게이션의 등장으로 어디에서 어떻게 가라는 기계속 음성에 전적으로 의존하기 시작했다. 예전의 방식으로도 충분히 잘 찾아가던 길에서조차 습관적으로 내비게이션을 켠다. 이것이 없으면 자주 다니던 길도 제대로 찾지 못하고 멀쩡한 어른도 길을 잃는다.

이와 같이 기계에 의존해서 인간이 살아가는 사례는 오늘날 우리의 두뇌가 게을러진 것을 보여 주는 여러 사례 가운데 하나일 뿐이다. 삶을 더 편하게 해 준다며 지름길을 제시하는 도구들이 도리어 우리의 기억력과 창조력을 퇴보시키고 있다.

인간을 태만하고 나태하게 만들어 뇌의 가장 뛰어난 영역인 상상력을 활용하지 않도록 만드는 것이다.

① 인간의 인공지능(AI)에 대한 독립성은 지속적으로 증가하게 될 것이다.
② 인공지능(AI)으로 인해 인간의 두뇌가 게을러지는 부작용이 발생하게 될 것이다.
③ 인공지능(AI)은 인간을 능가하는 사고력을 가질 것이다.
④ 인공지능(AI)은 궁극적으로 상상력을 가지게 될 것이다.

자동화가 급속하게 발전하면서 사람이 하는 일이 줄어들고 공산품의 가격이 하락한다는 예측이 있다. 그런데 그것이 우리가 원하는 이상적인 사회일까? 좋은 물건을 싸게 살 수 있으니 좋겠지만, 다른 한편으로 생산 공정의 합리적 발달 때문에 인간의 일자리가 줄어들고, 결국 소비가 줄어드는 세상이 되는 것은 아닐지 걱정되기도 한다. 뉴스에서도 한번 크게 보도된 적이 있는데, 중국에서 종업원 규모가 만 명 되는 공장을 독일식의 '산업 4.0 시스템'을 적용해서 합리화했더니 종업원 수가 500명으로 줄었다고 했다. 그러면 나머지 9,500명은 어디로 갔겠는가 말이다.

인공지능이 대거 활약하게 되는 4차 산업혁명이 가속화돼서 이런 일이 상품과 지식 생산의 모든 영역에서 일어난다면 어찌 될 것인가. 어쨌건 상품이나 지식의 값은 싸지겠지만, 그것을 돈 주고 사는 소비자는 점점 없어져 버리는 사회가 될 수도 있다. 이는 분명히 우려할 만한 일이다.

과학 기술의 발전이 분명히 우리가 사는 사회를 더 괜찮은 사회, 살기 좋은 사회로 만드는 측면이 있지만, 동시에 일하는 사람이 점점 없어진다든지 아니면 조금 다른 용어로 사회의 불평등이 점점 심해져서 아주 많은 돈을 버는 소수의 사람들과 일자리가 없는 다수의 사람들로 세상이 양극화될 가능성을 크게 하는 측면도 있다. 그야말로 유토피아와 디스토피아의 공존이 일어날 수 있는 것이다.

이러한 문제의식을 가지고 있다면 주목할 책이 1516년 출간된 영국 작가 토머스 모어의 『유토피아』이다. 이 책이 선구적인 이유는 유토피아(utopia)라는 말이 여기서 처음으로 사용되었다는 사실에서 쉽게 찾을 수 있다. 모어는 '좋은 곳'이라는 뜻의 'eu-topia'와 '아무 데도 존재하지 않는 곳'이라는 뜻의 'ou-topia'를 동시에 나타내는 중의적 개념으로 유토피아라는 말을 만들었는데, 이때부터 유토피아는 존재하지 않는 이상향을 뜻하게 되었다.

디스토피아(dystopia)는 유토피아의 반대말로, 상당히 끔찍한 미래의 어떤 사회를 이야기할 때 사용하는 단어이다. 접두어 'dys'는 '나쁜', '고된'이란 뜻이다. 디스토피아는 19세기에 만들어진 말로 역사가 오래되지 않은 표현이다. 산업혁명 이후에 사회적 불평등이 확산되고 기계화로 인한 인간성 상실에 대한 논의가 시작되면서 디스토피아라는 단어가 만들어지고 널리 사용되었다.

① 인공지능 기술은 유토피아적 세계와 디스토피아적 세계의 가능성을 동시에 갖고 있는 기술이다.
② '디스토피아'는 사회적 불평등이 확산되고 인간성 상실의 문제가 발생하면서 만들어진 용어이다.
③ 4차 산업혁명이 가속화될 경우 우리 사회의 불평등과 양극화 현상은 점점 심해질 수 있다.
④ '유토피아'는 토머스 모어의 책에서 처음으로 사용된 표현이다.
⑤ '유토피아'는 '디스토피아'의 문제점을 해결하기 위해 고안된 표현이다.

[01~03] 다음 글을 읽고 물음에 답하시오.

기업은 다른 기업들과의 경쟁에서 이기고, 자신이 설정한 경영 목표를 달성하기 위해서 기업의 사업 내용과 목표 시장 범위를 결정하는데, 이를 기업전략이라고 한다. 즉 기업전략은 다양한 사업의 포트폴리오*를 전사적(全社的) 차원에서 어떻게 구성하고 조정할 것인가를 결정하는, 즉 참여할 사업을 결정하는 것이라고 할 수 있다.

기업전략의 구체적 예로 기업 다각화 전략을 들 수 있다. 기업 다각화 전략은 한 기업이 복수의 산업 또는 시장에서 복수의 사업을 영위하기 위한 전략으로, 제품 다각화 전략, 지리적 시장 다각화 전략, 제품 시장 다각화 전략으로 크게 구분된다. 이는 다시 제품이나 판매 지역 측면에서 관련된 사업에 종사하는 관련 다각화와 관련이 없는 사업에 종사하는 비관련 다각화로 구분된다. 리처드 러멜트는 미국의 다각화 기업을 구분하며, 관련 사업에서 70% 이상의 매출을 올리는 기업을 관련 다각화 기업, 70% 미만의 매출을 올리는 기업을 비관련 다각화 기업으로 명명했다.

기업 다각화는 범위의 경제성을 창출함으로써 수익 증대에 기여한다. 범위의 경제성이란 하나의 기업이 동시에 복수의 사업 활동을 하는 것이, 복수의 기업이 단일의 사업 활동을 하는 것보다 총비용이 적고 효율적이라는 이론이다. 범위의 경제성은 한 기업이 여러 제품을 동시에 생산할 때, 투입되는 요소 중 공통적으로 투입되는 생산요소가 존재하기 때문에 투입 요소 비용이 적게 발생한다는 사실을 통해 설명된다.

또한 다각화된 기업은 기업 내부 시장을 활용함으로써 새로운 가치를 창출할 수 있다. 여러 사업부에서 나오는 자금을 통합하여 활용할 수 있는 내부 자본시장을 갖추었을 뿐 아니라 여러 사업부에서 훈련된 인력을 전출하여 활용할 수 있는 내부 노동시장도 갖추었기 때문이다. 새로운 인력을 채용하여 교육시키는 데 많은 시간과 비용이 들어감을 고려하면, 다각화된 기업은 신규 기업에 비해 훨씬 우월한 위치에서 경쟁할 수 있다.

한편 다각화를 함으로써 기업은 사업 부문들의 경기 순환에서 오는 위험을 줄일 수 있다. 예를 들어 기업의 주력사업이 반도체, 철강, 조선과 같이 불경기와 호경기가 반복적으로 순환되는 사업 분야일수록, 기업은 (a)분야의 다각화를 함으로써 경기가 불안정할 때에도 자금 순환의 안정성을 비교적 (b)할 수 있다.

*포트폴리오: 다양한 투자 대상에 분산하여 자금을 투입하여 운용하는 일

01 윗글에 대한 설명으로 가장 적절한 것은?

① 특정 개념이 성립하게 된 배경을 설명한 후, 개념의 역사적 의의를 서술하고 있다.

② 특정 개념의 장단점을 소개한 후, 단점을 극복하는 방안들을 서술하고 있다.

③ 특정 개념의 구체적 예를 제시한 후, 예에 해당하는 내용을 상세하게 설명하고 있다.

④ 특정 개념을 바라보는 다양한 학자들의 견해를 비교하며 절충안을 도출하고 있다.

02 윗글에 대한 이해로 가장 적절한 것은?

① 범위의 경제성에 의하면 한 기업이 제품A, 제품B를 모두 생산하는 것은, 서로 다른 두 기업이 각각 제품A, 제품B를 생산하는 것보다 비효율적이다.

② 다각화된 기업은 여러 사업부에서 나오는 자금을 통합하여 활용할 수 없다.

③ 신규 기업은 새로운 인력을 채용하고 교육하는 것에 부담이 있다.

④ 리처드 러멜트에 의하면, 관련 사업에서 50%의 매출을 올리는 기업은 관련 다각화 기업이다.

03 윗글의 문맥을 고려하여, 윗글의 a, b 부분에 들어갈 단어를 가장 적절하게 추론한 것은?

	a	b
①	비관련	확보
②	비관련	제거
③	관련	확보
④	관련	제거

04 다음 글의 사례로 적절하지 않은 것은?

> 인간은 언어를 사용하며 언어는 인간의 사고, 사회, 문화를 반영한다. 인간의 지적 능력이 발달하게 된 것은 바로 언어를 사용하기 때문이다. 언어와 사고는 기본적으로 상호작용을 한다. 둘 중 어느 것이 먼저 발달하고 어떻게 영향을 주는지는 알 수 없다. 그러나 언어와 사고가 서로 깊은 관계를 맺고 있다는 사실은 여러 가지 근거를 통해서 뒷받침된다.

① 영어의 '쌀(rice)'에 해당하는 우리말에는 '모', '벼', '쌀', '밥' 등이 있다.

② 어떤 사람은 산도 파랗다고 하고, 물도 파랗다고 하고, 보행신호의 녹색등도 파랗다고 한다.

③ 일상생활에서 어떠한 사물의 개념은 머릿속에서 맴도는데도 그 명칭을 떠올리지 못할 때가 있다.

④ 우리나라는 수박(watermelon)은 '박'의 일종으로 보지만 어떤 나라는 '멜론(melon)'에 가까운 것으로 파악한다.

05 ㉠~㉣을 문맥을 고려하여 수정한 것으로 가장 적절한 것은?

> 농촌의 모습을 주된 소재로 삼는 A 드라마에 결혼이주 여성이 등장한다는 것은 그녀들이 직면한 여러 문제들을 다룰 기회가 마련되었다는 점에서 일단은 긍정적이다. 하지만 ㉠ 그녀들이 농촌에 정착하는 과정에서 경험하게 되는 다양한 문제들을 단순화할 수 있는 위험성도 내포하고 있다. 이 드라마에는 모문화와 이문화 사이의 차이로 인해 힘겨워하는 여성, 민족적 정체성에 혼란을 겪는 여성, 아이의 출산과 양육 문제로 갈등을 겪는 여성 등이 등장한다. 문제는 이 드라마에서 이러한 갈등의 원인을 제대로 규명하는 것보다는 ㉡ 부부간의 사랑이나 가족애를 통해 극복하는 낭만적인 해결 방식을 주로 선택한다는 데에 있다. 예를 들어, ○○화에서는 여성 주인공이 아이의 태교 문제로 내적 갈등을 겪다가 결국 자신의 생각을 포기함으로써 그 갈등이 해소된 것처럼 마무리된다. 태교에 대한 문화적 차이가 주된 원인이었지만, 이 드라마에서는 그것에 주목하기보다 ㉢ 남편과 갈등을 일으키는 여성 주인공의 모습을 부각하여 사랑과 이해에 기반한 순종과 순응을 결혼이주여성이 갖추어야 할 덕목으로 묘사한 것이다. 이 드라마에서 ㉣ 이러한 강요된 선택과 해소되지 않은 심적 갈등이 사실대로 재현되지 않음으로써 실질적인 원인은 은폐되고 여성의 일방적인 양보와 희생을 통해 해당 문제들이 성급히 봉합된다. 이는 어디까지나 한국인의 시선으로만 결혼이주여성과 다문화가정을 바라보고 있기 때문이다.

① ㉠을 "그녀들이 농촌에 정착하는 과정에서 경험하게 되는 다양한 문제들을 탐색할 수 있는 가능성도"로 고친다.

② ㉡을 "시댁 식구를 비롯한 한국인들과의 온정적인 소통을 통해 극복하는 구체적인 해결 방식"으로 고친다.

③ ㉢을 "남편의 의견을 따르는 여성 주인공의 모습"으로 고친다.

④ ㉣을 "이러한 억압적 상황과 해소되지 않은 외적 갈등이 여과 없이 노출됨으로써"로 고친다.

06 '아도르노가 보는 대중 예술'에 대한 이해로 적절하지 않은 것은?

아도르노는 문화 산업에 의해 양산되는 대중 예술이 이윤 극대화를 위한 상품으로 전락함으로써 예술의 본질을 상실했을 뿐 아니라 현대 사회의 모순과 부조리를 은폐하고 있다고 지적했다. '아도르노가 보는 대중 예술'은 창작의 구성에서 표현까지 표준화되어 생산되는 상품에 불과하다. 그는 대중 예술의 규격성으로 인해 개인의 감상 능력 역시 표준화되고, 개인의 개성은 다른 개인의 그것과 다르지 않게 된다고 보았다. 특히 모든 것을 상품의 교환 가치로 환원하려는 자본주의 사회에서, 대중 예술은 개인의 정체성마저 상품으로 전락시키는 기제로 작용한다는 것이다.

아도르노는 서로 다른 가치 체계를 하나의 가치 체계로 통일시키려는 속성을 동일성으로, 하나의 가치 체계로의 환원을 거부하는 속성을 비동일성으로 규정하고, 예술은 이러한 환원을 거부하는 비동일성을 지녀야 한다고 주장한다. 그렇기 때문에 예술은 대중이 원하는 아름다운 상품이 되기를 거부하고, 그 자체로 추하고 불쾌한 것이 되어야 한다는 것이다. 그에게 있어 예술은 예술가가 직시한 세계의 본질을 감상자들에게 체험하게 해야 한다. 예술은 동일화되지 않으려는, 일정한 형식이 없는 비정형화된 모습으로 나타남으로써 현대 사회의 부조리를 체험하게 하는 매개여야 한다는 것이다.

아도르노는 쇤베르크의 음악과 같은 전위 예술이 그 자체로 동일화에 저항하면서도, 저항이나 계몽을 직접적으로 드러내지 않는다는 것을 높게 평가한다. 저항이나 계몽을 직접 표현하는 것에는 비동일성을 동일화하려는 폭력적 의도가 내재되어 있다고 보기 때문이다. 불협화음으로 가득 찬 쇤베르크의 음악이 감상자들에게 불쾌함을 느끼게 했던 것처럼 예술은 그것에 드러난 비동일성을 체험하게 함으로써 동일화의 폭력에 저항해야 한다는 것이다.

아도르노에게 있어 예술은 사회적 산물이며, 그래서 미학은 작품에 침전된 사회의 고통스러운 상태를 읽기 위해 존재한다. 그는 비동일성 그 자체를 속성으로 하는 전위 예술을 예술이 추구해야 할 바람직한 모습으로 제시했다.

① 문화 산업을 통해 상품화된 개인의 정체성과 대립적 관계를 형성한다.
② 일정한 규격에 맞춰 생산될 뿐 아니라 대중의 감상 능력을 표준화한다.
③ 자본주의의 교환 가치 체계에 종속된 것으로서 예술로 포장된 상품에 불과하다.
④ 모든 것을 상품의 교환 가치로 환원하려는 자본주의 사회의 속성을 은폐한다.
⑤ 문화 산업의 이윤 극대화 과정에서 개인들이 지닌 개성의 차이를 상실시킨다.

07 다음 글의 주된 서술 방식은?

변지의가 천 리 길을 마다하지 않고 나를 찾아왔다. 내가 그 뜻을 물었더니, 문장 공부를 하기 위해 나를 찾아왔다고 했다. 때마침 이날 우리 아이들이 나무를 심었기에 그 나무를 가리켜 이렇게 말해 주었다.

"사람이 글을 쓰는 것은 나무에 꽃이 피는 것과 같다. 나무를 심는 사람은 가장 먼저 뿌리를 북돋우고 줄기를 바로잡는 일에 힘써야 한다. …(중략)… 나무의 뿌리를 북돋아 주듯 진실한 마음으로 온갖 정성을 쏟고, 줄기를 바로잡듯 부지런히 실천하며 수양하고, 진액이 오르듯 독서에 힘쓰고, 가지와 잎이 돋아나듯 널리 보고 들으며 두루 돌아다녀야 한다. 그렇게 해서 깨달은 것을 헤아려 표현한다면 그것이 바로 좋은 글이요, 사람들이 칭찬을 아끼지 않는 훌륭한 문장이 된다. 이것이야말로 참다운 문장이라고 할 수 있다."

① 서사
② 분류
③ 비유
④ 대조

광고는 시장의 형태 중 독점적 경쟁 시장에서 그 효과가 크다. 독점적 경쟁 시장은, 유사하지만 차별적인 상품을 다수의 판매자가 경쟁하며 판매하는 시장이다. 각 판매자는 자신이 공급하는 상품을 구매자가 차별적으로 인지하고 선호할 수 있도록 하기 위해 광고를 이용한다. 판매자에게 그러한 차별적 인지와 선호가 중요한 이유는, 이를 통해 판매자가 자신의 상품을 원하는 구매자에 대해 누리는 '독점적 지위'를 강화할 수 있기 때문이다.

일반적으로 독점적 지위를 누린다는 것은 상품의 가격을 결정할 수 있는 힘이 있다는 의미이다. 그럼에도 불구하고 판매자는 구매자의 수요를 고려해야 한다. 대체로 구매자는 상품의 물량이 많을 때보다 적을 때 높은 가격을 지불하고자 하기 때문에, 판매자는 공급량을 감소시킴으로써 더 높은 가격을 책정할 수 있다. 독점적 경쟁 시장의 판매자도 이러한 지위 덕분에 상품에 차별성이 없는 경우를 가정할 때보다 다소 비싼 가격에 상품을 판매하는 경향이 있다. 그러나 그 결과 독점적 경쟁 시장의 판매자가 단기적으로 이윤을 보더라도, 그 이윤이 지속되리라 기대할 수는 없다. 이윤을 보는 판매자가 있으면 그러한 이윤에 이끌려 약간 다른 상품을 공급하는 신규 판매자의 수가 장기적으로 증가하고, 그 결과 기존 판매자가 공급하던 상품에 대한 수요는 감소하여 이윤이 줄어들 것이기 때문이다.

판매자가 광고를 통해 상품의 차별성을 알리는 대표적인 방법은 상품에 대한 정보를 전달하는 것이다. 하지만 많은 비용을 들인 것으로 보이는 광고만으로도 상품의 차별성을 부각할 수 있다. 판매자가 경쟁력에 자신 없는 상품에 많은 광고 비용을 지출하지 않을 것이라는 구매자의 추측을 유도하는 것이 이 광고 방법의 목적이다. 가격이 변화할 때 구매자의 상품 수요량이 변하는 정도를 수요의 가격 탄력성이라 하는데, 구매자가 자신이 선호하는 상품이 차별화되었다고 느낄수록 수요의 가격 탄력성은 감소한다. 이처럼 구매자가 특정 상품에 갖는 충성도가 높아 지면, 판매자의 독점적 지위는 강화된다. 판매자는 이렇게 광고가 ㉠ 경쟁을 제한하는 효과를 노린다. 독점적 경쟁 시장에 진입하는 신규 판매자도 상품의 차별성을 강조함으로써 독점적 지위를 확보하고자 광고를 빈번하게 이용한다.

08 '독점적 지위'에 대한 설명으로 적절하지 않은 것은?

① 독점적 경쟁 시장에 신규 판매자가 진입하는 것을 차단하지는 않는다.
② 판매자가 공급량을 조절하여 가격을 책정할 수 있는 힘을 가지고 있음을 의미한다.
③ 구매자가 지불하고자 하는 가격이 상품 공급량에 따라 어느 정도인지를 판매자가 감안하지 않아도 되게 한다.
④ 독점적 경쟁 시장의 판매자가 다소 비싼 가격을 책정할 수 있게 하지만 이윤을 지속적으로 보장하지는 않는다.
⑤ 독점적 경쟁 시장의 판매자가 구매자로 하여금 판매자 자신의 상품을 차별적으로 인지하고 선호하게 하면 강화된다.

09 ㉠을 이해한 내용으로 적절한 것은?

① ㉠은 상품에 대한 구매자의 충성도가 높아질 때 일어난다.
② ㉠의 결과로 판매자는 상품의 가격을 올리기 어렵게 된다.
③ ㉠은 시장 전체의 판매자 수가 증가하지 않는다는 의미이다.
④ ㉠은 기존 판매자의 광고가 차별성을 알리는 데 성공하지 못한 결과로 나타난 것이다.
⑤ ㉠은 광고로 인해 가격에 대한 구매자의 민감도가 강화될 때 발생한다.

10 다음 중 버크의 견해로 가장 적절한 것은?

> 18세기 영국의 사상가 버크는 프랑스 혁명의 과정을 지켜보면서, 국민 대중에 대하여 회의를 갖게 되었다. 일반 국민이란 무지하고 교육을 받지 못한 다수를 의미하기 때문에 그다지 신뢰할 만하지 않다는 이유에서이다. 그래서 그는 계약에 의해 선출된 능력 있는 대표자가 국민을 대신하여 지도자로서 국가를 운영케 하는 방식의 대의제를 생각해 냈다. 재산이 풍족하여 교육을 충분히 받아 사리에 밝은 사람들이 그렇지 못한 다수 사람들의 이익을 위해 행동하는 편이 훨씬 효율적이라고 생각한 것이다. 그가 말하는 대의제란 지도자가 성숙한 판단과 계몽된 의식을 가지고 국민을 대신하여 일하는 것을 요체로 한다. 여기서 대의제의 본질은 국민을 대표하기보다 국민을 대신한다는 의미에 가깝다. 즉 버크는 대중이 그들 자신을 위한 유·불리의 이해관계를 알지 못한다는 가정을 전제로, 분별력 있는 지도자가 독립적 판단을 통해 국가를 이끌어가야 한다고 했던 것이다. 버크에 따르면 국민은 지도자와 상호 '신의 계약'을 체결했다기보다는 '신탁 계약'을 했다는 것이다. 그러므로 지도자에게는 개별 국민들의 요구와 입장을 성실하게 경청해야 할 의무 대신에, 국민 전체의 이익이 무엇인가를 스스로 판단해서 대신할 의무가 있다. 그는 만약 지도자가 국민의 의견을 좇아 자신의 판단을 단념한다면 그것은 국민에게 봉사하는 것이 아니라 국민을 배신하는 것이라고 했다.

① 지도자는 국민 다수의 의견을 따라야 한다.
② 국민은 지도자에게 자신의 모든 권리를 위임한다.
③ 성공적인 대의제를 위해서는 탁월한 지도자를 선택하는 국민의 자실이 중요하다.
④ 국민은 지도자를 선택한 이후에도 다수결을 통해 지도자의 결정에 대한 수용과 비판의 지속적인 태도를 보여주어야 한다.

01 ㉠의 이유를 추론한 내용으로 가장 적절한 것은?

아도르노의 미학은 예술과 사회의 관계를 통해 예술의 자율성을 추구했다는 점에서 긍정적으로 평가된다. 예술은 사회적인 것인 동시에 사회에서 떨어져 사회의 본질을 직시하는 것이어야 한다고 보기 때문이다. 그의 미학은 기존의 예술에 대한 비판적 관점을 제공한다. 가령 사과를 표현한 세잔의 작품을 아도르노의 미학으로 읽어 낸다면, 이 그림은 사회의 본질과 유리된 '아름다운 가상'을 표현한 것에 불과할 것이다.

하지만 세잔의 작품은 예술가의 주관적 인상을 붉은 색과 회색 등의 색채와 기하학적 형태로 표현한 미메시스일 수 있다. 미메시스란 세계를 바라보는 주체의 관념을 재현하는 것, 즉 감각될 수 없는 것을 감각 가능한 것으로 구현하는 것을 의미한다. 다시 말해 세잔의 작품은 눈에 보이는 특정의 사과가 아닌 예술가의 시선에 포착된 세계의 참모습, 곧 자연의 생명력과 그에 얽힌 농부의 삶 그리고 이를 응시하는 예술가의 사유를 재현한 것이 된다.

아도르노는 예술이 예술가에게 포착된 세계의 본질을 감상자로 하여금 체험하게 하는 것이어야 한다고 본다. 그러나 그는 이러한 미적 체험을 현대 사회의 부조리에 국한시킴으로써, 진정한 예술을 감각적 대상인 형태 그 자체의 비정형성에 대한 체험으로 한정한다. 결국 ㉠ 아도르노의 미학에서는 주관의 재현이라는 미메시스가 부정되고 있다.

한편 아도르노의 미학은 예술의 영역을 극도로 축소시키고 있다. 즉 그 자신은 동일화의 폭력을 비판하지만, 자신이 추구하는 전위 예술만이 진정한 예술이라고 주장하며 전위 예술의 관점에서 예술의 동일화를 시도하고 있다. 특히 이는 현실 속 다양한 예술의 가치가 발견될 기회를 박탈한다. 실수로 찍혀 작가의 어떠한 주관도 결여된 사진에서조차 새로운 예술 정신을 발견하는 것이 가능하다는 베냐민의 지적처럼, 전위 예술이 아닌 예술에서도 미적 가치를 발견할 수 있다. 또한 대중음악이 사회적 저항의 메시지를 전달하는 사례도 있듯이, 자본의 논리에 편승한 대중 예술이라 하더라도 사회에 대한 비판적 기능을 수행하는 경우도 있다.

① 비정형적 형태뿐 아니라 정형적 형태 역시 재현되기 때문이다.
② 재현의 주체가 예술가로부터 예술 작품의 감상자로 전환되기 때문이다.
③ 미적 체험의 대상이 사회의 부조리에서 세계의 본질로 변화되기 때문이다.
④ 미적 체험의 과정에서 비정형적인 형태가 예술가의 주관으로 왜곡되기 때문이다.
⑤ 예술가의 주관이 가려지고 작품에 나타난 형태에 대한 체험만이 강조되기 때문이다.

02 다음 글을 논리적 순서에 맞게 나열한 것은?

(가) 그 위계를 정하는 데 나이는 매우 결정적인 요인이 된다.
(나) 그래서 우리는 사람들을 만나면 상대와 나의 위계를 자기도 모르게 측정하게 된다.
(다) 그 위계를 따져서 말을 하지 않으면 상대를 기분 나쁘게 할 수도 있고 상대를 불편하게 만들 수도 있다.
(라) 한국어에서 높임법을 결정하는 요인에는 앞서 언급한 나이 외에도 직업, 지위, 친밀감, 공식성 등이 있다.
(마) 한국어로 말을 하려면 늘 상대와 나와의 위계부터 따져야 한다.

① (라) – (마) – (가) – (다) – (나)
② (라) – (다) – (가) – (마) – (나)
③ (마) – (다) – (나) – (가) – (라)
④ (마) – (나) – (다) – (가) – (라)

[03~05] 다음을 읽고 물음에 답하시오.

(가) (㉠)의 확산은 1930년에 접어들어 보다 빠른 속도로 경성의 거리를 획일적인 풍경으로 바꿔 놓았는데, 뉴욕이나 파리의 (㉠)은 경성에서도 거의 동시에 (㉠)했다. 이는 물론 영화를 비롯한 근대 과학기술의 덕택이었다.

(나) 하지만 뉴욕과 경성의 (㉠)이 모두 동일한 것은 아니었다. 뉴욕걸이나 할리우드 배우들이나 경성의 모던걸이 입은 패션은 동일해도, 그네들 주변의 풍경은 근대적인 빌딩 숲과 초가집만큼 차이가 났기 때문이다. 경성 모던걸의 (㉠)은 이같은 근대와 전근대의 아이러니를 내포하고 있었다.

(다) (㉠)은 "일 초 동안에 지구를 네박휘"를 돈다는 전파만큼이나 빨라서, 1931년에 이르면 뉴욕이나 할리우드에서 (㉠)하던 파자마라는 '침의패션'은 곧바로 서울에서도 (㉠)했다. 서구에서 시작한 (㉠)이 일본을 거쳐 한국으로 전달되는 속도는 너무나 빨라 거의 동시적이었다.

(라) 폐쇄된 규방에만 있었던 조선의 여성이 신문과 라디오로, 세계의 동태를 듣게 되면서부터, 지구 한 모퉁이에서 일어나는 일이 그 지구에 매달려 사는 자기 자신에도 큰 파동을 끼치고 있다는 사실을 깨닫게 되었다. 규방 여성이 근대여성이 되기까지는 그리 오랜 시간이 필요하지 않았다. 신문이나 라디오 같은 미디어를 통해 속성 세계인이 될 수 있었기 때문이다. 동시에 미디어는 식민지 조선 여성에게 세계적인 불안도 함께 안겨주었다. 자본주의적 근대의 환상과 그 이면의 불안을 동시에 던져 주었던 것이다.

(마) 근대로 이행하는 데 필요한 절대적인 시간을 뛰어넘어 조선에 근대가 잠입해 올 수 있었던 것은 한편으로 미디어 덕분이었다. 미디어는 근대를 향한 이행을 식민지 조선에 요구했고, 단기간에 조선 사람들을 '속성 세계인'으로 변모시키는 역할을 했다.

03 문맥상 ㉠에 들어갈 단어로 가장 적절한 것은?

① 성행(盛行) ② 편승(便乘)
③ 기승(氣勝) ④ 유행(流行)

04 내용에 따른 (나)~(마)의 순서 배열로 가장 적절한 것은?

① (나) - (다) - (라) - (마)
② (나) - (라) - (다) - (마)
③ (다) - (나) - (마) - (라)
④ (마) - (다) - (라) - (나)

05 윗글을 이해한 내용으로 가장 적절하지 않은 것은?

① 모던걸의 패션은 뉴욕걸이나 할리우드 배우들과 동일했다.
② 신문이나 라디오는 조선 사람이 속성 세계인이 되도록 해 주었다.
③ 파자마 '침의패션'은 뉴욕과 할리우드보다 일본에서 먼저 시작되었다.
④ 식민지 조선 여성은 근대적 환상과 그 이면의 불안을 함께 안고 있었다.

06 다음 글의 주장으로 가장 적절한 것은?

예술 작품의 복제 기술이 좋아지고 있음에도 불구하고 원본을 보러 가는 이유는 무엇인가? 예술 작품의 특성상 원본 고유의 예술적 속성을 복제본에서는 느낄 수 없다고 생각하는 경향이 강하기 때문이다. 사진은 원본인지 복제본인지 중요하지 않지만, 회화는 붓 자국 하나하나가 중요하기 때문에 복제본이 원본을 대체할 수 없다고 생각하는 사람들이 많다.

그러나 이러한 생각은 잘못이다. 회화와 달리 사진의 경우, 보통은 '그 작품'이라고 지칭되는 사례들이 여러 개 있을 수 있다. 20세기 위대한 사진작가 빌 브란트가 마음만 먹었다면, 런던에 전시한 인화본의 조도를 더 낮추는 방식으로 다른 곳에 전시한 것과 다른 예술적 속성을 갖게 할 수 있었을 것이다. 이것은 사진의 경우, 작가가 재현적 특질을 선택하고 변형할 수 있는 방법이 다양함을 의미한다.

① 복제본의 예술적 가치는 원본을 뛰어넘을 수 없다.
② 복제 기술 덕분에 예술의 매체적 특성이 비슷해졌다.
③ 복제본의 재현적 특질을 변형하는 방법은 제한적이다.
④ 복제본도 원본과는 다른 별개의 예술적 특성을 담보할 수 있다.

07 다음 글의 내용이 참일 때, 반드시 참인 것만을 〈보기〉에서 모두 고르면?

△△처에서는 채용 후보자들을 대상으로 A, B, C, D 네 종류의 자격증 소지 여부를 조사하였다. 그 결과 다음과 같은 사실이 밝혀졌다.
• A와 D를 둘 다 가진 후보자가 있다.
• B와 D를 둘 다 가진 후보자는 없다.
• A나 B를 가진 후보자는 모두 C는 가지고 있지 않다.
• A를 가진 후보자는 모두 B는 가지고 있지 않다는 것은 사실이 아니다.

〈보 기〉
ㄱ. 네 종류 중 세 종류의 자격증을 가지고 있는 후보자는 없다.
ㄴ. 어떤 후보자는 B를 가지고 있지 않고, 또 다른 후보자는 D를 가지고 있지 않다.
ㄷ. D를 가지고 있지 않은 후보자는 누구나 C를 가지고 있지 않다면, 네 종류 중 한 종류의 자격증만 가지고 있는 후보자가 있다.

① ㄱ
② ㄷ
③ ㄱ, ㄴ
④ ㄴ, ㄷ
⑤ ㄱ, ㄴ, ㄷ

[08~09] 다음을 읽고 물음에 답하시오.

비타민 K는 혈액이 응고되도록 돕는다. 지방을 뺀 사료를 먹인 병아리의 경우, 지방에 녹는 어떤 물질이 결핍되어 혈액 응고가 지연된다는 사실을 발견하고 그 물질을 비타민 K로 명명했다. 혈액 응고는 단백질로 이루어진 다양한 인자들이 관여하는 연쇄 반응에 의해 일어난다. 우선 여러 혈액 응고 인자들이 활성화된 이후 프로트롬빈이 활성화되어 트롬빈으로 전환되고, 트롬빈은 혈액에 녹아 있는 피브리노겐을 불용성인 피브린으로 바꾼다. 비타민 K는 프로트롬빈을 비롯한 혈액 응고 인자들이 간세포에서 합성될 때 이들의 활성화에 관여한다. 활성화는 칼슘 이온과의 결합을 통해 이루어지는데, 이들 혈액 단백질이 칼슘 이온과 결합하려면 카르복실화되어 있어야 한다. 카르복실화는 단백질을 구성하는 아미노산 중 글루탐산이 감마-카르복시글루탐산으로 전환되는 것을 말한다. 이처럼 비타민 K에 의해 카르복실화되어야 활성화가 가능한 표적 단백질을 비타민 K-의존성 단백질이라 한다.

비타민 K는 식물에서 합성되는 ㉠ 비타민 K_1과 동물 세포에서 합성되거나 미생물 발효로 생성되는 ㉡ 비타민 K_2로 나뉜다. 녹색 채소 등은 비타민 K_1을 충분히 함유하므로 일반적인 권장 식단을 따르면 혈액 응고에 차질이 생기지 않는다.

그런데 혈관 건강과 관련된 비타민 K의 또 다른 중요한 기능이 발견되었고, 이는 칼슘의 역설 과도 관련이 있다. 나이가 들면 뼈 조직의 칼슘 밀도가 낮아져 골다공증이 생기기 쉬운데, 이를 방지하고자 칼슘 보충제를 섭취한다. 하지만 칼슘 보충제를 섭취해서 혈액 내 칼슘 농도는 높아지나 골밀도는 높아지지 않고, 혈관 벽에 칼슘염이 침착되는 혈관 석회화가 진행되어 동맥 경화 및 혈관 질환이 발생하는 경우가 생긴다. 혈관 석회화는 혈관 근육 세포 등에서 생성되는 MGP라는 단백질에 의해 억제되는데, 이 단백질이 비타민 K-의존성 단백질이다. 비타민 K가 부족하면 MGP 단백질이 활성화되지 못해 혈관 석회화가 유발된다는 것이다.

비타민 K_1과 K_2는 모두 비타민 K-의존성 단백질의 활성화를 유도하지만 K_1은 간세포에서, K_2는 그 외의 세포에서 활성이 높다. 그러므로 혈액 응고 인자의 활성화는 주로 K_1이, 그 외의 세포에서 합성되는 단백질의 활성화는 주로 K_2가 담당한다. 이에 따라 일부 연구자들은 비타민 K의 권장량을 K_1과 K_2로 구분하여 설정해야 하며, K_2가 함유된 치즈, 버터 등의 동물성 식품과 발효 식품의 섭취를 늘려야 한다고 권고한다.

08 칼슘의 역설 에 대한 이해로 가장 적절한 것은?

① 칼슘 보충제를 섭취하면 오히려 비타민 K_1의 효용성이 감소된다는 것이겠군.

② 칼슘 보충제를 섭취해도 뼈 조직에서는 칼슘이 여전히 필요하다는 것이겠군.

③ 칼슘 보충제를 섭취해도 골다공증은 막지 못하나 혈관 건강은 개선되는 경우가 있다는 것이겠군.

④ 칼슘 보충제를 섭취하면 혈액 내 단백질이 칼슘과 결합하여 혈관 벽에 칼슘이 침착된다는 것이겠군.

⑤ 칼슘 보충제를 섭취해도 혈액으로 칼슘이 흡수되지 않아 골다공증 개선이 안 되는 경우가 있다는 것이겠군.

09 ㉠과 ㉡에 대한 설명으로 가장 적절한 것은?

① ㉠은 ㉡과 달리 우리 몸의 간세포에서 합성된다.

② ㉡은 ㉠과 달리 지방과 함께 섭취해야 한다.

③ ㉡은 ㉠과 달리 표적 단백질의 아미노산을 변형하지 않는다.

④ ㉠과 ㉡은 모두 표적 단백질의 활성화 이전 단계에 작용한다.

⑤ ㉠과 ㉡은 모두 일반적으로는 결핍이 발생해 문제가 되는 경우는 없다.

10 다음 글의 ㉠과 ㉡에 대한 평가로 적절한 것만을 〈보기〉에서 모두 고르면?

진화론에 따르면 개체는 배우자 선택에 있어서 생존과 번식에 유리한 개체를 선호할 것으로 예측된다. 그런데 생존과 번식에 유리한 능력은 한 가지가 아니므로 합리적 선택은 단순하지 않다. 예를 들어 배우자 후보 α와 β가 있는데, 사냥 능력은 α가 우수한 반면, 위험 회피 능력은 β가 우수하다고 하자. 이 경우 개체는 더 중요하다고 판단하는 능력에 기초하여 배우자를 선택하는 것이 합리적이다. 이를테면 사냥 능력에 가중치를 둔다면 α를 선택하는 것이 합리적이라는 것이다. 그런데 α와 β보다 사냥 능력은 떨어지나 위험 회피 능력은 β와 α의 중간쯤 되는 새로운 배우자 후보 γ가 나타난 경우를 생각해 보자. 이때 개체는 애초의 판단 기준을 유지할 수도 있고 변경할 수도 있다. 즉 애초의 판단 기준에 따르면 선택이 바뀔 이유가 없음에도 불구하고, 새로운 후보의 출현에 의해 판단 기준이 바뀌어 위험 회피 능력이 우수한 β를 선택할 수 있다.

한 과학자는 동물의 배우자 선택에 있어 새로운 배우자 후보가 출현하는 경우, ㉠ 애초의 판단 기준을 유지한다는 가설과 ㉡ 판단 기준에 변화가 발생한다는 가설을 검증하기 위해 다음과 같은 실험을 수행하였다.

〈실험〉

X 개구리의 경우, 암컷은 두 가지 기준으로 수컷을 고르는데, 수컷의 울음소리 톤이 일정할수록 선호하고 울음소리 빈도가 높을수록 선호한다. 세 마리의 수컷 A~C는 각각 다른 소리를 내는데, 울음소리 톤은 C가 가장 일정하고 B가 가장 일정하지 않다. 울음소리 빈도는 A가 가장 높고 C가 가장 낮다. 과학자는 A~C의 울음소리를 발정기의 암컷으로부터 동일한 거리에 있는 서로 다른 위치에서 들려주었다. 상황 1에서는 수컷 두 마리의 울음소리만을 들려주었으며, 상황 2에서는 수컷 세 마리의 울음소리를 모두 들려주고 각 상황에서 암컷이 어느 쪽으로 이동하는지 비교하였다. 암컷은 들려준 울음소리 중 가장 선호하는 쪽으로 이동한다.

〈보 기〉

ㄱ. 상황 1에서 암컷에게 들려준 소리가 A, B인 경우 암컷이 A로, 상황 2에서는 C로 이동했다면, ㉠은 강화되지 않지만 ㉡은 강화된다.

ㄴ. 상황 1에서 암컷에게 들려준 소리가 B, C인 경우 암컷이 B로, 상황 2에서는 A로 이동했다면, ㉠은 강화되지만 ㉡은 강화되지 않는다.

ㄷ. 상황 1에서 암컷에게 들려준 소리가 A, C인 경우 암컷이 C로, 상황 2에서는 A로 이동했다면, ㉠은 강화되지 않지만 ㉡은 강화된다.

① ㄱ
② ㄷ
③ ㄱ, ㄴ
④ ㄴ, ㄷ
⑤ ㄱ, ㄴ, ㄷ

01	02	03	04	05	06	07	08	09	10
②	⑤	④	①	④	①	⑤	①	②	④

01 정답 ②

1문단에서 과거의 예술은 고급 예술만 의미했고, 상층 사람들이 제한된 장소에서 작품을 감상하기만 했다고 하였으므로 '실용적'으로 사용했다는 내용은 적절하지 않다.

오답 분석

① 1문단에서 사진기와 같은 기술의 발명으로 기존의 걸작품이 복제되어 다양한 분야에 공유되면서 대중들이 작품을 능동적으로 소비하고 실용적으로 사용하게 되었다고 하였으므로 적절하다.

③ 2문단에서 '이전까지는 예술 작품이 진본성, 유일성을 가져야 한다고 보았지만 이러한 기술 복제 시대에는 이와 같은 조건이 적용될 수 없다.'라고 하였으므로 적절하다.

④ 1문단에서 과거에는 예술을 '감상'하는 데 그쳤지만, 기술 복제 시대 이후 걸작품을 복제해 인테리어 소품이나 엽서 등으로 사용하는 등 대중들이 예술 작품을 '능동적'으로 소비하게 되었다고 하였으므로 적절하다.

02 정답 ⑤

㉠ 바로 뒤에 이어지는 문장의 표지는 '따라서'이다. 이는 ㉠과 그 뒤의 문장이 인과관계로 이어져야 한다는 것을 의미하므로 ㉠에는 '인생의 본질이 유지와 지속'인 이유를 언급해야 한다. 2문단과 3문단에서 사람들은 나이가 들수록 설렘과 신선함보다는 익숙함과 차분함이 주가 되고 즐거움의 강도는 점점 줄어든다고 했으며, 마지막 문단에서는 첫 문단의 내용을 좀 더 자세히 정리하며 '생각보다 긴 내 삶을 지속해 나갈 방법을 찾는 것이 관건'이라 언급하고 있다. 따라서 이 지문의 전제로서 ㉠에 가장 적절한 답은 '삶은 생각보다 길다.'이다.

오답 분석

① 3문단에서 '짧은 사이클에 익숙해져 있는 이들은 중노년의 삶이 지루하고 의미 없어 보이기 쉽다.'라고 언급한 부분은 있지만, 전체에 해당하는 말은 아니고 ㉠에 들어가기에도 적절하지 않다.

② 3문단에서 '나만의 특별하고 새로운, 하루하루가 설레는 삶을 살더라도 결국 익숙해지고 가라앉는다.'라고 언급하고 있으며, ㉠에 들어가기에도 적절하지 않다.

③ 마지막 문단에서 생각보다 삶은 길다고 언급하고 있으므로 지문의 내용과 반대되는 주장이라 적절하지 않다.

④ 3문단에서 사람들이 빠르게 상황에 적응하고 즐거움의 강도는 점점 줄어들기 마련이라 언급했지만, 이것이 삶이 고통스럽다는 의미는 아니다. 또, 4문단에서도 삶을 의미 있고 행복하게 살아낼 것을 고민해야 한다고 주장하고 있으며, ㉠에 들어가기에도 적절하지 않다.

03 정답 ④

아이에게 180유로와 150파운드를 달러로 환산했을 때 각각 216달러, 210달러라고 알려주는 예시를 통해 비교 가능한 동일한 단위로 바꿀 때 숫자가 의미 있음을 시사하고 있다. 이것은 인플레이션 개념을 이해할 때도 유사하게 발생하는데 1950년의 1달러로 구매할 수 있었던 상품을 2011년에 구매하려면 9.37달러가 필요하다. 하지만 유로와 파운드라는 지역차에 따른 달러의 가치 차이보다 과거와 현재의 달러 가치 차이가 훨씬 크기 때문에 비교가 부정확할 수밖에 없다.

오답 분석

① 인터넷 정보에 관한 내용은 언급하고 있지 않다.

② 1950년의 1달러가 2011년에 9.37달러의 가치를 가졌다고 비교하고 있으므로 적절하지 않다.

③ 유로의 화폐 가치가 큰 폭으로 변동하는 것은 지문에서 언급하고 있지 않다. 또, (가)의 앞부분에서는 과거와 현재를 비교하는 내용이 나오므로 적절하지 않다.

04 정답 ①

인간의 소통 방식 중 가장 오래되고 직접적인 면 대 면 소통(나)은 '소통에 참여하는 사람들이 같은 시간과 공간에 존재하면서 음성, 몸짓, 표정 등을 통해 의미를 주고받는 방식'으로 이루어지므로(라) 시간과 공간의 제약(가)이 따른다. 그러나 현대 사회에서는 매체의 발달로 시간과 공간의 제약을 벗어나 다양한 소통 방식이 가능해졌다(다). 따라서 지문의 전개 순서로 가장 자연스러운 것은 (나) – (라) – (가) – (다)이다.

05 정답 ④

A시의 올해 청소년 의회 교실은 '의원 선서 – 자유 발언 – 조례안 상정 – 찬반 토론 – 전자투표'의 순서로 진행되었다. ④는 조례안 상정과 자유 발언의 순서가 바뀌었으므로 적절하지 않다.

오답 분석

① 'A시에 있는 학교에 재학 중인 만 19세 미만의 청소년'이 청소년 의회 교실에 참여할 수 있는 대상이다.

② A시에서 발표한 '청소년 의회 교실' 운영에 관한 조례에 따르면 시의회 의장은 의회 교실의 참가자 선정 및 운영 방안을 결정할 수 있다.

③ 시의회 의장은 고유 권한으로 본회의장 시설 사용이 가능하도록 지원할 수 있다.

06 정답 ①

1문단에서 '부양가족이 있는 사람에게는 개인의 총소득 중 일부를 공제한 뒤에 세율을 적용한다. 과세 대상 소득으로부터 얻는 만족감이 동일한 자에게, 동일한 조세 부담을 요구하는 것이 공평하다고 생각되기 때문이다.'라고 하였다. 따라서 ⊙의 이유는 '부양가족이 있는 사람은 그렇지 않은 사람에 비해 지출이 클 수밖에 없으므로 동일한 소득으로부터 얻는 만족감이 낮은 점을 고려하기 위해서'라고 볼 수 있다.

오답 분석

② ⊙ 다음 문장의 내용으로 보아 부양가족이 있을 경우 동일한 세율을 적용하는 것이 공평하지 않다는 것을 알 수 있다.

③ '부양가족'은 '처자나 부모 형제 등 자기가 부양하고 있는 가족 또는 부양하여야 하는 가족'을 의미한다. 따라서 가족의 모든 소득과는 관련이 없으며, 경제적 능력을 객관적으로 측정하여 탈세를 막는다는 내용은 지문에서 언급하고 있지 않다.

④ ⊙은 동일 소득이라면 개인의 사정을 고려해야 한다는 뜻이다. 그러나 ④에 제시된 내용은 부양가족의 유무와 상관없이 동일한 소득에 동일한 조세를 부담하는 것이 공평하다는 의미이므로 적절하지 않다.

⑤ 부양가족이 많은 사람은 과세 표준이 낮아 내는 세금 역시 낮을 것이므로 조세 징수의 효율성을 높이는 것은 아니다.

07 정답 ⑤

(가)는 소득세의 세율이 과세 표준 금액 1천만 원 이하인 세율 10%를 적용한 비례 세율 구조, (나)는 과세 표준이 증가할 때 평균 세율이 유지되는 세율 30%를 적용하는 비례 세율 구조, (다)는 과세 표준이 클수록 높은 세율로 과세하는 누진 세율 구조이다. (가)와 (나)의 경우 저소득자와 고소득자 모두 과세 표준 구간마다 일정한 세율을 적용하고 있는 반면에 (다)는 과세 표준이 증가할수록 세율이 증가하는 구조임을 알 수 있다. 따라서 (다)는 고소득자일수록 소득세를 많이 냄을 알 수 있다. 특히, (다)의 경우 과세 표준 100만 원의 세율은 10%이고 과세 표준 200만 원의 세율은 15%, 과세 표준 300만 원의 세율은 20%이다.

오답 분석

① (나)는 과세 표준이 클수록 높은 세율을 부과하는 것이 아니라, 모든 과세 표준에 세율을 동일하게 30%씩 적용하고 있다.

② (다)는 소득이 높을수록 더 많은 세액을 부담하고 있고, 소득이 높을수록 더 높은 세율을 적용하는 누진 세율 구조이다.

③ (가), (나) 모두 모든 과세 표준에 동일한 세율을 부과하는 세율 구조이다. 단지 (가)는 10%, (나)는 30%를 부과하고 있다.

④ 과세 표준이 증가할 때 평균 세율이 유지되는 세율 구조는 (가)와 (나)이다. (다)는 누진 세율 구조이다.

08 정답 ①

1문단에서 '알파벳 언어는 표기 체계에 따라 철자 읽기의 명료성 수준이 달라진다.'라고 하였으므로 각 소리가 지닌 특성으로 명료성을 판단하는 것은 아니다.

오답 분석

② 2문단에 따르면 영어 사용자는 무의미한 단어를 읽을 때 좌반구의 읽기 네트워크를 사용하고 암기해 둔 수많은 예외들을 떠올리기 때문에 암기된 단어의 인출과 연관된 뇌 부위에 더 의존한다고 하였으므로 적절하다.

③ 1문단에서 이탈리아어는 철자 읽기가 명료하기 때문에 낯선 단어를 발견하더라도 보자마자 정확한 발음을 할 수 있다고 하였으므로 영어에 비해 철자 읽기의 명료성이 높다고 할 수 있다.

④ 1문단의 마지막 문장에서 '영어는 발음이 아예 나지 않는 묵음과 같은 예외도 많은 편이고 글자에 대응하는 소리도 매우 다양하다.'라고 하였으므로 철자 읽기가 명료한 스페인어에 비해 소리와 글자의 대응이 덜 규칙적이라고 할 수 있다.

09 정답 ②

1문단에서 '숫자 자체에 이의를 제기하지 않더라도 생산량이나 소득 통계가 생활수준을 정확히 나타낸다고 말하기는 어렵다. 특히, 가난한 나라보다 식량, 주거, 의료 서비스 등 기본적 필요를 충족한 상태인 부유한 나라들은 더욱 그렇다.'라고 하였으므로 적절하다.

오답 분석

① 2문단에서 행복측정 연구는 '행복은 그 자체로 측정이 어렵다는 점과 다양한 선호의 문제가 개입된다는 점 때문에' 심각한 문제들이 있다고 하였으므로 적절하지 않다.

③ 지문의 앞부분에서 '생산량이나 소득처럼 겉보기에 가장 간단할 것 같은 경제학적 개념도 이끌어 내는 데 각종 어려움이 따른다. 거기에 수많은 가치 판단이 들어가기 때문이다.'라고 한 것으로 보아 가치 판단은 측정은 어렵지만 불가능하다고는 할 수 없다.

④ 경제학에서 사용하는 '생산량, 성장률, 실업률, 불평등 수준 등에 관한 주요 숫자'는 그 안의 수많은 가치 판단 때문에 측정이 어렵다는 것이지, 객관성이 부족하다는 것을 의미하는 것은 아니다. 이를 모르고는 실제 세상의 경제를 제대로 이해할 수 없다고 하였으므로 적절하지 않다.

10 정답 ④

ㄱ. 1 · 2문단에 따르면, A는 2~3세경에 자기중심적 언어가 나타나고 출생 이후 약 2세까지의 아이는 환상적 사고의 단계에 있어, 의사소통 행위는 불가능하다고 주장한다. 반면 B는 출생 이후 약 2세까지의 상호작용을 의사소통 행위로 판단하고 있으므로 적절하다.

ㄴ. 1문단에서 A는 8세경에 학령이 되면서 자기중심적 언어는 소멸하고 '사회적 언어' 단계로 진입한다고 주장한다. 반면 B는 2문단에서 언급하듯이 자기중심적 언어가 내적 언어로 진행된다고 보고 있으므로 적절하다.

ㄷ. 1문단에서 A는 8세경에 학령이 되면서 '사회적 언어'의 단계로 진입한다고 주장한다. 3문단에서 B는 출생 이후 약 2세까지의 상호작용을 의사소통 행위로 판단하며, 이때의 의사소통 행위는 타자의 규제와 이에 따른 자기 규제가 작동하는 대화적 상호작용의 일종으로, 사회적 언어를 통해 수행된다고 본다. 따라서 '사회적 언어' 단계로 진입하는 시기에 대한 견해는 다르다고 볼 수 있다.

01	02	03	04	05	06	07	08	09	10
②	④	④	④	①	③	⑤	②	②	③

01 정답 ②

(가)의 바로 앞부분에서 '~ 개념적으로 이해는 되지만 현실의 국면에서는 이치에 맞지 않을 수도 있는 사례를 통해 주장을 피력하는 것은 아닌가 ~'라고 언급하는 것으로 보아 '이치에 맞지 않는 말을 억지로 끌어 붙여 자기에게 유리하게 함'을 의미하는 '견강부회(牽强附會)'가 들어가는 것이 적절하다.

오답 분석

① 목불식정(目不識丁): '낫 놓고 기역자도 모른다'는 속담과 같은 뜻으로 '무식한 사람'을 이르는 말
③ 연목구어(緣木求魚): 나무에 올라가 물고기를 구한다는 뜻으로 도저히 불가능한 일을 굳이 하려 함을 비유적으로 이르는 말
④ 불문가지(不問可知): 묻지 아니하여도 알 수 있음

02 정답 ④

이 지문은 무지개의 어원에 대해 설명하는 것이므로 무지개와 관련된 표현에 대한 의문은 〈보기〉를 읽고 나올 수 없는 질문이다.

오답 분석

① 'ㅈ' 앞에서 'ㄹ'이 탈락하여 '무지개'가 되었다고 하였으므로 'ㄹ'이 탈락하는 조건에 대한 의문은 타당하다.
② 마지막 문장에서 '무지개가 '물[水]'의 15세기 형태인 '믈'에 '지게'가 합쳐진 것으로, '지게'의 'ㅈ'앞에서 '믈'의 'ㄹ'이 탈락한 것이다.'라고 설명하고 있지만, 'ㅔ'가 어떤 과정을 거쳐 'ㅐ'로 바뀌었는지는 설명하고 있지 않으므로 'ㅔ'와 'ㅐ'의 차이에 대한 의문은 타당하다.
③ '물[水]'의 15세기 형태인 '믈'에 '지게'가 합쳐진 것'라고 하였지만 변화한 시기에 대한 언급은 없으므로 변화한 때에 대한 의문은 타당하다.

03 정답 ④

지문의 마지막 문장에서 아인슈타인의 시공간은 '시간에 해당하는 차원이 한 방향으로만 진행한다.'라고 설명하고 있으므로 적절하다.

오답 분석

① 아인슈타인은 시간과 공간이 합쳐져 4차원 공간, 즉 시공간을 이룬다고 하였고, 이는 시간과 공간으로 서로 구별되지 않는다고 하였으므로 적절하지 않다.
②·③ 아인슈타인의 특수 상대성 이론이 발표되기 전까지 물리학자들은 '공간은 상대적인 물리량인 데 비해, 시간은 절대적인 물리량으로서 공간이나 다른 어떤 것의 변화에 의해 변하지 않는다'고 보았으므로 적절하지 않다.

04 정답 ④

1문단의 미국 어머니들은 의사소통을 할 때 자신의 생각을 분명하게 표현하고 말하는 사람의 입장에서 오해가 생기지 않도록 말해야 한다고 아이들을 가르친다. 반면에 2문단의 일본 어머니들은 자녀에게 다른 사람과의 관계에 초점을 맞춘 훈련을 시키며 감정을 미리 예측하도록 교육하고 듣는 사람의 입장에서 말하도록 교육시킨다.

오답 분석

① 미국의 어머니가 말하는 사람의 입장을, 일본의 어머니가 듣는 사람의 입장을 강조하므로 적절하지 않다.
② 일본의 어머니는 대상의 '감정'에 특별히 신경을 써서 가르친다고 하였으므로 적절하지 않다.
③ 사물의 이면에 있는 감정을 읽어야 한다고 생각하는 것은 대상의 감정에 특별히 신경을 써서 가르치는 일본 어머니들의 입장이므로 적절하지 않다.

05 정답 ①

1문단에서 '미술사를 다루고 있는 좋은 책이 많지만 학술적인 지식이 부족하면 이해하기 어려운 경우가 많다고 한다.'라고 언급하며 자신처럼 미술에 대해 막 알아가기 시작한 사람도 이해할 수 있다고 알려진 곰브리치의 『서양 미술사』를 읽었다고 하였으므로 자신의 지식 수준에 적절한 책을 선정했다고 볼 수 있다.

오답 분석

② 『서양 미술사』는 곰브리치가 집필한 것이므로 적절하지 않다.
③ 지문에서 책을 추천한 독자가 다양한 연령대인지는 알 수 없다.
④ 지문에서 이전에 읽은 책이 무엇인지 언급하고 있지 않다.
⑤ 최신의 학술 자료를 활용한 책인지 알 수 없다.

06 정답 ③

마지막 문단에서 '저자가 해설한 내용을 저자의 관점에 따라 받아들이는 것만으로도 충분히 만족스러웠다.'라고 하였으므로, 자신의 경험과 저자의 경험을 연관 지으며 읽은 것은 아니라는 것을 확인할 수 있다.

오답 분석

① 2문단에서 '~ 27장의 내용을 서론의 내용과 비교하여 읽으면서 저자의 관점을 더 잘 이해할 수 있었다.'라고 한 것으로 보아 내용상 관련된 부분을 비교하며 읽었다는 것은 적절하다.

② 3문단에서 책이 총 28장으로 되어 있고, 어떤 내용을 다루는지 세분화하고 있으므로 적절하다.

④ 마지막 문단에서 분량이 700여 쪽에 달한다고 말하며 계획을 세워 꾸준히 읽었다고 하였으므로 적절하다.

⑤ 3문단에서 이전부터 관심을 두고 있었던 유럽의 르네상스에 대한 부분을 먼저 읽을 계획을 세우고 있으므로 적절하다.

07 정답 ⑤

㉠에서 학생은 '저자가 해설한 내용을 저자의 관점에 따라 받아들이는 것만으로도 충분히 만족스러웠다.'라고 하였고 〈보기〉에서는 다양한 해설이 있음을 염두에 두며 책의 내용을 무비판적으로 수용하지 말고 주관을 가지고 책의 내용을 판단할 필요가 있다고 하였다. 따라서 '책의 내용을 그대로 받아들이려 하기보다는 자신의 관점을 바탕으로 저자의 관점을 판단하며 읽는 게 좋겠어.'라는 조언이 가장 적절하다.

오답 분석

① 〈보기〉에서는 자신의 주관을 가지고 책의 내용을 판단하라고 하였으므로 적절하지 않다.

② 지문에서 학생은 책이 유발한 사회·문화적 영향을 파악하지 않았고 〈보기〉에서도 저자가 속한 시대의 사회·문화적 환경에서 비롯된 영향이 책에 반영되었다고만 언급하고 있으므로 적절하지 않다.

③ 〈보기〉에서 하나의 분야를 집중적으로 다루고 있는 책을 읽으라고 강조하고 있지 않다.

④ 〈보기〉에서는 자신의 주관을 가지고 책의 내용에 대해 판단하라고 하였으므로 적절하지 않다.

08 정답 ②

1문단에서 괴테는 '집단의식보다는 개인의 존엄성을 더 중시했다'고 설명하고 있다. 따라서 괴테의 입장을 현대적인 시각에서 보자면 '집단의 목적을 위해 개인의 순수성을 쉽게 배제해 버리는 세태 속에서 우리는 자신의 혼을 가진 인간으로 살기 위해 노력해야 한다'는 것이다. 그러므로 개인은 집단의 목적에 맹목적으로 따를 것이 아니라 '진정한 인간성'을 행동으로 실천하며 정신적 독립성을 잃게 되는 위험성을 항상 경계해야 한다. 따라서 글의 논지와 가장 가까운 것은 ②이다.

오답 분석

① 괴테는 집단에 개인이 매몰되는 현상을 경계했으므로 개인과 집단을 동일시하는 것은 적절하지 않다.

③ 괴테는 집단의식보다 개인의 존엄성을 더 중시했다고 할 수 있으므로, 집단의 목표에 부합하도록 노력하자는 것은 적절하지 않다.

④ 괴테는 '집단의 목적을 위해 개인의 순수성을 쉽게 배제해 버리는 세태'를 경계하고 있으므로 적절하지 않다.

⑤ 지문에서 '~ 다수의 논리를 내세워 개인의 의지를 배제한다면 그것은 바람직한 해결책이라 할 수 없다.'라고 하였으므로 적절하지 않다.

09 정답 ②

지문에서 항생제의 내성 정도에 대한 내용은 언급하지 않는다.

오답 분석

① 1문단에서 항생제는 '세균에 대한 항균 효과가 있는 물질'이라고 정의하고 있다.

③ 2문단에서 항생제의 종류별 항균 작용의 기제를 설명하고 있다.

④ 1문단에서 항생제를 자연 요법제, 화학 요법제로 분류하고 있다.

10 정답 ③

지문의 첫 문장에서 '대설'에 대한 정의를 내리고, 이어 '주의보'와 '경보'에 대해서도 설명한다. 이후 도심에서 눈이 내릴 때의 위력에 대해 자세히 설명하는 것으로 내용을 전개하고 있다. 첫 문장 이후 ㉠~㉤까지 연결해 보면 다음과 같다.
'이때' 주의보는 '24시간 새로 쌓인 눈이 5cm 이상이 예상될 때'를 의미하고(㉢), 경보는 '24시간 신적설이 20cm 이상 예상될 때'를 의미한다(㉡). '다만' 산지는 '24시간 신적설이 30cm 이상 예상될 때 발령'된다(㉢). '그런데' 눈은 순식간에 도심 교통을 마비시키는 위력을 가지고 있을(㉠) '뿐만 아니라' 서비스업종과 사회 전반에 영향을 미친다(㉤). 따라서 글의 전개 순서로 가장 자연스러운 것은 ㉢ - ㉡ - ㉢ - ㉠ - ㉤이다.

01	02	03	04	05	06	07	08	09	10
①	①	③	①	④	①	③	③	②	⑤

01 정답 ①

1문단에서 '~ 하위 개념으로 분류할수록 그 대상에 대한 정보가 더 많이 전달된다.'라고 하였으므로 하위 개념인 '호랑나비'는 상위 개념인 '나비'에 비해 정보량이 더 많다고 할 수 있다.

오답 분석

② 1문단에서 '현실 세계에 적용 대상이 하나도 없는 분류 개념도 있을 수 있다.'라고 하였다. '용(龍)'은 '몸은 거대한 뱀과 비슷한데 비늘과 네 개의 발을 가지며 뿔은 사슴에, 귀는 소에 가깝다'고 하는 정의가 있으므로 분류 개념으로 인정될 수 있다.

③ 비교 개념은 '분류 개념처럼 자연의 사실에 적용되어야 하지만, 분류 개념과 달리 논리적 관계도 반드시 성립'해야 한다. 그러나 '꽃'과 '고양이'는 논리적 관계가 성립하지 않으므로 비교 개념에 포함되지 않는다.

④ 정량 개념은 '자연의 사실로부터 파악할 수 있는 물리량을 측정'하는 과정에서 생겨난 것으로 자연현상에 수를 적용할 수 있게 해 주었다.

02 정답 ①

1문단에서 '레코드의 수요는 날로 확산되었는데, 매체의 특성상 지리적 이동이 손쉽게 이루어지게 됨에 따라 스타급 음악인들의 영향력은 세계적으로 확대되었다.'라고 설명하고 있으므로 적절하다.

오답 분석

② 2문단에서 레코드 산업과 극장 흥행 산업이 동반 성장을 하게 되었다고는 했지만, 오페라 극장에서 관객들에게 레코드 음악을 들려주며 흥행을 시켰는지 언급하고 있지 않다.

③ 오페라 가수 카루소는 음악 역사상 처음으로 레코드 판매 100만 장을 돌파했지만, 다양한 언어로 노래했다고 하지는 않았다.

④ 1문단에서 레코드가 매우 비싸긴 했지만 공연장을 찾지 않아도 원하는 때에 원하는 음악을 들을 수 있도록 해주었기 때문에 널리 애용되었다고 하였으므로 적절하지 않다.

03 정답 ③

학생은 보고서 작성을 위해 책을 읽고 친구들과 의문점을 나누며 의논하는 학습 경험을 지문에 나타난 독서의 모습과 연계하여 이해하고 있으므로 적절하다.

오답 분석

① 학생은 독서 활동의 의미를 자신의 경험과 연계하여 이해하고 있을 뿐이다. 독서에서 얻은 깨달음을 실천하려는 내용은 나오지 않는다.

② 학생의 반응에서 모범적인 독서 태도를 언급하거나 반성의 계기로 삼고자 하는 모습은 보이지 않는다.

④ 학생은 자신의 경험과 독서 활동의 의미를 결부하여 확인하고 있지만, 추가적인 독서 계획을 세우지는 않는다.

⑤ 학생의 반응에서 지속적인 독서의 중요성에 대한 언급은 찾을 수 없다.

04 정답 ①

1문단에서 읽기 기능은 '글자 읽기, 요약, 추론'이라고 하였으므로 어휘력이나 읽기 흥미, 동기는 읽기 요소에 해당할 뿐 읽기 기능에 해당하는 것은 아니다.

오답 분석

② 3문단에서 매튜 효과를 예로 들어 읽기 요소를 잘 갖춘 독자일수록 점점 더 잘 읽게 되어 그렇지 않은 독자와의 차이가 갈수록 커진다고 하였다.

③ 3문단에서 매튜 효과가 주로 사회학에서 사용되었으나 읽기에도 적용된다고 하였다.

④ 4문단에서 읽기 요소들은 상호 간에 영향을 미쳐 매튜 효과와 다른 결과를 낳기도 한다고 하였다.

⑤ 마지막 문단에서 읽기를 매튜 효과로 설명하는 연구가 '읽기 요소들이 글을 잘 읽도록 하는 중요한 동력임을 인식하게 하는 계기'가 되었음을 보여주고 있다.

05 정답 ④

지문의 ⓐ 다음에 따라오는 내용을 살펴보면 '인지나 정서의 발달은 개인마다 다르며, 한 개인 안에서도 그 속도는 시기마다 다르고, 읽기 요소들이 상호 간에 영향을 미쳐 매튜 효과와 다른 결과를 낳기도 한다'고 설명하고 있다. 〈보기〉는 공동체 안에서 타인과 상호 작용을 하며 읽기 능력이 점진적으로 발달할 수 있다고 보는 관점이므로, 읽기 발달은 개인의 읽기 경험을 공유하는 사회적 환경에 따라 달라질 수 있다.

오답 분석

① · ② · ⑤ 공동체 안에서 타인과 상호 작용을 하며 읽기 능력이 점진적으로 발달할 수 있다고 보는 〈보기〉의 관점과는 다르다.
③ 지문에서 '인지나 정서의 발달은 개인마다 다르며, 한 개인 안에서도 그 속도는 시기마다 다르기 때문이다. 예컨대 읽기 흥미나 동기의 경우, 어릴 때는 상승 곡선을 그리며 발달하다가 어느 시기부터 떨어지기도 한다.'라고 하였고, 이는 〈보기〉의 관점과 다르다.

06 정답 ①

3문단에서 유대인에 대한 혐오를 정치적 선동에 이용한 예시가 나오고 있다. 이를 통해 혐오가 정치적 선동의 도구로 이용되었음을 알 수 있다.

오답 분석

② 2문단에서 혐오가 특정 집단을 오염물인 것처럼 취급하고 자신은 오염되지 않은 쪽에 속함으로써 얻게 되는 심리적인 우월감 및 만족감과 연결되어 있다고 하였고, 3문단에서 유대인 집단을 혐오의 대상으로 삼는 예시를 제시하였다.
③ 3문단에서 독일인들이 유대인들을 '암세포, 종양, 세균' 등으로 묘사하면서 이들을 비인간적 존재로 전락시켰음을 보여주었다.
④ 1문단에서 혐오의 감정을 '사회 안정의 도구로 활용해야 한다거나 법적 판단의 근거로 삼아야 한다'고 주장한 영미법을 서술하고 있다.
⑤ 2문단에서 혐오가 특정 집단을 오염물인 것처럼 취급하고 자신은 오염되지 않은 쪽에 속함으로써 얻게 되는 심리적인 우월감 및 만족감과 연결되어 있다고 하였다.

07 정답 ③

2문단에서 페스트의 창궐로 '교회에서 제시한 세계관 및 사후관에 대한 신뢰가 떨어지고, 삶과 죽음 같은 인간의 본질적인 문제에 대해 새롭게 사유하기 시작했다. 중세의 지적 전통에 대한 의구심은 고대의 학문과 예술, 언어에 대한 재평가로 이어졌으며, 이에 따라 신에 대한 무조건적 찬양과 복종 대신 인간에 대한 새로운 관심과 사유가 활발해졌다.'라고 설명하고 있으므로 고대의 학문과 언어에 대한 재평가가 이루어지고 인간에 대한 관심이 증대되며 인체의 아름다움을 재발견하게 된 것이라 볼 수 있다.

오답 분석

① 1문단에서 페스트의 창궐이 르네상스가 일어나게 된 요인임을 언급하고 있다.
② 1문단에서 페스트로 인해 '~ 이전까지 의심하지 않았던 신과 교회의 막강한 권위에 대해서도 회의하게 되었다.'라고 하였으므로 교회의 권위가 약화됨을 알 수 있다.
④ 마지막 문단에서 의사들은 해부학적 지식을 불필요한 것으로 인식한 반면 미술가들은 인체의 내부 구조를 탐색하는 데 골몰하였다고 언급하고 있다.

08 정답 ③

문학 비평가가 아동심리학 이론을 인용하여 동화 속 인물의 심리 현상을 분석하는 것은 아동심리학 이론과 동화 속 인물의 심리 현상 분석이 인접한 영역에 해당하므로 '계열 전이'로 볼 수 있다.

오답 분석

① 의사가 대장암에 대한 의학적 지식을 적용하여 대장암 환자를 치료해 내는 것은 기존 경험과 새로운 경험이 동일한 영역에 속하는 것이라 볼 수 있으므로 '동종 전이'라는 설명은 적절하다.
② 천문학자가 물체의 운동에 대한 공식을 활용하여 혜성의 이동 속도를 계산해내는 것은 기존 경험과 새로운 경험이 인접한 '계열 전이'로 볼 수 있다.
④ 초등학생이 사각형의 넓이 계산법을 이용하여 사각형인 교실의 면적을 구하는 것은 이것이 사각형인 교실의 면적을 구하기 위해 필수적이며 기본적인 전제 조건이 된다고 볼 수 있으므로 '수직적 전이'라 할 수 있다.
⑤ 두 번째 문단에서 영향 관계에 있는 두 경험의 위계 수준에 따라 '수직적 전이'와 '수평적 전이'로 구분할 수 있다고 하였으므로 적절하다.

09 정답 ②

2문단에서 인공지능에 대해 "인공지능(AI)이 사람을 게으르게 만들수도 있지 않을까?"라는 의문을 제기하며 인공지능(AI)이 우리 일상생활의 패턴을 바꿔 놓을 수도 있다고 언급하고 있다. 이에 대한 예시로 GPS를 언급하며 기계에 의존해서 사는 인간의 두뇌가 과거보다 게을러지고 뇌의 가장 뛰어난 영역인 상상력을 활용하지 않도록 만들고 있다고 비판하고 있으므로 인공지능(AI)으로 인한 부작용이 발생할 수도 있다는 결론이 적절하다.

[오답 분석]

① 지문에서는 인공지능에 대해 비판하므로 적절하지 않다.
③ 2문단에서 '인공지능(AI)이 사람보다 똑똑해질 수 있을지도 모른다.'라고 언급하고는 있지만, 전체의 내용은 아니다.
④ 1문단에서 '인공지능(AI)이 사람보다 똑똑해질 수 있을지도 모른다.'라고 언급하고는 있지만, 상상력을 가지게 될 것이라는 내용은 언급하고 있지 않다.

10 정답 ⑤

'유토피아'는 영국 작가 토머스 모어가 자신의 책에서 처음 사용하면서 만들어진 단어이며, '디스토피아'는 산업혁명 이후 만들어져널리 사용된 단어라고 하였으므로 적절하지 않다.

[오답 분석]

① 2문단에서 인공지능이 대거 활약하게 되면서 상품이나 지식의값은 싸졌지만, 소비자가 점점 없어져 버리는 사회가 될 수도 있음을 우려하고 있다.
② 마지막 문단에서 '디스토피아'는 산업혁명 이후 사회적 불평등이확산되고 기계화로 인한 인간성 상실에 대한 논의가 시작되면서만들어진 용어라고 설명하고 있다.
③ 3문단에서 과학 기술의 발전이 '더 괜찮은 사회, 살기 좋은 사회'로 만드는 측면도 있지만, 사회의 불평등이 점점 심해져 세상이양극화될 가능성을 크게 하는 측면도 있음을 경계하고 있다.
④ 4문단에서 1516년 출간된 영국 작가 토머스 모어의 책에서 '유토피아'라는 말이 처음 사용되었다고 설명하고 있다.

01	02	03	04	05	06	07	08	09	10
③	③	①	③	③	①	③	③	①	②

01 정답 ③

지문은 기업전략의 개념에 관해 설명한 후 기업 다각화 전략을 예로 들고 그 장점을 서술하고 있으므로 적절하다.

오답 분석

① 기업전략의 성립 배경이나 역사적 의의에 대한 서술은 나오지 않는다.
② 기업 다각화 전략의 장점을 소개하고 있지만, 단점이나 극복방안에 대한 서술은 나오지 않는다.
④ 2문단에서 리처드 러멜트가 미국의 다각화 기업을 구분하는 내용을 소개하지만, 다양한 학자들의 견해를 비교하고 절충안을 도출하지는 않는다.

02 정답 ③

4문단에서 '새로운 인력을 채용하여 교육시키는 데 많은 시간과 비용이 들어감을 고려하면, 다각화된 기업은 신규 기업에 비해 훨씬 우월한 위치에서 경쟁할 수 있다.'라고 언급하고 있으므로 적절하다.

오답 분석

① 3문단에서 범위의 경제성은 하나의 기업이 동시에 복수의 사업 활동하는 것이 총비용이 적고 효율적이라는 이론이라고 하였다. 따라서 한 기업이 제품A, 제품B를 모두 생산하는 것이 훨씬 효율적이라고 할 수 있다.
② 4문단에서 다각화된 기업이 여러 사업부에서 나오는 자금을 통합하여 활용할 수 있는 내부 자본시장을 갖추었다고 하였다.
④ 리처드 러멜트는 관련 사업에서 70% 이상의 매출을 올리는 기업을 관련 다각화 기업이라고 하였다.

03 정답 ①

기업의 다각화 전략은 경기 순환에서 오는 위험을 줄일 수 있는데, 불경기와 호경기가 반복적으로 순환되는 사업일수록 위험을 분산시키는 것이 유리하다. 그러므로 '비관련' 사업을 다각화함으로써 위험을 분산시키고 이것으로 자금 순환의 안정성을 '확보'할 수 있을 것이다.

04 정답 ③

지문에서 언어는 인간의 사고, 사회, 문화를 반영하고 사고와 서로 깊은 관계를 맺고 있다고 설명하고 있다. 그런데 ③은 언어와 사고가 서로 깊은 관계를 맺고 있다는 주장에 어긋나는 사례이므로 이 지문과 관련된 사례라고 보기 어렵다.

오답 분석

① 우리나라는 주식이 '쌀'이기 때문에 그 문화와 관련된 사고가 발달하였고, 단어들도 다양하게 있다. 따라서 사고가 언어에 영향을 미친 사례에 해당한다고 볼 수 있다.
② 산과 물과 보행신호는 모두 '푸른색' 계열이다. 사람에 따라서는 이를 구별하지 않고 범주화시키는 경우가 있는데, 이는 인간의 사고로 언어를 통칭한 사례라고 볼 수 있다.
④ 우리나라에서 수박을 '박'의 일종으로 어떤 나라에서는 '멜론'에 가까운 것으로 파악한 것은 문화와 관련된 사고가 언어에 영향을 준 사례로 볼 수 있다.

05 정답 ③

ⓒ의 앞쪽 내용과 뒤쪽 내용의 흐름으로 보아 결혼이주 여성 주인공은 남편과 갈등을 심화시키는 것이 아니라 남편에게 '순종과 순응'을 하며 갈등을 얹는 모습으로 그려지고 있다. 따라서 ⓒ은 '남편의 의견을 따르는 여성 주인공의 모습'으로 고치는 것이 적절하다.

오답 분석

① 지문의 처음 부분에서 결혼이주 여성의 문제들을 다룰 기회가 마련되었다는 점에서 긍정적이라고 언급했다. 그런데 이어지는 표지가 '하지만'이므로 앞의 내용과는 반대되는 문장이 이어져야 한다. 따라서 ㉠에서 언급한 다양한 문제들을 단순화할 수 있는 위험성을 내포한다는 내용은 적절하므로 고칠 필요가 없다.
② 드라마에서는 다양한 결혼이주 여성의 문제를 보여주지만, 이런 갈등의 원인을 제대로 규명하지 않고 사랑이나 가족애로 극복하는 낭만주의적 선택을 해 근본적인 갈등이 해소되지는 않는다는 내용을 지적하므로 고칠 필요가 없다.
④ 지문의 마지막에서 결혼이주 여성의 문제가 실질적 원인은 은폐되고 여성의 일방적인 양보와 희생을 통해 문제들이 성급히 봉합되고 있다고 하였으므로 고칠 필요가 없다.

06 정답 ①

1문단에 따르면 아도르노는 대중 예술의 규격성으로 인해 개인의 개성은 없어지고 개인의 정체성마저 상품으로 전락시키는 기제로 작용한다고 하였다. 이는 아도르노가 보는 대중 예술이나 개인의 정체성이 모두 상품화되어 교환 가치로 환원된다는 의미이므로 '대립적 관계를 형성한다'는 표현은 적절하지 않다.

오답 분석

② 1문단에서 대중 예술은 창작의 구성에서 표현까지 표준화되어 생산되는 상품에 불과하고 개인의 감상 능력 역시 표준화되었다고 언급하였으므로 적절하다.

③ 1문단에서 대중 예술은 상품화되어 교환 가치로 환원된다고 언급하였으므로 적절하다.

④ 1문단에서 대중 예술이 이윤 극대화를 위한 상품으로 전락함으로써 예술의 본질을 상실했을 뿐 아니라 현대 사회의 모순과 부조리를 은폐하고 있다고 하였으므로 적절하다.

⑤ 1문단에서 문화 산업에 의해 양산되는 대중 예술이 이윤 극대화를 위한 상품으로 전락했고, 개인의 개성도 다른 개인의 개성과 다르지 않게 된다고 하였으므로 적절하다.

07 정답 ③

지문의 '나'는 글을 쓰는 것을 나무에 꽃이 피는 것과 같다고 '비유' 하여 설명하고 있다. '비유'란 '어떤 현상이나 사물을 그와 비슷한 다른 현상이나 사물로 표현하는 방식'으로 이해를 돕기 위한 서술 방식이다.

오답 분석

① 서사: 사건이나 일의 진행 순서에 따라 내용을 전개하는 방법

② 분류: 일정한 기준을 세워 대상을 나누어 구분하는 방법. 상위 개념과 하위 개념으로 나누어 설명하는 것이 일반적이다.

④ 대조: 대상들이 가진 차이점으로 내용을 전개하는 방법

08 정답 ③

2문단에 따르면 구매자는 상품의 물량이 적을 때 높은 가격을 지불하고자 하기 때문에 판매자는 독점적 지위를 누린다 하더라도 구매자의 수요를 고려해야 한다. 따라서 구매자가 지불하고자 하는 가격이 상품 공급량에 따라 어느 정도인지를 판매자가 감안하지 않아도 되게 한다는 설명은 적절하지 않다.

오답 분석

① 마지막 문단에서 '독점적 경쟁 시장에 진입하는 신규 판매자도 상품의 차별성을 강조함으로써 독점적 지위를 확보하고자 광고를 빈번하게 이용한다.'라고 하였으므로 적절하다.

② 2문단에서 독점적 지위를 가지는 판매자는 공급량을 감소시킴으로써 더 높은 가격을 책정할 수 있다고 하였으므로 적절하다.

④ 2문단에서 독점적 지위를 누리는 판매자가 다소 비싼 가격에 상품을 판매하는 경향이 있지만, 신규 판매자의 유입으로 그 이윤이 지속되리라 기대할 수는 없다고 하였으므로 적절하다.

⑤ 1문단에서 판매자가 '자신이 공급하는 상품을 구매자가 차별적으로 인지하고 선호할 수 있도록 하기 위해 광고를 이용'할 때 구매자에 대해 누리는 '독점적 지위'를 강화할 수 있다고 하였으므로 적절하다.

09 정답 ①

3문단에 따르면 판매자가 광고를 통해 상품의 차별성을 알려 구매자가 특정 상품에 갖는 충성도가 높아지면 판매자의 독점적 지위가 강화되어 경쟁을 제한하는 효과가 나타난다고 하였으므로 적절하다.

오답 분석

② ⊙은 구매자의 특정 상품에 갖는 충성도가 높아질 때 나타나는 현상이므로 판매자는 오히려 상품의 가격을 올리기 쉽다.

③ ⊙이 발생하면 약간 다른 상품을 공급하는 신규 판매자가 장기적으로 증가하고, 상품의 차별성을 강조함으로써 독점적 지위를 확보하고자 광고를 하는 신규 판매자도 진입하므로 전체 판매자 수는 증가한다.

④ ⊙은 광고를 통해 상품의 차별성을 알리는 데 성공하여 나타난 결과이다.

⑤ ⊙은 구매자의 수요의 가격 탄력성이 감소할 때 나타나는 상황이므로 가격에 대한 구매자의 민감도가 약화될 때 발생하는 것이다.

10 정답 ②

버크는 대의제를 주장한 사람으로 '계약에 의해 선출된 능력 있는 대표자가 국민을 대신하여 지도자로서 국가를 운영케 하는 방식'이 훨씬 효율적일 것이라고 생각했다. 이 대의제가 전제되기 위해서는 국민이 분별 있는 지도자에게 자신의 권리를 위임해야 하며, 권리를 위임받은 지도자는 국민들의 요구와 입장을 성실하게 경청할 의무를 지니고 국민 전체의 이익을 위해 스스로 판단해 대신할 의무가 있다. 따라서 버크의 견해와 가장 가까운 것은 ②이다.

오답 분석

① 버크의 입장에서 일반 국민은 '무지하고 교육을 받지 못한 다수'를 의미하므로, 지도자가 국민 다수의 의견을 따라야 한다는 것은 적절하지 않다.

③ 성공적인 대의제를 위해서는 성숙한 판단과 계몽 의식을 가진 지도자가 국민을 대신하여 일하는 것을 의미하므로 지도자를 선택하는 국민의 자질보다는 지도자의 자질이 훨씬 중요하다고 볼 수 있다.

④ 지도자는 개별 국민들의 요구와 입장을 성실하게 경청할 의무가
있고 국민 전체의 이익을 스스로 판단해서 대신할 의무가 있다.
지문에서 '국민이 지도자를 선택한 후 다수결을 통해 지도자의
결정에 대한 수용과 비판의 지속적인 태도'를 보여주는 것과 관
련된 내용은 나오지 않는다.

01	02	03	04	05	06	07	08	09	10
⑤	③	④	③	③	④	③	②	④	④

01 정답 ⑤

미메시스는 '세계를 바라보는 주체의 관념을 재현하는 것, 즉 감각될 수 없는 것을 감각 가능한 것으로 구현하는 것'을 의미한다. 또, 아도르노는 '예술이 예술가에게 포착된 세계의 본질을 감상자로 하여금 체험하게 하는 것이어야 한다'고 보았지만, 이런 미적 체험을 현대 사회의 부조리에 국한시켰고, 진정한 예술을 감각적 대상인 형태 그 자체의 비정형성에 대한 체험으로 한정한다는 이유 때문에 주관의 재현이라는 미메시스가 부정되고 있다. 다시 말해 예술가의 주관이 아닌 작품에 나타난 형태에 대한 체험만 강조하는 것이다.

오답 분석

① 3문단에서 아도르노는 미적 체험을 비정형성에 대한 체험으로 한정하고 있다. 따라서 정형적 형태가 재현된다는 설명은 적절하지 않다.

② 미메시스에서의 재현이란 예술가의 주관이 감각 가능한 대상으로 구현되는 것을 의미한다. 하지만 아도르노가 강조한 미적 체험은 감각적 대상인 형태 그 자체의 비정형성에 대한 체험으로 한정되므로 그의 미학에서 예술가의 주관이 재현되지 않으며, 재현의 주체가 예술가로부터 예술 작품의 감상자로 전환되지도 않으므로 적절하지 않다.

③ 3문단에서 아도르노의 미학에서 미적 체험의 대상은 예술가에게 포착된 세계의 본질이며, 이러한 세계의 본질은 현대 사회의 부조리에 국한된다고 하였다. 따라서 미적 체험의 대상이 사회의 부조리에서 세계의 본질로 변화된다는 설명은 적절하지 않다.

④ 아도르노에 따르면 미적 체험의 과정에서 예술가의 주관은 작품에 재현되지 않으며, 비정형적인 형태가 예술가의 주관으로 왜곡되지 않으므로 적절하지 않다.

02 정답 ③

이 지문의 중심 내용은 한국어로 말을 할 때 위계를 따져야 한다는 것이다. 따라서 가장 처음 와야 할 문장은 (마)이다. 그 다음에는 위계에 대한 부연 설명이 와야 하는데, (마)에서 '위계부터 따져야 한다'고 끝났으므로 뒤이어 '위계를 따져서 말하는' (다)가 이어지는 것이 자연스럽다. 그리고 (다)에서 위계를 따지지 않을 경우 상대를 기분 나쁘게 할 수도 있고, 상대를 불편하게 만들 수도 있다고 하였으므로 (다)의 뒤에는 어떻게 위계를 따져야 하는지에 대한 내용인 (나)가 오는 것이 자연스럽다. (나)에서는 상대방과 나의 위계를 측정하는 것에 대한 언급이 있는데, 이 위계를 측정하는 가장 결정적인 요인은 (가)에 나오는 나이이다. 또, (라)에서 '앞에서 언급한 나이'라는 표현이 나오므로 (가)는 반드시 (라)의 앞에 위치해야 한다. 이를 고려하여 가장 논리에 맞는 순서를 나열해 보면 (마) – (다) – (나) – (가) – (라)가 적절하다.

03 정답 ④

이 지문은 뉴욕에서 유행하던 것들이 미디어를 통해 경성 거리로 들어와 심지어 규방의 여성들에게도 널리 퍼지게 되었고, 조선 사람들이 '속성 세계인'으로 변모되었음을 보여주는 '모던보이'의 일부이다. ㉠에는 '특정한 행동 양식이나 사상 따위가 일시적으로 많은 사람의 추종을 받아서 널리 퍼짐. 또는 그런 사회적 동조 현상이나 경향'을 의미하는 '유행(流行)'이 들어가는 것이 적절하다.

오답 분석

① 성행(盛行): '매우 성하게 유행함'의 뜻으로, ㉠에는 유행이 성하게 되었다는 의미가 아니라 유행이라는 단어 자체가 들어가야 하므로 적절하지 않다.

② 편승(便乘): '남이 타고 가는 차편을 얻어 탐'의 뜻으로, 세태나 남의 세력을 이용하여 자신의 이익을 거둠을 비유적으로 이르는 말이다.

③ 기승(氣勝): '기운이나 힘 따위가 성해서 좀처럼 굽히지 않음. 또는 기운이나 힘'의 뜻이다.

04 정답 ③

지문은 1930년대에 유행이 전 세계적으로 일어났고, 미디어 덕분에 우리나라, 특히 경성이 큰 영향을 받아 변화하게 되었음을 설명하는 글이다. 유행의 확산으로 뉴욕이나 파리의 유행이 경성에서도 거의 동시에 일어났다(가). 유행은 전파가 빨라서 1931년에 뉴욕이나 할리우드에서 유행하던 '파자마'가 거의 동시적으로 한국으로 전달되었다(다). 하지만 뉴욕과 경성의 유행은 주변의 풍경이 달라 차이가 날 수밖에 없었고, 경성에서의 유행은 근대와 전근대의 아이러니를 내포하고 있었다(나). 이런 유행이 가능했던 것은 미디어의 덕분이었는데, 미디어는 단기간에 조선 사람들을 '속성 세계인'으로 변모시키는 역할을 하였고(마) 폐쇄된 규방에 있던 조선 여성이 근대 여성이 될 수 있었지만, 자본주의적 근대의 환상과 불안을 동시에 던져주기도 하였다(라).
따라서 (가)의 뒤에 (다) – (나) – (마) – (라)의 순서로 이어지는 것이 적절하다.

05 정답 ③

지문에서 파자마 '침의패션'은 뉴욕과 할리우드에서 먼저 시작되었고, 일본을 거쳐 경성으로 전달되었으므로 적절하지 않다.

오답 분석

① (나)에서 뉴욕걸이나 할리우드 배우들이나 경성의 모던걸이 입는 패션은 동일하다고 언급하고 있다.
② (마)에서 미디어가 단기간에 조선 사람들을 '속성 세계인'으로 변모시키는 역할을 했음을 언급하고 있다.
④ (라)에서 조선의 규방 여성이 미디어를 통해 근대여성으로 변모했고, 동시에 미디어가 자본주의적 근대의 환상과 이면의 불안을 동시에 던져주었다고 언급하고 있다.

06 정답 ④

2문단에서 빌 브란트의 경우 런던에 전시한 인화본의 조도를 더 낮추는 방식으로 다른 곳에 전시한 것과 다른 예술적 속성을 갖게 할 수 있었을 것이라 언급한 것으로 보아 복제본도 원본과는 다른 별개의 예술적 특성을 담보할 수 있다는 주장은 적절하다.

오답 분석

① 지문에서는 사진의 경우, 원본과 복제본은 중요하지 않으며 복제본도 원본처럼 예술적 가치를 지닐 수 있다고 보므로 적절하지 않다.
② 지문에서 회화와 사진은 다르다고 하였으므로 예술의 매체적 특성이 비슷해졌다는 주장은 적절하지 않다.
③ 지문에서 사진의 경우 재현적 특질을 선택하고 변형할 수 있는 방법은 다양하다고 하였으므로 적절하지 않다.

07 정답 ③

• 조건1: A와 D를 모두 가짐
• 조건2: B만 가지거나 D만 가짐
• 조건3: A를 가지면 C는 가지지 않음. B를 가지면 C는 가지지 않음
• 조건4: A를 가지고 있고 B도 가지고 있는 경우가 있음

이를 바탕으로 조금 더 추론해 보면,
• 조건1의 경우: 조건2에 의해 B는 가질 수 없고, 조건3에 의해 A와 D를 모두 가질 경우 C를 가질 수 없으므로 A와 D 두 가지만 가질 수 있다.
• 조건2의 경우: B나 D 둘 중 하나는 무조건 빠지게 된다. 여기에 조건 3과 조건4가 합해지면 최대로 가질 수 있는 자격증은 2개이다. 3개 이상은 될 수가 없다.
• 조건3의 경우: C를 가지면 A와 B를 둘 다 가지고 있지 않다.
• 조건4의 경우: A와 B를 모두 가진다면 D를 가질 수 없다. 조건3에 의해 C도 가지지 않는다.

여기에 〈보기〉의 ㄷ조건을 추가하면 'D를 가지고 있지 않은 후보자는 누구나 C를 가지고 있지 않다.'는 조건은 'C를 가지고 있으면 D를 가진다.'가 된다. 그런데 조건3을 여기에 더하면 적어도 2개의 자격증은 가지게 되는 것이므로 ㄷ은 옳다고 할 수 없다. 따라서 반드시 참인 것은 ㄱ, ㄴ이다.

08 정답 ②

지문의 내용에 따르면 뼈 조직의 칼슘 밀도가 낮아져 이를 예방하고자 칼슘 보충제를 섭취하지만, 혈액 중 칼슘 농도만 높아지고 골밀도는 높아지지 않으며 오히려 혈관 석회화를 진행시켜 동맥 경화 및 혈관 질환이 발생할 수 있다고 했는데, 이를 '칼슘의 역설'이라고 한다. 이 내용으로 보아 혈액에 있는 칼슘이 뼈로 가지 않아 뼈에서는 계속 칼슘이 필요하다는 것을 알 수 있다.

오답 분석

① 지문에서 칼슘 보충제를 섭취한다고 비타민 K_1의 효용성이 감소한다는 내용은 확인할 수 없다.
③ 지문에서 혈액 내 칼슘 농도가 높아지고 흡수는 되지 않아 오히려 혈관 석회화를 진행시켜 동맥 경화 및 혈관 질환이 나타날 수 있다고 하였으므로 적절하지 않다.
④ 지문에서 칼슘 보충제의 칼슘이 혈액에 머물다 혈관 벽에 칼슘염으로 침착되는 것이지 단백질이 칼슘과 결합한다는 내용은 확인할 수 없다.
⑤ 지문에서 칼슘 보충제를 섭취하면 혈액 내에 칼슘이 섭취되어 혈액 내 칼슘 농도를 높이기는 하지만, 골밀도는 높아지지 않는다고 하였으므로 적절하지 않다.

09 정답 ④

㉠은 비타민 K₁이고 ㉡은 비타민 K₂이다. 지문의 내용으로 보아 ㉠과 ㉡은 모두 표적 단백질의 활성화를 유도하는 비타민이라고 볼 수 있다. 따라서 표적 단백질의 활성화 이전 단계에 작용한다는 내용은 적절하다.

오답 분석

① 2문단에서 ㉠은 식물에서 합성되고 ㉡은 동물 세포에서 합성되거나 미생물 발효로 생산된다고 언급하고 있으므로 적절하지 않다.

② 1문단의 병아리 실험에서 지방을 뺀 사료를 먹인 병아리는 비타민 K가 결핍되어 혈액응고가 지연되고 있었다. 따라서 ㉠과 ㉡은 모두 지방과 함께 섭취해야 지방에 녹아 흡수되는 것이라 유추할 수 있다.

③ 1문단에서 '비타민 K는 프로트롬빈을 비롯한 혈액 응고 인자들이 간세포에서 합성될 때 이들의 활성화에 관여한다. 활성화는 칼슘 이온과의 결합을 통해 이루어지는데, 이들 혈액 단백질이 칼슘 이온과 결합하려면 단백질을 구성하는 아미노산 중 글루탐산이 감마-카르복시글루탐산으로 전환되는 카르복실화되어 있어야 한다.'라고 설명하고 있으므로, ㉠과 ㉡은 모두 아미노산을 변형시킨다는 것을 알 수 있다.

⑤ 병아리 실험에서 알 수 있듯이, ㉠과 ㉡ 모두 결핍될 경우 혈액 응고에 차질이 생기거나 혈관 석회화가 일어날 수 있다.

10 정답 ④

세 마리 수컷의 울음소리 톤은 C>A>B 순이며, 울음소리의 빈도는 A>B>C 순으로 높다.

ㄴ. 상황 1에서 암컷이 B로 이동했다면 울음소리의 톤보다 울음소리의 빈도를 더 선호했다고 판단된다. 이후 상황 2에서 A로 이동했다면 이는 상황 1의 판단을 보다 강화할 수 있으므로 ㉠이 강화되고 ㉡은 강화되지 않는다.

ㄷ. 상황 1에서 암컷이 C로 이동했다면, 암컷이 울음소리의 빈도보다 톤을 더 선호했다고 판단된다. 상황 2에서 A로 이동했다면 이때는 울음소리의 톤보다는 울음소리의 빈도를 더 선호했다고 판단할 수 있다. 따라서 이 경우 ㉠은 강화되지 않지만 ㉡은 강화된다.

오답 분석

ㄱ. 상황 1에서는 수컷 두 마리의 울음소리만 들려주었는데, A로 이동했다면 울음소리의 톤과 빈도가 높은 쪽을 선택했다고 볼 수 있다. 하지만 상황 2에서 수컷 세 마리의 울음소리를 모두 들려주었을 때 C로 이동했다면, 울음소리의 톤은 높고 울음소리의 빈도는 낮은 선택을 한 경우를 선택한 것이므로 무엇이 암컷의 판단 기준을 변하게 했는지 알 수 없다.

2024 SD에듀 9 · 7급 공무원 · 군무원 국어 비문학 독해 오독오독

개 정 1 판 1 쇄 발행	2024년 01월 10일(인쇄 2023년 09월 08일)
초 판 발 행	2023년 06월 15일(인쇄 2023년 04월 26일)
발 행 인	박영일
책 임 편 집	이해욱
저 자	장헌임
편 집 진 행	박종옥 · 전혜리
표 지 디 자 인	김도연
편 집 디 자 인	박지은 · 장성복
발 행 처	(주)시대고시기획
출 판 등 록	제10-1521호
주 소	서울시 마포구 큰우물로 75 [도화동 538 성지 B/D] 9F
전 화	1600-3600
팩 스	02-701-8823
홈 페 이 지	www.sdedu.co.kr

I S B N	979-11-383-5877-4 (13350)
정 가	24,000원

SD에듀의
지텔프 최강 라인업

1주일 만에 끝내는 **지텔프 문법**　　　　10회 만에 끝내는 **지텔프 문법 모의고사**　　　　답이 보이는 **지텔프 독해**

스피드 **지텔프 레벨2**　　　　지텔프 **Level2 실전 모의고사 6회분**

※ 도서의 이미지는 변동될 수 있습니다.